techniques quantitatives de gestion

vuibert gestion

collection dirigée par j-p. helfer et j. orsoni

techniques quantitatives de gestion

jean pierre védrine

Docteur ès Sciences économiques
Professeur agrégé de gestion
à l'université de Clermont I

avec la collaboration de

élisabeth bringuier

Docteur ès Sciences de Gestion
Maître-Assistant de Gestion
à l'université de Clermont I

alain brisard

D.E.S. Sciences économiques
Assistant de Gestion
à l'université de Clermont I

ISBN : 2-7117 - **7614-X**

Librairie Vuibert, mars 1985.
63 bd St-Germain
75005 Paris

Introduction

Les techniques quantitatives de gestion sont avant tout des techniques de gestion. *Elles ont pour objet essentiel l'analyse et le traitement des problèmes posés aux entreprises et plus généralement, aux organisations. Elles permettent de répondre à des questions telles que :*

— *l'investissement envisagé est-il rentable?*
— *quel sera l'effet sur les ventes d'une augmentation de 30 % des dépenses publicitaires?*
— *compte tenu des contraintes techniques, commerciales et financières, quels sont les produits que l'entreprise a avantage à développer en priorité?*
— *comment organiser le service de maintenance et quels moyens faut-il lui accorder?*
— *à quelle date doit-on prévoir le lancement d'une série de fabrication pour un produit donné?*

Ce qui caractérise ces techniques, c'est que la réponse qu'elles apportent aux questions posées passe par une approche scientifique des problèmes, à travers le recours à la modélisation mathématique.

De façon générale, un modèle est une représentation simplifiée d'un système, qui en décrit les aspects les plus essentiels pour son analyse et la résolution des problèmes qu'il pose. Cette analyse et cette résolution se contentent souvent de modèles très sommaires. Les modèles qualitatifs, *par exemple, se bornent à dresser la liste des éléments à prendre en considération et à repérer quelles sont les relations entre ces éléments. La proposition qui consiste à énoncer que les ventes d'un certain produit dépendent beaucoup plus du prix que de la publicité, constitue en soi un modèle qualitatif. Mais tant que ces relations n'ont pas été testées et chiffrées, elles demeurent au stade d'hypothèses de travail, en définitive peu utilisables pour la décision. Le recours à une* approche quantitative *du même problème permettra de vérifier ces hypothèses et d'en évaluer le degré de fiabilité; l'établissement d'une relation mathématique entre les ventes, d'une part, et le prix et la publicité, d'autre part, rendra alors possible la prévision des effets des actions de l'entreprise, voire même, une optimisation de ces actions.*

Nous retrouvons, à travers cet exemple, toutes les étapes d'une démarche scientifique *faisant se succéder :*

— *le recensement des facteurs susceptibles de jouer un rôle,*
— *la formulation d'hypothèses à travers l'établissement d'un modèle qualitatif,*
— *la vérification des hypothèses,*
— *l'élaboration d'un modèle quantitatif,*
— *l'action sur le modèle à l'aide de techniques appropriées.*

L'idée d'utiliser une telle démarche dans l'analyse et le traitement de problèmes relevant du domaine de la gestion, n'est pas récente. Les travaux de Bernoulli et de Bayes, qui marquent les débuts de la théorie de la décision, datent du XVIIIe *siècle; l'emploi de lois statistiques pour représenter certains phénomènes économiques et sociaux remonte à la même époque; les* « Principes mathématiques de la théorie des richesses » *de Cournot, qui fournissent une des premières applications du calcul différentiel à la décision de l'entreprise, sont publiés en 1838; les premières années du* XXe *siècle voient se développer successivement les lois d'Erlang sur les files d'attente, les principes de base de l'organisation scientifique du travail (publication des* « Principles of scientific management » *de Taylor en 1911) de la gestion des stocks (modèle de Harris, 1916) et de la programmation linéaire (travaux de Von Neumann et de Kantorovitch, au cours des années trente). Toutefois, c'est seulement pendant la Seconde Guerre mondiale que se sont constituées, à la suite du Groupe de Manchester réuni autour du professeur Blackett, les premières équipes de recherche opérationnelle, dont l'objectif était de résoudre les énormes problèmes d'organisation posés par les opérations militaires.*

Après la guerre, ces techniques se sont progressivement diffusées dans les grandes entreprises américaines. Il faut dire qu'il existe une analogie certaine entre les problèmes logistiques, stratégiques et tactiques posés par la réalisation d'opérations militaires de grande envergure, et ceux que l'on peut rencontrer au sein d'organisations complexes. Mais l'importance des capitaux mis en jeu, l'accroissement de la concurrence, comme les progrès enregistrés en ce qui concerne les techniques et les moyens de calcul, avec l'utilisation de l'ordinateur, sont autant de facteurs qui ont à la fois justifié et permis cette diffusion.

Pratiquement tous les domaines de la gestion peuvent faire l'objet d'applications des techniques quantitatives[1]*. Si la fonction production a été pendant longtemps privilégiée à cet égard, ce qui est probablement dû à la formation de ses responsables, l'utilisation de ces techniques s'est largement généralisée. L'exemple de la fonction marketing est particulièrement significatif : il s'agissait, a priori, d'une branche de la gestion peu propice à toute tentative de modélisation, ne serait-ce, entre autres raisons, qu'avec l'importance du facteur comportement. Or ce domaine a connu, depuis les années soixante, un développement considérable de l'approche quantitative. De la même façon, si les problèmes relevant du court terme paraissent plus faciles à traiter dans un cadre quantitatif, c'est dans la formulation et l'évaluation des stratégies à long terme, que la modélisation mathématique fournit ses applications les plus intéressantes : la multiplicité des éléments à prendre en*

---

1. On trouvera des applications spécialisées des techniques quantitatives de gestion, par exemple, dans les ouvrages suivants :
— **Domaine de la production :** GIARD V.; *Gestion de la production,* Economica, 1981; JOHNSON L. et MONTGOMERY D.; *Operation research in production, planning, scheduling and inventory control,* Wiley, 1974; ZIMMERMANN H. et SOVEREIGN M.; *Quantitative models for production management,* Prentice Hall, 1974.
— **Domaine financier :** MAILLET Ph.; *La décision à long terme dans l'entreprise,* Cujas, 1973; ZISSWILLER R., *Microéconomie et analyse financière,* Dalloz, 1976.
— **Domaine du marketing :** EVRARD Y. et LE MAIRE P.; *Modèles et décisions en marketing,* Dalloz, 1976; KOTLER Ph., *Le marketing : les fondements de la décision,* éditions d'Organisation, 1974; LAMBIN J.-J. et PEETERS R., *La gestion-marketing des entreprises,* PUF, 1977.
— **Domaine de la politique générale :** LESOURNE J.; *Les modèles de croissance des entreprises,* Dunod, 1973; WANTY J. et HALBERTHAL I., *La stratégie de l'entreprise à long terme,* Dunod, 1971.

considération, l'incertitude sur leurs effets, excluent le recours unique à l'intuition, et impliquent l'utilisation de méthodes d'analyse et de décision systématiques et rationnelles.

En fait, les limites à l'application de ces techniques résident moins dans la nature des problèmes à traiter ou encore dans le coût associé à leur emploi[2]*, que dans l'attitude des responsables, et le scepticisme que l'on rencontre souvent n'est en définitive, pas plus justifié que ne le serait une confiance aveugle dans ces méthodes. Dans les deux cas, c'est le manque d'information sur ce que peuvent réellement apporter les techniques quantitatives de gestion qui paraît être l'obstacle le plus important au développement de leur utilisation. Aussi, l'intégration d'enseignements de cette discipline dans la plupart des programmes de formation à la gestion est-elle un facteur de diffusion essentiel. Encore ne faudrait-il pas que les vocations éventuelles soient découragées par un formalisme mathématique exagéré.*

Il y a, en effet, deux écueils à éviter dans la présentation de ces techniques. Un exposé purement mathématique, qui serait la solution la plus satisfaisante sur le plan intellectuel, risque de rebuter un grand nombre d'utilisateurs potentiels. Les techniques quantitatives deviennent alors une affaire de spécialistes avec lesquels le gestionnaire n'est pas en mesure de dialoguer. A l'opposé, l'énoncé de recettes, se traduisant par la fourniture de formules toutes faites, ne constitue pas, non plus, une bonne solution, puisque l'utilisateur ne dispose pas des éléments lui permettant de juger des conditions de validité des techniques qu'il emploie.

C'est une voie intermédiaire que s'efforce de suivre le présent ouvrage. Le but qui y est poursuivi n'est pas de former des spécialistes de techniques quantitatives de gestion : il existe déjà de très nombreuses publications de qualité susceptibles de jouer ce rôle[3]*. Il s'agit plutôt de fournir aux utilisateurs éventuels, c'est-à-dire à l'ensemble des gestionnaires, un panorama des principales techniques qui existent à l'heure actuelle, des conditions dans lesquelles elles peuvent être appliquées et des résultats opérationnels qu'il est concevable d'en attendre. Afin de rendre accessible cet ouvrage au plus grand nombre, l'appareil mathématique utilisé a été limité aux connaissances requises au cours du premier cycle des universités, dans les formations à l'économie ou à la gestion.*

Dans la mesure où la prévision est une activité préalable à toute prise de décision, c'est par l'étude des modèles de prévision qu'il paraît nécessaire de commencer la présentation des techniques quantitatives de gestion : c'est ce à quoi est consacré le chapitre 1. Il est également nécessaire de placer très tôt dans la présentation de ces techniques, celles qui ont la vocation la plus générale : c'est le cas des modèles de programmation des activités dont le domaine d'application est très diversifié, mais aussi de ceux qui relèvent de la

---

2. On remarquera, à ce propos, les développements de la micro-informatique et la publication de logiciels adaptés permettant le traitement d'une grande partie des problèmes envisagés dans cet ouvrage. *Cf.* par exemple : ERIKSON W. et HALL O., *Computer models for management science*, Addison-Wesley, 1983; BLANGER J.-P., *Modèles pratiques de décision : programmes en basic*, éditions du P. S. J., 1982 (2 tomes).

3. On citera, plus particulièrement, l'ouvrage de H. WAGNER; *Principles of operations research*, Prentice Hall, 1975.

théorie des graphes. Ces modèles feront l'objet des chapitres 2 (programmation mathématique), 3 (modèle de transport), 4 (gestion des systèmes dynamiques et 5 (modèles de flots et d'ordonnancement). Les deux chapitres suivants abordent des techniques plus spécifiques, avec les modèles de stocks (chapitre 6) et de files d'attente (chapitre 7). Les problèmes posés par l'intégration de l'incertitude et du long terme dans la décision, sont examinés par la suite avec le chapitre sur la décision en situation d'incertitude (chapitre 8) et celui sur les techniques de choix des investissements (chapitre 9). La question des objectifs multiples est traitée au chapitre 10 et le chapitre 11 présente les techniques de simulation.

Il n'existe, en fait, pas d'ordre absolu à respecter dans la lecture de ces différents chapitres. On notera simplement que les résultats du chapitre 2 sont exploités dans la plupart des chapitres suivants; il est donc conseillé de le lire avant d'aborder les développements ultérieurs.

Dans la rédaction de cet ouvrage, l'auteur a bénéficié de la collaboration de plusieurs enseignants de l'I. A. E. de Clermont : il tient à signaler qu'Élisabeth Bringuier a rédigé en grande partie le chapitre 4 et les deux premières sections du chapitre 5. Pour sa part Alain Brisard a rédigé les trois premières sections du chapitre 2 ainsi que le chapitre 6.

L'auteur tient également à remercier Josiane Tasset qui a assuré la dactylographie d'un texte souvent difficile à déchiffrer.

J.-P. Vedrine

Table des matières

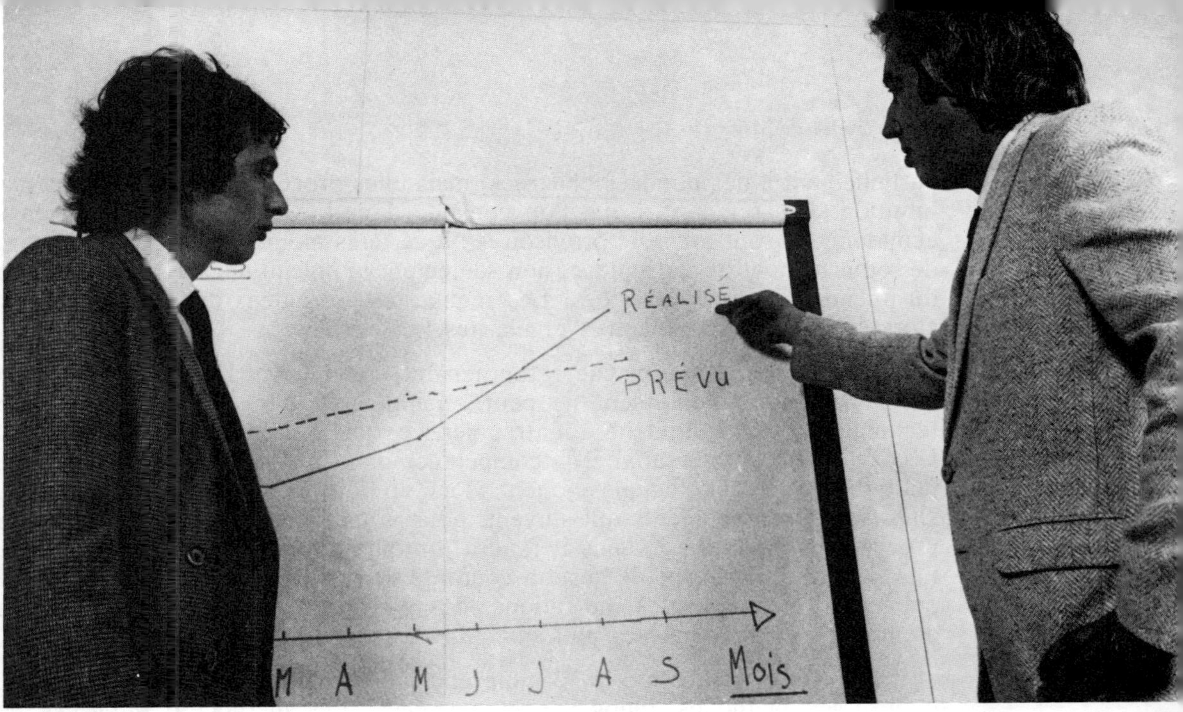

Chapitre 1 — Les méthodes de prévision

La prévision est un élément clé de tout processus de gestion. Gérer, c'est tout d'abord prévoir l'évolution de l'environnement de l'entreprise à travers tous les facteurs pouvant exercer une influence sur ses résultats; c'est ensuite décider, ce qui suppose une prévision de la situation de l'entreprise une fois que les choix auront été effectués; c'est enfin contrôler, c'est-à-dire comparer les résultats obtenus avec ceux qui étaient prévus.

On retrouve le rôle essentiel de la prévision à tous les niveaux de l'entreprise. Qu'il s'agisse de gestion stratégique à long terme (choix des activités par exemple), de gestion à moyen terme (établissement des budgets) ou de gestion à court terme (décisions de réapprovisionnement, de lancement de séries de fabrication), une grande partie du temps de travail des responsables est occupé à émettre des prévisions.

En matière économique, de nombreuses méthodes de prévision sont disponibles. On distinguera, entre autres, les techniques

— qualitatives et quantitatives;
— endogènes et exogènes.

Les méthodes *quantitatives* sont basées sur l'idée selon laquelle l'étude de données chiffrées caractérisant une variable économique permet de mettre en évidence des régularités susceptibles de se reproduire et à partir desquelles il est concevable de faire des prévisions sur l'état futur de cette variable. L'analyse des ventes passées d'un produit rend ainsi possible dans une certaine mesure la prévision de ses ventes futures. Les méthodes *qualitatives* recourent partiellement à des données chiffrées, mais elles procèdent beaucoup plus par intuition. Les régularités que l'on constate dans l'évolution des phénomènes économiques sont toujours provisoires : à certains moments, on parle de point de retournement ou de rupture, non seulement le niveau mais encore la nature du phénomène sont modifiées. Les régularités constatées dans le passé sont alors remplacées par d'autres régularités.

La prévision des points de retournement comme des lois d'évolution qui auront cours ultérieurement ne peut généralement être réalisée à l'aide de techniques qui se limitent à extrapoler ce qui a été observé auparavant. L'imagination et la créativité, la compétence dans les domaines sociologiques, politiques ou technologiques jouent alors un rôle beaucoup plus important. Dans les développements qui suivent, nous nous limiterons aux méthodes de prévision quantitatives[1]; mais il faudra toujours avoir à l'esprit que dès que l'on sort des problèmes de gestion courante de l'entreprise, ces techniques ne peuvent fournir que des indications, des points de repère qu'il conviendra d'enrichir par des analyses plus qualitatives des situations étudiées.

Une autre classification importante en matière de techniques de prévision, oppose les méthodes endogènes et exogènes. Les méthodes *endogènes* ne retiennent que le temps comme variable explicative de l'évolution des phénomènes. Chaque phénomène économique contient une certaine force d'inertie qui l'amène à poursuivre son trajet sur sa lancée quelle que soit le comportement des autres variables économiques. Les valeurs futures qu'il est susceptible de prendre sont alors déduites des valeurs enregistrées par le passé. C'est ce type de conception qui se trouve à la base des modèles de cycle de vie des produits et, plus généralement, d'une grande partie des modèles de prévision. Le déroulement du temps ne peut cependant pas toujours tout expliquer. Les méthodes *exogènes* intègrent d'autres variables que le temps : l'évolution d'un phénomène donné est alors déduit de l'évolution d'autres phénomènes. Selon le cas, on aura recours à des variables explicatives de type micro-économique (publicité, prix, attributs du produit) ou de type macro-économique (revenu des ménages, consommation nationale, production industrielle).

Le choix d'une méthode de prévision est en grande partie dépendant de *l'horizon de la prévision.* Dans le cas du très court terme, horizon associé par exemple à la gestion des stocks, il sera très souvent suffisant de se limiter à l'emploi de modèles quantitatifs endogènes, éventuellement adaptés pour tenir compte de ce que l'on appelle les « actions spéciales » (publicité, promotion). Plus l'horizon de la prévision s'allonge, plus il devient nécessaire d'intégrer d'autres variables, et plus, à la limite, il devient indispensable d'associer au raisonnement quantitatif des préoccupations qualitatives.

Le *coût de la prévision* doit également être pris en compte. Dans la mesure où le coût de développement des systèmes de prévision peut aller de 1 à 20, un arbitrage doit être fait entre le coût d'une précision supérieure et la valeur que l'on peut en retirer[2].

---

1. Sur les techniques de prévision qualitative; *cf.* R. Saint-Paul et P. F. Ténière-Buchot : *Innovation et évaluation technologiques*, Entreprise moderne d'Édition, 1974.
2. *Cf.* S. Makridakis; « Les méthodes de prévision » in *Encyclopédie du Marketing*, 1977, n° 2, 43 A, p. 12; J. C. Usunier et R. Bourbonnais; *Pratique de la prévision à court terme*, Dunod, 1982, p. 242. Sur la valeur de l'information, voir chapitre 8.

Le plus souvent, les données utilisées dans le domaine de la prévision proviennent de séries chronologiques. C'est donc par l'étude de ce type de données qu'il convient d'aborder l'analyse des méthodes de prévision : ce sera l'objet de la première section. Les sections 2 et 3 seront consacrées respectivement à la présentation des modèles de prévision à long terme et à court terme

SECTION 1. LES SÉRIES CHRONOLOGIQUES

Une série chronologique ou chronique est une suite d'observations d'un phénomène au cours du temps. La statistique des ventes mensuelles d'un certain produit constitue une série chronologique, de même que l'évolution annuelle du niveau général des prix ou encore du taux d'équipement des ménages en machines à laver.

L'état du phénomène est repéré à intervalles réguliers selon une périodicité qui peut être très différente d'un problème à un autre et qui dépend des possibilités d'enregistrement, mais aussi de préoccupations opérationnelles. Si l'étude des ventes quotidiennes d'un distributeur se justifie et s'avère parfaitement réalisable, dans beaucoup de cas, il serait très coûteux et peu significatif de travailler avec une périodicité aussi courte.

Toute entreprise peut avoir facilement accès à un grand nombre de séries intéressantes, soit d'origine interne (statistiques de production, de commandes, de livraisons ou encore de trésorerie) soit d'origine externe (statistiques de syndicats professionnels, de l'INSEE). Mais ces données ne sont généralement pas utilisables en l'état.

La formalisation (§ 1) puis le traitement (§ 2) des séries chronologiques sont deux étapes préalables à leur utilisation en matière de prévision ou de contrôle.

§ 1. Formalisation des séries chronologiques.

Toute chronique apparaît comme le résultat de plusieurs mouvements élémentaires qui se superposent. Un modèle de série chronologique devra mettre en évidence quelles sont ses *composantes* et quelles sont ses *règles de composition*.

1° Composantes des séries chronologiques.

L'évolution d'un phénomène au cours du temps est généralement déterminée par le mouvement de quatre composantes élémentaires :
- la tendance (T_t);
- la conjoncture (C_t);
- la saison (S_t);
- le résidus (R_t).

La *tendance* représente l'évolution moyenne à long terme du phénomène étudié. Selon le cas, la tendance manifestera une progression rapide (taux d'équipement des ménages en téléphone) ou lente (taux d'équipement en voitures), ou encore une quasi-stabilité (consommation de places de cinéma), voire même une décroissance plus ou moins vive (consommation de charbon). Le mode d'évolution de la tendance peut changer au cours du temps, comme l'illustre le modèle de cycle de vie des produits qui fait se succéder les différentes phases de lancement, de croissance, de maturité et de déclin. Le repérage de la tendance est une tâche particulièrement importante en matière commerciale puisque c'est elle qui commande l'évolution du marché. Dans tous les cas, il s'agit d'une variable stratégique essentielle.

La *conjoncture* est un facteur qui joue à moyen terme et qui se manifeste par des mouvements cycliques faisant alterner, sur plusieurs années, des phases d'expansion ou de récession. La périodicité de ces cycles n'est malheureusement pas constante : c'était le cas au XIXe siècle où les crises économiques survenaient pratiquement à intervalles réguliers (environ sept ans), mais la situation est très différente de nos jours. Plusieurs niveaux de conjoncture doivent d'autre part être envisagés : la conjoncture plus spécifique de marchés particuliers vient se superposer à la conjoncture nationale. On a pu parler ainsi du cycle du bâtiment ou du cycle du porc. La conjoncture est donc un facteur complexe qu'on ne pourra appréhender, dans le cadre des séries chronologiques, que de façon indirecte.

La composante saisonnière se rapporte à des fluctuations de périodicité *constante* égale au plus à l'année. Cette composante inclut les fluctuations saisonnières de périodicité annuelle :

— attribuables en premier lieu aux facteurs climatiques associés à l'alternance des saisons proprement dites, et dont l'impact est très net sur certains produits tels que le fuel domestique, la bière, les maillots de bains ou le matériel de ski;

— attribuables en second lieu à de multiples facteurs sociaux, économiques et culturels tels que les congés annuels, les fêtes religieuses ou le salon de l'auto.

Des fluctuations « saisonnières » de périodicité plus courte se rencontrent également au cours du mois ou de la semaine voire même de la journée. Il sera nécessaire de les prendre en considération dans le cadre de la prévision à très court terme.

Le *facteur résiduel* recouvre un ensemble hétérogène d'éléments que l'on regroupera en deux catégories selon qu'ils introduisent des perturbations *identifiables* et donc éliminables ou au contraire *aléatoires*. Dans la première catégorie on trouvera, entre autres, les effets

— de la structure calendaire : le nombre de jours ouvrables d'un mois donné varie d'une année sur l'autre;

— de la position des fêtes mobiles;

— des actions spéciales de l'entreprise ou des concurrents;

— de pannes, d'accidents;

— de variations climatiques au-delà des normes;

— d'événements sociaux, politiques ou culturels (élections, grèves, Jeux Olympiques, etc.).

Même en l'absence de ces différents facteurs, des perturbations aléatoires subsistent; on peut admettre que leur amplitude, généralement faible suit une loi normale de moyenne nulle.

2° Règles de composition des séries chronologiques.

La valeur observée à la date t de la variable étudiée, Y_t, est fonction des valeurs prises à cette même date par les diverses composantes : $Y_t = f(T_t, C_t, S_t, R_t)$. Deux schémas de composition principaux sont utilisés : le modèle additif et le modèle multiplicatif.

Dans le *modèle additif*, la valeur Y_t est la somme des valeurs prises par les différentes composantes :

$$Y_t = T_t + C_t + S_t + R_t,$$

où $S_t = S_{t+m}$ si le cycle saisonnier porte sur m périodes.

Dans ce modèle,
- chaque élément est mesuré dans la même unité que Y_t;
- si la variation saisonnière manifeste une périodicité de m périodes $\sum_{t=i+1}^{i+m} S_t = 0$: dans la mesure où la tendance représente la moyenne du phénomène, il faut que les variations saisonnières amenant Y_t au-dessus de la tendance soient compensées par des variations d'amplitude équivalente au-dessous[3];
- de façon plus générale, et pour la même raison, si la tendance a été correctement calculée, l'effet moyen à long terme de chacun des éléments C, S et R doit être nul.

On constate que, dans le modèle additif, l'effet d'une variation de l'une quelconque des composantes sur Y_t est indépendant de la valeur prise par les autres composantes. Si $S_i = 10$, par exemple, l'effet de la saison provoquera une augmentation de Y_t de 10 unités toutes les m périodes, quelles que soient la situation de la tendance, de la conjoncture et de l'aléa.

Dans le *modèle multiplicatif*, Y_t apparaît comme le produit des différentes composantes

$$Y_t = T_t \cdot C_t \cdot S_t \cdot R_t,$$

où Y_t est mesuré en unités (francs, tonnes, etc.) de même que la tendance; les autres facteurs sont intégrés dans le modèle sous la forme de coefficients multiplicateurs de type $S_t = (1 + s_t)$, où s_t est le pourcentage de variation due à la saison par exemple.

Le modèle multiplicatif peut être traduit sous forme additive si l'on utilise les logarithmes avec :

$$\text{Log } Y_t = \text{Log } T_t + \text{Log } C_t + \text{Log } S_t + \text{Log } R_t.$$

Dans la mesure où les fluctuations saisonnières doivent se compenser sur m périodes dans le modèle additif, il faut que

$$\sum_{t=i+1}^{i+m} \text{Log } S_t = 0.$$

3. On parle à cette occasion du « principe de conservation des aires ».

Ce qui revient à dire, puisque $\sum \text{Log}(S_t) = \text{Log}(\pi S_t)$, que le produit des coefficients saisonniers doit être égal à 1. En fait, la condition $\prod_{t=i+1}^{i+m} S_t = 1$, sera souvent approchée par la condition $\sum_{t=i+1}^{i+m} S_t = m$ [4].

Dans le modèle multiplicatif, les composantes ne sont plus indépendantes : l'effet saisonnier sera d'autant plus important en valeur absolue, que la tendance et la conjoncture seront élevées.

A priori aucun de ces deux modèles ne doit être déclaré supérieur à l'autre : il convient de les tester sur les données afin de repérer celui qui reproduit le mieux le phénomène considéré. Il faut noter également que des *formulations mixtes* peuvent être utilisées, comprenant une partie additive et une partie multiplicative.

§ 2. Traitement des séries chronologiques.

Traiter une série chronologique consiste à mettre en évidence ses différentes composantes à l'aide d'une procédure de décomposition donnée.

La technique la plus courante fait appel aux *moyennes mobiles* pour dégager l'évolution à moyen terme du phénomène, c'est-à-dire la combinaison de T et de C. Une fois cette opération réalisée, il devient possible de déterminer la valeur des *coefficients saisonniers*, de même que de la *composante résiduelle*.

1° Détermination de T × C par les moyennes mobiles.

Tableau 1. — Traitement d'une série chronologique.

Année	Trimestre	T.C.R.S.	MM	MMC	S.R.	$\overline{S}$	T.C.R.S./$\overline{S}$
1980	1	3 150				0,988	3 188
	2	3 200				1,012	3 162
			3 228				
	3	3 399		3 276	1,037	1,052	3 231
			3 324				
	4	3 162		3 386	0,933	0,948	3 335
			3 449				
1981	5	3 533		3 534	0,999	0,988	3 576
			3 619				
	6	3 700		3 687	1,003	1,012	3 656
			3 755				
	7	4 081		3 789	1,077	1,052	3 879
			3 824				
	8	3 704		3 862	0,959	0,948	3 907
			3 901				
1982	9	3 810		3 912	0,974	0,988	3 856
			3 923				
	10	4 007		3 950	1,014	1,012	3 959
			3 977				
	11	4 172		4 026	1,036	1,052	3 966
			4 074				
	12	3 918		4 132	0,948	0,948	4 133
			4 190				
1983	13	4 200		4 266	0,984	0,988	4 251
			4 342				
	14	4 468		4 409	1,013	1,012	4 415
			4 477				
	15	4 780				1,052	4 544
	16	4 459				0,988	4 513

4. En effet, quand s_i est petit, on peut approcher $\text{Log}(S_i) = \text{Log}(1 + s_i)$ par s_i. Dans ce cas, $\sum \text{Log}(S_i)$ est équivalent à $\sum s_i$. La condition $\sum \text{Log}(S_i) = 0$ devient alors $\sum (1 + s_i) = m$.

La troisième colonne du tableau 1 donne l'évolution trimestre par trimestre des ventes d'un produit de grande consommation, sur quatre ans, de 1980 à 1983. Il s'agit ici de données « brutes » qui reproduisent à la fois les effets de la tendance et de la conjoncture mais aussi des fluctuations saisonnières et accidentelles.

Si nous faisons la moyenne des chiffres d'une année entière, ce qui correspond ici à quatre données consécutives, nous éliminons les fluctuations saisonnières qui se compensent au sein de l'année, de même qu'une grande partie des fluctuations résiduelles : la moyenne ne contient donc que la tendance et la conjoncture, soit $\overline{Y} = T \cdot C$, si nous adoptons un schéma multiplicatif.

La technique de la moyenne mobile consiste à effectuer ce calcul de moyenne pour tout groupe de quatre données consécutives, c'est-à-dire pour les quatre premiers trimestres, puis pour les trimestres 2 à 5, 3 à 6 et ainsi de suite jusqu'aux quatre derniers. La valeur MM_t obtenue pour chacun de ces calculs est affectée à la date médiane, soit par exemple $t = 2,5$ pour le premier calcul, et $t = 3,5$ pour le second.

La moyenne de deux moyennes mobiles consécutives, appelée encore *moyenne mobile centrée* (MMC_t) est affectée au trimestre médian. Ainsi, la moyenne de $MM_{2,5}$ et de $MM_{3,5}$ nous donne MMC_3.

Graphique 1. — Détermination de T × C à l'aide des moyennes mobiles.

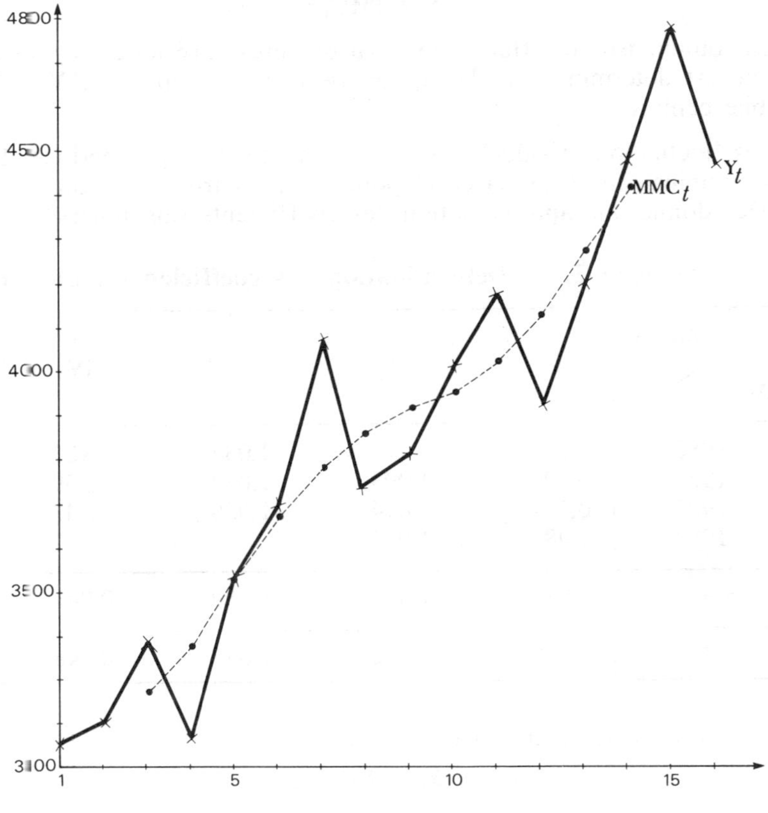

Lorsque le nombre de périodes saisonnières est impair, il n'est pas nécessaire de déterminer MMC_t, puisque la date médiane à laquelle on affecte MM_t est un trimestre entier.

Une autre procédure est utilisable lorsque le nombre de périodes saisonnières est pair avec $m=2n$: la moyenne mobile affectée au trimestre t est alors donnée par l'expression :

$$MM_t = \frac{1}{2n}\left[\frac{1}{2}Y_{t-n} + \sum_{i=-n+1}^{n-1} Y_{t+i} + \frac{1}{2}Y_{t+n}\right].$$

Il est facile de voir que nous retrouvons le même résultat qu'avec la moyenne mobile centrée.

Dans le tableau 1, la quatrième colonne indique la valeur de la moyenne mobile calculée sur quatre trimestres, et la cinquième donne MMC_t. Le graphique 1 montre que nous avons obtenu une courbe beaucoup plus lisse que celle qui correspond aux données de départ.

2° Détermination des coefficients saisonniers.

Dans la mesure où nous avons adopté un modèle multiplicatif, une fois les moyennes mobiles centrées évaluées, il devient possible d'écrire

$$Y_t = MMC_t \cdot S_t \cdot R_t$$

ou encore

$$Y_t / MMC_t = S_t \cdot R_t. \qquad (5)$$

La combinaison des fluctuations saisonnières et résiduelles pour un trimestre donné est déterminée par le rapport de la valeur observée Y_t à la moyenne mobile centrée.

Les fluctuations résiduelles se compensent sur longue période. La moyenne des combinaisons $(S_t \cdot R_t)$ correspondant à un trimestre donné sur plusieurs années donne une approximation des coefficients saisonniers.

Tableau 2. — Détermination des coefficients saisonniers.

Trimestre / Année	I	II	III	IV	
1980			1,037	0,933	
1981	0,999	1,003	1,077	0,959	
1982	0,974	1,014	1,036	0,948	
1983	0,984	1,013			
(S.R.)/3	0,986	1,010	1,050	0,947	3,993
S	0,988	1,012	1,052	0,948	4

5. Dans le cadre du modèle additif, on aurait :

$$Y_t - MMC_t = S_t + R_t.$$

Le tableau 2 reprend les combinaisons ($S_t \cdot R_t$) lues dans la colonne 4 du tableau 1 et en fait la moyenne. Le total des coefficients saisonniers ainsi calculés n'est pas exactement égal à 4, mais seulement à 3,993. Les coefficients saisonniers définitifs seront déterminés en pondérant par 4/3,993 chacune des moyennes ($S \cdot R$)/3.

La dernière colonne du tableau 1 donne les valeurs désaisonnalisées de la série chronologique, déterminées en divisant par les coefficients saisonniers les chiffres observés.

Cette nouvelle série peut être utilisée pour déceler les retournements de tendance, que les moyennes mobiles ne repèrent qu'avec un certain retard, compte tenu de leur mode de calcul.

3° Détermination des variations résiduelles.

Une fois les coefficients saisonniers S_t déterminés, l'évaluation des variations résiduelles s'effectue en prenant le rapport des combinaisons ($S_t \cdot R_t$) à S_t. C'est ce à quoi on a procédé dans le tableau 3.

Tableau 3. — Détermination des coefficients résiduels.

Trimestre / Année	I	II	III	IV
1930			0,986	0,984
1931	1,011	0,991	1,024	1,012
1932	0,986	1,002	0,985	1,000
1933	0,996	1,001		

Comme il a été indiqué plus haut, les variations résiduelles comprennent à la fois des fluctuations aléatoires et les effets identifiables de différents événements parmi lesquels certains auront pu être éliminés d'emblée avant tout calcul de moyenne mobile (effets dus à la variation de la structure calendaire ou encore imputables aux fêtes mobiles).

L'examen des résidus pendant les périodes « normales »[6], c'est-à-dire les périodes où aucun événement exceptionnel n'est venu perturber les résultats, permet de déterminer les paramètres de la loi que suivent les variations aléatoires. Si l'on admet que ces variations suivent une loi normale, il est possible de déterminer le nombre d'écarts-types qu'il n'y a qu'une certaine probabilité de dépasser[7]. Toute valeur des résidus au-delà de cette norme devrait être attribuée à d'autres facteurs que les variations aléatoires.

Ainsi, la comparaison des résidus normaux avec ceux qui ont été effectivement observés donne une évaluation de l'effet d'événements exceptionnels, en particulier des « actions spéciales » de l'entreprise ou des concurrents.

---

6. La notion de période « normale » est très subjective. Mais tout spécialiste d'un secteur d'activité doit être capable, concrètement, d'apprécier si la période étudiée a connu ou non des événements exceptionnels susceptibles d'avoir des effets significatifs.

7. Par exemple, il y a seulement cinq chances sur cent qu'un résidu normal dépasse 1,96 écart-type.

SECTION 2. MODÈLES DE PRÉVISION A LONG TERME

Les modèles de prévision à long terme ont pour objet la détermination de la tendance que suit un phénomène particulier sur longue période. La projection de cette tendance dans le futur permet d'apprécier quel sera le niveau moyen de ce phénomène à plus ou moins longue échéance.

Déterminer la tendance à partir des observations passées demande de les débarrasser de toutes les perturbations transitoires qui masquent la loi d'évolution fondamentale. Les techniques de régression sont particulièrement adaptées à cette tâche.

De façon générale, les techniques de régression visent à établir une relation entre une variable quantitative Y, dite variable dépendante, et ces variables quantitatives $X_1, \ldots, X_n$, dites explicatives. Cette relation permet d'expliquer la valeur de Y à l'aide des valeurs prises par $X_1, \ldots, X_n$.

Dans le cas de la régression linéaire simple (§ 1), la relation cherchée est de type $Y = aX + b$: il s'agit donc d'un modèle très élémentaire mais qui peut facilement être généralisé. Les schémas les plus classiques d'évolution des phénomènes économiques à long terme font appel, en effet, à des représentations plus complexes, soit dans le cadre de modèles endogènes (§ 2), soit dans celui de modèles exogènes (§ 3).

§ 1. La régression linéaire simple.

Afin d'illustrer les principaux aspects de la régression linéaire simple, nous utiliserons un exemple de mesure de l'efficacité de la force de vente : au cours d'un mois donné, le représentant d'une société commercialisant du matériel de bureau a visité 56 entreprises réparties dans sept départements. Le tableau 4 indique, département par département, le nombre de visites réalisées de même que les commandes enregistrées pendant la période correspondante mesurées en milliers de francs.

Tableau 4. — Mesure de l'efficacité de la force de vente.

Département *(i)*	Nombre de visites (X_i)	Commandes (Y_i)
1	2	23
2	3	27
3	5	28
4	9	39
5	10	39
6	12	45
7	15	51
Total.	$\Sigma X_i = 56$	$\Sigma Y_i = 252$
Moyenne	$\overline{X} = 8$	$\overline{Y} = 36$

Le graphique 2 où les commandes figurent en ordonnées et le nombre de visites en abscisses, montre que le nuage des points représentatifs des départements est approximativement assimilable à une droite. La détermination des paramètres de cette droite fournirait une évaluation :

— des commandes que l'on obtiendrait en l'absence de toute visite (ordonnée à l'origine);
— des commandes additionnelles associées à une visite supplémentaire (pente de la droite).

Graphique 2. — Relation entre les commandes et le nombre de visites de représentants.

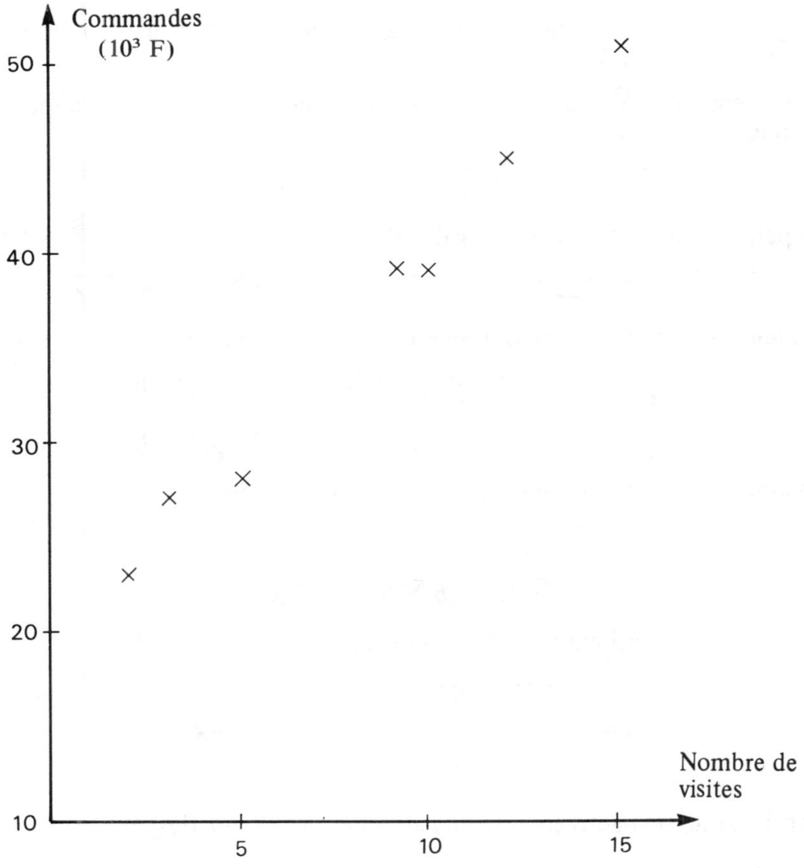

Dans le cas présent, il serait assez facile de tracer une droite représentant correctement le phénomène, même sans faire appel à des techniques très scientifiques, dans la mesure où les points sont presque alignés. Dans les situations moins évidentes, la *technique des moindres carrés* permet de définir la droite qui ajuste le mieux les points observés. L'ajustement étant rarement parfait, il faut par la suite évaluer la *qualité de la représentation* de même que son *degré de fiabilité* avant d'utiliser le modèle à des fins de *prévision.*

1° Technique des moindres carrés.

Lorsque les données observées sont ajustées à l'aide d'une droite, deux valeurs de la variable dépendante Y peuvent être définies pour toute valeur enregistrée de la variable explicative $X = X_i$:

— la valeur observée Y_i;

— la valeur estimée par le modèle, $\widehat{Y}_i = aX_i + b$.

La droite qui ajuste le mieux le nuage de points sera définie comme la droite pour laquelle les écarts $(Y_i - \widehat{Y}_i)$ sont globalement les plus faibles possibles. La valeur globale de ces écarts est mesurée par la somme des carrés des différences entre les valeurs observées et les valeurs estimées, soit :

$$E^2 = \sum (Y_i - \widehat{Y}_i)^2.$$

Il s'agit, dans ces conditions, de déterminer les paramètres a et b de la droite qui minimisent E^2.

Si l'on remplace $\widehat{Y}$ par l'expression qui a permis de le déterminer, nous avons, pour n observations :

$$E^2 = \sum_{i=1}^{n} (Y_i - aX_i - b)^2$$

ce qui peut également s'écrire, en développant :

$$E^2 = \sum Y^2 + a^2 \sum X^2 + nb^2 - 2a \sum XY - 2b \sum Y + 2ab \sum X.$$

La valeur de a et de b sera obtenue par la résolution du système d'équations

$$\begin{cases} \partial E^2/\partial a = 2a \sum X^2 - 2 \sum XY + 2b \sum X = 0 \\ \partial E^2/\partial b = 2nb \quad - 2 \sum Y \quad + 2a \sum X = 0, \end{cases}$$

soit encore du système d'*équations normales* suivantes :

$$\begin{cases} \sum Y \ = nb \quad + a \sum X \\ \sum XY = b \sum X + a \sum X^2. \end{cases}$$

Les paramètres optimaux de la droite de régression sont donc

$$a = \frac{\sum XY - n\overline{X}\,\overline{Y}}{\sum X^2 - n\overline{X}^2}, \qquad b = \overline{Y} - a\overline{X},$$

où $\overline{X}$ et $\overline{Y}$ sont, respectivement, la moyenne des X_i et des Y_i.

Les colonnes (1) à (5) du tableau 5 détaillent les calculs nécessaires pour obtenir a qui s'élève ici à 2,12. On notera que le même résultat aurait pu être trouvé en faisant le rapport du chiffre moyen de la colonne (9), qui donne la covariance entre X et Y, au chiffre moyen de la colonne (7) qui donne la variance des X. En effet, a est également défini par

$$a = \frac{\mathrm{Cov}(X, Y)}{\mathrm{Var}(X)} = \frac{(1/n) \sum (X_i - \overline{X})(Y_i - \overline{Y})}{(1/n) \sum (X_i - \overline{X})^2}.$$

Tableau 5. — Calcul des paramètres de la droite de régression.

i (1)	X_i (2)	Y_i (3)	X_iY_i (4)	X_i^2 (5)	$X_i - \overline{X}$ (6)	$(X_i - \overline{X})^2$ (7)	$Y_i - \overline{Y}$ (8)	$(X_i - \overline{X})(Y_i - Y)$ (9)
1	2	23	46	4	− 6	36	− 13	78
2	3	27	81	9	− 5	25	− 9	45
3	5	28	140	25	− 3	9	− 8	24
4	9	39	351	81	1	1	3	3
5	10	39	390	100	2	4	3	6
6	12	45	540	144	4	16	9	36
7	15	51	765	225	7	49	15	105
Total	56	252	2 313	588	0	140	0	297
Moy.	8	36	330,4	84	0	20	0	42,4

$$a = \begin{cases} \dfrac{\sum XY - n\overline{X}\,\overline{Y}}{\sum X^2 - n\overline{X}^2} = \dfrac{2\,313 - (7)(8)(36)}{588 - (7)(64)} = 2{,}12 \\[2ex] \dfrac{\mathrm{Cov}(X, Y)}{\mathrm{Var}(X)} = \dfrac{\sigma_{XY}}{\sigma_X^2} = \dfrac{42{,}4}{20} = 2{,}12 \end{cases}$$

$$b = \overline{Y} - a\overline{X} = 36 - (2{,}12)(8) = 19.$$

Compte tenu de la valeur du paramètre b, égal à 19, l'équation de la droite qui représente le mieux les relations entre le nombre de visites X et le montant des commandes Y est

$$Y = 2{,}12X + 19.$$

Ce résultat peut être interprété de la façon suivante :

— en l'absence de visite, le montant des commandes d'un département s'élèverait à 19 000 F;

— chaque visite d'un représentant amène une masse de commandes supplémentaires d'environ 2 120 F.

Mais pour que de telles conclusions puissent être énoncées, il convient de s'assurer de la qualité de la représentation du phénomène par le modèle.

2° Qualité de la représentation.

Plusieurs tests sont utilisables pour déterminer la qualité de la représentation. Ces tests sont centrés autour de deux questions :

— dans quelle mesure le phénomène est-il bien représenté par la droite qui vient d'être définie?

— dans quelle mesure peut-on faire confiance aux coefficients a et b du modèle?

A. Validité globale du modèle.

En construisant le modèle de régression nous avons supposé que Y dépendait de X. Il convient de tester cette hypothèse en la comparant avec l'hypothèse nulle selon laquelle Y est indépendant de X, c'est-à-dire que quelle que soit la valeur de X, nous obtenons toujours approximativement la même valeur de Y.

Avec l'hypothèse nulle, nous prédisons une vente par département de 36, niveau moyen de Y, ce qui est très erroné, puisque les ventes varient en fait de 23 à 51. Avec l'hypothèse « Y dépend de X », nous obtenons des prévisions plus proches de la réalité. Il s'agit de voir si cette seconde hypothèse améliore suffisamment la prévision pour pouvoir rejeter l'hypothèse nulle

L'étude des erreurs se trouve ainsi au centre de l'analyse de la qualité de la représentation, aussi bien dans le cas des coefficients de détermination et de corrélation que du test F.

1. Lois des écarts.

La loi des écarts permet de relier l'erreur associée à l'hypothèse nulle et l'erreur associée à l'hypothèse « Y dépend de X ».

L'erreur attachée à l'hypothèse nulle est mesurée par la *dispersion totale* des Y_i, c'est-à-dire par la somme des carrés des écarts des Y_i par rapport à la moyenne $\overline{Y}$:

$$\text{dispersion totale} = \sum (Y_i - \overline{Y})^2.$$

Dans le cas étudié, l'erreur de l'hypothèse nulle s'élève à 638 (voir tableau 6).

Tableau 6. — Évaluation des écarts et du coefficient de détermination.

Observation	X_i	Y_i	$\hat{Y}_i$	$Y_i - \overline{Y}$	$(Y_i - \overline{Y})^2$	$\hat{Y}_i - \overline{Y}$	$(\hat{Y}_i - \overline{Y})^2$	$\hat{Y}_i - Y_i$	$(\hat{Y}_i - Y_i)^2$
1	2	23	23,27	– 13	169	–12,73	162	0,27	0,07
2	3	27	25,39	– 9	81	–10,61	112,57	– 1,61	2,59
3	5	28	29,64	– 8	64	– 6,36	40,45	1,64	2,69
4	9	39	38,12	3	9	2,12	4,49	– 0,88	0,77
5	10	39	40,24	3	9	4,24	17,98	1,24	1,54
6	12	45	44,49	9	81	8,49	72,08	– 0,51	0,26
7	15	51	50,85	15	225	14,85	220,52	– 0,15	0,02
Total.					638		630,09		7,94

L'erreur attachée à la seconde hypothèse, ou encore *dispersion résiduelle* est donnée par E^2, somme des carrés des écarts entre les observations Y_i et les valeurs estimées $\hat{Y}_i$ par le modèle :

$$\text{dispersion résiduelle} = (\hat{Y}_i - Y_i)^2.$$

Dans le tableau 6, il apparaît que l'erreur associée au modèle est très faible avec $E^2 = 7{,}9$.

La différence entre la dispersion totale et la dispersion résiduelle correspond à la *dispersion expliquée* par le modèle de régression, compte tenu du fait que

$$(Y_i - \overline{Y}^2) = (\widehat{Y}_i - \overline{Y})^2 + (\widehat{Y}_i - Y_i)^2$$

relation connue sous le nom de loi des écarts, nous pouvons écrire :

$$\text{dispersion expliquée} = (\widehat{Y}_i - \overline{Y})^2.$$

Pour le problème considéré, la dispersion expliquée s'élève à 630,09.

2. Coefficients de détermination et de corrélation.

Un premier indicateur de qualité de la représentation consiste à mettre en relation la dispersion expliquée par le modèle et la dispersion totale des données : *le coefficient de détermination* R^2 mesure le pouvoir explicatif du modèle en évaluant le pourcentage de l'information restituée par le modèle par rapport à la quantité d'information initiale :

$$R^2 = \frac{\text{dispersion expliquée}}{\text{dispersion totale}} = \frac{\sum (\widehat{Y}_i - \overline{Y})^2}{\sum (\widehat{Y}_i - \overline{Y})^2}.$$

Avec les données du tableau 6, il apparaît que le modèle $Y = 2{,}12X + 19$ restitue 98,7 % de l'information totale.

Le coefficient de corrélation est R, racine carrée du coefficient de détermination. C'est l'indicateur le plus couramment employé.

On peut le calculer à l'aide de plusieurs formules différentes. En premier lieu, d'après la définition qui vient d'être donnée, nous avons :

$$R = \sqrt{\frac{\sum (\widehat{Y}_i - \overline{Y})^2}{\sum (\widehat{Y}_i - \overline{Y})^2}}.$$

On montre que R est obtenu également à l'aide des formules suivantes, où σ_X et σ_Y représentent les écarts-type respectivement des X_i et des Y_i :

$$R = \frac{\sigma_{XY}}{\sigma_X \sigma_Y} \quad \text{et} \quad R = a\,\frac{\sigma_X}{\sigma_Y}.$$

Racine carrée de R^2, c'est-à-dire d'un chiffre au plus égal à 1, R a une valeur absolue également au plus égale à 1. R est positif (covariance ou coefficient de régression a positifs) ou négatif (cas inverse). R est donc compris entre -1 et $+1$.

Un R très élevé en valeur absolue concrétise une relation linéaire étroite entre X et Y croissante si R est positif et décroissante, si R est négatif. Dans le cas étudié, $R = 0{,}994$ ce qui indique une relation linéaire presque parfaite sur les données observées[8]. Une valeur de R faible en termes absolus

8. Obtenu sur un échantillon de dimensions réduites, R devrait être rectifié. La formule suivante est utilisée, où k est le nombre de variables explicatives et n le nombre de données :

$$R = 1 - \frac{\text{Dispersion résiduelle}}{\text{Dispersion totale}}\,\frac{n-1}{n-k-1}.$$

Le caractère significatif de la valeur R trouvée peut également être testée à l'aide de la table de Snédécor-Wallace.

caractérise une absence de relation linéaire entre X et Y, mais pas nécessairement l'absence de liaison entre les variables.

3. Test F.

La valeur du coefficient de corrélation est calculée à partir des données disponibles, les résultats de sept départements dans notre problème. Les observations constituent un échantillon pris au sein de la « population » des relations vraies entre X et Y. Il paraît bien évident qu'il faut tenir compte de la taille de cet échantillon. Un coefficient de corrélation très élevé, mais obtenu sur peu de données est moins significatif qu'un coefficient plus faible, mais déterminé sur un grand nombre de données. A la limite, si nous n'avions que deux observations, R serait égal à 1, mais aucune conclusion ne saurait en être déduite.

Le test F (analyse de la variance) permet d'intégrer la taille de l'échantillon dans l'appréciation de la qualité de la représentation :

$$F = \frac{\dfrac{\sum (\hat{Y}_i - \overline{Y})^2}{k}}{\dfrac{\sum (\hat{Y}_i - Y)^2}{n-k-1}} = \frac{\text{Dispersion expliquée moyenne}}{\text{Dispersion résiduelle moyenne}},$$

où k est le nombre de variables explicatives ($k=1$, ici) et n le nombre d'observations ($n=7$).

Dans notre problème, $F=395$. Cette valeur doit être comparée à celle qui est lue dans une table de Fisher-Snédécor[9] pour $k=1$ degré de liberté au numérateur et $n-k-1$ à un seuil de confiance α.

Pour $\alpha=0{,}01$, la valeur F théorique lue dans la table est de 16,26. Il n'y a ainsi qu'une chance sur 100 de trouver un F observé supérieur à 16,26 lorsque, dans la population totale des observations possibles, aucune relation n'existe entre X et Y. Nous sommes ici parfaitement en droit d'admettre la relation linéaire entre X et Y, puisque le F calculé est largement supérieur au F théorique (*cf.* tableau 7).

Tableau 7. — Analyse de la variance pour la régression (test F).

	Degrés de liberté	Somme des carrés	Carrés moyens	F
Régression . . .	$k=1$	630,09	630,09	396
Erreur	$n-k-1=5$	7,94	1,59	
Total	$n-1=6$	638		
$F_{0,01} = 16{,}26$				

9. Voir annexes.

B. Validité des coefficients.

Les tests précédents permettent d'avoir une idée de la validité de la régression dans son ensemble. Il importe de connaître également la validité des coefficients du modèle, c'est-à-dire de a dans le cas de la régression linéaire simple.

Cette validité est vérifiée par le biais du test t et à travers le calcul *d'intervalles de confiance.*

On définit *l'erreur standard sur a* comme

$$S_a = \frac{S_{XY}}{\sqrt{\sum X^2 - n\overline{X}^2}},$$

où S_{YX} est l'écart-type des erreurs du modèle avec[10] :

$$S_{YX} = \sqrt{\frac{\sum (Y_i - \widehat{Y}_i)^2}{n-2}}.$$

A partir des chiffres des tableaux 5 et 6, il apparaît que

$$S_a = 1{,}26/11{,}83 = 0{,}106.$$

Si l'on admet que les valeurs à estimer à partir de différents échantillons d'observations suivent une loi de Student d'écart-type S_a, nous pouvons évaluer la probabilité que la valeur a vraie soit différente de zéro.

$$t = \frac{a-0}{S_a} = \frac{a}{S_a}$$

nous donne le nombre d'écarts-types qui séparent la valeur observée de 0. t mesure ainsi le degré de rareté, dans une population où la valeur vraie de a est 0, d'échantillons d'observations pour lesquels $a = a^o$ (ici $a^0 = 2{,}12$).

Dans notre exemple, $t = 2{,}12/0{,}106 = 20$, ce qui comparé au chiffre lu sur la table de Student pour $n - k - 1$ degrés de liberté (3,37 avec un seuil de confiance de 0,01) paraît très significatif[11].

L'intervalle de confiance de a est obtenu selon une procédure voisine. Si t_α est le nombre d'écarts-types correspondant au seuil de confiance α, il y a une probabilité $(1-\alpha)$ que la valeur vraie de a soit comprise dans l'intervalle

$$[a - t_{\alpha/2}S_a; \quad a + t_{\alpha/2}S_a].$$

Il y a ainsi 99 % de chances que la valeur vraie de a de notre problème soit comprise dans l'intervalle,

$$[2{,}12 - 4(0{,}106); \quad 2{,}12 + 4(0{,}106)],$$

puisque $t_{0,005} = 4$ pour 5 degrés de liberté.

---

10. La somme des carrés des erreurs est divisée par $n - 2$ qui représente le nombre de degrés de liberté dans le calcul des écarts à la moyenne pour un petit échantillon d'observations.

11. Voir annexes.

3° Fiabilité de la représentation.

En ajustant le nuage de points représentatifs des différents départements par une droite, nous avons admis implicitement que la relation vraie liant X et Y était du type

$$Y_i = aX_i + b + e_i \qquad (i = 1, 2, \ldots, 7)$$

où e_i est un terme d'erreur aléatoire respectant les conditions suivantes :

— e_i est une variable aléatoire normale de moyenne nulle,
— e_i est indépendant de e_k : aucune corrélation n'existe entre les résidus,
— e_i est indépendant de X_i : aucune corrélation ne peut être trouvée entre le terme d'erreur et la valeur de la variable.

Il convient de vérifier si ces conditions sont bien respectées, en particulier les deux dernières.

Lorsqu'il y a *autocorrélation* entre les résidus, les erreurs ne sont plus indépendantes :

— l'autocorrélation positive caractérise une situation où

$$e_i > 0 \implies e_{i+1} > 0$$
$$e_i < 0 \implies e_{i+1} < 0.$$

Un tel phénomène est enregistré par exemple sur le graphique 3 *a*).

— L'autocorrélation négative caractérise les situations où

$$e_i > 0 \implies e_{i+1} < 0$$
$$e_i < 0 \implies e_{i+1} > 0.$$

Le graphique 3 *b* montre un tel cas.

L'apparition d'un certain degré d'autocorrélation entre les erreurs peut indiquer que le modèle a été mal spécifié, omettant par exemple d'intégrer une variable explicative importante.

Le test de Durbin-Watson permet de repérer le degré d'autocorrélation des résidus : il demande de calculer

$$d = \frac{\Sigma (e_i - e_{i+1})^2}{\Sigma e_i^2}.$$

Une valeur de *d* proche de 2 manifeste l'absence d'autocorrélation, alors qu'une valeur faible correspond à une situation d'autocorrélation positive et une valeur élevée à une situation d'autocorrélation négative.

L'hétéroscédasticité est un phénomène lié au fait que la variance des erreurs n'est pas constante sur l'ensemble des observations, mais au contraire dépend de X_i. C'est ce qui se produit par exemple si l'erreur est de plus en plus importante en valeur absolue pour des valeurs plus élevées de X_i, comme on le voit sur le graphique 4.

L'apparition de tels phénomènes altère la fiabilité des tests présentés plus haut. Lorsqu'ils se produisent, la formulation du modèle doit être revue.

Graphique 3. — Problèmes d'autocorrélation.

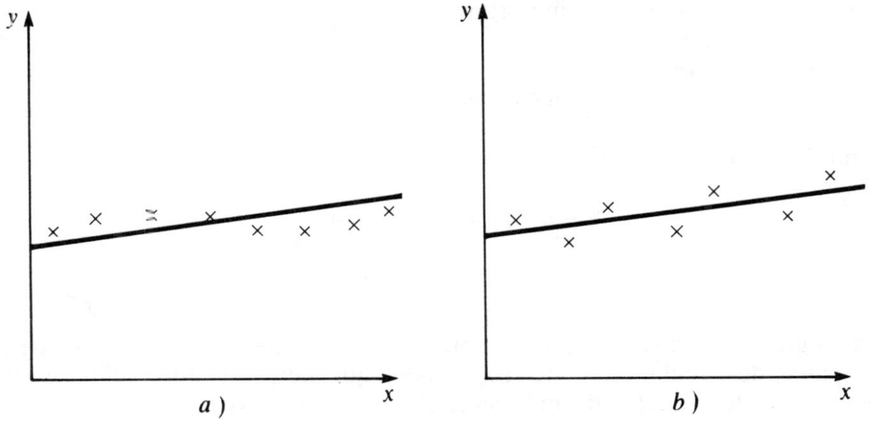

Graphique 4. — Problèmes d'hétéroscédasticité.

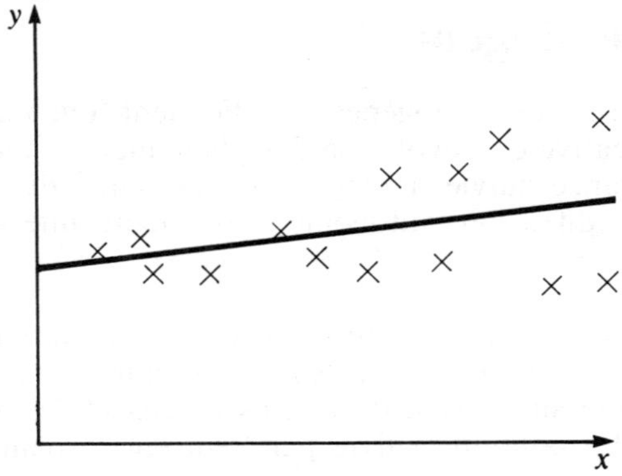

4° Utilisation du modèle à des fins de prévision.

Un modèle de régression est construit dans le but d'expliquer à partir des observations dans quelles conditions se détermine la valeur de la variable dépendante, mais aussi de prévoir les valeurs futures de cette variable. Dans le problème étudié, il s'agirait de prévoir quelle serait l'importance des commandes pour un nombre de visites de représentants donné. Ceci peut être réalisé en donnant à X, dans le modèle, la valeur choisie. Ainsi, $X=20$ visites devraient amener, selon le modèle, 61 400 F de commandes en moyenne, puisque

$$61{,}4=2{,}12(20)+19.$$

En fait, il faut tenir compte de ce que le modèle a été construit à partir d'un échantillon de données et qu'il existe de toute façon un certain aléa sur les relations entre X et Y. La prévision de Y doit s'accompagner de la définition d'un intervalle de confiance : à un seuil de confiance α, la valeur vraie de Y pour $X=X^0$ est comprise dans l'intervalle

$$\left[\hat{Y}_{X^0}-t_{\alpha/2}S_{YX}\sqrt{\frac{1}{n}+\frac{(X^0-\overline{X})^2}{\sum X^2-n\overline{X}^2}};\quad \hat{Y}_{X^0}+t_{\alpha/2}S_{YX}\sqrt{\frac{1}{n}+\frac{(X^0-\overline{X})^2}{\sum X^2-n\overline{X}^2}}\right]$$

où, on le rappelle, S_{YX} est l'écart-type des erreurs du modèle. L'intervalle de confiance est d'autant plus important que

— S_{YX} est élevé;
— n est faible;
— X_i est éloigné de la moyenne.

Pour $X^0 = 20$ et $\alpha = 0{,}01$,

$$Y = 61{,}4 \pm 4\,(1{,}26)\sqrt{\frac{1}{7} + \frac{12^2}{140}},$$

soit

$$Y = 61{,}4 \pm 5{,}9.$$

La régression linéaire simple nous a permis de présenter les aspects principaux des techniques de régression qui peuvent être utilisées dans l'élaboration de modèles de prévision endogènes ou exogènes.

§ 2. Les modèles endogènes.

Les modèles de prévision endogènes ne retiennent fondamentalement qu'une seule variable explicative de l'évolution des phénomènes étudiés : l'écoulement du temps. La tendance suivie à long terme est ainsi décrite sous la forme d'un processus de diffusion autonome, possédant une certaine force de dynamique interne.

Les modèles de cycle de vie, très utilisés en marketing, appartiennent à cette catégorie. L'évolution des ventes du produit au cours du temps est présentée comme une succession de phases obligées : lancement, croissance, maturité, déclin[12]. La politique suivie par l'entreprise peut moduler ce cycle de vie; il n'en reste pas moins qu'une partie importante des ventes dépend de l'âge du produit.

Dans la mesure où une seule variable explicative intervient, il est toujours possible de recourir à la régression linéaire simple, avec des modèles du type $Y = a \cdot t + b$. Le plus souvent cependant, une telle représentation sera insuffisante, ce qui amènera à employer des formulations non-linéaires.

1° Utilisation du schéma linéaire.

Le tableau 8 reproduit le chiffre d'affaires d'une entreprise réalisé au cours des années 1977 à 1983. L'évolution constatée est pratiquement linéaire en fonction du temps. Il paraît ici admissible de représenter $Y = f(t)$ sous la forme d'une fonction linéaire.

L'ajustement des observations par une fonction linéaire suit la même procédure que celle qui a été présentée au paragraphe précédent, en remplaçant X par la date d'enregistrement de l'observation.

12. Sur la notion de cycle de vie, *cf.* C. MARTIN : *Gestion du produit et stratégie des débouchés*, Bordas, 1972; F. PAGNY, *La stratégie des produits dans l'entreprise*, Dunod, 1971.

L'application de la méthode des moindres carrés (*cf.* tableau 9) donne le modèle suivant :

$$Y_t = 15{,}2t + 209{,}2,$$

avec $t = 0$ pour 1977.

Le coefficient de régression 15,2 indique que le CA de l'entreprise progresse en moyenne de 15,2 millions par an.

Tableau 8. — Évolution du chiffre d'affaires.

Année	Chiffre d'affaires (10^6 F)
1977	209
1978	224
1979	241
1980	254
1981	272
1982	284
1983	301

Tableau 9. — Application de la méthode des moindres carrés aux données du tableau 8.

Année	t	Y_t	$t\,Y_t$	t^2
1977	0	209	0	0
1978	1	224	224	1
1979	2	241	482	4
1980	3	254	762	9
1981	4	272	1 088	16
1982	5	284	1 420	25
1983	6	301	1 806	36
Total	21	1 785	5 782	91
Moyenne	3	255		

$$a = \frac{\sum t \cdot Y_t - n \cdot \bar{t} \cdot \bar{Y}}{\sum t^2 - n\bar{t}^2} = \frac{5\,782 - (7)(3)(255)}{91 - (7)(9)} = 15{,}2$$

$$b = \bar{Y} - a \cdot \bar{t} = 255 - (15{,}2)(3) = 209{,}2.$$

L'ordonnée à l'origine donne le CA théorique à l'origine des temps, ici 1977.

L'utilisation du modèle qui vient d'être établi à des fins de prévision, comme d'ailleurs de tous les modèles endogènes en général, demande de prendre un certain nombre de précautions :

— En période d'inflation les *données monétaires* de différentes années ne sont pas directement comparables. Il faut travailler en termes d'unité monétaire constante pour éviter d'assimiler une hausse des prix à une augmentation du volume d'activité.

— Le modèle a été construit à partir *d'observations passées*, c'est-à-dire au cours de périodes caractérisées par un certain contexte économique et commercial. Toute projection dans le futur demande de bien s'assurer que ce contexte n'évoluera pas suffisamment pour modifier la nature de la relation enregistrée.

— Dans le cadre des *séries chronologiques,* les phénomènes d'autocorrélation et d'hétéroscédasticité sont fréquents si l'on opère sur les données brutes. Les tests statistiques qui ont été développés plus haut risquent alors de ne plus être applicables. Il faut transformer les données, par exemple utiliser les variations d'une année sur l'autre, ou introduire d'autres variables explicatives.

2° Principaux schémas endogènes à long terme.

Dans la plupart des cas, le modèle linéaire ne fournit qu'une approximation de l'évolution des phénomènes et ceci seulement sur certains intervalles. Chacune des phases du cycle de vie peut être assimilée à un segment de droite de pente différente. Mais la succession de plusieurs phases du cycle correspond à une évolution non-linéaire, pour laquelle d'autres modèles doivent être utilisées.

Certaines formulations permettent d'intégrer deux phases successives du cycle. En particulier :

— le schéma parabolique (phases de lancement et de croissance),

— le schéma exponentiel modifié (phases de croissance et de maturité).

D'autres formulations intègrent l'ensemble du cycle, telles que :

— le schéma logistique,

— le schéma de Gompertz.

A. Évolution selon une fonction parabolique.

L'utilisation d'une fonction parabolique permet de représenter l'évolution d'un phénomène progressant de plus en plus rapidement, en valeur absolue, au cours du temps, comme le montre le graphique 5 *a*).

Graphique 5. — Schémas d'évolution à long terme.

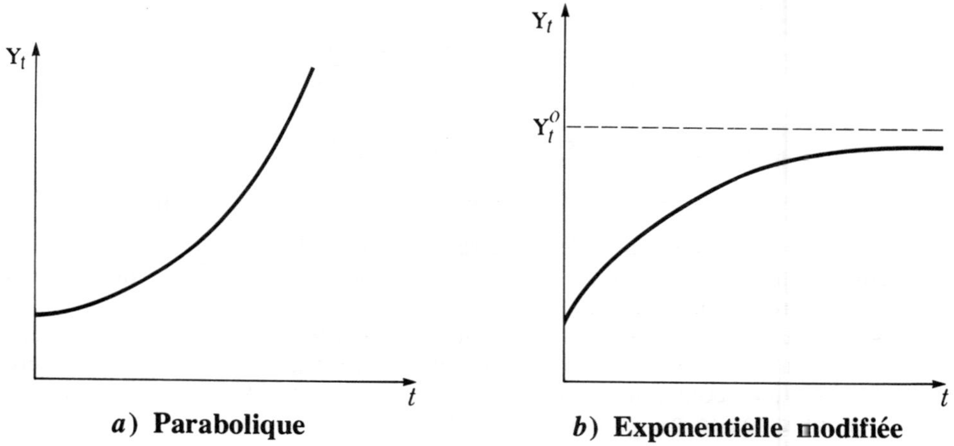

a) **Parabolique** *b*) **Exponentielle modifiée**

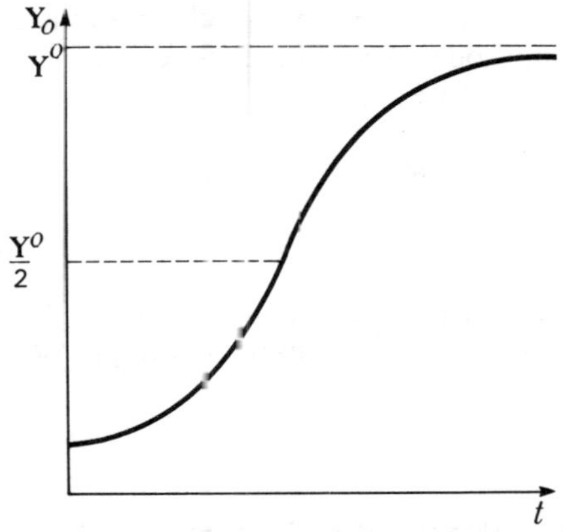

c) **Logistique**

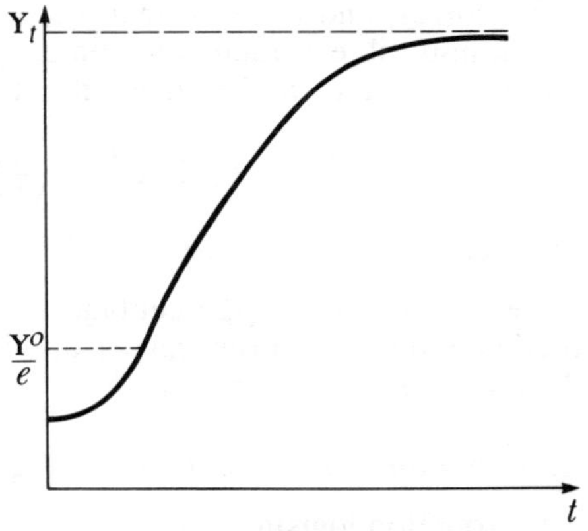

d) **Gompertz**

Le modèle employé pour ajuster les observations s'écrit alors

$$Y_t = a + b \cdot t + c \cdot t^2.$$

L'évaluation des coefficients *a*, *b* et *c* peut être réalisée par application de la méthode des moindres carrés : il s'agit, à nouveau, de déterminer la fonction telle que la somme des carrés des écarts entre les valeurs estimées et les valeurs observées soit la plus faible possible, c'est-à-dire telle que

$$E^2 = (Y_t - a - b \cdot t - c \cdot t^2)^2$$

soit minimum.

L'annulation des dérivées partielles de E^2 par rapport à *a*, *b* et *c* donne trois équations normales à trois inconnues :

$$\sum Y = na \quad + b \sum X + c \sum X^2$$

$$\sum XY = a \sum X + b \sum X^2 + c \sum X^3$$

$$\sum X^2Y = a \sum X^2 + b \sum X^3 + c \sum X^4.$$

De même que dans le schéma linéaire, la résolution de ce système d'équations fournit la valeur des coefficients de la fonction.

B. Évolution selon une fonction exponentielle modifiée.

La fonction exponentielle modifiée est une fonction de la forme :

$$Y_t = Y^0(1 - b \cdot e^{-at}).$$

Comme le montre le graphique 5, *b*), qui correspond à un cas où *b* et *a* sont positifs, ce schéma correspond à une croissance ralentie et à la limite à une saturation du phénomène étudié.

On remarque que

$$Y_t \xrightarrow[t \to \infty]{} Y^0.$$

Y^0 correspond ainsi au marché potentiel du produit. Si ce marché potentiel est connu, il est facile d'estimer par la méthode des moindres carrés les coefficients a et b. En effet, il est possible d'écrire

$$\text{Log}\left(1-\frac{Y_t}{Y^0}\right)=-a\cdot t+\text{Log}\ b,$$

ou encore $$Y'=-a\cdot t+b'.$$

Le logarithme du pourcentage de potentiel non touché est linéaire en t. La méthode des moindres carrés appliquée à cette dernière expression permet d'évaluer a et b' et par là, b.

C. Évolution selon une fonction logistique.

La fonction logistique intègre successivement des phases de croissance lente, de croissance rapide et de croissance ralentie vers un niveau de saturation qui correspond, à nouveau, au marché potentiel du produit (*cf.* graphique 5, *c*))[13].

Cette fonction est de la forme :

$$Y_t=\frac{Y^0}{1+e^{a-bt}},$$

où Y^0 est le marché potentiel du produit : quand $t \longrightarrow \infty$, $Y_t \longrightarrow Y^0$.

Y^0 peut recevoir une évaluation approximative à partir de la lecture du graphique. Le point d'inflexion de la courbe, dans le cas de la fonction logistique, a une ordonnée égale à $Y^0/2$.

Les coefficients a et b sont obtenus par la méthode des moindres carrés appliquée à l'expression

$$\text{Log}\left(\frac{Y^0}{Y_t}-1\right)=a-b\cdot t$$

qui est linéaire en t.

D. Évolution selon une fonction de Gompertz.

La fonction de Gompertz

$$Y_t=Y^0\cdot e^{-bc^t}$$

donne également une évolution en forme de S vers un niveau de saturation Y^0 (*cf.* graphique 5 *d*)).

La valeur de Y^0 se déduit du graphique. Le point d'inflexion de la courbe est atteint à un niveau d'ordonnée Y^0/e. Les coefficients a et b sont déterminés par application de la méthode des moindres carrés à l'expression suivante :

$$\text{Log}\left(\text{Log}\ \frac{Y^0}{Y_t}\right)=(\text{Log}\ c)\cdot t+\text{Log}\ b.$$

13. La fonction logistique comme la fonction de Gompertz permettent de représenter l'évolution du parc d'un produit durable ou l'évolution des ventes cumulées d'un produit non durable : dans ce dernier cas, toutes les phases du cycle de vie sont représentées.

§ 3. Les modèles exogènes.

Les modèles exogènes ont pour but d'expliquer les valeurs observées d'une variable à partir des valeurs prises par d'autres variables.

Ce type de modèle peut ainsi mettre en correspondance plusieurs séries chronologiques : les ventes d'un produit enregistrées à différentes périodes (Y_t) dépendent par exemple, en plus du phénomène de diffusion autonome déjà abordé plus haut, des dépenses publicitaires enregistrées au cours de ces mêmes périodes (A_t), du revenu des consommateurs (R_t) et du prix du produit (P_t). Dans la mesure où les variables explicatives sont plus faciles à prévoir que la variable dépendante, un tel modèle permet d'apprécier l'évolution future de Y_t.

Les modèles exogènes utilisent également des données instantanées issues d'enquêtes ou d'expérimentations. Les quantités consommées d'un produit peuvent, à partir d'une enquête, apparaître fonction de différentes variables socio-économiques, d'attitude ou comportementales. Les modèles exogènes ont ainsi un domaine d'application plus vaste que les modèles endogènes qui ne concernent que des données chronologiques.

Le plus souvent, un modèle exogène devra faire appel à plusieurs variables explicatives ce qui amènera à recourir à des techniques de *régression multiple,* et ce qui demandera également de résoudre les *problèmes pratiques* liés à la définition et à la sélection des variables.

1° La régression multiple.

A. Principes.

Un modèle de régression linéaire multiple vise à expliquer la valeur de la variable dépendante Y comme une combinaison linéaire des valeurs des variables explicatives $X_1, \ldots, X_n$:

$$Y = a + b_1X_1 + \ldots + b_nX_n.$$

Un tel modèle peut s'appliquer chaque fois que les relations entre Y et les X_i sont linéaires et chaque fois que des transformations appropriées permettent de retrouver le schéma linéaire. Par exemple, un modèle multiplicatif du type

$$Y = aX_1^{b_1}X_2^{b_2}\ldots X_n^{b_n}$$

devient linéaire en logarithmes, et l'évaluation des coefficients $a, b_1, \ldots, b_n$, est réalisée à l'aide de la régression linéaire multiple[14].

Les coefficients optimaux sont déterminés par la méthode des moindres carrés. Dans le cas de deux variables explicatives X_1 et X_2, il s'agira de minimiser l'expression

$$E^2 = \sum (Y - a - b_1X_1 - b_2X_2)^2$$

14. Ce type de fonction est très souvent employé par les économistes, en particulier dans le cadre de l'étude des fonctions de production.

par rapport à a, b_1 et b_2. Ces coefficients seront solution du système formé par les trois équations normales suivantes :

$$\sum Y = na + b_1 \sum X_1 + b_2 \sum X_2$$

$$\sum X_1 Y = a \sum X_1 + b_1 \sum X_1^2 + b_2 \sum X_1 X_2$$

$$\sum X_2 Y = a \sum X_2 + b_1 \sum X_1 X_2 + b_2 \sum X_2^2.$$

Les coefficients b_i ont une signification similaire à celle qui avait été notée dans le cas de la régression linéaire simple : ils indiquent de combien varie Y en moyenne pour une variation unitaire de X_i.

Les mêmes tests de qualité et de fiabilité de la représentation se retrouvent également.

b) Application.

Le tableau 10 donne les résultats d'une étude transversale sur dix régions : les ventes Y du produit sont mises en relation avec les dépenses X_1 de publicité-presse et les dépenses X_2 de publicité sur les lieux de vente (PLV).

Les calculs présentés dans le tableau 11 conduisent à l'expression :

$$Y = 2{,}15X_1 + 3{,}13X_2 + 9{,}65.$$

Ce modèle explique 96,8 % de la dispersion totale avec un coefficient de corrélation multiple $R = 0{,}983$. Le test F est également favorable (*cf.* tableau 12) de même que le test t sur chacun des coefficients de régression partielle b_1 et b_2 (*cf.* tableau 13).

Tableau 10. — Effets de différentes combinaisons de médias sur les ventes.

Observation *(i)*	Ventes* (Y)	Publicité* presse (X_1)	PLV* (X_2)
1	30	2	6
2	22	1	3
3	29	6	2
4	35	4	5
5	25	3	3
6	40	2	8
7	24	6	1
8	21	2	2
9	32	7	2
10	15	1	1

(*) 10^3 francs.

Tableau 11. — Détermination des coefficients de régression.

Observation	Y	X_1	X_2	$X_1 Y$	$X_2 Y$	X_2^2	X_2^2	$X_1 X_2$
1	30	2	6	60	180	4	36	12
2	22	1	3	22	66	1	9	3
3	29	6	2	174	58	36	4	12
4	35	4	5	140	175	16	25	20
5	25	3	3	75	75	9	9	9
6	40	2	8	80	320	4	64	16
7	24	6	1	144	24	36	1	6
8	21	2	2	42	42	4	4	4
9	32	7	2	224	64	49	4	14
10	15	1	1	15	15	1	1	1
Total...	273	34	33	976	1 019	160	157	97
Moyenne	27,3	3,4	3,3					

Équations normales :

$$\begin{aligned} 273 &= 10a + 34b_1 + 33b_2 \\ 976 &= 34a + 160b_1 + 97b_2 \\ 1\,019 &= 33a + 97b_1 + 157b_2 \end{aligned} \Longrightarrow \begin{aligned} a &= 9{,}65 \\ b_1 &= 2{,}15 \\ b_2 &= 3{,}13. \end{aligned}$$

Tableau 12. — Régression linéaire multiple : test F.

	Degrés de liberté	Somme des carrés	Carrés moyens	F
Régression	$k = 2$	472	236	110
Erreur	$n - k - 1 = 7$	15	2,14	
Total.	$n - 1 = 9$	477		

$F_{0,01} = 9{,}55$

Tableau 13. — Régression linéaire multiple : test *t*.

Écart-type des erreurs :

$$S_{Y \cdot 12} = \sqrt{\frac{\sum (\hat{Y} - Y)^2}{n - 3}} = 1{,}47.$$

Erreur-standard sur b_1 :

$$S_{b_1} = \frac{S_{Y \cdot 12}}{\sqrt{\sum X_1^2 - n X_1^2}} = 0{,}23.$$

Erreur-standard sur b_2 :

$$S_{b_2} = \frac{S_{Y \cdot 12}}{\sqrt{\sum X_2^2 - n\bar{X}_2^2}} = 0{,}22.$$

Test t pour b_1 :

$$t_1 = \frac{2{,}15}{0{,}22} = 9{,}3$$

pour b_2 :

$$t_2 = \frac{3{,}13}{0{,}21} = 14{,}2.$$

$t_{0{,}01} = 2{,}9$ pour $n - k - 1 = 7$ degrés de liberté.

2° Problèmes pratiques.

1. Dans le cadre de modèles exogènes, on peut être amené à traiter un *grand nombre de variables explicatives,* dont *a priori* le pouvoir explicatif n'est pas connu. Il serait certes concevable d'appliquer la technique décrite ci-dessus à toutes les combinaisons envisageables de variables explicatives. Mais cette procédure entraînerait de trop nombreux calculs. Certains programmes informatiques permettent à partir d'un ensemble de variables explicatives potentielles de ne retenir que celles qui sont les plus intéressantes, en introduisant successivement dans l'équation de régression les variables qui absorbent le plus de variance résiduelle.

2. Quand plusieurs variables interviennent dans le modèle de régression, il faut envisager le risque de *multicolinéarité.* Ce phénomène se produit quand deux variables explicatives ou plus sont fortement corrélées entre elles. Une bonne définition des coefficients b_i demande de ne retenir que ces variables indépendantes. Une première opération consiste donc, avant tout traitement par le modèle de régression, à examiner la matrice des coefficients de corrélation entre les X_i et à sélectionner pour chaque ensemble de variables corrélées un seul représentant.

3. La *nature des variables* utilisables dans les modèles de régression peut être une source de difficulté. Les variables quantitatives sont les plus adaptées à ce type de formalisation. Des variables nominales peuvent également être utilisées[15], mais il faut alors recourir à des variables muettes (valeur égale à 0 ou 1) ce qui alourdit la formulation. Quand on ne dispose que de variables nominales, il est préférable de s'en remettre à d'autres types de formulation comme la segmentation ou l'analyse de variance[16].

15. Les variables nominales correspondent à des catégories (CSP, classe d'âge, de revenu, localisation géographique, etc.).

16. *Cf.* Y. Évrard et P. Le Maire : *Information et décision en marketing,* Dalloz, 1976.

SECTION 3. MODÈLES DE PRÉVISION A COURT TERME

La prévision à court terme vise à estimer l'évolution future des phénomènes considérés, dans un horizon très bref, au maximum de l'ordre du trimestre.

Les techniques utilisables sont à nouveau de type endogène ou exogène. Dans ce dernier cas, on s'en remettra essentiellement à l'analyse d'indicateurs d'activité adaptés au problème étudié : par exemple l'indice de la production industrielle pour un producteur de biens d'équipement[17].

Dans cette section, nous nous limiterons aux techniques endogènes. A très court terme, la dynamique propre du phénomène est dans de nombreux cas suffisamment forte pour s'en tenir à ce genre de formulation.

Trois catégories de méthodes de prévisions seront envisagées : les moyennes mobiles (§ 1), le lissage exponentiel (§ 2) et la méthode de Box et Jenkins (§ 3).

§ 1. Prévision par les moyennes mobiles.

Les moyennes mobiles ont été présentées plus haut[18] comme une méthode utilisable pour éliminer les variations saisonnières et aléatoires d'une série chronologique. On peut également les employer à des fins de prévision.

La valeur prévue de Y pour la période $t+1$, $\widehat{Y}_{t+1}$, est déterminée en pondérant par le coefficient saisonnier de la période, la moyenne MM_{t+1} des m observations désaisonnalisées précédentes :

$$\widehat{Y}_{t+1} = MM_{t+1}(1+S_{t+1})$$

avec

$$MM_{t+1} = \frac{Y_t + Y_{t-1} + \ldots + Y_{t-m+1}}{m} = \frac{1}{m} \sum_{i=t-m+1}^{t} Y_i,$$

où Y_i est corrigé des variations saisonnières.

Le nombre de périodes m sur lequel la moyenne mobile MM_t est calculée est un élément déterminant de la qualité du modèle :

— un m faible est associé à un modèle qui repère rapidement les modifications de tendance ou de conjoncture, mais qui, aussi, est très sensible aux fluctuations aléatoires;

— un m élevé, au contraire, permettra au modèle de mieux éliminer les variations exceptionnelles de Y, mais la sensibilité aux retournements de tendance et de conjoncture sera moindre.

Le tableau 14 compare les résultats de deux modèles de moyennes mobiles appliqués à des données corrigées des variations saisonnières, le premier avec $m=2$, le second avec $m=4$. Dans le cas d'une tendance en progression régulière (colonne 2 du tableau), les deux modèles émettent des prévisions inférieures aux valeurs réelles, mais la moyenne mobile d'ordre 2 est moins

17. *Cf.* J. C. USUNIER et R. BOURDONNAIS : *Pratique de la prévision à court terme*, Dunod-Bordas, 1982.

18. Voir section I, § 2.

décalée par rapport à la réalité que la moyenne d'ordre 4. Dans le cas d'une tendance constante, avec une variation exceptionnelle (colonne 5) le modèle d'ordre 4 manifeste moins de sensibilité, mais enregistre les effets de la variation exceptionnelle plus longtemps que le modèle d'ordre 2.

Tableau 14. — Prévision par les moyennes mobiles.

Trimestre	Y_t	MM_t ($m = 2$)	MM_t ($m = 4$)	Y_t	MM_t ($m = 2$)	MM_t ($m = 4$)
1	100			100		
2	110			100		
3	120	105		100	100	
4	130	115		100	100	
5	140	125	115	120	100	100
6	150	135	125	100	110	105
7	160	145	135	100	110	105
8	170	155	145	100	100	105
9	180	165	155	100	100	105
10	190	175	165	100	100	100

De façon générale, l'utilisation d'un modèle de moyenne mobile présuppose implicitement que la tendance est constante. En cas de modification de la tendance, il y aura toujours un certain retard de la prévision par rapport à la réalisation.

§ 2. Prévision par le lissage exponentiel.

Le lissage exponentiel, technique mise au point par R. G. Brown en 1959, est basé sur le même genre de principe que la moyenne mobile. Là aussi, la prévision est obtenue à partir de l'évaluation de la moyenne des résultats antérieurs. mais, alors que dans le cas précédent il s'agissait d'une moyenne arithmétique simple où chaque observation avait le même poids, dans le lissage exponentiel, il s'agit d'une moyenne pondérée où le poids des observations décroît avec leur ancienneté.

Après avoir présenté le *modèle de base,* nous examinerons certains de ses *prolongements.*

1° Présentation du modèle de base.

Le problème de la prévision à court terme est d'arriver à faire le tri entre ce qui relève de la tendance et ce qui relève de l'aléa.

Lorsque le résultat observé d'une période est supérieur à la moyenne attendue, ce peut être à cause d'une progression de la tendance ou à cause d'un aléa (on dit encore un « bruit »). Dans le premier cas, il faut prévoir une moyenne plus élevée pour la prochaine période; dans l'autre, la moyenne doit être laissée inchangée.

Le principe du lissage exponentiel est de n'intégrer dans la moyenne $\hat{Y}_{t+1}$ prévue pour la période suivante qu'une fraction α de l'écart constaté entre la moyenne prévue pour la période actuelle et ce qui a été réellement observé. Dans ces conditions,

$$\hat{Y}_{t+1} = \hat{Y}_t + \alpha(Y_t - \hat{Y}_t), \text{ avec } 0 \leq \alpha \leq 1.$$

D'après cette formulation, on voit qu'un écart positif provoque une variation en hausse des prévisions et qu'un écart négatif entraîne une variation en baisse.

Dans le modèle de la moyenne mobile, le nombre de périodes m était le facteur déterminant de la sensibilité de la prévision; ici, c'est la valeur du coefficient α.

— Un α faible correspond à un modèle peu sensible aux aléas, à la limite complètement insensible, si $\alpha = 0$.
— Un α élevé entraîne des prévisions très fluctuantes, intégrant rapidement les écarts observés. A la limite, si $\alpha = 1$, la prévision consiste à dire que la prochaine période sera identique à la période actuelle, ce qui entraîne l'intégration totale des écarts constatés.

Le modèle ci-dessus peut être réécrit sous la forme

$$\widehat{Y}_{t+1} = \alpha Y_t + (1-\alpha)\widehat{Y}_t.$$

Si l'on remplace, dans cette expression $\widehat{Y}_t$ par

$$\widehat{Y}_t = \alpha Y_{t-1} + (1-\alpha)\widehat{Y}_{t-1},$$

il vient

$$\widehat{Y}_{t+1} = \alpha Y_t + \alpha(1-\alpha) Y_{t-1} + (1-\alpha)^2 \widehat{Y}_{t-1}.$$

De façon plus générale, on peut montrer que

$$\widehat{Y}_{t+1} = \sum_{i=0}^{n} \alpha(1-\alpha)^i Y_{t-i} + (1-\alpha)^{n+1} \widehat{Y}_{t-n}.$$

Quand n tend vers l'infini, le terme intégrant $\widehat{Y}_{t-n}$ tend vers 0 et la prévision de la période $t+1$ apparaît comme la moyenne des observations précédentes pondérées par des coefficients décroissants de façon exponentielle avec le temps.

$$\widehat{Y}_{t+1} = \sum_{i=0}^{\infty} \alpha\,(1-\alpha)^i\, Y_{t-i}.$$

Le tableau 15 donne la valeur de ces coefficients pour plusieurs valeurs du coefficient de lissage.

Tableau 15. — Coefficients de pondération $\alpha(1-\alpha)^i$.

i	$\alpha = 0{,}1$	$\alpha = 0{,}2$	$\alpha = 0{,}5$
0	0,1	0,2	0,5
1	0,09	0,16	0,25
2	0,081	0,128	0,125
3	0,073	0,102	0,062
4	0,066	0,082	0,031
5	0,059	0,066	0,016
6	0,053	0,052	0,008
7	0,048	0,042	0,004
8	0,043	0,034	0,002
9	0,039	0,027	0,001
Total.	0,652	0,893	0,999

On constate que le lissage des données est beaucoup plus important avec une valeur faible de α : quand $\alpha = 0{,}1$, les observations antérieures aux dix précédentes contribuent globalement à environ 35 % de la prévision, alors qu'elles ne sont pratiquement plus prises en compte si $\alpha = 0{,}5$.

A cette occasion, il faut noter que si la formule de base du lissage exponentiel ne demande que deux informations, la dernière prévision et le dernier résultat, elle fait implicitement appel à un grand nombre de données qui sont stockées dans $\widehat{Y}_t$. Bien qu'utilisant indirectement un plus grand nombre de données que le modèle de la moyenne mobile, le lissage exponentiel nécessite beaucoup moins de manipulations, ce qui constitue un avantage à mettre au crédit de cette technique.

Le choix de α est une étape essentielle dans la construction du modèle. Une procédure largement employée consiste à tester différentes valeurs de α sur les données dont dispose l'entreprise, la valeur optimale de α étant associée à la somme des erreurs en valeur absolue la plus faible.

Le tableau 16 donne un exemple d'application du modèle de lissage exponentiel (colonne 1 à 3) pour $\alpha = 0{,}2$.

2° Prolongements du modèle.

Le modèle de lissage exponentiel a été l'objet de nombreux travaux visant à améliorer ses qualités opérationnelles, en particulier à travers son auto-adaptation aux modifications de l'environnement.

Nous présenterons ici deux prolongements intéressants du modèle de base avec le *lissage exponentiel double* et les *techniques de régulation* des coefficients de lissage.

A. Le lissage exponentiel double.

Le modèle de lissage exponentiel sous sa formulation initiale ne peut être utilisé que dans des situations où la tendance est pratiquement constante. Comme dans le cas de la moyenne mobile, une évolution en hausse ou en baisse de la tendance provoque un décalage croissant entre les prévisions et les réalisations.

Dans le tableau 16, une situation à tendance croissante est représentée : la tendance progresse d'un point systématiquement par mois avec

$$Y_t = 100 + t.$$

Un lissage exponentiel, avec un coefficient de lissage $\alpha = 0{,}2$ provoque des erreurs de prévisions de plus en plus élevées (colonne 4 du tableau 16). De telles erreurs de prévision sont inévitables, puisqu'il est dans la nature du modèle de travailler sur les données précédentes qui sont ici toujours plus faibles que les valeurs futures.

La technique du lissage exponentiel double permet de corriger une grande partie de ces erreurs dans le cas d'une tendance linéaire.

Tableau 16. — Lissage exponentiel simple et lissage exponentiel double ($\alpha = 0{,}2$).

Mois	Y_t	$\hat{Y}_t$	Erreur	$\hat{\hat{Y}}_t$	$2\hat{Y}_t - \hat{\hat{Y}}_t$	$\dfrac{\alpha(\hat{Y}_t\ \hat{\hat{Y}}_t)}{1-\alpha}$	$\overline{Y}_t$	Erreur
0	100	100	0	100	100	0	100	0
1	101	100	1	100	100	0	100	1
2	102	100,199	1,8	100,039	100,358	0,039	100,397	1,602
3	103	100,559	2,441	100,143	100,974	0,103	101,077	1,923
4	104	101,047	2,953	100,323	101,77	0,18	101,95	2,049
5	105	101,637	3,363	100,585	102,688	0,262	102,95	2,05
6	106	102,309	3,691	100,929	103,688	0,344	104,032	1,967
7	107	103,047	3,953	101,352	104,741	0,423	105,164	1,835
8	108	103,837	4,162	101,849	105,825	0,497	106,322	1,678
9	109	104,669	4,331	102,413	106,925	0,564	107,489	1,51
10	110	105,535	4,465	103,037	108,032	0,624	108,656	1,343
11	111	106,428	4,571	103,715	109,141	0,678	109,819	1,18
12	112	107,342	4,657	104,44	110,244	0,725	110,969	1,031
13	113	108,273	4,726	105,206	111,34	0,766	112,106	0,893
14	114	109,218	4,782	106,008	112,428	0,802	113,23	0,77
15	115	110,174	4,826	106,841	113,506	0,833	114,339	0,66
16	116	111,139	4,861	107,7	114,578	0,859	115,437	0,562
17	117	112,111	4,888	108,582	115,64	0,882	116,522	0,478
18	118	113,088	4,912	109,483	116,692	0,901	117,593	0,407
19	119	114,07	4,93	110,4	117,739	0,917	118,656	0,344
20	120	115,055	4,944	111,331	118,779	0,931	119,71	0,289
	...	...	...	...	...	...	...	...
40	140	135	5	131,003	138,996	0,999	139,995	0,005

Si le phénomène suit une tendance linéaire,

$$Y_t = a \cdot t + b,$$

la prévision, pour période $t+1$, à l'aide du lissage exponentiel donne le résultat suivant, compte tenu des formules développées plus haut :

$$\hat{Y}_{t+1} = \sum_{i=0}^{\infty} \alpha(1-\alpha)^i \left[b + a(t-i) \right]$$

ce qui peut également s'écrire[19] :

$$\hat{Y}_{t+1} = b + at - a\,\frac{1-\alpha}{\alpha}.$$

---

19. En effet, puisque $Y_t = at + b$,

$$\hat{Y}_{t+i} = \sum_{i=0}^{\infty} \alpha(1-\alpha)^i b + \sum_{i=0}^{\infty} \alpha(1-\alpha)^i at - \sum_{i=0}^{\infty} \alpha(1-\alpha)^i \cdot ia.$$

Or,

$$\sum_{i=0}^{\infty} \alpha(1-\alpha)^i = 1 \quad \text{et} \quad \sum_{i=0}^{\infty} \alpha(1-\alpha)^i \cdot i = \frac{1-\alpha}{\alpha}.$$

Il apparaît ainsi un décalage égal à $a(1-\alpha)/\alpha$ entre l'estimation pour $t+1$ par le modèle et la valeur observée pour la période t. Ceci conduit à une erreur totale entre la prévision pour $t+1$ et la réalisation en $t+1$ ce montant :

$$a(1-\alpha)/\alpha + a = a/\alpha.$$

Avec $\alpha = 0{,}2$ et $a = 1$, l'erreur de prévision plafonnerait ici a une valeur de 5.

Si l'on procède au lissage, avec le même coefficient α des $\widehat{Y}_t$ on obtient une série doublement lissée $\widehat{\widehat{Y}}_t$ avec[20] :

$$\widehat{\widehat{Y}}_{t+1} = \sum \alpha(1-\alpha)^i \, \widehat{Y}_{t-i+1}$$

ce qui peut s'écrire

$$\widehat{\widehat{Y}}_{t+1} = b + at - 2a\,\frac{1-\alpha}{\alpha}.$$

On constate qu'il y a le même décalage entre Y_t et $\widehat{Y}_{t+1}$ qu'entre $\widehat{Y}_{t+1}$ et $\widehat{\widehat{Y}}_{t+1}$. Pour rectifier la prévision, il suffit ainsi d'ajouter à $\widehat{Y}_{t+1}$ la différence calculée entre la valeur lissée et la valeur doublement lissée pour la période considérée, plus a, augmentation de la tendance d'une période sur l'autre. Dans la mesure où

$$\widehat{Y}_{t+1} - \widehat{\widehat{Y}}_{t+1} = a\,(1-\alpha)/\alpha$$

a sera évalué par

$$a = (\widehat{Y}_{t+1} - \widehat{\widehat{Y}}_{t+1})\,\alpha/(1-\alpha).$$

La prévision pour la période $t+1$ est ainsi donnée par l'expression

$$\overline{Y}_{t+1} = 2\widehat{Y}_{t+1} - \widehat{\widehat{Y}}_{t+1} + (\widehat{Y}_{t+1} - \widehat{\widehat{Y}}_{t+1})\,\alpha/(1-\alpha).$$

C'est cette procédure qui a été utilisée dans le tableau 16 pour obtenir les chiffres de l'avant-dernière colonne. L'erreur de prévision est nettement réduite par rapport au lissage simple. A la limite, si la tendance se maintenait, l'erreur disparaîtrait complètement.

Il n'est cependant pas réaliste de supposer que la tendance va se poursuivre au même rythme; il faut que le modèle soit capable de s'adapter à des modifications de tendance. C'est ce que permettent les techniques de régulation des coefficients de lissage.

B. Autorégulation des coefficients de lissage.

Plusieurs systèmes de régulation des coefficients de lissage ont été proposés : on citera, entre autres, ceux qui sont issus des travaux de R. G. Brown et plus récemment de R. Lewandowski.

---

20. La série doublement lissée est définie par

$$\widehat{\widehat{Y}}_{t+1} = \alpha \widehat{Y}_{t+1} + (1-\alpha)\,\widehat{\widehat{Y}}_t.$$

Dans ces différents systèmes, les coefficients de lissage sont modifiés en fonction des performances du modèle de prévision. Plusieurs notions sont utilisées :

— l'erreur au temps t, e_t

$$e_t = Y_t - \widehat{Y}_t;$$

— la somme des erreurs jusqu'au temps t, SUM_t

$$SUM_t = \sum_{i=1}^{t} e_i;$$

— l'écart absolu moyen au temps t, MAD_t :

$$MAD_t = (1/t) \sum_{i=1}^{t} |e_i|;$$

Deux indicateurs sont alors définis :

— un signal d'alerte instantané, ou encore erreur normée de prévision, NF_t :

$$NF_t = e_t / MAD_t$$

— un signal d'alerte en termes cumulés, $AWS_t = \sum_{i=1}^{t} e_i / MAD_t$.

Le premier indicateur mesure la sensibilité du système de prévision. Des valeurs élevées par rapport à l'erreur moyenne MAD_t signifient que le modèle est trop sensible aux variations accidentelles. Si parallèlement, le second indicateur reste stable, cela signifie que le coefficient de lissage est trop fort : il faut donc réduire α.

Le second indicateur mesure le degré d'adaptation du modèle à l'évolution de la tendance. Dans un système repérant, en moyenne, correctement la tendance, la somme des écarts SUM_t resterait voisine de zéro. Une valeur positive ou négative durable indiquerait que la prévision est systématiquement inférieure ou supérieure à la réalité. Des valeurs significativement différentes de 0 pour AWS_t (4 est un seuil souvent retenu), caractériseraient un décalage durable par rapport à la tendance. Dans ce cas, il faut augmenter α.

§ 3. Prévision par la méthode de Box et Jenkins.

La méthode de G. E. P. Box et G. M. Jenkins est un des développements les plus récents dans le domaine des techniques de prévision à court terme.

Cette méthode est basée sur la notion d'*autocorrélation*. Par autocorrélation on désigne la corrélation qui existe entre les éléments d'une même série chronologique. Une autocorrélation d'ordre 1 signifie que Y_t est corrélé avec Y_{t-1}, que Y_{t-1} est corrélé avec Y_{t-2}, de façon générale que Y_{t-n} est corrélé avec Y_{t-n-1}. Une autocorrélation d'ordre p indiquerait, d'une façon similaire que Y_{t-n} est corrélé avec Y_{t-n-p}.

Il est clair que si une telle autocorrélation peut être repérée au sein d'une série chronologique, la prévision en est grandement facilitée : les valeurs futures de la variable étudiée se déduisent des valeurs observées dans le passé avec un certain décalage dépendant du degré d'autocorrélation.

L'examen du *corrélogramme* des données observées permettra de repérer l'existence d'autocorrélations éventuelles ainsi que l'ordre d'autocorrélation le plus significatif. Le graphique 6 reproduit un tel corrélogramme pour une série chronologique manifestant des variations saisonnières très marquées, avec une augmentation des ventes de janvier à juin, puis une réduction continue jusqu'en décembre. L'autocorrélation d'ordre 12 est alors très élevée, puisque tous les douze mois des évolutions similaires sont enregistrées. En revanche, l'autocorrélation d'ordre 6 manifesterait une valeur négative puisque, par exemple, les ventes élevées de juin seraient associées aux ventes faibles de décembre.

De la même façon que dans le lissage exponentiel, l'examen des erreurs peut également être pratiqué. Si les erreurs sont corrélées entre elles, il est concevable d'utiliser les erreurs précédentes pour émettre des prévisions.

Graphique 6. — Corrélogramme.

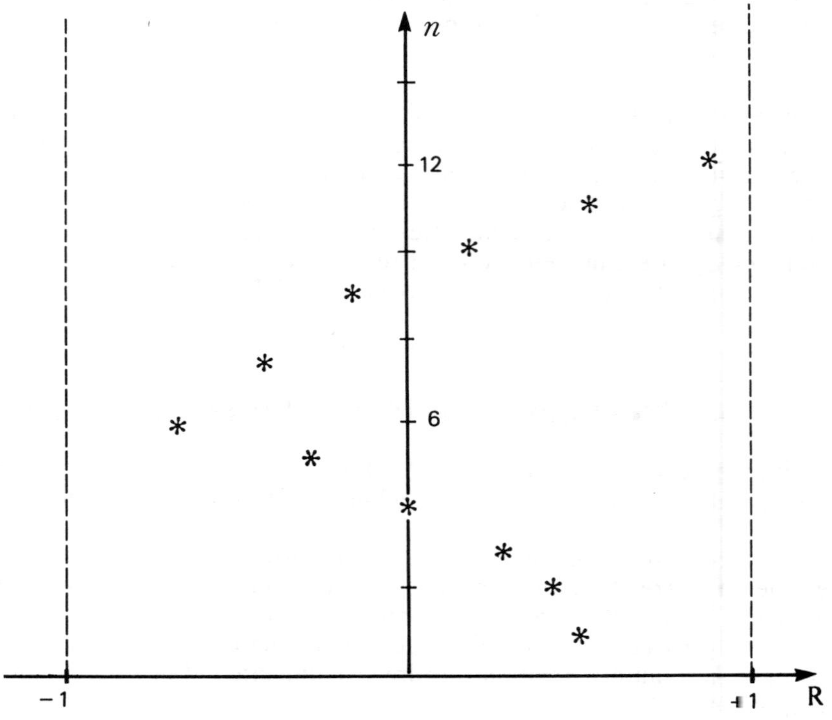

La méthode de Box et Jenkins recourt à plusieurs classes de modèles.

— Les modèles de la *classe* AR (Auto-regressive), de forme

$$\hat{Y}_t = \phi_1 Y_{t-1} + \phi_2 Y_{t-2} + \dots + \phi_p Y_{t-p} + e_t$$

expliquent les ventes d'une période à partir des ventes observées au cours des p périodes précédentes (modèle AR(p)). Les coefficients ϕ_i sont très similaires aux coefficients de régression des modèles de régression multiple. Le nombre de périodes p à retenir dépend de l'examen du corrélogramme; en général p est au plus égal à 4.

— Les modèles de la *classe* MA (Moving-average) sont de forme

$$Y_t = \mu - \theta_1 e_{t-1} - \theta_2 e_{t-2} - \dots - \theta_q e_{t-q} + e_t,$$

où les e_t sont les écarts constatés par rapport à la moyenne au cours des périodes précédentes. Les modèles MA(q) retiennent ainsi les erreurs enregistrées sur q périodes; en général $q \leqslant 4$.

— Les modèles de la *classe* ARMA (Auto-regressive moving average) d'ordre (p, q) réalisent des prévisions à partir des observations de la variable sur les p périodes précédentes et des observations des erreurs sur les q périodes précédentes. Un tel modèle s'écrira :

$$Y_t = \phi_1 Y_{t-1} + \dots + \phi_2 Y_{t-p} - \theta_1 e_{t-1} - \dots - \theta_q e_{t-q} + e_t.$$

— Les modèles de la *classe* ARIMA (Auto-regressive integrated moving average) permettent d'intégrer des phénomènes de modification de tendance. Les modèles précédents ne sont, en effet, utilisables que si la moyenne du phénomène est constante. Si une tendance est constatée, l'utilisation d'une différentielle de degré d, $\nabla^d Y_t$, ramène, dans certains cas, à une constante. Si, par exemple, la tendance est linéairement croissante avec, $Y_t = at + b$, la différentielle d'ordre $d = 1$,

$$\nabla^1 Y_t = Y_t - Y_{t-1} = a$$

donne une constante. Une différentiation d'ordre 2 permettrait, de la même façon, d'éliminer une tendance parabolique.

Un modèle ARIMA (p, q, d) s'exprimerait de la façon suivante :

$$Y_t = \phi_1 \nabla^d Y_{t-1} + \dots + \phi_p \nabla^d Y_{t-p} - \theta_1 e_{t-1} - \dots - \theta_q e_{t-q} + e_t.$$

La sélection du modèle le plus adéquat pour représenter l'évolution d'une série chronologique demande de tester différentes formulations. L'examen du corrélogramme permet de faire un premier tri entre les formulations éventuelles. L'évaluation des erreurs associées à chaque formulation retenue servira de critère pour choisir le meilleur modèle.

L'utilisation de la procédure de Box et Jenkins est encore peu répandue, en grande partie à cause de sa complexité et de son coût de mise en place. Il convient de noter, en outre, que son domaine d'application semble limité aux séries chronologiques correspondant à des produits peu sensibles aux modifications de l'environnement économique et concurrentiel. En cela, on retrouve les limitations inhérentes aux modèles endogènes de prévision.

ÉTUDES DE CAS

1-1

La société Agrumia commercialise des fruits qu'elle importe en grande partie. Les ventes mensuelles de cette société sur une période de trois ans sont données dans le tableau 17, de même que l'indice des prix pratiqués dans le secteur. On demande d'évaluer l'effet des variations saisonnières sur les ventes.

Tableau 17. — Évolution des ventes en francs courants. Indice des Prix.

	Année 1		Année 2		Année 3	
	Observation (10^3 francs)	Prix Indice	Observation (10^3 francs)	Prix Indice	Observation (10^3 francs)	Prix Indice
J	823,5	190	1 000,3	210	1 171,3	237
F	971,1	192	1 108,9	211	1 365,5	239
M	1 009,0	193	1 206,9	213	1 415,1	242
A	926,0	196	1 057	215	1 282,7	245
M	649,1	197	738	217	914,9	247
J	703,8	199	800,7	219	977,2	249
J	847,3	201	970,8	222	1 139,2	252
A	880,8	202	1 074,5	224	1 252,4	255
S	817,2	204	937,5	226	1 135,9	257
O	691,0	206	812,0	229	971,9	260
N	645,3	207	803,1	230	892,8	262
D	881,9	208	1 058,4	232	1 289,0	264

Solution

Les ventes de la société Agrumia étant évaluées en francs courants, il convient, pour apprécier l'évolution de son activité, de les traduire en francs constants. La base 100 est fixée en janvier de la première année. Le chiffre d'affaires du mois de février est alors

$$Y_{02-1} = 971 \times \frac{190}{192} = 961.$$

Le tableau 18 donne les ventes en francs constants ainsi que les coefficients saisonniers calculés à partir de la moyenne mobile ($m = 12$), selon un schéma multiplicatif. Les coefficients saisonniers moyens sont reportés dans le tableau 20.

Une autre procédure de détermination des coefficients saisonniers est utilisée dans le tableau 19 avec les rapports à la tendance calculés par la méthode des moindres carrés.

La tendance est obtenue ici en affectant la vente mensuelle moyenne de chaque année à la date médiane de l'année correspondante, soit, si les mois sont numérotés de 1 à 36, en $t = 6{,}5$, 18,5 et 30,5. Les ventes tendancielles du mois i sont alors

$$Y_i = 3{,}8t + 758{,}6,$$

avec $t = 1$ pour janvier de la première année.

Les coefficients saisonniers moyens obtenus avec cette procédure sont reportés sur le tableau 20. Ils s'avèrent ici très peu différents de ceux qui avaient été calculés à l'aide des moyennes mobiles.

Tableau 18. — Détermination des coefficients saisonniers à l'aide des moyennes mobiles.

	Année 1			Année 2			Année 3		
Mois	Observation*	Moyennes mobiles	Coefficient saisonnier	Observation*	Moyennes mobiles	Coefficient saisonnier	Observation*	Moyennes mobiles	Coefficient saisonnier
J	823,5			905	807,1	112	939	856,7	109,6
F	961			998,5	810,0	123	1 085,5	860,6	126
M	993,3			1 076,6	812,8	132	1 111	865,5	128
A	897,6			934,1	815,5	114,5	994,8	868,9	114
M	626			646,2	819,9	78,8	703,8	869,7	81
J	672			694,7	825,5	84	741,8	871,9	85
J	800,9	786,7	101,8	830,8	830,3	100	858,9		
A	828,5	791,6	104,7	868	835,3	103,9	933,1		
S	761,1	796,7	95,5	788,1	840,4	93,7	839,2		
O	637,3	801,6	79,5	673,8	844,4	79,8	710,3		
N	592,3	804,0	73,6	663,4	849,2	78,1	647,4		
D	805,6	805,0	100	866,8	855,4	101,3	927,7		

*francs constants.

Tableau 19. — Détermination des coefficients saisonniers à l'aide de la méthode des rapports à la tendance.

	Année 1			Année 2			Année 3		
Mois	Observation*	Valeurs obtenues par ajustement	Coefficient saisonnier	Observation*	Valeurs obtenues par ajustement	Coefficient saisonnier	Observation*	Valeurs obtenues par ajustement	Coefficient saisonnier
J	823,4	762,4	108	905	808	112	939	853,6	110
F	961	766,2	125,4	998,5	811,8	123	1 085,5	857,4	126,6
M	993,3	770	129	1 076,6	815,6	132	1 111	861,2	129
A	897,6	773,8	116	934,1	819,4	114	994,8	865	115
M	626	777,6	80,5	646,2	823,2	78,5	703,8	868,8	81
J	672	781,4	86	694,7	827	84	741,8	872,6	85
J	800,9	785,2	102	830,8	830,8	100	858,9	876,4	98
A	828,5	789	105	868	834,6	104	933,1	880,2	106
S	761,1	792,8	96	788,1	838,4	94	839,8	884	95
O	637,3	796,6	80	673,8	842,2	80	710,3	887,8	80
N	592,3	800,4	74	663,4	846	78,4	647,4	891,6	72,6
D	805,6	804,2	100	866,8	849,8	102	927,7	895,4	103,6
	9 399			9 946			10 493,1		

*francs constants.

Tableau 20. — Coefficients saisonniers moyens.

	Calcul par rapport	
	A la tendance	A la moyenne mobile
Janvier	110	110,8
Février	125	124,5
Mars	130	130
Avril	115	114,2
Mai	80	80
Juin	85	84,5
Juillet	100	101
Août	105	104,3
Septembre ..	95	94,6
Octobre	80	79,6
Novembre ..	75	75,8
Décembre ..	101,9	100,6

1-2 Le tableau 21, *a*) donne les ventes de 1977 à 1983 d'un produit dont le marché potentiel se situe approximativement à 15 millions d'unités par an. Les coefficients saisonniers trimestriels de ce produit sont indiqués en 21, *b*).

Il s'agit de prévoir les ventes de 1984 par trimestre.

Tableau 21. — Ventes annuelles et coefficients saisonniers.

***a*)**

Année	Ventes (10^6 unités)
1977....	4,054
1978....	4,620
1979....	5,390
1980....	6,030
1981....	6,730
1982....	7,510
1983....	8,278

***b*)**

Trimestre	Coefficient saisonnier
1	105
2	102
3	92
4	101

Solution

Les ventes du produit étudié marquant une progression croissante de 1977 à 1982, puis constante de 1981 à 1983, semblent suivre une évolution de forme logistique. Compte tenu de l'évaluation à 15 du marché potentiel, les ventes annuelles seraient alors données par la formule

$$Y_t = \frac{15}{1 + e^{a - bt}},$$

dont il faut évaluer les coefficients *a* et *b*.

Dans la mesure où Y_t respecte la formule précédente, nous savons que

$$\text{Log}\left(\frac{15}{Y_t}-1\right)=a-bt.$$

Le tableau 22 détaille les calculs nécessaires pour obtenir a et b, selon la méthode des moindres carrés ($t=0$ correspond à 1977 et $Y'=\text{Log}(15/Y_t-1)$).

Tableau 22.

	t	Y'	tY'	t^2
	0	0,993	0	0
	1	0,809	0,809	1
	2	0,578	1,156	4
	3	0,397	1,191	9
	4	0,206	0,824	16
	5	– 0,003	– 0,013	25
	6	– 0,208	– 1,248	36
Total.	21	2,773	2,717	91
Moyenne . . .	3	0,396		

Nous en déduisons, par application des formules développées dans le chapitre

$$a=0{,}996 \qquad \text{et} \qquad b=0{,}199.$$

Dans ces conditions,

$$Y_t=\frac{15}{1+e^{0{,}996-0{,}199t}}.$$

Cette formule ajuste très correctement les données observées ($R=0{,}999$); on l'utilise donc pour la prévision des ventes de 1984, c'est-à-dire pour $t=7$

$$Y_{1984}=\frac{15}{1+e^{0{,}996-(0{,}199)\cdot 7}}=8{,}969.$$

Ceci correspond à une prévision de 8,969/4 par trimestre moyen, soit 2,242. L'application des coefficients saisonniers du tableau 21, *b*) permet d'obtenir les prévisions trimestrielles :

1er trim. 1984 : 2,242 (1,05) = 2,354
2e trim. 1984 : 2,242 (1,02) = 2,287
3e trim. 1984 : 2,242 (0,92) = 2,062
4e trim. 1984 : 2,242 (1,01) = 2,265.

Chapitre 2 — Programmation mathématique

La programmation mathématique recouvre un ensemble de techniques d'optimisation sous contraintes qui permettent de déterminer dans quelles conditions on peut rendre maximum ou minimum une fonction objectif $Z(X_j)$ de n variables liées par m relations ou contraintes $H_i(X_j) \leq 0$.

De nombreux problèmes de l'entreprise peuvent s'exprimer en termes d'optimisation contrainte, aussi rencontre-t-on de multiples applications de la programmation mathématique et ceci pratiquement dans tous les domaines de la gestion.

La gestion de la production est le domaine où ces applications sont les plus nombreuses. On citera entre autres :

— l'élaboration de plans de production et de stockage,
— le choix de techniques de production,
— l'affectation de moyens de production,
— la détermination de la composition de produits[1].

1. On trouvera des applications de la programmation mathématique au domaine de la production dans : BENAYOUN R., *La pratique de l'optimisation dans l'entreprise,* PUF, 1974; MAURIN M., *La programmation linéaire appliquée,* Éd. Technip, 1967; GIARD V., *Gestion de la production,* Économica, 1981.

Les applications de la programmation mathématique sont également fréquentes dans le domaine du marketing avec, en particulier :
— le choix de plans-media,
— la détermination de politiques de prix,
— la répartition des efforts de la force de vente,
— la sélection des caractéristiques du produit[2].

On citera encore des applications en matière financière (choix de programmes d'investissements), en matière logistique (gestion des transports) et en matière de gestion des ressources humaines (affectation de personnel)[3].

Si les applications de la programmation mathématique sont aussi nombreuses, on doit l'attribuer en grande partie à la souplesse de ces techniques en ce qui concerne leur formulation, mais aussi à la relative simplicité des méthodes de résolution utilisables dans les cas les plus courants et pour lesquelles existent des programmes informatiques largement répandus.

Parmi les techniques de programmation mathématique la programmation linéaire est la plus classique. Nous lui consacrerons la majeure partie des développements de ce chapitre.

La première section traitera des problèmes de formalisation des programmes mathématiques et la seconde des techniques de résolution dans le cas linéaire. La troisième section, également limitée au cas linéaire portera sur l'interprétation économique des résultats à travers la dualité et l'analyse post-optimale de la solution. La quatrième section abordera certains des aspects de la programmation non-linéaire.

SECTION 1. LA FORMALISATION D'UN PROGRAMME

La formalisation d'un programme est une tâche délicate mais essentielle car elle conditionne la découverte ultérieure de la bonne solution. Elle comporte les mêmes phases quelles que soient les techniques requises ultérieurement pour le traitement (programmation linéaire ou programmation non linéaire) :

1. La détection du problème et l'identification des variables. Ces variables doivent correspondre exactement aux préoccupations du responsable de la décision. En programmation mathématique, les variables sont des variables décisionnelles.

2. La formulation de la fonction économique (ou fonction objectif) traduisant les préférences du décideur exprimées sous la forme d'une fonction des variables identifiées.

---

2. Voir par exemple ENGEL J. et WARSHAW M., « Allocating advertising dollars by linear programming », *J. A. R.*, sept. 1964, pages 42 à 48; BRISARD A., « Techniques de programmation du prix des produits pharmaceutiques », *Annales Économiques*, n° 12, 1978, pages 135 à 152; SINHA P. et ZOLTNERS A., « Integer programming and algorithmic évolution : a case from sales ressources allocation », *Studies in Management Science*, vol. 18, 1982, pages 99 à 116; BAUMOL W., « Calculation of optimal product and retailer caracteristics : the abstract product approach », *J. P. E.*, 1967, pages 674 et suivantes.

3. Voir chapitres 3 et 9.

3. La formulation des contraintes. Il est bien rare qu'un responsable dispose de toute liberté d'action. Le plus souvent il existe des limite à ne pas enfreindre. Elles revêtent la forme d'équations ou d'inéquations mathématiques.

Le responsable d'une décision ne dispose que de sa compétence pour réaliser une formalisation correcte du problème posé car il n'existe pas de méthode en la matière. Un moyen d'acquérir cette compétence est l'apprentissage. C'est pourquoi nous avons présenté l'étude de la formalisation en développant divers cas simples de programmation linéaire. Selon une progression en trois étapes successives allant du « particulier » vers le « général », comportant :

— un cas particulier simple développé pour mettre en évidence les étapes du raisonnement qui conduit à la formalisation du problème (§ 1);
— divers types de problèmes empruntés au domaine de la gestion de la production (§ 2);
— les principaux modes de formulation d'un même programme (§ 3).

§ 1. Formalisation d'un cas simple.

1° Énoncé du cas n° 1.

La société Bonvin, S.A., qui pratique le négoce en vins propose à sa clientèle deux vins de table : l'un est dénommé « Extra », l'autre « Supérieur ». Ces produits sont obtenus par coupage de crus issus de diverses régions : un vin de l'Hérault, un vin du Bordelais et un vin d'Italie.

Les coupages sont réalisés selon les proportions fixes suivantes :

	Vin «extra»	Vin «supérieur»
Vin de l'Hérault . .	0,5	0,2
Vin du Bordelais . .	0,3	0,6
Vin d'Italie.	0,2	0,2
Total	1	1

Actuellement, c'est-à-dire après les vendanges, la société dispose en stock dans ses cuves des quantités suivantes de crus d'origine :

Vin de l'Hérault . .	13 600 hectolitres
Vin du Bordelais . .	12 000 hectolitres
Vin d'Italie.	10 400 hectolitres

Ces quantités constituent les ressources disponibles pour la production de l'année à venir. En outre, compte tenu des capacités techniques d'embouteillage existantes, cette production ne peut dépasser 36 000 hectolitres au total dans l'année.

L'activité de cette entreprise comporte des coûts qui ont été classés en deux catégories :

— Une partie est considérée comme fixe ; elle correspond aux approvisionnements, puisque ceux-ci sont déjà constitués, ainsi qu'aux frais de personnel. Ces coûts s'élèvent globalement à 12 000 000 F pour l'année.

— L'autre partie correspond aux frais d'embouteillage, d'emballage et de commercialisation. Cette seconde partie est proportionnelle aux quantités produites : soit 100 F par hectolitre de vin quelle que soit la qualité de celui-ci.

Une étude de marché révèle que celui-ci ne saurait absorber plus de

— 20 000 hectolitres de vin « Extra » à 500 F par hectolitre,

— et 16 000 hectolitres de vin « Supérieur » à 600 F l'hectolitre.

2° Détection du problème et identification des variables.

L'entreprise Bonvin dispose ainsi de stocks de diverses matières premières. La question est de savoir comment les rentabiliser au mieux à travers la production et la commercialisation des deux qualités de vin.

Le problème de cette entreprise peut ainsi être formulé : *Quelles quantités faut-il produire de vin « Extra » et « Supérieur » afin de rendre maximum le bénéfice total?*

L'identification des variables est ici évidente : nous désignerons par X_i la quantité de vin de qualité i produite, avec $i=1$ pour la qualité « Extra » et $i=2$ pour la qualité « Supérieur ».

Pour que le problème relève de la programmation linéaire, il faut que la fonction économique et les contraintes constituant le programme soient linéaires. Dans le cas contraire, si l'une au moins des fonctions (objectif et/ou contraintes) est non linéaire et ne peut être approximée par une fonction linéaire, alors il convient de recourir aux techniques de programmation non linéaire. Ainsi le choix de la technique de résolution ne peut s'opérer qu'une fois le programme formulé.

3° Formulation de la fonction économique.

La fonction économique exprime sous forme mathématique le but poursuivi par l'entreprise. Ici, il s'agit de maximiser le profit. Celui-ci résulte de la différence entre les recettes et les coûts d'exploitation.

Les recettes dépendent des prix de vente pratiqués (et connus) et des quantités produites (et supposées vendues). Ces quantités sont inconnues et correspondent aux variables X_i définies précédemment. Les recettes s'écrivent donc

$$\text{Recettes} = 500X_1 + 600X_2.$$

Les coûts comportent une partie proportionnelle à la production et une partie fixe :

$$\text{Coûts} = 100(X_1 + X_2) + 12\,000\,000.$$

Par conséquent, le bénéfice peut s'écrire sous la forme suivante :

$$\text{Bénéfice} = 500X_1 + 600X_2 - 100(X_1 + X_2) - 12\,000\,000.$$

Le problème consiste dès lors à déterminer les valeurs X_1 et X_2 qui permettent de maximiser le bénéfice. En fait, dans la mesure où les valeurs de X_1 et de X_2 qui rendent maximum le bénéfice maximisent également la marge brute, la fonction objectif du problème peut être simplifiée et exprimée comme suit :

$$Z = 400X_1 + 500X_2.$$

4° Formulation des contraintes.

L'ensemble des contraintes constitue le cadre dans lequel devra se situer la solution : il conditionne les valeurs que peuvent prendre les variables.

Les contraintes peuvent être de différente nature et porter sur les capacités de production, d'approvisionnement, de trésorerie, etc. Dans le cas présent, les *matières premières* ne sont disponibles qu'en quantités limitées : à chaque catégorie de vin en stock va donc correspondre une contrainte. Celle-ci exprimera le fait que la quantité utilisée pour la production ne doit pas dépasser la quantité disponible.

Prenons l'exemple du stock de vin de l'Hérault :
- $0{,}5X_1$ indique la quantité de vin de l'Hérault utilisée pour obtenir X_1 hectolitres de vin « Extra »;
- $0{,}2X_2$ indique la quantité du même type de vin utilisée pour produire X_2 hectolitres de vin « Supérieur ».

Dans la mesure où l'entreprise ne dispose que de 13 600 hectolitres de vin de l'Hérault, la première contrainte s'écrira :

$$0{,}5X_1 + 0{,}2X_2 \leqslant 13\,600.$$

De la même façon, les contraintes concernant, respectivement, le vin du Bordelais et le vin d'Italie vont s'écrire :

$$0{,}3X_1 + 0{,}6X_2 \leqslant 12\,000$$
$$0{,}2X_1 + 0{,}2X_2 \leqslant 10\,400.$$

Une seconde catégorie de contraintes concerne la *capacité d'absorption* du marché qui s'élève à 20 000 pour le vin « Extra » et 16 000 pour le vin « Supérieur » D'où les contraintes :

$$X_1 \leqslant 20\,000, \qquad X_2 \leqslant 16\,000.$$

Enfin, il faut également tenir compte de la *capacité d'embouteillage,* limitée à 36 000 hectolitres, ce qui donne

$$X_1 + X_2 \leqslant 36\,000.$$

Lorsque toutes les limites ont été traduites en contraintes, il reste à vérifier qu'il n'y a pas de *contrainte redondante.* Cela se produit lorsque l'une d'elles peut être déduite d'une ou de plusieurs autres contraintes par combinaison linéaire. Considérons les contraintes :

$$\begin{aligned} X_1 &\leqslant 20\,000 && \text{(marché du vin « Extra »)} \\ X_2 &\leqslant 16\,000 && \text{(marché du vin « Supérieur »)} \\ X_1 + X_2 &\leqslant 36\,000 && \text{(capacité des installations).} \end{aligned}$$

Il est aisé de constater que la dernière est une combinaison linéaire des deux premières. Cette dernière contrainte est donc redondante. Cela signifie que si les deux premières sont respectées la contrainte redondante est nécessairement satisfaite. Elle s'avère donc inutile[4].

Il est nécessaire enfin de mentionner une catégorie particulière de contraintes, *les conditions de signe.* Les variables ne peuvent pas prendre de valeurs négatives. Donc

$$X_1 \geqslant 0, \qquad X_2 \geqslant 0.$$

Dans le cas présent, ces conditions sont parfaitement évidentes : que signifierait pour la société Bonvin S.A. le fait de devoir produire une quantité négative de vin « Extra » ou de vin « Supérieur »?

En conclusion, et sous la forme dite canonique, le problème de Bonvin S.A. traduit en programme linéaire s'écrit, compte tenu de la suppression de la contrainte redondante correspondant aux installations,

$$\text{Max } Z \quad \text{avec} \quad Z = 400X_1 + 500X_2.$$

- Sous les contraintes :

$$\text{Ressources} \begin{cases} 0{,}5X_1 + 0{,}2X_2 \leqslant 13\,600 \\ 0{,}3X_1 + 0{,}6X_2 \leqslant 12\,000 \\ 0{,}2X_1 + 0{,}2X_2 \leqslant 10\,400 \end{cases}$$

$$\text{Marché} \begin{cases} X_1 \leqslant 20\,000 \\ X_2 \leqslant 16\,000, \end{cases}$$

- et sous les conditions :

$$X_1 \geqslant 0, \qquad X_2 \geqslant 0.$$

§ 2. Formalisation de problèmes de gestion de la production.

La programmation mathématique peut être utilisée à la résolution de problèmes de nature très variée. Toutefois, au sein de l'entreprise, un domaine de prédilection semble bien être la gestion de la production car il s'agit très souvent de gérer l'existant en ressources (au sens large) limitées. Ainsi la programmation mathématique peut être un auxiliaire précieux pour

— déterminer un programme de production (cas déjà traité au § 1);
— préciser la composition des produits;
— élaborer un programme d'approvisionnement;
— choisir les filières de production.

Pour illustrer chaque problème nous raisonnerons sur un exemple simplifié.

4. Les contraintes redondantes ne sont pas toujours aussi facilement détectées, quand elles ne sont pas repérées cela provoque des risques de *dégénérescence.*

1° Composition de produits.

Envisageons à nouveau la société Bonvin S.A. Dans le cas n° 1, il est supposé que les vins « Extra » et « Supérieur » sont obtenus par coupages à proportions fixes de crus de l'Hérault, du Bordelais et d'Italie. Modifions cette hypothèse et considérons désormais :

— que le vin « Extra » doit contenir au moins 30 % de cru du Bordelais et au plus 20 % de cru d'Italie;
— et que le vin « Supérieur » doit être composé d'au moins 60 % de cru du Bordelais et d'au moins 20 % de cru de l'Hérault.

Toutes les autres caractéristiques du problème restent identiques au cas précédent.

Par rapport au cas n° 1 peu de données sont modifiées et pourtant le problème est totalement changé.

Certes, comme précédemment, les dirigeants se posent toujours la question de l'utilisation des ressources limitées (vins de l'Hérault, du Bordelais et d'Italie). Mais il n'est plus possible de traduire cette interrogation par : Que produire?

En effet, les proportions à adopter pour réaliser les coupages ne sont pas connues avec précision, mais seulement sous la forme de fourchettes. Il faut donc déterminer simultanément pour chaque qualité « Extra » et « Supérieur » :

— quelle quantité produire,
— quelle composition adopter.

Ce problème peut s'exprimer sous la forme :

Quelle quantité de chaque vin d'origine affecter à chaque qualité de produit fini?

Les variables correspondant à cette question s'écrivent alors X_{ij} où j repère le vin d'origine et i la qualité produite.

Notons que $i = 1$ pour la qualité « Extra » et $i = 2$ pour la qualité « Supérieur ». L'indice j prend la valeur 1 pour le vin de l'Hérault, 2 pour le vin du Bordelais et 3 pour le vin d'Italie.

La quantité totale de vin j utilisée s'écrit alors :

$$\sum_{i=1}^{2} X_{ij}.$$

La quantité totale de qualité i produite est, de son côté, égale à

$$\sum_{j=1}^{3} X_{ij}.$$

La proportion de vin d'origine j utilisée dans la production de la qualité i est donnée par

$$\frac{X_{ij}}{\sum_{j=1}^{3} X_{ij}}.$$

L'*objectif* de l'entreprise consiste toujours à maximiser son bénéfice, soit, à nouveau, sa marge brute sur coûts variables. Cette marge brute s'écrit

$$Z = 400(X_{11} + X_{12} + X_{13}) + 500(X_{21} + X_{22} + X_{23}).$$

Les *contraintes* doivent également être reformulées :

— contraintes concernant les *stocks disponibles :*

$X_{11} + X_{21} \leqslant 13\,600$ pour le vin de l'Hérault
$X_{12} + X_{22} \leqslant 120\,000$ pour le vin du Bordelais
$X_{13} + X_{23} \leqslant 10\,400$ pour le vin d'Italie;

— contraintes concernant la *composition des produits :* la qualité « Extra » doit comporter au moins 30 % de vin du Bordelais et au plus 20 % de vin d'Italie. Ceci se traduira par les deux contraintes suivantes :

$$X_{12} \geqslant 0{,}3(X_{11} + X_{12} + X_{13}), \qquad X_{13} \leqslant 0{,}2(X_{11} + X_{12} + X_{13}),$$

soit encore :

$$-0{,}3X_{11} + 0{,}7X_{12} - 0{,}3X_{13} \geqslant 0, \qquad -0{,}2X_{11} - 0{,}2X_{12} + 0{,}8X_{13} \leqslant 0.$$

De son côté, le vin « Supérieur » doit contenir au moins 20 % de vin de l'Hérault et au moins 60 % de vin du Bordelais, ce qui se traduit par

$$0{,}8X_{21} - 0{,}2X_{22} - 0{,}2X_{23} \geqslant 0 \quad \text{et} \quad -0{,}6X_{21} + 0{,}4X_{22} - 0{,}6X_{23} \geqslant 0.$$

— Contraintes de *marché :*

$$X_{11} + X_{12} + X_{13} \leqslant 20\,000 \qquad X_{21} + X_{22} + X_{23} \leqslant 16\,000.$$

La contrainte de capacité de production n'est pas retenue, car redondante avec les deux précédentes.

— *Conditions de signe :*

$$X_{ij} \geqslant 0 \quad \forall i, j.$$

En définitive, le programme s'écrit :

$$\text{Max } Z \quad \text{avec} \quad Z = 400(X_{11} + X_{12} + X_{13}) + 500(X_{21} + X_{22} - X_{23}).$$

Sous les contraintes :

$$\left.\begin{array}{r} X_{11} + X_{21} \leqslant 13\,600 \\ X_{12} + X_{22} \leqslant 12\,000 \\ X_{13} + X_{23} \leqslant 10\,400 \end{array}\right\} \text{Ressources disponibles}$$

$$\left.\begin{array}{r} -0{,}3X_{11} + 0{,}7X_{12} - 0{,}3X_{13} \geqslant 0 \\ -0{,}2X_{11} - 0{,}2X_{12} + 0{,}8X_{13} \leqslant 0 \\ 0{,}8X_{21} - 0{,}2X_{22} - 0{,}2X_{23} \geqslant 0 \\ -0{,}6X_{21} + 0{,}4X_{22} - 0{,}6X_{23} \geqslant 0 \end{array}\right\} \text{Composition des produits}$$

$$\left.\begin{array}{r} X_{11} + X_{12} + X_{13} \leqslant 20\,000 \\ X_{21} + X_{22} + X_{23} \leqslant 16\,000 \end{array}\right\} \text{Marchés}$$

et sous les conditions

$$X_{11}, \ldots, X_{23} \geqslant 0.$$

2° Programme d'approvisionnement.

Soit toujours la Société Bonvin S.A., mais dans une situation très différente en ce qui concerne l'approvisionnement : la société n'a pas encore acquis ses matières premières. Dans ce cas, le coût de l'approvisionnement ne peut plus être considéré comme fixe. Transport inclus, il s'élève à :

vin de l'Hérault : 230 F l'hectolitre
vin du Bordelais : 250 F l'hectolitre
vin d'Italie : 180 F l'hectolitre.

Il subsiste néanmoins un coût fixe constitué pour l'essentiel de frais de personnel, égal à 4 000 000 F.

Le problème présent comporte trois questions :

— quelle quantité produire } pour chaque vin, « Extra » et «Supérieur»
— quelle composition adopter } pour chaque vin, « Extra » et «Supérieur»
— quelle quantité de matières premières acquérir auprès des fournisseurs?

Ces trois questions sont liées et nous pouvons constater que le fait de connaître *la quantité de chaque matière première incorporée dans chaque produit* permet de déterminer simultanément : l'approvisionnement nécessaire, la composition adéquate des produits et la quantité à produire.

Les variables correspondant au problème sont donc les mêmes que dans le cas précédent. Notons que

$$\sum_{i=1}^{2} X_{ij} = \text{approvisionnement nécessaire en ressource } j.$$

En ce qui concerne la *fonction économique,* il convient toujours de maximiser le bénéfice donc la marge brute. Compte tenu du prix d'achat des différents crus d'origine

$$\text{Marge brute} = Z = 170X_{11} + 150X_{12} + 220X_{13} + 270X_{21} + 250X_{22} + 320X_{23}.$$

En ce qui concerne les *contraintes :*

Il n'existe plus de contraintes limitant les ressources (celles-ci sont considérées comme variables). Les contraintes concernant la composition des produits, les limites du marché et les capacités de production sont identiques à celles du cas n° 2. Par conséquent,

$$\text{Max } Z \quad \text{avec} \quad Z = 170X_{11} + 150X_{12} + 220X_{13} + 270X_{21} + 250X_{22} + 320X_{23},$$

sous les contraintes :

$$\left.\begin{array}{r} -0{,}3X_{11} + 0{,}7X_{12} - 0{,}3X_{13} \geqslant 0 \\ -0{,}2X_{11} - 0{,}2X_{12} + 0{,}8X_{13} \leqslant 0 \\ 0{,}8X_{21} - 0{,}2X_{22} - 0{,}2X_{23} \geqslant 0 \\ -0{,}6X_{21} + 0{,}4X_{22} - 0{,}6X_{23} \geqslant 0 \end{array}\right\} \text{Composition des produits}$$

$$\left.\begin{array}{r} X_{11} + X_{12} + X_{13} \leqslant 20\,000 \\ X_{21} + X_{22} + X_{23} \leqslant 16\,000 \end{array}\right\} \text{Marché}$$

et sous les conditions : $X_{ij} \geqslant 0.$

3° Filières de production.

Les produits de Bonvin S.A. sont conditionnés dans des récipients de 0,75 litre et de 3 litres. Afin de pouvoir satisfaire la clientèle, Bonvin se fixe comme objectif annuel de disposer d'au moins 400 000 bouteilles de 3 litres et d'au moins 3 200 000 bouteilles de 0,75 litres.

Pour produire ces récipients Bonvin dispose de deux ateliers dont les rendements sont différents :

Nombre de récipients par heure de fonctionnement.

	Atelier A	Atelier B
0,75 litre	500	400
3 litres.	400	320

Chaque atelier fonctionne au maximum 4 000 heures dans l'année. Les prévisions de coût variable de production de chaque type de récipient donnent comme résultats :

Coûts variables de production.

	Atelier A	Atelier B
0,75 litre	0,4	0,55
3 litres.	0,75	0,85

Mais Bonvin peut également sous-traiter la fabrication de ces récipients à la société Corec qui propose comme tarif :

0,5 franc la bouteille de 0,75 litre,
1 franc la bouteille de 3 litres.

Les dirigeants de Bonvin S.A. se posent une triple question :
— faut-il produire des bouteilles et en quelles quantités?
— en utilisant quelle technique de production (atelier A et/ou atelier B)?
— faut-il sous-traiter tout ou partie de la production à Corec?
En fait, ces trois questions peuvent être condensées en une seule :

Quelles filières utiliser pour obtenir les bouteilles nécessaires,

d'où les variables :

X_{ij} = quantité de récipients i obtenus par la filière j.

L'indice i prend comme valeurs :
1 pour les récipients de 0,75 litre,
2 pour les récipients de 3 litres,

et l'indice j :

1 pour la fabrication en atelier A
2 pour la fabrication en atelier B
3 pour la sous-traitance à Corec.

$$\sum_{j=1}^{3} X_{ij} = \text{nombre de récipients } i \text{ obtenus.}$$

Le but poursuivi ici est de minimiser le coût d'obtention des récipients : soit

$$\text{Min Z} \quad \text{avec} \quad Z = 0{,}4X_{11} + 0{,}55X_{12} + 0{,}5X_{13} + 0{,}75X_{21} + 0{,}85X_{22} + 1X_{23},$$

sous les contraintes :

$$\text{capacité de production} \begin{cases} \frac{1}{500} X_{11} + \frac{1}{400} X_{21} \leq 4\,000 \\ \frac{1}{400} X_{12} + \frac{1}{320} X_{22} \leq 4\,000 \end{cases}$$

$$\text{besoins à satisfaire} \begin{cases} X_{11} + X_{12} + X_{13} \geq 3\,200\,000 \\ X_{21} + X_{22} + X_{23} \geq 400\,000 \end{cases}$$

et sous les conditions $X_{ij} \geq 0$.

§ 3. Formulation générale d'un problème de programmation linéaire.

De façon générale, un problème de programmation mathématique met en jeu quatre catégories d'éléments :
— des variables ou activités,
— des coefficients économiques,
— des ressources,
— des coefficients techniques.

Les *activités* sont les variables de décision du problème étudié. Il s'agit pour l'entreprise de sélectionner le meilleur programme d'activités $X = (X_1, \ldots, X_j, \ldots, X_n)$, c'est-à-dire celui qui est le plus conforme à ses objectifs.

Les *coefficients économiques* mesurent le degré de réalisation de l'objectif de l'entreprise, associé à une valeur unitaire de chacune des variables. A chaque variable X_j est ainsi associé un coefficient économique c_j. L'évaluation des coefficients c_j dépend du type d'objectif poursuivi : selon le cas ce sera un prix de vente, une marge brute, un coût variable unitaire, etc.

Les *ressources* peuvent être également de nature très diverse selon le problème rencontré. Dans tous les cas, ce sont les éléments qui limitent le calcul économique de l'entreprise : des capacités de production limitées, des normes à respecter, des potentiels de vente, etc. Dans tout problème, il faudra ainsi prendre en considération un vecteur de ressources $B = (b_1, \ldots, b_i, \ldots, b_m)$ donné.

Par *coefficient technique* on désignera le degré de « consommation » d'une ressource par une activité. A la ressource i et à l'activité j, correspondra le coefficient technique a_{ij}. Dans la mesure où le problème étudié met en jeu n activités et m ressources, il faudra considérer $m \cdot n$ coefficients techniques que l'on pourra regrouper dans un tableau du type suivant :

Activités / Ressources	$1 \ldots\ldots\ldots\ldots j \ldots\ldots\ldots\ldots n$
1	$a_{11} \ldots\ldots\ldots a_{1j} \ldots\ldots\ldots a_{1n}$
....	....
i	$a_{i1} \ldots\ldots\ldots a_{ij} \ldots\ldots\ldots a_{in}$
....	....
m	$a_{m1} \ldots\ldots\ldots a_{mj} \ldots\ldots\ldots a_{mn}$

Si les variables sont continues, si les coefficients économiques et techniques sont indépendants des valeurs des variables, alors le problème peut être formalisé à l'aide d'un programme linéaire.

Un même programme peut être traduit sous une *forme canonique* ou sous une *forme standard*; l'une et l'autre forme pouvant adopter soit la notation algébrique classique soit la notation matricielle.

1° La forme canonique.

La forme canonique se caractérise par des contraintes présentées sous la forme d'inéquations. De façon très générale, dans un cas de maximisation, un programme comportant n variables et m contraintes peut se présenter sous l'une des formes indiquées dans le tableau 1.

Tableau 1. — Forme canonique des programmes linéaires.

Notation algébrique classique	Notation matricielle
Max Z avec	Max Z avec
$Z = \sum_{j=1}^{n} c_j \cdot X_j$	$Z = [C][X]$
Sous les contraintes :	Sous les contraintes :
$\sum_{j=1}^{n} a_{ij} \cdot X_j \leqslant b_i$ $i = 1, \ldots, m$	$[A][X] \leqslant [B]$
et sous les conditions :	et sous les conditions :
$X_j \geqslant 0$ $j = 1, \ldots, n.$	$[X] \geqslant 0$

En notation matricielle :
[X] est le vecteur colonne des variables X_j.
[C] est le vecteur ligne des coefficients c_j des variables dans la fonction économique.
[A] est la matrice des coefficients a_{ij}. Elle comporte m lignes et n colonnes.
[B] est le vecteur colonne des seconds membres b_i des contraintes.

Avant de réaliser les calculs permettant la résolution d'un programme, il peut être souhaitable ou nécessaire de réaliser certaines transformations :

1. Dans le cas d'un problème de maximisation, si une inéquation a le sens ⩾ (supérieur ou égal à), il est possible d'harmoniser la notation en appliquant la règle suivante :

$$\text{si} \quad a \geqslant b \quad \text{alors} \quad -a \leqslant -b.$$

Inversement dans l'hypothèse d'un problème de minimisation, les contraintes devront être exprimées dans le sens ⩾.

2. Lorsqu'une contrainte s'exprime sous la forme d'une égalité, deux solutions sont envisageables :
— ou bien supprimer une variable. En effet, l'égalité introduit une liaison linéaire stricte entre les variables, donc la connaissance de $(n-1)$ variables entraîne la connaissance de la $n^{\text{ième}}$. Le problème est alors allégé[5].
— ou bien décomposer la contrainte en deux inéquations de sens inverse. Dans ce cas :

$$\sum_{j=1}^{n} a_{ij} \cdot X_j = b_i$$

devient :

$$\sum_{j=1}^{n} a_{ij} \cdot X_j \leqslant b_i$$
$$\sum_{j=1}^{n} a_{ij} \cdot X_j \geqslant b_i.$$

3. Il y a deux sens possibles pour une optimisation : soit maximiser, soit minimiser. Il est toujours possible d'en modifier le sens. En effet :

Max Z est équivalent à Min $(-Z)$
Min Z est équivalent à Max $(-Z)$.

4. Il convient de s'assurer que le système de contraintes est exempt de contraintes redondantes. Une contrainte est dite redondante lorsqu'elle est équivalente à la combinaison linéaire de plusieurs autres contraintes. Toute contrainte redondante doit être éliminée[6].

---

5. La suppression de cette variable doit s'accompagner de l'élimination de la contrainte d'égalité.
6. *Cf* § 1.

2° La forme standard.

La forme standard se caractérise par le fait que toutes les inéquations correspondant aux contraintes sont transformées en équations.

La transformation s'effectue par l'introduction de variables particulières appelées *variables d'écart*, pour les distinguer des variables initiales ou *variables réelles*. Une variable d'écart est introduite par contrainte. Ainsi dans le cas d'un problème comportant :

	n variables réelles
et	m contraintes,
il y a	m variables d'écart
et	$m+n$ variables au total.

Les conditions de non-négativité s'appliquent aux valeurs que peut prendre une variable d'écart. De ce fait le coefficient de la variable d'écart dans la contrainte où elle est introduite peut revêtir deux valeurs selon le sens de l'inéquation initiale :

— Dans le cas d'une contrainte $\leqslant$ la variable d'écart introduite dans le membre de gauche a comme coefficient $+1$. En effet la variable d'écart représente ce qu'il faut ajouter au membre de gauche pour rétablir l'égalité avec le membre de droite.

Exemple :

$$0{,}5X_1+0{,}2X_2 \leqslant 13\,600 \quad \text{devient} \quad 0{,}5X_1+0{,}2X_2+e = 13\,600.$$

— Dans le cas d'une contrainte $\geqslant$, le coefficient de la variable d'écart — toujours introduite dans le membre de gauche — prend comme valeur -1. Car, dans ce cas, il faut retrancher au membre de gauche pour obtenir la parité avec le membre de droite.

Exemple :

$$X_1 \geqslant 15\,000 \quad \text{devient} \quad X_1 - e = 15\,000.$$

Lors de la formulation du problème, chaque variable d'écart n'apparaît effectivement que *dans une seule contrainte*. Cela signifie que le coefficient de toute variable d'écart est égal à 1 dans une contrainte et nul dans toutes les autres contraintes *ainsi que dans la fonction économique*.

De façon générale, dans le cas de maximisation, un programme linéaire sous sa forme standard s'écrit comme indiqué en tableau 2.

Dans la notation matricielle, [X], [C], [B] et [A] ont la même signification que dans le tableau 1. [E] est le vecteur-colonne des m variables d'écart; [O] un vecteur ligne nul à m éléments et [I] la matrice unité à m rangées.

Tableau 2. — Forme standard des programmes linéaires.

Notation algébrique classique	Notation matricielle
Max Z avec $Z=\sum_{j=1}^{n} c_j \cdot X_j$	Max Z avec $Z=[C][X]=[C, 0]\begin{bmatrix}X\\E\end{bmatrix}$
sous les contraintes : $\sum_{j=1}^{n} a_{ij} \cdot X_j + \sum_{k=1}^{m} a'_{ik} \cdot e_k = b_i$. avec $i=1, \ldots, m$ et $a'_{ik}=1$ si $k=i$, $a'_{ik}=0$ si $k \neq i$	sous les contraintes $[A, I] \cdot \begin{bmatrix}X\\E\end{bmatrix}=B$
et sous les conditions : $X_j \geqslant 0 \quad j=1, \ldots, n$; $e_k \geqslant 0 \quad k=1, \ldots, m$	et sous les conditions : $[X] \geqslant 0$; $[E] \geqslant 0$

Sous cette forme standard, le problème de la page 62 devient :

Notation algébrique classique	Notation matricielle
Max Z avec $Z=400X_1+500X_2$	Max Z avec $Z=(400 \quad 500 \quad 0\ 0\ 0\ 0\ 0)\begin{pmatrix}X_1\\X_2\\e_1\\\vdots\\e_5\end{pmatrix}$
Sous les contraintes : $0{,}5X_1+0{,}2X_2+e_1=13\,600$; $0{,}3X_1+0{,}6X_2+e_2=12\,000$; $0{,}2X_1+0{,}2X_2+e_3=10\,400$; $X_1+e_4=20\,000$; $X_2+e_5=16\,000$	Sous les contraintes : $\begin{pmatrix}0{,}5 & 0{,}2 & 1 & 0 & 0 & 0 & 0\\0{,}3 & 0{,}6 & 0 & 1 & 0 & 0 & 0\\0{,}2 & 0{,}2 & 0 & 0 & 1 & 0 & 0\\1 & 0 & 0 & 0 & 0 & 1 & 0\\0 & 1 & 0 & 0 & 0 & 0 & 1\end{pmatrix}\begin{pmatrix}X_1\\X_2\\e_1\\\vdots\\e_5\end{pmatrix}=\begin{pmatrix}13\,600\\12\,000\\10\,400\\20\,000\\16\,000\end{pmatrix}$
$X_1, X_2 \geqslant 0$; $e_1, \ldots, e_5 \geqslant 0$	et sous les conditions : $[X] \geqslant 0$; $[E] \geqslant 0$

La forme standard constitue le point de départ nécessaire de la résolution analytique des programmes linéaires, ce qui est suffisant en soi pour justifier la présentation de cette forme. Mais il ne faut pas en déduire pour autant que les variables d'écart ne sont que des artifices mathématiques sans signification économique.

Considérons une contrainte i concernant une ressource limitée. La valeur prise par la variable d'écart, compte tenu des valeurs prises par les variables réelles, représente la quantité non utilisée de la ressource en question.

Lorsque le programme est mis en forme, l'étape suivante consiste à donner une valeur à chaque variable. Il s'agit, en d'autres termes, de résoudre le problème.

SECTION 2. LA RÉSOLUTION D'UN PROGRAMME LINÉAIRE

Résoudre un programme linéaire consiste à déterminer les valeurs des variables qui permettent d'optimiser la fonction économique.

Il existe diverses techniques de résolutions parmi lesquelles la méthode graphique se montre à l'évidence la plus rapide et la plus simple mais aussi la plus limitée, car dès lors que le nombre de variables ou de contraintes dépasse deux elle devient impraticable. C'est pourquoi divers chercheurs se sont efforcés de mettre au point une méthode de calcul algorithmique qui permet de détecter la solution optimale (si elle existe!) quel que soit le nombre des variables et des contraintes[7].

Bien que très efficace, cette méthode, connue sous le nom d'algorithme du simplexe, exige des calculs longs et fastidieux. C'est pourquoi ceux-ci sont de plus en plus confiés à l'outil informatique. Dès lors une question se pose : puisque les logiciels correspondants sont largement répandus, est-il nécessaire pour appliquer la méthode, d'en connaître les ressorts? Deux raisons essentielles justifient une réponse affirmative :

— d'abord, la compréhension des principes de résolution est une aide précieuse pour, en amont, analyser et formaliser le problème, et pour, en aval, interpréter et exploiter la solution obtenue;
— ensuite parce que la démarche algorithmique présente en elle-même un intérêt formateur non négligeable.

C'est pourquoi la méthode sera exposée, mais de façon succincte et sans entrer dans le détail des fondements mathématiques. En outre, l'algorithme du simplexe se présente sous diverses formes : primale, duale ou encore, primale-duale. Nous nous consacrerons exclusivement à la présentation de la forme primale en trois étapes :

- Bien que limitée, la méthode graphique s'avère un support pratique irremplaçable pour illustrer la méthode du simplexe (§ 1).
- Pour pallier les limites de la méthode graphique, il est nécessaire de recourir à une technique de résolution analytique reposant sur quelques principes simples (§ 2).
- Afin de simplifier les tâches pratiques de résolution, l'application de ces principes peut être réalisée dans un cadre quasi-normalisé semblable aux présentations des résultats obtenus par informatique (§ 3).

7. Citons HITCHCOCK F. L. qui s'intéresse aux problèmes de transports, « the distribution of a product from several sources to numerous localities », *Journal Math. and Phys.*, 1941, pages 224 à 230; citons également STIGLER G. qui étudie la question du régime alimentaire optimal, « The cost of subsistence », *Journal of Farm Economics*, 1945, pages 303 à 314. Ce fut DANTZIG G. qui proposa dès 1947 une méthode de résolution générale dénommée algorithme du simplexe : voir *Activity analysis of production and allocation*, KOOPMANS T. C. (éd.), Wiley, 1951. La résolution théorique des programmes linéaires remonte aux travaux de VON NEUMANN J. publiés en anglais en 1945 : « A model of general economic equilibrium », *R.E.S.*, vol. 13, 1945-46.

§ 1. Résolution graphique.

Reprenons le problème de la société Bonvin S.A. dans sa forme initiale : Max Z avec

$$Z = 400X_1 + 500X_2$$

sous les contraintes :

$$0{,}5X_1 + 0{,}2X_2 \leq 13\,600 \quad (1)$$
$$0{,}3X_1 + 0{,}6X_2 \leq 12\,000 \quad (2)$$
$$0{,}2X_1 + 0{,}2X_2 \leq 10\,400 \quad (3)$$
$$X_1 \leq 20\,000 \quad (4)$$
$$X_2 \leq 16\,000 \quad (5)$$

et sous les conditions :

$$X_1 \geq 0 \quad (6)$$
$$X_2 \geq 0. \quad (7)$$

Considérons un repère orthonormé dont les axes correspondent aux variables X_1 et X_2. Tout point du plan ainsi structuré représente une combinaison (X_1, X_2) qui pourrait éventuellement constituer une solution au problème posé. L'ensemble des combinaisons (X_1, X_2) est infini mais parmi cet ensemble :

— une hiérarchie peut être établie entre les combinaisons car elles présentent des valeurs économiques différentes;
— certaines combinaisons doivent être éliminées dans la mesure où elles ne satisfont pas les conditions imposées par les contraintes.

La fonction objectif permet d'élaborer un classement entre les combinaisons en fonction de leur valeur économique. Dans le cas étudié :

$$Z = 400X_1 + 500X_2$$

représente l'équation d'une famille de droites ayant toutes même coefficient directeur $(-4/5)$ mais différant par la valeur de leur ordonnée à l'origine.

Deux constats s'imposent :

1. Toutes les combinaisons (X_1, X_2) appartenant à une même droite Z présentent la même valeur économique.

2. Plus la valeur de Z est grande et plus l'ordonnée à l'origine est élevée. Donc plus la droite Z s'éloigne de l'origine et plus la valeur économique des combinaisons (X_1, X_2) appartenant à la droite est importante.

S'agissant de maximiser un résultat économique, *la solution souhaitable* est une solution située sur la droite Z dont la distance par rapport à l'origine est la plus grande possible.

Mais sans autre spécification, le problème ne comporterait pas de solution car, si X_1 et X_2 tendent vers l'infini, la fonction Z ne possède pas de maximum. Cependant, les valeurs prises par X_1 et X_2 doivent respecter les contraintes ainsi que les conditions de non-négativité. Il faut donc chercher à délimiter l'ensemble des combinaisons qui satisfont contraintes et conditions de signe.

A la contrainte n° 1 peut être associée une droite (1) qui scinde le plan en deux demi-plans :

$$0{,}5X_1 + 0{,}2X_2 = 13\,600.$$

— Un demi-plan correspond à l'ensemble P_1 des combinaisons (X_1, X_2), qui satisfont la condition imposée par la contrainte.

— L'autre demi-plan représente l'ensemble des combinaisons (X_1, X_2) qui ne satisfont pas la contrainte.

— Il convient de noter que les points appartenant à la droite (1) satisfont naturellement la condition imposée par la contrainte.

Ainsi, chaque contrainte permet de définir un ensemble de combinaisons (X_1, X_2) acceptables par rapport à cette même contrainte. Il en va de même en ce qui concerne les conditions de non-négativité; les droites limites associées sont alors confondues avec les axes. Finalement dans le cas d un problème comportant deux variables :

— si la contrainte est représentée par une inégalité, l'ensemble des combinaisons acceptables est un demi-plan;
— si la contrainte s'écrit sous forme d'égalité, l'ensemble en question est une droite.

La solution du problème doit respecter nécessairement *toutes* les contraintes et conditions. Or les demi-plans $P_1, P_2, ..., P_7$ ne coïncident pas exactement. Il existe cependant un ensemble de combinaisons (X_1, X_2) satisfaisant simultanément toutes les contraintes : il s'agit de l'intersection des demi-plans $P_1, P_2, ..., P_7$, dès lors que cette intersection n'est pas vide. Ainsi, se trouve délimité le *domaine des solutions possibles ou admissibles*. Ici, ce domaine est le polyèdre OABCD sur le graphique 1.

La solution optimale résulte de la confrontation du souhaitable et du possible. Elle est située sur une droite Z qui est la plus distante possible de l'origine tout en possédant au moins un point commun avec le polyèdre des solutions admissibles. Graphiquement, elle s'identifie au point B intersection des droites (2) et (4). Cette solution optimale correspond donc aux coordonnées du point B :

$$X_1 = 20\,000, \qquad X_2 = 10\,000.$$

Ce qui signifie que pour maximiser ses gains, l'entreprise Bonvin S.A. doit produire :

20 000 hectolitres de vin Extra
10 000 hectolitres de vin Supérieur.

Ce résultat suscite diverses observations :

— Le domaine des solutions possibles étant convexe, lorsqu'elle existe, la solution optimale est située sur la frontière de ce domaine. En outre, si le domaine est non vide et borné, au moins un sommet du polyèdre est solution optimale du problème. Chaque sommet du polyèdre constitue une *solution de base* (ici, il y a donc cinq solutions de base : O, A, B, C et D). La solution optimale se trouve parmi les solutions de base.

Graphique 1. — Solution graphique.

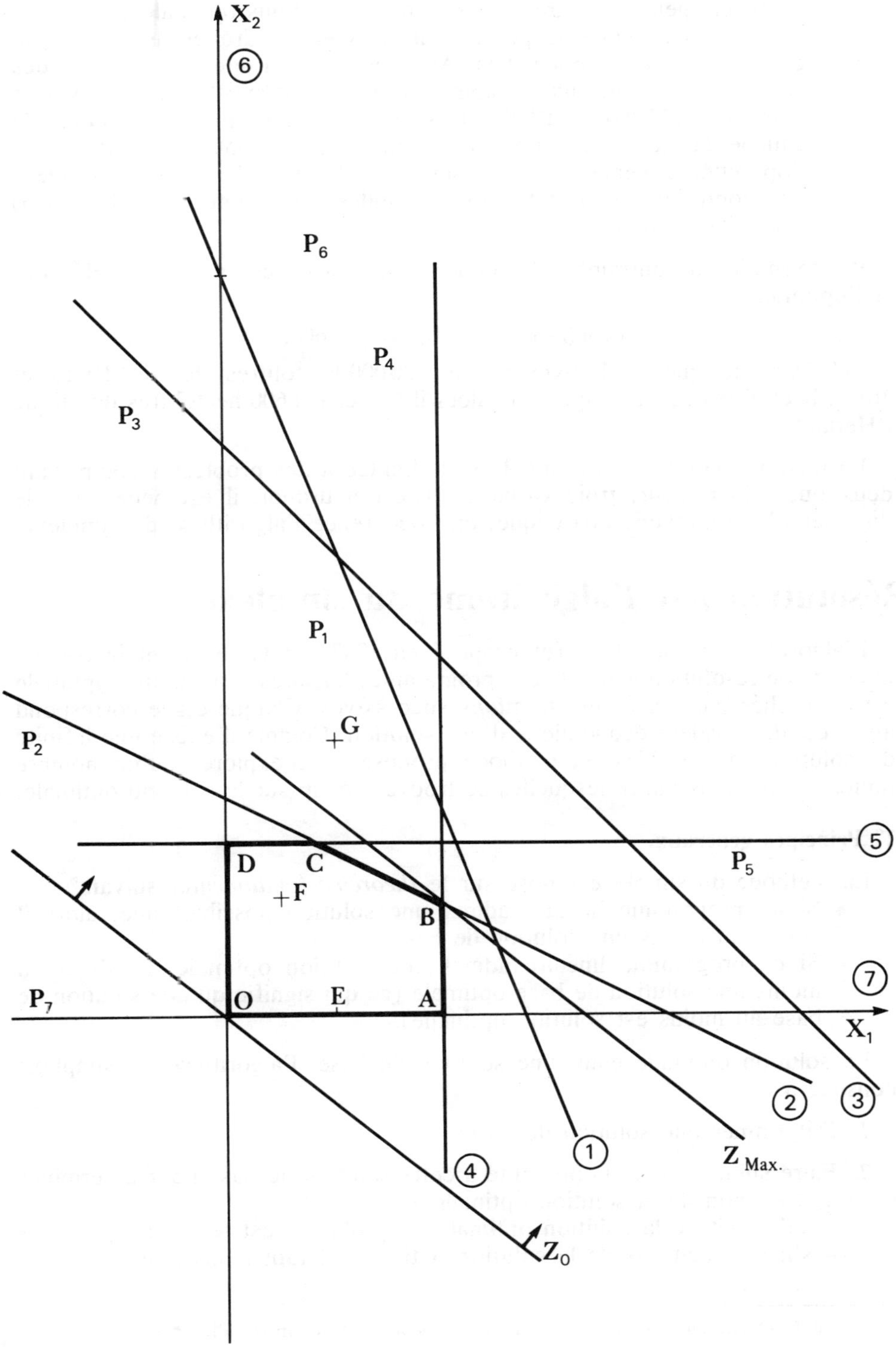

— Lorsque la fonction économique Z peut être mise sous la forme d'une combinaison linéaire de l'équation associée à une contrainte, le problème peut admettre une infinité de solutions optimales.
— Les distances entre le point optimal B et les droites associées aux contraintes 2 et 4 sont nulles. Autrement dit, si dans l'expression des contraintes 2 et 4, aux variables X_1 et X_2 sont substituées leur valeur respective (20 000 et 10 000) alors, il y a égalité entre les membres de gauche et de droite. Les contraintes 2 et 4 sont dites *saturées* à l'optimum. Inversement les distances entre B et les droites associées aux contraintes 1, 3 et 5 sont non nulles. Ces contraintes (1, 3 et 5) sont dites *non saturées*.

Par exemple, la contrainte n° 1 concerne la ressource en vin de l'Hérault. A l'optimum :

$$13\,600 - (0{,}5X_1 + 0{,}2X_2) = 1\,600.$$

Cela signifie que si Bonvin produit 20 000 hectolitres de vin Extra et 10 000 hectolitres de vin Supérieur, alors il lui reste 1 600 hectolitres de vin de l'Hérault.

La méthode graphique est simple mais limitée à des problèmes comportant deux ou, à la rigueur, trois variables. C'est pourquoi, il est nécessaire de disposer d'une méthode analytique, en l'occurence l'algorithme du simplexe.

§ 2. Résolution par l'algorithme du simplexe.

L'algorithme du simplexe fut proposé en 1947 par G. B. Dantzig comme méthode de résolution générale des programmes linéaires. La solution optimale est approchée par étapes ou *itérations* successives. Chaque étape correspond au calcul de la valeur économique d'une solution. Comme il existe une infinité de solutions admissibles, la méthode propose de n'explorer qu'un nombre limité de solutions parmi lesquelles se trouve à coup sûr la solution optimale.

1° Principes généraux.

La méthode du simplexe repose sur le *théorème fondamental* suivant[8] :

- Si un programme linéaire admet une solution possible finie, alors il admet au moins une solution de base.
- Si ce programme linéaire admet une solution optimale, il admet au moins une solution de base optimale (ce qui signifie qu'une solution de base au moins est solution optimale).

La solution optimale étant une solution de base, l'algorithme du simplexe consiste à :

1. Déterminer une solution de base.

2. Faire subir un test d'optimalité à cette solution de base pour déterminer s'il s'agit ou non de la solution optimale
— s'il s'agit de la solution optimale, le problème est terminé,
— s'il ne s'agit pas de la solution optimale, il faut réaliser le *3.*

8. Voir GALE D., *The theory of linear economic models,* Mac Graw Hill, 1960.

3. Changer de solution de base puis reprendre la procédure au *1* jusqu'à l'obtention de la solution optimale. Chaque changement de solution de base constitue une itération.

Afin de réaliser les opérations successives de l'algorithme du simplexe, il convient de mettre le programme sous une forme standard. (*Cf.* section 1, § 3, 2°.)

2° Les caractéristiques d'une solution de base.

Une solution de base est avant tout une solution admissible : elle satisfait l'ensemble des contraintes et conditions de signe. Ainsi A, E et F sur le graphique 1 sont des solutions admissibles alors que G n'est pas une solution admissible car les variables e_2 et e_5 prennent des valeurs négatives.

	Solution O	A	E	F	G
X_1	0	20 000	10 000	5 000	10 000
X_2	0	0	0	10 000	25 000
e_1	13 600	3 600	8 600	9 100	3 600
e_2	12 000	6 000	9 000	4 500	− 6 000
e_3	10 400	6 400	8 400	7 400	3 400
e_4	20 000	0	10 000	15 000	10 000
e_5	16 000	16 000	16 000	6 000	− 9 000

Parmi l'ensemble des solutions admissibles, il est aisé de vérifier que seules les solutions de base comportent deux variables nulles. Toutes les autres solutions admettent soit une seule (exemple E) soit aucune variable nulle (exemple F).

Ainsi toute solution de base comporte deux catégories de variables :

- Des variables ayant une valeur prédéterminée nulle : ces variables *nulles* sont dites *variables hors base* ou variables *exclues*. Il y a au moins autant de variables hors base (nulles) que le problème comporte de variables réelles. En A les deux variables hors base sont X_2 et e_4.
- Des variables ayant une valeur *non nulle :* ce sont les *variables en base* ou variables *retenues*. Leur nombre est au plus équivalent au nombre de variables d'écart. En A les variables en base sont X_1, e_1, e_2, e_3 et e_5.

De façon générale, si un problème comprend *m* contraintes et *n* variables réelles, pour qu'une solution soit solution de base il faut, et il suffit

— qu'elle soit solution admissible;

— qu'elle admette au moins *n* variables hors base (nulles) et au plus *m* variables en base (non nulles).

Pour amorcer l'algorithme du simplexe il est nécessaire de connaître une solution de base. Dans le cas de Bonvin il existe une base « naturelle » : c'est le point O. Lorsqu'une telle base « naturelle » n'existe pas, une solution pragmatique consiste à :

— Annuler *n* variables parmi les $m + n$ variables. Au début, le système des contraintes comporte *n* équations et $m + n$ variables; il est donc indéterminé. Lorsque *n* variables sont annulées, il devient un système

de Cramer ayant une seule solution (dès lors que les contraintes redondantes ont été éliminées).
— Calculer la valeur des *m* variables non nulles.
— Vérifier que les conditions de non négativité sont respectées sans quoi il ne s'agit pas d'une solution admissible.

La solution de base de départ étant définie il faut savoir s'il s'agit ou non de la solution optimale.

3° Le test d'optimalité.

Le test est simple : il consiste à rechercher s'il est possible ou non d'améliorer le résultat économique Z. Si cette possibilité existe, cela signifie que l'optimum n'est pas encore atteint. En revanche, s'il n'y a aucune possibilité d'amélioration, la solution de base testée est donc la solution optimale.

C'est un raisonnement à la marge qui permet de savoir si la solution de base testée fournit ou non le meilleur résultat économique.

Dans le cas Bonvin choisissons comme solution initiale la base naturelle O. En ce point, la fonction économique a une valeur nulle, puisque X_1 et X_2 sont nulles : est-il possible d'améliorer ce résultat?

Si X_1 actuellement « exclue » varie d'une valeur marginale positive ΔX_1 cela entraîne plusieurs conséquences :

1. Si les autres variables hors base n'ont aucune raison de se modifier (donc $\Delta X_2 = 0$) la valeur d'au moins une variable en base va nécessairement changer pour que puissent être respectées contraintes et conditions de non négativité.

Donc si $\Delta X_1 = 1$, il en résulte

$\Delta e_1 = -0{,}5$ (1re contrainte)
$\Delta e_2 = -0{,}3$ (2e contrainte)
$\Delta e_3 = -0{,}2$ (3e contrainte)
$\Delta e_4 = -1$ (4e contrainte)
$\Delta e_5 = 0$ (5e contrainte).

2. Au plan économique le bilan de l'opération est aisément évaluable :

$$Z = 400\Delta X_1 + 500\Delta X_2 + 0\Delta e_1 + 0\Delta e_2 + 0\Delta e_3 + 0\Delta e_4 + 0\Delta e_5 = 400,$$

donc $$\Delta Z > 0.$$

Conséquence : le résultat économique peut être amélioré si X_1 prend une valeur non nulle, donc l'optimum n'est pas atteint. Un raisonnement identique pourrait être appliqué à la variable X_2. Prenons maintenant la base B. Les variables exclues sont e_2 et e_4. Est-il intéressant de rendre l'une d'elles non nulle?

Si, par exemple, $\Delta e_4 = +1$, il en résulte :

$\Delta X_1 = -1$ (d'après la 4e contrainte), d'où
$\Delta X_2 = +0{,}5$ (d'après la 2e contrainte), d'où
$\Delta e_1 = +0{,}4$ (1re contrainte)
$\Delta e_2 = 0$ (variable hors base)
$\Delta e_3 = +0{,}1$ (3e contrainte)
$\Delta e_5 = -0{,}5$ (5e contrainte).

Le bilan économique de l'opération est négatif :

$$Z = 400(-1) + 500 \times 0{,}5 = -150.$$

Le fait de rendre e_4 positif provoque une détérioration du résultat économique.

Un calcul semblable concernant la variable hors base e_2 conduit aux résultats suivants :

$$\text{si } \Delta e_2 = 1, \quad \text{alors} \quad \Delta Z = -\frac{2\,500}{3}.$$

Par conséquent, il n'existe aucune possibilité d'amélioration du résultat économique. Donc l'optimum est atteint : B est la solution de base optimale.

Les calculs précédents pouvant s'avérer fastidieux, pour les simplifier, il faut exprimer le résultat économique Z en fonction des variables hors base (ici e_2 et e_4). D'après le système de contraintes :

$$X_1 = 20\,000 - e_4 \qquad \text{(contrainte n° 4).}$$

$$X_2 = 10\,000 - \frac{5}{3} e_2 + \frac{1}{2} e_4 \qquad \text{(contrainte n° 2).}$$

donc

$$Z = 13\,000\,000 - \frac{2\,500}{3} e_2 - 150 e_4.$$

Il est alors aisé de constater que

$$\text{si } \Delta e_2 = +1 \quad \text{alors} \quad \Delta Z = -\frac{2\,500}{3},$$

$$\text{si } \Delta e_4 = +1 \quad \text{alors} \quad \Delta Z = -150.$$

D'où la règle : dans le cas d'un problème de maximisation, le résultat économique étant exprimé en fonction des variables exclues si tous les coefficients de ces variables hors base sont négatifs (ou nuls) l'optimum est atteint et si au moins l'un d'entre eux est positif (et non nul) alors l'optimum n'est pas atteint. Dans ce cas, il convient de changer de base.

4° Le changement de base.

Le changement de base doit s'opérer de telle sorte qu'un nombre limité d'itérations permette d'aboutir à la solution optimale. Cela signifie que le processus de changement de base doit éviter d'adopter plusieurs fois la même solution. Il faut être sûr, également, qu'elle « n'oublie » pas en route la solution de base optimale.

D'où la procédure suivante :

1. Lorsqu'une base n'est pas optimale le changement s'opère par le passage *sur une base adjacente.* Ainsi partant de la base O une itération consiste à passer en A ou en D mais en aucun cas directement en B ou C.

2. Le changement de base n'est réalisé que s'il permet une amélioration du résultat économique. D est une base non optimale. Elle possède deux bases adjacentes : O et C. En O le résultat économique est inférieur au résultat obtenu en D. Donc le passage de D en O est exclu. Au contraire le cheminement de D en C entraîne un accroissement du résultat économique. C est retenue comme nouvelle base.

Pour réaliser par le calcul le passage d'une base à une base adjacente il faut, et il suffit, de faire entrer dans la base une variable qui jusqu'alors était exclue. (Lors du passage de D en C, la variable X_1, « hors base » en D, entre « en base » en C), et corrélativement de faire sortir de la base une variable qui jusqu'ici était « retenue ». (La variable e_2, « en base » au point D, devient « hors-base » en C.)

Il convient de choisir comme variable entrant dans la base celle qui permet la plus grande amélioration marginale du résultat économique. Dans un problème de maximisation, le résultat économique étant exprimé en fonction des variables hors base, il convient d'adopter comme variable entrant en base, celle dont le coefficient est le plus grand positif dans la fonction économique.

Soit la solution de base O. Les variables X_1 et X_2 sont exclues. La base O n'étant pas optimale, il faut changer de base, c'est-à-dire faire entrer dans la nouvelle base soit X_1 soit X_2. Dans la mesure où $Z=400X_1+500X_2$, X_2 doit entrer en base. Le changement s'opère de O vers D.

Pour chaque accroissement d'une unité de X_2, le résultat économique augmente de 500 F. Il faut donc faire en sorte que X_2 prenne la plus grande valeur possible. Tout en respectant les diverses contraintes et conditions de non-négativité.

La première contrainte s'écrit :

$$0{,}5X_1+0{,}2X_2+e_1=13\,600.$$

Puisque $X_1=0$, si $X_2>68\,000$ alors $e_1<0$, ce qui est incompatible avec les conditions de non-négativité. Donc par rapport à la première contrainte la plus grande valeur possible pour X_2 est

$$\frac{\text{Second membre de la contrainte}}{\text{Coefficient de la variable entrante}}=\frac{13\,600}{0{,}2}=68\,000$$

et par rapport aux autres contraintes :

— seconde contrainte :

$$\frac{12\,000}{0{,}6}=20\,000,$$

— troisième contrainte :

$$\frac{10\,400}{0{,}2}=52\,000,$$

— quatrième contrainte :

$$\text{pas de limite}=\infty,$$

— cinquième contrainte :

$$\frac{16\,000}{1}=16\,000.$$

Lorsque le coefficient de la variable entrant dans la base est nul ou négatif dans une contrainte, par rapport à cette contrainte, la variable « entrante » peut prendre n'importe quelle valeur positive. Il n'y a pas de limite finie.

Comme toutes les contraintes doivent être respectées simultanément, la plus grande valeur possible pour X_2 correspond à la plus petite des cinq valeurs calculées ci-dessus : $X_2 = 16\,000$. Dès lors comme $X_2 + e_5 = 16\,000$ cela implique $e_5 = 0$.

La variable sortant de la base est donc e_5.

L'application systématique des principes énoncés conduit après un certain nombre d'itérations à la solution optimale recherchée.

§ 3. Application de l'algorithme du simplexe.

Il existe divers modes de calcul pour développer l'algorithme du simplexe. Les résultats n'en sont bien entendu pas affectés. Nous présenterons deux méthodes : la méthode algébrique et la méthode des tableaux. En outre nous exposerons une technique permettant de détecter par le calcul une base de départ lorsqu'il n'existe pas de base « naturelle » pour amorcer l'algorithme.

1° Procédure algébrique.

Reprenons le cas Bonvin sous sa forme standard

$$\text{Max } Z \quad \text{avec} \quad Z = 400X_1 + 500X_2$$

sous les contraintes :

$$\begin{aligned} 0{,}5X_1 + 0{,}2X_2 + e_1 &= 13\,600 \\ 0{,}3X_1 + 0{,}6X_2 + e_2 &= 12\,000 \\ 0{,}2X_1 + 0{,}2X_2 + e_3 &= 10\,400 \\ X_1 \qquad\qquad + e_4 &= 20\,000 \\ X_2 + e_5 &= 16\,000 \end{aligned}$$

avec $X_1, X_2, e_1, \ldots, e_5 \geq 0$.

Appliquons les principes de l'algorithme :

1. Nous savons que la base O est une base naturelle de départ admissible.

$$X_1 = X_2 = 0 : \text{variables hors base}$$
$$e_1, \ldots, e_5 > 0 : \text{variables en base.}$$

2. S'agissant d'une maximisation, puisque les coefficients de la fonction économique sont positifs, la base O n'est pas optimale. Il faut changer de base.

1re itération :

Puisque $500 > 400 > 0$ la variable X_2 jusqu'ici hors base doit entrer dans la nouvelle base avec pour valeur :

$$X_2 = \text{Min}\left[\frac{13\,600}{0{,}2}, \frac{12\,000}{0{,}6}, \frac{10\,400}{0{,}2}, \infty, \frac{16\,000}{1}\right] = 16\,000.$$

D'après la 5e contrainte, si $X_2 = 16\,000$, alors e_5 s'annule et sort de la nouvelle base. Cette 5e contrainte peut donc s'écrire :

$$X_2 = 16\,000 - e_5.$$

En substituant cette valeur à X_2 dans chaque contrainte, les variables en base peuvent être exprimées en fonction des variables hors base :

$$\begin{array}{ll} e_1 = 10\,400 - 0{,}5X_1 + 0{,}2e_5 & \text{(1}^{\text{re}}\text{ contrainte)} \\ e_2 = \ \ 2\,400 - 0{,}3X_1 + 0{,}6e_5 & \text{(2}^{\text{e}}\text{ contrainte)} \\ e_3 = \ \ 7\,200 - 0{,}2X_1 + 0{,}2e_5 & \text{(3}^{\text{e}}\text{ contrainte)} \\ e_4 = 20\,000 - X_1 & \text{(4}^{\text{e}}\text{ contrainte)} \\ X_2 = 16\,000 \qquad\qquad - e_5 & \text{(5}^{\text{e}}\text{ contrainte).} \end{array}$$

De même, en ce qui concerne la fonction économique :

$$Z = 8\,000\,000 + 400X_1 - 500e_5.$$

Comme $400 > 0$ la nouvelle base (sommet D) n'est pas une solution optimale. Il faut effectuer une nouvelle itération.

2ᵉ itération :

Puisque $400 > 0 > -500$, X_1 entre en base avec pour valeur :

$$X_1 = \text{Min}\left[\frac{10\,400}{0{,}5}, \frac{2\,400}{0{,}3}, \frac{7\,200}{0{,}2}, \frac{20\,000}{1}, \infty\right] = 8\,000.$$

D'après la seconde contrainte e_2 sort de la base et le système devient :

$$\begin{array}{rcll} e_1 = 6\,400 & + & \dfrac{5}{3}e_2 & -0{,}8e_5 \\ X_1 = 8\,000 & - & \dfrac{10}{3}e_2 & +2e_5 \\ e_3 = 5\,600 & + & \dfrac{2}{3}e_2 & -0{,}2e_5 \\ e_4 = 12\,000 & + & \dfrac{10}{3}e_2 & -2e_5 \\ X_2 = 16\,000 & & & -e_5 \\ Z = 11\,200\,000 & - & \dfrac{4\,000}{3}e_2 & +300e_5. \end{array}$$

Comme $300 > 0$, cette solution de base correspondant au point C n'est encore pas optimale. D'où la nécessité de poursuivre la procédure.

3ᵉ itération :

Puisque $300 > 0 > -\dfrac{4\,000}{3}$ la variable e_5 entre en base avec pour valeur :

$$e_5 = \text{Min}\left[\frac{6\,400}{0{,}8}, \infty, \frac{5\,600}{0{,}2}, \frac{12\,000}{2}, \frac{16\,000}{1}\right] = 6\,000.$$

D'après la 4ᵉ contrainte e_4 sort de la base et le système s'écrit

$$
\begin{array}{|rr|lll}
\hline
e_1 = & 1\,600 & +\dfrac{1}{3}\,e_2 & +0{,}4e_4 \\
X_1 = & 20\,000 & & -e_4 \\
e_3 = & 4\,400 & +\dfrac{1}{3}\,e_2 & +0{,}1e_4 \\
e_5 = & 6\,000 & +\dfrac{5}{3}\,e_2 & -0{,}5e_4 \\
X_2 = & 10\,000 & -\dfrac{5}{3}\,e_2 & +0{,}5e_4 \\
\hline
\multicolumn{2}{|c|}{Z = 13\,000\,000} & -\dfrac{2\,500}{3}\,e_2 - 150e_4. & \\
\hline
\end{array}
$$

Comme $0 > -100 > -\dfrac{2\,500}{3}$ la solution de base proposée (sommet B) est optimale et la valeur de chaque variable ainsi que du résultat économique apparaît directement (valeurs encadrées)[9].

2° Méthode des tableaux.

Afin de systématiser et de simplifier les calculs, ceux-ci peuvent être présentés sous forme de tableaux. Un tableau correspond à une solution de base et une itération représente une modification du tableau.

Dans le cas étudié le tableau de départ, qui correspond au point O, se présente comme suit :

Tableau 3. — Tableau du simplexe (solution initiale).

(3)	(4)	X_1	X_2	e_1	e_2	e_3	e_4	e_5	(5) (6)
	(1)	X_1	X_2	e_1	e_2	e_3	e_4	e_5	
	(2)	400	500	0	0	0	0	0	
e_1	0	0,5	0,2	1	0	0	0	0	13 600
e_2	0	0,3	0,6	0	1	0	0	0	12 000
e_3	0	0,2	0,2	0	0	1	0	0	10 400
e_4	0	1	0	0	0	0	1	0	20 000
e_5	0	0	1	0	0	0	0	1	16 000
	(7) →	0	0	0	0	0	0	0	(8) (9)
Z		400	500	0	0	0	0	0	0

9. Dans le cas d'un problème de minimisation, l'optimum est atteint lorsque tous les coefficients de la fonction économique sont positifs ou nuls. Si l'un d'eux est négatif, l'optimum n'est pas atteint. Lorsqu'il s'agit de minimiser, la variable entrant en base est celle dont le coefficient est le plus grand (en valeur absolue) et *négatif* dans la fonction économique.

(1) Liste des variables.

(2) Coefficients des variables dans la fonction économique originelle.

(3) Variables en base.

(4) Coefficients des variables en base dans la fonction économique originelle.

(5) Matrice des coefficients des variables dans les contraintes.

(6) Terme constant, second membre des contraintes.

(7) Calculs correspondant au critère du simplexe.

Les valeurs figurant sur cette ligne résultent du produit scalaire de deux vecteurs :

— le premier terme du produit est systématiquement le vecteur colonne (4).

— Le second terme du produit correspond à l'une des variables. C'est un vecteur colonne appartenant à la matrice (5) et constitué des coefficients d'une même variable dans les diverses contraintes.

(8) C'est le *critère du simplexe*. La valeur des coefficients est obtenue en effectuant, élément par élément, la différence entre :

— d'une part les éléments du vecteur ligne (2),

— et d'autre part les éléments du vecteur ligne (7).

(9) Il s'agit de la valeur du résultat économique Z. Cette valeur est obtenue par le produit scalaire du vecteur colonne (4) et du vecteur colonne (6).

Le passage d'un tableau au tableau suivant s'opère en appliquant les règles suivantes :

1. Déterminer en colonne la variable qui doit entrer dans la base.

2. Déterminer en ligne la variable qui doit sortir de la base.

3. A l'intersection de cette ligne et de cette colonne figure *l'élément pivot* de la transformation (encerclé).

4. Modifier la colonne (3) des variables en base et la colonne (4) des coefficients de ces variables.

5. Modifier les éléments de la matrice (5) en réalisant les opérations suivantes :

— diviser les éléments de la ligne du pivot par la valeur du pivot;

— affecter à chaque variable en base un vecteur colonne unité;

— appliquer la *règle du rectangle* aux coefficients des variables hors base n'appartenant pas à la ligne du pivot.

Exemple :

Soit 0 le coefficient de e_5 dans la 2e contrainte du tableau initial. Comment déterminer la valeur de cet élément dans le tableau suivant?

L'élément 0 forme avec le pivot les extrémités de la première diagonale d'un rectangle. Les extrémités de l'autre diagonale sont alors 0,6 et 1 :

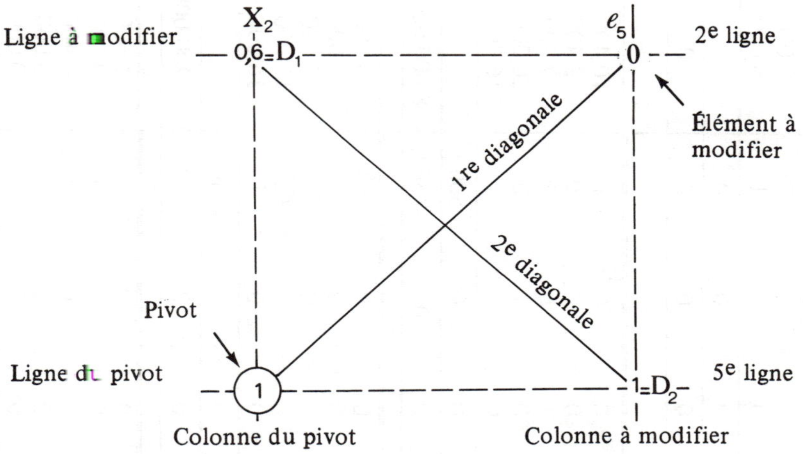

La nouvelle valeur du coefficient de e_5 dans la 2e contrainte devient :

$$\begin{matrix}\text{nouvelle}\\ \text{valeur}\end{matrix} = \begin{matrix}\text{ancienne}\\ \text{valeur}\end{matrix} - \frac{D_1 \times D_2}{\text{Pivot}} = 0 - \frac{0,6 \times 1}{1} = -0,6.$$

6. La colonne des seconds membres (6) est modifiée en appliquant comme ci-dessus la « règle du rectangle ».

Exemple :

$$13\,600 \text{ devient } 13\,600 - \frac{0,2 \times 16\,000}{1} = 10\,400.$$

7. Effectuer les calculs correspondant aux lignes (7) et (8) ainsi qu'à la valeur de Z figurant en (9).

L'application des règles précédentes conduit à la solution optimale en trois itérations (*cf.* tableau 4). Le caractère optimal des résultats donnés par la troisième itération se manifeste par les valeurs négatives lues dans la ligne Z sous les variables hors base. L'introduction dans la solution de l'une de ces variables ne conduirait qu'à diminuer le résultat.

Tableau 4. — Tableau du simplexe : Itérations jusqu'à la solution optimale.

		X_1 400	X_2 500	e_1 0	e_2 0	e_3 0	e_4 0	e_5 0			
e_1	0	0,5	0,2	1	0	0	0	0	13 600	13 600/0,2 = 68 000	2e critère
e_2	0	0,3	0,6	0	1	0	0	0	12 000	12 000/0,6 = 20 000	
e_3	0	0,2	0,2	0	0	1	0	0	10 400	10 400/0,2 = 52 000	
e_4	0	1	0	0	0	0	1	0	20 000	20 000/0 = ∞	
e_5	0	0	(1)	0	0	0	0	1	16 000	16 000/1 = 16 000	←
		0	0	0	0	0	0	0			
Z		400	500	0	0	0	0	0	0	↓ 1re itération	
			↑ 1er critère								
e_1	0	0,5	0	1	0	0	0	– 0,2	10 400	10 400/0,5 = 20 800	
e_2	0	(0,3)	0	0	1	0	0	– 0,6	2 400	2 400/0,3 = 8 000	←
e_3	0	0,2	0	0	0	1	0	– 0,2	7 200	7 200/0,2 = 36 000	
e_4	0	1	0	0	0	0	1	0	20 000	20 000/1 = 20 000	
X_2	500	0	1	0	0	0	0	1	16 000	16 000/0 = ∞	
		0	500	0	0	0	0	500			
Z		400	0	0	0	0	0	– 500	8 000 000	↓ 2e itération	
		↑									
e_1	0	0	0	1	– 5/3	0	0	0,8	6 400	6 400/0,8 = 8 000	
X_1	400	1	0	0	10/3	0	0	– 2	8 000	∞	
e_3	0	0	0	0	– 2/3	1	0	0,2	5 600	5 600/0,2 = 28 000	
e_4	0	0	0	0	– 10/3	0	1	(2)	12 000	12 000/2 = 6 000	←
X_2	500	0	1	0	0	0	0	1	16 000	16 000/1 = 16 000	
		400	500	0	4 000/3	0	0	– 300			
Z		0	0	0	–4 000/3	0	0	300	11 200 000	↓ 3e itération	
								↑			
e_1	0	0	0	1	– 1/3	0	– 0,4	0	1 600	solution optimale	
X_1	400	1	0	0	0	0	1	0	20 000		
e_3	0	0	0	0	– 1/3	1	– 0,1	0	4 400		
e_5	0	0	0	0	– 5/3	0	0,5	1	6 000		
X_2	500	0	1	0	5/3	0	– 0,5	0	10 000		
		400	500	0	2 500/3	0	150	0			
Z		0	0	0	–2 500/3	0	– 150	0	13 000 000		

3° Détermination d'une solution de base admissible.

Reprenons le cas de l'entreprise Bonvin mais avec des spécifications supplémentaires : Bonvin s'est engagée à fournir à sa clientèle :

— au moins 15 000 hectolitres de vin « Extra »,

— et au moins 5 000 hectolitres de vin « Supérieur ».

Ces données se traduisent par des contraintes supplémentaires qui sous leur forme standard s'écrivent :

$$X_1 - e_6 = 15\,000, \qquad X_2 - e_7 = 5\,000, \qquad \text{avec } e_6,\ e_7 \geqslant 0.$$

Dans cette hypothèse il n'existe plus de base naturelle évidente pour amorcer les calculs, car si $X_1 = X_2 = 0$ alors

$$e_6 = -15\,000, \qquad e_7 = -5\,000,$$

ce qui est en contradiction avec les conditions de non-négativité.

Une solution consiste alors à annuler au hasard n variables parmi les $m + n$ variables que comporte le problème (ici deux variables parmi neuf).

Il y a alors C^n_{m+n} solutions de base envisageables (ici $C^2_9 = 36$).

Mais toutes ne sont pas admissibles. Et si le nombre de variables et de contraintes est important, il devient fastidieux de s'en remettre au hasard.

C'est pourquoi une procédure plus méthodique consiste :

1. A introduire dans chaque contrainte h qui pose problème une *variable artificielle* a_h affectée d'un coefficient égal à un.

2. A infliger à chaque variable artificielle une *pénalité* sous la forme d'un coefficient négatif (dans le cas d'un problème de maximisation) et de valeur absolue G très élevée, dans la fonction économique originelle.

Ainsi, l'introduction de variables artificielles permet de déterminer simplement une base, certes artificielle, mais admissible pour amorcer l'algorithme. Les pénalités ont pour objet de provoquer l'élimination des variables artificielles au fil des itérations. Lorsque toutes les variables artificielles sont supprimées, la base obtenue est une base réelle admissible.

La méthode consiste ensuite à retenir comme solution de base initiale la base artificielle telle que :

— toutes les variables artificielles sont en base (c'est-à-dire non nulles);

— toutes les autres variables des contraintes où figurent des variables artificielles (réelles et d'écart) sont hors base (c'est-à-dire nulles).

Lorsqu'au cours des itérations successives, une variable artificielle est devenue hors base (nulle) du fait des pénalités, elle n'est plus prise en compte dans la suite du problème.

Dans le cas étudié, après introduction des variables artificielles a_6 et a_7 respectivement dans les contraintes 6 et 7, le problème s'écrit

$$\text{Max Z} \quad \text{avec} \quad Z = 400X_1 + 500X_2 - Ga_6 - Ga_7$$

sous les contraintes :

$$\begin{aligned}
0{,}5X_1 + 0{,}2X_2 + e_1 \qquad\quad &= 13\,600\\
0{,}3X_1 + 0{,}6X_2 + e_2 \qquad\quad &= 12\,000\\
0{,}2X_1 + 0{,}2X_2 + e_3 \qquad\quad &= 10\,400\\
X_1 \qquad\quad + e_4 \qquad\quad &= 20\,000\\
X_2 \qquad\quad + e_5 \qquad\quad &= 16\,000\\
X_1 \qquad\quad - e_6 + a_6 &= 15\,000\\
X_2 - e_7 + a_7 &= \ \ 5\,000.
\end{aligned}$$

avec X_1, X_2, e_1, ..., e_7, a_6; $a_7 \geqslant 0$.

Le tableau 5 montre qu'après deux itérations une solution de base admissible est obtenue. Cette base n'est plus artificielle mais réelle. La procédure doit ensuite être poursuivie jusqu'à l'obtention de l'optimum, sans tenir compte des colonnes concernant les variables artificielles.

SECTION 3. ANALYSE DE LA SOLUTION

L'algorithme du simplexe livre une solution optimale. Mais il reste au décideur à faire le lien entre les résultats abstraits contenus dans des tableaux de calculs et la réalité concrète de l'entreprise. La solution doit donc être interprétée économiquement pour servir de base à l'action (§ 1).

En outre, cette solution optimale découle de nombreuses données initiales précises : coefficients techniques de production, ressources disponibles, coûts, prix de vente, etc. Or ces données ne sont pas toujours très fiables : elles sont souvent entachées d'erreurs et d'incertitudes. Il peut donc être souhaitable sinon indispensable de déterminer dans quelle mesure la solution optimale peut néanmoins être retenue. C'est l'objet assigné à l'analyse de sensibilité (§ 2).

§ 1. Analyse économique de l'optimum.

Les informations fournies par la résolution du programme sont riches d'enseignements susceptibles de guider l'action du décideur. Mais il est nécessaire pour cela de les interpréter et souvent de les prolonger par l'étude du programme dual associé.

1° Interprétation de la solution optimale.

En premier lieu, la solution optimale affecte une valeur à chaque variable réelle et indique, de ce fait comment agir. Ainsi, dans le cas de Bonvin S. A., pour maximiser son bénéfice, cette société doit produire :

$X_1 = 20\,000$ hectolitres de vin « Extra »,
$X_2 = 10\,000$ hectolitres de vin « Supérieur ».

Ensuite les valeurs prises par les variables d'écart fournissent autant d'informations sur l'état résiduel des stocks, le degré de pénétration du marché ou encore le taux d'utilisation des capacités de production.

Tableau 5. — Utilisation de variables artificielles.

		X_1 400	X_2 500	e_1 0	e_2 0	e_3 0	e_4 0	e_5 0	e_6 0	e_7 0	a_6 − G	a_7 − G			
e_1	0	0,5	0,2	1	0	0	0	0	0	0	0	0	13 600	13 600/0,2 = 68 000	
e_2	0	0,3	0,6	0	1	0	0	0	0	0	0	0	12 000	12 000/0,6 = 20 000	
e_3	0	0,2	0,2	0	0	1	0	0	0	0	0	0	10 400	10 400/0,2 = 52 000	
e_4	0	1	0	0	0	0	1	0	0	0	0	0	20 000	20 000/0 = ∞	
e_5	0	0	1	0	0	0	0	1	0	0	0	0	16 000	16 000/1 = 16 000	
a_6	− G	1	0	0	0	0	0	0	− 1	0	1	0	15 000	15 000/0 = ∞	
a_7	− G	0	(1)	0	0	0	0	0	0	− 1	0	1	5 000	5 000/1 = 5 000	←
		− G	− G	0	0	0	0	0	+ G	+ G	− G	− G			
Z		400 + G	500 + G ↑	0	0	0	0	0	− G	− G	0	0	− 20 000 G		
e_1	0	0,5	0	1	0	0	0	0	0	0,2	0	− 0,2	12 600	12 600/0,5 = 25 200	
e_2	0	0,3	0	0	1	0	0	0	0	0,6	0	− 0,6	9 000	9 000/0,3 = 30 000	
e_3	0	0,2	0	0	0	1	0	0	0	0,2	0	− 0,2	9 400	9 400/0,2 = 47 000	
e_4	0	1	0	0	0	0	1	0	0	0	0	0	20 000	20 000/1 = 20 000	
e_5	0	0	0	0	0	0	0	1	0	1	0	− 1	11 000	11 000/0 = ∞	
a_6	− G	(1)	0	0	0	0	0	0	− 1	0	1	0	15 000	15 000/1 = 15 000	←
X_2	500	0	1	0	0	0	0	0	0	− 1	0	1	5 000	5 000/0 = ∞	
		− G	500	0	0	0	0	0	+ G	500	− G	500			
Z		400 + G ↑	0	0	0	0	0	0	− G	−500	0	− G − 500	− 15 000 G + 2 500 000		
e_1	0	0	0	1	0	0	0	0	0,5	0,2	− 0,5		5 100	5 100/0,2 = 25 500	
e_2	0	0	0	0	1	0	0	0	0,3	(0,6)	− 0,3		4 500	4 500/0,6 = 7 500	←
e_3	0	0	0	0	0	1	0	0	0,2	0,2	− 0,2		6 400	6 400/0,2 = 32 000	
e_4	0	0	0	0	0	0	1	0	1	0	− 1		5 000	5 000/0 = ∞	
e_5	0	0	0	0	0	0	0	1	0	1	0		11 000	11 000/1 = 11 000	
X_1	400	1	0	0	0	0	0	0	− 1	0	1		15 000	15 000/0 = ∞	
X_2	500	0	1	0	0	0	0	0	1	− 1	0		5 000	∞	
		400	500	0	0	0	0	0	100	−500	400				
Z		0	0	0	0	0	0	0	−100	500	− G − 400		8 500 000		

Lorsqu'une variable d'écart prend une *valeur nulle* à l'optimum, cela signifie que la contrainte correspondante est saturée. Seules ces contraintes sont véritablement astreignantes. Elles limitent les activités de l'entreprise et de ce fait les gains réalisables.

Si $e_2 = 0$ c'est parce que le cru du Bordelais est totalement utilisé à la production de vin « Extra » et « Supérieur ». Cette ressource étant épuisée, l'entreprise ne peut produire plus.

$e_4 = 0$ livre une indication sur le marché de vin « Extra » : la production préconisée (20 000 hectolitres) sature la capacité d'absorption supposée du marché (20 000 hectolitres).

Lorsqu'une variable d'écart prend une *valeur non nulle,* cela signifie que la contrainte correspondante n'est pas saturée à l'optimum. Donc toujours dans le cas de Bonvin :

$e_1 = 1\,600$ signifie que la production préconisée étant adoptée, la contrainte concernant la ressource en vin de l'Hérault n'est pas saturée. En d'autres termes, il reste en stock dans les cuves 1 600 hectolitres de cru de l'Hérault. De même, il reste en stock $e_3 = 4\,400$ hectolitres de cru d'Italie non utilisés dans la production.

$e_5 = 6\,000$ indique une production de vin « Supérieur » (10 000 hectolitres) plus faible que ne le permet la capacité d'absorption du marché (16 000 hectolitres).

Ces indications sont précieuses car si Bonvin envisageait d'acquérir des ressources supplémentaires pour accroître sa production, il est évident qu'elle achèterait en priorité du cru du Bordelais et non pas des vins de l'Hérault ou d'Italie, puisqu'elle n'utilise pas la totalité des quantités déjà disponibles. En outre elle devrait accroître la production de vin « Supérieur » et non pas de vin « Extra » puisque le marché de ce dernier est déjà saturé.

L'analyse des coefficients de la fonction économique à l'optimum permet de préciser la valeur marginale[10], que représente pour l'entreprise chaque contrainte.

Considérons la première contrainte concernant la ressource en cru de l'Hérault. Si la société Bonvin S. A. perdait un hectolitre de cette ressource, cela n'aurait aucune conséquence pour elle puisque 1 600 hectolitres restent inemployés. De même, la détention d'une unité supplémentaire de cette ressource ne rapporterait rien à Bonvin. Par conséquent, la valeur marginale de la ressource en vin de l'Hérault est nulle : une variation marginale de la quantité de ressource disponible n'a aucune incidence sur le résultat économique. Or, la variable d'écart e_1 associée à la ressource en vin de l'Hérault a précisément un coefficient nul dans la fonction économique à l'optimum. Donc toute variation marginale Δe_1 de e_1 n'a aucune incidence sur Z ($\Delta Z = 0$). Le même raisonnement peut être appliqué à la variable d'écart e_3 associée à la ressource en vin d'Italie. Le coefficient de la variable d'écart e_5 dans la fonction économique à l'optimum est également nul. Développer ou comprimer marginalement les débouchés du vin « Supérieur » (5ᵉ contrainte) n'affecte donc pas le résultat économique Z.

10. Cette valeur marginale est calculée en termes de variation du résultat économique.

Considérons au contraire la contrainte en cru du Bordelais et e_2 sa variable d'écart associée. Si la société Bonvin S. A. n'utilisait pas totalement cette ressource et en conservait une quantité marginale (Δe_2), par exemple un hectolitre ($\Delta e_2 = 1$), son résultat économique diminuerait.

$$\Delta Z = -\frac{2\,500}{3} \cdot \Delta e_2 = -\frac{2\,500}{3}.$$

De même, le fait pour Bonvin S. A., de ne pas posséder un hectolitre supplémentaire de vin de Bordeaux provoque un manque à gagner de $\frac{2\,500}{3}$. Ce manque à gagner peut être interprété comme un *coût marginal d'opportunité*. C'est en quelque sorte le prix maximum que Bonvin pourrait accepter de payer à ses fournisseurs un hectolitre supplémentaire de ressource en cru de l'Hérault. Ce coût marginal correspond au coefficient de e_2 dans la fonction économique à l'optimum (au signe près).

De même si les débouchés en vin « Extra » diminuaient d'un hectolitre ($e_4 = 1$) alors $\Delta Z = -150$. Le coût marginal des débouchés en vin « Extra » est donc 150. C'est l'effort financier maximum que pourrait consentir Bonvin pour développer le marché du vin « Extra » d'un hectolitre (en pratiquant la publicité ou en contactant de nouveaux revendeurs, par exemple).

Ces coûts marginaux d'opportunité associés aux quantités préconisées par la solution optimale correspondent exactement aux valeurs proposées par la solution optimale du programme dual[11].

2° La dualité.

A tout programme linéaire dénommé *primal* il est possible d'associer un programme linéaire dit *dual* dont tous les éléments sont dérivés du programme primal.

S'il existe un vecteur solution X tel que

$$\text{Max } Z = [C] \cdot [X], \qquad \text{avec} \qquad \begin{cases} [A][X] \leqslant [B] \\ [X] \geqslant 0 \end{cases}$$

alors il existe un vecteur solution Y associé tel que

$$\text{Min } Z' = [B]^T [Y] \qquad \text{avec} \qquad \begin{cases} [A]^T [Y] \geqslant [C]^T \\ [Y] \geqslant 0 \end{cases}.$$

Lorsque le primal livre une solution en termes de quantités (si par exemple les variables X_i correspondent à des quantités de production), le programme dual associé fournit une solution dont l'interprétation doit s'effectuer en termes de valeurs unitaires. Concrètement, la construction d'un programme dual s'opère en effectuant les associations suivantes :

— à chaque contrainte primale correspond une variable duale réelle;
— à chaque variable primale réelle correspond une contrainte duale;

11. Seule présente un intérêt l'analyse des coefficients des variables d'écart puisque chaque variable d'écart est associée à une contrainte particulière.

— la matrice des coefficients des variables dans les contraintes du dual $(A)^T$ est la matrice transposée des coefficients de variables dans le programme primal (A);
— les seconds membres des contraintes du dual sont les coefficients économiques des variables primales;
— aux contraintes de type $\leqslant$ correspondent des contraints de type $\geqslant$ et réciproquement;
— les coefficients économiques des variables duales sont les valeurs figurant au second membre des contraintes primales;
— le sens de l'optimisation est l'inverse du primal.

Construisons le programme dual associé au cas de la société Bonvin S. A. (sous sa forme canonique). Un travail préliminaire consiste à vérifier que toutes les inégalités ont un sens identique ($\leqslant$ s'il s'agit de maximiser ou $\geqslant$ pour un problème de minimisation). Ensuite, il suffit d'appliquer les correspondances indiquées ci-dessus. (*Cf.* tableau 6.)

Tableau 6. — Correspondance entre le primal et le dual.

• *Programme primal* (forme canonique).

Max Z avec $Z = 400X_1 + 500X_2$

Y_1	$\longleftarrow$	$0{,}5X_1$	$+$	$0{,}2X_2$	$\leqslant 13\,600$
Y_2	$\longleftarrow$	$0{,}3X_1$	$+$	$0{,}6X_2$	$\leqslant 12\,000$
Y_3	$\longleftarrow$	$0{,}2X_1$	$+$	$0{,}2X_2$	$\leqslant 10\,400$
Y_4	$\longleftarrow$	$1X_1$	$+$	$0X_2$	$\leqslant 20\,000$
Y_5	$\longleftarrow$	$0X_1$	$+$	$1X_2$	$\leqslant 16\,000$
Y_6	$\longleftarrow$	$-1X_1$	$+$	$0X_2$	$\leqslant -15\,000$
Y_7	$\longleftarrow$	$0X_1$	$-$	$1X_2$	$\leqslant -5\,000$
		$\downarrow$		$\downarrow$	$\downarrow$
		1re contrainte duale		2e contrainte duale	Fonction objectif

• *Programme dual associé.*
Min Z' avec

$$Z' = 13\,600Y_1 + 12\,000Y_2 + 10\,400Y_3 + 20\,000Y_4 + 16\,000Y_5 - 15\,000Y_6 - 5\,000Y_7$$

$$0{,}5Y_1 + 0{,}3Y_2 + 0{,}2Y_3 + 1Y_4 + 0Y_5 - 1Y_6 - 0Y_7 \geqslant 400$$

$$0{,}2Y_1 + 0{,}6Y_2 + 0{,}2Y_3 + 0Y_4 + 1Y_5 + 0Y_6 - 1Y_7 \geqslant 500.$$

Compte tenu des propriétés mathématiques existant entre programmes primal et dual, les caractéristiques de la solution duale optimale dérivent de la solution primale optimale.

En effet, la valeur optimale de la fonction économique duale Z′ est identique à la valeur optimale de la fonction économique primale Z.

Ensuite les variables duales doivent être interprétées comme des coûts marginaux ou valeurs marginales unitaires. Donc :

- Si une contrainte primale n'est pas saturée à l'optimum, le coût marginal de cette contrainte est nul et la variable duale correspondante prend une valeur nulle à l'optimum.
- Si une contrainte primale est saturée à l'optimum, le coût marginal de cette contrainte est positif ou nul. La variable duale correspondante prend, à l'optimum, exactement la même valeur.

Ceci peut s'exprimer à travers les *relations d'exclusion*. Y_i est la variable duale associée à la $i^{\text{ième}}$ contrainte primale qui s'écrit sous forme implicite

$$\sum_j a_{ij} \cdot X_j - b_i \leqslant 0, \qquad i = 1, \ldots, m.$$

X_j est la variable primale associée à la $j^{\text{ième}}$ contrainte duale qui s'écrit

$$\sum_i a_{ij} \cdot Y_i - c_j \geqslant 0, \qquad j = 1, \ldots, n.$$

Compte tenu des relations entre les variables d'un problème et les contraintes du problème dual, nous avons

$$\sum_i \Big(\sum_j a_{ij} \cdot X_j - b_i\Big) Y_i = 0$$

et

$$\sum_j \Big(\sum_i a_{ij} \cdot Y_i - c_j\Big) X_j = 0.$$

Finalement, le tableau dual optimal peut être intégralement déduit du tableau primal optimal (*cf.* tableau 7). En outre, les propriétés de la dualité sont réciproques : le programme dual associé au dual n'est autre que le programme primal. La connaissance des caractéristiques d'un programme est donc indissociable de la connaissance de l'autre programme.

L'intérêt de la dualité est donc double :

— d'une part la recherche explicite d'une information sur des quantités (maximales) conduit inévitablement à déterminer implicitement des coûts (minimaux) associés;

— d'autre part, il est indifférent de rechercher explicitement soit les quantités optimales soit les coûts optimaux. Donc il est possible de traiter (par la méthode du simplexe) soit le primal, soit le dual selon que l'un semble plus rapide à résoudre que l'autre.

Tableau 7. — Relations primal-dual (solution du cas p. 87).

PRIMAL : TABLEAU FINAL.

		X_1 400	X_2 500	e_1 0	e_2 0	e_3 0	e_4 0	e_5 0	e_6 0	e_7 0	
e_1	0	0	0	– 1	– 1/3	0	– 0,4	0	0	0	1 600
X_1	400	1	0	0	0	0	1	0	0	0	20 000
e_3	0	0	0	0	– 1/3	1	– 0,1	0	0	0	4 400
X_2	500	0	1	0	5 /3	0	– 0,5	0	0	0	10 000
e_5	0	0	0	0	– 5/3	0	0,5	1	0	0	6 000
e_6	0	0	0	0	0	0	1	0	1	0	5 000
e_7	0	0	0	0	5/3	0	– 0,5	0	0	1	5 000
Z		0	0	0	– 2 500/3	0	– 150	0	0	0	13 000 000

DUAL : TABLEAU FINAL.

		Y_1 13 600	Y_2 12 000	Y_3 10 400	Y_4 20 000	Y_5 16 000	Y_6 – 15 000	Y_7 – 5 000	e'_1 0	e'_2 0	
Y_2	12 000	1/3	1	1/3	0	5/3	0	– 5/3	0	– 5/3	2 500/3
Y_4	20 000	0,4	0	0,1	1	– 0,5	– 1	0,5	– 1	0,5	150
Z'		1 600	0	4 400	0	6 000	5 000	5 000	20 000	10 000	13 000 000

§ 2. Analyse de sensibilité.

La solution optimale d'un programme linéaire est conditionnée par les données initiales (coefficients techniques, ressources disponibles, coefficients économiques, etc.). Or, ces données, très souvent, sont imprécises, aléatoires, variables dans le temps. C'est pourquoi il est souhaitable de mesurer la sensibilité de la solution optimale proposée par rapport aux variations d'un ou de plusieurs coefficients originels.

Présentement, l'étude de sensibilité aborde deux cas :

— le cas de variation de coefficients de la fonction économique,

— le cas de variation des seconds membres des contraintes.

1° La variation des coefficients de la fonction économique.

Les coefficients de la fonction économique dépendent très souvent d'éléments difficiles à appréhender. Mais il ne faut pas en déduire pour autant que la solution optimale qui en découle est irrémédiablement faussée.

En effet, il existe, dans l'évaluation de ces coefficients, une possibilité d'erreur ou d'incertitude telle que la solution optimale n'est pas remise en cause. Plus cette possibilité est importante, et plus la solution optimale est sûre, fiable, stable. Elle peut être appliquée sans risque. Dans le cas inverse, la solution optimale est instable et de ce fait, il sera peut-être nécessaire, avant d'agir, de réaliser une étude plus approfondie des coefficients douteux de la fonction économique. En tout cas, la solution optimale ne devra être appliquée qu'avec de grandes précautions.

Le problème à résoudre est donc le suivant :

Dans quel intervalle les coefficients de la fonction économique peuvent-ils varier sans que soit remise en cause la structure de la solution optimale? Prenons le cas de la Société Bonvin S.A. : si la marge sur coût variable du vin « Extra » (400) est appelée à varier, quelle variation peut-elle supporter sans que la solution optimale ne change?

A. Évaluation graphique.

Si c_1 représente la marge sur coût variable de la qualité « Extra », le graphique 2 illustre que toute modification de cette marge provoque une variation de la pente de la droite représentative de la fonction économique Z.

Cette pente a pour valeur $\frac{-c_1}{500}$, car

$$Z = c_1X_1 + 500X_2 \implies X_2 = \frac{Z}{500} - \frac{c_1}{500}X_1.$$

Cependant, tant que la valeur de la pente de Z reste comprise entre :

— la valeur de la pente de la droite ② associée à la 2ᵉ contrainte (pente $= -0{,}5$)

— et la valeur de la pente de la droite ④ associée à la 4ᵉ contrainte pente $= -\infty$) alors la solution optimale ne change pas. Donc si la marge « c_1 » est telle que

$$-\infty \leqslant \frac{-c_1}{500} \leqslant -0{,}5, \quad \text{soit} \quad 250 \leqslant c_1,$$

alors la solution optimale reste la base B de coordonnées $X_1 = 20\,000$

et $X_2 = 10\,000$. En revanche, si $c_1 < 250$, alors la base B cesse d'être solution optimale et la base L devient la nouvelle solution optimale.

Graphique 2. — Paramétrage de la fonction économique.

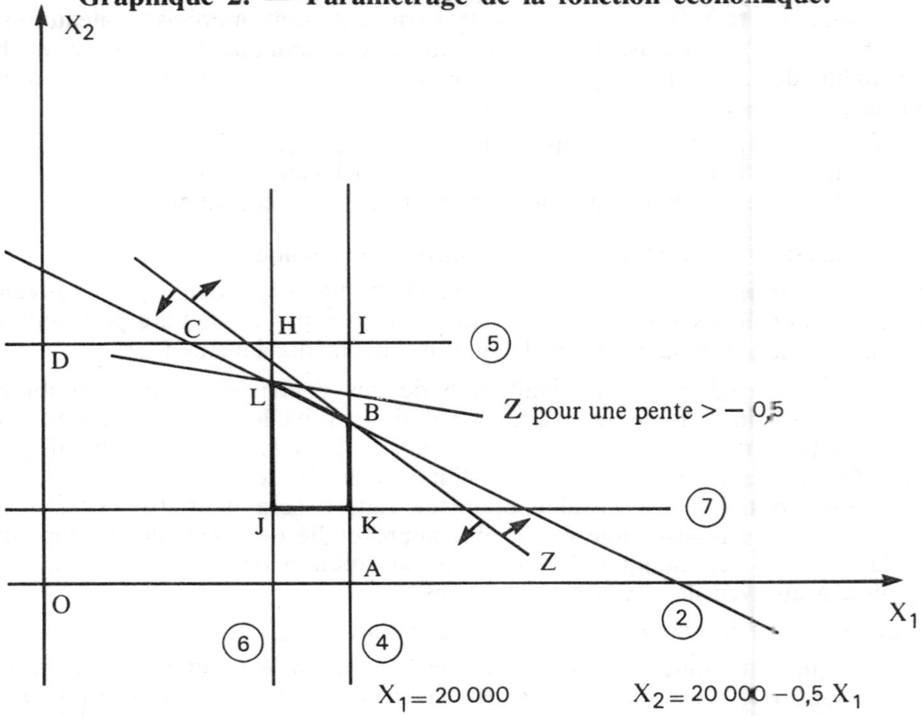

Une étude semblable peut être appliquée à la marge sur coût variable c_2 du vin « Supérieur » :

— si $0 \leqslant c_2 \leqslant 800$ la solution de base B reste optimale;

— si $c_2 > 800$ la solution L devient la nouvelle base optimale.

Enfin dans le cas où les deux marges « c_1 » et « c_2 » se modifient conjointement,

— si $\frac{c_1}{c_2} \geqslant 0{,}5$, B reste solution optimale;

— si le rapport $\frac{c_1}{c_2} < 0{,}5$ alors L devient solution optimale.

B. Évaluation algébrique.

Lorsque toute solution graphique est exclue, la méthode employée pour mesurer la sensibilité consiste à *paramétrer* les coefficients douteux.

Si la marge sur coût variable du vin « Extra » est jugée incertaine, la valeur de cette marge s'exprime par l'expression $400(1+\lambda)$, où λ est un paramètre pouvant prendre n'importe quelle valeur sur $\mathbb{R}$. Si $\lambda = 0$ la valeur de la marge est celle d'origine, soit 400.

Puisqu'une donnée économique initiale est modifiée, il convient de calculer à nouveau les coefficients de la fonction économique. Et cela, non pas à partir de la base originelle, mais tout simplement dans la base optimale déterminée précédemment (*cf.* tableau 7). En outre, il convient de noter que

Tableau 8. — Paramétrage de la solution optimale : méthode algébrique.

		X_1 $400(1+\lambda)$	X_2 500	e_1 0	e_2 0	e_3 0	e_4 0	e_5 0	e_6 0	e_7 0	
e_1	0	0	0	1	$-1/3$	0	$-0{,}4$	0	0	0	1 600
X_1	$400(1+\lambda)$	1	0	0	0	0	1	0	0	0	20 000
e_3	0	0	0	0	$-1/3$	1	$-0{,}1$	0	0	0	4 400
X_2	500	0	1	0	$5/3$	0	$-0{,}5$	0	0	0	10 000
e_5	0	0	0	0	$-5/3$	0	$0{,}5$	1	0	0	6 000
e_6	0	0	0	0	0	0	1	0	1	0	5 000
e_7	0	0	0	0	$5/3$	0	$-0{,}5$	0	0	1	5 000
		$400(1+\lambda)$	500	0	$2\,500/3$	0	$150+400\lambda$	0	0	0	
Z		0	0	0	$-2\,500/3$	0	$-150-400\lambda$	0	0	0	$13\,000\,000$ $+8\,000\,000\lambda$

Tableau 9. — Paramétrage simultané de c_1 et c_2.

		X_1 $400(1+\lambda)$	X_2 $500(1+\beta)$	e_1 0	e_2 0	e_3 0	e_4 0	e_5 0	e_6 0	e_7 0	
e_1	0	0	0	1	$-1/3$	0	$-0{,}4$	0	0	0	1 600
X_1	$400(1+\lambda)$	1	0	0	0	0	1	0	0	0	20 000
e_3	0	0	0	0	$-1/3$	1	$-0{,}1$	0	0	0	4 400
X_2	$500(1+\beta)$	0	1	0	$5/3$	0	$-0{,}5$	0	0	0	10 000
e_5	0	0	0	0	$-5/3$	0	$0{,}5$	1	0	0	6 000
e_6	0	0	0	0	0	0	1	0	1	0	5 000
e_7	0	0	0	0	$5/3$	0	$-0{,}5$	0	0	1	5 000
		$400(1+\lambda)$	$500(1+\beta)$	0	$2\,500/3\,(1+\beta)$	0	$150+400\lambda$ -250β	0	0	0	
Z		0	0	0	$-2\,500/3\,(1+\beta)$	0	$-150-400\lambda$ $+250\beta$	0	0	0	$13\,000\,000$ $+8\,000\,000\lambda$ $+5\,000\,000\beta$

le changement ne peut affecter que les coefficients de Z et ne modifie en rien les coefficients des contraintes ou leur second membre.

Le fait de paramétrer le coefficient économique c_1 de X_1 provoque une modification du critère du simplexe pour e_4. Le nouveau coefficient de e_4 s'écrit

$$-150-400\lambda.$$

Dans un problème de maximisation, l'optimum est atteint lorsque tous les coefficients sont négatifs ou nuls dans la fonction économique. Ici, cette condition est respectée si

$$-150-400\lambda \leqslant 0 \implies \lambda \geqslant -0{,}375.$$

Ainsi, la solution proposée précédemment reste solution optimale si, et seulement si, $\lambda \geqslant -0{,}375$, c'est-à-dire si le coefficient économique c_1 de X_1 est tel que

$$c_1 \geqslant 400(1-0{,}375)$$
$$c_1 \geqslant 250.$$

Dans le cas présent, il n'existe pas de borne supérieure pour c_1. Donc $X_1 = 20\,000$ et $X_2 = 10\,000$ reste optimale pour peu que la marge sur coût variable du vin « Extra » reste supérieure à 250.

Si, en revanche, cette marge prend une valeur inférieure à 250, alors la solution correspondant à la base B cesse d'être optimale puisque le coefficient de e_4 est positif. Il faut réaliser une itération :
- — la variable entrant dans la nouvelle base est e_4,
- — la variable sortant de la base est e_6,
- — la nouvelle base optimale correspond à L (de coordonnées $X_1 = 15\,000$ et $X_2 = 12\,500$) (*cf.* graphique 2).

Si la marge sur coût variable du vin « Supérieur » est susceptible de varier dans la proportion β, il convient de paramétrer le coefficient c_2 de X_2 dans la fonction économique. La solution B reste solution optimale si

1. Coefficient de e_2 :

$$-\frac{2\,500}{3}(1+\beta) \leqslant 0 \implies \beta \geqslant -1.$$

2. Coefficient de e_4 :

$$-150+250\beta \leqslant 0 \implies \beta \leqslant 0{,}6$$

donc si $$-1 \leqslant \beta \leqslant 0{,}6.$$

Lorsque plusieurs coefficients sont simultanément imprécis ou incertains, l'étude devient plus complexe (*cf.* tableau 9). Dans le cas présent, si les deux marges (du vin « Extra » et du vin « Supérieur ») varient conjointement, la solution proposée reste optimale si les conditions suivantes sont respectées :

1. $\beta \geqslant -1 \implies c_2 \geqslant 0.$

2. $\lambda \geqslant \dfrac{250}{400}\beta - \dfrac{150}{400} \implies c_1 \geqslant 250(1+\beta).$

L'analyse de sensibilité exposée ci-dessus a été appliquée au cas de variables « en base » à l'optimum. Lorsqu'il s'agit de variables « hors base », l'étude est très simple. Dans le cas d'un problème de maximisation :

— le coefficient de la variable hors base dans la fonction économique initiale peut diminuer indéfiniment sans que la solution optimale ne soit modifiée;

— lorsque le coefficient de la variable hors base augmente (dans la fonction économique initiale), la limite supérieure de cet accroissement est équivalente, en valeur absolue, au coût marginal associé à la variable dans la fonction économique optimale. Si l'accroissement dépasse ce coût marginal, alors il convient de changer de solution optimale.

2° La variation du second membre des contraintes.

Dans un problème de production, les seconds membres des contraintes concernent des ressources disponibles, des capacités de production ou des capacités d'absorption du marché. Des erreurs ou des incertitudes peuvent perturber l'évaluation de ces données. Mais outre ces problèmes d'erreurs et d'incertitudes, il peut être intéressant pour l'entreprise de s'interroger sur les conséquences d'une variation de ses ressources ou de ses capacités de vente.

Certes l'analyse des coefficients de la fonction économique à l'optimum permet de répondre à ces préoccupations. Ainsi dans le cas de Bonvin un hectolitre supplémentaire de cru du Bordelais permettrait d'accroître sa marge de $\frac{2\,500}{3}$ F (valeur du coût marginal d'opportunité de cette ressource). D'où l'intérêt d'acquérir une quantité supplémentaire de cru du Bordelais. Mais quelle quantité? Car si dans l'immédiat, ce cru du Bordelais est la ressource rare qui limite la production, le fait d'en acquérir une quantité supplémentaire risque de modifier la situation. Cette ressource peut devenir pléthorique auquel cas son intérêt économique (son coût marginal) devient nul alors que dans le même temps une autre ressource devient rare.

Par conséquent, la problématique de l'étude des variations des seconds membres s'énonce comme suit : dans quelle mesure est-il possible de modifier la valeur du second membre d'une contrainte sans changer la valeur du coût marginal de cette contrainte à l'optimum?

Lorsque le second membre d'une contrainte varie, les coefficients de la fonction économique optimale ne sont affectés que si cette variation est d'une ampleur telle qu'elle suscite un changement de structure de la solution optimale. Comme les variables constituant la base optimale ont changé, les coûts marginaux sont modifiés.

Le changement de base provient du fait que la variation du second membre suscite une déformation du domaine des solutions admissibles. Une déformation importante rejette l'ancienne base optimale hors du domaine des solutions admissibles. Si dans le cas de Bonvin les ressources en cru du Bordelais sont accrues de 50 %, la solution de base B (ancien optimum) est en dehors du domaine des solutions admissibles, et le nouvel optimum correspond à la base I (intersection des droites ④ et ⑤ sur le graphique 3).

Graphique 3. — Paramétrage des ressources.

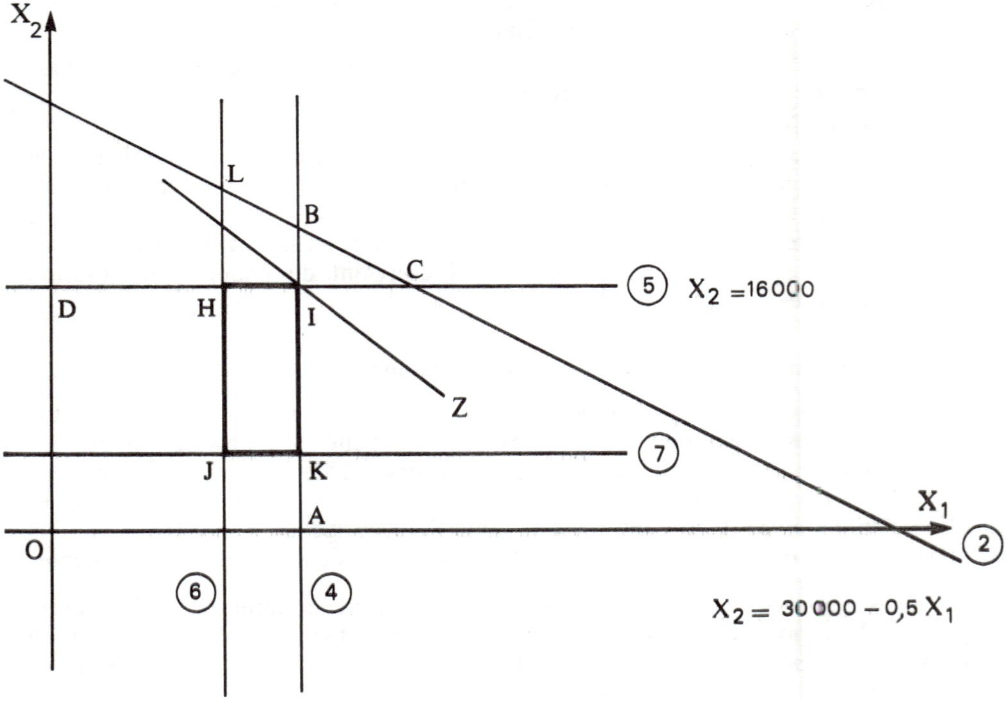

Soit un problème de maximisation comportant des contraintes ⩽. Dans quel intervalle les seconds membres des contraintes peuvent-ils varier sans remettre en cause la structure de la solution optimale et donc la valeur des coûts marginaux des contraintes à l'optimum?

Dans le cas d'une contrainte non saturée :

- le second membre peut augmenter indéfiniment sans modification des coûts marginaux;
- il peut diminuer d'une valeur égale au plus à la valeur prise par la variable d'écart associée à la contrainte.

Dans le cas Bonvin, le second membre de la contrainte concernant la ressource en cru de l'Hérault doit ainsi rester supérieur à 12 000.

Quand il s'agit d'une contrainte saturée à l'optimum telle que la contrainte n° 2 il est possible de recourir à la technique du paramétrage.

Une méthode consiste à paramétrer le second membre en question dans la solution de base initiale. Dans le cas de la contrainte n° 2, il devient

$$12\,000(1+\lambda).$$

A l'optimum, seules les variables « en base » ont une valeur affectée par l'introduction du paramètre λ (voir le tableau 10). Les variables « hors base » conservent une valeur nulle (e_2 et e_4 en l'occurrence), le système à m équations (les contraintes) et à m variables (X_1, X_2, e_1, e_3, e_5, e_6 et e_7) peut être résolu : il fournit directement la valeur des variables à l'optimum. Cette valeur est exprimée en fonction du paramètre λ.

Tableau 10. — Paramétrage de la seconde contrainte.

		x_1	x_2	e_1	e_2	e_3	e_4	e_5	e_6	e_7	
		400	500	0	0	0	0	0	0	0	
e_1	0	0	0	1	−1/3	0	−0,4	0	0	0	$1\,600-4\,000\lambda$
X_1	400	1	0	0	0	0	1	0	0	0	20 000
e_3	0	0	0	0	−1/3	1	−0,1	0	0	0	$4\,400-4\,000\lambda$
X_2	500	0	1	0	5/3	0	−0,5	0	0	0	$10\,000+20\,000\lambda$
e_5	0	0	0	0	−5/3	0	0,5	1	0	0	$6\,000-20\,000\lambda$
e_6	0	0	0	0	0	0	1	0	1	0	5 000
e_7	0	0	0	0	5/3	0	−0,5	0	0	1	$5\,000+20\,000\lambda$
Z		0	0	0	−2 500/3	0	−150	0	0	0	13 000 000 +10 000 000

Pour que la structure de la solution optimale ne change pas il faut que tous les seconds membres soient positifs ou nuls. Donc

$$\begin{aligned} 1\,600-4\,000\lambda \geqslant 0 &\implies \lambda \leqslant 0{,}4 \\ 4\,400-4\,000\lambda \geqslant 0 &\implies \lambda \leqslant 1{,}1 \\ 10\,000+20\,000\lambda \geqslant 0 &\implies \lambda \geqslant -0{,}5 \\ 6\,000-20\,000\lambda \geqslant 0 &\implies \lambda \leqslant 0{,}3 \\ 5\,000+20\,000\lambda \geqslant 0 &\implies \lambda \geqslant -0{,}25. \end{aligned}$$

Finalement, si le paramètre λ vérifie les conditions

$$-0{,}25 \leqslant \lambda \leqslant 0{,}3,$$

c'est-à-dire si le second membre de la deuxième contrainte prend une valeur sur l'intervalle

$$9\,000 \leqslant \text{second membre} \leqslant 15\,600,$$

alors la structure de la solution optimale ne change pas (les variables e_1, X_1, e_3, X_2, e_5, e_6 et e_7 restent « en base »), non plus que les coûts marginaux.

Par conséquent, Bonvin pourrait acquérir jusqu'à 3 600 hectolitres supplémentaires de vin du Bordelais tout en dégageant une marge de $\frac{2\,500}{3}$ par hectolitre (supplémentaire). La marge totale liée à cette opération serait alors

$$3\,600 \times \frac{2\,500}{3} = 3\,000\,000 \text{ F.}$$

Au-delà de 3 600 hectolitres supplémentaires, la structure de la solution optimale change :

e_2 entre en base, e_5 sort de la base

et de ce fait les coûts marginaux changent également, et en particulier le coût marginal associé à la deuxième contrainte devient nul, donc toute acquisition supplémentaire de vin du Bordelais, au-delà de 3 600 hectolitres n'aurait aucun intérêt économique pour Bonvin.

Une seconde méthode utilisant les propriétés de la dualité est envisageable pour l'étude de la sensibilité de la solution optimale par rapport à une modification du second membre d'une contrainte. En effet, il suffit de constater que paramétrer le second membre d'une contrainte du programme primal est équivalent à paramétrer le coefficient correspondant dans la fonction économique du programme dual.

SECTION 4. AUTRES MODÈLES DE PROGRAMMATION DES ACTIVITÉS

Le recours à un modèle de programmation linéaire pour résoudre un problème d'optimisation sous contraintes nécessite le respect de deux types d'hypothèses :

— les variables doivent être continues;
— la fonction objectif, comme les contraintes, sont des fonctions linéaires des variables.

Ces hypothèses peuvent être gênantes dans certaines circonstances, en particulier :

— quand les activités à gérer sont indivisibles;
— quand les fonctions concernées sont non linéaires.

Il faut alors utiliser d'autres formulations et d'autres techniques de résolution telles que *la programmation en nombres entiers* (§ 1) et la *programmation non linéaire* (§ 2).

§ 1. Programmation en nombres entiers.

La programmation en nombres entiers (PNE) permet de traiter les problèmes d'allocation des ressources où les activités sont indivisibles.

Ce type de problème se rencontre fréquemment. On citera par exemple :

— la production par série de fabrication;
— la production de gros équipements (pétroliers, centrales nucléaires).

Dans ces deux cas, les variables (nombre de séries à lancer ou nombre de pétroliers à mettre en chantier) ne peuvent prendre que des valeurs entières.

La PNE permet également de traiter des situations où les décisions à prendre sont de nature binaire : tel investissement est réalisé ou non, tel produit est fabriqué ou non.

Dans ce genre de problème on ne peut généralement se contenter d'arrondir les solutions que l'on trouverait en appliquant les techniques de programmation linéaires habituelles. Il faut recourir à des méthodes spécifiques. L'algorithme de Gomory est une de ces méthodes : il permet de conserver la technique du simplexe moyennant l'introduction de contraintes supplémentaires[12].

---

12. GOMORY R., « Essentials of an algorithm to integer solutions to linear programs », *Bulletin of American Mathematical Society*, 1958, pages 275 à 278.

A titre d'illustration, nous prendrons le problème suivant :

$$\text{Max } Z = 3\,000X_1 + 2\,000X_2$$

avec

$$\begin{aligned} 3X_1 + X_2 &\leq 15 \\ X_1 + X_2 &\leq 10 \\ X_1 \quad &\leq 3. \end{aligned}$$

X_1 et X_2 représentent ici le nombre de séries de fabrication de deux produits rapportant respectivement 3000 et 2000 de marge brute par série; les contraintes correspondent aux trois types d'équipement utilisés, et dont les disponibilités par période mesurées en centaines d'heures, sont respectivement 15, 10 et 3.

Un tel problème, comme on le constate dans le tableau final du simplexe (où e_3, e_4 et e_5 sont les variables d'écart) qui lui est associé, a pour solution $X_1 = 2{,}5$ et $X_2 = 7{,}5$ (*cf.* tableau 11, *a*). Une telle solution ne peut être retenue, puisque comportant des valeurs non entières.

De façon générale, les variables retenues X_k peuvent s'écrire de la façon suivante :

$$X_k = B_k - \sum_j dX_{kj} \cdot X_j,$$

où dX_{kj} indique le chiffre lu dans la ligne de la variable étudiée et dans la colonne de la variable hors base j, et B_k la valeur actuelle de la variable retenue.

Dans le problème étudié, nous avons

$$\begin{aligned} X_1 &= 2{,}5 \; - 1/2e_3 + 1/2e_4 \\ X_2 &= 7{,}5 \; + 1/2e_3 - 3/2e_4 \\ e_5 &= 0{,}5 \; + 1/2e_3 - 1/2e_4. \end{aligned}$$

Les éléments B_k et dX_{kj} peuvent être décomposés en une partie entière W_k et w_{kj} respectivement, et une partie décimale *toujours positive ou nulle,* F_k et f_{jk} respectivement. Ainsi :

$$B_k = W_k + F_k \quad \text{et} \quad dX_{kj} = w_{kj} + f_{kj}.$$

Par exemple, pour la variable X_1, nous pouvons écrire

$$B_1 = 2 + 0{,}5 \quad dX_{13} = -1 + 0{,}5 \quad \text{et} \quad dX_{14} = 0 + 0{,}5.$$

Dans ces conditions,

$$X_k = W_k + F_k - \sum_j w_{kj} \cdot X_j - \sum_j f_{kj} \cdot X_j.$$

Si nous voulons que X_k prenne uniquement des valeurs entières, il faut que

$$F_k - \sum_j f_{kj} \cdot X_j$$

soit un nombre entier. Dans la mesure où F_k est inférieur à 1, ceci implique que ce nombre entier soit négatif ou nul, puisque les f_{kj} et les X_j sont toujours positifs ou nuls.

La *contrainte de Gomory* associée à la variable X_k s'écrit ainsi

$$F_k - \sum_j f_{kj} \cdot X_j \leq 0.$$

Cette nouvelle contrainte réduit le domaine des possibles. Par itérations successives, l'introduction de nouvelles contraintes de ce type permet de sélectionner une solution optimale en nombres entiers.

Dans notre problème, nous allons rendre entière la variable X_1. En général, c'est la variable qui a la plus grande partie décimale qui sera sélectionnée en premier. La contrainte de Gomory s'écrit pour X_1 :

$$0{,}5 - \frac{1}{2} e_3 - \frac{1}{2} e_4 \leq 0,$$

or

$$3X_1 + X_2 + e_3 = 15$$
$$X_1 + X_2 + e_4 = 10,$$

soit

$$e_3 = 15 - 3X_1 - X_2$$
$$e_4 = 10 - X_1 - X_2.$$

La contrainte de Gomory devient

$$2X_1 + X_2 \leq 12.$$

Cette contrainte est alors traitée comme les contraintes initiales dans le cadre de l'algorithme du simplexe. Le tableau final dans lequel e_6 est la variable d'écart associée à la contrainte de Gomory est donné dans le tableau 11, *b*.

Tableau 11. — Programmation en nombres entiers.

***a*)**		X_1 3 000	X_2 2 000	e_3 0	e_4 0	e_5 0	
X_1	3 000	1	0	1/2	− 1/2	0	2,5
X_2	2 000	0	1	− 1/2	3/2	0	7,5
e_5	0	0	0	− 1/2	1/2	1	0,5
Z		0	0	− 500	− 1 500	0	22 500

***b*)**		X_1 3 000	X_2 2 000	e_3 0	e_4 0	e_5 0	e_6 0	
e_3	0	0	0	1	1	0	− 2	1
X_2	2 000	0	1	0	2	0	− 1	8
e_5	0	0	0	0	1	1	− 1	1
X_1	3 000	1	0	0	− 1	0	1	2
Z		0	0	0	− 1 000	0	− 1 000	22 000

La solution qui vient d'être trouvée ne comprend que des valeurs entières. La contrainte qui portait sur la variable X_1 uniquement a également permis de rendre entières les variables X_2 et e_5. Ceci ne se produit pas toujours : si dans la nouvelle solution des variables ont encore des valeurs non entières, il faut recommencer la procédure jusqu'à l'absence totale de telles variables.

La technique qui vient d'être présentée garantit l'obtention d'une solution entière au bout d'un certain nombre d'itérations. Elle est évidemment très lourde, puisqu'à chaque étape les calculs sont recommencés avec une nouvelle contrainte. Des techniques plus rapides sont disponibles avec notamment l'algorithme primal-dual[13].

§ 2. Programmation non linéaire.

La programmation non linéaire (P. N. L.), couvre un domaine extrêmement hétérogène et correspond à des techniques très diverses. La P. N. L. doit être utilisée chaque fois que, soit la fonction économique, soit les contraintes sont non linéaires. S'il n'y a qu'une seule façon d'être linéaire, il y a évidemment de multiples façons d'être non linéaire. On ne peut donc imaginer de solution générale aux problèmes de P. N. L.

Après avoir examiné des problèmes posés par les phénomènes non linéaires nous aborderons certaines des techniques de résolution.

1° Problèmes posés par les phénomènes non linéaires.

Lorsque la fonction objectif et les contraintes sont linéaires, le domaine des possibles constitue un ensemble convexe et la solution optimale, si elle existe, se situe nécessairement sur un point extrême du domaine. La technique du simplexe qui procède par étude systématique des points extrêmes du domaine est alors utilisable. Ce n'est plus le cas lorsque soit la fonction objectif, soit les contraintes manifestent des phénomènes de non-linéarité.

Examinons les situations représentées par les graphiques 4 et 5. Il s'agit ici d'optimiser une fonction non linéaire Z de variables soumises à une contrainte linéaire AB.

— Si la fonction Z est *convexe*[14], l'optimum peut se situer sur AB, mais pas nécessairement sur A ou sur B. La technique des multiplicateurs de Lagrange est alors utilisable (graphique 4, *a*). Mais l'optimum peut également se situer à l'intérieur du domaine $\mathcal{D}$ et ses coordonnées sont alors déterminées par les techniques d'optimisation sans contraintes, avec annulation des dérivées partielles de Z par rapport aux variables (graphique 4, *b*). Le problème est que nous ne savons pas à priori, dans une situation plus complexe, si l'optimum se situe à l'intérieur de $\mathcal{D}$ ou sur une de ses faces : dans ce dernier cas, nous ne savons pas non plus sur quelle face se situe l'optimum.

— si la fonction Z est *non convexe* et si en particulier elle présente des extrema libres multiples, les deux techniques évoquées ci-dessus ne sont généralement pas utilisables. Par exemple, sur le graphique 5, le

13. Voir HADLEY G., *Linear Programming*, Addisson Wesley, 1969, pages 242 et suivantes.

14. Si on joint deux points de $Z^0 = Z(X_j)$ les points du segment formé correspondent à des valeurs de la fonction objectif $Z \geqslant Z^0$.

point M déterminé par l'annulation de $\partial Z/\partial X_j$ correspond à un minimum et non un maximum de Z; le point N déterminé par application de la technique des multiplicateurs de Lagrange n'est pas non plus le maximum. Celui-ci se trouve en fait en A. L'application de la technique du simplexe ne permettrait cependant pas de voir que le point B est moins intéressant que le point A : un déplacement marginal de B en direction de A sur AB conduit, en effet à réduire Z.

Graphique 4. — Problème d'optimisation avec une fonction objectif convexe.

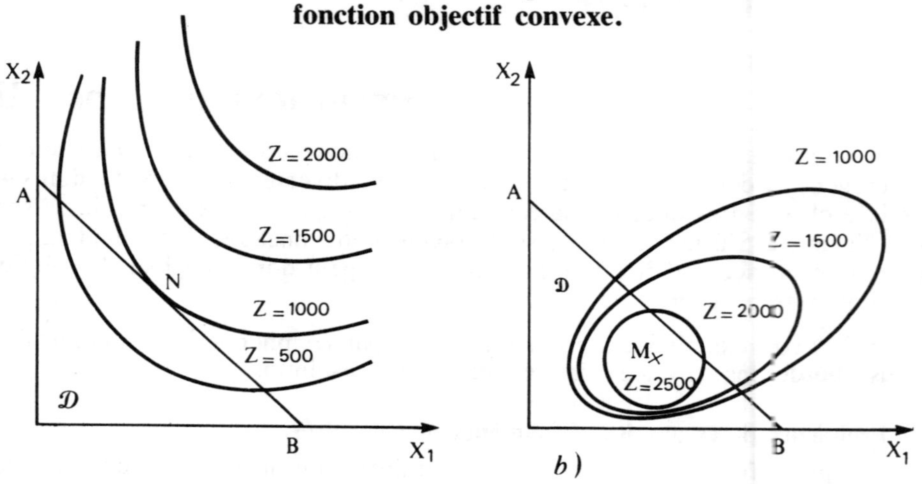

Graphique 5. — Problème d'optimisation avec une fonction objectif non convexe.

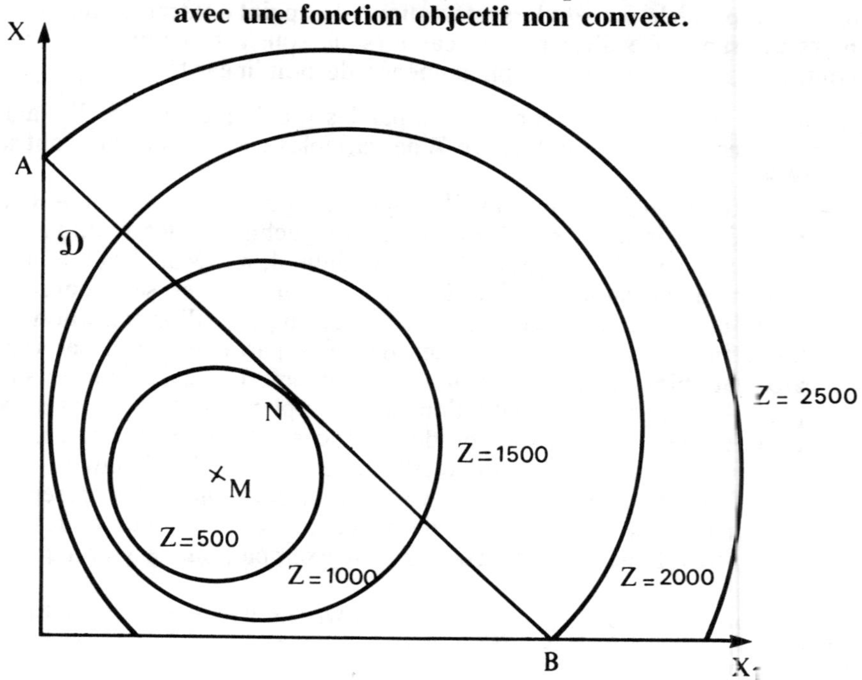

Lorsque le domaine $\mathcal{D}$ est lui-même non convexe, la difficulté de déterminer la solution optimale est encore accrue.

De nombreux problèmes de programmation des activités manifestent des phénomènes de non-linéarité. On citera entre autres :

— les rendements non proportionnels : le nombre d'heures-machine pour fabriquer une unité du produit dépend du niveau de production et n'est plus constant comme en P.L.;

— les relations prix-quantités sur le marché : pour augmenter les quantités écoulées, le prix doit être réduit et le coefficient économique du produit n'est plus constant;

— les coûts fixes directs : le coût total d'un produit n'est pas proportionnel aux quantités fabriquées. Si le produit n'est pas fabriqué, son coût est nul, mais dès que la production devient positive le coût augmente brusquement du montant des coûts fixes.

Dans ce genre de situation, les techniques d'optimisation habituelles ne sont plus utilisables et il faut recourir à des méthodes spécifiques.

2° Techniques de résolution.

Un exposé exhaustif des méthodes de résolution en P.N.L. dépasserait le cadre de cet ouvrage. Deux techniques seulement seront abordées :

— la technique de linéarisation par morceaux;

— la technique des multiplicateurs de Kuhn et Tucker.

A. Linéarisation par morceaux.

Lorsqu'une des relations d'un problème de programmation des activités est non linéaire, il peut être admissible de la traduire de façon approximative dans le cadre d'un P.L. par plusieurs relations linéaires. Mais ceci nécessite généralement d'utiliser la P.N.E.

Le traitement du problème des coûts fixes directs servira à illustrer cette technique. Supposons que l'activité X_j dégage une marge brute unitaire c_j et qu'elle implique des coûts fixes directs F_j. La fonction économique Z pourra alors prendre deux aspects selon la valeur de X_j :

$$\begin{aligned} \text{si} \quad & X_j = 0, \quad Z = 0 \\ & X_j > 0 \quad Z = c_j X_j - F_j. \end{aligned}$$

La fonction Z n'est plus linéaire par rapport à X_j : elle manifeste une discontinuité pour $X_j = 0$.

L'introduction d'une variable binaire δ_j permet de conserver l'aspect linéaire de la fonction Z qui sera réécrite sous la forme :

$$Z = c_j X_j - F_j \delta_j$$

avec $\delta_j = 0$ si $X_j = 0$ et $\delta_j = 1$ si $X_j > 0$. [15]

Les coûts fixes ne seront ainsi comptabilisés dans la fonction Z que dans la mesure où X_j est positif. La nouvelle formulation de Z est linéaire et peut

---

15. Il faut intégrer deux contraintes supplémentaires :

$$\delta_j \leq 1 \text{ avec } \delta_j \text{ entier positif et } X_j - \delta_j L \leq 0 \text{ avec L grand en valeur absolue.}$$

Cette dernière contrainte permet d'éviter que X_j soit positif quand δ_j est nul.

donc être traitée par le simplexe, mais il s'agit maintenant de traiter un programme partiellement en nombres entiers.

Une technique similaire est utilisable si c_j varie en fonction de X_j (en situation de rendements variables par exemple) : on remplace X_j par plusieurs variables X_{ij} dont le domaine de variations correspond à des plages de stabilité approximative du coefficient économique. Chacune de ces variables X_{ij} est alors affectée d'un coefficient c_{ij} constant. De nouvelles contraintes doivent être introduites pour faire respecter les plages de variations des X_{ij}. Généralement, il est également nécessaire de recourir à la P.N.E.

B. Multiplicateurs de Kuhn et Tucker.

La technique des multiplicateurs de Kuhn et Tucker généralise la technique des multiplicateurs de Lagrange : dans ce dernier cas, on désire optimiser une fonction économique non linéaire de plusieurs variables soumises à plusieurs contraintes d'égalité. Dans les problèmes de programmation des activités, les contraintes sont souvent des contraintes d'inégalité. Il faut donc disposer d'une méthode plus générale pour intégrer ces situations.

Après avoir énoncé les théorèmes de Kuhn et Tucker, une application sera présentée.

1. Théorème de Kuhn et Tucker[15].

Le théorème de Kuhn et Tucker est utilisable dans les problèmes de fonctions $Z=Z(X_1, \ldots, X_n)$ où les variables sont soumises à m contraintes de la forme :

$$G_i(X_1, \ldots, X_n) \geqslant 0, \qquad i=1, \ldots, m.$$

Ces conditions s'appliquent dès que les hypothèses suivantes sont respectées :

— les contraintes forment un ensemble convexe et sont différentiables;
— la fonction objectif est également convexe et différentiable.

La fonction L de Lagrange correspondant au problème énoncé s'écrit :

$$L=Z(X_1, \ldots, X_n)+\sum_{i=1}^{m} \lambda_i G_i(X_1, \ldots, X_n).$$

Pour que $X_j^0=(X_1^0, \ldots, X_n^0)$ et $\lambda_i^0=(\lambda_1^0, \ldots, \lambda_m^0)$ soit solution du problème de maximisation énoncé, il faut, et il suffit, que les six conditions suivantes soient respectées :

(1) $\partial L/\partial X_j |_{X_j=X_j^0} \leqslant 0 \qquad j=1, \ldots, n$

(2) $\sum_j (\partial L/\partial X_j |_{X_j=X_j^0}) \cdot X_j^0=0$

(3) $X_j^0 \geqslant 0 \qquad j=1, \ldots, n$

(4) $\partial L/\partial \lambda_i |_{\lambda_i=\lambda_i^0} \geqslant 0 \qquad i=1, \ldots, m$

(5) $\sum_i (\partial L/\partial \lambda_i |_{\lambda_i=\lambda_i^0}) \cdot \lambda_i^0=0$

(6) $\lambda_i^0 \geqslant 0 \qquad i=1, \ldots, m$

16. KUHN H. W. et TUCKER A. W., « Non linear programming » *in* Neyman ed., *Proceedings of the Second Berkeley Symposium on Mathematical statistics and Probability,* Univ. of California Press, 1951, pages 481 à 492.

Ces conditions s'interprètent facilement si l'on reconnaît les variables primales du problème de maximisation dans les X_j, et les variables duales dans les λ_i :

— la condition (1) reproduit les contraintes duales,
— la condition (4) reproduit les contraintes primales,
— les conditions (2) et (5) sont des relations d'exclusion : si une contrainte n'est pas saturée à l'optimum, la variable duale correspondante est nulle.

2. Application.

Une entreprise fabrique deux produits P_1 et P_2, à l'aide de deux équipements E_1 et E_2 dont les capacités de production s'élèvent respectivement à 140 h et 100 h par semaine. Le tableau ci-dessous donne les coefficients techniques supposés constants de ces deux produits :

Ces produits sont écoulés sur des marchés pour lesquels les fonctions de demande sont :

— pour P_1 $\quad X_1 = -10p_1 + 80$
— pour P_2 $\quad X_2 = -5p_2 + 60$,

où p_1 et p_2 sont les prix de vente. Les quantités vendues dépendant ainsi du prix de vente. Dans ces conditions, les chiffres d'affaires obtenus sont

— pour P_1 $\quad R_1 = (8 - 0{,}1X_1)X_1$
— pour P_2 $\quad R_2 = (12 - 0{,}2X_2)X_2$.

L'entreprise désire rendre maximum son chiffre d'affaires, en respectant les capacités de productions. Ce problème s'écrit

$$\text{Max } Z = 8X_1 - 0{,}1X_1^2 + 12X_2 - 0{,}2X_2^2$$

avec

$$\begin{aligned} 3X_1 + X_2 &\leqslant 140 \\ X_1 + X_2 &\leqslant 100 \\ X_1, \quad X_2 &\geqslant 0. \end{aligned}$$

La fonction objectif de ce problème est du second degré; elle respecte la condition de convexité nécessaire pour l'application du théorème de Kuhn et Tucker.

La fonction de Lagrange est ici

$$L = 8X_1 - 0{,}1X_1^2 + 12X_2 - 0{,}2X_2^2 + \lambda_1(-3X_1 - X_2 + 140) + \lambda_2(-X_1 - X_2 + 100).$$

Les conditions de Kuhn et Tucker s'écrivent alors :

(1) $$\frac{\partial L}{\partial X_1} = 8 - 0{,}2X_1 - 3\lambda_1 - \lambda_2 \leqslant 0$$

$$\frac{\partial L}{\partial X_2} = 12 - 0{,}4X_2 - \lambda_1 - \lambda_2 \leqslant 0.$$

(2) $$(8 - 0{,}2X_1 - 3\lambda_1 - \lambda_2)X_1 + (12 - 0{,}4X_2 - \lambda_1 - \lambda_2)X_2 = 0.$$

(3) $$X_1, X_2 \geqslant 0.$$

(4) $\dfrac{\partial L}{\partial \lambda_1} = -3X_1 - X_2 + 140 \geqslant 0.$

$\dfrac{\partial L}{\partial \lambda_2} = -X_1 - X_2 + 100 \geqslant 0.$

(5) $(-3X_1 - X_2 + 140)\lambda_1 + (-X_1 - X_2 + 100)\lambda_2 = 0.$

(6) $\lambda_1, \lambda_2 \geqslant 0.$

La solution du problème, c'est-à-dire les valeurs X_1^0, X_2^0, λ_1^0 et λ_2^0 doivent respecter l'ensemble de ces conditions. La recherche de cette solution est facilitée par la présence des conditions (2) et (5). Si par exemple la contrainte $\partial L/\partial X_j$ n'est pas saturée, X_j^0 est nul; de même si $\partial L/\partial \lambda_i > 0$, λ_i est nul.

Une technique de résolution utilisable, dans ces conditions, consiste à saturer k contraintes, résoudre le système d'équations correspondant et vérifier si la solution trouvée vérifie les $n+m-k$ relations restantes. Ici, puisqu'il y a deux variables et deux contraintes, $n+m=4$, nous pouvons saturer 1, 2, 3 ou 4 équations, ce qui nous amène à résoudre 15 systèmes d'équations. En fait tous ces calculs n'auront pas nécessairement à être effectués : la solution optimale est obtenue dès que pour un système d'équations les valeurs des variables respectent l'ensemble des contraintes.

Par exemple, nous commençons par saturer uniquement les deux premières contraintes; les contraintes $\partial L/\partial \lambda_i$ n'étant pas saturées, λ_1^0 et λ_2^0 sont nulles. Dans cette solution nous avons ainsi

$$X_1^0 \geqslant 0; \quad X_2^0 \geqslant 0; \quad \lambda_1^0 = 0; \quad \lambda_2^0 = 0.$$

Les valeurs X_1 et X_2 sont déterminées en résolvant :

$$8 - 0{,}2X_1 = 0, \qquad 12 - 0{,}4X_2 = 0.$$

Cette première solution a donc pour coordonnées

$$X_1^0 = 40; \quad X_2^0 = 30; \quad \lambda_1^0 = \lambda_2^0 = 0.$$

Cette solution n'est pas satisfaisante car elle ne respecte pas la condition

$$-3X_1 - X_2 + 140 > 0.$$

Cette solution présupposait que les contraintes de capacité n'étaient pas contraignantes.

Nous avons calculé tout simplement l'optimum libre de la fonction Z (point M sur le graphique 6).

Une des deux contraintes de capacité devant être saturée, dans la seconde solution testée nous saturons les contraintes $\partial L/\partial X_1$, $\partial L/\partial X_2$ et $\partial L/\partial \lambda_1$. Cette seconde solution contient ainsi trois variables positives ou nulles (X_1, X_2 et λ_1) et une variable nulle (λ_2). Ses coordonnées sont trouvées en résolvant le système :

$$8 - 0{,}2X_1 - 3\lambda_1 = 0$$
$$12 - 0{,}4X_2 - \lambda_1 = 0$$
$$140 - 3X_1 - X_2 = 0.$$

La solution de ce système est $X_1^0 = 36{,}84$; $X_2^0 = 29{,}47$; $\lambda_1^0 = 0{,}21$; $\lambda_2^0 = 0$.

La solution de ce système est $X_1^0 = 36{,}84$, $X_2^0 = 29{,}47$, $X_1^0 = 0{,}21$, $\lambda_2^0 = 0$. La contrainte non saturée étant vérifiée, il s'agit de la solution optimale (point N du graphique 6).

La procédure qui vient d'être présentée est très lourde. Des algorithmes de calculs sont toutefois disponibles : par exemple, l'algorithme de Wolfe permet d'utiliser la procédure du simplexe pour traiter des fonctions Z quadratiques[17].

Graphique 6. — Application des conditions de Kuhn et Tucker.

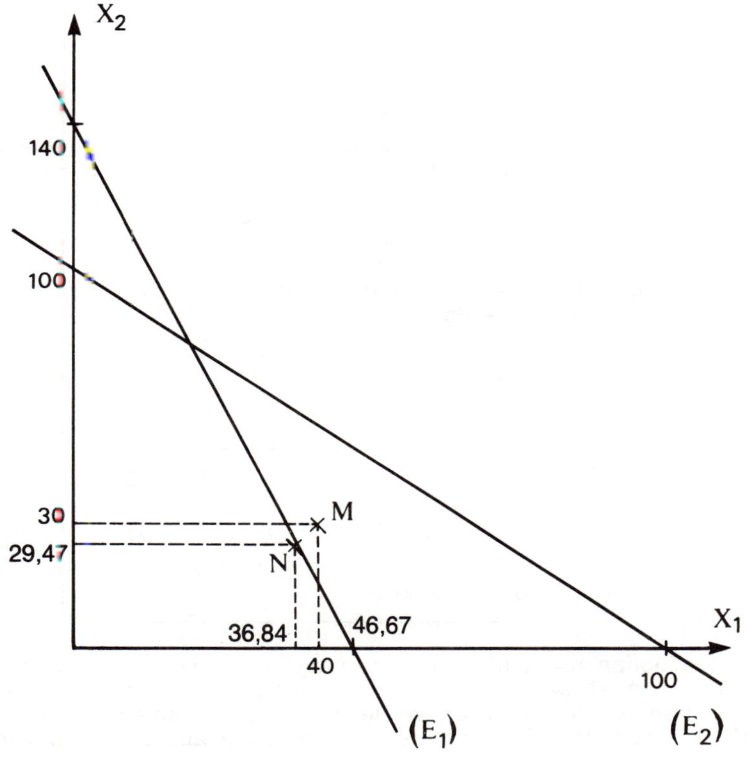

ÉTUDES DE CAS

2-1 Résoudre le programme de la section 1, § 2, 1° (*cf.* p. 63).

Solution

$X_{11} = 10\,000$; $X_{12} = 6\,000$; $X_{13} = 4\,000$; $X_{21} = 2\,000$;
$X_{22} = 6\,000$; $X_{23} = 2\,000$; $e_1 = 1\,600$; $e_3 = 4\,400$; $e_9 = 6\,000$;
$Z = 13\,000\,000$.

N. B. : Ce problème comporte plusieurs solutions optimales.

2-2 Résoudre le programme de la section 1, § 2, 2° (*cf.* p. 65).

---

17. WOLFE P., « The simplex method for quadratic programming, *Econometrica*, vol. 26, 1959, pages 382 à 398.

Solution

$X_{11}=10\,000$; $X_{12}=6\,000$; $X_{13}=4\,000$; $X_{21}=3\,200$;
$X_{22}=3\,200$; $X_{22}=9\,600$; $X_{23}=3\,200$;
$Z=7\,768\,000$.

2-3 Résoudre le programme de la section 1, § 2, 3° (*cf.* p. 56).

Solution

$X_{11}=2\,000\,000$; $X_{13}=1\,200\,000$; $X_{22}=400\,000$; $e_2=2\,750$;
$Z=1\,740\,000$.

2-4 La coopérative Ceréacentre étudie le plan de sa prochaine campagne de production. Les terres dont elle dispose sont réparties en trois zones :

Zone A ... 1 800 hectares
Zone B ... 2 000 hectares
Zone C ... 1 400 hectares.

La production concerne deux variétés d'une céréale dont les rendements diffèrent en fonction de la zone de culture.

Variété \ Zone	A	B	C
Variété 1	36	31	38
Variété 2	40	35	27

Rendements en quintaux par hectare.

Toute la production réalisable est susceptible de trouver un débouché quelle que soit la variété et ce, à un prix — identique pour les deux variétés — suffisamment rémunérateur pour couvrir les frais d'emblavement sur les terres les moins fertiles. Cependant Céréacentre s'est engagée auprès de sa clientèle à fournir au moins 100 000 quintaux de variété 1.
Formuler et résoudre le problème de Céréacentre.

Solution

X_{ij} = surface de la zone i emblavée en variété j.

Puisqu'il n'y a aucun problème de débouchés et que le prix est suffisamment rémunérateur (quelle que soit la fertilité de la zone et quelle que soit la variété), la Coopérative Céréacentre se fixe comme objectif de produire un maximum de céréales. Donc

$$\text{Max } Z \quad \text{avec} \quad Z=36X_{11}+31X_{21}+38X_{31}+40X_{12}+35X_{22}+27X_{32}$$

sous les contraintes

$$\left.\begin{array}{l} X_{11}+X_{12}\leqslant 1\,800 \\ X_{21}+X_{22}\leqslant 2\,000 \\ X_{31}+X_{32}\leqslant 1\,400 \end{array}\right\} \text{ Surfaces cultivables disponibles}$$

$36X_{11}+31X_{21}+38X_{31}\geqslant 100\,000$ (minimum à produire en variété 1) $\quad X_{ij}\geqslant 0$.

Tableau 12. — (Solution initiale).

		X_{11}	X_{21}	X_{31}	X_{12}	X_{22}	X_{32}	e_1	e_2	e_3	e_4	a_4	
		36	31	38	40	35	27	0	0	0	0	− G	
e_1	0	1	0	0	1	0	0	1	0	0	0	0	1 800
e_2	0	0	1	0	0	1	0	0	1	0	0	0	2 000
e_3	0	0	0	1	0	0	1	0	0	1	0	0	1 400
a_4	− G	36	31	38	0	0	0	0	0	0	− 1	1	100 000
		− 36 G	− 31 G	− 38 G	0	0	0	0	0	0	+ G	− G	
	Z	36 (1 + G)	31 (1 + G)	38 (1 + G)	40	35	27	0	0	0	− G	0	−100 000 G

Tableau 13. — (Solution optimale).

X_{11}	36	[illegible]	$\frac{31}{36}$	0	0	0	$-\frac{38}{36}$	0	0	$-\frac{38}{36}$	$-\frac{1}{36}$	1 300
X_{31}	38	[illegible]	0	1	0	0	1	0	0	1	0	1 400
X_{12}	40	[illegible]	$-\frac{31}{36}$	0	1	0	$\frac{38}{36}$	1	0	$\frac{38}{36}$	$\frac{1}{36}$	500
X_{22}	35	[illegible]	1	0	0	1	0	0	1	0	0	2 000
		+ 36	$+\frac{1\,136}{36}$	+ 38	+ 40	+ 35	$+\frac{1\,520}{36}$	+ 40	+ 35	$+\frac{1\,520}{36}$	$+\frac{4}{36}$	
	Z	[illegible]	$-\frac{20}{36}$	0	0	0	$-\frac{548}{36}$	− 40	− 35	$-\frac{1\,520}{36}$	$-\frac{4}{36}$	190 000

2-5 Interpréter le tableau ci-dessus et répondre aux questions suivantes :

1° Si Ceréacentre avait la possibilité de réduire ses engagements commerciaux d'un quintal de variété 1, quelle production supplémentaire pourrait-elle réaliser?

2° Des aléas climatiques sont susceptibles de modifier le rendement de la variété 2 dans la zone B. Quelle(s) condition(s) doit respecter ce rendement pour que la solution proposée par le tableau ci-joint reste optimale?

3° Si le rendement varie dans l'intervalle [32, 38] satisfait-il toujours ces conditions?

4° A supposer que Céréacentre ait la possibilité d'accroître l'étendue de ses cultures, quelle zone devrait-elle choisir *en priorité* pour son extension, si le coût de l'hectare de terre est identique pour les trois zones?

5° Quelle étendue maximum (exprimée en hectares) peut prendre cette extension sur la zone choisie sans que cette zone ne cesse d'être prioritaire?

Solution

Céréacentre doit emblaver :

1 300 hectares de zone A en variété 1
500 hectares de zone A en variété 2
1 400 hectares de zone C en variété 1
2 000 hectares de zone B en variété 2.

Production totale prévue : 190 000 quintaux.

Questions :

1° 4/36 de quintal (variétés 1 et/ou 2 confondues). (Cette valeur correspond au coefficient de e_4 dans la fonction économique à l'optimum.)

2° Pour répondre, il faut paramétrer le coefficient de X_{22} dans la fonction économique.
Conditions à respecter pour que la solution reste optimale :

$$(1) \qquad \frac{-20}{36} - 35\lambda \leqslant 0 \implies \lambda \geqslant \frac{-20}{36 \times 35}$$

$$(2) \qquad -35 - 35\lambda \leqslant 0 \implies \lambda \geqslant -1 \text{ (inutile)}$$

donc le rendement de zone B en variété 2 doit être tel que :

$$r_{22} \geqslant 34{,}4.$$

3° Si $34{,}4 \leqslant r_{22} \leqslant 38$ la solution du tableau 2 reste optimale.

Si $32 \leqslant r_{22} \leqslant 34{,}4$ alors le coefficient de X_{21} devient *positif* dans la fonction économique. Le tableau 2 n'est plus optimal. La nouvelle solution :

X_{21} entre dans la base; X_{11} sort de la base.

4° Il faut comparer la valeur marginale des trois zones à l'optimum, c'est-à-dire les valeurs des coefficients de e_1 (zone 1), de e_2 (zone 2) et de e_3 (zone 3) :

$$\frac{1\,520}{36} > 40 > 35,$$

donc il faut acquérir des terres en priorité en zone 3.

5° Pour répondre, il convient de paramétrer le second membre de la troisième contrainte, ou le coefficient économique de la variable correspondante du dual.
Conditions à respecter :

$$(1) \qquad 1\,300 - 1\,400\,\frac{38}{36}\,\beta \geqslant 0 \implies \beta \leqslant \frac{13}{14} \cdot \frac{36}{38}$$

$$(2) \qquad 1\,400 + 1\,400\beta \geqslant 0 \implies \beta \geqslant -1 \text{ (inutile)}$$

$$(3) \qquad 500 + 1\,400\,\frac{38}{36}\,\beta \geqslant 0 \implies \beta \geqslant \frac{-5}{14} \cdot \frac{36}{38}$$

donc β doit être tel que

$$\frac{-45}{133} \leqslant \beta \leqslant \frac{117}{133}.$$

Seules les valeurs positives de β nous intéressent (accroissement des terres). Et la plus grande valeur que β peut prendre sans remettre en cause les valeurs marginales est $\frac{117}{133}$, ce qui signifie que le nombre d'hectares supplémentaires permettant de rapporter $\frac{1\,520}{36}$ quintal par unité est

$$1\,400 \times \frac{117}{133} = 1\,231 \text{ hectares.}$$

2-6 Exprimer et résoudre le dual du problème de Céréacentre.

Solution

Min Z avec $Z = 1\,800Y_1 + 2\,000Y_2 + 1\,400Y_3 - 100\,000Y_4$
sous les contraintes :

$$\begin{aligned} &Y_1 - 36Y_4 \geqslant 36 \\ &Y_2 - 31Y_4 \geqslant 31 \\ &Y_3 - 38Y_4 \geqslant 38 \\ &Y_1 \geqslant 40 \\ &Y_2 \geqslant 35 \\ &Y_3 \geqslant 27 \\ &Y_1, \ldots, Y_4 \geqslant 0. \end{aligned}$$

Tableau 14. — Solution duale optimale.

		Y_1	Y_2	Y_3	Y_4	Y_5	Y_6	Y_7	Y_8	Y_9	Y_{10}	
		1 800	2 000	1 400	−100 000	0	0	0	0	0	0	
Y_1	1 800	1	0	0	0	0	0	0	1	0	0	40
Y_2	2 000	0	1	0	0	0	0	0	0	− 1	0	35
Y_3	1 400	0	0	1	0	$\frac{38}{36}$	0	− 1	$-\frac{38}{36}$	0	0	$\frac{1\,520}{36}$
Y_4	−100 000	0	0	0	1	$\frac{1}{36}$	0	0	$-\frac{1}{36}$	0	0	$\frac{4}{36}$
Y_6	0	0	0	0	0	$-\frac{31}{36}$	1	0	$\frac{31}{36}$	− 1	0	$\frac{20}{36}$
Y_{10}	0	0	0	0	0	$\frac{38}{36}$	0	− 1	$-\frac{38}{36}$	0	1	$\frac{548}{36}$
		1 800	2 000	1 400	−100000	− 1 300	0	− 1 400	− 500	−200	0	
Z′		0	0	0	0	1 300	0	1 400	500	2 000	0	180 000

Chapitre 3 — Le modèle de transport

La classe des modèles de transport intéresse un très grand nombre de problèmes de gestion, parmi lesquels se trouvent évidemment les opérations de transport au sens habituel du terme, mais aussi d'autres types de questions qui leur sont assimilables.

De façon générale, on entendra par problème de transport tout problème d'optimisation du transfert entre des points-origine et des points-destination. Lorsque ces points matérialisent des lieux géographiques et lorsque l'objet du transfert est un ensemble de marchandises, il s'agit du problème de transport au sens strict. Mais il peut s'agir, également, de personnels jouant le rôle de points-origine, que l'on désire affecter dans les meilleures conditions à des fonctions vacantes jouant le rôle de points-destination. Il s'agira, encore, de déterminer un programme de production : les capacités de production des différentes périodes concernées (ce sont les points-origine) sont utilisées pour traiter les différentes commandes prévues (ce sont les points-destination).

Tous ces problèmes, bien qu'appartenant à des domaines de la gestion très différents, sont susceptibles d'être traités à l'aide du même modèle, le modèle de transport, qui constitue une catégorie particulière de programme linéaire.

Il serait, bien entendu, possible de résoudre ces problèmes à l'aide des techniques étudiées au chapitre précédent, mais la structure très spécifique des problèmes de transport permet de recourir à des techniques particulières beaucoup plus légères.

Nous envisagerons, dans la première section, la formalisation du modèle de transport, puis dans la seconde section, sa résolution. La troisième section sera consacrée aux extensions de ce modèle et à son utilisation dans d'autres domaines de la gestion.

SECTION 1. FORMULATION DU MODÈLE DE TRANSPORT

La structure d'un problème de transport est très simple. Selon G. Hadley, le problème de transport peut être formulé ainsi : « des quantités données d'un même produit sont disponibles en plusieurs points-origine; ces quantités données de ce produit doivent être expédiées vers différents points-destination. Le coût de transport unitaire entre chacun des points-origine et chacun des points-destination étant connu, il s'agit de déterminer le meilleur programme de transport, c'est-à-dire celui qui minimise le coût total d'approvisionnement. Plus précisément, il convient de déterminer à partir de quel point-origine, chaque point-destination doit être alimenté, et ceci en quelles quantités[1] ».

Ce problème peut être formalisé à l'aide d'un programme linéaire et comme tout programme linéaire, il peut être présenté sous une forme primale (§ 1) ou sous une forme duale (§ 2).

§ 1. Formulation primale.

La formulation primale du modèle de transport sera abordée à travers le traitement d'un cas. Les résultats seront ensuite généralisés de façon à pouvoir mettre en évidence les caractéristiques particulières du modèle de transport.

1° Un exemple de problème de transport.

La Société des applications électriques possède en Europe trois unités de production où elle fabrique, entre autres, des transformateurs; elle commercialise ses produits à travers quatre entrepôts situés dans les principales zones de consommation. Le tableau 1, *a*) indique pour chaque unité U_i la capacité de production de transformateurs, et pour chaque entrepôt E_j la demande de transformateurs émanant de la zone de consommation correspondante. Le tableau 1, *b* donne les coûts de transport unitaires entre chaque usine et chaque entrepôt.

Tableau 1. — Problème de transport.

a)

	Capacités de production	Demandes
U1 U_2 U_3	U_1 : 1 000 U_2 : 200 U_3 : 400	E_1 : 700 E_2 : 100 E_3 : 300 E_4 : 500

1. *Cf.* HADLEY G., *Linear programming*, Addison-Wesley, 1962, p. 273.

b)	E_1	E_2	E_3	E_4
U_1	64	50	77	14
U_2	37	20	48	24
U_3	25	14	15	48

Si nous appelons X_{ij} les quantités transportées entre l'usine U_i et l'entrepôt E_j, le coût de transport total supporté par la S.A.E. s'écrira

$$C = 64X_{11} - 50X_{12} + 77X_{13} + 14X_{14} + \ldots + 25X_{31} + 14X_{32} + 15X_{33} + 48X_{34}.$$

L'objectif de l'entreprise est de rendre minimum ce coût de transport, tout en tenant compte des disponibilités du produit et de sa demande. Ici, l'offre totale est égale à la demande : toutes les capacités seront utilisées pour satisfaire la demande. Par exemple, la capacité de production de l'unité de production n° 2 est de 200 : elle devra donc expédier exactement 200 transformateurs vers les entrepôts. Ceci va s'exprimer à l'aide de la contrainte :

$$X_{21} + X_{22} + X_{23} + X_{24} = 200.$$

De même, dans la mesure où la S.A.E. désire vendre le plus possible, il est nécessaire d'expédier vers un entrepôt donné ce qu'il a demandé. Soit, pour l'entrepôt E_3, par exemple :

$$X_{13} + X_{23} + X_{33} = 300.$$

Le problème de la S.A.E. peut ainsi s'exprimer sous la forme d'un programme linéaire comprenant douze variables — une par trajet possible —, et sept contraintes — une par usine et une par entrepôt. Il s'écrit

$$\text{Min } C = 64X_{11} + 50X_{12} + 77X_{13} + 14X_{14} + 37X_{21} + 20X_{22} + 48X_{23} + 24X_{24} + 25X_{31} + 14X_{32} + 15X_{33} + 48X_{34}$$

avec

$$\begin{aligned} X_{11} + X_{12} + X_{13} + X_{14} &= 1\,000 \\ X_{21} + X_{22} + X_{23} + X_{24} &= 200 \\ X_{31} + X_{32} + X_{33} + X_{34} &= 400 \\ X_{11} + X_{21} + X_{31} &= 700 \\ X_{12} + X_{22} + X_{32} &= 100 \\ X_{13} + X_{23} + X_{33} &= 300 \\ X_{14} + X_{24} + X_{34} &= 500 \end{aligned}$$

et

$$X_{11}, \ldots, X_{34} \geqslant 0.$$

La seule hypothèse nécessaire pour avoir le droit d'employer une telle formulation est celle qui porte sur le caractère constant des coûts de transport unitaires : ils sont indépendants des quantités transportées.

2° Cas général.

Dans le cas général, le problème de transport s'exprime comme la recherche de l'approvisionnement aux moindres coûts à partir de m points-origine U_i ($i=1, \ldots, m$) de n points-destination $E_j(j=1, \ldots, n)$. Les données du problème sont :

— les capacités d'approvisionnement des points-origine, avec K_i pour le point $i(i=1, \ldots, m)$;
— les demandes d'approvisionnement des points-destination, avec D_j pour le point j ($j=1, \ldots, n$);
— les coûts de transport C_{ij} entre chaque point-origine i et chaque point-destination j.

Le problème peut alors se formuler de la façon suivante, si X_{ij} représente les quantités transportées entre le point i et le point j :

$$\text{Min } C = \sum_i \sum_j C_{ij} \cdot X_{ij}$$

avec
$$\sum_j X_{ij} \leqslant K_i \quad i=1, \ldots, m\ ;$$
$$\sum_i X_{ij} \geqslant D_j \quad j=1, \ldots, n\ ;$$
et
$$X_{ij} \geqslant 0 \quad i=1, \ldots, m\ ;\ j=1, \ldots, n.$$

Un problème comportant m points de départ et n points d'arrivée comprendra $m \times n$ variables et $m+n$ contraintes avec m contraintes associées aux points-origine et n associées aux points-destination.

La structure de ce problème est très caractéristique : elle peut être mise en valeur à travers l'analyse de la matrice [A] des coefficients des variables dans les contraintes.

La matrice [A] ne comprend que des 0 et des 1 : elle est donc beaucoup plus simple que les matrices de coefficients techniques rencontrées dans les programmes linéaires habituels. On notera, en outre, que dans chaque colonne le chiffre 1 ne figure que deux fois. Les autres éléments sont nuls. Dans la colonne associée à la variable X_{ij}, par exemple, le chiffre 1 apparaît dans la ligne i et dans la ligne $m+j$, ce qui correspond à la $i^{\text{ième}}$ contrainte-origine et à la $j^{\text{ième}}$ contrainte-destination.

On note par :

$(1n)$ le vecteur ligne comprenant n éléments égaux à 1;
$(0n)$ le vecteur ligne comprenant n zéros;
$[In]$ la matrice unité de format $n \times n$.

La matrice A peut alors s'écrire :

$$A = \underbrace{\begin{bmatrix} (1n) & (0n) & (0n) & \ldots & (0n) \\ (0n) & (1n) & (0n) & \ldots & (0n) \\ \ldots & \cdots & \cdots & \cdots & \cdots \\ (0n) & (0n) & (0n) & \ldots & (1n) \\ [I_n] & [I_n] & [I_n] & \ldots & [I_n] \end{bmatrix}}_{m \times n \text{ colonnes : une par variable}} \begin{array}{l} \left.\begin{array}{l} \\ \\ \end{array}\right\} m \text{ rangées : une par point-origine} \\ \left.\begin{array}{l} \\ \\ \end{array}\right\} n \text{ rangées : une par point-destination} \end{array}$$

A titre d'exemple, si l'on reprend le cas étudié plus haut, la matrice A du problème d'approvisionnement de la S.A.E. est la suivante :

$$A = \underbrace{\begin{bmatrix} 1 & 1 & 1 & 1 & 0 & 0 & 0 & 0 & 0 & 0 & 0 & 0 \\ 0 & 0 & 0 & 0 & 1 & 1 & 1 & 1 & 0 & 0 & 0 & 0 \\ 0 & 0 & 0 & 0 & 0 & 0 & 0 & 0 & 1 & 1 & 1 & 1 \\ 1 & 0 & 0 & 0 & 1 & 0 & 0 & 0 & 1 & 0 & 0 & 0 \\ 0 & 1 & 0 & 0 & 0 & 1 & 0 & 0 & 0 & 1 & 0 & 0 \\ 0 & 0 & 1 & 0 & 0 & 0 & 1 & 0 & 0 & 0 & 1 & 0 \\ 0 & 0 & 0 & 1 & 0 & 0 & 0 & 1 & 0 & 0 & 0 & 1 \end{bmatrix}}_{m \times n = 12 \text{ colonnes}} \begin{matrix} \left.\begin{matrix} \\ \\ \\ \end{matrix}\right\} m = 3 \text{ rangées} \\ \left.\begin{matrix} \\ \\ \\ \\ \end{matrix}\right\} n = 4 \text{ rangées} \end{matrix}$$

§ 2. Formulation duale.

Ainsi que cela a été montré au chapitre 2, à la formulation précédente du modèle de transport, il est possible de faire correspondre une formulation duale.

La formulation duale mérite d'être étudiée, car elle fournit une technique de résolution particulièrement intéressante; l'interprétation économique de ses résultats est également riche d'enseignement.

1° Écriture du programme dual.

Compte tenu des résultats obtenus au chapitre précédent, nous pouvons énoncer les propositions suivantes :

— à chacune des contraintes primales, nous associons une variable duale : la variable duale V_i est associée à la contrainte origine *i*, et la variable duale W_j, à la contrainte destination *j*;

— l'objectif du problème dual est de rendre maximum une fonction linéaire des *m* variables V_i et des *n* variables W_j;

— les coefficients économiques de la fonction-objectif duale, en ce qui concerne les variables V_i et W_j, sont respectivement les disponibilités K_i et les demandes D_j du problème primal;

— la matrice des coefficients des variables dans les contraintes duales est la transposée de la matrice utilisée dans le problème primal. Compte tenu de la structure spécifique de la matrice [A], dans chacune des contraintes duales n'interviendront que deux variables. De façon plus précise dans la contrainte associée à la variable primale X_{ij}, seules les variables V_i et W_j apparaîtront;

— la contrainte *ij* s'exprime ainsi

$$V_j + W_j \leq C_{ij}.$$

L'écriture duale du problème de transport se présente alors de la façon suivante :

$$\text{Max } R = \sum_i K_i \cdot V_i + \sum_j D_j \cdot W_j$$

avec $$V_i + W_j \leqslant C_{ij}, \quad i = 1, \ldots, m, \quad j = 1, \ldots, n.$$

Le problème de transport de la S.A.E. peut nous permettre d'illustrer cette formulation : compte tenu des données présentées plus haut, il s'agit pour cette entreprise de

$$\text{Max } R = 1\,000V_1 + 200V_2 + 400V_3 + 700W_1 + 100W_2 + 300W_3 - 500W_4$$

avec

$$\begin{array}{ll} V_1 + W_1 \leqslant 64 & V_2 + W_3 \leqslant 48 \\ V_1 + W_2 \leqslant 50 & V_2 + W_4 \leqslant 24 \\ V_1 + W_3 \leqslant 77 & V_3 + W_1 \leqslant 25 \\ V_1 + W_4 \leqslant 14 & V_3 + W_2 \leqslant 14 \\ V_2 + W_1 \leqslant 37 & V_3 + W_3 \leqslant 15 \\ V_2 + W_2 \leqslant 20 & V_3 + W_4 \leqslant 48. \end{array}$$

2° Relations avec le primal et interprétation économique.

Les relations qui existent en programmation linéaire entre le primal et le dual se retrouvent dans le modèle de transport. En particulier :

— si l'une des deux formulations a une solution, l'autre en a une également et la valeur de la fonction-objectif est la même, à l'optimum pour les deux formulations. Ainsi :

$$\text{Min } C = C^* = \text{Max } R = R^*,$$

soit encore

$$\sum_i \sum_j C_{ij} \cdot X_{ij}^* = \sum_i K_i V_i^* + \sum_j D_j \cdot W_j^*;$$

— si la contrainte *ij* duale n'est pas saturée à l'optimum, ce qui se matérialise par une inégalité stricte, la variable X_{ij} est nulle dans la solution primale optimale :

$$V_i^* + W_j^* < C_{ij} \implies X_{ij}^* = 0;$$

— il est possible d'assimiler V_i et W_j à des *coûts marginaux :* ces variables mesurent la variation marginale de la fonction-objectif primale, c'est-à-dire du coût de transport, associée respectivement à une variation unitaire des quantités disponibles en *i* ou demandées en *j* :

$$V_i = \Delta C / \Delta K_i \quad \text{et} \quad W_j = \Delta C / \Delta D_j.$$

Dans ces conditions, les contraintes duales comparent le coût de transport attaché à un trajet particulier et la somme des coûts marginaux dus à des variations de l'offre et de la demande correspondant à ce trajet. Si une unité de produit est envoyée de *i* en *j*, c'est-à-dire $X_{ij} = 1$, il ne reste plus que $K_i - 1$ unités à expédier du point *i* et $D_j - 1$ unités à envoyer en *j*. Une unité est ainsi « supprimée » en offre et en demande et elle n'a plus à être acheminée par un autre trajet. Cette suppression entraîne une économie de coût ou encore un coût marginal égal à $V_i + W_j$. Cette économie doit être comparée à ce que coûte réellement le trajet *ij*. Trois cas sont envisageables :

— $V_i + W_j > C_{ij}$: l'économie réalisée sur l'ensemble du système de transport est supérieure au coût réel du trajet. Il y a donc avantage à utiliser au maximum le trajet *ij*;

— $V_i + W_j < C_{ij}$: le coût du trajet *ij* est supérieur à l'économie de coût enregistrée sur les autres trajets. Le trajet *ij* n'est pas intéressant et X_{ij} doit rester nul;

— $V_i + W_j = C_{ij}$: cet équilibre est vérifié pour tous les trajets utilisés, c'est-à-dire pour les variables X_{ij} positives. C'est à partir de ces trajets que sont déterminées les valeurs V_i et W_j correspondant à une solution particulière.

A l'optimum, seules les deux dernières situations peuvent être rencontrées. L'existence d'un trajet relevant du premier cas montrerait que la solution la moins coûteuse n'est pas encore obtenue, puisqu'une économie peut encore être réalisée[2].

SECTION 2. RÉSOLUTION DU MODÈLE DE TRANSPORT

Il serait techniquement possible de résoudre le problème de transport en faisant appel aux méthodes développées dans le chapitre 2. Mais nous avons affaire ici à un programme linéaire comportant beaucoup de variables et de contraintes. Le problème de la S.A.E. n'est pas d'ampleur considérable et il comprend déjà douze variables et sept contraintes. La résolution manuelle par la méthode des tableaux serait relativement lourde.

Cependant, compte tenu de la structure particulière du problème il va être possible de recourir à des techniques plus légères issues d'une adaptation de l'algorithme du simplexe. Nous étudierons successivement une technique de résolution applicable à la formulation primale, basée sur l'algorithme du *stepping-stone* (§ 1), puis une technique utilisant simultanément les deux formulations avec l'algorithme *primal-dual* (§ 2). Les problèmes particuliers posés par l'application de ces différentes techniques seront ensuite abordées (§ 3).

§ 1. Algorithme du stepping-stone.

De la même façon que dans l'algorithme du simplexe, l'algorithme du stepping-stone repose sur la détermination d'une solution de base initiale qui est ensuite progressivement améliorée dans le cadre d'une procédure itérative par intégration de variables hors-base et élimination corrélative de variables de base.

Nous savons de façon générale qu'un programme linéaire non dégénéré ayant pour contraintes sous sa forme standard *k* équations indépendantes admet pour solution de base des combinaisons de *k* variables positives.

---

2. Pour une interprétation en termes de valeur *cf.* LESOURNE J., *Technique économique et gestion industrielle*, Dunod, 1965, pages 439 et suivantes.

Dans le problème de la Société des applications électriques, nous nous trouvons en face d'un système de contraintes composé de sept équations. Sur ces sept équations, six seulement sont indépendantes : il suffit que les six premières équations soient vérifiées pour que la septième le soit également. Une solution de base devra ainsi comprendre six variables positives et six variables nulles. Concrètement, seuls six trajets seront utilisés.

La solution de base proposée dans le tableau 2, *a*) comporte six trajets retenus avec $X_{11}=700$, $X_{12}=100$, $X_{13}=200$, $X_{23}=100$, $X_{24}=100$ et $X_{34}=400$. Cette solution respecte les contraintes de disponibilité, de même que les contraintes de demande : on le vérifie par l'addition des cases du tableau respectivement en lignes et en colonnes.

Il faut maintenant étudier s'il n'existe pas de solutions meilleures. On peut procéder à cette étude en modifiant légèrement la solution actuelle, en faisant passer une unité dans un trajet actuellement non utilisé : par exemple le trajet 33. Si $X_{33}=1$, pour respecter les contraintes, il faut réduire d'une unité les quantités envoyées par les trajets 23 et 34 et augmenter d'une unité les quantités qui transitent par le trajet 24 (*cf.* le tableau 2, *b*)). Cette opération est intéressante, puisqu'elle réduit le coût total de transport : en effet

$$C_{33}-C_{23}+C_{24}-C_{34}=-57.$$

Le fait d'envoyer une unité par le trajet 33 et de procéder aux ajustements nécessaires pour respecter les contraintes, permet une économie de 57. Il est évident que si deux unités avaient été envoyées par le trajet 33, l'économie aurait été double ; elle serait multipliée par *y* pour *y* unités. L'entreprise a avantage à expédier le maximum d'unités par ce trajet. Ici, on ne peut dépasser 100 unités; au-delà, le trajet 23 dont les quantités diminuent se verrait confier des quantités négatives. La nouvelle solution est donnée dans le tableau 2, *c*). Cette solution est meilleure que la précédente puisqu'elle entraîne un coût inférieur de 5 700.

La procédure qui vient d'être exposée est appliquée à la nouvelle solution. Tant que pour une case vide, il existe des économies réalisables, il faut continuer les calculs. En revanche, si aucun trajet inutilisé ne permet de réduire le coût de transport, l'optimum est atteint.

Tableau 2. — Application de l'algorithme du stepping-stone.

a)

	E_1	E_2	E_3	E_4	K_i
U_1	700	100	200	0	1 000
U_2	0	0	100	100	200
U_3	0	0	0	400	400
D_j	700	100	200	500	1 600

b)

	E_1	E_2	E_3	E_4	K_i
U_1	700	100	200	0	1 000
U_2	0	0	100 − 1	100 + 1	200
U_3	0	0	+ 1	400 − 1	400
D_j	700	100	200	500	1 600

c)	E_1	E_2	E_3	E_4	K_i
U_1	700	100	200	0	1 000
U_2	0	0	0	200	200
U_3	0	0	100	300	400
D_j	700	100	300	500	1 600

d)	E_1	E_2	E_3	E_4	K_i
U_1	700	100	0	200	1 000
U_2	0	0	0	200	200
U_3	0	0	300	100	400
D_j	700	100	300	500	1 600

e)	E_1	E_2	E_3	E_4	K_i
U_1	600	100	0	300	1 000
U_2	0	0	0	200	200
U_3	100	0	300	0	400
D_j	7 00	100	300	500	1 600

f)	E_1	E_2	E_3	E_4	K_i
U_1	600	0	0	400	1 000
U_2	0	100	0	100	200
U_3	100	0	300	0	400
D_j	700	100	300	500	1 600

g)	E_1	E_2	E_2	E_4	K_i
U_1	500	0	0	500	1 000
U_2	100	100	0	0	200
U_3	100	0	300	0	400
D_j	700	100	300	500	1 600

Le tableau 2 reproduit les différentes itérations conduisant à la solution optimale. A chaque étape de calcul, on a introduit dans la solution le trajet permettant la plus grande économie. La solution optimale est donnée par le tableau 2, *g*). A cette étape de calcul aucune autre économie n'est possible.

§ 2. Algorithme primal-dual.

Les calculs nécessités par l'application de l'algorithme précédent sont très simples, mais ils peuvent être très nombreux quand on a affaire à des problèmes de grande dimension. L'algorithme primal-dual permet de repérer plus facilement le trajet le plus intéressant à introduire à chaque étape de calcul. Il fournit également un *test d'optimalité*.

Cette nouvelle procédure est basée sur l'utilisation des contraintes duales. Pour les trajets actuellement utilisés, la relation suivante doit être respectée :

$$V_i + W_j = C_{ij}.$$

Les valeurs V_i et W_j sont donc évaluées à partir des trajets utilisés, puis appliqués aux trajets non encore employés. A une étape donnée du calcul, il faut introduire le trajet pour lequel $V_i + W_j - C_{ij}$ est le plus grand possible. Si à une étape du processus tous les $V_i + W_j - C_{ij}$ sont négatifs ou nuls, la solution optimale est obtenue.

Si nous repartons de la première solution de base, reproduite au tableau 2, *a*), les valeurs V_i et W_j sont déterminées à l'aide du système d'équations suivantes :

$$\begin{aligned} V_1 + W_1 &= 64 \\ V_1 + W_2 &= 50 \\ V_1 + W_3 &= 77 \\ V_2 + W_3 &= 48 \\ V_2 + W_4 &= 24 \\ V_3 + W_4 &= 48. \end{aligned}$$

Ce système comprend sept variables et six équations. Nous affectons une valeur arbitraire à l'une des variables, par exemple $V_1 = 0$. Les autres variables peuvent alors être déterminées :

$$W_1 = 64;\; W_2 = 50;\; W_3 = 77;\; V_2 = -29;\; W_4 = 53;\; V_3 = -5.$$

L'application de ces valeurs aux trajets inutilisés donne les résultats lus dans le tableau 3 :

Tableau 3. — Application de l'algorithme primal-dual à la solution *a*).

Trajet inutilisé	$V_i + W_j - C_{ij}$
14	0 + 53 − 14 = 39
21	− 29 + 64 − 37 = −2
22	− 29 + 50 − 20 = 1
31	− 5 + 64 − 25 = 34
32	− 5 + 50 − 14 = 31
33	− 5 + 77 − 15 = 57

Le trajet le plus intéressant s'avère être le trajet 33, qu'il faut donc introduire dans la solution. La nouvelle base est obtenue à l'aide des mêmes calculs que dans l'algorithme précédent : elle correspond au tableau 2, *b*). Une nouvelle série de valeurs V_i et W_j est alors déterminée pour ce tableau et la procédure peut reprendre. Nous utilisons cette procédure pour le tableau 2, *g*) qui reproduit la solution optimale :

$$\begin{array}{lll} V_1 + W_1 = 64 & V_1 + W_4 = 14 & V_2 + W_1 = 37 \\ V_2 + W_2 = 20 & V_3 + W_1 = 25 & V_3 + W_3 = 15, \end{array}$$

d'où $V_1 = 0$; $W_1 = 64$; $W_4 = 14$; $V_2 = -27$; $W_2 = 47$; $V_3 = -39$; $W_3 = 54$.

Les cases vides sont testées. Toutes sont caractérisées par des $V_i + W_j - C_{ij}$ négatifs. L'optimum est donc atteint (*cf.* tableau 4).

Tableau 4. — Application de l'algorithme primal-dual à la solution *g*.

Trajet inutilisé	$V_i + W_j - C_{ij}$
12	$0 + 47 - 50 = -3$
13	$0 + 54 - 77 = -23$
23	$-27 + 54 - 48 = -21$
24	$-27 + 14 - 24 = -37$
32	$-39 + 47 - 14 = -6$
34	$-39 + 14 - 48 = -73$

§ 3. Problèmes particuliers.

Les méthodes qui viennent d'être examinées garantissent la détermination d'une solution optimale. Cependant, plusieurs types de difficultés peuvent apparaître au moment de leur application.

En premier lieu, dans le problème étudié il y avait égalité entre l'offre et la demande. En général, il n'y aura pas égalité et il faut donc envisager l'adaptation des procédures à ce type de problème. En second lieu, pour des problèmes de grande dimension, le nombre d'itérations peut être très élevé d'où la nécessité de déterminer une solution de base initiale la plus proche possible de l'optimum pour éviter une partie des calculs. Enfin, la structure du problème peut être telle que certaines des solutions de base soient dégénérées, ce qui peut bloquer la progression vers l'optimum.

1° Le cas d'inégalité entre l'offre et la demande.

Lorsque la somme des capacités K_i est différente de la somme des demandes D_j, la technique à utiliser consiste à revenir au cas d'égalité par introduction soit d'une *capacité fictive,* soit d'une *demande fictive.*

Supposons, par exemple, que dans le problème de la S.A.E. les données soient les suivantes :
— capacités de production : $K_1 = 1\,000$; $K_2 = 200$; $K_3 = 500$;
— demandes des entrepôts : $D_1 = 700$; $D_2 = 100$; $D_3 = 300$ et $D_4 = 500$.

La capacité totale est supérieure à la demande; une partie de la capacité de production restera donc inutilisée et il faut déterminer parallèlement au programme d'approvisionnement, dans quelle unité elle se situera.

La capacité excédentaire s'élevant à 100, une demande fictive D_f, d'un niveau de 100 unités, est introduite dans la formulation du problème. Les coûts de transport entre les unités de production et l'entrepôt fictif sont nuls puisqu'il s'agit d'une production qui n'est pas réalisée. Le nouveau système de coûts de transport est donné dans le tableau 5, *a*) où E_f désigne l'entrepôt fictif.

Les algorithmes étudiés plus haut sont appliqués à ces nouvelles données, sans qu'il soit fait de distinction entre les demandes réelles et la demande fictive. La solution, qui figure dans le tableau 5, *b*) montre que c'est l'unité de production U_1 qui sera affectée par la capacité excédentaire.

Tableau 5. — Cas d'inégalité de l'offre et de la demande.

	E_1	E_2	E_3	E_4	E_f
U_1	64	50	77	14	0
U_2	37	20	48	24	0
U_3	25	14	15	48	0

	E_1	E_2	E_3	E_4	E_f	K_i
U_1	400	0	0	500	100	1 000
U_2	100	100	0	0	0	200
U_3	200	0	300	0	0	500
D_j	700	100	300	500	100	1 700

2° La détermination de la solution de base initiale.

La méthode la plus simple pour déterminer une solution de base initiale consiste à appliquer ce que l'on appelle communément la *technique du coin nord-ouest.* C'est cette technique qui a été employée pour la solution initiale présentée dans le tableau 2, *a*).

Cette méthode consiste, à partir d'un coin du tableau des quantités transportées, à saturer systématiquement les contraintes. La première case du tableau, correspondant à la variable X_{11}, se voit affecter un nombre d'unités égal au minimum de K_1 et de D_1. Si par exemple D_1 est inférieur à K_1, $X_{11} = D_1$ et la première contrainte-destination est saturée. Il ne reste plus à envoyer que K_1-D_1 à partir de la première unité de production. X_{12} est alors fixé comme le minimum de K_1-D_1 et de D_2. Si K_1-D_1 est inférieur à D_2, $X_{12} = K_1 - D_1$ et la première contrainte origine est saturée; si K_1-D_1 est supérieur à D_2, $X_{12} = D_2$ et la seconde contrainte-destination est saturée. Le processus continue jusqu'à ce que toutes les contraintes soient saturées.

La méthode du coin nord-ouest garantit l'obtention d'une solution de base en l'absence de dégénérescence. En revanche, elle ne garantit pas l'obtention d'une bonne solution. Pour éviter d'avoir trop d'itérations à réaliser, certaines techniques sont disponibles qui permettent généralement de déterminer une solution initiale meilleure que celle du coin nord-ouest.

La technique du *coût minimum* consiste à repérer la case du tableau des quantités correspondant au coût de transport le plus faible et à y faire transiter le maximum d'unités possibles en saturant soit en offre soit en demande.

Dans le cas de la S.A.E., cette procédure amènerait à sélectionner le trajet reliant U_1 à E_4, puisque son coût de transport est de 14 seulement, et à lui affecter 500 unités, ce qui sature la contrainte 4 de demande. Il ne reste plus que 500 unités disponibles dans U_1. Sur les trajets encore possibles, le coût de transport minimum est repéré; ici, il s'agit du trajet 32 qui se voit confier le maximum d'unités possibles, soit 100, ce qui sature la seconde contrainte de demande. La procédure est poursuivie jusqu'à saturation de toutes les contraintes. Le tableau 6 donne la solution ainsi déterminée.

Tableau 6. — Application de la technique du coût minimum.

	E_1	E_2	E_3	E_4	K_i
U_1	500	0	0	500	1 000
U_2	200	0	0	0	200
U_3	0	100	300	0	400
D_j	700	100	300	500	1 600

On peut constater tout d'abord que cette solution est très proche de l'optimum. On remarque également que cette solution ne contient que cinq cases remplies donc cinq variables positives, alors qu'une solution de base devrait en contenir six, puisque ce problème comporte apparemment six contraintes indépendantes. Ceci illustre le phénomène de *dégénérescence* qui va être abordé maintenant.

3° Le problème de dégénérescence.

Une solution de base dégénérée comporte moins de variables positives que de contraintes. Une telle éventualité peut se produire quand une disponibilité est égale à une demande. Si $K_i = D_j$, le choix de X_{ij} dans la solution de base amène à saturer simultanément la contrainte-origine i et la contrainte-destination j. Une telle éventualité peut également apparaître quand la somme des disponibilités de h usines (avec $h < m$) est égale à la somme des demandes de l entrepôts (avec $l < n$). C'est ce qui se produisait dans le tableau 6 avec $K_1 = D_1 + D_3$ et $K_3 = D_2 + D_3$.

Quand on se trouve en face d'une solution dégénérée, moins de $m + n - 1$ variables primales sont retenues et l'algorithme primal-dual ne peut plus être employé. Existent également des risques de cyclage dans l'application de l'algorithme du simplexe : à la suite de plusieurs itérations, le calcul peut ramener à une solution déjà étudiée.

Pour éviter ces différents problèmes une solution consiste à ajouter à chaque disponibilité, par exemple, une valeur ε, très faible en valeur absolue, et $m \times \varepsilon$ pour équilibrer à l'une des demandes. L'application de cette procédure au tableau 6 permet d'éviter l'apparition d'une solution dégénérée, ainsi que le montre le tableau 7.

Tableau 7. — Correction d'un problème de dégénérescence.

	E_1	E_2	E_3	E_4	K_i
U_1	$500 - 2\varepsilon$	0	0	$500 + 3\varepsilon$	$1\,000 + \varepsilon$
U_2	$200 + \varepsilon$	0	0	0	$200 + \varepsilon$
U_3	ε	100	300	0	$400 + \varepsilon$
D_j	700	100	300	$500 + 3\varepsilon$	$1\,600 + 3\varepsilon$

La solution optimale est déterminée avec les nouvelles valeurs de disponibilités et de demande. Puis, une fois l'optimum atteint, on donne à ε une valeur nulle.

Appliquée ici, cette technique permettrait de retrouver la solution du tableau 2, *g*).

SECTION 3. EXTENSIONS ET APPLICATIONS DU MODÈLE DE TRANSPORT

La définition donnée du modèle de transport rend son extension possible à d'autres domaines de la gestion que celui du transport au sens strict. C'est ce qui se produit chaque fois que le problème peut s'assimiler à une question de mise en relation de points-origine et de points-destination.

Nous envisagerons ici trois applications du modèle de transport :
- — la programmation des activités de production, de transport et de commercialisation (§ 1);
- — la planification de la production et des stocks (§ 2);
- — le problème d'affectation (§ 3).

§ 1. La programmation des activités de production, transport et commercialisation.

Au-delà du transport, l'entreprise doit optimiser toute la succession des opérations de production, d'approvisionnement et de commercialisation. L'optique n'est plus seulement de minimiser le coût de transport, mais de maximiser la rentabilité de l'ensemble de ces activités.

Dans la formulation classique du modèle de transport, deux hypothèses implicites sont introduites. Dans la mesure où ne sont pas prises en considération les conditions dans lesquelles sont réalisées les activités amont et aval par rapport au transport, il est implicitement admis que ces conditions sont identiques : les unités de production travaillent dans les mêmes conditions de productivité et les demandes des entrepôts dégagent les mêmes marges commerciales. En second lieu, lorsque l'entreprise recherche la minimation de son coût de transport, il est de même implicitement admis qu'elle a avantage à effectuer ce transport, c'est-à-dire qu'elle trouve un intérêt à produire, distribuer et vendre les quantités de produits indiquées.

La programmation simultanée des activités de production, de transport et de commercialisation va permettre de déterminer pour chaque période :
- — le niveau d'activité de chacune des unités de production;
- — le niveau d'utilisation du potentiel de chacun des marchés;
- — le mode d'approvisionnement de chacun des marchés à partir de chacune des unités de production.

Par rapport au modèle de transport traditionnel, les deux premiers éléments sont nouveaux : les capacités disponibles des unités comme le potentiel d'absorption des entrepôts ne sont plus données et deviennent des variables dont il faut choisir le niveau.

La structure du modèle reste cependant la même : elle est toujours basée sur la notion de relation entre chaque unité i et chaque entrepôt ou marché *j*. X_{ij} indique à nouveau les quantités transportées entre *i* et *j*. De même K_i et D_j désignent à nouveau, respectivement, les capacités de *i* et le potentiel de demande de *j*.

La principale modification réside au niveau des coefficients économiques. P_j va désigner le prix auquel le produit peut être écoulé sur le marché *j*, C_i le coût de production dans l'unité *i* et C_{ij}, le coût de transport entre *i* et *j*. Dans ces conditions, le bénéfice dégagé par une unité de produit fabriquée en *i* et vendue en *j* s'écrit

$$B_{ij} = P_j - C_i - C_{ij}.$$

L'objectif est alors de maximiser le bénéfice, c'est-à-dire

$$B = \sum_i \sum_j B_{ij} \cdot X_{ij},$$

avec

$$\sum_j X_{ij} \leq K_i, \qquad i = 1, \ldots, m;$$

$$\sum_i X_{ij} \geq D_j, \qquad j = 1, \ldots, n.$$

Dans le cas de la S.A.E. envisagé plus haut et dont les coûts de transport figurent dans le tableau 1, *b*), nous disposons maintenant des coûts de production dans chaque unité et des prix de vente dans chaque zone commerciale. Le tableau 8, *b*), nous donne les B_{ij} à intégrer dans la fonction objectif.

Tableau 8. — Problème de production - approvisionnement - commercialisation.

a) *Coûts de production*

U_1 : 1 000 F/unité
U_2 : 1 100 F/unité
U_3 : 950 F/unité

Prix de vente

E_1 : 1 200 F/unité
E_2 : 1 150 F/unité
E_3 : 1 000 F/unité
E_4 : 1 100 F/unité

b)	E_1	E_2	E_3	E_4	E_f
U_1	136	100	− 77	86	0
U_2	63	30	− 148	− 24	0
U_3	225	186	35	102	0
U_f	0	0	0	0	0

c)	E_1	E_2	E_3	E_4	E_f	K_i
U_1	300	100	0	500	100	1 000
U_2	0	0	0	0	200	200
U_3	400	0	0	0	0	400
U_f	0	0	300	0	1 300	1 600
D_j	700	100	300	500	1 600	3 200

Compte tenu de l'ensemble des données, la solution optimale peut nous conduire à ne pas utiliser toutes les disponibilités en matière de production ou de marché. Il faut donc introduire une usine fictive U_f et un marché fictif E_f destinés respectivement à produire pour les marchés non rentables et à absorber les productions des unités trop peu efficaces. La capacité de U_f et de E_f est fixée à 1 600 unités, soit à un niveau suffisamment haut pour recevoir éventuellement toutes les demandes ou toutes les productions.

La solution, indiquée dans le tableau 8, *c*) montre que l'unité de production U_2 n'est pas utilisée, ainsi qu'une partie de U_1. De même, rien n'est envoyé à l'entrepôt E_3. Seules 1 300 unités sont produites et vendues. Dépasser ce niveau entraînerait une réduction du bénéfice[3].

§ 2. La planification de la production et des stocks.

Le stockage peut être assimilé à une opération de transport. Il ne s'agit plus ici de relier deux localisations géographiques différentes, mais deux périodes différentes.

Si la planification dans le temps des opérations doit porter sur t périodes, chacune des unités de production se verra affecter un vecteur de t capacités, une par période. Ces nombres peuvent varier d'une période à une autre pour des raisons telles que les congés annuels, par exemple, ou encore les fluctuations des approvisionnements. Soit $(K_{i1}, \ldots, K_{it})$ le vecteur de capacités de l'unité de production i. De la même façon, le marché j sera-t-il associé à un vecteur de demande $(D_{j1}, \ldots, D_{jt})$.

Le coût d'approvisionnement du marché j par l'unité i va inclure deux éléments : le coût de transport C_{ij} et le coût de stockage qui va dépendre de l'écart entre la date de production et la date de vente. Si S est le coût de stockage mensuel, $S(l'-l)$ indiquera le coût de stockage d'un produit fabriqué en l et vendu en l'. Nous pouvons définir ainsi un coût d'approvisionnement $C_{iljl'}$ tel que

$$C_{iljl'} = C_{ij} + S(l'-l) \quad \text{avec} \quad l' \geqslant l.$$

Quand l est supérieur à l', ce qui correspond à un retard dans l'exécution du carnet de commandes, une pénalité peut éventuellement être inclue dans le coût de transport.

Le but du modèle est de déterminer les quantités $X_{iljl'}$ produites au cours de la période l par l'unité i et acheminées en l' vers le marché j. Le modèle

3. Dans le cas de maximisation, il faut noter que le test d'optimalité s'écrit

$$V_i + W_j - C_{ij} \geqslant 0.$$

permet ainsi d'établir le planning des productions, du stockage et des opérations de transport. La formulation suivante est utilisée :

$$\text{Min } C = \sum_{ijll'} C_{iljl'} \cdot X_{iljl'}$$

avec $\sum_{jl'} X_{iljl'} \leq K_{il}$; $i = 1, \ldots, m$; $l = 1, \ldots, t$;

et $\sum_{il} X_{iljl'} \geq D_{jl'}$; $j = 1, \ldots, n$; $l' = 1, \ldots, t$;

$$X_{iljl'} \geq 0.$$

Prenons le cas d'une entreprise disposant de deux unités de production dont la capacité s'élève respectivement à 1 200 et 900, pour chacune des deux périodes sur lesquelles porte la planification. Elle doit approvisionner trois marchés, dont les demandes par période figurent dans le tableau 9, *a*). Les coûts de transport figurent dans le tableau 9, *b*). Le coût de stockage est évalué à cinq par période.

Le coût d'approvisionnement peut alors être déterminé (*cf.* 9, *c*)). L'approvisionnement avec retard d'un marché est interdit : il correspond à un coût infini.

Le programme de production de stockage et de transport qui figure en 9, *d*) montre qu'une partie de la production de la première unité est stockée en prévision de la demande plus élevée de la période 2.

Tableau 9. — Problème de planification de la production, du stockage et du transport.

a)

	Période (1)	
	1	2
Marchés (*j*)	950 700 200	1 250 1 000 100
Total. . .	1 850	2 350

b)

	$j = 1$	$j = 2$	$j = 3$
$i = 1$	20	15	22
$i = 2$	12	21	23

c)

		$j = 1$		$j = 2$		$j = 3$	
		$l' = 1$	$l' = 2$	$l' = 1$	$l' = 2$	$l' = 1$	$l' = 2$
Unité nº 1	$l = 1$	20	25	15	20	22	27
	$l = 2$	∞	20	∞	15	∞	22
Unité nº 2	$l = 1$	12	17	21	26	23	28
	$l = 2$	∞	12	∞	21	∞	23

d)		$j=1$ $l'=1$	$l=2$	$j=2$ $l'=1$	$l'=2$	$j=3$ $l'=1$	$l'=2$	k_i
Unité nº 1	$l=1$	50	250	700	0	200	0	1 200
	$l=2$	0	100	0	1 000	0	100	1 200
Unité nº 2	$l=1$	900	0	0	0	0	0	900
	$l=2$	0	900	0	0	0	0	900
	D_j	950	1 250	700	1 000	200	100	4 200

§ 3. Le problème d'affectation.

Le problème d'affectation correspond à un cas particulier de problème de transport dans lequel toutes les disponibilités et toutes les demandes sont égales à 1.

Un tel problème pourrait être traité par les techniques habituelles avec la correction du phénomène de dégénérescence qui se produit inévitablement ici. Des méthodes plus rapides sont disponibles, en particulier la *méthode hongroise.*

Prenons l'exemple de la S. A. E. qui doit maintenant gérer ses relations avec ses sous-traitants. Cinq opérations de production doivent être confiées à des sous-traitants, également au nombre de cinq. Pour chaque opération, chaque sous-traitant a fourni un devis dont le coût figure dans le tableau 9, *a*). Dans la mesure où un sous-traitant ne peut, dans le laps de temps accordé, réaliser qu'une seule opération et où toutes les opérations doivent être réalisées, quelle est la meilleure affectation possible des opérations aux sous-traitants?

L'étude exhaustive de l'ensemble des solutions possibles demanderait d'évaluer 120 combinaisons[4].

Nous remarquons que si une certaine affectation (A_1) est moins coûteuse qu'une autre (A_2), elle serait également moins coûteuse si tous les chiffres d'une quelconque rangée du tableau 2, *a*) étaient réduits de la même constante *k*. Supposons que les chiffres de la colonne correspondant au quatrième sous-traitant, soient réduits de 2. Dans la mesure où chaque affectation doit contenir un contrat et un seul, le coût total de A_1 de même que celui de A_2 seront diminués de 2. Leur classement n'est pas altéré.

De façon générale, si une constante V_i est déduite de chaque ligne *i*, et une constante W_j de chaque colonne *j*, ce qui fait apparaître un coût « relatif » $C_{ij} - V_i - W_j$, le classement des différentes affectations n'est pas modifié[5].

Déduisons de chaque rangée le chiffre minimum qui y figure, ce qui donne le tableau 9, *b*[6]). Les coûts relatifs sont positifs ou nuls. Si un zéro figurait dans chaque ligne et dans chaque colonne, il est clair qu'une affectation à

4. De *façon plus générale, pour un problème comportant m* affectations, il faut étudier *m*! combinaisons, par exemple 3 628 800 combinaisons pour $m = 10$.

5. Le coût relatif n'est autre que l'expression de la contrainte duale. A l'optimum cette expression est nulle pour les variables retenues et positive pour les variables exclues.

6. Le tableau 9 *b*) a été obtenu en retranchant des lignes 1 à 5 respectivement 3, 5, 2, 8 et 2, puis en retranchant des colonnes 1 à 5 respectivement 1, 0, 0, 0 et 2.

coût minimum pourrait être définie en ne retenant que des contrats à coût relatif nul. Si tel n'est pas le cas, la technique consiste à faire apparaître de nouveaux zéros jusqu'à ce qu'une affectation à coût relatif nul puisse être établie.

Par exemple, dans le tableau 10, *b*), on ne trouve pas suffisamment de zéros pour procéder à une affectation complète à coût relatif nul. Compte tenu de la disposition des zéros, seuls trois contrats peuvent bénéficier simultanément d'un coût relatif nul. On montre que le nombre *maximum* de contrats pouvant en bénéficier est donné par le nombre *minimum* de lignes nécessaires pour rayer tous les zéros du tableau des coûts relatifs. Ces lignes apparaissent sur le tableau 10, *b*).

Pour pouvoir procéder à une affectation plus complète, nous soustrayons le chiffre minimum non rayé de l'ensemble des cases du tableau. Puis nous ajoutons ce chiffre à l'ensemble des chiffres de chaque colonne rayée puis de chaque ligne rayée. Ceci revient à conserver identiques les chiffres rayés, sauf ceux correspondant à une intersection de deux rangées rayées. Le tableau 10, *c*) qui en résulte permet ainsi une affectation de quatre contrats. La même opération est reconduite avec le chiffre minimum non rayé de ce nouveau tableau (c'est encore 1). Une affectation complète est possible : cinq lignes sont nécessaires pour recouvrir tous les zéros.

Tableau 10. — Application de la méthode hongroise.

a)

		Sous-traitants				
		1	2	3	4	5
Opérations	1	12	8	6	3	9
	2	6	5	14	8	7
	3	9	3	8	2	10
	4	12	15	8	9	12
	5	6	8	2	14	7

b)	1	2	3	4	5
1	8	5	3	(0)	4
2	(0)	0	9	3	0
3	6	1	6	0	6
4	3	7	(0)	1	2
5	3	6	0	12	3

c)	1	2	3	4	5
1	7	4	3	(0)	3
2	(0)	0	10	4	0
3	5	(0)	6	0	5
4	2	6	(0)	1	1
5	2	5	0	12	2

d)	1	2	3	4	5
1	6	4	3	(0)	2
2	(0)	1	11	5	0
3	4	(0)	6	0	4
4	1	6	0	1	(0)
5	1	5	(0)	12	1

L'algorithme qui vient d'être défini garantit l'obtention de l'optimum au bout d'un certain nombre d'itérations. La solution optimale amène ainsi à affecter

Le contrat n° 1 au sous-traitant n° 4 : coût 3.
Le contrat n° 2 au sous-traitant n° 1 : coût 6.
Le contrat n° 3 au sous-traitant n° 2 : coût 3.
Le contrat n° 4 au sous-traitant n° 5 : coût 12.
Le contrat n° 5 au sous-traitant n° 3 : coût 2.

Ceci correspond à un coût minimum total de 26.

ÉTUDES DE CAS

3-1 La société Dulac dispose de trois unités de production d'une capacité mensuelle totale de 3 050 tonnes. Dans les deux premières unités, dont la capacité mensuelle s'élève à 1 300 t et 1 000 t respectivement, le coût de production unitaire est évalué à 1 000 F. La troisième unité présente une capacité mensuelle de 750 t qu'elle peut produire à un coût unitaire de 1 050 F. Ces trois usines doivent alimenter cinq entrepôts régionaux à raison de 800 t/mois pour le premier et de 400 t/mois pour les autres. Le tableau suivant indique les coûts de transport unitaires entre chaque unité de production et chaque entrepôt.

	Entrepôts n°				
	n° 1	n° 2	n° 3	n° 4	n° 5
n° 1	30	60	50	130	100
n° 2	80	50	40	100	80
n° 3	100	70	100	30	20

(F/tonne)

Le prix de vente est fixé à 2 000 F/t et les produits sont écoulés dans les mêmes conditions de coût à partir de chacun des entrepôts. Déterminez le meilleur programme d'approvisionnement des entrepôts.

Solution

Le prix de vente et les conditions de commercialisation étant les mêmes d'un entrepôt à un autre, il n'est pas nécessaire de les prendre en considération. En revanche, les coûts de production étant différents d'une unité à une autre, il faut les intégrer dans l'évaluation du meilleur programme. Le tableau suivant donne les coûts à prendre en considération :

	Entrepôts					
	n° 1	n° 2	n° 3	n° 4	n° 5	n° F
n° 1	1 030	1 060	1 050	1 130	1 100	0
n° 2	1 080	1 050	1 040	1 100	1 080	0
n° 3	1 150	1 120	1 150	1 080	1 070	0

Un entrepôt fictif a été ajouté pour équilibrer l'offre et la demande. Sa capacité est fixée à 650 t/mois.

Le programme optimal d'approvisionnement est donné ci-dessous :

	Entrepôts						
	n° 1	n° 2	n° 3	n° 4	n° 5	n° F	Total
n° 1	800	0	0	0	0	500	1 300
n° 2	0	400	400	0	50	150	1 000
n° 3	0	0	0	400	350	0	750
Total	800	400	400	400	400	650	3 050

3-2 La Société des Travaux publics du Limousin vient d'ouvrir quatre nouveaux chantiers, situés en A, B, C et D. Ces chantiers nécessitent l'emploi de grues actuellement situées sur des chantiers qui viennent d'être terminés et situés en V, W, X, Y et Z. Le tableau suivant donne le nombre d'heures que prendrait le transport de chacune des grues de l'endroit où elle est située vers chacun des chantiers nouveaux.

L'entreprise désire démarrer le plus vite possible ses nouveaux chantiers. A quel chantier doit-elle affecter ses grues disponibles?

	V	W	X	Y	Z
A	8	26	17	11	20
B	13	28	4	26	12
C	38	19	18	15	6
D	19	26	24	10	15

(heures de transport)

Solution

Nous avons affaire à un problème d'affectation où figurent plus de grues que de chantiers ouverts. Une grue pourra donc être rapatriée vers le siège social de la société. Afin de déterminer la meilleure affectation, nous introduisons un chantier fictif F caractérisé par une durée d'acheminement nulle. L'urgence ne portant que sur le démarrage des nouveaux chantiers, le temps mis par la grue excédentaire pour rallier le siège social n'est pas pris en considération.

L'affectation suivante minimise le temps total d'acheminement des grues vers les chantiers :

grue située en :	*acheminée en :*
V	A
W	F (siège social)
X	B
Y	D
Z	C

Le tableau final est en effet le suivant :

	V	W	X	Y	Z
A	(0)	18	9	3	12
B	9	24	(0)	22	8
C	32	13	12	9	(0)
D	9	16	14	(0)	5
F	10	(0)	10	10	10

Chapitre 4 — Gestion des systèmes dynamiques

Dans un système statique, tel que celui qui est représenté par un programme de transport par exemple, la décision optimale ne dépend que de l'état actuel du système concrétisé par une série de données économiques et techniques (coûts de transport, capacités de production, demande, etc.); chaque nouvelle période est supposée identique à la précédente et les mêmes décisions seront prises.

Dans un système dynamique, l'environnement de la décision change à chaque période. Ce changement peut être dû à des causes exogènes (modification de la conjoncture, variations saisonnières), mais aussi aux décisions prises précédemment. Les décisions d'une période dépendent ainsi des décisions des autres périodes. On ne peut plus traiter chaque période de façon isolée : il faut envisager la succession des décisions jusqu'à l'horizon économique de l'entreprise.

Considérons un problème de gestion de stocks pour une entreprise transformant en produit semi-fini une certaine matière première. Le prix d'achat de la matière première et la demande de produit semi-fini sont soumis à des variations saisonnières. Les commandes doivent être passées dès le début d'année : toutefois, les livraisons sont trimestrielles, on peut donc chercher à les moduler, en tenant compte de la demande et de la capacité de stockage, de manière à profiter des prix d'achat les plus bas. Pour minimiser le coût total d'approvisionnement, il faut acheter le moins possible lorsque le prix d'achat de la matière première est élevé, suffisamment néanmoins pour répondre à la demande. Inversement, il faut acheter le plus possible, compte tenu de la capacité de stockage, lorsque le prix d'achat est faible, en intégrant le reliquat de stock des périodes précédentes et en veillant à ne pas se retrouver avec un stock excédentaire. Ce délicat arbitrage, dans le temps, pourra être réalisé par des méthodes d'optimisation séquentielle, essentielles pour la prise en compte du déroulement du temps, mais aussi pour tout processus de décision pouvant s'analyser comme une chaîne, continue ou non.

Le domaine d'application de ces méthodes est très diversifié : elles peuvent permettre de traiter des problèmes d'investissement, de choix d'équipements, de renouvellement du matériel, de stockage, de tracé de réseau de communication.

Si ces méthodes ont pu être mises au point grâce à des démonstrations mathématiques de niveau élevé, les résultats obtenus et leur application sont assez simples et la lecture de ce chapitre, ne nécessite que des notions de calcul différentiel et d'algèbre linéaire familières aux étudiants de fin de premier cycle.

Dans la première section, nous allons tout d'abord traiter de la notion de *système dynamique,* que nous utiliserons dans la deuxième section pour présenter la théorie de la *commande optimale;* cette section, de nature théorique, est illustrée par des exemples tirés de cas concrets, mais n'est pas suivie d'exercices d'application. Une section particulière, la troisième, est réservée à la *programmation dynamique* et nous utiliserons le calcul des probabilités dans la quatrième section consacrée aux *chaînes de Markov.*

SECTION 1. NOTION DE SYSTÈME DYNAMIQUE

C'est un problème simplifié de choix d'équipements qui nous aidera à concrétiser cette notion (§ 1); la structure d'un système dynamique sera abordée par la suite (§ 2).

§ 1. Analyse d'un parc de moyens de production.

Considérons une entreprise chargée de la production d'électricité. Pour remplir sa mission — répondre à la demande des usagers au moindre coût — elle dispose de différents moyens de production : centrales hydrauliques, centrales thermiques classiques fonctionnant avec des combustibles fossiles comme le charbon ou le fuel, centrales nucléaires, turbines à gaz...

La première remarque que l'on peut faire est qu'il s'agit d'équipement de durée de vie très élevée; l'étude du parc d'équipements doit se faire sur une période suffisamment longue. La seconde remarque est que tous ces équipements possèdent, du point de vue économique, des avantages et des inconvénients. Certains coûtent particulièrement cher en frais d'installation mais ont un coût de fonctionnement faible. D'autres ont un coût d'installation faible et un coût de fonctionnement élevé. D'autres encore, comme les turbines à gaz, coûtent très cher en combustible, mais leur rapidité de mise en route est telle qu'elles peuvent apporter une réponse économique à une surcharge momentanée. Tous les équipements qui constituent le parc ont donc *a priori* leur rôle à jouer.

Au début de l'étude, le gestionnaire trouve déjà constitué un certain parc, celui qui assure la fourniture de courant jusqu'à l'instant 0. Mais ce parc va évoluer spontanément au cours du temps : certaines centrales cesseront leur activité, d'autres peuvent être momentanément en panne... D'autre part, le gestionnaire va intervenir : il peut remplacer à l'identique certaines centrales, en ajouter d'autres du même type pour répondre à une demande plus forte. Les données techniques changent rapidement et, par suite de leur obsolescence, il risque d'être amené à déclasser certains types de centrales. Il va donc, au fur et à mesure du déroulement du temps, intervenir sur le parc d'équipement.

§ 2. Structure d'un système dynamique.

La structure d'un système dynamique se caractérise par différents *composants*, mais aussi par la *base de temps* qui permet de repérer son évolution.

1° Les composants du système.

Tout système dynamique met en jeu
- des variables d'état,
- des variables de commande,
- des équations de comportement.

A. Les variables d'état.

A l'instant t, le système est dans un état déterminé résultant des décisions antérieures. Cet état sera décrit à l'aide de n paramètres, $X_1(t)$, $X_2(t)$, ..., $X_n(t)$, appelés variables d'état, et le vecteur d'état à l'instant t se notera $X(t)$.

Dans notre exemple, $X_i(t)$ représente la puissance du parc (« l'état » du parc), à l'instant t, que peuvent fournir les équipements de type i (par exemple les centrales thermiques).

B. Les variables de commande.

Pour diriger un système économique, le gestionnaire peut agir à tout instant sur les variables de décision, que l'on considérera comme des leviers de commande pour gouverner le système et qui prennent en conséquence le nom de variables de commande.

A l'instant t, on notera le vecteur de variables de commande $U(t)$:

$$U(t)=\big(U_1(t),\, U_2(t),\, \ldots,\, U_m(t)\big).$$

$U_i(t)$ représente donc, dans notre cas, la décision que l'on peut prendre concernant l'équipement i à l'instant t, c'est-à-dire la puissance nouvelle que l'on peut mettre en service grâce à un investissement en équipement de type i. (Dans notre exemple, $n=m$, c'est-à-dire que les vecteurs de commande et d'état ont le même nombre de composantes, mais ceci est seulement une caractéristique du cas simple étudié.)

C. Les équations de comportement ou d'état.

Entre l'instant t et l'instant $t+\Delta t$, le système évolue sous l'action des variables de commande, et sous l'action de facteurs exogènes intervenant de façon connue en fonction du temps.

L'évolution du système, c'est-à-dire la variation de son état entre les instants t et $t+\Delta t$, est donc régie par une transformation f qui dépend :

- de l'état X du système à l'instant t,
- des variables de commande $U(t)$,
- de l'époque t.

Il vient :

$$X_i(t+\Delta t) = X_i(t) + f_i\big(X_1(t), \ldots, X_n(t);\ U_1(t), \ldots, U_m(t);\ (t)\big)$$

$i = 1, 2, \ldots, n$,

ou encore

$$X_i(t+\Delta t) = X_i(t) + f_i\big(X(t), U(t), t\big)\Delta t, \qquad i = 1, 2, \ldots, n.$$

Ces équations reçoivent le nom d'équations de comportement ou d'équations d'état.

Les équations d'état peuvent encore s'écrire

$$\frac{X_i(t+\Delta t) - X_i(t)}{\Delta t} = f_i\big(X(t), U(t), t\big), \qquad i = 1, 2, \ldots, n.$$

L'état du parc en équipement i évolue entre l'instant t et l'instant $t+\Delta t$ sous l'effet de l'usure du matériel, des décisions de remplacement de ce matériel et de la puissance nouvelle investie $U_i(t)\Delta t$. En admettant que l'on décide de remplacer automatiquement tout équipement hors d'usage, il vient simplement

$$X_i(t+\Delta t) = X_i(t) + U_i(t)\Delta t.$$

Dès lors, si l'on connaît l'état du système à l'instant initial $t = 0$:

$$X_i(0) = S_i, \qquad i = 1, 2, \ldots, n$$

l'évolution du système est entièrement déterminée par la donnée des décisions prises à chaque instant t.

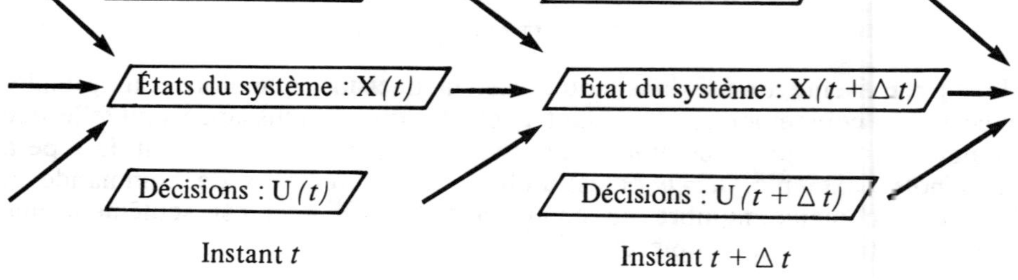

2° La base de temps.

La base de temps, ou système temporel qui permet de repérer l'évolution, revêt usuellement deux formes :

— une forme continue, lorsque l'on cherche à suivre en chaque point du temps l'évolution du système dynamique;

— une forme discrète, lorsqu'on se borne à observer le système à intervalles réguliers.

L'intervalle d'observation, ou période élémentaire, est le laps de temps au cours duquel décisions et variables extérieures ont l'occasion de se composer pour donner lieu à une nouvelle observation et à une nouvelle prise de décision.

Lorsque la base de temps est *continue*, en faisant tendre t vers 0, l'évolution du système est décrite par un système d'équations différentielles de la forme :

$$\frac{dX_i(t)}{dt} = f_i\big(X(t), U(t), t\big), \qquad i = 1, 2, \ldots, n.$$

Si l'on considère que le temps s'écoule de façon *discrète* avec $t = 1, 2, \ldots, T$ l'évolution du système est décrite par un système d'équations aux différences finies :

$$X_i(t+1) - X_i(t) = f_i\big(X(t), U(t), t\big), \quad i = 1, 2, \ldots, n, \quad t = 0, 1, \ldots, T-1.$$

Dans ce cas on peut considérer la période t comme un indice et écrire de manière plus simple, en positionnant le nouvel indice en haut

$$X_i^{t+1} - X_i^t = f_i(X^t, U^t, t).$$

Ainsi, les équations de comportement de notre exemple deviennent, dans le cas discret

$$X_i^{t+1} = X_i^t + U_i^t.$$

En conclusion, nous pouvons remarquer que si nous avons décrit la notion de système dynamique, nous ne nous sommes pas encore préoccupé de l'objectif poursuivi par le gestionnaire de ce système. Aussi est-ce l'étude d'un objectif optimum dans un système dynamique qui va faire l'objet de la section suivante.

SECTION 2. LA COMMANDE OPTIMALE

La théorie de la commande optimale est en quelque sorte une généralisation de la programmation mathématique. Dans cette dernière, on cherchait, par un arbitrage entre les différents facteurs d'un système économique, les décisions aptes à rendre optimale une fonction, traduction mathématique d'un objectif unique. Dans le cadre maintenant d'un système dynamique, on recherche, par un arbitrage portant sur différents facteurs du système et sur leurs dates de mise en œuvre, les décisions qui rendent optimale la traduction mathématique d'un objectif.

Il s'agit donc là d'un problème très général et savoir résoudre un tel problème nous dotera d'un outil puissant.

Toutefois, et de même que dans le cas de la programmation mathématique, il convient de formuler plusieurs remarques :

— la formulation du problème revêt quelques caractères limitatifs : on recherche un optimum d'un seul objectif, alors qu'il est parfois difficile de dégager un seul critère de décision. De même, les contraintes sous forme d'inégalités ne représentent pas de manière exhaustive tous les cas possibles;

— les objets mathématiques utilisés sont bien sûr soumis à certaines hypothèses, hypothèses, il est vrai, assez larges;

— sous quelques hypothèses plus restrictives, les conditions de l'optimum seront des conditions nécessaires d'optimalité.

§ 1. Énoncé d'un problème de commande optimale.

1° La fonction d'évaluation.

Pour déterminer les décisions optimales — la commande optimale —, il convient de pouvoir évaluer les conséquences des différentes décisions sur l'objectif. Cette évaluation se fait au moyen d'une fonction, dite *fonction d'évaluation* ou *fonction critère.*

Lorsque le temps se déroule de *façon continue,* on définit à chaque instant une fonctionnelle (fonction de fonction) réelle $f_0(X(t), U(t), t)$ ou « profit instantané » (ou coût instantané) dont on déduit une fonction d'évaluation additive ou « profit total » (ou coût total) entre les instants t_1 et t_2 par l'intégrale :

$$V(t_1, t_2)=\int_{t_1}^{t_2} f_0(X(t), U(t), t)\,dt.$$

Lorsque le temps se déroule de *façon discrète,* la fonction critère prend la forme suivante, équivalente à la forme intégrale :

$$V(t_1, t_2)=\sum_{t=t_1}^{t_2-1} f_0(X(t), U(t), t)=\sum_{t=t_1}^{t_2-1} f_0(X^t, U^t, t).$$

2° Formulation du problème.

Un vecteur de décision $U(t)$ qui satisfait aux contraintes pesant sur le système est appelé commande admissible. L'ensemble des commandes admissibles est noté U_{ad}.

On considère en outre la fonctionnelle $W(X(T))$ qui représente la valeur de fin de jeu, évaluant l'état final $X(T)$. Dès lors, un problème de commande optimale sera de déterminer une commande admissible $\widehat{U}(t)$ qui maximise la fonction objectif :

$$J=V(0, T)+W(X(T)),$$

c'est-à-dire que le problème s'écrira[1] :

• Dans le cas d'une *base de temps continue* :

$$\begin{cases} \text{Max} \int_0^T f_0(X(t), U(t), t)\,dt + W(X(T)) \\ \text{sous les contraintes :} \\ \dfrac{dX_i(t)}{dt} = f_i(X(t), U(t), t), \qquad i = 1, \ldots, n \\ U(t) \text{ appartient à } U_{ad} \\ X(0) = S \text{ donné (Stock initial).} \end{cases}$$

• Dans le cas où le temps prend T *valeurs discrètes :*

$$\begin{cases} \text{Max} \sum_{t=0}^{T-1} f_0(X(t), U(t), t) + W(X(T)) \\ \text{sous les contraintes :} \\ X_i(t+1) - X_i(t) = f_i(X(t), U(t), t), \qquad i = 1, 2, \ldots, n, \qquad t = 0, 1, \ldots, T-1 \\ U(t) \text{ appartient à } U_{ad} \\ X(0) = S \text{ donné (Stock initial).} \end{cases}$$

En fait, si cet énoncé est le plus courant, on peut, sous réserve de quelques modifications, prendre en compte des problèmes un peu différents : on peut imposer d'autres conditions aux limites, telles que

— État final imposé :

$$X_i(T) = R_i, \qquad i = 1, 2, \ldots, n.$$

— Date T inconnue.
— Date T à minimiser.

On peut également imposer des contraintes aux variables d'états et de commande :

— contraintes égalités :

$$g_j(X(t), U(t), t) = 0, \qquad j = 1, 2, \ldots, p;$$

— contraintes inégalités :

$$k_j(X(t), U(t), t) \leq 0, \qquad j = 1, 2, \ldots, q;$$

— contraintes de cible :

$$k_j(X(T)) = 0, \qquad j = 1, 2, \ldots, r;$$
$$l_j(X(T)) \leq 0, \qquad j = 1, 2, \ldots, s.$$

1. U_{ad} est supposé convexe, fermé, défini par des contraintes de la forme :

$$h_j(U(t), t) \leq 0, \; j = 1, \ldots, q.$$

Les fonctions f sont des applications de $R^n \times U_{ad} \times (0, T)$ dans R, supposées suffisamment régulières, généralement continues par rapport à X.

3° Exemples.

A. Gestion d'un parc d'équipements.

Considérons l'exemple de la production d'électricité dans sa formulation discrète.

On conviendra facilement que la puissance nouvelle investie ne peut être négative, ce qui nous permet de construire le domaine U_{ad} :

$U_i \geqslant 0$ pour tout type d'équipement *i* et pour toute période *t* de 0 à T−1.

Par ailleurs l'objectif de l'entreprise est de produire de l'électricité au moindre coût, et ceci de manière à répondre à la demande de la part des usagers. Cet objectif de répondre à la demande des consommateurs peut revêtir la forme d'une contrainte (production instantanée supérieure ou égale à la demande instantanée). On peut aussi, en pénalisant les situations de défaillance (cas où la demande est plus forte que l'offre), l'incorporer à un objectif de coût minimum. C'est cette dernière solution que nous retiendrons. L'objectif de l'entreprise sera donc représenté par une fonction de coût intégrant les coûts d'implantation et d'exploitation propres à chaque équipement, ainsi que la prise en compte des situations de défaillance. Cette fonction de coût s'écrira pour une période *t*, et après actualisation[2]

$$C^t(X^t, U^t),$$

d'où un coût global actualisé pour l'ensemble de la période étudiée

$$\sum_{t=0}^{T-1} C^t(X^t, U^t)$$

auquel il faut ajouter les coûts futurs actualisés dus à la poursuite de l'activité de l'entreprise à la date T.

On adopte une hypothèse de croissance nulle : à partir de la période T, on ne créera plus de nouvelles centrales, mais on remplacera chaque centrale hors d'usage par une identique et ceci indéfiniment : le parc d'équipement sera donc *ne varietur* X^T.

On appelle ce critère terminal : $W(X^T)$.

Le problème se formalise alors ainsi :

$$\text{Min} \sum_{t=0}^{t-1} C^t(X^t, U^t) + W(X^T)$$

$$X_i^{t+1} - X_i^t = U_i^t, \qquad i = 1 \text{ à } n,\ t = 0 \text{ à } T-1,$$

$$X_i^0 = S_i \text{ (Stock initial en équipement } i\text{)}, \ i = 1 \text{ à } n,$$

$$U_i^t \geqslant 0, \qquad i = 1 \text{ à } n,\ t = 0 \text{ à } T-1.$$

B. Régulation de la production.

L'entreprise St-Médard fabrique des parapluies, dont la vente au cours du temps est irrégulière par suite de phénomènes saisonniers. Elle utilise le stockage pour réguler sa production.

2. Voir chapitre 9.

Elle peut agir à chaque instant t sur la production que représentera la variable de commande $U(t)$.

Cette production est limitée à chaque instant par la capacité de production P.

Le stock à l'instant t sera représenté par la variable d'état $X(t)$.

Entre les instants t et $t+dt$, le stock varie sous l'influence des variations de la production et de la vente : si l'on appelle $V(t)$ la vente à l'instant t, on obtient

$$X(t+dt)-X(t)=U(t)dt-V(t)dt,$$

d'où

$$\frac{dX(t)}{dt}=U(t)-V(t),$$

équation d'évolution de l'état du système $X(t)$.

L'objectif de l'entreprise est de minimiser ses coûts qui seront ici la somme actualisée des coûts de stockage $C_s(X(t))$ et de production $C_P(U(t))$ pendant la période étudiée.

On obtient alors le problème de commande optimale suivant, où j désigne le taux d'actualisation :

$$\begin{cases} \text{Min} \int_0^T \left(C_s\left(X(t)+C_P(U(t))\right)e^{-jt}\,dt,\right. \\ \frac{dX(t)}{dt}=U(t)-V(t), \\ 0\leqslant U(t)\leqslant P, \\ X(t)\geqslant 0, \\ X(0)=S. \end{cases}$$

§ 2. Résolution du problème de la commande optimale.

Si des solutions ont pu être apportées dans des cas très particuliers dès le XVIIIe siècle par le mathématicien suisse Euler, grâce au calcul des variations, il a fallu attendre les environs de 1960 pour voir apparaître, en U.R.S.S. et aux États-Unis, deux méthodes de résolution : le principe du maximum de Pontryagin et le principe d'optimalité. Il est d'ailleurs possible, sous certaines hypothèses, de retrouver à partir d'une méthode le résultat des deux autres. Le principe d'optimalité, qui peut être utilisé à d'autres fins que la stricte recherche de la commande optimale, sera exposé dans la troisième section de ce chapitre. Nous présenterons le théorème du maximum de Pontryagin en réponse à la forme la plus courante du problème de la commande optimale, exposée ci-dessus, et dans le cas continu. Le cas d'une base de temps discrète est tout à fait analogue et peut même être résolu comme dans le cadre de la programmation mathématique.

1° Le principe du maximum de Pontryagin.

Rappelons tout d'abord que l'on parle indifféremment de maximum ou de minimum : en effet, dans tout le domaine de l'optimisation, statique ou dynamique, le passage de l'un à l'autre est immédiat, comme on l'a remarqué dans les chapitres précédents.

A chaque variable d'état $X_i(t)$, on associe une fonction $\psi_i(t)$, appelée variable adjointe ou *multiplicateur de* Pontryagin, qui permet de définir à chaque instant t l'halmiltonien $\mathcal{H}$ du problème par

$$\mathcal{H}(X, U, \psi, t) = f_0(X, U, t) + \sum_{i=1}^{n} \psi_i(t) \cdot f_i(X, U, t).$$

Ces variables adjointes sont solutions du système d'équations différentielles :

$$\begin{aligned}\psi_i(t) &= -\frac{\partial \mathcal{H}(X, U, \psi, t)}{\delta X_i}, \qquad i = 1, \ldots, n.\\ &= -\frac{\partial f_0(X, U, \psi, t)}{\partial X_i} - \sum_{j=1}^{n} \psi_j(t) \cdot \frac{\partial f_j(X, U, t)}{\partial X_i}\end{aligned}$$

ainsi que des conditions aux limites :

$$\psi_i(T) = \left(\frac{\partial W}{\partial X_i}\right)_T, \qquad i = 1, \ldots, n.$$

En remarquant que

$$\frac{\partial \mathcal{H}}{\partial \psi_i} = f_i(X, U, t) = \frac{dX_i}{dt},$$

on peut mettre le système différentiel gouvernant variables d'état et variables adjointes sous la forme :

$$\mathcal{H} = f_0 + \sum_{i=1}^{n} \psi_i \cdot f_i$$

$$\frac{dX_i}{dt} = \frac{\partial \mathcal{H}}{\partial \psi_i} \qquad i = 1, 2, \ldots, n$$

$$X_i(0) = S_i \qquad i = 1, 2, \ldots, n$$

$$\frac{d\psi_i}{dt} = -\frac{\partial \mathcal{H}}{\partial X_i} \qquad i = 1, 2, \ldots, n$$

$$\psi_i(T) = \left(\frac{\partial W}{\partial X_i}\right)_T \qquad i = 1, 2, \ldots, n$$

Ce système permet de définir $X(t)$ et $\psi(t)$ en fonction de la commande $U(t)$. L'hamiltonien $\mathcal{H}$ (X, U, t) peut ainsi être considéré comme une fonction de U et t seulement.

Pontryagin montre alors qu'une condition nécessaire pour que $U(t)$ soit une commande optimale et qu'elle rende, à chaque instant t l'hamiltonien, considéré comme une fonction ne dépendant que de U, maximum.

Les variables adjointes permettent ainsi de remplacer une optimisation dynamique par une suite d'optimisations statiques.

$$\widehat{U}(t) \text{ optimal} \implies \text{pour tout } t,\ \mathcal{H}(\widehat{U}(t), t) = \text{Max } \mathcal{H}(U(t), t), \qquad U \in U_{ad}.$$

Les variables adjointes, qui généralisent les multiplicateurs de Kuhn et Tucker rencontrés lors de l'étude de la programmation mathématique, possèdent de même une interprétation économique très intéressante :

Soit $\widehat{X}(t)$ une trajectoire optimale et $\widehat{\psi}(t)$ le vecteur de variables adjointes qui lui correspond.

Soit $\widehat{J}$ la valeur de la fonction objectif à l'optimum. On montre que

$$\widehat{\psi}_i(t) = \frac{\partial \widehat{J}}{\partial X_i}(\widehat{X}(t), t), \qquad i = 1, \ldots, n.$$

Ceci exprime que la variation du profit maximum réalisable sur la période (t, T), entraînée par une modification marginale de l'état X_i à la date t, lorsqu'on envisage de gérer le système de manière optimale après l'instant t, est égale à la variable adjointe $\widehat{\psi}_i(t)$.

Donc si les variables d'état représentent des ressources, $\widehat{\psi}_i(t)$ correspond au prix maximum que le propriétaire du système serait prêt à payer à l'instant t, pour disposer d'une unité supplémentaire de la ressource X_i lorsque les décisions prises par la suite sont les décisions optimales. C'est la définition classique du prix d'usage : « le prix d'usage à la date t d'un équipement de production représente la dépense supplémentaire qu'aurait à supporter l'exploitant du système de production pour poursuivre ultérieurement son activité comme il avait prévu de le faire, s'il devait être privé à la date t d'une unité marginale de cet équipement »[3].

De plus, les décisions optimales sont celles qui maximisent l'hamiltonien; plaçons-nous dans l'intervalle de temps $(t, t + \Delta T)$. On a

$$\begin{aligned} \mathcal{H}(X, U, \widehat{\psi}, t)\Delta t &= f_0(X, U, t)\Delta t + \sum_{i=1}^{n} \widehat{\psi}_i(t) f_i(X, U, t)\Delta t \\ &\approx f_0(X, U, t)\Delta t + \sum_{i=1}^{n} \widehat{\psi}_i(t) \cdot \Delta X_i(t). \end{aligned}$$

Or $f_0(X, U, t)\Delta t$ représente l'influence directe sur la fonction objectif des choix $U(t)$ effectués dans la période $(t, t + \Delta t)$ et $\sum_{i=1}^{n} \psi_i(t)\Delta X_i(t)$, compte tenu de la signification économique des variables adjointes, représente la variation en valeur du patrimoine que constitue l'état du système.

Maximiser l'hamiltonien revient donc à réaliser un arbitrage entre le court terme et le long terme en recherchant les décisions maximisant la somme de leurs effets directs et immédiats et de leurs effets indirects et futurs.

La politique optimale du court terme n'est donc pas celle qui maximise à chaque instant le profit instantané $f_0(X, U, t)\Delta t$, mais celle qui maximise à chaque instant le profit instantané augmenté de la valorisation des modifications de l'état du système.

3. Boiteux M. « L'amortissement industriel ». *Annales des Mines,* 1956.

2° Résolution numérique.

Les résultats obtenus par le théorème du maximum fournissent des règles de décision en caractérisant l'optimum. De même qu'en programmation mathématique, un problème différent est ensuite de rechercher effectivement les valeurs numériques de cet optimum.

Les méthodes de résolution numérique sont fondées sur une discrétion de l'intervalle de temps. Elles ne diffèrent donc pas du cas d'une base de temps discrète. Or, le principe du maximum, exposé dans le cadre d'une base de temps discrète, est équivalent à un cas particulier de programmation mathématique.

A chaque période correspond un indice t ($t = 0, 1, \ldots, T$). Les périodes sont en nombre fixé.

On écrit le vecteur de commande $U(t)$, fonction du temps : U^t en le repérant par l'indice de la période t. Les composantes de ce vecteur $U_1^t, \ldots, U_m^t$ sont alors de simples variables. On procède de même pour les variables d'état.

Le problème de la commande optimale est alors ramené à la recherche de l'optimum d'une fonction sous des contraintes et l'on peut utiliser les outils usuels de la programmation mathématique[4].

En conséquence, les méthodes numériques de recherche de l'optimum seront analogues à celles employées en programmation mathématique.

On peut, en adaptant des méthodes utilisées dans le cadre de la programmation statique, concevoir des algorithmes fondés sur la méthode du gradient[5] : on part d'une commande admissible; on lui fait subir de petites déformations qui se répercutent sur tout le système et l'on cherche à déterminer les petites déformations qui assureront une progression vers l'optimum.

On se retrouve alors devant un nouveau problème de commande optimale, mais de solution relativement aisée dès lors qu'on n'a pas besoin d'algorithme pour le résoudre. Cette étape franchie, on partira, si l'on n'a pas atteint l'optimum, de la nouvelle commande ainsi obtenue et on répétera le processus.

D'autres méthodes de résolution numérique sont issues de l'application de la programmation dynamique à la recherche de la commande optimale. Comme les applications de la programmation dynamique dépassent le seul cadre des problèmes de commande optimale, la section qui suit lui est réservée.

SECTION 3. LA PROGRAMMATION DYNAMIQUE

Nous avons traité à part la programmation dynamique, parce que, si son domaine d'application rencontre celui de la théorie de la commande optimale, il le déborde aussi largement.

---

4. Voir chapitre 2.
5. Voir notamment BOUDAREL R., DELMAS J., GUICHET P., *Commande optimale des processus*, tome IV, Dunod, Paris, 1968.

C'est la grande simplicité du principe fondamental de la programmation dynamique qui lui permet d'apporter une réponse à des problèmes où le principe de Pontryagin très performant, mais aussi très sophistiqué et utilisable seulement sous des conditions très strictes, est d'application difficile, voire impossible (contraintes sur l'état, variables entières...).

Aussi, avons-nous privilégié dans ce paragraphe les applications les plus simples de la programmation dynamique, tout en rappelant qu'elle peut apporter une solution adéquate à des problèmes plus complexes comme ceux abordés au paragraphe précédent.

La programmation dynamique s'adapte à nombre de problèmes de nature séquentielle, les séquences n'étant pas forcément en lien direct avec le temps, mais c'est néanmoins le langage des systèmes dynamiques que nous utiliserons.

Nous allons tout d'abord rappeler le fondement de la programmation dynamique, le principe d'optimalité, puis l'illustrer par des exemples avant de dégager les grandes lignes de son application.

§ 1. Le principe d'optimalité.

On l'appelle parfois principe d'optimalité de Bellman[6], quoique cette paternité soit contestée ; « le principe d'optimalité a été reconnu pour la première fois par MM. Arrow et Masse. C'est par suite d'une publicité bien orchestrée qu'il est attribué à présent à R. Bellman »[7].

Rappelons ce principe : « *Une décision optimale est telle que, quels que soient l'état initial et la décision initiale, les décisions suivantes doivent constituer une politique optimale par rapport à l'état résultant de la première décision* »[8].

La démonstration de ce principe est très simple en raisonnant par l'absurde.

Considérons une politique optimale reliant les séquences de 0 à T (il ne s'agit pas forcément de déroulement du temps au cours de ces séquences); elle est constituée d'une suite de décisions $\{U_0, ..., U_K, ..., U_{T-1}\}$ qui conduit le système à passer par l'état X_k à la séquence k. Si la suite des décisions (sous-politique) $\{U_K, ..., U_{T-1}\}$ n'est pas elle-même optimale, c'est-à-dire rendant optimal l'objectif limité aux séquences ultérieures à k, on peut remplacer cette sous-politique par une autre qui sera, elle, optimale $\{U'_K, U'_{K+1}, .., U'_{T-1}\}$. Si la fonction objectif est de nature additive[9] la suite $\{U_0, ..., U'_K, U'_{K+1}, ..., U'_{T+1}\}$ conduira donc à un objectif meilleur que celui atteint grâce à la suite $\{U_0, ..., U_K, ..., U_{T-1}\}$ ce qui est en contradiction avec l'hypothèse.

---

6. Du nom de BELLMAN R., auteur de nombreux ouvrages sur la programmation dynamique.
7. ALBOUY M., BRETON A., « Modèles de croissance et taux d'actualisation », *Revue d'Économie Politique*, tome LXXX, 1970.
8. BELLMAN R.E., DREYFUS S.E., *La programmation dynamique et ses applications*, Dunod, 1965.
9. Il faut aussi supposer que l'histoire passée du système jusqu'en k puisse être résumée par la valeur prise par les variables d'état en k (système non héréditaire). Ces deux conditions, fonction objectif additive et système non héréditaire, sont vérifiées dans le cas du problème de la commande optimale et, en conséquence, le principe d'optimalité fournit une méthode de résolution pour ce type de problème.

§ 2. Applications.

Nous allons donner deux exemples très simples d'application de ce principe en matière de détermination d'un trajet optimal et en matière de sélection d'une politique optimale de stockage.

A. Détermination d'un trajet optimal.

La Compagnie internationale du rail envisage la construction d'une ligne de chemin de fer en Afrique équatoriale reliant Port-Octave (O) à Terminou (T). La voie, à partir de Port-Octave, traverse tout d'abord une région de plaine où sont situées trois villes : Amarante (A), Batéki (B) et Chantecler (C). Pour des raisons économiques, il n'est possible d'envisager la desserte que d'une seule de ces trois villes. La voie traverse ensuite une région de montagnes qu'elle ne peut franchir que par l'un ou l'autre de ces deux points de passage : le col du Diable (D) et le col de l'Éléphant (E). En redescendant dans la vallée la voie doit franchir une rivière par un pont que l'on peut envisager à Fort-Saint-Yves (F) ou bien à Gomboville (G) ou encore à Hélioville (H). De ces trois villes, la voie peut rejoindre sans contrainte Terminou. Le coût (matériaux, terrains, ouvrages d'art, main-d'œuvre...) de chaque tronçon est donné dans le tableau 1.

Tableau 1. — Coûts des différents tronçons d'une ligne de chemin de fer.

Tronçon	Coût en millions de F	Tronçon	Coût en millions de F	Tronçon	Coût en millions de F
OA	8	BD	5	DG	5
OB	5	BE	4	DH	6
OC	7	CD	8	EF	8
AD	3	CE	3	EG	6
AE	5	DF	4	EH	6
FT	4	GT	3	HT	2

On se propose de rechercher une politique optimale, c'est-à-dire une politique qui permet de joindre Port-Octave à Terminou au moindre coût.

On peut constater que la nature séquentielle des décisions à prendre n'est pas liée directement au déroulement du temps. Nous utiliserons néanmoins le vocabulaire usuel des systèmes dynamiques, tel que nous l'avons vu dans les paragraphes précédents : le système est en l'état 0 à l'instant initial. Il peut être dans l'état A, B ou C dans la « période » 1 (plaine).

Il peut être dans l'état D ou E à la « période » 2 (montagne). Il peut être dans l'état F, G ou H à la « période » 3 (vallée). Enfin, le système est dans l'état T à la fin de l'étude.

On peut remarquer que les variables d'états ne sont pas des nombres. Il en est de même pour les variables de décisions. La recherche d'une décision optimale est la recherche d'une suite $U_T(U_0, U_1, U_2, U_3, U_4)$ qui rend minimum le coût total de la voie. Si l'on connaît $U_0=0$ et $U_4=T$, il nous faut déterminer U_1, U_2, U_3. Dans ce cas, les variables de décisions sont en même temps les variables d'état.

Afin de mieux visualiser le problème, nous allons le représenter par un graphe (*cf. fig.* 1).

Graphique 1. — Choix d'un trajet pour une ligne de chemin de fer.

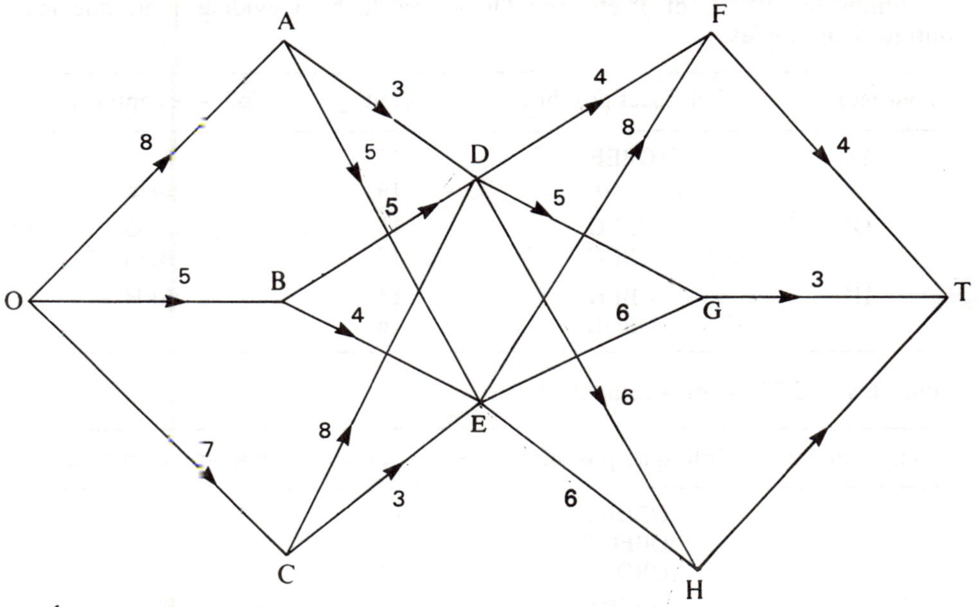

Étudions la première étape :

Pour rejoindre	Politiques possibles	Coût	Politiques optimales
A	OA	8	OA
B	OB	5	OB
C	OC	7	OC

Rien, en effet ne nous permet pour l'instant d'affirmer qu'une politique sera en fin de compte meilleure qu'une autre.

Étudions les 1re et 2e étapes : Il faut se rendre en D et E, et ceci en venant de A, B ou C.

Pour rejoindre	Politiques possibles	Coût	Politiques optimales
	OAE	13	
E	OBE	9	OBE
	OCE	10	
	OAD	11	
D	OBD	10	OBD
	OCD	15	

On constate que l'on ne peut pas encore trancher pour savoir s'il convient de passer par E ou par D, mais pour atteindre E, il convient de passer par B, car les autres politiques sont plus coûteuses et ne sauraient donc, en fin de compte et d'après le théorème d'optimalité constituer une politique optimale globale. On fait le même raisonnement pour OBD (on peut ainsi constater qu'une politique optimale consiste obligatoirement à passer par B).

Étudions les 1re, 2e et 3e étapes : On ne garde bien évidemment, que les politiques optimales.

Pour rejoindre	Politiques possibles	Coût	Politiques optimales
F	OBEF	17	
	OBDF	14	OBDF
G	OBEG	15	OBEG
	OBDG	15	OBDG
H	OBEH	15	OBEH
	OBDH	16	

Puis les 1re, 2e, 3e et 4e étapes :

Pour rejoindre	Politiques possibles	Coût	Politiques optimales
	OBDFT	18	
	OBEGT	18	
T	OBDGT	18	
	OBEHT	17	OBEHT

La décision optimale est donc OBEHT ($U_0=0$, $U_1=B$, $U_2=E$, $U_3=H$, $U_4=T$).

Sur cet exemple, on constate :
- — d'une part la très grande simplicité du principe d'optimalité; c'est cette simplicité qui permet à la programmation dynamique de s'adapter à une multitude de problèmes de nature séquentielle : investissements, stocks, renouvellement du matériel, réapprovisionnement.... sans fortes restrictions sur les modèles mathématiques qui les représentent;
- — d'autre part, cette méthode nécessite une exploration du champ des politiques possibles : ceci conduit naturellement aux limites de la programmation dynamique. Même avec de puissants calculateurs électroniques, cette exploration est très longue et très coûteuse dès que le problème est important.

Regardons l'éventail des possibilités sur un exemple extrêmement simple, mais où les variables ne sont plus assujetties à être entières : il s'agit d'un problème de stocks, que l'on formulera en termes de recherche de commande optimale.

2° Détermination d'une politique de stockage.

La société des Papiers et Cartonnages du Livradois utilise essentiellement le bois comme matière première. Elle a choisi un rythme d'approvisionnement trimestriel. Après étude du marché du bois, la société prévoit des prix d'achat ainsi qu'une consommation trimestriels donnés par le tableau 2.

Le volume de stockage est limité à 10 000 tonnes. La société souhaite déterminer le volume trimestriel de ses achats de manière à ce que le coût d'achat total soit minimum. Son stock initial est nul et, pour éviter ce type de situation, elle souhaite posséder en fin de saison un stock de 2 000 tonnes de bois.

Tableau 2. — Données d'un problème de stockage.

Période t	0	1	2	3
Demande D_t (milliers de tonnes)	8	6	5	3
Prix d'achat P_t (centaines de F)	10	11	12	9

1. Formalisation du problème

Analysons le problème en tant que système dynamique. Soit X_t le stock, exprimé en milliers de tonnes, au début de la période t; X_t représentera l'état du système. Les variables de décisions seront représentées par U_t : approvisionnement durant la période t, en milliers de tonnes.

Étudions le comportement du système : le stock évolue sous l'effet des décisions de réapprovisionnement U_t et de la consommation D_t. Nous en tirons les équations de comportement :

$$X_{t+1} = X_t + U_t - D_t.$$

Les quantités physiques ne peuvent être négatives, donc

$$U_t \geqslant 0, \qquad X_t \geqslant 0.$$

D'autre part, les quantités sur l'aire de stockage ne peuvent être supérieures à 10 000 tonnes, ce qui se traduit par

$$X_t + U_t \leqslant 10.$$

Le problème consiste donc en la recherche d'une politique (X_0, X_1, X_2, X_3, X_4, U_0, U_1, U_2, U_3) qui rende minimum, compte tenu des contraintes, le coût total d'approvisionnement. Le coût d'approvisionnement par période est $C_t = P_t U_t$. Donc, on obtient le problème $\mathscr{P}$:

$$\mathscr{P} \begin{cases} \text{Min} \sum_{t=0}^{3} P_t U_t & \\ X_{t+1} = X_t + U_t - D_t & t = 0, 1, 2, 3 \\ 0 \leqslant X_t + U_t \leqslant 10 & t = 0, 1, 2, 3 \\ U_t \geqslant 0 & t = 0, 1, 2, 3 \\ X_t \geqslant 0 & t = 0, 1, 2, 3 \\ X_0 = 0, \quad X_4 = 2. & \end{cases}$$

2. Résolution du problème

Nous allons raisonner en partant de la dernière période.

Nous devons avoir $X_4 = X_3 + U_3 - D_3$.

Or $X_4 = 2$ et $D_3 = 3$.

Il vient donc $U_3 = 5 - X_3$.

Si l'on raisonne uniquement sur la période 3, le coût de réapprovisionnement est bien sûr minimum pour U_3 nul, c'est-à-dire dans le cas où l'on se contente de consommer le stock existant. Évidemment, cette solution ne peut *a priori* être retenue, puisque nous n'avons pas tenu compte des autres périodes, alors même que l'achat du stock existant en début de période 3 a pu être très coûteux; en effet, U_3 ou X_3 sont exprimés ici sans lien avec les périodes antérieures.

Analysons maintenant les *périodes* 2 *et* 3.

Nous avons $X_3 = X_2 + U_2 - D_2$, or $D_2 = 5$.

Donc $U_2 = X_3 - X_2 + 5$.

ainsi le coût de réapprovisionnement pour les périodes 2 et 3 est

$$C_2 + C_3 = P_2U_2 + P_3U_3 = 12(X_3 - X_2 + 5) + 9(5 - X_3) = 3X_3 - 12X_2 + 105.$$

Cette expression dépend de X_3 et de X_2. Mais, si nous voulons que la politique globale soit optimale, il faut, d'après le principe d'optimalité, qu'elle soit optimale pour les périodes 2 et 3. Indépendamment des décisions prises pendant les périodes 0 et 1 qui ont conduit le système en l'état X_2, X_3 doit être choisi de façon à minimiser l'expression $3X_3 - 12X_2 + 105$, coût des périodes 2 et 3. On considérera alors X_2 comme un paramètre. (Toutes les décisions antérieures sont résumées par la valeur de X_2).

L'expression $3X_3 - 12X_2 + 105$ est d'autant plus petite que X_3 est petit. Voyons quelle valeur minimale nous pouvons donner à X_3 et plus généralement cherchons dans quelles limites X_3 peut varier en respectant les contraintes :

Nous avons :

$$X_4 = X_3 + U_3 - D_3 \quad \text{donc} \quad U_3 \geq 0 \iff X_3 \leq X_4 + D_3$$

De même

$$X_3 = X_2 + U_2 - D_2 \quad \text{donc} \quad X_2 + U_2 \leq 10 \iff X_3 \leq 10 - D_2.$$

$$U_2 \geq 0 \iff X_3 \geq X_2 - D_2.$$

En outre $X_3 \geq 0$.

En conclusion, X_3 vérifie les contraintes $\mathcal{S}$ si, et seulement si,

$$\left.\begin{array}{l} X_3 \leq X_4 + D_3 \\ X_3 \leq 10 - D_2 \end{array}\right\}$$

donc si, et seulement si, X_3 est inférieur ou égal au plus petit des deux nombres $\{(X_4 + D_3); (10 - D_2)\}$ et

$$\left.\begin{array}{l} X_3 \geq X_2 - D_2 \\ X_3 \geq 0 \end{array}\right\}$$

donc si, et seulement si, X_3 est supérieur ou égal au plus grand des deux nombres $\{(X_2 - D_2); (0)\}$.

Ce qui s'écrit

$$\text{Max}(0, X_2 - D_2) \leqslant X_3 \leqslant \text{Min}(X_4 + D_3; 10 - D_2).$$

Comme $D_2 = 5$; $D_3 = 3$ et $X_4 = 2$,

il vient $$\text{Max}(0, X_2 - 5) \leqslant X_3 \leqslant 5.$$

Cherchons maintenant, pour préciser cet encadrement, un encadrement de X_2. En reprenant pour X_2 le même raisonnement que pour l'encadrement de X_3, nous obtenons, *mutatis mutandis :*

$$\text{Max}(0, X_1 - D_1) \leqslant X_2 \leqslant \text{Min}(X_3 + D_2; 10 - D_1),$$

avec $D_1 = 6$, $D_2 = 5$, on obtient donc

$$\text{Max}(0, X_1 - 6) \leqslant X_2 \leqslant \text{Min}(4; X_3 + 5).$$

On a toujours $4 < X_3 + 5$ puisque $X_3 \geqslant 0$, donc $X_2 \leqslant 4$ et $X_2 - 5 \leqslant 0$. En conséquence $\text{Max}(0, X_2 - 5) = 0$ et l'encadrement de X_3 devient

$$0 \leqslant X_3 \leqslant 5.$$

L'expression $C_2 + C_3 = 3X_3 - 12X_2 + 105$ est donc minimale pour $X_3 = 0$ et vaut alors $105 - 12X_2$.

Analysons maintenant les *périodes* 1, 2 *et* 3 :

Nous avons $X_2 = X_1 + U_1 - D_1$, soit, puisque $D_1 = 8$,

$$U_1 = X_2 - X_1 + 8.$$

Le coût de réapprovisionnement pour les périodes 1, 2 et 3 est alors

$$\begin{aligned} C_1 + C_2 + C_3 &= P_1(X_2 - X_1 + 8) - 12X_2 + 105 \\ &= -X_2 - 11X_1 + 193. \end{aligned}$$

Si nous voulons que la politique globale soit optimale, il nous fait choisir X_2 qui rende minimum cette expression, et ceci quelle que soit la manière dont on est parvenu en X_1. Cette expression décroît avec X_2, donc elle sera d'autant plus petite que X_2 sera grand. D'après l'encadrement de X_2 précédemment obtenu et comme $X_3 = 0$, il vient

$$\text{Max}(0, X_1 - 6) \leqslant X_2 \leqslant 4.$$

La plus grande valeur possible pour X_2 est donc 4.

L'expression $C_1 + C_2 + C_3$ est donc minimale pour $X_2 = 4$. Elle vaut alors

$$C_1 + C_2 + C_3 = -11X_1 + 189.$$

Analysons les *périodes* 0, 1, 2 *et* 3.

Nous avons $X_1 = X_2 + U_3 - D_0$. Or, $D_0 = 8$ et $X_0 = 0$. Donc $U_0 = X_1 + 8$.

Le coût de réapprovisionnement est

$$C_0+C_1+C_2+C_3=P_0(X_1+8)+189-11X_1$$
$$=10(X_1+8)+189-11X_1=269-X_1.$$

Cette expression sera minimale pour X_1 le plus grand possible. Cherchons dans quelle limite X_1 peut varier :

En reprenant pour X_1 le même raisonnement que pour X_2, nous obtenons *mutatis mutandis*

$$\text{Max}\,(0,\, X_0-D_0)\leq X_1\leq \text{Min}\,(10-D_0,\, X_2+D_1).$$

Or, $X_0=0$, $D_0=8$, $D_1=6$, donc

$$\text{Max}\,(0,\, X_0-D_0)=0 \quad \text{et} \quad \text{Min}\,(10-D_0,\, X_2+D_1)=\text{Min}\,(2,\, X_2+6).$$

Comme $X_2\geq 0$, $\text{Min}\,(2, X_2+6)=2$ et la valeur maximale que peut prendre X_1 est donc $X_1=2$. Le coût total est alors

$$C_0+C_1+C_2+C_3=269-2=267.$$

Les décisions optimales d'approvisionnement sont les suivantes :

$$U_0=X_1+8=10;$$
$$U_1=X_2-X_1+6=8;$$
$$U_2=X_3-X_2+5=1$$
et
$$U_3=X_4-X_3+3=5.$$

Quels enseignements pouvons-nous tirer de ces exemples?

Tout d'abord que les hypothèses mathématiques sont très réduites, voire inexistantes, ce qui évidemment représente un très grand avantage. La programmation dynamique dépasse largement le cadre de la commande optimale.

D'autre part, si le principe d'optimalité nous a permis d'éviter la solution triviale qui consiste à calculer le coût de chacune des politiques possibles pour déterminer la meilleure, il n'en reste pas moins que, dès que les dimensions des problèmes posés sont plus imposantes, le recours à l'ordinateur et à un algorithme efficace est indispensable.

Des algorithmes[10] ont été mis au point pour permettre la résolution numérique de problèmes de grandes dimensions. Ces algorithmes présentent le grand avantage de ne pas être affectés par l'existence de contraintes sur la commande et surtout sur l'état. La limitation de leur utilisation vient du fait que la programmation dynamique conduit nécessairement à une exploration du champ des politiques possibles, réduite certes grâce au principe d'optimalité en particulier lorsque le nombre de variables d'état augmente fortement.

La programmation dynamique se révèle donc d'un grand intérêt pour les problèmes de nature séquentielle, que le temps intervienne directement ou non, que l'horizon soit limité ou non.

---

10. Voir notamment KAUFMANN A., CRUON R., *La programmation dynamique*, Dunod, 1965, et HELMER J.Y., *La commande optimale en économie*, Dunod, 1972.

En outre, mais ceci dépasse le cadre de ce manuel où nous nous sommes limités au cas les plus simples, il est tout à fait possible de faire intervenir le hasard en programmation dynamique[11]. On quitte alors le cadre de la programmation dynamique déterministe pour raisonner en avenir aléatoire Nous n'envisagerons ici qu'un cas très particulier : celui des chaînes de Markov[12].

SECTION 4. INTRODUCTION AUX CHAINES DE MARKOV

Nous allons maintenant considérer un système dont on peut décrire l'évolution d'un état à un autre en termes de probabilités. L'état du système en t est alors caractérisé par la variable aléatoire X_t. Notre problème principal n'est plus, comme dans les sections précédentes, de rechercher les meilleures décisions possibles, mais de prévoir l'évolution ultérieure du système.

On est amené à étudier le comportement d'une *chaîne de Markov*, chaque fois que les conditions suivantes sont réunies :

— le système ne peut prendre qu'un nombre fini d'états : $i = 0, 1, \ldots, N$;

— la base de temps utilisée est discrète[13] avec $t = 0, 1, \ldots, T$;

— tout le passé de l'évolution du système se trouve résumé dans son dernier état connu;

— le passage d'un état à un autre ne dépend pas directement de la période considérée.

Après une analyse théorique des chaînes de Markov (§ 1), nous appliquerons cette technique à l'étude des problèmes d'évolution des parts de marché (§ 2).

§ 1. Analyse théorique des chaînes de Markov.

Nous examinerons successivement :

— les probabilités de passage d'un état i du système à un état j;

— l'évolution des états du système;

— la classification des états du système.

1° Les probabilités de passage.

Nous noterons $P_{ij} = P(X_t = j / X_{t-1} = i)$ (cette probabilité ne dépend que de i et de j) la probabilité de passer de l'état i à l'état j à la période suivante.

Le terme P_{ij} étant indicé par i et par j, on peut le considérer comme l'élément de la $i^{\text{ième}}$ ligne et de la $j^{\text{ième}}$ colonne d'une matrice $P = (P_{ij})$.

Cette matrice est appelée matrice de passage ou *matrice de transition.*

Nous pouvons remarquer que

— i et j représentent des états : i et j varient de 0 à N; la matrice P est donc carrée;

— P ne dépend pas de la période[14].

---

11. Voir par exemple KAUFMANN A., CRUON R., *La programmation dynamique,* Dunod, 1965.

12. Du nom du mathématicien russe MARKOV Andreï (1856-1922) dont les travaux, à l'Académie des Sciences de Saint-Petersbourg, sont à l'origine de la théorie moderne des processus stochastiques.

13. Utiliser une base de temps continue conduit à l'étude des processus de MARKOV.

14. On dit qu'il s'agit d'une condition d'homogénéité d'une chaîne de MARKOV.

En raison des propriétés des probabilités, tous les termes de la matrice P sont positifs ou nuls et la somme des termes d'une même ligne égale 1 :

$P_{ij} \geqslant 0$ puisqu'une probabilité est toujours positive ou nulle;

$\sum_{j=0}^{N} P_{ij} = 1$ puisque, lorsque l'on se trouve dans l'état i et que l'on décrit tous les passages vers les états j, toutes les possibilités sont envisagées.

Nous noterons $q_i(t) = P(X_t = i)$.

Considérons un système très simple pouvant prendre deux états, 0 et 1, et tel que la probabilité pour que le système ne change pas d'état soit 1/3.

Construisons la matrice de transition P :

Puisqu'il n'y a que deux états, P est une matrice de dimension (2×2). L'élément situé à l'intersection de la première ligne et de la première colonne (P_{00}) est la probabilité pour que le système étant à l'état 0, reste à l'état 0; c'est donc par hypothèse 1/3. L'élément situé à l'intersection de la première ligne et de la deuxième colonne (P_{01}) est la probabilité pour que le système étant à l'état 0, passe à l'état 1; comme $P_{00} + P_{01} = 1$, on obtient $P_{01} = 1 - \frac{1}{3} = \frac{2}{3}$.

De même, on a par hypothèse $P_{11} = 1/3$ et on en déduit $P_{10} = 2/3$. Il vient donc

$$P = \begin{array}{c|cc} & 0 & 1 \\ \hline 0 & 1/3 & 2/3 \\ 1 & 2/3 & 1/3 \end{array}$$

On connaît la chaîne de Markov représentant le système si l'on donne de plus l'état initial.

Par exemple $P(X_0 = 1) = 1$, c'est-à-dire $q_0(0) = 0$ et $q_1(0) = 1$.

2° Évolution des états du système.

Déterminons d'abord les probabilités de passer d'un état i à un état j en t périodes.

Si $t = 1$, ces probabilités sont les éléments de P.

Si $t = 2$: à la période 0, le système est par exemple dans l'état i. On cherche la probabilité pour qu'il soit dans l'état j à la période 2, c'est-à-dire $P(X_2 = j / X_0 = i)$.

On connaît l'état du système en 0 et en 2, mais on ne le connaît pas en 1. On doit donc envisager toutes les possibilités de valeurs pour X_1, de sorte que

$$\begin{aligned} P(X_2 = j / X_0 = i) &= \sum_{k=0}^{N} P(X_2 = j \text{ et } X_1 = k / X_0 = i) \\ &= \sum_{k=0}^{N} P(X_2 = j / X_1 = k) . P(X_1 = k / X_0 = i) \\ &= \sum_{k=0}^{N} P_{ik} . P_{kj}. \end{aligned}$$

Or, $\sum_{k=0}^{N} P_{ik} . P_{kj}$ constitue, en raison des propriétés du produit de matrices, un élément du produit $P \times P = P^2$.

Pour t quelconque, les probabilités de passer d'un état i à un état j en t périodes sont les éléments de P^t, que l'on note

$$P^t = \left(P_{ij}^{(t)}\right).$$

Déterminons la loi de probabilité de X_t

$$P(X_t = j) = \sum_{i=0}^{N} P(X_0 = i \quad \text{et} \quad X_t = j)$$

$$= \sum_{i=0}^{N} P(X_0 = i) . P(X_t = j / X_0 = i)$$

$$q_j(t) = \sum_{i=0}^{N} q_i(0) \cdot P_{ij}^{(t)}.$$

Appliquons ce qui précède à l'exemple ci-dessus, avec

$$P = \begin{vmatrix} \frac{1}{3} & \frac{2}{3} \\ \frac{2}{3} & \frac{1}{3} \end{vmatrix} \qquad \text{et} \qquad X_0 = 1.$$

Écrivons la loi de X_1 :

i	0	1
P_i	2/3	1/3

Pour déterminer la loi de X_t, nous devons calculer P^t.

Ce calcul s'effectue, lorsque c'est possible, grâce à une matrice diagonale semblable à P[15]. Cette matrice diagonale est formée avec les valeurs propres de P. Calculons ces valeurs propres λ et, pour cela, le polynôme caractéristique de P :

$$\det(P - \lambda I) = \begin{vmatrix} \frac{1}{3} - \lambda & \frac{2}{3} \\ \frac{2}{3} & \frac{1}{3} - \lambda \end{vmatrix} = (\lambda - 1)\left(\lambda + \frac{1}{3}\right).$$

$\lambda = 1$ et $\lambda' = -1/3$ sont donc valeurs propres. P, de dimension 2, admet deux valeurs propres simples et est donc diagonalisable.

La matrice diagonale associée est alors

$$\begin{pmatrix} 1 & 0 \\ 0 & -1/3 \end{pmatrix}.$$

Pour calculer P_t, nous avons besoin de la matrice de passage constituée des composantes des vecteurs propres associés aux valeurs propres.

15. Pour des rappels d'algèbre linéaire, voir par exemple DESPLAS M., « Algèbre linéaire 2 », Dalloz.

Si $\vec{V}$ est vecteur propre, ses coordonnées (x, y) vérifient :

$$\begin{cases} \left(\frac{1}{3}-\lambda\right)x+\frac{2}{3}\,y=0 \\ \frac{2}{3}\,x+\left(\frac{1}{3}-\lambda\right)y=0. \end{cases}$$

On obtient, pour $\lambda=1$: $x=1$, $y=1$ (on peut toujours choisir $x=1$, car $\vec{V}$ est défini à un facteur multiplicatif près).

De même, pour $\lambda=-1/3$, $x=1$ et $y=-1$.

La matrice de passage est donc

$$A=\begin{pmatrix}1 & 1\\ 1 & -1\end{pmatrix}.$$

Il vient alors,

$$P=A\cdot\begin{pmatrix}1 & 0\\ 0 & -\frac{1}{3}\end{pmatrix}\cdot A^{-1} \quad \text{et} \quad P^t=A\begin{pmatrix}1^t & 0\\ 0 & \left(-\frac{1}{3}\right)^t\end{pmatrix}\cdot A^{-1}.$$

Or,

$$A^{-1}=\begin{pmatrix}\frac{1}{2} & \frac{1}{2}\\ \frac{1}{2} & -\frac{1}{2}\end{pmatrix},$$

donc

$$P^t=\begin{pmatrix}1 & 1\\ 1 & -1\end{pmatrix}\cdot\begin{pmatrix}1 & 0\\ 0 & \left(-\frac{1}{3}\right)^t\end{pmatrix}\cdot\begin{pmatrix}\frac{1}{2} & \frac{1}{2}\\ \frac{1}{2} & -\frac{1}{2}\end{pmatrix}=\begin{pmatrix}\frac{1}{2}+\frac{1}{2}\left(-\frac{1}{3}\right)^t & \frac{1}{2}-\frac{1}{2}\left(-\frac{1}{3}\right)^t\\ \frac{1}{2}-\frac{1}{2}\left(-\frac{1}{3}\right)^t & \frac{1}{2}+\frac{1}{2}\left(-\frac{1}{3}\right)^t\end{pmatrix}.$$

Nous en tirons dans le cas où $q_1(0)=1$

$$P(X_t=0)=q_0(0)\,P_{00}^{(t)}+q_1(0)\,P_{10}^{(t)}=\frac{1}{2}-\frac{1}{2}\left(-\frac{1}{3}\right)^t$$

$$P(X_t=1)=q_0(0)\,P_{01}^{(t)}+q_1(0)\,P_{11}^{(t)}=\frac{1}{2}+\frac{1}{2}\left(-\frac{1}{3}\right)^t$$

si $\quad t \longrightarrow \infty \quad P(X_t=0) \longrightarrow \frac{1}{2} \quad$ et $\quad P(X_t=1) \longrightarrow \frac{1}{2}.$

Conclusion : au bout d'un temps infini, le système sera dans l'un des états 0 ou 1 avec la même probabilité 1/2.

Terminons ce paragraphe par deux remarques : le recours à l'ordinateur est nécessaire, sauf cas très particulier, dès lors que la dimension de la matrice P est supérieure à 3.

3° Classification des états du système.

La classification des états du système à la période t ne fait intervenir que la matrice P et non la distribution initiale.

Un état i est dit *non répétitif* si, pour tout t entier strictement positif $P_{ii}^{(t)}=0$. Ceci signifie qu'une fois parti de i, on ne peut y revenir et qu'on ne peut rester en i. Dans P, cela se traduit par une colonne de zéros.

Un état *répétitif* i est un état qui n'est pas non répétitif, c'est-à-dire qu'il existe t entier strictement positif tel que $P_{ii}^{(t)}>0$.

Exemple :

	0	1	2	3	4	5	6
0	1	0	0	0	0	0	0
1	0	0	0	0	1	0	0
2	2/3	0	0	1/3	0	0	0
3	0	0	0	1/2	1/2	0	0
4	0	0	1/4	0	0	3/4	0
5	0	0	0	0	0	0	1
6	0	0	0	0	0	1	0

L'état 1 est non répétitif et l'ensemble des états répétitifs est $E=\{0, 2, 3, 4, 5, 6\}$. On appelle *graphe associé à la chaîne* le graphe suivant :

Graphique 2. — Graphe associé à une chaîne de Markov.

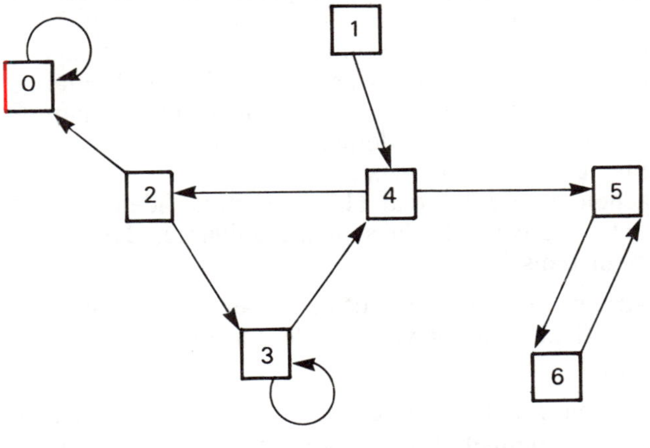

On représente les états possibles du système par des points et on relie deux points i et j par une flèche chaque fois que $P_{ij}>0$. Sur le graphe, une flèche de i vers j indique que l'on peut passer de i à j en une période. Une succession de flèches de i vers j indique que l'on peut passer de i à j en plusieurs périodes. Par exemple, on peut passer de 3 à 6 par (3, 4), (4, 5), (5, 6).

On appelle *classe finale* une classe d'où l'on ne peut sortir et *classe de passage* toute autre classe.

Ainsi, dans l'exemple précédent :

$\{0\}, \{5, 6\}$ sont des classes finales,
$\{2, 3, 4\}$ est une classe de passage,
1 est non répétitif.

Il est bien évident que lorsque t tend vers l'infini, seuls les états appartenant aux classes finales ont des probabilités d'apparition non nulle. A la limite, dans le cas précédent, le système ne pourra se trouver que dans les états 0,5 ou 6.

Ainsi, à la période 100, $q_0 = 0{,}3253$, $q_5 = 0{,}3307$, $q_6 = 0{,}3539$.

§ 2. Application à la prévision des parts de marché.

Une application intéressante des chaînes de Markov est l'étude de l'évolution des parts de marché de différentes marques concurrentes. Dans ce cas, les états du système sont les marques que le consommateur peut acheter au cours d'une période donnée; la probabilité que le système soit dans un certain état à une date t quelconque est alors assimilable à la part de marché de la marque correspondante.

Nous étudierons le problème de la prévision des parts de marché tout d'abord dans un cas simple caractérisé par la présence de deux marques seulement. Le problème sera ensuite étudié de façon plus générale[16].

1° Étude d'un cas concernant deux marques concurrentes.

Deux sociétés, Galathor et Lactéal se partagent le marché régional du yaourt, avec des parts de marchés actuelles respectivement de 40 % et de 60 %. A partir de l'étude d'un panel de consommateurs, il est possible de dire que la marque choisie au cours d'une période de référence, la semaine, ne dépend que de la marque choisie au cours de la période précédente :

— en moyenne, un consommateur ayant acheté la marque Galathor (G) au cours d'une semaine donnée, achète la même marque la semaine suivante, une fois sur deux;
— Les acheteurs de Lactéal (L) sont plus fidèles à leur marque : ils achètent à nouveau L, la semaine suivante, dans 70 % des cas et G seulement dans 30 % des cas.

Dans la mesure où rien ne viendrait perturber ces comportements (campagne publicitaire, modification de prix, nouvelle marque, etc.) quelle est l'évolution prévisible des parts de marché?

Moyennant certaines hypothèses, concernant, en particulier le rythme d'achat par les consommateurs, supposé constant, l'évolution des parts de marché peut être appréhendée à l'aide d'une chaîne de Markov :

— les états du système sont les choix des consommateurs avec $X_t = G$ ou L;

16. Sur cette utilisation des chaînes de MARKOV, voir par exemple MARTIN C., *Gestion du produit et stratégie des débouchés,* Bordas, 1970; KLEIN J., *Les fluctuations des parts de marché de l'entreprise,* Dunod, 1970; LAMBIN J.-J. et PEETERS R., *La gestion marketing de l'entreprise,* tome I, PUF, 1977.

— la loi de probabilité de X_t, soit $P(X_t = i)$ donne les parts de marché de chacune des marques au cours de la période t;
— l'état actuel du système est matérialisé par la loi de probabilité $P(X_0 = G) = 0{,}4$ et $P(X_0 = L) = 0{,}6$;
— la matrice de transition conditionnant l'évolution des parts de marché d'une période à une autre est P, avec

$$P = \begin{array}{c|cc} & G & L \\ \hline G & 0{,}5 & 0{,}5 \\ L & 0{,}3 & 0{,}7 \end{array}$$

— le graphe associé est le suivant :

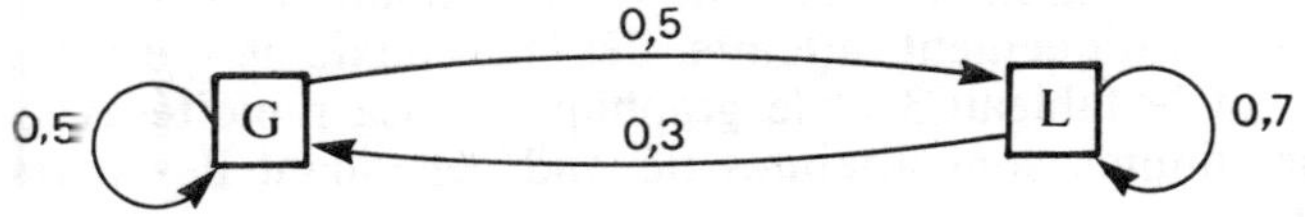

D'après les définitions données plus haut, il apparaît que G et L constituent des états répétitifs et forment une classe finale : au bout d'un nombre illimité de périodes, les deux marques seront toujours présentes sur le marché, mais avec des parts de marché éventuellement très différentes de celles que l'on constate actuellement. La simple lecture des chiffres nous permet de dire, dans ce cas très simple, que la part de marché de L devrait s'accroître dans l'avenir aux dépends de celle de G, puisque son taux de fidélité est plus important.

L'évaluation des parts de marché limites de L et de G nécessite de déterminer P^t. Dans ce problème,
— les valeurs propres de P sont $\lambda = 1$ et $\lambda' = 0{,}2$;
— la matrice des vecteurs propres est

$$A = \begin{pmatrix} 1 & 1 \\ 1 & -0{,}6 \end{pmatrix}.$$

Dans ces conditions,

$$P^t = \begin{pmatrix} 0{,}375 + 0{,}125^t & 0{,}625 - 0{,}125^t \\ 0{,}375 - 0{,}075^t & 0{,}625 + 0{,}075^t \end{pmatrix}.$$

Compte tenu des parts de marché actuelles (0,4 et 0,6), les parts de marché limites sont :

$$P(X_t = G) = 0{,}4(0{,}375 + 0{,}125^t) + 0{,}6(0{,}375 - 0{,}075^t) = 0{,}375 + 0{,}005^t$$
$$P(X_t = L) = 0{,}4(0{,}625 - 0{,}125^t) + 0{,}6(0{,}625 + 0{,}075^t) = 0{,}625 - 0{,}005^t.$$

A la limite, G occupera 37,5 % du marché et L, 62,5 %, puisque $0{,}005^t \longrightarrow 0$ quand $t \longrightarrow \infty$.

Une autre procédure aurait pu être employée pour déterminer les parts limites. S'il existe des limites $P(X = G)$ et $P(X = L)$, elles peuvent être obtenues par la résolution du système d'équations suivant :

$$0{,}5P(X = G) + 0{,}3P(X = L) = P(X = G)$$
$$0{,}5P(X = G) + 0{,}7P(X = L) = P(X = L),$$

avec $P(X=G)+P(X=L)=1$,
soit

$$\begin{aligned} -0{,}5P(X=G)+0{,}3P(X=L)&=0\\ 0{,}5P(X=G)-0{,}3P(X=L)&=0\\ P(X=G)+\quad P(X=L)&=1. \end{aligned}$$

La résolution de ce système donne :

$$P(X=G)=3/8=0{,}375 \text{ et } P(X=L)=5/8=0{,}625.$$

Plusieurs constatations peuvent être faites :
- les parts limites ne dépendent, ici, en aucune façon des parts initiales, dans la mesure où la somme des parts de marché est égale à 1;
- les parts de marché évoluent de façon monotone vers leur valeur limite qui est pratiquement atteinte dès la deuxième période, comme le montrent le tableau 3 et le graphique 3. La rapidité avec laquelle les valeurs limites sont atteintes dépend cependant des parts du marché initiales.

Tableau 3. — Évolution des parts de marché de Galathor et de Lactéal

t	$P(X_t=G)$	$P(X_t=L)$
0	0,4	0,6
1	0,38	0,62
2	0,375 025	0,624 975
...	....	....
∞	0,375	0,625

Graphique 3. — Évolution des parts de marché de Galathor et de Lactéal.

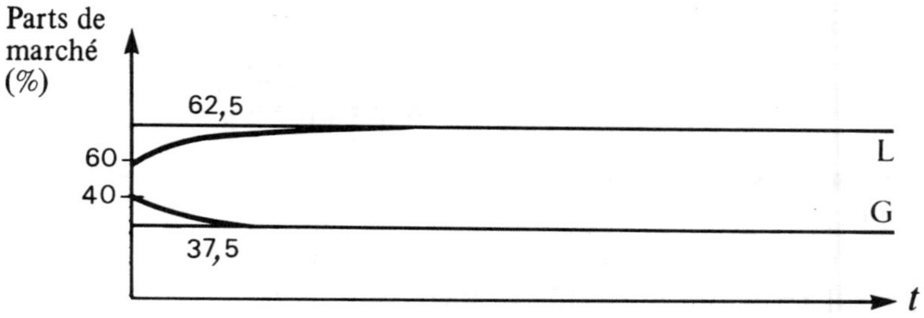

Ces deux constatations ne peuvent être étendues à toutes les situations, l'évolution du marché dépendant de la nature de la matière de transition.

2° Généralisation des résultats.

Nous envisagerons successivement les cas de concurrence de deux marques, puis de concurrence multiple.

A. Concurrence de deux marques.

Dans le cas de concurrence entre deux marques, il est facile de prévoir l'évolution du marché à la simple lecture des données contenues dans la matrice de transition.

De façon générale, nous appelons p_t et q_t les parts de marché des deux marques concurrentes G et L au cours de la période t (avec $p_t + q_t = 1$) et la matrice de transition est

$$\begin{array}{cc} & \begin{array}{cc} \mathrm{G} & \mathrm{L} \end{array} \\ \mathrm{P} = \begin{array}{c} \mathrm{G} \\ \mathrm{L} \end{array} & \begin{pmatrix} 1-a & a \\ b & 1-b \end{pmatrix} \end{array}$$

Dans ces conditions, les parts de marché en $(t+1)$ sont données par

$$[p_{t+1} q_{t+1}] = [p_t \quad q_t] \begin{pmatrix} 1-a & a \\ b & 1-b \end{pmatrix}.$$

Prenons le cas de la marque G : sa part de marché en $(t+1)$ est

$$p_{t+1} = p_t(1-a) + (1-p_t)(b),$$

soit

$$p_{t+1} = p_t(1-a-b) + b.$$

Si cette part de marché tend vers une limite p quand t tend vers l'infini, nous pouvons écrire :

$$p = p(1-a-b) + b,$$

c'est-à-dire

$$p = b/(a+b), \quad \text{avec} \quad a+b \neq 0.$$

De même,

$$q = a/(a+b), \quad \text{avec} \quad a+b \neq 0$$

Ce résultat s'applique dès que $a+b \neq 0$, c'est-à-dire dès que a ou b sont positifs.

1. Cas où $a+b \neq 0$.

Ce cas recouvre plusieurs situations différentes :
- si $a=b$, on voit que $p=q$. Quelles que soient les parts de marché initiales, les parts limites seront égales à 50 %;
- si $a<b$, p est supérieur à q, à nouveau quelle que soit la situation de départ;
- si $a>0$ et $b=0$, le système comporte un seul état final avec $p=0$ et $q=1$, quelle que soit la situation initiale;
- si $a+b>1 \implies 1-a-b<0$ et donc,

$$\frac{dp_{t+1}}{dp_t} = 1-a-b < 0.$$

Les parts de marché tendent vers une limite de façon non monotone à la suite de fluctuations qui s'atténuent au cours du temps, mais qui sont d'autant plus fortes pendant les premières périodes que $a+b$ est élevé. Par exemple, la matrice de transition est

$$P=\begin{pmatrix}0{,}1 & 0{,}9\\ 0{,}9 & 0{,}1\end{pmatrix}.$$

Pour des parts de marché initiales $p_0=0{,}4$ et $q_0=0{,}6$, l'évolution du marché est donnée par le tableau 4 :

Tableau 4. — Évolution des parts de marché dans le cas $a+b>1$.

t	p_t	q_t
0	0,4	0,6
1	0,58	0,42
2	0,436	0,564
3	0,551 2	0,448 8
...		
	0,5	0,5

Si $a+b=2$, ce qui ne peut se produire que si $a=b=1$, en moyenne les deux marques se partageront également le marché, mais il n'y a pas de parts limites. En effet

$$p_{t+1}=1-p_t=q_t.$$

Il s'agit d'un cas d'infidélité maximum des consommateurs qui changent systématiquement leur choix à chaque période. La structure du marché manifestera ainsi des fluctuations continuelles jusqu'à l'infini.

2. Cas où $a+b=0$.

Lorsque $a+b=0$, a et b sont nuls : la matrice de transition s'écrit alors

$$P=\begin{pmatrix}1 & 0\\ 0 & 1\end{pmatrix}.$$

Les consommateurs maintiennent leur choix d'une période à l'autre et $p_t=p_0$. Contrairement aux cas précédents, la structure du marché à la limite n'est pas indépendante de la structure actuelle.

B. Concurrence multiple.

Il est difficile de prévoir, à la simple lecture de la matrice, l'évolution des parts de marché lorsque n marques sont en présence. Certaines règles peuvent cependant être énoncées.

Lorsque tous les éléments de la matrice P sont positifs, toutes les marques appartiennent à la classe finale. La structure du marché tend vers une limite finie indépendante de la structure actuelle.

Lorsque certains éléments sont nuls, il est parfois possible de partitionner la matrice P. Plusieurs cas peuvent alors être considérés :

— P s'écrit sous la forme

$$P=\begin{pmatrix}M_0 & 0\\ M_1 & M_1'\end{pmatrix}.$$

Les marques correspondant au bloc M_0 constituent un ensemble de classes finales et les autres marques tendront à disparaître du marché. Le marché peut tendre vers une structure limite ou non selon la nature de la matrice M_0.

— P s'écrit sous la forme :

$$P = \begin{pmatrix} M_0 & 0 \\ 0 & M_1 \end{pmatrix}.$$

Le marché s'organise en deux ensembles de classes finales distinctes entre lesquelles aucun échange ne se produit.

— P s'écrit sous la forme :

$$P = \begin{pmatrix} 0 & M_0 \\ M_1 & 0 \end{pmatrix}.$$

Contrairement aux cas précédents qui donnaient éventuellement lieu à une structure limite le marché manifeste ici des fluctuations et n'atteint aucun état stable.
Dans tous les cas, la lecture du graphe associé à la matière de transition peut aider à repérer vers quel type de structure le marché se dirige.

ÉTUDES DE CAS

4-1 La chaîne hôtelière « Calmotel » envisage la construction de nouveaux équipements hôteliers à Salon de Provence, Arles et Nîmes. Leur construction a été rationnalisée à partir d'un module de base de dix chambres. La chaîne peut envisager la construction de quarante chambres. Après étude du marché, elle estime pouvoir attendre les profits suivants :

Tableau 5.

Ville \ Nombre de modules	0	1	2	3	4
Salon	0	1	1,6	2	2,5
Arles	0	1,4	2	2,2	2,8
Nîmes	0	1,3	1,5	1,9	2,3

Quel doit être la politique de Calmotel?

Solution

Il s'agit d'un problème d'affectation de nature combinatoire. En énumérant toutes les solutions de placement des quatre modules, et en calculant le profit correspondant, on peut déterminer le profit maximum et donc la meilleure affectation. L'intérêt de la programmation dynamique est ici d'éviter l'énumération de toutes les combinaisons.

Les séquences correspondront aux villes : on cherchera d'abord les meilleures affectations pour la première ville, Salon (S), puis les meilleures affectations possibles entre la première et la deuxième ville, Arles (A), puis la meilleure affectation possible entre la première, la deuxième et la troisième ville, Nîmes (N).

Soit n_V le nombre de modules affectés à la ville V.

Première période : affectation à Salon.

Suivant le nombre de modules que l'on désire affecter, le profit correspondant se lit à la première ligne du tableau 5. Toutes les solutions peuvent être *a priori* optimales, puisqu'on ne sait pas combien de modules on aura à affecter à S dans la solution optimale finale.

Deuxième période : affectation entre Salon et Arles.

Si l'on a 0 module à répartir, le problème ne se pose pas.

Si l'on a 1 seul module à répartir entre S et A, on doit choisir A puisque le profit correspondant est 1,4 contre 1 en S.

Si on a 2 modules à répartir, on peut en placer :
- 2 en S et le profit est alors 1,6, ou
- 1 en S et 1 en A, et le profit est alors $1+1{,}4=2{,}4$, ou
- 2 en A et le profit est 2.

Il faut donc retenir la solution ($n_S=1$, $n_A=1$).

Si l'on a 3 modules à répartir, les solutions possibles sont :
- 3 en S : profit 2,
- 2 en S et 1 en A : profit $1{,}6+1{,}4=3$,
- 1 en S et 2 en A : profit $1+2=3$,
- 3 en A : profit 2,2.

Il convient donc de retenir, dans le cas de trois modules :

$$(n_S=2,\ n_A=1) \text{ ou } (n_S=1,\ n_A=2)$$

qui donne le même profit 3.

Si on a quatre modules à répartir entre S et A, les possibilités sont les suivantes :
- 4 en S : profit 2,5,
- 3 en S et 1 en A : profit $2+1{,}4=3{,}4$,
- 2 en S et 2 en A : profit $1{,}6+2=3{,}6$,
- 1 en S et 3 en A : profit $1+2{,}2=3{,}2$,
- 4 en A : profit$=2{,}8$.

Il convient donc, dans ce cas, de choisir ($n_S=2$, $n_A=2$) qui correspond à un profit de 3,6.

Troisième période : on tient maintenant compte de Nîmes.

On sait effectivement que l'on a quatre modules à affecter aux trois villes. Si on affecte zéro module à N, les quatre modules sont à répartir entre S et A, et la meilleure politique, précédemment déterminée, donne un profit de 3,6.

Si on affecte un module à N, il en reste trois à affecter à S et A. Et, compte tenu de la deuxième période, le profit maximal que l'on peut attendre de cette affectation est $1{,}3+3=4{,}3$.

Si on affecte deux modules à N, il reste deux modules à répartir entre S et A. Compte tenu des résultats de la deuxième période, le profit maximal qu'il est permis d'attendre de cette solution est $1{,}5+2{,}4=3{,}9$.

Si on affecte maintenant trois modules à N, il en restera un à répartir entre S et A. Compte tenu toujours des résultats de la deuxième période, le profit maximal à attendre de cette solution est $1{,}9+1{,}4=3{,}3$.

Si, enfin, on affecte quatre modules à N, le profit sera 2,3.

Le profit maximal est donc 4,3. Il est obtenu indifféremment pour 1 *module à Nîmes, 2 à Salon, 1 à Arles ou 1 module à Nîmes, 1 à Salon, 2 à Arles.*

4-2 On considère la matrice

$$P=\begin{pmatrix} 0 & \frac{1}{2} & \frac{1}{2} \\ \frac{1}{2} & 0 & \frac{1}{2} \\ \frac{1}{2} & \frac{1}{2} & 0 \end{pmatrix}.$$

a) Déterminez les valeurs propres et les vecteurs propres de P.

b) Calculez P^n et $\lim\limits_{t \to \infty} P^n$.

c) Montrez que P est une matrice pouvant représenter la matrice de transition d'une chaîne de Markov (X) à trois états $\{E_1, E_2, E_3\}$.

d) On suppose que la distribution de X_0 (probabilité d'être à la date origine T_0 dans chacun des états successifs) est

E_1	E_2	E_3
$\frac{1}{4}$	$\frac{1}{2}$	$\frac{1}{4}$

e) Trouvez la distribution de X_t et la distribution limite de X_t lorsque $t \longrightarrow \infty$.

Solution

a)

$$\text{Det}\,(P-\lambda \text{I})=\begin{vmatrix} -\lambda & \frac{1}{2} & \frac{1}{2} \\ \frac{1}{2} & -\lambda & \frac{1}{2} \\ \frac{1}{2} & \frac{1}{2} & -\lambda \end{vmatrix}$$

s'annule pour $\lambda=1$ et $\lambda=-\frac{1}{2}$ (racine double).

Vecteur propre V_1 associé à $\lambda=1$: ses composantes vérifient

$$\begin{cases} -x+\frac{y}{2}+\frac{z}{2}=0 \\ \frac{x}{2}-y+\frac{z}{2}=0 \\ \frac{x}{2}+\frac{y}{2}+\frac{z}{2}=0, \end{cases}$$

d'où $V_1=(1, 1, 1)$.

Vecteurs propres V_2 et V_3 associés à $\lambda = -\frac{1}{2}$. Leurs composantes vérifient :

$$\begin{cases} \frac{x}{2}+\frac{y}{2}+\frac{z}{2}=0 \\ \frac{x}{2}+\frac{y}{2}+\frac{z}{2}=0 \\ \frac{x}{2}+\frac{y}{2}+\frac{z}{2}=0, \end{cases}$$

d'où $V_2=(1, 0, -1)$ et $V_3=(0, 1, -1)$.

b) Soit π la matrice de passage dans la base de vecteurs propres :

$$\pi=\begin{pmatrix} 1 & 1 & 0 \\ 1 & 0 & 1 \\ 1 & -1 & -1 \end{pmatrix} \quad \text{et} \quad \pi^{-1}=\frac{1}{3}\begin{pmatrix} 1 & 1 & 1 \\ 2 & -1 & -1 \\ -1 & 2 & -1 \end{pmatrix}.$$

On a $P=\pi \cdot D \cdot \pi^{-1}$, où D est la matrice diagonale des valeurs propres.

Donc
$$P^t=\pi D^t \pi^{-1}=-\frac{1}{3}\begin{pmatrix} 1+2\left(-\frac{1}{2}\right)^t & 1-\left(-\frac{1}{2}\right)^t & 1-\left(-\frac{1}{2}\right)^t \\ 1-\left(-\frac{1}{2}\right)^t & 1+2\left(-\frac{1}{2}\right)^t & 1-\left(-\frac{1}{2}\right)^t \\ 1-\left(-\frac{1}{2}\right)^t & 1-\left(-\frac{1}{2}\right)^t & 1+2\left(-\frac{1}{2}\right)^t \end{pmatrix}$$

$$\lim_{t \to \infty} P^t=\frac{1}{3}\begin{pmatrix} 1 & 1 & 1 \\ 1 & 1 & 1 \\ 1 & 1 & 1 \end{pmatrix}.$$

c) Chacun des éléments de la matrice est positif; la somme des éléments de chaque ligne vaut 1.

	E_1	E_2	E_3
E_1	0	$\frac{1}{2}$	$\frac{1}{2}$
E_2	$\frac{1}{2}$	0	$\frac{1}{2}$
E_3	$\frac{1}{2}$	$\frac{1}{2}$	0

d) $X_t=X_0P^t$.

Les trois états sont atteints à la limite avec la même probabilité $\frac{1}{3}$.

4-3 La société « Paris-Méditerranée », spécialisée dans la location de voitures sans chauffeur, travaille sur Paris et Nice. A partir de son expérience, la société a établi le tableau ci-dessous qui donne les pourcentages de déplacement des voitures pour un mois représentatif :

% de voitures laissées à / venant de	Paris	Nice
Paris	50 %	40 %
Nice	30 %	50 %

Le 1er janvier de l'année, la société dispose de 100 voitures dans chaque ville. Elle souhaite étudier l'évolution de son parc. On constatera, en particulier, que le total des lignes du tableau n'est pas équivalent à 100. Ceci correspond au fait qu'un certain nombre de voitures n'ont rejoint ni Paris ni Nice : voitures volées, accidentées...

Combien reste-t-il de voitures utilisables au 1er mars?

Solution

Chaîne de Markov à trois états : 1 (Paris)
2 (Nice)
3 (pertes),

d'où la matrice de transition

$$P = \begin{pmatrix} 0{,}5 & 0{,}4 & 0{,}1 \\ 0{,}3 & 0{,}5 & 0{,}2 \\ 0 & 0 & 1 \end{pmatrix}.$$

Au 1er février :

$$(100, \quad 100, \quad 0) \begin{pmatrix} 0{,}5 & 0{,}4 & 0{,}1 \\ 0{,}3 & 0{,}5 & 0{,}2 \\ 0 & 0 & 1 \end{pmatrix} = (80, \quad 90, \quad 30),$$

c'est-à-dire que la société ne possède plus que 170 voitures (80 à Paris, 90 à Nices, 30 ayant été perdues).

Au 1er mars :

$$(100, 100, 0)\,P^2 = (67, 77, 56).$$

La société ne possède donc plus (en moyenne) que $67 + 77 = 144$ voitures.

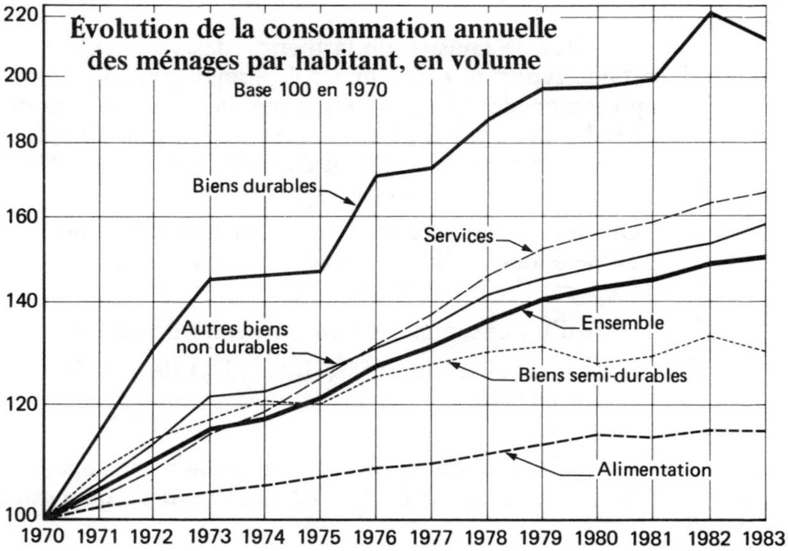

Chapitre 5 — Problèmes de flots et d'ordonnancement

Nous allons traiter, dans ce chapitre, différents types de problèmes d'optimisation qui présentent en commun la possibilité de recourir à un traitement simple à travers l'utilisation de la théorie des graphes.

De nombreux problèmes de gestion, parmi ceux que nous avons déjà rencontrés, sont susceptibles d'être formalisés et résolus à travers une telle approche : les problèmes de transport, d'affectation, de détermination de trajets, de prévision de parts de marché. Ceux qui seront étudiés ici sont deux applications classiques de la théorie des graphes.

Après avoir précisé certains points de terminologie dans la section 1, nous aborderons les problèmes de flots dans la section 2 et les problèmes d'ordonnancement dans la section 3.

SECTION 1. TERMINOLOGIE

Le but de cette section n'est pas d'exposer la théorie des graphes, bien que ses applications soient de nature à enrichir le domaine des techniques quantitatives de gestion, mais plutôt de préciser quelques points de son vocabulaire.

En effet, le langage de la théorie des graphes est commode pour formaliser certains types de problèmes : il permet grâce à sa concentration d'écriture de représenter de façon synthétique un ensemble complexe de relations. En second lieu, c'est à cette représentation que s'appliquent un certain nombre d'algorithmes qui fournissent des solutions très simples à ce type de problèmes.

On définira un *graphe,* de façon générale, comme un ensemble de points éventuellement reliés par une ou plusieurs lignes. Un graphe G=(X, U) est ainsi caractérisé par la donnée :

— d'un ensemble X=(*a*, *b*, ..., *n*) de points;

— d'un ensemble $U=(U_1, ..., U_2)$ de couples ordonnés (*i*, *j*) avec $i \in X$ et $j \in X$.

Les points de l'ensemble X sont également appelés *sommets* ou *nœuds;* les éléments de l'ensemble U sont appelés *arcs* ou *branches.*

Le plan du métro parisien constitue un graphe où les stations forment l'ensemble X et les trajets entre deux stations successives l'ensemble U. De façon similaire, l'ensemble des étapes que doit franchir un produit au cours de sa fabrication peut être représenté par un graphe : l'ensemble X est alors matérialisé par les phases de fabrication (emboutissage, montage, peinture...) et l'ensemble U par les conditions d'ordre entre ces différentes phases.

Les arcs ne correspondent pas nécessairement à une réalité matérielle : si la liaison entre deux escales successives du réseau Air-France se traduit en nombre de kilomètres et en capacité (tonnes de fret ou nombre de voyageurs), un arc dans un processus de production indiquera éventuellement un simple ordre d'antériorité entre deux phases de fabrication. Un arc se définit donc fondamentalement par la relation qu'il introduit entre les deux points que sont ses extrémités.

Lorsque les arcs sont orientés, une de ses extrémités est qualifiée de point initial et l'autre de point terminal.

On définit alors :

— *l'arc incident à i vers l'extérieur* comme l'arc d'extrémité initiale *i* et *l'arc incident à i vers l'intérieur* comme l'arc d'extrémité terminale *i*. Sur le graphe représenté sur la figure 1, l'arc (*h*, *p*) est incident à *h*, vers l'extérieur et (*i*, *h*) incident à *h* vers l'intérieur;

— *le chemin* joignant le point *i* au point *j*, comme la succession d'arcs (*i*, *h*), (*h*, *p*), ..., (*l*, *m*), (*m*, *j*) telle que l'extrémité terminale d'un arc coïncide avec l'extrémité initiale de l'arc suivant (*cf.* graphique 1). Lorsque la condition précédente n'est pas respectée, la succession d'arcs constitue une *chaîne.* Si d'autre part, dans le chemin joignant *i* à *j*, l'extrémité terminale de (*m*, *j*) coïncide avec l'extrémité initiale de (*i*, *n*), on a affaire à un *circuit.* Sur la figure 1, la succession d'arcs (*i*, *v*), (*v*, *w*), (*w*, *p*) est une chaîne et (*w*, *p*), (*p*, *q*), (*q*, *l*), (*l*, *r*), (*r*, *s*), (*s*, *w*), un circuit.

Graphique 1. — Chemin, chaîne et circuit dans un graphe.

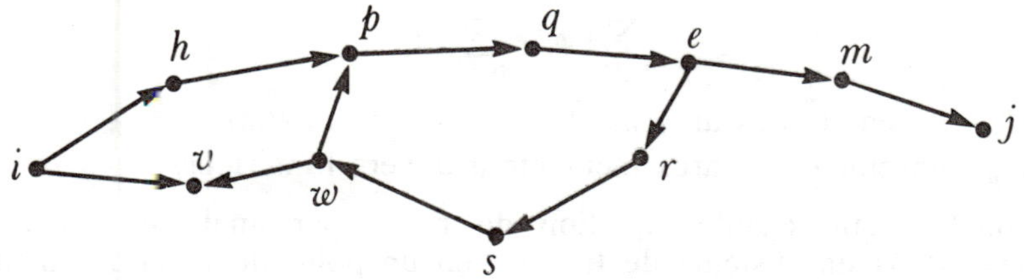

SECTION 2. PROBLÈMES DE FLOT MAXIMAL

De nombreux problèmes de gestion présentent une analogie avec l'écoulement d'un flot dans des canalisations. C'est le cas, notamment, de certains problèmes de transport où l'on cherche à acheminer d'un lieu vers un autre, des flux de marchandises donnés, alors que les voies de communications ont des capacités limitées.

C'est ce type de problème que nous allons privilégier ici, parce qu'il est très classique, mais les problèmes de transport ne sont pas les seuls à recevoir une solution par les méthodes qui seront exposées ci-dessous.

Ainsi en est-il du « problème des déblais et remblais » étudié par Monge en 1781 et que l'on cite traditionnellement comme le premier essai de recherche opérationnelle. De même, les problèmes de « transfèrement », par exemple les problèmes d'affectation abordés au chapitre 3, peuvent relever du même type d'étude. En outre, un problème de flot maximal se transforme très rapidement en un problème de coût minimal, comme on l'indiquera à la fin du chapitre.

Dans une première étape, nous procéderons à la formalisation du problème de flot maximal (§ 1); nous aborderons ensuite les techniques de résolution utilisables (§ 2), avant de présenter un exemple d'application (§ 3).

§ 1. Formalisation du problème de flot maximal.

La formalisation du problème de flot maximal demande tout d'abord de définir les deux notions suivantes :
- flot sur un graphe;
- réseau de transport.

1° Flot sur un graphe.

Soit G un graphe dont les arcs sont indicés par i : $(1, \ldots, m)$.

Un flot est un vecteur $\varphi = (\varphi_1, \ldots, \varphi_m)$ tel que chaque φ_i soit un nombre appelé flux dans l'arc i, et que, pour tout sommet a, la somme algébrique des flux entrant dans a est égale à la somme algébrique des flux sortants.

Ceci se traduit mathématiquement par

$$\sum_{i \in U_a^-} \varphi_i = \sum_{i \in U_a^+} \varphi_j,$$

avec U_a^+ = ensemble des arcs incidents à a vers l'extérieur;
U_a^- = ensemble des arcs incidents à a vers l'intérieur.

On appelle cette égalité équation de nœud par analogie aux modèles physiques : dans un système de tuyaux, en un point de jonction (nœud), la quantité de liquide qui arrive est égale à la quantité de liquide qui repart. Cette égalité fait aussi partie des lois de Kirchhoff en électricité.

2° Réseau de transport.

On appelle réseau de transport un graphe G dont les sommets sont $a_1, \ldots, a_n, \bar{a}, \bar{b}$, dont les arcs sont indicés par $i = 1, \ldots, m$, et qui vérifie

1. $(\bar{b}, \bar{a})$ est un arc noté $i = 1$ (arc de retour);

2. $\bar{b}$ (sortie ou puits) n'admet que l'arc 1 comme arc incident vers l'extérieur;

3. $\bar{a}$ (entrée ou source) n'admet que l'arc 1 comme arc incident vers l'intérieur;

4. à tout arc i, autre que l'arc de retour, on fait correspondre $c_i \geqslant 0$, borne supérieure pour le flux, appelée capacité de l'arc i et éventuellement $b_i \geqslant 0$, borne inférieure pour le flux.

3° Énoncé du problème.

Trouver dans le réseau de transport G un flot $\varphi = (\varphi_1, \ldots, \varphi_m)$ satisfaisant aux contraintes $b_i \leqslant \varphi_i \leqslant c_i$ et tel que φ_1 soit maximum.

Ceci correspond au problème de programmation suivant :

$$\text{Max } \varphi_1 \qquad \text{avec} \qquad b_i \leqslant \varphi_i \leqslant c_i$$

et

$$\sum_{i \in U_a^-} \varphi_i = \sum_{j \in U_a^+} \varphi_j \quad \text{pour tout } a.$$

Le terme de problème de flot maximum est donc impropre, par suite d'une mauvaise traduction de l'anglais : en fait, on maximise un flux (φ_1), composante du vecteur flot. Nous avons néanmoins repris ce terme parce que l'usage l'a consacré.

§ 2. Techniques de résolution.

Le problème de flot maximal, compte tenu de sa formulation, peut se traiter à l'aide de techniques de programmation mathématiques. Mais l'emploi de ces techniques serait ici très lourd. C'est pourquoi des algorithmes très simples ont été mis au point pour traiter ce type de problème.

Nous allons décrire ici l'algorithme de Ford et Fulkerson qui fournit la méthode la plus classique pour résoudre le problème de flot maximal. Mais auparavant nous l'aborderons à travers une approche intuitive.

1° Approche intuitive de la résolution du problème de flot maximal.

Soit le réseau de transport représenté sur le graphique 2, *a*) où les chiffres encadrés fournissent les capacités des différents arcs. Nous désirons faire transiter le maximum de flot dans ce réseau.

Une technique simple, mais qui n'est envisageable que pour des réseaux de petite dimension, consiste, à partir d'une solution où le flot est nul, à repérer un chemin allant de $\bar{a}$ à $\bar{b}$ et d'y faire passer un flot qui le sature.

Par exemple, le chemin $(\bar{a}, 2, 4, \bar{b})$ a une capacité maximale de 3, puisque l'arc (2, 3) ne peut supporter plus de 3. Nous faisons transiter ce flot dans le réseau. Le graphique 2, *b*) donne les capacités résiduelles des différents arcs. On constate que les capacités des arcs appartenant au chemin $(\bar{a}, 2, 4, \bar{b})$ ont diminué de 3, mais que les autres sont restées à leur valeur initiale.

Nous sélectionnons un nouveau chemin menant de $\bar{a}$ à $\bar{b}$: soit par exemple $(\bar{a}, 3, 4, \bar{b})$. Un flot maximal de 1 est transportable sur ce chemin. Si ce flot additionnel est introduit, les capacités résiduelles du réseau seront réduit de 1 sur le trajet $(\bar{a}, 3, 4, \bar{b})$ comme le montre le graphique 2, *c*).

Un seul chemin reste disponible pour atteindre $\bar{b}$ à partir de $\bar{a}$: il s'agit de $(\bar{a}, 3, 5, \bar{b})$ dont la capacité maximale est 1. Ce flot additionnel réduit de 1 les capacités disponibles sur $(\bar{a}, 3, 5, \bar{b})$.

On constate sur le graphique 2, *d*) qu'aucun autre chemin ne peut mener de $\bar{a}$ à $\bar{b}$. Le flot actuellement programmé, et qui est égal à $3+1+1=5$ est donc le flot maximum.

Bien entendu, dans le cas de réseaux beaucoup plus complexes, la procédure qui vient d'être exposée n'est pas suffisamment systématique pour assurer d'obtenir le flot maximum. L'algorithme de Ford et Fulkerson généralise cette procédure.

Graphique 2. — Résolution d'un problème de flot maximal : approche intuitive.

***a*)**

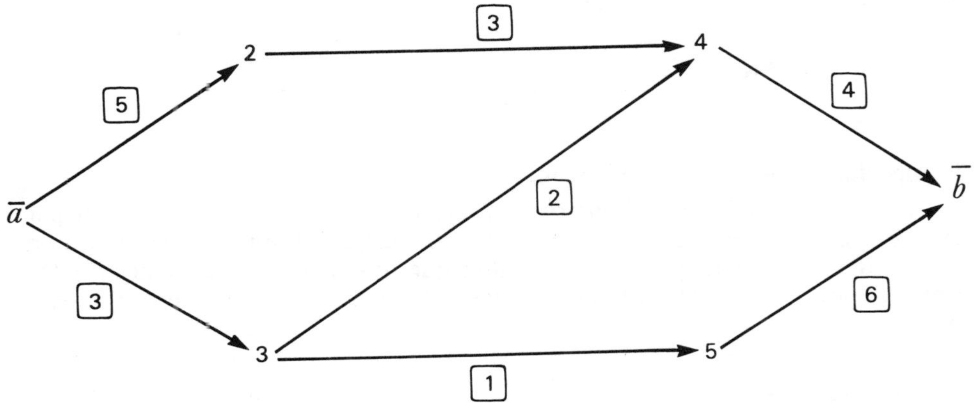

b)

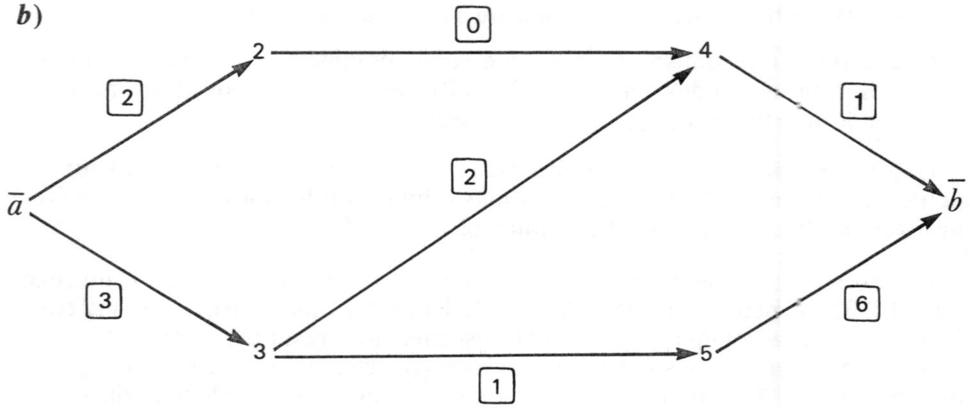

c)

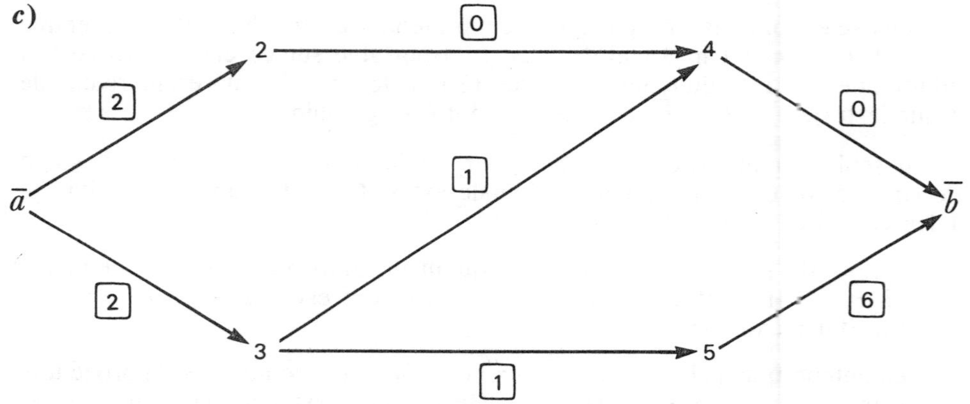

d)

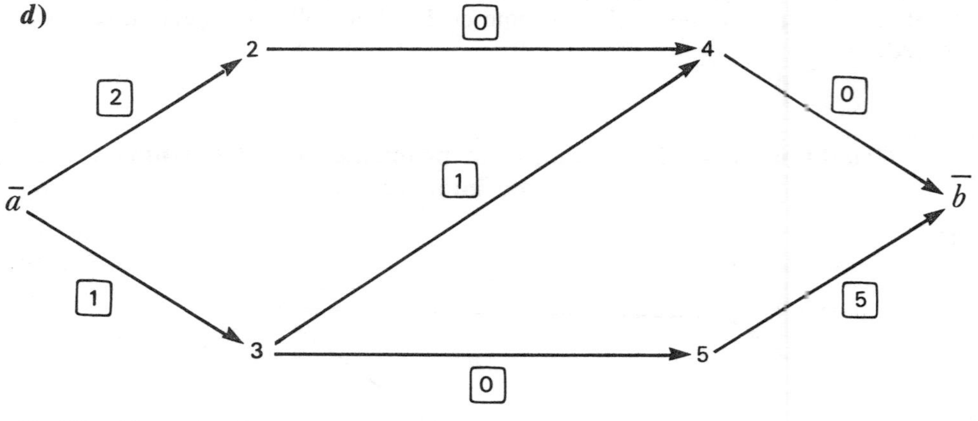

2° Algorithme de Ford et Fulkerson.

L'algorithme de Ford et Fulkerson[1] fournit un processus de résolution par itérations successives. Le mécanisme de calcul est décrit en considérant qu'un flot circule déjà sur le graphe, c'est-à-dire que des flux $\varphi(a_i, a_j)$ sont affectés à chaque arc (a_i, a_j). Dans l'étape initiale, il s'agira éventuellement d'un flot nul.

1. *Cf.* FORD L. et FULKERSON D. : *Flows in networks,* Princeton University Press, 1963.

On notera qu'il est possible de faire circuler un flux à rebours sur un arc portant déjà un flux positif, en diminuant le flux d'une quantité correspondante et en veillant à respecter la contrainte de borne inférieure (au minimum égale à 0). En procédant ainsi, on respecte toujours les équations de nœud.

Le but de chaque étape sera de faire aller un supplément de flot de $\bar{a}$ en $\bar{b}$, ceci en recherchant une chaîne d'arcs joignant $\bar{a}$ à $\bar{b}$ et sur laquelle on peut faire passer un tel supplément de flot.

Pour trouver de telles chaînes, on utilise un *marquage* des sommets de proche en proche :

La marque d'un sommet a_j comportera deux indications :

a) le sommet à partir duquel a_j a été marqué.

b) α_j = quantité maximum de flot supplémentaire que l'on peut faire arriver en a_j, à partir de a_i, d'où

1. On marque $\bar{a}$ par $(-, \infty)$.

2. Si a_i est marqué, a_j non marqué, on marque a_j.

— Si (a_ia_j) est un arc et si $\varphi(a_ia_j) < c(a_ia_j)$ avec

$$[a_i,\ \alpha_j = \min(\alpha_i,\ c(a_ia_j) - \varphi(a_ia_j))].$$

— Si (a_ja_i) est un arc et si $\varphi(a_ja_i) > b(a_ja_i)$ avec

$$[a_i,\ \alpha_j = \min(\alpha_i,\ \varphi(a_ja_i) - b(a_ja_i))].$$

3. Si $\bar{b}$ est marqué, modifier le flot. Pour cela déterminer en partant de $\bar{b}$ la chaîne d'arcs $(\bar{a}, \ldots, a_i, a_j, \ldots, \bar{b})$ qui a permis de marquer $\bar{b}$. Augmenter de $\alpha_{\bar{b}}$ le flot circulant sur cette chaîne (c'est une diminution de flux pour les arcs parcourus à rebours).

4. Rechercher de nouvelles chaînes en reprenant le marquage. S'il n'est plus possible de marquer et $\bar{b}$ n'est pas marqué, le système de valeurs des flux est un flot maximum.

Ce procédé permet d'obtenir très rapidement la solution.

3° Justification de l'algorithme.

L'algorithme de Ford et Fulkerson fournit une solution au problème de flot. Encore faut-il s'assurer qu'il s'agit bien de la meilleure solution.

La justification de l'algorithme demande de définir une nouvelle notion : celle de coupe. On appelle *coupe dans un réseau*, un ensemble d'arcs tel que chaque chemin permettant de joindre la source $\bar{a}$ au point terminal $\bar{b}$ contient, au moins, un arc dans la coupe.

Si nous avons repéré une coupe donnée, l'élimination de tout flux sur les arcs de cette coupe rend impossible le passage d'un flux de $\bar{a}$ vers $\bar{b}$. Il apparaît bien évident que le flux maximum susceptible de traverser le réseau ne saurait être supérieur à la capacité de la coupe.

Dans ces conditions, on énonce le principe suivant, connu sous le nom de *théorème de Ford et Fulkerson :* « le flot maximum dans un réseau est égal à la valeur minimum des coupes que l'on peut y pratiquer ».

Reprenons le cas illustré par le graphique 2 : de multiples coupes sont praticables : par exemple,

— $(\bar{a}, 2)$ et $(\bar{a}, 3)$ dont la capacité est 8,
— (2, 4) et $(\bar{a}, 3)$ dont la capacité est 6,
— (2, 4), (3, 4) et (3, 5) dont la capacité est 6,
— ...
— $(4, \bar{b})$ et $(5, \bar{b})$ dont la capacité est 10.

Le lecteur pourra vérifier que la coupe minimum est donnée par $(4, \bar{b})$ et (3, 5) ce qui correspond à une valeur de flot de 5 : c'est justement la valeur du flot maximal que nous avions déterminé par une méthode intuitive.

L'application de l'algorithme de Ford et Fulkerson consiste ainsi à déterminer une coupe minimale dans le réseau. En effet, lorsque le point terminal ne peut être marqué, ce qui est la caractéristique de la solution optimale, aucun chemin ne mène plus de $\bar{a}$ à $\bar{b}$. Une coupe a ainsi été pratiquée dans le réseau. On démontre que cette coupe est minimale[2].

On notera que l'algorithme converge toujours si les flux sont des grandeurs représentées par des nombres entiers ce qui sera le cas dans les problèmes de transport. L'optimum est ainsi atteint en un nombre fini d'itérations.

Pour de gros problèmes, il sera bien entendu indispensable de faire appel au traitement informatique.

§ 3. Application.

La société Lenoir est spécialisée dans l'importation et la torréfaction de cafés d'Amérique du Sud. Le café vert, acheté par la société, est stocké à Santos (4 000 t), Recife (2 000 t) et Carthagène (4 000 t) : il doit être transporté à Moulins, où se situe l'usine de torréfaction, via Le Havre, Dunkerque ou Bordeaux. Le graphique 3 indique le schéma de transport que la société peut utiliser, compte tenu des moyens de communications maritimes et ferroviaires disponibles.

Graphique 3. — Problème de transport.

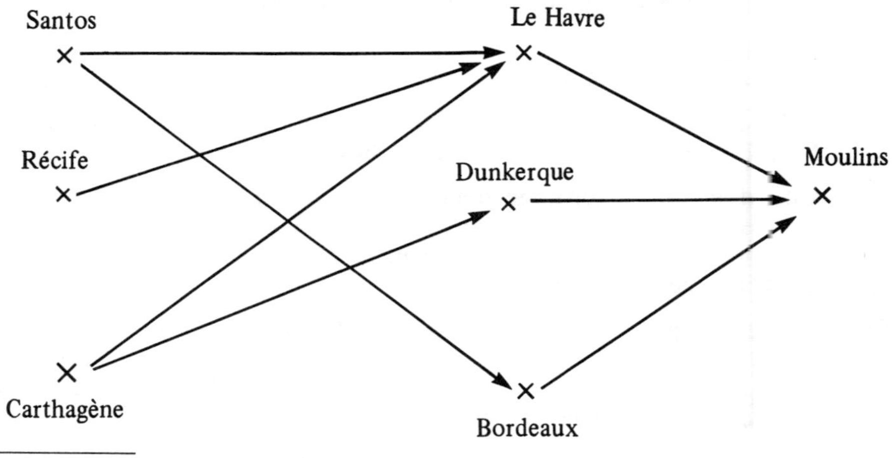

2. *Cf.* HADLEY G., *Linear programming*, Addison Wesley, 1969, p. 349 et KREWERAS G., *Graphes, chaînes de Markov et quelques applications économiques*, Dalloz Mathématique, 1972, p. 36.

Le problème pour la société Lenoir est d'acheminer les 10 000 t de café en respectant les capacités de ces différents moyens de communication. Ce problème est formalisé sur le graphique 4 à l'aide d'un réseau de transport où les chiffres encadrés donnent la capacité des moyens de communications utilisables en milliers de tonnes.

Graphique 4. — Réseau de transport.

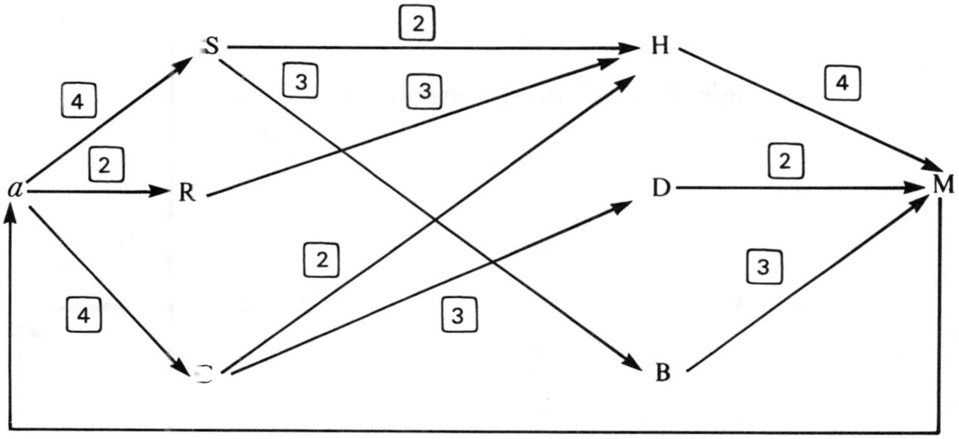

Étape 0 :

On commence par faire circuler un flot au jugé, en veillant seulement à ce qu'il soit compatible avec les contraintes (dans notre cas, contraintes de capacité et flux positifs ou nuls) et qu'il vérifie les équations de nœud. Le flot choisi est indiqué sur le graphique 5 où les arcs saturés figurent en traits épais.

Graphique 5. — Étape 0 : flot initial.

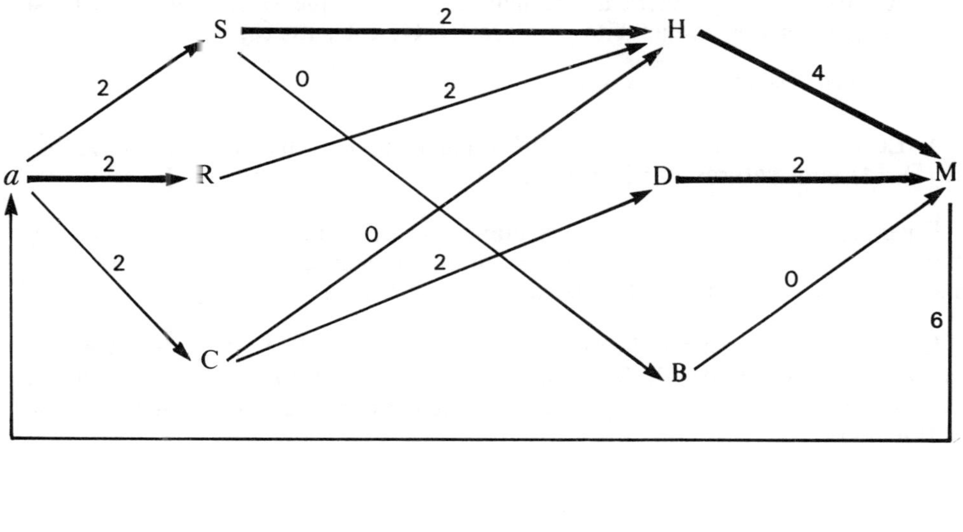

Équations de nœud :

en S : 2 = 2 + 0   en H : 4 = 2 + 2 + 0   en M : 6 = 4 + 2 + 0
en R : 2 = 2   en D : 2 = 2
en C : 2 = 0 + 2   en B : 0 = 0   en $\bar{a}$: 6 = 2 + 2 + 2

Étape 1 :

On marque les sommets (*Cf.* graphique 6) en appliquant les règles de l'algorithme.

Graphique 6. — Étape 1 : marquage des sommets.

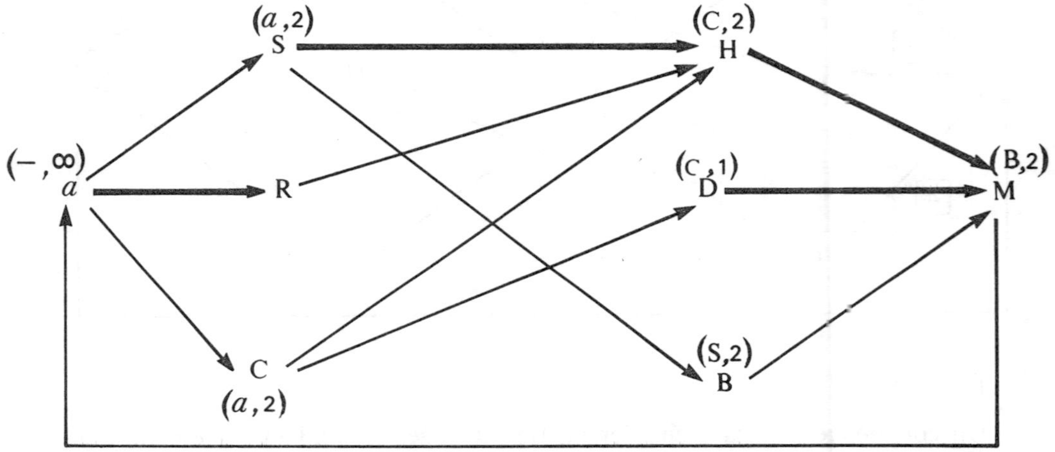

1. $\bar{a}$ est marqué par (−, ∞).

2. A partir de $\bar{a}$, on marque S par $(\bar{a}, \min[(4-2), \infty])$ soit $(\bar{a}, 2)$. C est marqué de la même façon. En revanche, R ne peut être marqué puisque la capacité de l'arc $(\bar{a}, R)$ est saturée.

3. A partir de S qui vient d'être marqué, on marque B par (S 2); H n'est pas marqué puisque la capacité de l'arc (S, H) est saturée.

4. A partir de C, H et D peuvent être marqués.

5. Le point terminal M est marqué à partir de B, puisque les arcs (H, M) et (D, M) sont saturés par le flot actuel.

En conclusion de cette première étape, on note que le point terminal est marqué, ce qui signifie qu'un flot additionnel peut être introduit : M étant marqué (B, 2), ce flot additionnel a une valeur de 2.

La chaîne qui a permis le marquage de M est $(\bar{a}, S, B, M)$: en effet, M est marqué à partir de B, B à partir de S et S à partir de $\bar{a}$. Cette chaîne peut absorber un flot de deux unités supplémentaires. Le graphique 7 donne le flot rectifié.

Graphique 7. — Étape 1 : flot rectifié.

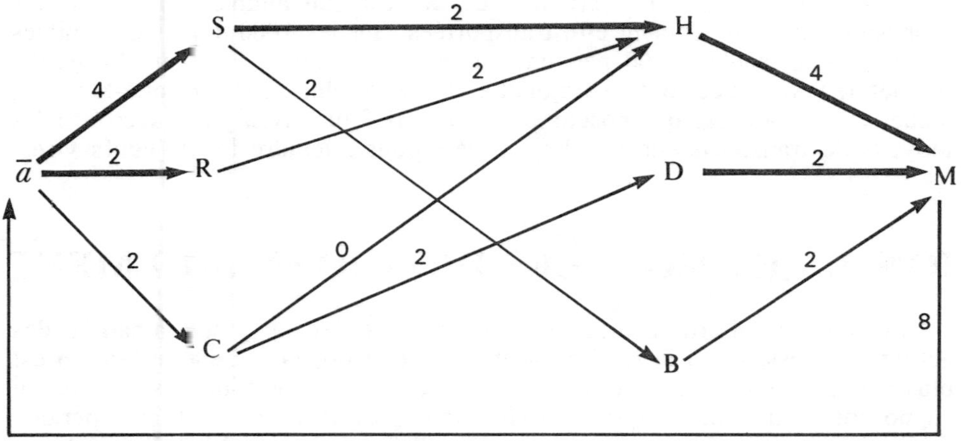

Étape 2 :

La même procédure qu'à l'étape 1 est utilisée pour marquer les sommets. A partir de $\bar{a}$, seul C peut être marqué, puisque maintenant les arcs $(\bar{a}, S)$ et $(\bar{a}, R)$ sont saturés. À partir de C, D et H sont marqués. Mais M ne peut être marqué : les arcs (H, M) et (D, M) sont saturés et B n'a pas été marqué. (*Cf.* Graphique 8).

Le flot obtenu à l'issue de l'étape 1 est ainsi le flot maximal : il s'élève à 8 comme on le voit sur le flot de l'arc de retour qui est aussi égal à la somme des flots sur les arcs incidents à $\bar{a}$ vers l'extérieur et à la somme des flots des arcs incidents à M vers l'intérieur.

Graphique 8. — Étape 2 : marquage des sommets.

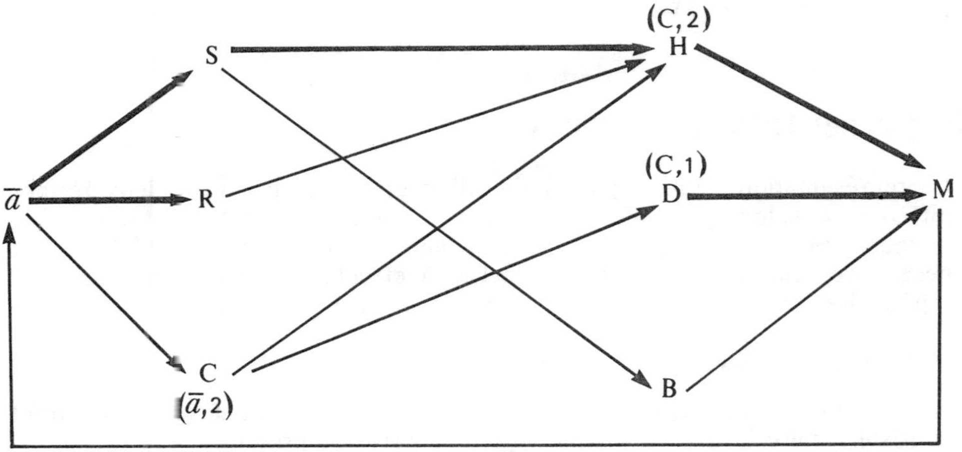

Le flot maximal qui est susceptible de circuler dans le réseau de transport de la société Lenoir est inférieur à ce qui est souhaitable, puisque 10 000 tonnes devaient initialement être transportées. Sur les 4 000 tonnes disponibles à Carthagéne, seules 2 000 peuvent atteindre Moulins. L'examen du graphe permet de voir que ce sont les trajets Le Havre-Moulins et Dunkerque-Moulins, actuellement saturés, qui posent problème. Il faut envisager d'accroître les moyens de transports sur ces deux trajets pour atteindre les objectifs visés.

SECTION 3. LES MODÈLES D'ORDONNANCEMENT

Les modèles d'ordonnancement ont pour objet la programmation des activités nécessaires à la réalisation d'un certain objectif. Leur utilisation est plus particulièrement indispensable dans le cadre de la gestion des projets qui supposent la mise en œuvre d'activités multiples et variées, sur une période de temps relativement longue et permettant d'aboutir à un résultat d'importance majeure pour l'organisation.

Le lancement d'un produit nouveau, la mise en place d'un système informatique, la construction d'une usine, les opérations de maintenance dans le domaine aéronautique ou l'organisation d'une campagne publicitaire sont autant d'exemples de projets. Dans tous les cas, il s'agit pour l'organisation de déterminer et de contrôler le déroulement des tâches à réaliser qui satisfasse au mieux les conditions de délais, de moyens et de coûts qu'elle s'est imposé.

L'utilisation de techniques relevant de la théorie des graphes dans la gestion des projets remonte à la fin des années 50, avec le développement de la méthode PERT (Program Evaluation and Review Technique) par l'U.S. Navy dans le cadre du projet Polaris et avec celui de la méthode C.P.M. (Critical Path Method) par la société du Pont et Remington Rand Univac, dans le cadre de la gestion de projets de construction et de maintenance. Parallèlement, la méthode M.P.M. (Méthode des Potentiels Métra) était mise au point en France, par la SEMA, à la même époque.

A partir de la représentation du projet étudié par un réseau (§ 1), ces méthodes permettent la détermination des temps (§ 2), l'optimisation des coûts et des ressources (§ 3).

§ 1. Représentation du projet.

La représentation d'un projet à l'aide d'un graphe peut revêtir deux formes différentes, selon que l'on a recours à la méthode PERT-C.P.M. ou à la méthode M.P.M. Dans les deux cas, une phase d'analyse préalable est nécessaire afin de déterminer les tâches à effectuer, évaluer leur durée et repérer les diverses contraintes qui pèsent sur leur réalisation.

1° Analyse du projet.

La première opération à accomplir dans le cadre de l'analyse d'un projet consiste à faire la *liste des tâches* que comporte ce projet.

De façon générale, par tâche, on définira une des activités nécessaires à la réalisation du projet. Normalement, une tâche consomme du temps et des ressources.

Toutefois, à côté de ces tâches réelles, on sera parfois amené à introduire, dans le cadre de la méthode PERT-C.P.M., des tâches fictives ou muettes ne demandant ni temps ni ressources, mais indiquant uniquement des relations d'antériorité.

Le découpage d'un projet en tâches peut être effectué avec un degré de détail très variable selon le niveau de planification envisagé. Dans le cadre d'un projet de lancement de produit nouveau, les activités suivantes doivent être envisagées :

— mise au point d'un prototype,
— test auprès d'utilisateurs,
— dépôt du brevet,
— étude de marché,
— choix des éléments du mix,
— mise au point du système de production,
— etc.

Chacune de ces tâches constitue en elle-même un mini-projet composé de plusieurs opérations élémentaires. L'étude de marché nécessitera, par exemple, que soient effectuées les activités suivantes :

— définition des objectifs de l'étude,
— élaboration d'un plan de recherche,
— réalisation d'une enquête qualitative,
— rédaction d'un questionnaire quantitatif,
— recrutement des enquêteurs,
— formation des enquêteurs,
— impression du questionnaire,
— détermination de l'échantillon,
— passage du questionnaire,
— traitement des résultats,
— analyse des résultats.

Si dans une première approche globale du problème, il est suffisant de considérer une opération « étude de marché » d'une durée approximative de deux mois, la gestion du projet à court terme demandera un niveau d'analyse beaucoup plus précis.

Chacune des tâches du projet, mis à part le cas des activités fictives, réclame un certain temps de réalisation. L'*évaluation des durées* est la deuxième phase d'analyse d'un projet. Cette évaluation n'est pas toujours aisée : la durée d'une opération peut dépendre d'événements extérieurs à l'organisation, tels que les conditions météorologiques ou les délais de livraisons; d'autre part, il est difficile de s'appuyer sur des normes de productivité très strictes, puisque un projet correspond généralement à une opération unique et souvent nouvelle pour l'organisation.

Dans la méthode PERT l'appréhension des temps s'effectue à travers la définition de trois durées :

— une durée normale de l'opération (m) qui paraît la plus probable,
— une durée optimiste (a) telle qu'il n'y ait que très peu de chances (1 % par exemple) d'obtenir une durée plus courte,

— une durée pessimiste (b) telle qu'un temps de réalisation plus long n'ait qu'une faible probabilité d'apparaître.

Le *repérage des contraintes* est la troisième phase de l'analyse du projet. On distingue deux grandes catégories de contraintes : celles qui portent sur les temps et celles qui portent sur les ressources.

Les contraintes de temps ou encore de *type potentiel* concernent les dates possibles des différentes opérations :

— les contraintes d'antériorité imposent à certaines opérations de ne pouvoir débuter que si certaines autres opérations ont déjà été réalisées. Ces contraintes sont particulièrement évidentes dans certains domaines : dans le cas du bâtiment, il serait difficile de construire les murs avant d'avoir édifié les fondations et de peindre les murs avant de les avoir construits;

— les contraintes de localisation temporelles limitent les dates auxquelles peuvent prendre place le démarrage ou la fin d'une opération donnée. Dans le cadre d'une campagne publicitaire par exemple, compte tenu de l'occupation des emplacements disponibles, la première vague d'affichage doit se situer après telle date, ou au contraire être terminée avant telle date;

— les contraintes *disjonctives* imposent que deux tâches données ne doivent pas être réalisées en même temps, parce qu'elles utilisent, par exemple, un équipement commun qui n'est disponible qu'en un seul exemplaire.

Les contraintes de *type cumulatif* concernent l'évolution dans le temps des moyens disponibles pour réaliser le projet. La somme des moyens utilisés à une période donnée ne doit pas dépasser la quantité totale de moyens humains techniques ou financiers disponibles au sein de l'organisation.

2° Méthode PERT-C.P.M.

Dans la méthode PERT-C.P.M., les activités sont représentées par des arcs dans un réseau. Les extrémités de ces arcs sont des *événements* qui matérialisent soit le début soit la fin d'une opération donnée. Ils constituent des étapes à franchir dans la réalisation du projet.

La construction du réseau représentatif du projet est une tâche complexe : la disposition des arcs doit respecter les diverses contraintes temporelles repérées au cours de la phase d'analyse.

Reprenons le cas de l'étude de marché évoquée plus haut. Ce projet comprend onze tâches qui doivent manifestement respecter un certain nombre de contraintes temporelles. A des fins de simplification, nous ne considérerons que des contraintes d'antériorité :

— l'élaboration du plan de recherche (tâche B) nécessite la définition des objectifs de l'étude (tâche A);

— l'activité « analyse qualitative » (C) ne peut débuter qu'une fois le plan de recherche défini; c'est le cas également de l'activité « recrutement des enquêteurs » (D), dont le nombre dépend du plan de recherche choisi;

— la rédaction du questionnaire quantitatif (F) se situe nécessairement après C;

— l'impression du questionnaire (H), comme la formation des enquêteurs (E) se placent obligatoirement après F;
— la formation des enquêteurs (E) nécessite que l'on ait auparavant recruté les enquêteurs (D);
— la sélection de l'échantillon (G) se situera après (F);
— le passage de l'enquête (I) ne peut être effectué que si le questionnaire est imprimé (H), les enquêteurs formés (E) et l'échantillon défini (G);
— l'analyse des résultats (K) est forcément placée après J, traitement des résultats, et J nécessairement après I. Le graphique 9, *a*) représente le projet étudié. Les arcs en traits pleins reproduisent les activités réelles et les arcs en pointillés, les activités fictives qu'il a fallues introduire;
— l'activité muette reliant les événements 5 et 6 est nécessaire. Si elle n'était pas utilisée, comme c'est le cas sur le graphique 9, *b*), les activités G et H seraient présentées comme dépendantes du recrutement des enquêteurs alors que ce n'est, de toute évidence, pas le cas;
— de même l'activité fictive reliant les événements 7 et 8 doit être introduite pour distinguer les opérations G et H, qui autrement seraient confondues puisque reliant les mêmes événements (*cf.* graphique 9, *b*)).

Graphique 9. — Représentation d'un projet à l'aide de la méthode PERT-C.P.M.

a) *Représentation correcte.*

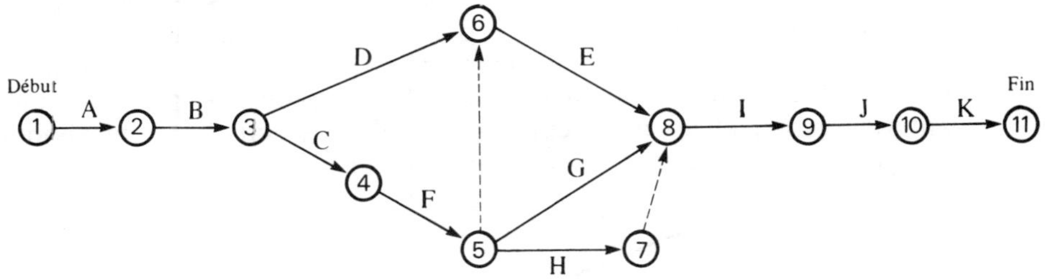

b) *Représentation incorrecte.*

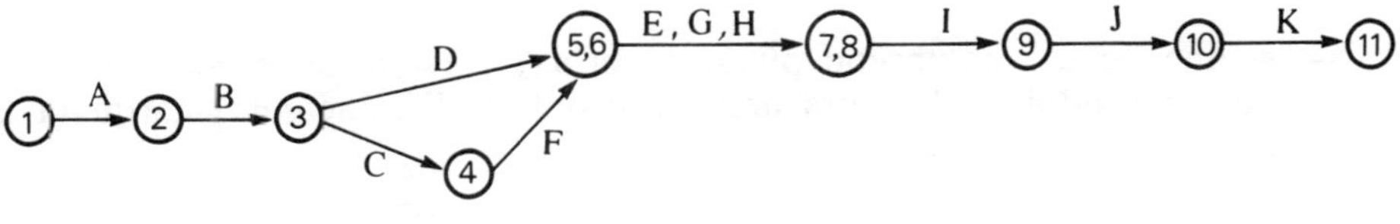

Dans des cas présentant plus d'activités ou de contraintes, la construction du réseau est facilitée par l'emploi d'une *matrice d'antériorité.* Une telle matrice, comme celle qui est représentée sur le tableau 1 pour le projet étudié, indique les conditions d'antériorité entre les activités. Chaque fois qu'une activité *i* apparaît, au cours de la phase d'analyse du problème, antérieure à une autre activité *j*, une croix est inscrite dans la case (*ij*) de la matrice. Par élimination successive des croix inutiles, on arrive à définir une matrice d'antériorité immédiate. A partir de cette matrice, le réseau peut être construit en adoptant les règles suivantes :

— quand une ligne *i* de la matrice est vide, la tâche correspondante n'est antérieure à aucune autre : elle se trouve donc à la fin du projet : c'est le cas de l'activité K;

Tableau 1. — Matrice d'antériorité immédiate.

	A	B	C	D	E	F	G	H	I	J	K
A		X									
B			X	X							
C						X					
D					X						
E									X		
F					X		X	X			
G									X		
H									X		
I										X	
J											X
K											

— de même quand une colonne *j* est vide, l'activité correspondante se situe au début du projet; c'est ce qui se produit pour A;

— si une colonne *j* comprend plusieurs croix, par exemple dans les cases (*hj*), (*pj*) et (*mj*), cela signifie que les activités *h*, *p* et *m* sont antérieures à *j* et les arcs représentatifs de ces activités vont aboutir à l'événement marquant le début de l'activité *j* :

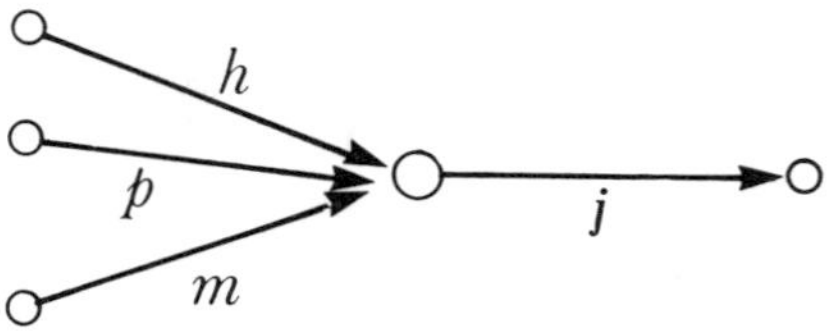

— si une ligne *i* comprend plusieurs croix, c'est le phénomène inverse qui se produit : plusieurs arcs partiront de l'événement marquant la fin de l'opération *i*.

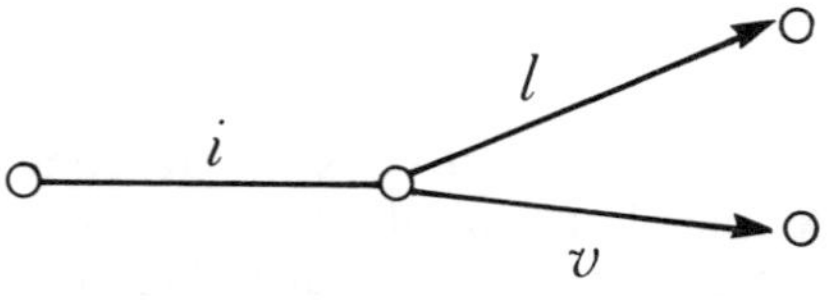

Lorsque la méthode PERT-C.P.M est employée, ces procédures ne garantissent cependant pas une écriture correcte du graphe, puisque des activités fictives doivent éventuellement être introduites. Elle ne pose, en revanche, aucun problème si la méthode M.P.M est utilisée.

3° La méthode M.P.M.

La méthode M.P.M, encore appelée méthode des potentiels-tâches, permet une représentation du projet à la fois plus simple, et plus souple.

Plus simple, dans la mesure où seules les tâches sont matérialisées sur le réseau : les nœuds du graphe correspondent aux activités à réaliser et les arcs, aux conditions d'antériorité entre les tâches. La construction du réseau se déduit directement de la lecture de la matrice d'antériorité immédiate. Comme on le voit sur le graphique 10, pour le projet d'étude de marché, aucune opération fictive n'est utilisée, si ce n'est une activité « début » et une activité « fin » qui ne posent aucun problème.

La formalisation du projet est également plus souple : si de nouvelles tâches ou de nouvelles contraintes doivent être introduites, il est très facile de les ajouter. Dans le cas de la méthode PERT-C.M.P cela demanderait éventuellement la reconstruction d'une partie du graphe. Supposons par exemple, qu'une condition de date soit imposée sur l'activité H (impression du questionnaire) et qu'elle ne puisse débuter avant quinze jours. Une activité L « délai précédant l'impression » est créée; son événement terminal est l'événement 5 dans le graphe PERT-C.P.M. Mais comme cet événement 5 était également le début de la tâche G qui n'est pas concernée par le problème du délai, un nouvel événement 5′ doit être créé, avec une activité fictive reliant 5 à 5′ (*cf.* graphique 11, *a*)).

En revanche, dans le graphe M.P.M, l'activité L est reliée directement à H *cf.* graphique 11, *b*).

Graphique 10. — Représentation d'un projet à l'aide de la méthode M.P.M.

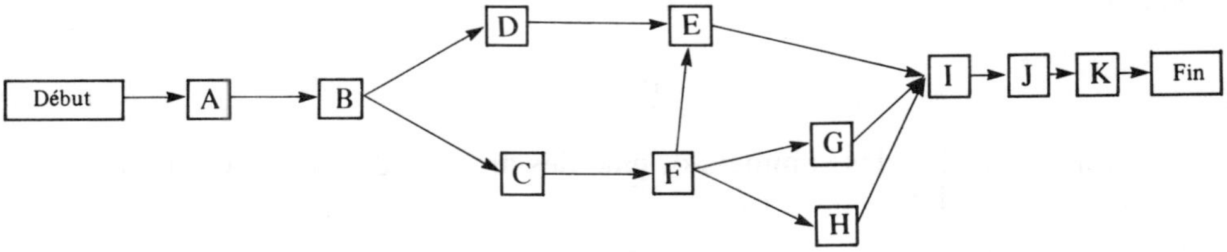

Graphique 11. — Introduction d'une contrainte supplémentaire.

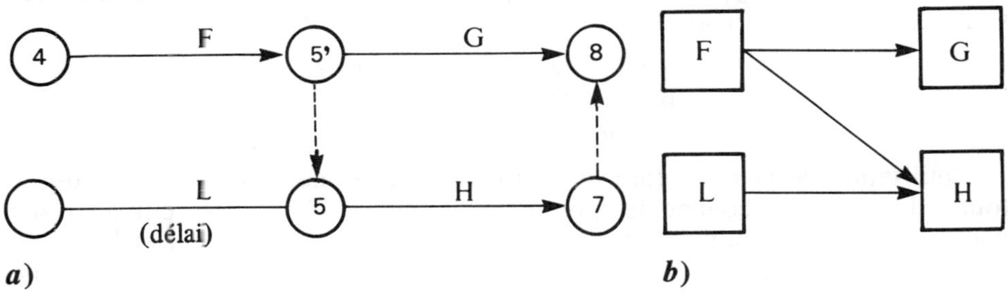

§ 2. Détermination des durées.

Le temps nécessaire à la réalisation d'un projet n'est généralement pas la somme des temps des activités qui le constituent, puisque certaines tâches peuvent être menées en parallèle. Le premier objectif des modèles d'ordonnancement est de déterminer la *durée prévisible du projet*. Mais il s'agit aussi d'en contrôler l'avancement, d'où le calcul de *marges* de liberté susceptibles d'être utilisées, tout en respectant un objectif donné d'achèvement des travaux. Ces différentes évaluations seront effectuées tout d'abord en situation de certitude, puis en situation d'incertitude en ce qui concerne les durées des différentes activités.

1° Évaluation de la durée du projet.

Les méthodes PERT-C.P.M et M.P.M permettent toutes les deux d'évaluer la durée d'un projet. Les procédures utilisées sont sensiblement identiques, mais alors que la méthode PERT-C.P.M nécessite l'emploi d'un graphe, la méthode M.P.M peut recourir simplement à un tableau de calculs.

A. Utilisation de la méthode PERT-C.P.M.

Il est clair que la durée d'un projet est conditionnée par la durée de la succession des tâches la plus longue, de l'événement « début » à l'événement « fin ». Le problème posé est ainsi très similaire à celui de la détermination du trajet le plus court dans un réseau, que nous avons résolu à l'aide de la programmation dynamique au chapitre précédent. Ici nous voulons déterminer le chemin le plus long ou encore *chemin critique.*

Nous utiliserons une procédure de marquage progressif des sommets, c'est-à-dire des événements. Comme toutes les tâches antérieures doivent être réalisées, la date t_i à laquelle un événement i se produira est donnée, de façon générale par

$$t_i = \max_{j \in X_i^-} (t_j + t_{ji}),$$

où X_i^- est l'ensemble des sommets-origine des arcs incidents à i vers l'intérieur et t_{ji} la durée de l'opération (ji).

Cette procédure est appliquée à partir de l'événement 1, pour lequel $t_1 = 0$, de proche en proche sur l'ensemble des sommets. La date de l'événement « FIN » donne la durée du projet.

Dans le cas du projet présenté sur le graphique 9, *a*), les durées des activités sont les suivantes (en jours) :

A : 1	D : 5	G : 1	J : 4
B : 3	E : 3	H : 2	K : 5
C : 10	F : 3	I : 20	

L'utilisation de la procédure de marquage permet de déterminer une durée totale de 49 jours, comme le montre le graphique 12, où figurent en traits doubles les arcs constituant le chemin le plus long entre le début et la fin du projet. La durée ainsi calculée est une durée minimale de réalisation : elle suppose que chaque opération, sur ce chemin, démarre dès que l'opération précédente a été achevée. Tout décalage entre la fin d'une opération et le début de la suivante sur le chemin critique augmente d'autant la durée totale du projet.

Graphique 12. — Détermination de la durée d'un projet (méthode PERT-C.P.M).

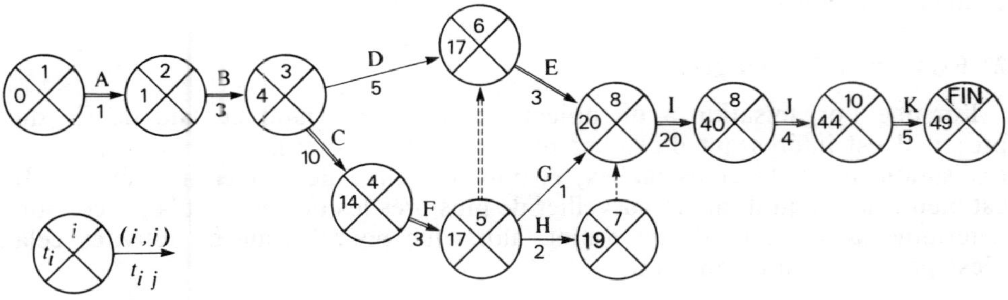

B. Utilisation de la méthode M.P.M.

Nous utiliserons un tableau de calcul où chaque case sera affectée à une tâche particulière. L'ordre d'affectation n'ayant aucune conséquence sur le résultat final, dans notre exemple, la première case est affectée à l'activité A, la seconde à B et ainsi de suite sans tenir compte des relations d'antériorité jusqu'à la tâche fictive « FIN ».

Chacune des cases de ce tableau se présente comme celle qui est représentée sur le tableau 2, *a*) :

— sur la première ligne de la case est indiquée à droite le nom de la tâche considérée et, à gauche, sa date de début qui sera calculée par le modèle : TD_i pour l'activité i;

— au-dessous de cette première ligne sont indiquées les tâches j immédiatement antérieures, soit celles qui appartiennent à X_i^-. Le nom de chaque tâche est précédé de sa date de début TD_j et suivi de sa durée d_j.

Tableau 2. — Évaluation de la durée d'un projet (méthode M.P.M).

a)

TD_i	i
TD_j	$j \in X_i$; d_j

b)

0	A	1	B	4	C	4	D	17	E	14	F
0	DEB;0	0	A ; 1	1	B ; 3	1	B ; 3	4 14	D ; 5 F ; 3	4	C ; 10
17	G	17	H	20	I	40	J	44	K	49	Fin
14	F ; 3	14	F ; 3	17 17 17	E ; 3 G ; 1 H ; 2	20	I ; 20	40	J ; 4	44	K : 5

Les valeurs TD_i sont calculées progressivement à partir de la tâche fictive « début » pour laquelle TD = 0 et $d = 0$, à l'aide de la formule :

$$TD_i = \max_{j \in X_i^-} (TD_j + d_j).$$

La durée du projet est donnée par TD_{FIN} lue dans la dernière case du tableau. Comme le montre le tableau 2, *b*), la durée du projet est à nouveau évaluée à 49 jours.

2° Évaluation des marges.

Lorsque l'organisation a un objectif précis concernant la date de fin du projet, il est intéressant d'évaluer quelles sont ses marges de liberté pour la réalisation des différentes tâches, et pour l'atteinte des différentes étapes. Il est bien évident qu'il faudra surveiller de plus près les tâches dont la succession détermine la durée totale du projet, alors que pour les autres activités cela n'est pas nécessairement vrai.

Dans le cas de l'étude de marché, abordée précédemment, la durée totale du projet s'élève à 49 jours, en supposant que chaque activité débute le plus tôt possible. Si l'entreprise se fixe précisément un délai de 49 jours pour réaliser cette étude de marché, quelles sont ses marges de manœuvre?

Plaçons-nous au niveau des événements : les dates t_i qui ont été calculées sont des *dates de réalisation au plus tôt,* puisqu'aucun retard n'a été autorisé pour le démarrage de chacune des opérations. Pour chaque événement nous pouvons calculer une *date de réalisation au plus tard* t'_i que l'on définira comme la date qu'il ne faut en aucun cas dépasser si l'on désire respecter le délai exigé pour achever le projet, avec, dans notre cas :

$$t'_{FIN} = 49 \qquad t'_i = \min_{j \in X_i^+} (t'_j - t_{ij}),$$

où X_i^+ représente l'ensemble des sommets terminaux des arcs incidents à i vers l'extérieur.

Ces dates au plus tard sont reportées sur le graphique 13, de même que les *intervalles de flottement* f_i qui correspondent au retard permis dans l'atteinte d'une étape, sans que la durée totale du projet en soit affectée. Ces intervalles de flottement résultent de la différence entre les dates de réalisation au plus tard et au plus tôt

$$f_i = t'_i - t_i.$$

Un événement sera qualifié de critique s'il ne dispose d'aucun intervalle de flottement. Dans notre problème, seul l'événement 7 s'avère non critique, avec un intervalle de flottement de un jour.

En ce qui concerne les activités, deux types de marge seront définis : la marge libre et la marge totale (*cf.* tableau 3).

La *marge libre* de l'opération (ij), située entre l'événement i et l'événement j, est

$$ML_{ij} = t_j - t_i - t_{ij},$$

où $(t_i + t_{ij})$ représente la date de fin au plus tôt de l'opération (ij) et t_j la date de réalisation au plus tôt de l'événement j. La marge libre donne ainsi le nombre de jours de retard maximum au démarrage de l'opération (*ij*) n'entraînant aucun effet sur la date de démarrage des opérations suivantes.

La *marge totale* de (*ij*), donnée par $MT_{ij} = t'_j - t_i - t_{ij}$ représente le retard maximum sur le début de l'opération, si l'on accepte de repousser les opérations suivantes, sans toutefois allonger la durée totale du projet.

Les opérations qui ont une marge totale nulle n'offrent aucune latitude à l'entreprise quant à leur date de démarrage. Leur succession constitue le *chemin critique* : ce sont les tâches à contrôler le plus étroitement possible.

On constate que pour une activité non critique reliant deux événements critiques, la marge totale est égale à la marge libre. En revanche, lorsqu'une succession d'activités non critiques relie deux événements critiques, il peut y avoir une différence. Comme on le voit dans notre exemple, les activités (5, 7) et (7, 8) sont non critiques avec une marge totale de 1, mais seule la seconde activité dispose d'une marge libre de 1. En fait, il faut considérer que sur le trajet empruntant ces deux activités, il existe une marge disponible, de 1 au total, qui sera affectée soit, à la première opération soit à la seconde. Dans le cas présent, cette seconde activité est fictive, mais un raisonnement similaire s'appliquerait pour une activité réelle.

Graphique 13. — Évaluation des intervalles de flottement.

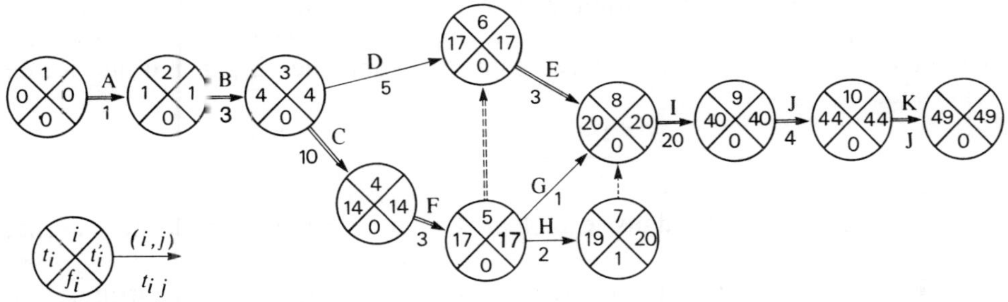

Tableau 3. — Évaluation des marges.

Activité (*ij*)	Durée t_{ij}	Événement *i* t_i	t'_i	Événement *j* t_j	t'_j	ML_{ij}	MT_{ij}
1,2	1	0	0	1	1	0	0
2,3	3	1	1	4	4	0	0
3,4	10	4	4	14	14	0	0
4,5	3	14	14	17	17	0	0
3,6	5	4	4	17	17	8	8
5,6	0	17	17	17	17	0	0
5,7	2	17	17	19	20	0	1
5,8	1	17	17	20	20	2	2
6,8	3	17	17	20	20	0	0
7,8	0	19	20	20	20	1	1
8,9	20	20	20	40	40	0	0
9,10	4	40	40	44	44	0	0
10, fin	5	44	44	49	49	0	0

3° Évaluation en situation d'incertitude.

Jusqu'à maintenant nous avons supposé implicitement que la durée des différentes tâches était connue avec certitude. Or, comme nous l'avons déjà noté plus haut, l'appréhension des temps n'est pas toujours facile. Il sera donc nécessaire d'admettre un degré plus ou moins fort d'incertitude dans leur évaluation.

La question de la durée totale du projet doit alors se poser en des termes quelque peu différents. Il s'agira d'évaluer la durée moyenne du projet $\overline{T}$, ou encore d'évaluer la probabilité que cette durée dépasse tel objectif fixé *a priori*.

Lorsque la durée d'une opération i est une variable aléatoire, on lui associera une espérance mathématique $E(di)$ et une variance $\sigma^2(di)$. La durée moyenne du projet sera donnée par la somme des espérances mathématiques de la durée des activités situées sur le chemin critique; la variance de la durée totale du projet sera elle aussi la somme des variances des durées sur le chemin critique, dans la mesure où il est admissible de considérer que les activités correspondantes sont indépendantes, c'est-à-dire que le fait qu'une activité i prenne plus de temps que prévu n'implique aucune conséquence sur le temps de réalisation des autres activités.

On pourrait imaginer d'associer à chaque activité du projet une distribution de probabilité de ses durées éventuelles. Le plus souvent, on se contentera de synthétiser cette distribution par trois valeurs a, b et m représentant respectivement une durée de réalisation optimiste, pessimiste et normale. La moyenne et la variance de la durée sont alors obtenues à partir d'une loi de type bêta[3] :

$$E(d_i) = \bar{d}_i = \frac{a + 4m + b}{6} \qquad \text{et} \qquad \sigma^2_{d_i} = \left(\frac{b - a}{6}\right)^2.$$

C'est ce qui a été fait dans le tableau 4 pour le projet d'étude de marché.

Tableau 4. — Évaluation des temps en situation d'incertitude.

Activité	a	m	b	t	σ^2_t
A (1, 2)	1	1	2	1,17	0,028
B (2, 3)	1	3	4	2,83	0,25
C (3, 4)	6	10	12	9,67	1
D (3, 6)	3	5	7	5	0,44
E (6, 8)	2	3	4	3	0,11
F (4, 5)	2	3	5	3,17	0,25
G (5, 8)	1	1	2	1,17	0,028
H (5, 7)	1	2	2	1,83	0,028
I (8, 9)	15	20	22	19,5	1,36
J (9, 10)	2	4	5	3,83	0,25
K (10, fin)	3	5	7	5	0,44

N.B. – Les activités fictives, de durée nulle, n'ont pas été reportées ; les activités critiques sont soulignées.

3. *Cf.* KAUFMANN A. et DESBAZEILLE G., *La méthode du chemin critique*, Dunod, 1969, p. 151.

Le chemin critique est déterminé à l'aide des procédures exposées plus haut, en utilisant comme durée l'espérance de durée de chaque tâche. Dans le cas présent, le chemin critique est toujours constitué des tâches A, B, C, F, E, I, J et K.

La durée moyenne $\bar{T}$ est donnée, dans ces conditions, par la somme des espérances de durée de ces huit activités :

$$\bar{T} = 48{,}17.$$

Nous obtenons de même :

$$\sigma_T^2 = 3{,}688 \quad \text{et} \quad \sigma_T = 1{,}92.$$

Étant la somme d'une succession de variables aléatoires indépendantes, le temps total de réalisation du projet suit approximativement une loi normale[4].

Si l'entreprise s'est fixé un objectif de T^0 jours pour terminer son étude de marché, il apparaît qu'il y a une probabilité $P(Z \leq Z^0)$, lue sur la table de la loi normale réduite, de respecter cet objectif, avec

$$Z^0 = \frac{T^0 - \bar{T}}{\sigma_T}.$$

Par exemple, pour $T^0 = 52$ jours, cette probabilité s'élèverait approximativement à 97,7 %.

De la même façon un intervalle de confiance pourrait être déterminé : il y a une probabilité $1 - \alpha$ que la durée du projet se situe dans l'intervalle :

$$\bar{T} \pm Z_{\alpha/2}\sigma_T.$$

Il y a ainsi 95 % de chances que la durée de l'étude de marché soit inférieure à 51,9 jours et supérieure à 44,4 jours.

§ 3. Gestion des moyens.

L'utilisation des modèles d'ordonnancement ne se limite pas à la détermination des temps; elle rend également possible la gestion des moyens mis en œuvre pour réaliser le projet. Nous aborderons successivement les problèmes posés par la gestion des coûts et par la gestion des ressources de l'entreprise.

1° Prise en considération des coûts.

Dans le paragraphe précédent, il a été implicitement admis que les durées des activités étaient des données sur lesquelles l'entreprise n'avait aucun contrôle. Or, dans de nombreux cas, à travers l'attribution de moyens supplémentaires, l'entreprise sera capable d'agir sur les durées.

La gestion des coûts apparaît alors comme le corollaire de la gestion des temps, et il devient concevable d'envisager la gestion du couple coût-durée. C'est ce que réalise, entre autres, la méthode PERT-Cost.

---

4. Cette approximation n'est, en fait, admissible que lorsque le chemin critique est composé d'un grand nombre de tâches.

A. Présentation du PERT-Cost.

Nous associerons à chaque tâche (ij) du projet :

— *un coût normal,* CN_{ij}, défini comme le coût le plus faible par l'entreprise pour mener cette opération à bien avec le minimum de moyens;

— *un temps normal de réalisation,* t^*_{ij}, temps correspondant au coût normal, c'est-à-dire au minimum de moyens disponibles;

— *un temps accéléré* t^0_{ij}, défini comme le temps minimum concevable pour réaliser ij, en lui accordant les moyens suffisants;

— *un coût accéléré,* CA_{ij}, correspondant au temps minimum de réalisation.

Si nous admettons l'hypothèse de relation linéaire du coût par rapport au temps de réalisation[5], nous pouvons également définir un *coût marginal d'accélération* de la tâche ij :

$$CMA_{ij} = \frac{CA_{ij} - CN_{ij}}{t^*_{ij} - t^0_{ij}}.$$

Ce coût marginal indique le supplément de coût associé à la réduction d'une unité (un jour, une semaine, un mois : tout dépend de l'unité dans laquelle est mesurée t) du temps de réalisation de l'activité ij.

La détermination du coût minimal associé à chacune des durées possibles de réalisation permet à l'entreprise de résoudre les problèmes suivants :

— Si l'entreprise a un objectif, fixé *a priori*, au sujet de la date de fin du projet, sur quelles activités doit-on mettre des moyens supplémentaires pour respecter cet objectif avec le minimum de coûts?

— Comment déterminer cet objectif de date de fin de projet? La réduction de la durée d'un projet n'est pas une fin en soi; elle doit se justifier par des avantages de diverses natures. Il convient alors de comparer ces avantages et les coûts associés aux différentes durées du projet.

La réponse à ces deux catégories de questions peut être obtenue à travers l'utilisation de méthodes empiriques simples, mais aussi par l'emploi de techniques d'optimisation.

B. Gestion du couple coût-durée : méthodes empiriques.

Pour chacune des activités d'un projet, nous disposons d'un temps normal et d'un temps accéléré, d'un coût normal et d'un coût accéléré, ainsi que d'un coût marginal d'accélération. Nous désirons déterminer les durées limites de ce projet, ses durées intermédiaires et les coûts correspondants.

Dans la mesure où le temps normal est, en fait, le temps maximum, la durée maximale du projet est donnée en appliquant la procédure développée plus haut.

La réduction de cette durée totale va demander d'augmenter les moyens sur certaines tâches. Il s'agit de déterminer quelles seront ces tâches, pour

5. Lorsque la courbe de coût n'est pas linéaire, il est toujours concevable de s'approcher par une succession de tronçons linéaires.

que l'augmentation du coût soit la plus faible possible. Plusieurs règles « heuristiques » peuvent être appliquées[6] :

— on réduira en priorité les durées des tâches situées sur le chemin critique;

— parmi ces tâches, on réduira, en priorité, celles qui sont associées au coût marginal d'accélération le plus faible.

La procédure suivie consistera à diminuer progressivement la durée totale du projet, d'une unité par étape. La réduction des durées de certaines tâches du chemin critique étant susceptibles de rendre critiques les tâches qui ne l'étaient pas auparavant, il est nécessaire de réactualiser les marges à chaque étape de calcul. La procédure est poursuivie, jusqu'au moment où il devient impossible d'obtenir une diminution supplémentaire de durée.

Appliquons cette procédure au problème de l'étude de marché. Dans ce problème les activités C, D, E, H, I, J et K seraient susceptibles de voir leur durée diminuer si des moyens additionnels leur étaient affectés. Le tableau 5 nous donne les réductions maximales envisageables, soit $t^*_{ij} - t^0_{ij}$, les suppléments de coûts associés ainsi que le coût marginal d'accélération de chaque activité.

Tableau 5. — Coûts d'accélération du projet.

Activité	Durée normale (en jours)	Réduction maximale (en jours)	Coût supplémentaire (en F)	Coût marginal d'accélération (en F/j)
C	10	3	9 000	3 000
D	5	1	2 000	2 000
E	3	2	3 200	1 600
H	2	1	3 000	3 000
I.	20	5	25 000	5 000
J	4	1	2 500	2 500
K	5	2	3 000	1 500

Le graphique 14, *a*) reproduit le réseau M.P.M du projet. La durée totale, date au plus tôt de l'opération FIN s'élève à 49 jours, ce qui correspond ici à la durée maximale du projet, puisque le calcul a été effectué en employant uniquement les temps normaux.

L'application des deux règles évoquées plus haut nous amène à réduire en priorité la durée de l'activité K : c'est une activité critique et son coût marginal d'accélération est le plus faible. Deux jours peuvent être gagnés. Les marges des activités non critiques ne sont pas affectées. Le potentiel de réduction de l'activité K étant épuisé, il faut sélectionner une nouvelle activité.

Parmi les autres activités critiques, E est associée au coût marginal le plus faible (1 600), mais on ne réduira sa durée que d'une journée : au-delà elle deviendrait non critique. Comme le montre le graphique 14, *b*), le réseau comprend maintenant deux chemins critiques. Réduire la durée de E ne réduirait celle du projet que si, parallèlement, la durée de H était également réduite. Ceci entraînerait un coût total de 4 600. Il est plus économique de diminuer le temps de J, — un jour est gagné —, puis celui de C — trois sont

6. L'application d'une règle heuristique ne garantit pas l'obtention de la solution optimale, mais seulement celle d'une solution satisfaisante.

gagnés —. A la suite de ces différentes opérations, la durée du projet est tombée à 42 jours, comme on le voit sur le graphique 14, *c*).

A partir de là, l'entreprise a le choix entre diminuer I ($CMA_I = 5\,000$) ou simultanément E et H ($CMA_E + CMA_H = 4\,600$). La seconde solution est retenue et un jour supplémentaire est économisé (*cf.* graphique 14, *d*)). Les seuls gains possibles ultérieurs sont obtenus sur l'activité I (*cf.* graphique 14, *e*)). Au-delà, seule l'activité D pourrait être réduite, mais dans la mesure où elle ne présente aucun caractère critique, cela ne présente pas d'intérêt. La durée minimale du projet est donc 36 jours.

Le graphique 15 résume les résultats obtenus. En abscisses figurent les jours de réduction sur la durée totale du projet et en ordonnées les coûts marginaux correspondant à ces réductions.

Si l'entreprise veut réaliser son projet en 39 jours maximum, cela demande une réduction de dix jours par rapport à la durée normale. La meilleure stratégie pour y parvenir est reproduite sur le tableau 6.

La réduction de la durée totale du projet peut apporter à l'entreprise des avantages de différentes natures. Si l'on arrive à évaluer le coût d'opportunité associé au gain d'un jour sur la réalisation du projet, il devient possible de déterminer sa durée optimale. Par exemple, comme le montre le graphique 15, un coût d'opportunité de 3 200 F/*j* correspondrait à une durée optimale de 42 jours : toute réduction ultérieure coûterait plus cher qu'elle ne rapporterait.

Graphique 14. — Réduction du temps de réalisation d'un projet (méthode M.P.M).

TD_i	TD'_i
i	
MT_i	

Avec TD_i : temps de début au plus tôt de l'activité i
TD'_i : temps de début au plus tard de l'activité i
MT_i : marge totale de l'activité i

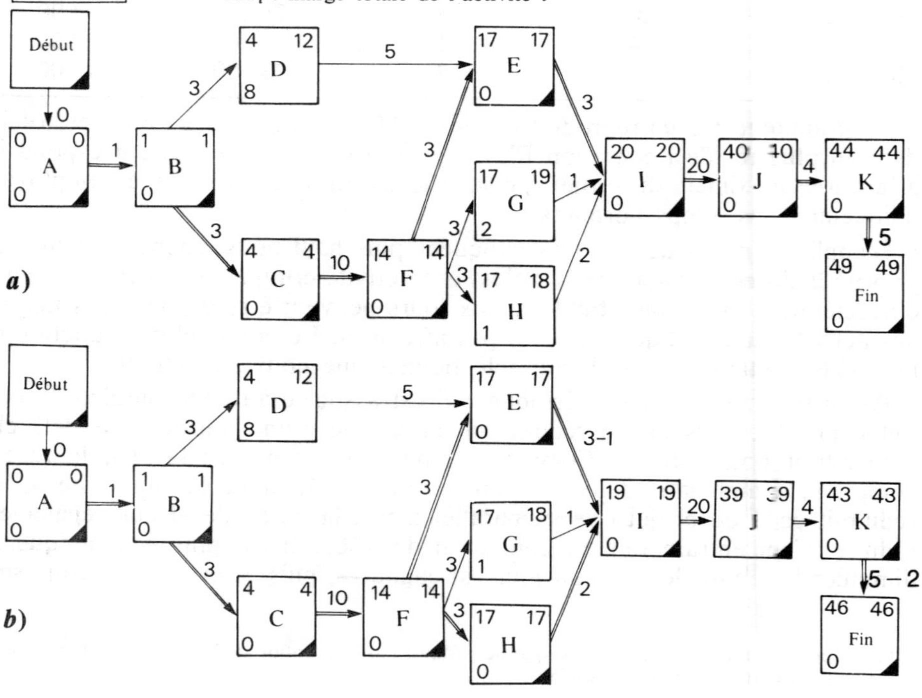

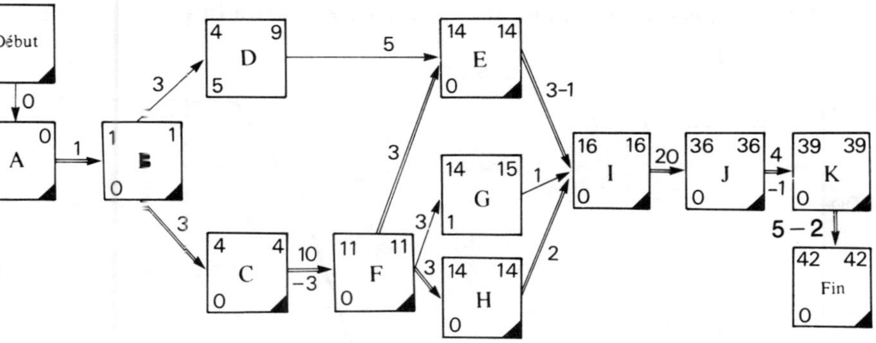

c)

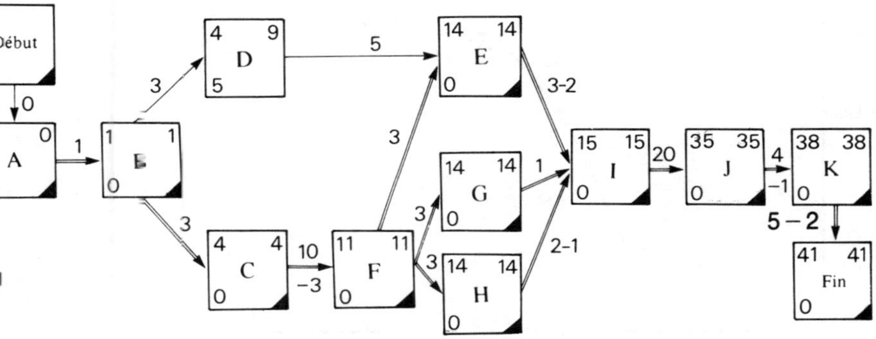

d)

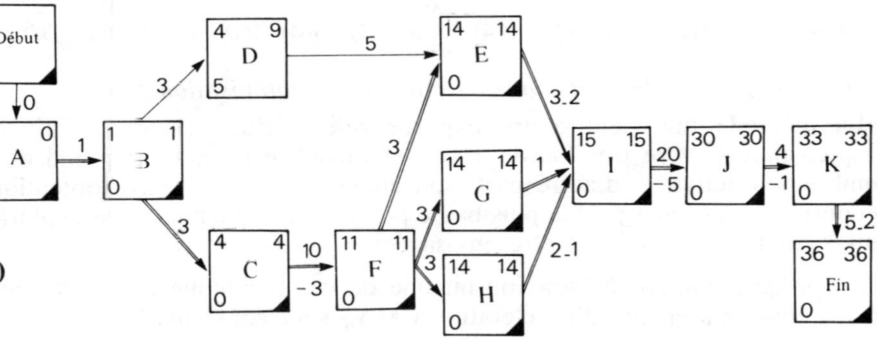

e)

Tableau 6. — Réalisation d'un objectif de réduction de la durée totale du projet.

Activités	Nombre de jours gagnés	Coût supplémentaire
K	2	3 000
E	2	3 200
C	3	9 000
J	1	2 500
H	1	3 000
I.	2	10 000
Total . . .	10	30 700

Graphique 15. — Coût marginal de la réduction des durées.

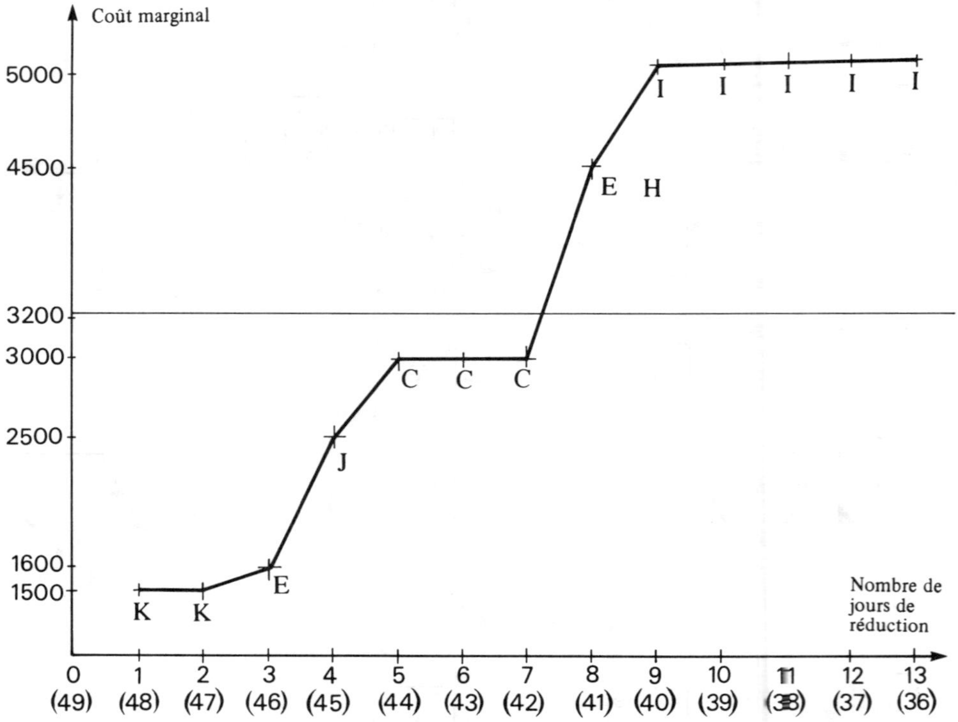

C. Gestion du couple coût-durée : techniques d'optimisation.

La méthode qui vient d'être exposée relève d'un principe relativement simple, mais s'avère très lourde à utiliser quand le réseau comprend de très nombreuses activités; d'autre part, son emploi ne garantit pas l'obtention de la courbe de coût marginal la plus basse possible. Des techniques d'exploration plus systématiques doivent être envisagées.

La programmation linéaire fournit une de ces techniques, dans la mesure où les coûts marginaux d'accélération CMA_{ij} sont constants[7].

Si l'on appelle t_{ij} le temps de réalisation de l'opération (ij), avec

$$t^*_{ij} \geqslant t_{ij} \geqslant t^0_{ij};$$

le coût de cette opération s'exprime par

$$\text{Coût }(ij) = CN_{ij} + CMA_{ij}(t^*_{ij} - t_{ij}),$$

soit encore

$$\text{Coût }(ij) = K_{ij} - CMA_{ij} \cdot t_{ij}.$$

Sur l'ensemble des opérations du projet, le coût total s'écrit

$$CT = \sum_i \sum_j K_{ij} - \sum_i \sum_j CMA_{ij} \cdot t_{ij} = K - \sum_i \sum_j CMA_{ij} \cdot t_{ij}.$$

7. Quand ce n'est pas le cas, on peut recourir à la technique de la linéarisation par morceaux évoquée au chapitre 2, ce qui implique dans certains cas le recours à la PNE.

Dans le problème que nous voulons traiter, il s'agit de déterminer le coût minimum associé à la réalisation de l'ensemble du projet en T jours. Ceci peut s'exprimer sous la forme d'un programme linéaire dans lequel la fonction objectif serait représentée par CT et les contraintes, par les relations d'antériorité entre les tâches, les limites de durées et la date objectif T d'atteinte de l'événement « FIN ».

Dans la mesure où minimiser CT, c'est aussi maximiser $\sum\sum \mathrm{CMA}_{ij} t_{ij}$, le programme linéaire s'écrit

$$\mathrm{Max}\ Z = \sum_i \sum_j \mathrm{CMA}_{ij} t_{ij},$$

avec

$$\begin{aligned} t_i + t_{ij} - t_j &\leqslant 0 \qquad \forall i, j \in (\mathrm{U}) \\ t_{ij} &\leqslant t^*_{ij} \\ -t_{ij} &\leqslant -t^0_{ij} \\ t_n - t_1 &\leqslant \mathrm{T}. \end{aligned}$$

L'obtention d'une relation optimale entre T et CT, se traduit ainsi par un programme linéaire paramétré où T est susceptible de varier entre deux valeurs données par :

— la date de réalisation au plus tôt de l'événement « FIN » lorsque toutes les activités sont menées dans un temps normal;

— la date de réalisation au plus tôt de l'événement « FIN » quand toutes les tâches sont effectuées à leur temps accéléré.

L'utilisation de l'algorithme du simplexe pour traiter ce problème serait concevable, mais entraînerait des calculs souvent trop importants. D'autres algorithmes sont disponibles. On montre que la formulation duale du programme linéaire paramétré correspond également à un problème de maximisation d'un flot dans un réseau. Des algorithmes similaires à celui développé par Ford et Fulkerson sont alors employés[8].

2° Prise en considération des ressources.

Le problème de la gestion des moyens nécessaires à l'accomplissement du projet que nous avons envisagé sous la forme du couple coût-durée doit également être abordé sous la forme du couple ressources-durée.

Lorsque le projet fait appel à des ressources très spécialisées, la réalisation simultanée de plusieurs tâches consommant les mêmes ressources peut excéder les quantités disponibles. Se pose alors le problème de la programmation de l'utilisation des ressources disponibles. Il s'agit de déterminer la programmation de cette utilisation, de telle sorte, par exemple, que la durée totale du projet soit la plus courte possible.

La résolution d'un tel problème est très complexe, car il met en jeu des phénomènes de nature combinatoire qui excluent rapidement tout traitement par des méthodes d'approximation, dès que la taille du projet et le nombre de types de ressources limitées atteignent quelque importance. Parmi les

8. FULKERSON D. « A network flow computation for project cost curves », *Management Science*, Avril 1963, p. 167.

procédures de résolution proposées nous présenteront la méthode heuristique de Moder et Phillips, puis une méthode de résolution optimale à l'aide de la programmation en nombres entiers.

A. Méthode heuristique de Moder et Phillips[9].

Prenons le problème d'ordonnancement représenté sur le graphique 16. Au-dessous de chacune des tâches ont été indiquées les quantités nécessaires de deux ressources, A et B, dont l'entreprise dispose au total, respectivement de 8 et 6 unités.

Graphique 16. — Problème d'ordonnancement avec contraintes de ressources.

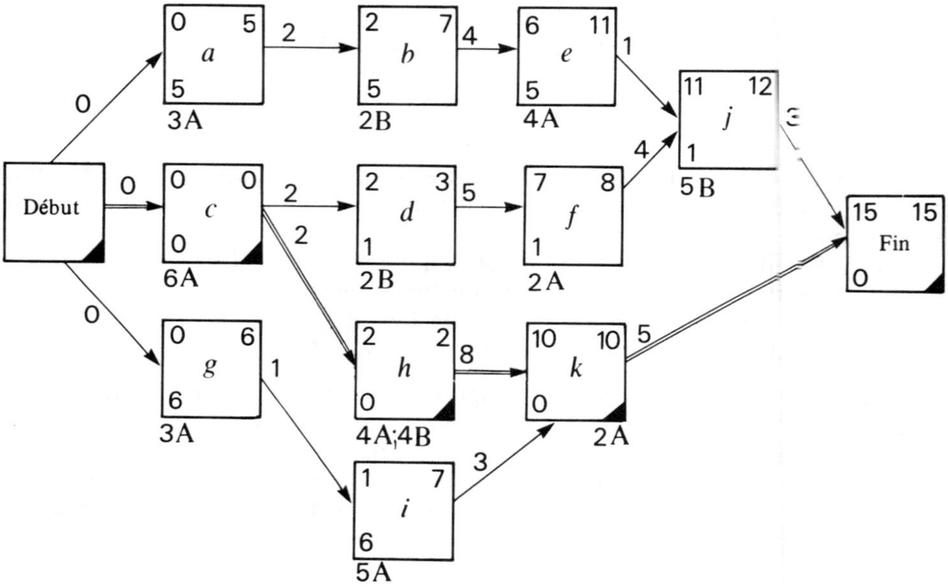

Si aucune contrainte de ressources n'existait, le projet serait terminé en quinze mois. Mais un tel délai ne permet pas de respecter ces contraintes. Par exemple, l'activité *c* qui se situe sur le chemin critique consomme six unités de A; compte tenu de sa position dans le réseau, l'activité *a* doit être menée parallèlement à *c*, or, elle utilise trois unités de A. Puisqu'il n'y a que huit unités de A disponibles, *a* et *c* ne doivent pas être menées simultanément, mais l'une après l'autre. Le projet ne pourra pas être terminé en quinze mois.

Pour déterminer la programmation des activités et des ressources qui minimise la durée totale du projet, plusieurs méthodes heuristiques ont été mises au point. Celle de Moder et Phillips s'organise autour des règles suivantes :

1. Calculer les dates de début au plus tôt et au plus tard de chaque activité, ainsi que leur marge, sans tenir compte des contraintes.

9. *Cf.* MODER J. et PHILLIPS C. : «*Project management with CPM and PERT*», Van Nostrand Reinhold Company, 1970, p. 158; pour d'autres procédures voir DAVIS E., «Ressource allocation in project network models : a survey, *Journal of Industrial Engineering*, Avril 1966, p. 177».

2. Pour une période donnée, déterminer l'ensemble des activités éligibles (E.A.E.) : il s'agit des activités dont les prédécesseurs ont déjà été programmés. Quand T = 1, seule l'activité début a été programmée.

3. Parmi les activités appartenant à E.A.E déterminer les activités dont la date de début au plus tard est inférieure ou égale à T. Ces activités sont ensuite classées par ordre de marge croissant, et en cas d'égalité, par ordre de durée de réalisation croissante. Nous obtenons alors l'ensemble ordonné des activités à programmer (E.O.A.P.). Dans l'exemple étudié, pour T = 1, E.O.A.P. contient les activités *a*, *c* et *g*. L'ordre de programmation, compte tenu des règles indiquées est le suivant : *c*, *a*, *g*.

4. Les activités sont programmées dans l'ordre donné par E.O.A.P. en fonction des ressources disponibles. En T = 1, seule *c* peut être programmée. Six unités de A sont ainsi bloquées pour deux périodes (c'est la durée de réalisation de *c*). Aucune autre activité n'est programmée par manque de ressources.

5. Quand pour une période T donnée, toutes les activités qui étaient susceptibles d'être programmées l'ont été, on passe à T + 1. Les activités déjà programmées sont éliminées de E.A.E. et les ressources disponibles actualisées en fonction de leur consommation par les activités en cours de réalisation. Les dates de début et les marges des tâches restantes sont mises à jour et l'on retourne à l'étape 2 du processus.

6. Si pour un T donné, l'ensemble E.A.E. est vide, les calculs sont terminés.

Cette procédure a été appliquée à l'exemple représenté par le graphique 16. Le tableau 7 donne les résultats obtenus. On voit que l'existence de contraintes sur les ressources a provoqué un allongement du projet jusqu'à 17 mois[10].

B. Recours à la programmation linéaire en nombres entiers.

Une solution optimale au problème posé peut être trouvée par application de la P.N.E. A titre d'illustration nous traiterons un problème très simple, représenté sur le graphique 17, *a*), où les deux activités A et B sont concurrentes dans la consommation d'une ressource disponible en une seule unité.

L'objectif est de minimiser la durée du projet, soit ici TD_{FIN}, date de début au plus tôt de l'opération FIN. Les contraintes sont de deux types :

— des contraintes d'ordre technologiques correspondant aux relations d'antériorité entre les tâches. Si *i* est antérieur à *j*, nous avons à respecter :

$$TD_i + d_i \leqslant TD_j ;$$

— des contraintes de ressources : si *i* et *j* utilisent concurremment la même ressource, lorsque *i* est programmée en premier, *j* ne peut débuter qu'une fois *i* terminée. De même si *j* est programmée d'abord, *i* n'est autorisée à démarrer qu'après la fin de *j*.

10. *Cf.* MODER J. et PHILLIPS C., *op. cit.* pages 159 et 161.

Tableau 7. — Résolution d'un problème d'ordonnancement avec contraintes de ressources.

	A	B	D_i	TD_i	MT_i	TD'_i	Temps 0	1	2	3	4	5	6	7	8	9	10	11	12	13	14	15	16	17
a	3	—	2	0	5	5			X 3A	X 3A														
b	—	2	4	2	5	7								X 2B	X 2B	X 2B	X 2B							
c	6	—	2	0	0	0	X 6A	X 6A																
d	—	2	5	2	1	3			X 2B	X 2B	X 2B	X 2B	X 2B											
e	4	—	1	6	5	11														X 4A				
f	2	—	4	7	1	8								X 2A	X 2A	X 2A	X 2A							
g	3	—	1	0	6	6					X 3A													
h	4	4	8	2	0	2			4A 4B	4A 4B	4A 4B	4A 4B	4A 4B	4A 4B	4A 4B	4A 4B								
i	5	—	3	1	6	7											X 5A	X 5A	X 5A					
j	—	5	3	11	1	12															X 5B	X 5B	X 5B	
k	2	—	5	10	0	10														X 2A	X 2A	X 2A	X 2A	X 2A

Ressources A inutilisées	8 2	8 2	8 4 1	8 4 1	8 4 1	8 4	8 4	8 4 2	8 4 2	8 4 2	8 6 1	8 3	8 3	8 1 2	8 6	8 6	8 6	8 6
Ressources A utilisées 6 4 2	X X X X X X	X X X X X X	X X X X X X X	X X X X X X X	X X X X X X X	X X X X	X X X X	X X X X X X	X X X X X X	X X X X X X	X X X X X X X	X X X X X	X X X X X	X X X X X X	X X	X X	X X	X X
Ressources B inutilisées	6	6	6 2 0	6 2 0	6 2 0	6 2 0	6 2 0	6 2 0	6 2 0	6 2 0	6 4	6	6	6	6 1	6 1	6 1	6
Ressources B utilisées 6 4 2			X X X X X X	X X X X X X	X X X X X X	X X X X X X	X X X X X X	X X X X X X	X X X X X X	X X X X X X	X X				X X X X X	X X X X X	X X X X X	

Dans le premier cas, la contrainte s'écrit

$$TD_i + d_i \leqslant TD_j.$$

Dans le second, elle s'écrit

$$TD_j + d_j \leqslant TD_i.$$

Le problème est que nous ne savons pas, *a priori*, laquelle de ces deux contraintes doit s'appliquer : c'est justement le but de l'utilisation du programme que de le déterminer. L'introduction de deux variables binaires K_{ij} et K_{ji} va résoudre cette difficulté. Nous écrirons les deux contraintes-ressources de la façon suivante :

$$\begin{aligned} TD_i + d_i &\leqslant TD_j + M(1 - K_{ij}) \\ TD_j + d_j &\leqslant TD_i + M(1 - K_{ji}), \end{aligned}$$

avec $$K_{ij} + K_{ji} = 1$$

et avec $$M \geqslant \sum_i d_i.$$

Lorsque i est programmée en premier, $K_{ij} = 1$ et $K_{ji} = 0$; dans ces conditions, seule la contrainte

$$TD_i + d_i \leqslant TD_j + M(1 - K_{ij})$$

est à prendre en considération. L'autre peut être négligée, puisqu'elle revient à énoncer que $TD_j + d_j$ est inférieur à une très grande valeur.

Notre problème prendra donc la formulation suivante :

$$\text{Minimiser} \quad TD_{FIN},$$

avec

$$\left.\begin{aligned} &TD_A + 4 \leqslant TD_C \\ &TD_C + 5 \leqslant TD_{FIN} \\ &TD_B + 3 \leqslant TD_D \\ &TD_D + 8 \leqslant TD_{FIN} \end{aligned}\right\} \text{contraintes techniques}$$

$$\left.\begin{aligned} &TD_A + 4 \leqslant TD_B + M(1 - K_{AB}) \\ &TD_B + 3 \leqslant TD_A + M(1 - K_{BA}) \\ &M \geqslant 20 \\ &K_{AB} + K_{BA} = 1 \\ &K_{AB}, K_{BA} = 1{,}0. \end{aligned}\right\} \text{contraintes sur les ressources}$$

La solution de ce problème nous donne

$$K_{BA} = 1, TD_A = 3; \quad TD_B = 0; \quad TD_C = 7; \quad TD_D = 3; \quad TD_{FIN} = 12.$$

Comme on le voit sur le graphique 17, *b*), l'introduction de la contrainte ressource où figure K_{BA}, revient à ajouter un arc supplémentaire dans le réseau, reliant B à A.

Ce type de formulation permet, théoriquement, de résoudre n'importe quel problème de limitation de ressources. Il convient de noter, cependant, que la taille du programme à résoudre devient rapidement très importante. Dès que le problème dépasse une certaine dimension, les méthodes heuristiques, même si elles ne donnent pas une solution optimale, sont en pratique les seules à pouvoir être envisagées.

Graphique 17. — Problème d'ordonnancement avec contrainte de ressource; résolution par la P.N.E.

a)

b)

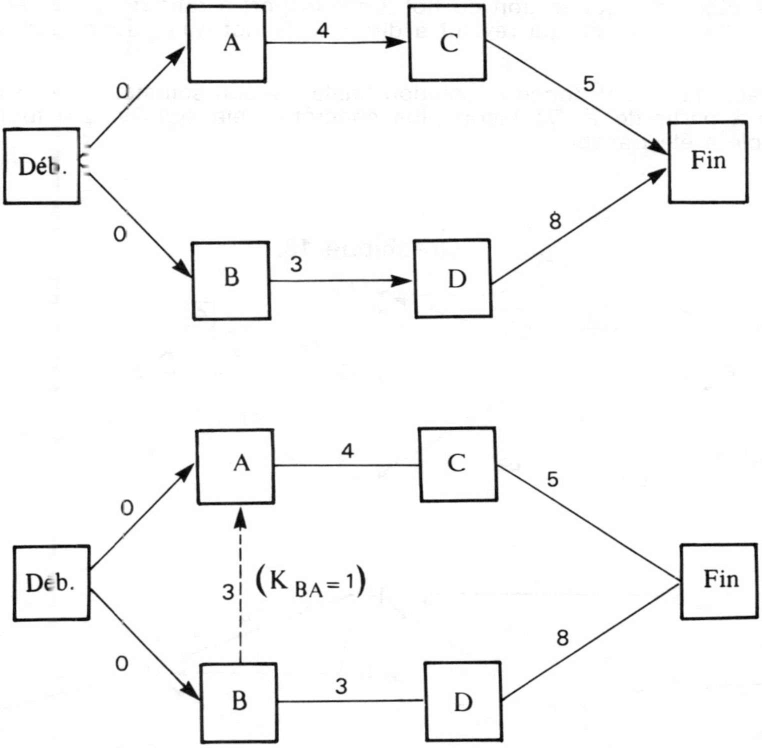

ÉTUDES DE CAS

5-1 Reprenons le cas de la société Lenoir, avec les données du graphique 4, auxquelles on ajoute les deux informations suivantes :

— la société dispose de deux usines de torréfaction : en plus de celle de Moulins dont la capacité est de 5 000 t, il y a l'usine de Bordeaux, également d'une capacité de 5 000 t.

— la liaison Le Havre-Bordeaux est utilisable : 2 000 t peuvent y transiter.

On demande de déterminer un plan de transport et de production satisfaisant aux différentes contraintes de capacité.

Solution

Un nouveau graphe doit être construit pour introduire les données supplémentaires. Les capacités des usines apparaissent sous la forme d'arcs reliant M à $\bar{b}$ et B à $\bar{b}$. Au maximum 5 000 t transitent sur chacun de ces arcs : *cf.* graphique 18, *a*).

Un premier flot, satisfaisant aux contraintes de nœuds est programmé sur le graphique 18, *b*). Sa valeur est 8 000 t. La procédure de marquage des sommets à partir de $\bar{a}$ fait apparaître qu'un flot additionnel de 1 000 t est envisageable sur le trajet $\bar{a}$, *C*, *H*, *B*, $\bar{b}$ (*cf.* graphique 18, *c*)). Le flot rectifié, qui s'élève désormais à 9 000 t, est donné sur le graphique 18, *d*).

Une nouvelle étape de marquage est entreprise : elle nous permet de voir que sur la chaîne $\bar{a}$, *C, D, M, H, S, B,* $\bar{b}$ un flot supplémentaire de 1 000 t est possible (*cf.* graphique 18, *e*)). Le flot rectifié est égal à 10 000 t. On notera qu'au cours de cette étape de rectification du flot, un transport à rebours est enregistré sur les arcs HM et SM, ce qui revient à dire que le flot qu'ils supportent doit être diminué.

Le graphique 18, *f*) donne la solution finale : aucun sommet ne peut plus être marqué à partir de $\bar{a}$. De façon plus concrète, cela signifie que tout le café disponible a été transporté.

Graphique 18.

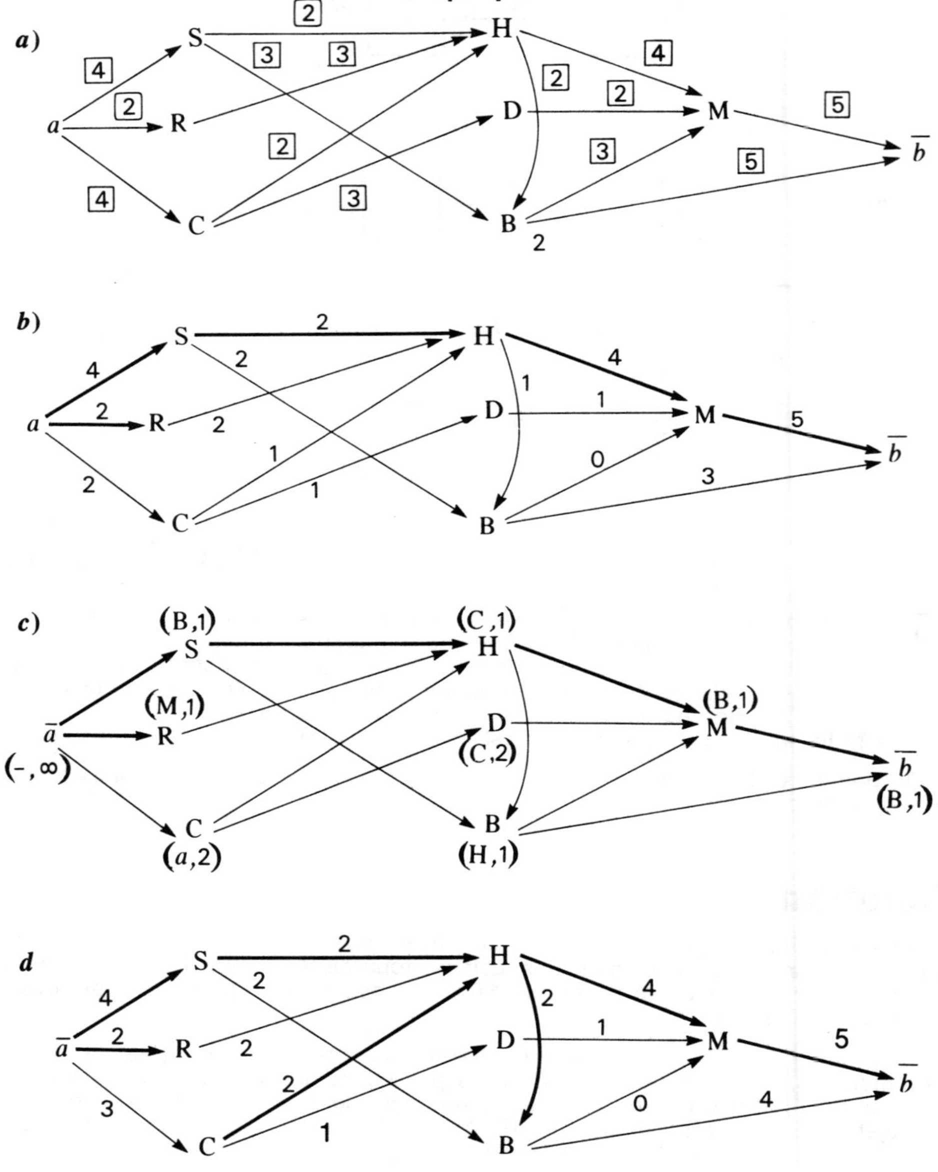

e)

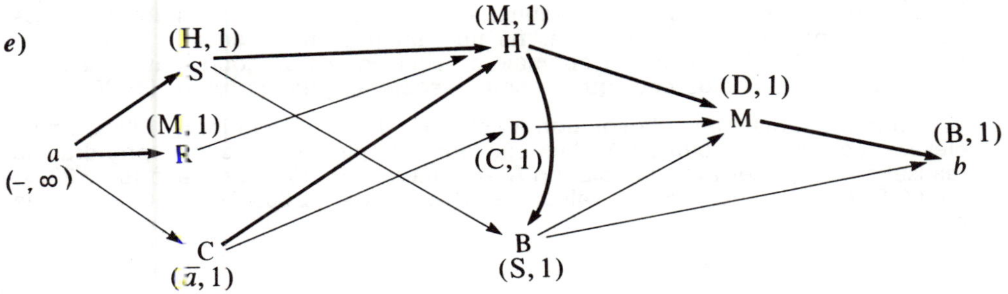

f)

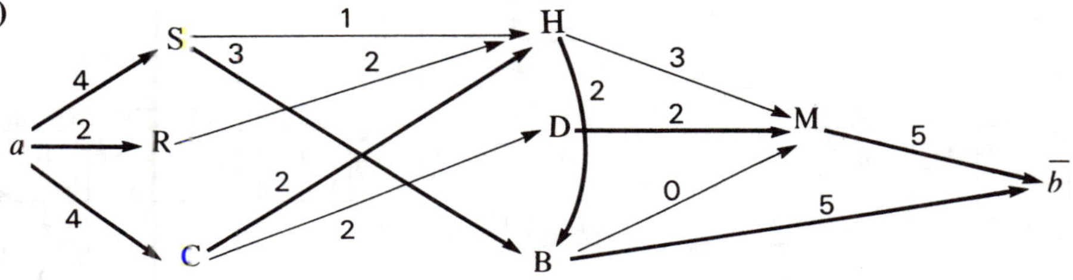

5-2 Dans le projet d'étude de marché, envisagé au cours du chapitre, l'atelier d'imprimerie auquel on fait habituellement appel demande vingt jours avant d'entreprendre l'impression du questionnaire. Un autre imprimeur, dont le planning est moins chargé ne demande aucun délai et accepte de le produire dès qu'on le lui remettra. Mais son devis est supérieur de 10 000 F à celui de son concurrent. Dans la mesure où les données du tableau 5 restent toujours valables, quelle est la solution la plus avantageuse pour l'entreprise, si l'on admet que toute journée de retard sur l'achèvement de l'étude de marché entraîne un coût de 3 200 F?

Solution

Nous devons comparer deux solutions : la solution A (ancien imprimeur) et la solution N (nouvel imprimeur). Dans chacun des cas, il faut déterminer une durée optimale de l'étude de marché qui tienne compte à la fois du coût d'accélération de chaque tâche et du coût associé à une journée de retard.

Dans la solution N, le réseau correspondant au projet est celui présenté sur le graphique 14. La durée optimale a été déterminée sur le graphique 15 : elle s'élève à 42 jours.

Dans la solution A, il faut construire un nouveau réseau pour intégrer la contrainte L, délai avant l'impression. Le graphique 19, *a*) reproduit ce réseau. Le chemin critique passe maintenant par les tâches L, H, I, J, K et la durée normale du projet s'établit à 51 jours.

Pour réduire cette durée, nous pouvons accélérer, dans l'ordre, les tâches suivantes :

K : 2 jours; coût marginal d'accélération = 1 500
J : 1 jour; coût marginal d'accélération = 2 500
I : 5 jours; coût marginal d'accélération = 5 000.

La durée totale peut donc être réduite, au plus, de huit jours. Les autres tâches ne doivent pas être accélérées, car ne figurant pas sur le chemin critique (*cf.* graphique 19, *b*). La réduction optimale se situe ici à trois jours : au-delà toute réduction coûterait plus cher que le coût associé au jour de retard (3 200 F).

La durée optimale dans la solution A est donc de 51 − 3 = 48 jours. Elle est plus élevée que pour la solution N. Les six jours supplémentaires que prendrait la réalisation du projet avec la solution A entraînent un coût plus élevé (6 × 3 200 = 19 200 F) que la différence de valeur des deux devis (10 000 F). Il faut choisir le nouvel imprimeur.

Graphique 19.

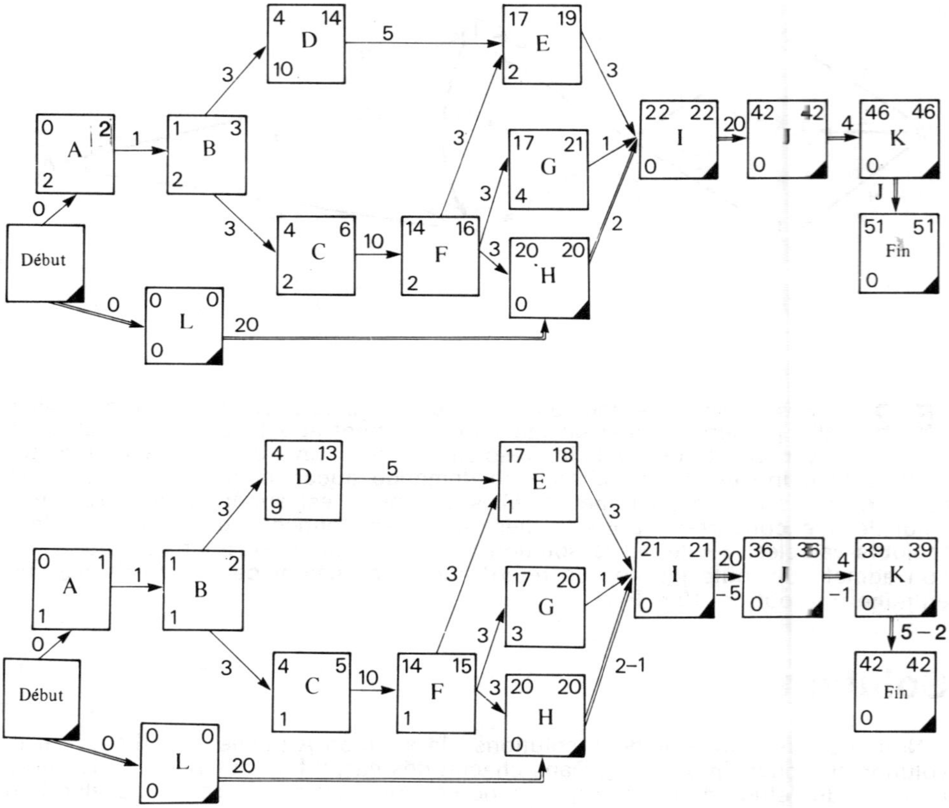

Chapitre 6 — Les modèles de gestion des stocks

On définira, de façon générale, un stock comme une réserve constituée en vue de satisfaire un besoin ultérieur. Dans une entreprise, on trouvera des stocks à différents stades du processus de production : des stocks de matières premières, de composants, de produits en cours de fabrication, de produits finis.

De nombreuses raisons imposent aux entreprises de faire des stocks :
- des raisons techniques lorsque les flux de production et d'utilisation présentent des profils différents,
- des raisons économiques quand des coûts fixes ou des rendements croissants apparaissent dans les processus de production et d'approvisionnement,
- des raisons financières si l'entreprise intervient sur des marchés amont ou aval aux cours fluctuants,
- des raisons de sécurité chaque fois que l'incertitude caractérise la demande, et les conditions d'approvisionnement.

Les stocks sont ainsi un facteur essentiel de la flexibilité de l'entreprise. Mais ils constituent également une immobilisation de capitaux et leur présence entraîne des coûts de différente nature[1]. La gestion des stocks doit alors faire

1. *Cf.* ACKERMAN K. et LA LONDE B., « Vos entrepôts sont aussi importants que vos usines », in *Harvard-L'Expansion*, n° 18, automne 1980, pages 47 à 55.

l'objet d'un calcul économique rigoureux : il n'est pas étonnant que ce soit un domaine où la modélisation soit très développée[2].

Les modèles de gestion des stocks sont très nombreux. Après avoir rappelé les principaux éléments d'un système de stocks (section 1) dont le repérage est un préalable nécessaire à toute tentative de formalisation, nous reprendrons la distinction classique entre les modèles déterministes (section 2) et les modèles stochastiques (section 3).

SECTION 1. STRUCTURE D'UN SYSTÈME DE STOCKS

Un système de stocks comporte deux catégories d'éléments : des éléments physiques (§ 1) et des éléments incorporels liés aux processus d'information et de décisions (§ 2).

§ 1. Les éléments physiques.

Un stock se présente physiquement comme un ensemble d'objets en attente d'utilisation, à un moment donné, dans un endroit déterminé.

Il peut s'agir :

— d'un stock de production concernant des consommations intermédiaires (matières, pièces de rechange, produits semi-finis) destinées à être intégrées au produit au cours du processus de production

— d'un stock de distribution concernant des produits finis destinés à la vente.

Dans les deux cas, le stock est alimenté par des *flux d'approvisionnement;* il sert à satisfaire des *flux de demande.*

1° La demande.

La demande est l'élément directeur du système de stockage. Il est généralement difficile de la contrôler à court terme : c'est une donnée qui s'impose à l'entreprise.

La prévision de la demande est donc une tâche essentielle en matière de gestion des stocks. A cet égard deux paramètres doivent être considérés : le *degré de certitude* de la demande ainsi que le *degré de stabilité* des lois qui la gouvernent.

La demande peut être certaine ou aléatoire. Il est évident que le futur n'est jamais connu avec une certitude absolue. Cependant certaines demandes peuvent être connues avec une quasi-certitude : par exemple la demande en composants émanant d'une chaîne d'assemblage fonctionnant à un rythme déterminé. En fait, le degré de certitude est largement influencé par l'origine de la demande.

---

2. Ceci depuis très longtemps, puisque le premier modèle de stock, connu sous le nom de modèle de WILSON, bien qu'attribuable en réalité à HARRIS F. W. remonte à 1915. Parmi les travaux précurseurs, on citera également l'article de ARROW K. HARRIS T. et MARSHAK J., « Optimal inventory policy » in *Econometrica*, juillet 1951, pages 250 à 272.

En ce qui concerne les stocks de distribution, la demande est d'origine externe à l'entreprise, aussi sera-t-elle le plus souvent aléatoire. La distribution de probabilité qu'elle suit pourra éventuellement être déterminée à partir d'études statistiques de la demande passée, et dans certains cas être approchée par une loi connue (loi de Poisson, loi normale...).

Les stocks de production font l'objet d'une demande interne, mais dérivée, dépendant plus ou moins directement de la demande externe. Deux situations peuvent être envisagées :

— dans l'hypothèse d'une production sur stocks, la demande finale est anticipée, la production est alors planifiée et les besoins liés à la production (demande interne) sont connus avec quasi-certitude;
— dans l'hypothèse d'une production sur commande, la demande finale est beaucoup plus mal anticipée; la production est donc incertaine et de ce fait les besoins liés à cette production sont également incertains.

La demande instantanée, c'est-à-dire enregistrée en un point du temps, est *statique* si quel que soit le point du temps considéré elle suit toujours la même loi de probabilité. Lorsque les caractéristiques des lois de demande évoluent au cours du temps, elle est dite *dynamique.* C'est le cas par exemple lorsque la moyenne et l'écart-type de la demande varient au cours du temps. Cette variation peut elle-même être plus ou moins prévisible. C'est à ce niveau qu'interviennent les modèles de prévision développés dans le chapitre 1.

2° L'approvisionnement.

La demande n'étant pas maîtrisable à court terme, la régulation du stock s'opère par l'intermédiaire de l'approvisionnement. Celui-ci est donc une variable de commande pour l'entreprise.

L'approvisionnement est un flux de produits entrant dans le stock. Ce flux est d'origine interne lorsqu'il provient de l'entreprise elle-même, ou externe lorsqu'il provient de fournisseurs ou sous-traitants. Ce flux peut être :

— *continu :* c'est le cas d'une chaîne d'assemblage approvisionnant un stock de distribution;
— *périodique et ponctuel,* lorsqu'il s'agit, par exemple, de produits commandés à des fournisseurs ou sous-traitants à intervalles plus ou moins réguliers;
— *périodique et progressif,* dans l'hypothèse d'un stock reconstitué progressivement sur la base de séries lancées périodiquement dans l'entreprise elle-même.

Un flux continu est caractérisé par son débit, un flux périodique est défini par

— une date de passation de la commande;
— un volume de commande;
— un délai d'obtention.

Lorsque l'approvisionnement est d'origine interne à l'entreprise, le délai d'obtention est un *délai de fabrication* quasi certain. Lorsque l'approvisionnement est d'origine externe le délai d'obtention est un *délai de livraison* dépendant du fournisseur et du transporteur, et revêtant de ce fait un caractère plus aléatoire.

§ 2. Les éléments incorporels.

La constitution de tout stock de produit suscite des problèmes tels que le choix de l'emplacement des entrepôts, leur dimensionnement, l'arbitrage entre stocks et capacités de production, etc. Ce sont là des problèmes d'ordre essentiellement stratégique supposés résolus. La structure étant donnée, il s'agit uniquement d'assurer la régulation du stock dans le temps.

Or, il existe divers *modes de régulation* pour l'application desquels il convient de fixer des *objectifs de gestion*.

1° Les modes de régulation du stock.

Puisque la demande est une variable exogène, la régulation du stock s'opère au niveau de l'approvisionnement, variable de commande. Dès lors la problématique du stock est simple, elle peut être résumée par deux questions :
— *quand?,* c'est-à-dire à quelle date le stock doit-il être approvisionné;
— *combien?,* c'est-à-dire quel doit être le volume de l'approvisionnement.

Il y a bien entendu diverses réponses à ces deux questions : chacune d'elles correspond à un mode de gestion particulier, mais quelle que soit la solution retenue, la mise en place d'une politique de gestion nécessite la détermination des composantes fondamentales du stock.

A. Les composantes fondamentales d'un stock.

Les composantes fondamentales d'un stock figurent sur le graphique 1 qui pourrait illustrer l'évolution d'un stock de distribution dans une entreprise commerciale.

Bien que ne recouvrant pas la totalité des situations envisageables, ce schéma met en évidence les phases successives des cycles de stockage : approvisionnement du stock en t_1 puis écoulement de celui-ci entre t_1 et t_2, nouvel approvisionnement en t_2, etc.

L'évolution du stock est ici supposée parfaitement linéaire. Cette situation est rare en pratique. Généralement, le stock connaît une évolution « en escaliers » avec des marches plus ou moins irrégulières. Mais, il est souvent commode d'approximer cette évolution par une droite.

Le stock actif (SA), élément essentiel dans les calculs de stocks correspond à une quantité de produits équivalente à la demande pendant une période de stockage T :
— lorsqu'il s'agit d'une demande déterministe, le stock actif correspond à la demande connue et attendue de la période T;
— lorsqu'il s'agit d'une demande aléatoire, le stock actif correspond à la demande moyenne de la période T, c'est-à-dire à l'espérance mathématique de la demande.

La demande moyenne correspondant à une période donnée étant connue, la détermination du stock actif SA entraîne la détermination de la période de stockage T. De plus, si la demande est statique, le stock actif SA et la période T sont constants. Si la demande est dynamique, stock actif SA et période T sont variables.

Graphique 1. — Évolution d'un stock de distribution.
(Cas de demande constante.)

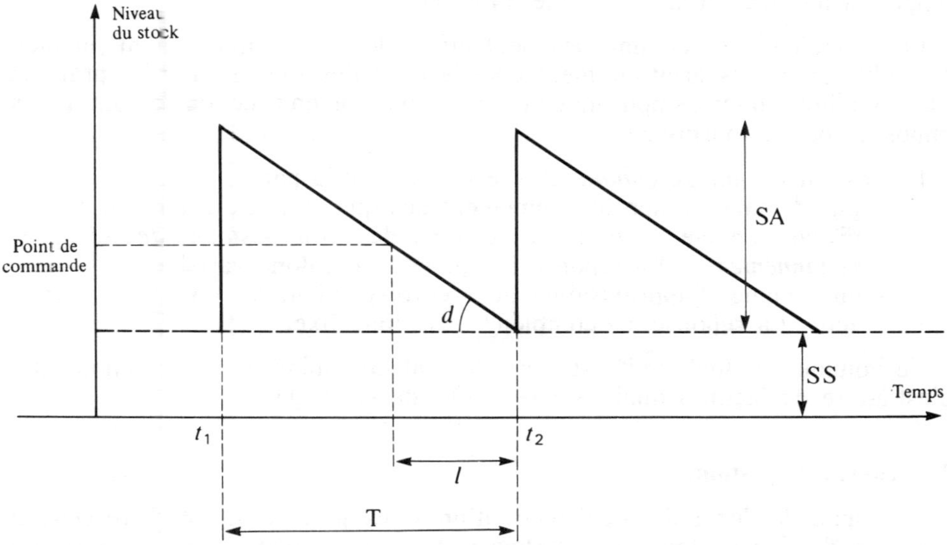

Très souvent, les modèles de stocks utilisent la notion de *stock actif moyen.* Il correspond à la quantité de produits détenus « en moyenne » pendant la période T.

Le stock de sécurité (SS) a pour but d'éviter, au moins partiellement, les ruptures de stock lorsque la demande s'avère supérieure à la demande moyenne. En principe, le stock de sécurité ne se justifie que si la demande est aléatoire. Toutefois, il peut être constitué pour faire face à des délais de livraison aléatoires, car dans ce cas la demande pendant les délais de livraison est une variable aléatoire.

Le stock de sécurité n'est pas utilisé systématiquement à chaque période de stockage. Et lorsqu'il sert, c'est uniquement en fin de période de stockage. Il est donc quasiment permanent dans l'entreprise.

B. La régulation du stock.

Deux méthodes de régulation principales sont généralement proposées : la gestion calendaire du stock et la gestion dite « à point de commande ».

La gestion calendaire comporte les règles suivantes :

— approvisionnement à date fixe, chaque période de stockage ayant généralement même amplitude. La réponse à « quand? » est donc fixe;

— le volume de la commande varie généralement de période en période. Il correspond au *stock de recomplètement.* La réponse à « combien? » est donc variable.

Pratiquement cette méthode simple consiste à inventorier le stock à intervalles réguliers et à le recompléter en fonction de ce qui manque par rapport à un stock total déterminé d'avance.

La périodicité des commandes peut être calculée rationnellement ou bien être plus ou moins arbitrairement choisie pour des raisons d'ordre pratique (disponibilités en temps pour inventorier le stock) ou en fonction de contraintes imposées par le fournisseur.

La gestion *«point de commande»* est caractérisée par
- une demande d'approvisionnement dès que le stock atteint un certain niveau appelé «point de commande» ou *«stock de réapprovisionnement»*. La réponse à «quand?» est donc variable;
- un volume d'approvisionnement correspondant au volume du stock actif. La réponse à «combien?» est donc fixe.

Le volume du stock actif est généralement déterminé de façon rationnelle, c'est-à-dire de façon à minimiser les coûts de stockage.

2° Critères de gestion.

Anticipant la demande, l'existence d'un stock permet de satisfaire celle-ci dans un délai bref tout en maintenant une production régulière. Mais en contrepartie, le stock comporte un coût parfois élevé qu'il faut s'efforcer de minimiser tout en satisfaisant un «taux de service» imposé comme une contrainte.

A. Les coûts de stockage.

Il s'agit de l'ensemble des coûts liés au système de stockage et affectés par les décisions concernant le stock actif, le stock de sécurité, le stock de recomplètement et le stock de réapprovisionnement.

Plus précisément, il s'agit
- du coût d'approvisionnement;
- du coût de détention;
- du coût de surplus;
- du coût de rupture de stock;
- du coût de dépassement.

Le coût d'approvisionnement correspond à l'acte de reconstitution des stocks. Lorsqu'il est d'origine externe, l'acte d'approvisionnement comporte
- *un coût de commande* composé essentiellement de frais administratifs;
- *un coût d'acquisition* composé du prix d'achat et des frais de transport des produits.

Lorsqu'il est d'origine interne, l'approvisionnement suscite
- *un coût de lancement* de séries de fabrication (réglage des machines, organisation du travail);
- *un coût de fabrication* des produits.

Les coûts de commande et de lancement sont généralement fixes par rapport au volume de la commande ou du lot de fabrication. Sur une période de temps donnée ces coûts sont donc proportionnels au nombre des commandes ou des lancements. Le coût unitaire d'acquisition et le coût unitaire de fabrication sont très souvent dégressifs par rapport au volume commandé (rabais obtenus des fournisseurs) ou par rapport au volume fabriqué (économies d'échelle).

Le coût de détention est provoqué par la détention de produits en stock. Il comporte plusieurs composantes :

— une composante totalement indépendante du volume du stock. Ce sont des charges liées à la capacité d'entreposage : loyer ou amortissement des entrepôts, dépenses de gardiennage, dépenses de chauffage, etc.;
— une composante liée au niveau du stock total et comprenant les charges d'assurance d'entretien et de manutention des produits stockés;
— enfin une composante constituée de charges financières suscitées par l'immobilisation de capitaux dans le stock. Ce coût est proportionnel au stock moyen.

Le coût de surplus apparaît lorsque l'entreprise ne parvient pas à écouler la totalité de son stock.

Lorsque l'excédent d'une période de stockage peut être écoulé sans perte au cours de la période suivante ce coût de surplus est nul. Mais lorsqu'il s'agit de denrées périssables, ou de produits sujets à obsolescence, tout excès de stockage par rapport à la demande comporte un coût. Si la perte est totale, le coût du surplus est équivalent au coût d'acquisition du produit. Dans les autres cas, il équivaut à la différence entre le coût d'acquisition et le prix de récupération.

Le coût de rupture doit être pris en compte lorsque la demande d'une période ne peut être satisfaite. Il y a alors une rupture de stock dont les conséquences dépendent de la nature de la demande.

Dans le cas d'une demande interne la rupture du stock risque de provoquer le chômage technique des ateliers situés en aval. S'il y a possibilité de réorganiser la production pour faire « autre chose » en attendant la livraison, le coût de rupture est fixe et correspond au coût de réorganisation. Dans le cas contraire, le coût de rupture est proportionnel à la durée de la rupture. Il peut également comporter des dépenses spéciales pour obtenir un approvisionnement plus rapide.

Dans le cas d'une demande externe émanant de la clientèle, le coût d'une rupture peut comporter :

— le manque à gagner lorsque la clientèle n'accepte pas de différer sa demande;
— les indemnités dues aux clients en cas de manquement aux engagements de l'entreprise;
— un élément difficilement chiffrable imputable à la dégradation de l'image de marque de l'entreprise, à la lassitude du client. Dans l'hypothèse d'achats répétitifs, les ruptures augmentent la probabilité de perte de clientèle. Un élément du coût correspond donc à l'accroissement de l'espérance du manque à gagner futur imputable à la rupture du stock.

Le coût de dépassement survient lorsqu'à propos d'un approvisionnement le stock dépasse les capacités d'entreposage. Il correspond à la nécessité de trouver momentanément des capacités de stockage supplémentaires et éventuellement, aux dommages subis par les produits.

B. La contrainte de service.

Lorsque les coûts sont identifiés et évalués, ils sont intégrés à une relation qui exprime le coût total de stockage en fonction du volume de produits stockés. Les techniques analytiques d'optimisation ou encore la simulation permettent ensuite de préciser pour chaque catégorie de stock un *volume optimal,* c'est-à-dire un volume rendant minimum le coût total de stockage.

Or, il s'avère que certains coûts sont parfois difficilement mesurables. Il en est ainsi du coût de rupture des stocks. Il est alors impossible de formuler la fonction de coût du stock de sécurité. Dans ce cas fréquent, le stock de sécurité optimal correspond au stock minimum permettant de respecter une *contrainte de service* imposée *a priori.*

La contrainte de service s'exprime sous la forme d'une probabilité. C'est une valeur limite que la probabilité d'être en rupture de stock ne doit pas dépasser.

Soit α cette valeur limite, α est alors le taux de défaillance maximum admissible tandis que le complément $(1-\alpha)$ est le taux de service minimum requis. Dans ce cas le stock de sécurité doit être calculé de sorte que le taux de service soit, pour le moins, respecté.

SECTION 2. LES MODÈLES DÉTERMINISTES

Les caractéristiques essentielles communes des modèles envisagés ici sont les suivantes :

— une demande certaine, constante par unité de temps;
— des délais d'approvisionnement connus et qui ne seront, de ce fait, pas pris en considération.

Deux situations sont envisagées, selon que le coût d'acquisition des produits est *constant* (§ 1) ou au contraire *variable* (§ 2).

§ 1. Coût d'acquisition constant.

La demande étant connue pour une période de temps donnée — par exemple l'année —, l'entreprise peut adopter l'une des solutions suivantes :

— ne pas stocker et s'approvisionner en continu;
— constituer en début de période un stock suffisant pour couvrir toute la demande de la période.

Entre ces deux extrémités, de multiples solutions intermédiaires sont envisageables; il faut déterminer celle qui minimise le coût total de stockage. Or ce coût comporte des composantes antagonistes. Ainsi sur la période étudiée, un niveau de stock élevé correspond à un nombre d'approvisionnements réduit et de ce fait les coûts de commande ou de lancement sont limités tandis que les coûts de détention sont, quant à eux, importants. Un niveau réduit de stock provoquerait les effets inverses.

Il faut donc arbitrer. La démarche consiste :

— à recenser les coûts affectés par le niveau du stock;
— à formaliser le coût total du stockage en fonction du niveau du stock;
— à rechercher le volume de stockage qui minimise le coût total.

Appliquons cette procédure successivement :

— au cas d'un *approvisionnement externe périodique et ponctuel* ;

— au cas d'un *approvisionnement interne périodique mais progressif.*

1° Approvisionnement externe périodique et ponctuel.

Deux situations doivent être distinguées selon que la demande s'adressant au stock peut être différée ou non.

A. Demande non différable.

Cette situation correspond au célèbre modèle de Wilson. Celui-ci prend en ligne de compte explicitement, trois catégories de coûts :

— le coût d'acquisition unitaire C supposé indépendant des volumes commandés à chaque approvisionnement,

— le coût d'approvisionnement C_a lié à chaque commande mais constant quel que soit son volume,

— le coût de détention C_s d'une unité de produit pendant une période déterminée (généralement l'année). C_s peut être interprété comme la proportion *s* du coût d'acquisition unitaire C. Implicitement le coût de rupture de stock est considéré comme infiniment grand, puisque la clientèle n'accepte pas de différer sa demande.

Sous ces hypothèses, le modèle de Wilson exprime le coût annuel de stockage CT en fonction du niveau de stock actif SA dans le cas d'une demande annuelle DA connue et statique :

$$CT = C \cdot DA + C_a \frac{DA}{SA} + C_s \frac{SA}{2}.$$

Expression dans laquelle :

$\frac{DA}{SA}$ représente le nombre d'approvisionnements au cours de la période (ici un an).

$\frac{SA}{2}$ mesure le stock actif moyen.

Pour que le coût soit minimum, il faut :

$$\frac{dCT}{dSA} = -C_a \frac{DA}{SA^2} + \frac{C_s}{2} = 0$$

c'est-à-dire

$$SA^* = \sqrt{2DA \cdot \frac{C_a}{C_s}}$$

où SA* mesure le stock actif optimal ainsi que le volume de chaque commande.

Ceci permet de déterminer simultanément

— le niveau optimal de stock moyen :

$$\frac{SA^*}{2} = \sqrt{\frac{DA \cdot C_a}{2C_s}}$$

— le nombre optimal de cycle de réapprovisionnement :

$$n^* = \frac{DA}{SA} = \sqrt{\frac{C_s \cdot DA}{2C_a}}$$

— l'intervalle optimal entre deux commandes

$$T^* = \frac{1}{n^*}.$$

Dans une telle situation, une gestion calendaire donnerait les mêmes résultats qu'une gestion à point de commande.

Exemple :

Un grossiste en matériel hi-fi estime à 2000 unités par an la demande d'enceintes Disco.

Dans la perspective de la recherche d'une politique optimale de stockage, le recensement des coûts a fait apparaître :

— un coût d'acquisition de 1000 F;

— un coût d'approvisionnement indépendant du volume de chaque commande et s'élevant à 1500 F;

— un coût de détention évalué à 150 F par unité stockée pendant un an.

La fonction de coût de stockage pour l'année à venir s'écrit donc

$$CT = 1\,000 \times 2\,000 + 1\,500 \times \frac{2\,000}{SA} + 150 \times \frac{SA}{2},$$

d'où

$$SA^* = \sqrt{2 \times 2\,000 \times \frac{1\,500}{150}} = 200.$$

Il y aura donc $2\,000/200 = 10$ approvisionnements dans l'année et le coût total annuel de stockage s'élèvera à

$$CT = 2\,030\,000 \text{ F}.$$

B. Demande différable.

Dans certains cas, la clientèle accepte de différer sa demande moyennant un dédommagement qui, du point de vue de l'entreprise, constitue une pénalité. Un nouveau coût apparaît donc, la pénalité de retard supposée proportionnelle au délai d'attente : P_n mesure la pénalité pour un retard d'une année pour par unité de demande différée.

La possibilité de différer la demande présente comme avantage de ne pas avoir à détenir des stocks pendant une partie t de la période de stockage T, d'où une économie de coût de détention.

La durée pendant laquelle un stock est effectivement détenu est proportionnelle au rapport

$$\frac{T - t}{T} = \frac{SA}{SA + DD} = \frac{SA}{VC} \text{ (\textit{cf.} graphique 2)},$$

où DD est la demande différée et VC le volume de la commande.

Graphique 2. — Situation de demande différée.

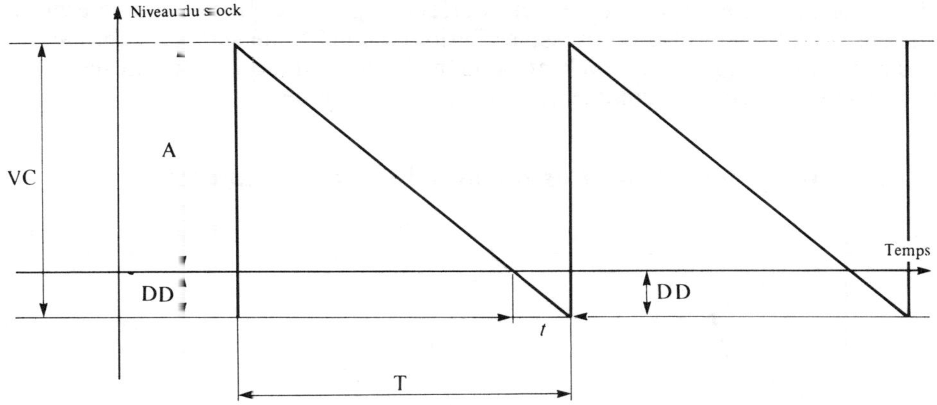

Bien entendu, la demande différée est globalement satisfaite dès que le stock est reconstitué. Sous ces hypothèses, le coût annuel de stockage CT en fonction du stock actif SA et de la demande différée DD s'écrit

$$CT = C \cdot DA + C_a \frac{DA}{SA + DD} + C_s \frac{SA}{2} \cdot \frac{SA}{SA + DD} + P_n \cdot \frac{DD}{2} \cdot \frac{DD}{SA + DD},$$

d'où les résultats suivants :

— Stock actif optimal :

$$SA^* = \sqrt{2DA \cdot \frac{C_a}{C_s}} \cdot \sqrt{\frac{P_n}{P_n + C_s}}.$$

— Volume optimal de la demande différée par période :

$$DD^* = \frac{C_s}{P_n} \sqrt{2DA \cdot \frac{C_a}{C_s}} \cdot \sqrt{\frac{P_n}{P_n + C_s}}.$$

— Volume optimal d'une commande :

$$VC^* = SA^* + DD^* = \sqrt{2DA \cdot \frac{C_a}{C_s}} \cdot \sqrt{\frac{P_n + C_s}{P_n}}.$$

Par exemple dans le cas du grossiste en matériel hi-fi, si les détaillants acceptent de différer leur demande moyennant une pénalité de 266 F par an et par enceinte, la fonction de coût s'écrit

$$CT = 1\,000 \cdot 2\,000 + 1\,500 \cdot \frac{2\,000}{SA + DD} + 150 \cdot \frac{SA}{2} \cdot \frac{SA}{SA + DD} + 266 \cdot \frac{DD}{2} \cdot \frac{DD}{SA + DD}.$$

D'où un stock actif optimal $SA^* = 160$, un volume optimal de demande différée par période $DD^* = 90$ et un volume optimal de commande $VC^* = 250$. Chaque année, huit approvisionnements seront ainsi programmés. Le coût total annuel s'élève à 2 021 835 F, soit une économie de 8 165 F par rapport au cas de demande non différable.

2° Approvisionnement interne périodique et progressif.

Lorsque la reconstitution du stock s'effectue par une production interne à l'entreprise, elle peut être progressive. Périodiquement une série de fabrication est lancée pour regarnir le stock et pendant la durée t de réalisation de cette série le stock augmente comme le montre le graphique 3.

Graphique 3. — Cas d'approvisionnement interne.

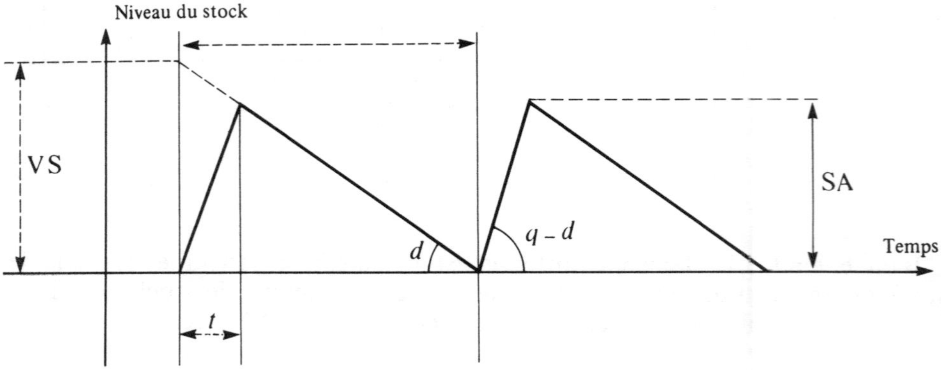

Le problème consiste à déterminer le volume optimal de chaque série de fabrication VS ainsi que le stock actif optimal. Soit

d la demande connue par unité de temps (par exemple demande journalière);

q la production connue par unité de temps (par exemple production journalière).

Pour que la demande puisse être satisfaite, il faut que : $q > d$. Pendant la période de fabrication, le stock se reconstitue au rythme de $(q - d)$ unités de produit par unité de temps. Puisque t est la durée de fabrication d'une série. Le volume de chaque série est donné par

$$\mathrm{VS} = q \cdot t$$

et le volume du stock actif maximum, par

$$\mathrm{SA} = (q - d) \cdot t,$$

d'où la relation

$$\mathrm{SA} = \mathrm{VS} \cdot \frac{(q - d)}{q}.$$

Le coût d'approvisionnement C_a correspond au coût de lancement d'une série de fabrication supposé indépendant du volume de la série. Avec C_s symbolisant le coût de détention d'une unité pendant un an, C le coût de fabrication unitaire et DA la demande annuelle, le coût annuel de stockage CT peut être exprimé en fonction du volume VS de chaque série :

$$\mathrm{CT} = \mathrm{C} \cdot \mathrm{DA} + C_a \cdot \frac{\mathrm{DA}}{\mathrm{VS}} + C_s \cdot \frac{\mathrm{VS}}{2} \frac{(q - d)}{q};$$

d'où le volume optimal d'une série de fabrication

$$VS^* = \sqrt{2 \cdot DA \cdot \frac{C_a}{C_s}} \sqrt{\frac{q}{q-d}},$$

et le volume du stock actif optimal :

$$SA^* = VS^* \cdot \frac{(q-d)}{q} = \sqrt{2 \cdot DA \cdot \frac{C_a}{C_s}} \cdot \sqrt{\frac{q-d}{q}}.$$

Exemple :

Pour approvisionner son atelier d'assemblage de cyclomoteurs la société Cas doit fabriquer, par lots, 20 000 guidons dans l'année. Son problème consiste donc à déterminer la taille optimale de chaque lot et le stock actif optimal de guidons. Le recensement des coûts a permis d'évaluer :

— le coût de fabrication unitaire : 25 F quel que soit le volume des séries;
— le coût de lancement C_a de chaque série de fabrication : 2 000 F. Ce coût est indépendant de la taille de la série;
— le coût de détention Cs d'un guidon stocké pendant un an : 4 francs.

Le rythme de production des guidons s'élève à $q = 400$ unités par jour. Le coût de fabrication est indépendant du volume de la série.

L'année comportant 250 jours ouvrables, la demande journalière d est estimée à $\frac{20\,000}{250} = 80$ guidons.

Le coût annuel de stockage CT en fonction du volume VS de chaque série s'écrit

$$CT = 25 \times 20\,000 + 2\,000 \times \frac{20\,000}{VS} + 4 \frac{VS}{2} \frac{(400-80)}{400},$$

d'où le volume optimal de chaque série,

$$VS^* = \sqrt{2 \times 2\,000 \times \frac{20\,000}{4} \times \frac{400}{400-80}} = 5\,000 \text{ guidons};$$

le volume du stock actif optimal,

$$SA^* = 5\,000 \frac{(400-80)}{400} = 4\,000 \text{ guidons};$$

et le coût total de stockage,

$$CT = 516\,000 \text{ francs pour quatre séries.}$$

§ 2. Coût d'acquisition variable.

Jusqu'ici, le coût unitaire d'acquisition a été considéré comme fixe. Ce qui n'est pas le cas le plus fréquent. La réalité s'accommode plus souvent

— de coûts d'acquisition *variables dans le temps*,
— et de coûts d'acquisition *variables en fonction du volume des commandes*.

1° Coût d'acquisition variable dans le temps.

Sur la longue période, le coût d'acquisition est rarement fixe. Il est appelé à se modifier plus ou moins fréquemment soit à la hausse, soit à la baisse.

Cependant deux situations doivent être distinguées :

— la modification du coût est exceptionnelle et réversible dans la mesure où le coût revient ensuite à son niveau antérieur;

— le coût est modifié pour une période indéterminée sans retour prévisible au niveau antérieur. Cette modification peut être considérée comme définitive.

A. Cas d'une modification de prix exceptionnelle.

Supposons que le fournisseur accorde une remise exceptionnelle dans le cadre d'une campagne promotionnelle.

Un rabais unitaire *r*, mesuré ici en francs, est octroyé lors d'une commande. L'acheteur va donc chercher à bénéficier de l'aubaine en gonflant le volume de cette commande particulière. Deux questions se posent dès lors :

— quel doit être le volume CX de cette commande particulière bénéficiant d'un prix plus avantageux?

— le volume de cette commande a-t-il une incidence sur le volume SA des autres commandes?

Pour répondre à ces questions, il convient d'exprimer le coût total annuel CT en fonction de CX et de SA compte tenu :

— du coût d'acquisition unitaire C en temps normal et $(C - r)$ pour la commande particulière;

— du coût d'approvisionnement C_a indépendant du volume des commandes;

— du coût de détention d'une unité de produit pendant un an. Ce coût de détention annuel est supposé proportionnel au coût d'acquisition (dans la proportion s) : soit C_s en temps ordinaire et $(C - r)s$ pour la détention d'articles bénéficiant d'un rabais;

— de la demande annuelle DA

$$\mathrm{CT} = (\mathrm{DA} - \mathrm{CX})\mathrm{C} + \mathrm{CX}(\mathrm{C} - r) + \frac{\mathrm{DA} - \mathrm{CX}}{\mathrm{SA}} \cdot \mathrm{C}_a + \mathrm{C}_a$$

$$+ \frac{\mathrm{SA}}{2} \cdot \mathrm{C} \cdot s \cdot \frac{\mathrm{DA} - \mathrm{CX}}{\mathrm{DA}} + \frac{\mathrm{CX}}{2} \cdot (\mathrm{C} - r) s \cdot \frac{\mathrm{CX}}{\mathrm{DA}},$$

où

$\mathrm{DA} - \mathrm{CX}$ représente la quantité de produits acquis au prix « normal » C au cours de l'année.

$\dfrac{\mathrm{DA} - \mathrm{CX}}{\mathrm{DA}}$ mesure la proportion du temps pendant lequel ces produits acquis au prix normal ont été stockés.

$\dfrac{\mathrm{CX}}{\mathrm{DA}}$ mesure la proportion complémentaire (part du temps pendant lequel des produits acquis au rabais ont été stockés).

Les conditions d'optimisation du coût total soit $\partial \mathrm{CT}/\partial \mathrm{SA} = 0$ et $\partial \mathrm{CT}/\partial \mathrm{CX} = 0$ permettent de déterminer SA* et CX*. On trouve $\mathrm{SA}^* = \sqrt{2\mathrm{DA}\,\dfrac{\mathrm{C}_a}{\mathrm{C}_s}}$. Donc le volume du stock actif optimal est indépendant du rabais consenti. Si ce rabais est consenti dans le courant de l'année, il n'est pas utile de l'anticiper dans les calculs de gestion des stocks. Il ne devra être pris en compte qu'au moment où il se produit.

Le volume de la commande particulière qui intègre le rabais accordé par le fournisseur est alors

$$\mathrm{CX}^* = \frac{r \cdot \mathrm{DA}}{(\mathrm{C}-r)\,s} + \frac{\mathrm{SA}^* \cdot \mathrm{C}}{(\mathrm{C}-r)} \qquad [3]$$

Il convient de remarquer le fait que si le rabais est nul alors $\mathrm{CX}^* = \mathrm{SA}^*$.

Exemple :

Dans le cas du grossiste en matériel hi-fi, le producteur accorde un rabais exceptionnel de 40 F par unité au cours de la quatrième commande de l'année. Quel doit être le volume de cette commande ainsi que des suivantes? (Pour les autres données *cf.* 1°, *A.* p. 222.)

Coût d'acquisition unitaire (sans rabais) = 1 000 F
Coût d'approvisionnement = 1 500 F par commande
Coût de détention = 15 % du coût d'acquisition
Demande annuelle = 2 000 unités

$$\mathrm{CT} = (2\,000 - \mathrm{CX})\,1\,000 + 960\mathrm{CX} + \frac{2\,000-\mathrm{CX}}{\mathrm{SA}} \times 1\,500 + 1\,500 + \frac{\mathrm{SA}}{2} \times 150\,\frac{(2\,000-\mathrm{CX})}{2\,000} + \frac{\mathrm{CX}}{2} \times 144 \times \frac{\mathrm{CX}}{2\,000}.$$

Le stock actif optimal SA en temps normal est identique au résultat trouvé en 1°, *A.* soit

$$\mathrm{SA}^* = 200 \text{ unités.}$$

Le volume optimal de la quatrième commande s'élève à

$$\mathrm{CX}^* = \frac{40 \times 2\,000}{960 \times 0{,}15} + 200 \times \frac{1\,000}{960} = 764 \text{ unités.}$$

Le volume des commandes ultérieures correspondra, bien entendu, à 2 000 unités. Le coût total annuel s'élève à 2 010 493 F, d'où une économie de 19 507 F imputable au rabais.

---

3. En effet :

1° $\partial\mathrm{CT}/\partial\mathrm{SA} = -\frac{(\mathrm{DA}-\mathrm{CX})}{\mathrm{SA}^2}\,\mathrm{C}_a + \frac{\mathrm{C}_s}{2}\left(\frac{\mathrm{DA}-\mathrm{CX}}{\mathrm{DA}}\right) = 0$, d'où $\mathrm{SA}^2 = 2\,\frac{\mathrm{DA}\cdot\mathrm{C}_a}{\mathrm{C}_s}$.

2° $\partial\mathrm{CT}/\partial\mathrm{CX} = -\frac{\mathrm{C}_a}{\mathrm{SA}} - \frac{\mathrm{SA}}{2}\left(\frac{\mathrm{C}_s}{\mathrm{DA}}\right) + \mathrm{CX}(\mathrm{C}-r)\,\frac{s}{\mathrm{DA}} = 0$,

d'où $$\mathrm{CX} = \frac{r\mathrm{DA}}{s(\mathrm{C}-r)} + \frac{\mathrm{SA}\cdot\mathrm{C}}{(\mathrm{C}-r)}\left[\frac{1}{2} + \frac{\mathrm{C}_a\mathrm{DA}}{\mathrm{C}\cdot s\cdot\mathrm{SA}^2}\right],$$

avec $$\frac{\mathrm{C}_a\mathrm{DA}}{\mathrm{C}\cdot s\cdot\mathrm{SA}^2} = \frac{\mathrm{C}_a\mathrm{DA}\cdot\mathrm{C}\cdot s}{\mathrm{C}\cdot s(2\mathrm{DA}\cdot\mathrm{C}_a)} = \frac{1}{2}.$$

B. Cas d'une modification de prix permanente.

Le fournisseur ayant programmé une hausse de son tarif, l'entreprise veut constituer un stock plus élevé juste avant cette hausse, d'où les questions :

— quel doit être le volume de la commande spéciale ayant pour objet d'anticiper l'augmentation du prix?

— quel doit être le volume du stock actif optimal après la hausse?

Pour résoudre le problème il faut exprimer le coût total annuel du stock à partir de la date de la commande spéciale — c'est-à-dire en fait la date du changement du tarif du fournisseur. Ceci compte tenu :

— du coût d'acquisition unitaire C avant la hausse,

— du montant h de la hausse,

— du coût d'approvisionnement C_a indépendant du volume des commandes,

— du coût de détention d'une unité pendant un an. Ce coût s'élève à C_s avant la hausse et à $(C+h)\cdot s$ après cette hausse,

— du stock résiduel R au moment de l'annonce de la hausse de prix,

— de la demande annuelle DA.

$$CT = C(CS+R) + (C+h)(DA-CS-R) + C_a + C_a \frac{DA-CS-R}{SA} + C_s \cdot \frac{CS+R}{2} \cdot \frac{CS+R}{DA} + (C+h)\cdot s \cdot \frac{SA}{2} \cdot \frac{DA-CS-R}{DA},$$

où CS est le montant de la commande spéciale,

CS + R la quantité de produits acquis à l'ancien prix,

$\frac{CS+R}{DA}$ la proportion de temps annuelle pendant laquelle les produits acquis à l'ancien prix sont stockés,

DA − CS − R la quantité de produits acquis au nouveau prix;

$\frac{CS+R}{DA}$ la proportion de temps annuelle pendant laquelle les produits acquis au nouveau prix sont stockés,

L'optimisation du coût total permet de préciser[4] :

1. la valeur du stock actif optimal SA* après le mouvement de hausse :

$$SA^* = \sqrt{2DA \frac{C_a}{(C+h)s}}.$$

4. En effet

1° $\partial CT/\partial SA = -\frac{C_a(DA-CS-R)}{SA^2} + \frac{(C+h)s(DA-CS-R)}{2DA} = 0$, d'où $SA^2 = \frac{2C_a DA}{(C+h)s}$.

2° $\partial CT/\partial CS = -h - \frac{C_a}{SA} + \frac{C_s(CS+R)}{DA} - \frac{(C+h)sSA}{2DA} = 0$,

d'où $$CS = h\frac{DA + s\cdot SA}{C_s} + SA\left[\frac{C_a DA}{C_s SA^2} + \frac{C-h}{2C}\right] - R.$$

L'expression entre crochets égale 1 si l'on remplace SA^2 par sa valeur optimale.

2. le volume de la commande spéciale obtenue à l'ancien prix :

$$CS^* = \frac{h(DA + s \cdot SA^*)}{C \cdot s} + SA^* - R.$$

Exemple :

Le fabricant de matériel hi-fi a prévenu le grossiste qu'il augmentera le prix de l'enceinte Disco à partir du 1er septembre de 50 F. Afin de bénéficier de l'ancien tarif, le grossiste passe une commande spéciale, le 30 août, date à laquelle il lui reste 60 unités en stock. Quel est le volume de cette commande spéciale ainsi que des suivantes?

Les autres données sont identiques à celles du cas précédent.

$$CT = 1\,000\,(CS + 60) + 1\,050\,(2\,000 - CS - 60) + 1\,500$$

$$+ 1\,500 \times \frac{2\,000 - CS - 60}{SA} + 1\,000 \times 0{,}15 \cdot \frac{CS + 60}{2} \cdot \frac{CS + 60}{2\,000}$$

$$+ 1\,050 \times 0{,}15 \times \frac{SA}{2} \times \frac{2\,000 - CS - 60}{2\,000}.$$

Le stock actif optimal après la hausse s'élève à

$$SA^* = \sqrt{2 \times 2\,000 \times \frac{1\,500}{(1\,000 + 50)\,0{,}15}} = 195 \text{ unités}$$

et le volume de la commande spéciale obtenue à l'ancien prix :

$$CS^* = \frac{50\,(2\,000 + 0{,}15 \times 195)}{1\,000 \times 0{,}15} + 195 - 60 = 811 \text{ unités.}$$

Le coût total annuel s'élève à 2 103 752.

2° Coût d'acquisition variable en fonction du volume d'approvisionnement.

Que l'approvisionnement soit d'origine interne ou externe, le coût d'acquisition unitaire des produits est fréquemment lié au volume des commandes ou des séries de fabrication. Cette relation entre coût et volume peut être de nature :
— soit *discontinue* lorsque le coût évolue par paliers;
— soit *continue.*

A. Variation discontinue.

Dans le cas d'une variation discontinue du coût d'acquisition unitaire par rapport au volume des commandes, la procédure de détermination du stock actif optimal comporte deux phases :

1re phase : il existe divers intervalles V_i à l'intérieur desquels le coût d'acquisition unitaire des commandes reste fixe par rapport au volume de la commande. Sur chaque intervalle V_i il convient de déterminer un volume de stock actif SA_i^* qui permette de minimiser le coût du stockage.

2e phase : il est nécessaire de calculer le coût total de stockage $CT_i(SA_i^*)$ correspondant à chaque valeur SA_i^*. Puis il faut sélectionner la plus petite valeur CT* du coût total. Le volume du stock actif SA_i^* pour lequel elle a été obtenue devient le stock actif optimal SA*.

SA* est tel que

$$CT(SA^*) = Min[(CT_1(SA_1^*), \dots, CT_i(SA_i^*)\dots].$$

Comme on le voit sur le graphique 4, le minimum de coût $CT_i(SA_i^*)$ peut se situer sur une extrémité de V_i si $\partial CT_i/\partial SA_i$ est toujours positif ou toujours négatif sur l'intervalle.

Graphique 4. — Cas du prix d'acquisition variable en fonction du volume.

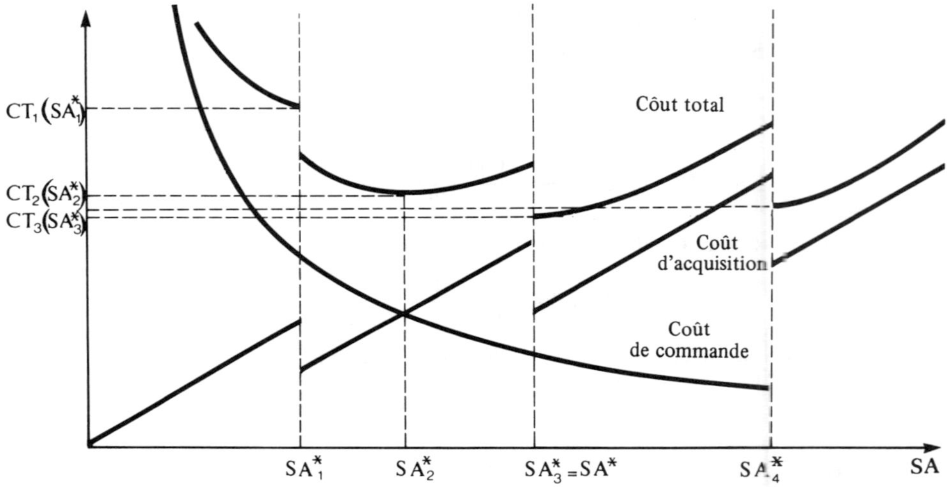

Exemple :

Le fabriquant des enceintes Disco propose le tarif suivant :

Quantités commandées	Prix (coût d'acquisition C)
0 à 99	1 100
100 à 299	1 000
300 à 999	950
1 000 et plus	930

Quel doit être le volume de chaque commande du grossiste étant donné que :
— la demande annuelle DA s'élève à 2 000 unités;
— le coût d'une commande C_a est estimé à 1 500 F;
— le coût de détention représente $s = 15\ \%$ du coût d'acquisition.

Le tableau suivant donne pour chaque tarif le niveau de commande optimal tout d'abord sans tenir compte des contraintes d'intervalle puis en tenant compte de ces contraintes. Si ce niveau de commande optimal ne respecte pas les contraintes, une extrémité de l'intervalle est choisie, extrémité inférieure si $\partial CT/\partial SA_i > 0$ ou extrémité supérieure dans le cas contraire.

Tarif	Intervalle	$\sqrt{\dfrac{2\,C_a\,DA}{C_s}}$	$\dfrac{\partial CT_i}{\partial SA_i}$	SA_i*	CTi (SA_i^*)
1 100	$SA \leqslant 99$	190	< 0	99	2 238 470
1 000	$100 \leqslant SA \leqslant 299$	200	$= 0$	200	2 030 000
950	$300 \leqslant SA \leqslant 999$	205	> 0	300	1 931 375
930	$SA \geqslant 1\,000$	207	> 0	1 000	1 932 750

Le volume de chaque commande doit ainsi s'élever à 300 unités.

B. Variation continue.

Dans l'hypothèse d'une variation continue du coût, celui-ci peut être exprimé en fonction du volume des commandes qui représente également le volume du stock actif SA

$$C = f(SA).$$

Soit une fonction de coût d'acquisition

$$C = C_0\left(1 + \frac{k}{SA}\right),$$

où C_0 est une limite au-dessous de laquelle le coût d'acquisition ne peut descendre, et k un paramètre spécifique.

Le coût total annuel de stockage s'élève à

$$CT = C_0\left(1 + \frac{k}{SA}\right)DA + C_a\frac{DA}{SA} + C_0\left(1 + \frac{k}{SA}\right)s\cdot\frac{SA}{2}$$

avec DA = demande annuelle;
C_a = coût d'une commande;
s = coût de détention annuel unitaire en pourcentage,

d'où

$$SA^* = \sqrt{2DA\cdot\frac{kC_0 + C_a}{s\cdot C_0}}.$$

Exemple :

La société Batimat distribue des matériaux pour le bâtiment. La demande de ciment prévue pour l'année à venir s'élève à 2 500 tonnes.

La cimenterie fournit le ciment à $C = 250\left(1 + \frac{10}{Q}\right)$ francs par tonne. Le prix C est ainsi fonction des quantités commandées. Le coût de détention d'une tonne de ciment pendant un an s'élève à 20 % du coût d'acquisition. Le coût de commande est considéré comme quasiment nul.

Le coût total s'écrit

$$CT = 250\left(1 + \frac{10}{SA}\right) \times 2\,500 + 0{,}2 \times 250\left(1 + \frac{10}{SA}\right) \times \frac{SA}{2}.$$

Dans ces conditions :

$$SA^* = \sqrt{2 \times 2\,500 \cdot \frac{10 \times 250}{0{,}2 \times 250}} = 500 \text{ tonnes.}$$

Il conviendrait ainsi de passer cinq commandes dans l'année. Le coût total serait alors CT = 650 250.

SECTION 3. LES MODÈLES STOCHASTIQUES

Les modèles stochastiques s'utilisent dans des situations probabilisables pouvant provenir

— d'aléas concernant la demande par unité de temps,
— d'approvisionnements dont les délais ne peuvent être assurés,
— ou bien d'une conjonction des deux phénomènes : demande et délais de livraisons incertains.

Graphique 5. — Évolution d'un stock pendant le délai de livraison.

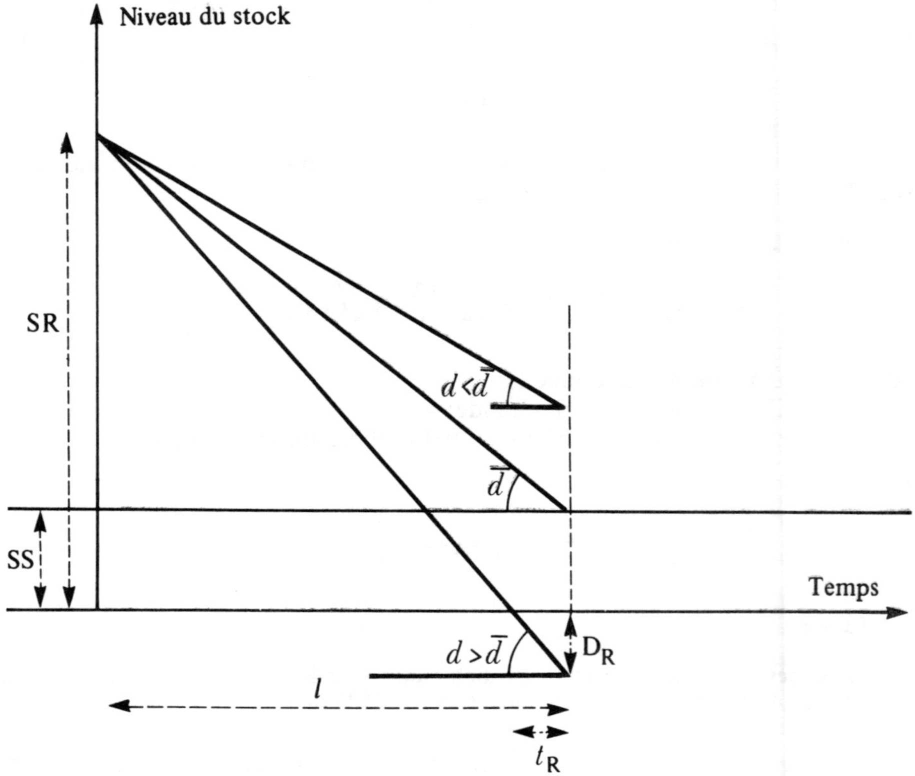

SR : stock de réapprovisionnement,
SS : stock de sécurité,
l : délai de livraison,
d : demande par unité de temps,
$\bar{d}$: demande moyenne par unité de temps,
t_R : durée de la rupture de stock,
D_R : volume de la rupture de stock.

Quelle que soit l'origine de l'incertitude, elle se traduit finalement par une demande aléatoire pendant le délai de réapprovisionnement et par des risques de rupture de stock, comme le montre le graphique 5.

Pour se protéger contre ces variations aléatoires de la demande, l'entreprise doit constituer un stock de sécurité au-delà du stock actif. En situation d'incertitude, il y a ainsi deux catégories de stock à déterminer :

— le stock actif qui est calculé sur la base d'une demande moyenne considérée comme sûre. Son calcul relève donc de l'application d'un modèle déterministe du type de ceux développés dans la section précédente;

— le stock de sécurité qui dépend de la loi de probabilité suivie par la demande pendant la période de réapprovisionnement.

Constituer un stock de sécurité entraîne des coûts de stockage additionnels qui doivent se justifier par une réduction corrélative de coûts de rupture. Comme il a été indiqué plus haut, il n'est cependant pas toujours possible d'évaluer un coût de rupture.

Deux types de modèles de stock de sécurité seront donc employés selon que l'entreprise doit se contenter de définir un taux de service (§ 1) ou au contraire est capable d'évaluer un coût de rupture de stock (§ 2). Ces deux types de modèles sont envisagés dans le cas de la gestion à point de commande. Le cas de la gestion calendaire sera évoqué ensuite (§ 3).

§ 1. Modèles avec contrainte de service.

Le stock de sécurité est déterminé de telle sorte que la probabilité d'être en rupture de stock reste inférieure à une limite imposée *a priori,* qui constitue la contrainte de service.

Dans l'hypothèse d'une gestion à « point de commande », le principe consiste à passer une commande de la valeur du stock actif dès que le niveau du stock atteint le point de commande.

Le stock de réapprovisionnement SR comprend :

— le stock nécessaire pour couvrir la demande moyenne pendant le délai d'approvisionnement, $\overline{D}_l$;

— le stock de sécurité SS qui permet de répondre à la demande lorsque, pendant les délais d'approvisionnement, celle-ci est supérieure à la moyenne.

L'analyse des *paramètres de la loi de demande* pendant le cycle de réapprovisionnement est un préalable à la *détermination du stock de sécurité* dont l'ampleur apparaît comme la résultante de données d'environnement et des choix stratégiques de l'entreprise. Le *coût associé au choix d'un taux de service* donné doit également être pris en considération : ce sera un élément important dans la définition de la stratégie de l'entreprise.

1° Analyse des paramètres de la loi de demande.

La variable aléatoire à considérer ici est la demande D_l pendant le délai de livraison, avec

$$D_l = d \cdot l,$$

où d est la demande par unité de temps et l le délai de livraison mesuré dans la même unité de temps.

Dans le cas où seule la *demande par unité de temps est incertaine,* les caractéristiques de la demande pendant le délai de réapprovisionnement sont données par respectivement l'espérance mathématique de la demande et sa variance :

$$E(D_l) = \overline{D}_l = l \cdot E(d) = l \cdot \overline{d}$$
$$\sigma^2_{D_l} = l \cdot \sigma^2_d$$

dans la mesure où les demandes sont indépendantes les unes des autres.

Si la demande est certaine, mais *le délai l incertain,* les caractéristiques de la demande D_l deviennent

$$E(D_l) = \overline{D}_l = d \cdot E(l) = d \cdot \bar{l}$$
$$\sigma^2_{D_l} = d^2 \sigma^2_l.$$

La demande et le délai de livraison peuvent être *simultanément incertains.* Si l et d sont deux *variables indépendantes,* nous avons alors

$$\overline{D}_l = \bar{l}\,\overline{d}$$
$$\sigma^2_{D_l} = \bar{l}\sigma^2_d + \overline{d}^2 \sigma^2_l.$$

2° Détermination du stock de sécurité.

Les caractéristiques de la demande pendant le délai d'approvisionnement étant définies, il devient possible de déterminer le stock de sécurité SS et le point de commande SR. Il y a rupture de stock dès lors que la demande pendant le délai d'approvisionnement D_l est supérieure au point de commande SR, c'est-à-dire si

$$D_l > SR$$

avec $SR = \overline{D}_l + SS$.

La probabilité de rupture de stock s'écrit

$$P(D_l > SR) = P(D_l - \overline{D}_l > SS).$$

D'un point de vue pratique, il convient de noter que le calcul de la probabilité de rupture dépend de la nature de la variable aléatoire :

— si la demande est une variable continue :

$$P(D_l > SR) = \int_{SR}^{\infty} f(D_l) \cdot dD_l,$$

où $f(D_l)$ représente la densité de probabilité de la demande pendant les délais de livraison;

— si la demande est une variable discrète :

$$P(D_l > SR) = \sum_{D_l = SR+1}^{\infty} P(D_l),$$

où $P(D_l)$ mesure la probabilité d'un niveau D_l de demande pendant le délai de livraison.

Le point de commande SR et le stock de sécurité SS doivent être choisis de telle sorte qu'une contrainte de service α imposée *a priori* soit respectée. Deux cas peuvent être envisagés :

— ou bien la contrainte de service se rapporte à un nombre de ruptures de stock,

— ou bien la contrainte de service concerne un volume de demandes non satisfaites.

A. Contrainte de service et nombre de ruptures.

Dans ce premier cas la contrainte de service impose qu'au cours d'une période — l'année —, la proportion de cycles d'approvisionnement avec rupture de stock ne dépasse pas un certain seuil α fixé *a priori* avec

$$\frac{\text{Nombre de cycles d'approvisionnement avec rupture}}{\text{Nombre total de cycles d'approvisionnement}} \leqslant \alpha.$$

Pour un cycle d'approvisionnement particulier, ce rapport mesure la probabilité qu'il y ait rupture de stock.

Par conséquent, pour respecter la contrainte de service, il faut choisir SR de façon que

$$P(D_l > SR) \leqslant \alpha \qquad \text{ou encore} \qquad P(D_l - \overline{D}_l > SS) \leqslant \alpha.$$

Exemple :

Le grossiste en matériel hi-fi (*cf.* section 2, § 1, A) adopte une méthode de gestion « à point de commande » sur le stock de l'enceinte Disco. La demande hebdomadaire d'enceintes est aléatoire et suit approximativement une loi normale dont les caractéristiques sont :

— moyenne de la demande hebdomadaire : 40 unités;

— écart type de la demande hebdomadaire : 20 unités.

Le délai de livraison du fabricant est de trois semaines. En cas de rupture du stock, les demandes non satisfaites ne sont pas perdues mais différées. Cependant ces ruptures mécontentent la clientèle, et de ce fait le grossiste cherche le niveau du point de commande et du stock de sécurité tel que la probabilité de tomber en rupture soit au plus égale à 5 %.

La demande pendant le délai de livraison est une variable aléatoire dont les caractéristiques sont :

moyenne : $40(3) = 120$ unités
variance : $20^2(3) = 1\,200$
écart type : $\sqrt{1\,200} = 34{,}6$ unités.

La lecture d'une table de la loi normale réduite permet de constater que le respect de la contrainte

$$P(D_l > SR) \leqslant 0{,}05$$

implique un stock de sécurité $SS = 34{,}6(1{,}65) = 57$ unités et un point de commande $SR = 57 - 120 = 177$ unités.

Le coût de détention d'une unité stockée pendant un an s'élevant à 150 F, le coût total annuel de détention du stock de sécurité est de 8 550 F.

B. Contrainte de service et volume des ruptures.

Dans le second cas, la contrainte implique qu'au cours de l'année, la proportion de demandes satisfaites soit inférieure à une certaine valeur α fixée *a priori* et qui correspond au taux de défaillance.

$$\frac{\text{Nombre de demandes non satisfaites}}{\text{Demande}} \leqslant \alpha.$$

Pour un cycle d'approvisionnement particulier, le rapport ci-dessus mesure la proportion de demandes non satisfaites au cours du cycle. Donc pour respecter la contrainte de service, il faut choisir le point de commande SR et le stock de sécurité SS de sorte que soient respectées les conditions suivantes :

— dans le cas d'une variable continue :

$$\frac{\int_{SR}^{\infty} (D_l - SR) f(D_l)\, dD_l}{SA} \leqslant \alpha$$

— dans le cas d'une variable discrète :

$$\frac{\sum_{D_l = SR}^{\infty} (D_l - SR) P(D_l)}{SA} \leqslant \alpha.$$

Exemple :

La direction d'une grande surface décide d'adopter la méthode de gestion à point de commande en ce qui concerne le modèle de rôtissoire Rotivit. Après analyse, la demande pendant les délais de livraison — de deux semaines — s'avère suivre une loi de Poisson dont la moyenne et la variance s'élèvent à $\lambda = 8$ unités. Le stock actif calculé sur la base de la demande annuelle moyenne correspond à 50 unités.

Toute demande non satisfaite est considérée comme perdue. Le coût de rupture ne peut être évalué car il comporte un risque élevé d'évasion de la clientèle difficile à chiffrer. C'est pourquoi la direction a fixé comme règle que les demandes non satisfaites ne doivent pas représenter plus de 0,5 % de la demande annuelle totale.

La table de la loi de Poisson permet de réaliser les calculs suivants :

SR	$\sum_{D_l = SR}^{\infty} D_l P(D_l)$	$\sum_{D_l = SR}^{\infty} SR P(D_l)$	$\frac{\sum_{D_l = SR}^{\infty} (D_l - SR) P(D_l)}{SA}$
8	5,492 1	4,376 0	0,022 32
9	4,375 3	3,667 5	0,014 10
10	3,258 4	2,834 0	0,008 48
11	2,265 4	2,025 1	0,004 80
12	1,471 2	1,342 8	0,002 57

D'après ce tableau, il ressort que le point de commande doit être placé à onze unités, ce qui implique un stock de sécurité de trois unités.

Le coût de détention s'élevant à 20,8 % du coût d'acquisition unitaire 816 F, les frais suscités par ce stock de sécurité s'élèvent à

$$0{,}208 \times 816 \times 3 = 509{,}18 \text{ F pour une année.}$$

3° Contrainte de service et coût de la sécurité.

Il est bien évident, d'après les développements précédents, que le coût associé au stock de sécurité est d'autant plus élevé que l'entreprise est exigeante sur la contrainte de service.

Si, par exemple, la demande suit, pendant le délai de livraison, une loi normale $\mathcal{N}(\overline{D}_l, \sigma_{D_l})$, il est facile d'évaluer le coût associé à un niveau de sécurité donné. Le stock de sécurité est traduit en termes d'écarts-types avec $SS = z_\alpha \sigma_{D_l}$. La lecture de la table de la loi normale réduite permet de trouver directement le taux de service obtenu $(1-\alpha)$.

Le tableau 1 reproduit, pour différentes valeurs de z_α, le taux de service et le taux de défaillance correspondant. L'accroissement de la sécurité est de plus en plus coûteux au fur et à mesure que la sécurité augmente. Passer d'un taux de service de 60 à 70 % demande un accroissement de $0{,}25\sigma_{D_l}$ du stock de sécurité; passer de 89 à 99 % demande un accroissement de $1{,}25\sigma_{D_l}$. Dix points de sécurité supplémentaires coûtent ainsi cinq fois plus cher dans le second cas. (*Cf.* graphique 6.)

Certes, de nombreuses préoccupations d'ordre qualitatif interviennent dans la définition d'un taux de service : image de marque, concurrence, comportement des consommateurs... Mais le coût reste toujours un élément essentiel du choix de α.

Tableau 1. — Stock de sécurité, taux de défaillance et taux de service.

Stock de sécurité $z_\alpha \sigma_{D_l}$	Taux de défaillance $P(D_l > \overline{D}_l + z_\alpha \sigma_{D_l})$	Taux de service $P(D_l < \overline{D}_l + z_\alpha \sigma_{D_l})$
0	0,5	0,5
0,25	0,401 3	0,598 7
0,5	0,308 6	0,691 5
0,75	0,226 7	0,773 4
1	0,158 7	0,841 3
1,25	0,105 7	0,894 4
1,5	0,066 9	0,933 2
1,75	0,050 1	0,959 9
2	0,022 8	0,977 2
2,25	0,012 2	0,987 8
2,5	0,006 2	0,993 8
3	0,001 5	0,998 6
4	0,000 03	0,999 97

Graphique 6. — Stock de sécurité et taux de service

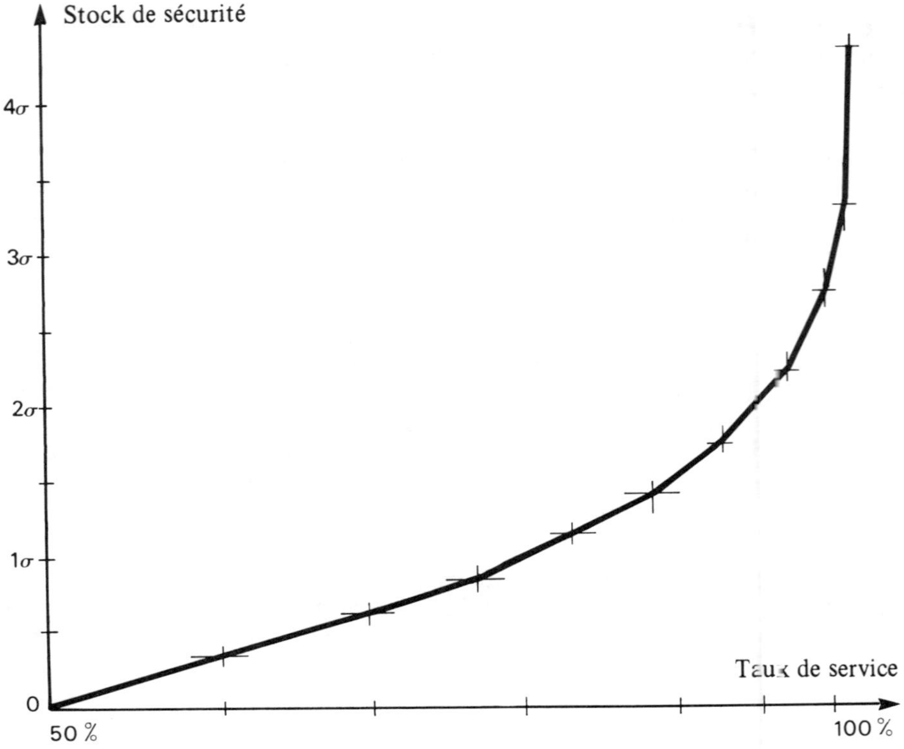

§ 2. Modèle utilisant la notion de coût de rupture du stock.

Lorsque le coût de rupture peut être déterminé avec précision, l'évaluation du stock de sécurité peut reposer sur un calcul d'optimisation.

Il s'agit de déterminer le stock de sécurité SS et le point de commande SR de façon à minimiser le coût CSS du stock de sécurité.

Deux situations sont analysées successivement :

— le coût de rupture s'applique à la rupture elle-même et ne tient aucun compte du volume des demandes non satisfaites;

— le coût de rupture se rapporte à chaque unité de demande non satisfaite.

1° Coût de rupture et nombre de ruptures.

Lorsque le coût de rupture C_r s'applique au nombre de ruptures de stock, le coût du stock de sécurité comprend :

— le coût de détention des unités stockées : $SS \cdot C_s$ où le terme C_s représente le coût de détention d'une unité pendant un an;

— le coût annuel de rupture;

$$C_r P(D_l > SR) \cdot \frac{DA}{SA},$$

avec C_r = coût d'une rupture de stock, $P(D_l > SR)$ = la probabilité d'une rupture de stock pour un cycle de stockage particulier et $\frac{DA}{SA}$ = nombre de cycles de stockage.

Au total, le coût annuel du stock de sécurité CSS s'écrit

$$CSS = SS \cdot C_s + C_r P(D_l > SR) \cdot \frac{DA}{SA}.$$

Deux hypothèses doivent être distinguées :
— la demande est une variable continue;
— la demande est une variable discrète.

1re hypothèse : la demande est une variable continue.

Le niveau du stock de sécurité minimisant le coût CSS est obtenu en annulant la dérivée de CSS par rapport à SS.

Puisque :

$$SR = \overline{D}_l + SS \quad \text{et} \quad P(D_l > SR) = \int_{SR}^{\infty} f(D_l)\, dD_l,$$

$$\frac{\partial CSS}{\partial SS} = C_s - C_r f(SR)\, \frac{DA}{SA} = 0,$$

d'où

$$f(D_l = SR) = \frac{C_s}{C_r}\, \frac{SA}{DA}.$$

2e hypothèse : la demande est une variable discrète.

Dans cette hypothèse un raisonnement à la marge peut être employé. Évaluons le coût annuel du stock de sécurité dans le cas où celui-ci est augmenté d'une unité :

$$C(SS+1) = (SS+1)\, C_s + C_r P(D_l > SR+1)\, \frac{DA}{SA}.$$

Le coût de l'unité supplémentaire est alors :

$$\Delta CSS = C(SS+1) - CSS = C_s - C_r P(D_l = SR+1) \frac{DA}{SA}.$$

— Si $\Delta CSS > 0$, l'unité supplémentaire ne se justifie pas.
— Si $\Delta CSS < 0$, alors l'unité supplémentaire diminue le coût de stockage; donc elle est intéressante. Il convient même de poser la question de l'opportunité d'une nouvelle unité supplémentaire.
— Lorsque $\Delta CSS = 0$, l'unité supplémentaire ne permet plus de diminuer le coût de stockage.

Donc, à l'optimum, la condition suivante est respectée :

$$C_s - C_r \cdot P(D_l = SR+1) \cdot \frac{DA}{SA} \geqslant 0,$$

d'où

$$P(D_l = SR+1) \leqslant \frac{C_s}{C_r} \cdot \frac{SA}{DA}.$$

De même, pour que SR soit optimal, il faut que

$$\Delta CSS = CSS - C(SS-1) = C_s - C_r \cdot P(D_l = SR) \cdot \frac{DA}{SA} \leqslant 0,$$

d'où

$$P(D_l = SR) \geqslant \frac{C_s}{C_r} \cdot \frac{SA}{DA}.$$

Donc il faut choisir le stock de sécurité SS et le point de commande SR de façon que

$$P(D_l = SR+1) \leqslant \frac{C_s}{C_r} \cdot \frac{SA}{DA} \leqslant P(D_l = SR).$$

Exemple :

Le délai de livraison du cimentier à la société Batimat (*cf.* section 2, § 2, 2°, B) s'élève à 7 jours ouvrables. La demande par jour ouvrable est une variable aléatoire suivant approximativement une loi normale dont la moyenne est de 10 tonnes et l'écart type de 75 tonnes. Le coût de détention d'une tonne pendant un an s'élève à 51 F. Lorsqu'une rupture de stock se produit, Batimat se dépanne d'urgence auprès d'un concurrent, ce qui lui coûte 400 F chaque fois. La demande annuelle moyenne est estimée à 2 500 tonnes de ciment et le niveau du stock actif à 500 tonnes.

La demande pendant les délais de livraison suit approximativement une loi normale dont les caractéristiques sont

$$\overline{D}_l = 10 \times 7 = 70 \text{ tonnes}$$
$$\sigma^2_{D_l} = 7 \times (7{,}5)^2 = 393{,}75$$

donc $\sigma_{D_l} \approx 20$.

La densité de probabilité pour une demande égale au point de commande pendant le délai de livraison est

$$f(SR) = 0{,}025\,5.$$

L'utilisation d'une table de loi normale réduite permet de déterminer :

$$SS = 2{,}35 \times 20 = 47 \text{ tonnes}$$
$$SR = 47 + 70 = 117 \text{ tonnes}$$
$$CSS = 51 \times 47 + 400 \times 0{,}009\,4 \times \frac{2\,500}{500} = 2\,415{,}8 \text{ F}.$$

2° Coût de rupture et volume des ruptures.

Comme dans le cas précédent, il convient de distinguer l'hypothèse d'une variable discrète et l'hypothèse d'une variable continue.

Si la demande est une variable *continue*, le coût du stock de sécurité CSS s'écrit

$$CSS = SS \cdot C_s + C_r \int_{SR}^{\infty} (D_l - SR) f(D_l)\, dD_l \cdot \frac{DA}{SA},$$

avec

SS : stock de sécurité,
C_s : coût de détention d'une unité pendant un an,
C_r : coût de rupture par unité de produit manquant,
D_l : demande pendant le délai de livraison,
SR : point de commande,
$f(D_l)$: densité de probabilité de la demande pendant le délai de livraison,
DA : demande annuelle,
SA : stock actif.

$\int_{SR}^{\infty}(D_t - SR)f(D_l)\,dD_l$ représente l'espérance du nombre d'unités manquantes pendant une période de stockage; $\frac{DA}{SA}$ correspond au nombre de périodes de stockage dans l'année.

Le calcul de la dérivée du coût CSS donne

$$\frac{\partial CSS}{\partial SS} = C_s - C_r P(D_l > SR)\frac{DA}{SA} = 0,$$

d'où il découle que le stock de sécurité SS et le point de commande SR doivent être tels que

$$\int_{SR}^{\infty} f(D_l)\,dD_l = P(D_l > SR) = \frac{C_s}{C_r} \cdot \frac{SA}{DA}.$$

Si la demande est une variable *discrète* le coût du stock de sécurité CSS s'écrit alors

$$CSS = SS \cdot C_s + C_r \sum_{D_l = SR}^{\infty} (D_l - SR)\,P(D_l) \cdot \frac{DA}{SA}.$$

Un raisonnement marginaliste semblable à celui développé dans le cas précédent conduit au résultat suivant : le coût du stock de sécurité est minimum lorsque le point de commande SR et le stock de sécurité SS sont tels que

$$\sum_{D_l = SR+1}^{\infty} P(D_l) = P(D_l > SR) \leqslant \frac{C_s}{C_a}\frac{SA}{DA} \leqslant P(D_l \geqslant SR) = \sum_{D_l = SR}^{\infty} P(D_l).$$

Il convient de remarquer que dans tous les cas, l'expression $\frac{C_s}{C_a} \cdot \frac{SA}{DA}$ est assimilable à un taux de défaillance limite.

Exemple :

Un spécialiste en audiovisuel commercialise le téléviseur portatif Aura. Il a mis au point une gestion point de commande pour le stock de cet article. La demande annuelle est de 1 200 unités et le stock actif adopté de 300 unités.

Pour le calcul du stock de sécurité et du point de commande, l'analyse de la demande hebdomadaire a permis de révéler la loi de probabilité suivante :

Quantités demandées	Probabilité
20	0,3
25	0,4
30	0,3

Les délais de livraison du fournisseur sont de quatre semaines. Le coût de détention d'une unité pendant un an est estimé à 100 F. En cas de rupture de stock, la vente est perdue, ce qui représente un manque à gagner de 400 F par appareil.

Le calcul de la loi de probabilité de la demande pendant les délais de livraison a fourni le résultat suivant :

SR	$P(D_l = SR)$	$P(D_l > SR)$	$P(D_l \geqslant SR)$
80	0,008 1	0,991 9	1
85	0,043 2	0,948 7	0,991 9
90	0,118 8	0,829 9	0,948 7
95	0,206 4	0,623 5	0,829 9
100	0,247 0	0,376 5	0,626 5
105	0,206 4	0,170 1	0,376 5
110	0,118 8	0,051 3	0,170 1
115	0,043 2	0,008 1	0,051 3
120	0,008 1	0	0,008 1

La probabilité de rupture-seuil est

$$\frac{C_s}{C_r}\cdot\frac{SA}{DA}=\frac{100}{400}\,\frac{300}{1\,200}=0{,}062\,5.$$

Ceci correspond à un point de commande de 110 unités et à un stock de sécurité de $110-100=10$ unités.

§ 3. Cas de la gestion calendaire.

Le principe de la gestion calendaire consiste à lancer des ordres d'approvisionnement à intervalles réguliers. A la date de passation de la commande, le volume de celle-ci est calculé de façon à satisfaire la demande; c'est-à-dire :

Volume d'une commande (VC) + Stock existant à la date de passation de la commande (R)

= Demande entre deux ordres d'approvisionnement (un cycle de stockage (DT) + Demande pendant le délai de livraison (D_l)

Or, les variables

— demande pendant un cycle de stockage DT,

— et demande pendant le délai de livraison D_l

sont aléatoires et le stock de sécurité a pour but de satisfaire la demande

$$DC = DT + D_l$$

lorsque celle-ci est supérieure à la demande moyenne $\overline{DC}=\overline{DT}-\overline{D}_l$.

Les paramètres de DT et de D_l étant connus, il est aisé de calculer ceux de la variable aléatoire DC et en particulier sa variance :

$$\sigma^2_{DC}=\sigma^2_{DT}+\sigma^2_{D_l}.$$

Une transposition des résultats obtenus avec le système à point de commande au cas de la gestion calendaire est possible, dès lors que les demandes non satisfaites sont différées. Il suffit pour cela de substituer :

— la somme des demandes $DC = DT + D_l$ à la demande pendant le délai de livraison D_l;

— le volume de stocks cumulés $SC = \overline{DT} + \overline{D}_l + SS$ où $\overline{DT} = SA$ au point de commande SR.

Avec ce type de gestion, le stock de sécurité SS est intégré au volume de commande VC :

$$VC = SA + \overline{D}_l + SS - R.$$

ÉTUDES DE CAS

6-1

La société Clairlux spécialisée en électroménager prévoit pour l'année une demande de téléviseurs Aura de 1 200 unités.

Le coût de détention d'une unité pendant un an correspond à 12,5 % du coût d'acquisition dont le montant est de 800 F. Chaque approvisionnement suscite un coût fixe de commande s'élevant à 250 F et un coût fixe de livraison chiffré à 3 500 F.

a) Calculer le stock actif, le nombre de commandes par an, le délai moyen entre deux commandes, et le coût annuel du stock actif.

b) Lors de la commande correspondant au 2e trimestre, le producteur des téléviseurs Aura accorde un rabais exceptionnel de 5 % sur le prix de 800 F. Pour bénéficier au maximum de cette baisse, Clairlux gonfle sa commande. Quel doit être le volume de cette commande particulière puis des suivantes?

c) A la mi-novembre, alors qu'il lui reste 71 unités en stock, Clairlux apprend que le fabricant va augmenter le prix de vente du téléviseur Aura de 8 %. Il décide d'anticiper sa commande pour profiter de l'ancien prix. Quel est le volume de cette commande spéciale? et des suivantes?

d) Au cours de l'année suivante, Clairlux estime que la demande de téléviseurs Aura doit passer de 1 200 unités à 1 440 unités malgré la hausse du prix. Quel doit être le volume du stock actif?

e) La demande de téléviseurs Aura est aléatoire et le coût de rupture du stock est estimé à 400 F par demande non satisfaite. Les délais de livraison du fournisseur sont de quatre semaines. Clairlux a constaté que la demande hebdomadaire suit la loi ci-dessous :

Quantités demandées	Probabilité
24	0,3
30	0,4
36	0,3

Déterminer le stock de sécurité et le point de commande.

Solution

a) stock actif $= \sqrt{2(1\,200) \times \dfrac{250 + 3\,500}{0{,}125 \times 800}} = 300$ unités;

— nombre de commandes dans l'année : 4

— délai entre deux commandes : 1 trimestre

— coût annuel du stock actif 990 000 F.

b) Montant du rabais : (0,05) 800 = 40 F.

Volume de la commande particulière :

$$\frac{(40) \times 1\,200}{(800-40)0{,}125} + \frac{(300) \times 800}{800-40} = 821 \text{ unités}$$

Volume des commandes suivantes : 300 unités.
c) Montant de la hausse : 0,08 × 800 = 64 F.

Volume des commandes suivantes :

$$\sqrt{2(1\,200)\,\frac{3\,750}{(800+64)0{,}125}} = 288 \text{ unités.}$$

Volume de la commande spéciale :

$$\frac{64(1\,200+(0{,}125)288)}{800(0{,}125)} + 288 - 71 = 1\,008 \text{ unités.}$$

d) La nouvelle valeur du stock actif est donnée par

$$\sqrt{2(1\,440)\,\frac{3\,750}{864(0{,}125)}} = 316 \text{ unités.}$$

e) Valeur limite de la probabilité de rupture de stock est

$$\frac{0{,}125 \times 864}{400} \times \frac{316}{1\,440} = 0{,}059\,25.$$

Il est intéressant d'augmenter le stock de sécurité et de relever le point de commande jusqu'à ce que la probabilité de rupture de stock soit égale à 0,059 25. Cela correspond dans le cas présent à un point de commande de 132 unités et donc à un stock de sécurité de 132 − 120 = 12 unités.

6-2 La société Cas (*cf.* Section 2, § 1, 2°), fabricant de cyclomoteurs, produit des guidons par séries de 5 000 unités afin de satisfaire une demande annuelle de 20 000 pièces. Les séries sont programmées à l'avance et, en principe, le délai d'approvisionnement est nul. Cependant, des retards se produisent parfois par rapport au programme de lancements des séries. Ce retard, exprimé en nombre de jours, suit une loi de Poisson dont la moyenne et la variance ont pour valeur $\lambda = 0{,}5$. Tout retard provoque une rupture de stock qui désorganise la production en aval. La société Cas décide donc de constituer un stock de sécurité.

a) Si le coût de rupture est indépendant du volume des demandes non satisfaites quel doit être le niveau du stock de sécurité pour un coût de rupture de 2 500 F?

b) Si le coût s'élève à 50 F par unité de demande non satisfaite quel doit être le volume du stock de sécurité?

On rappelle que le coût de détention d'une unité pendant un an s'élève à 4 F.

Solution

a) Le délai d'approvisionnement est une variable aléatoire dont l'espérance est d'une demi-journée ($\lambda = 0{,}5$). Chaque série doit donc être lancée avant que le stock ne soit totalement dégarni, c'est-à-dire lorsqu'il atteint le point de commande (ici le point de lancement). La demande D_l pendant le délai d'approvisionnement est une variable aléatoire résultant du produit de la demande journalière certaine (80 unités) par le délai d'approvisionnement incertain. La loi suivie par D_l figure dans le tableau ci-dessous :

Délai d'approvisionnement = Nombre de jours de retard	SR	$p(D_l = SR)$	$P(D_l > SR)$
0	0	0,606 5	0,393 5
1	80	0,303 3	0,090 2
2	160	0,075 8	0,014 4
3	240	0,012 6	0,001 8
4	320	0,001 6	0,000 2
5	400	0,000 2	0

« Point de lancement » SR et stock de sécurité SS doivent être choisis de façon que

$$P(D_l = SR) = \frac{4}{2\,500} \times \frac{5\,000}{20\,000} = 0{,}000\,4;$$

d'où $SR = 4 \times 80 = 320$ unités et $SS = 320 - 0{,}5 \times 80 = 280$ unités.

b) SR doit être choisi tel que

$$P(D_l > SR) = \frac{4}{50} \times \frac{5\,000}{20\,000} = 0{,}02,$$

d'où $SR = 160$ unités et $SS = 160 - 0{,}5 \times 80 = 120$ unités.

6-3

L'entreprise Alibet exploite trois centres de production d'aliment pour le bétail : C_1, C_2 et C_3. Les productions nécessitent l'emploi d'une base : le Copro.

Le coût d'obtention de ce composant comporte
— une partie fixe : 2 500 F par livraison
— et une partie variable dépendant du volume V de la commande :

$$1\,000\left(1 + \frac{20}{V}\right) \text{ francs la tonne.}$$

Pour chaque centre, le coût de détention d'une tonne de Copro pendant un an représente 18 % du coût d'acquisition unitaire.

L'utilisation du Copro est connue de façon quasi certaine mais les délais de livraison du Copro sont aléatoires et suivent une loi de Poisson de moyenne $\lambda = 8$ jours ouvrables. L'année comporte 250 jours ouvrables et les besoins de chaque centre sont les suivants :

(En tonnes)	C_1	C_2	C_3	Total
Demande annuelle .	2 250	1 000	750	4 000

En cas de rupture des stocks, le coût (quelle que soit l'importance de la rupture) est estimé à

(En francs)	C_1	C_2	C_3
Coût d'une rupture	2 500	1 500	1 000

Alibet doit opter pour l'une des deux politiques suivantes de gestion des stocks et des approvisionnements de ses trois centres :

1re politique : les trois centres sont gérés de façon parfaitement autonome et à chacun d'eux est appliquée une gestion à « point de commande »;

2e politique : les commandes sont centralisées et adressées globalement au fournisseur; le mode de gestion calendaire est alors retenu (l'approvisionnement est ordonné à date fixe, la date étant identique pour chaque centre ceux-ci recevant ensuite séparément la marchandise leur revenant).

Quelle est l'option la moins onéreuse?

Solution

On évalue les coûts de gestion sur une année pour chaque option.

Première option : gestion autonome des centres de production.

1° Coût des stocks actifs.

Pour chaque centre, le coût du stock actif est donné par

$$CSA = 1\,000\left(1+\frac{20}{V}\right)\times DA + 2\,500\,\frac{DA}{V} + 0{,}18\cdot 1\,000\left(1+\frac{20}{V}\right)\frac{V}{2}$$

avec

V = volume du stock actif
DA = demande annuelle

$$SA^* = V^* = \sqrt{2\times DA\,\frac{20\,000+2\,500}{0{,}18\cdot 1\,000}},$$

d'où :

	C_1	C_2	C_3
V* en tonnes	750	500	433
CSA en francs. . . .	2 386 800	1 091 800	829 742

coût total : 4 308 342 F.

2° Coût des stocks de sécurité.

Chaque stock de sécurité doit être tel que

$$P(D_l = SR) \geqslant \frac{C_s}{C_r}\cdot\frac{SA}{DA} \text{ (avec } SA = V)$$

D_l = demande pendant le délai de livraison, SR = point de commande = $\overline{D}_l + SS$; d'où, pour chaque centre :

		C_1	C_2	C_3
Coût de rupture C_r		2 500	1 500	1 000
Seuil calculé $\frac{C_s}{C_r}\cdot\frac{SA}{DA}$		0,024 64	0,062 4	0,108 72
Point de commande	en jours. . . .	13	11	9
	en tonnes. . .	117	44	27
Stock de sécurité	en jours. . . .	5	3	1
	en tonnes. . .	45	12	3

Coût du stock de sécurité :

$$CSS = SS \times C \times 0{,}18 + C_r P(D_l > SR) \times \frac{DA}{V}.$$

	C_1	C_2	C_3
Stock de sécurité SS en tonnes	45	12	3
P ($D_l > SR$) (*).	0,034 2	0,111 9	0,283 4
Coût CSS.	8 572	2 582	1 056

(*) Cf. table de Poisson.

Coût total = 12 210 F.

3° Coût global :

$$CSA + CSS = 4\,308\,342 + 12\,210 = 4\,320\,552.$$

Deuxième option : gestion centralisée des commandes :

1° Coût des stocks actifs :

$$CSA = 1\,000\left(1 + \frac{20}{V}\right)4\,000 + 2\,500\left(\frac{DA}{V} + 0{,}18 \times 1\,000\left(1 + \frac{20}{V}\right)\frac{V}{2}\right.$$

$$V^* = 1\,000 \text{ et } CSA^* = 4\,181\,800 \text{ F.}$$

Chaque centre reçoit en moyenne

	C_1	C_2	C_3
V en tonnes (*).	562,5	250	187,5

(*) Quantités proportionnelles aux demandes annuelles.

2° Coût des stocks de sécurité.

S'agissant d'une gestion calendaire, pour que le stock de sécurité soit optimal, il faut que :

$$P(DC = SC + 1) \leqslant \frac{C_s}{C_r} \cdot \frac{SA}{DA} \leqslant P(DC = SC)$$

avec $$DC = DT + D_l$$

et $$SC = \overline{DT} + \overline{D}_l + SS.$$

Dans le cas présent, la demande entre deux approvisionnements est connue avec certitude : $DT = \overline{DT}$.

D'où $$P(DC = SC) = P(D_l = SR)$$

avec $$SR = \overline{D}_l + SS.$$

Par conséquent

		C_1	C_2	C_3
Seuil $\frac{C_s}{C_r} \cdot \frac{SA}{DA}$	. . . .	0,018 36	0,030 6	0,045 9
Stock de sécurité	en jours. . . .	5	4	4
	en tonnes. . .	45	16	12

Coût du stock de sécurité :

$$CSS = SS \times 1\,020 \times 0{,}18 + C_r \times P(DC > SC) \times \frac{DA}{V}$$

avec DA = 400 et V = 1 000.

Ici $P(DC > SC) = P(D_l > SR)$ donc

	C_1	C_2	C_3
P (DC > SC)............	0,034 2	0,063 8	0,063 8
CSS en francs...........	8 604	3 320	2 458

Coût total : 14 382

3° Coût global :

$$CSA + CSS = 4\,181\,800 + 14\,382 = 4\,196\,182 \text{ F.}$$

Conclusion : la centralisation des commandes permet d'économiser

$$4\,320\,552 - 4\,196\,182 = 124\,370 \text{ F}$$

par rapport à une gestion totalement autonome des centres.

Chapitre 7 — Les modèles de file d'attente

Chacun sait ce qu'est une file d'attente. Il faut dire que la vie quotidienne en offre de multiples exemples : qu'il s'agisse de régler ses achats aux caisses de sortie d'un hypermarché, de franchir un poste de péage sur une autoroute, de prendre rendez-vous avec un médecin spécialiste, de faire traiter un dossier par une administration ou, encore plus difficile, d'obtenir la visite d'un plombier, il faut généralement attendre.

De nombreux problèmes de gestion font également apparaître des files d'attente : on citera, entre autres, la gestion
- du service de maintenance d'un parc de matériels,
- du carnet de commandes d'une entreprise artisanale,
- du service expédition d'une entreprise de ventes par correspondance,
- des lits d'une clinique,
- des opérations de déchargement de camions arrivant à un entrepôt,
- des guichets d'un établissement bancaire.

Tous ces exemples relèvent d'une classe générale de problèmes qui mettent en jeu quatre catégories d'éléments :
- une « organisation » qui offre un certain « produit »,
- une demande pour ce produit émanant de « clients »,
- des moyens mis en place par l'organisation pour satisfaire les demandes,
- un certain délai de réalisation du produit.

Les modèles de stocks abordés au chapitre précédent permettent de traiter une partie de ces problèmes; mais dans de nombreuses situations ils s'avèrent inapplicables, en particulier quand le produit demandé est un service par définition non stockable ou encore quand il s'agit de produits non standardisés fabriqués sur demande.

La satisfaction de la demande passe alors par l'installation de capacités de production suffisamment importantes.

L'apparition d'une file d'attente résulte d'un processus similaire à celui qui conduit aux ruptures de stocks. Dans les deux cas un certain nombre de demandes n'ont pu être satisfaites immédiatement et les conséquences qui en découlent sont également très semblables. Elles sont susceptibles de conduire à des coûts explicites pour l'organisation tels que des pénalités de retard appliquées lorsque les délais de livraison ne sont pas respectés; elles conduisent le plus souvent à des coûts implicites qui s'expriment en termes de manque à gagner, de perte de clientèle ou de détérioration de l'image de marque.

Si l'apparition de files d'attente trop importantes occasionne des coûts, c'est également le cas des moyens que l'organisation peut mettre en place pour les réduire. De même que la diminution des risques de ruptures de stocks entraîne très rapidement des coûts prohibitifs, l'élimination des risques d'apparition de files d'attente demanderait l'installation de capacités de production disproportionnées par rapport à l'activité normale du système.

Un compromis doit donc être trouvé entre les coûts provoqués par la file d'attente et les coûts des moyens mis en œuvre pour l'éliminer. Ce compromis est l'objet de la gestion des files d'attente.

Gérer une file d'attente, c'est tout d'abord la formaliser (section 1), puis la résoudre (section 2), c'est-à-dire déterminer, à partir du modèle construit, quels sont les principaux aspects de son comportement sous les différentes politiques que l'organisation a le choix de mener à son égard. C'est enfin envisager son optimisation (section 3).

SECTION 1. FORMALISATION DES FILES D'ATTENTE

La liste d'exemples donnée plus haut montre l'extrême diversité des situations donnant lieu à des files d'attente. Bien que toutes les files d'attente manifestent une structure fondamentale commune, on ne peut les faire entrer dans un schéma unique. Ceci a amené à élaborer une très grande variété de modèles.

Après avoir dressé la typologie des files d'attente (§ 1), nous examinerons les principales lois statistiques utilisées dans ce domaine (§ 2).

§ 1. Typologie des files d'attente.

Le graphique 1 reproduit les principaux aspects que l'on retrouve dans tout problème de file d'attente : une demande émise par des individus provenant d'une population de clients potentiels s'adresse à une organisation pour en obtenir un service. Les demandeurs qui n'ont pas encore eu satisfaction constituent la file d'attente. Ils sont dans le *système d'attente* avec ceux qui se trouvent déjà en cours de traitement.

Graphique 1. — Éléments d'un problème de file d'attente.

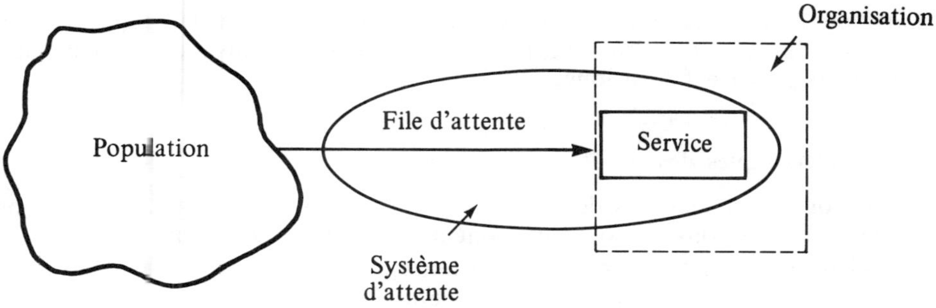

Les problèmes de file d'attente diffèrent les uns des autres essentiellement par les caractéristiques des arrivées des demandes dans le système ainsi que par les façons de rendre le service demandé.

1° Caractéristiques des arrivées.

On distinguera les caractéristiques des arrivées dans la file d'attente selon :
- — la nature de la population d'origine,
- — le degré de contrôle des arrivées par l'organisation,
- — la distribution des arrivées,
- — le comportement des individus concernés,
- — l'existence ou non de contraintes sur les arrivées.

La *population d'origine,* c'est-à-dire l'ensemble des clients potentiels, peut être considérée comme finie ou infinie. Ces deux qualificatifs doivent évidemment être interprétés de façon relative. Le parc de machines d'un atelier constitue une population finie; les voitures susceptibles de se présenter à tel poste de péage forment au contraire une population infinie. Cette distinction est importante lorsque l'on cherche à établir les lois de probabilité des arrivées.

L'organisation a, selon le cas, le pouvoir ou non de *contrôler* dans une certaine mesure les arrivées. Certaines arrivées sont complètement incontrôlables (arrivees dans le service d'urgence d'un CHRU); d'autres sont partiellement modulables (opération Bison futé pour la circulation, tarifs téléphoniques réduits à certaines heures). D'autres, enfin, sont totalement maîtrisables (arrivées à un poste de traitement sur une chaîne de fabrication automatisée). Ce dernier cas est, en fait, très exceptionnel.

Par *distribution* des arrivées, on désigne leur répartition au cours du temps. La distribution des arrivées est
- — constante si elles se font toujours au même rythme, et variable dans le cas inverse; mais les arrivées peuvent alors suivre une loi de probabilité particulière;
- — statique si cette loi de probabilité est constante au cours du temps, ou dynamique dans le cas inverse.

Le *comportement* des individus concernés doit être pris en considération : il s'avère indépendant de la longueur de la file d'attente ou, au contraire, dépendant.

Dans le premier cas, les demandes à l'organisation se présentent toujours au même rythme quel que soit le temps d'attente; dans le second, les flux d'arrivées s'autorégulent en fonction du temps d'attente supposé. Les nouvelles demandes s'adressent, par exemple, à des organisations concurrentes si le délai prévu est trop long.

2° Caractéristiques des services.

Une fois exprimées, les demandes sont prises en charge par l'organisation. Plusieurs distinctions, à nouveau, sont nécessaires en fonction

— de la capacité du système d'attente;
— des règles de priorité de traitement;
— de l'organisation du service;
— du temps de traitement;
— des conditions de sortie du système.

La *capacité* du système considéré est soit limitée, soit au contraire illimitée. Dans le premier cas, le système d'attente ne peut excéder un certain nombre d'individus (exemple : parking, salle d'attente du coiffeur, file d'attente devant une station service). Dans l'autre il n'existe aucune contrainte autre que celle induite par le comportement des clients (exemple : carnet de commandes; attente à un poste de péage).

Les *règles de priorité* ont pour objet de préciser quel individu parmi ceux actuellement en attente sera traité le premier. Ces règles sont très variées. On citera :

— la règle FIFO (First in-first out = premier entré, premier sorti) : les individus sont traités par ordre d'arrivée;
— la priorité au temps de traitement le plus court, qui se rencontre très fréquemment dans la distribution;
— la priorité selon la nature du traitement à réaliser (achat d'essence dans une station service, urgences dans un hôpital).

L'*organisation* du service comporte plusieurs aspects :

— un poste de traitement ou plusieurs sont mis à la disposition des clients; dans ce cas, des files d'attente parallèles vont coexister avec la possibilité pour l'utilisateur de choisir sa file d'attente et, éventuellement, d'en changer;
— quand plusieurs postes de traitement sont offerts, ils sont spécialisés (exemple du bureau de poste avec un guichet pour les mandats, un pour les timbres, un pour les envois recommandés, etc.) ou non;
— le traitement comporte une seule phase de service ou plusieurs. Dans ce cas, le client devra s'intégrer dans plusieurs files d'attente successives.

La *durée* du service au niveau de chaque poste de traitement est, tout comme les intervalles entre deux arrivées consécutives, constante ou variable, statique ou dynamique.

La *sortie* du système est définitive si le client n'a pas une probabilité significative d'avoir à redemander le même service au cours de la période considérée. Cette caractéristique est importante quand la population de clients potentiels est limitée.

§ 2. Lois statistiques utilisables.

Les arrivées dans une file d'attente, comme les temps de traitement sont le plus souvent des phénomènes aléatoires. La *loi de Poisson* et la *loi exponentielle négative* sont généralement utilisées pour représenter ces phénomènes. D'*autres lois* sont également disponibles.

1° Loi de Poisson.

On montre que les arrivées dans une file d'attente suivent une loi de Poisson de paramètre λ si les conditions suivantes sont réunies :

— les arrivées sont indépendantes les unes des autres,

— la probabilité qu'une arrivée se produise pendant l'intervalle de temps Δt est $\lambda \Delta t$; la probabilité que deux arrivées ou plus se produisent est négligeable,

— le phénomène est stationnaire : il ne dépend pas de la date de début de l'intervalle de temps Δt.

Supposons, en effet, que n arrivées aient été enregistrées à la date $t + \Delta t$. Une telle situation ne peut provenir que dans les deux cas suivants où $P_n(t)$ désigne la probabilité que n arrivées aient été enregistrées en t :

— n arrivées avaient été enregistrées en t et aucune ne s'est produite pendant Δt (probabilité : $P_n(t)[1 - \lambda \Delta t]$),

— $n - 1$ avaient été enregistrées en t et une s'est produite pendant Δt (probabilité : $P_{n-1}(t)[\lambda \Delta t]$).

Dans ces conditions,

$$P_n(t + \Delta t) = P_n(t)[1 - \lambda \Delta t] + P_{n-1}(t)[\lambda \Delta t].$$

Cette formule est valable quel que soit n, sauf pour $n = 0$, puisque l'événement $n - 1$ est alors impossible. Pour $n = 0$, la relation devient

$$P_0(t + \Delta t) = P_0(t)[1 - \lambda \Delta t],$$

soit encore, en passant à la limite

$$P_0'(t) = \lambda P_0(t),$$

équation différentielle qui a pour solution

$$P_0(t) = C \cdot e^{-\lambda t}.$$

Comme $P_0(0) = 1$, $C = 1$ et

$$P_0(t) = e^{-\lambda t}.$$

Dans le cas où $n > 0$,

$$P_n'(t) + \lambda P_n(t) = \lambda P_{n-1}(t).$$

Par exemple, pour $n = 1$,

$$P_1'(t) + \lambda P_1(t) = \lambda P_0(t) = \lambda e^{-\lambda t},$$

équation différentielle dont la solution est[1] :

$$P_1(t) = \lambda t \cdot e^{-\lambda t}.$$

---

1. En effet $[-\lambda^2 t e^{-\lambda t} + \lambda e^{-\lambda t}] + \lambda [\lambda t e^{-\lambda t}] = \lambda e^{-\lambda t}$.

En adoptant un raisonnement par récurrence, on obtient l'expression générale de $P_n(t)$:

$$P_n(t)=\frac{(\lambda t)^n e^{-\lambda t}}{n!}.$$

Cette expression donne la probabilité d'enregistrer n événements, ici des arrivées dans la file d'attente, pendant une période de durée t, si en moyenne il se produit λt événements pendant une telle durée[2].

Supposons qu'en moyenne, un poste de traitement enregistre quatre arrivées à l'heure. A partir d'une table de la loi de Poisson il est possible d'évaluer la probabilité que n demandes se produisent pendant une heure :

Tableau 1. — Table de la loi de Poisson pour $\lambda = 4$.

n	P_n	
0	0,018 3	
1	0,073 3	
2	0,146 5	
3	0,195 4	
4	0,195 4	
5	0,156 3	} 0,370 8
6	0,104 2	
7	0,059 2	
8 et +	0,051 1	

Si le système étudié a une capacité de traitement de quatre unités à l'heure, ce qui paraît suffisant pour absorber en moyenne les flux de demandes, il fera cependant apparaître une file d'attente avec une probabilité de 0,37 (*cf.* tableau 1).

2° Loi exponentielle négative.

Lorsqu'on examine une file d'attente, on peut s'intéresser au nombre d'arrivées par période, mais aussi aux intervalles constatés entre les différentes arrivées.

Sur le graphique 2, les heures d'arrivées de clients à un guichet de banque sont repérées sur un axe et ceci sur une période de deux heures. Le premier client se manifeste à 10 h 08, le second à 10 h 10, ..., le dernier à 11 h 50. Il y a deux façon de caractériser l'intensité de la demande :

- puisque dix clients sont venus sur les deux heures, on dira qu'il y a eu en moyenne cinq clients à l'heure. C'est sur cette notion qu'est basée la loi de Poisson;
- le premier client est arrivé huit minutes après le début de la période, le second deux minutes après le premier, le troisième dix minutes après le second, ..., le dixième dix minutes avant la fin. Si nous faisons la moyenne de tous ces intervalles θ, nous trouvons $\bar{\theta}=12$ mn ou encore 1/5 heure. Cette valeur est exactement l'inverse du nombre moyen d'arrivées à l'heure. C'est la variable θ, intervalle séparant deux clients, que concerne la loi exponentielle négative.

2. Pour $t=1$, $E(n)=\bar{n}=\lambda$, et $\sigma_n=\sqrt{\lambda}$.

Graphique 2. — Heures d'arrivées à un guichet.

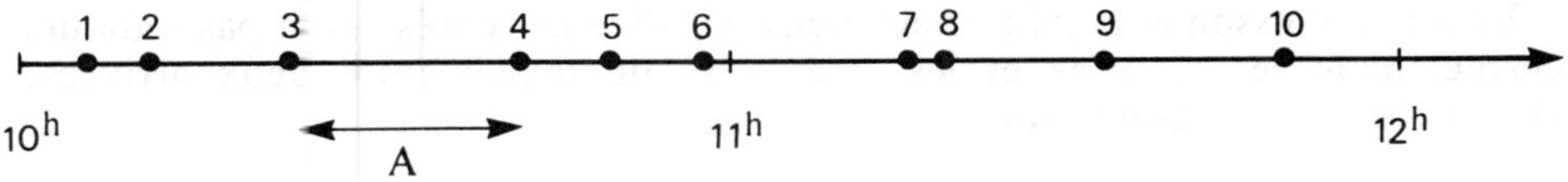

Si les arrivées dans un système quelconque s'effectuent selon une loi de Poisson de moyenne λ, les intervalles de temps θ séparant deux arrivées successives suivent une loi exponentielle négative de forme :

$$f(\theta)=\lambda e^{-\lambda\theta} \qquad \text{avec} \qquad \bar{\theta}=\frac{1}{\lambda}.$$

En effet, la densité de probabilité d'un intervalle $\theta+\Delta\theta$ entre deux arrivées est donnée par

$$f(\theta+\Delta\theta)=f(\theta)[1-\lambda\Delta\theta],$$

où $f(\theta)$ est la densité de probabilité d'un intervalle θ et $[1-\lambda\Delta\theta]$ la probabilité qu'il n'y ait pas eu d'arrivée pendant $\Delta\theta$.

De cette relation on déduit

$$f(\theta)=\mathrm{C}\cdot e^{-\lambda\theta}$$

et, puisque $\mathrm{C}=\lambda$,[3]

$$f(\theta)=\lambda e^{-\lambda\theta}.$$

La loi exponentielle négative est utilisée, dans le cadre des files d'attente, pour reproduire les temps de traitement. On pourra l'employer chaque fois qu'il sera empiriquement constaté que le temps moyen de traitement est égal à l'écart-type, puisque pour la fonction exponentielle négative, $\mathrm{E}(\theta)=\sigma_\theta=1/\lambda$.

Des tables de e^{-x} sont couramment disponibles. Elles permettent de déterminer la densité de probabilité $f(t)=\lambda e^{-\lambda t}$ ou, ce qui est généralement plus utilisable, la probabilité que t ne dépasse pas telle valeur T, soit

$$\mathrm{P}(t\leqslant \mathrm{T})=1-e^{-\lambda \mathrm{T}}.$$

Le tableau 2 donne les valeurs de $\mathrm{P}(t\leqslant\mathrm{T})$ pour processus d'arrivées où $\lambda=4$, ce qui correspond à un intervalle moyen $\bar{t}=1/4$.

Tableau 2. — Valeurs de $\mathrm{P}(t\leqslant\mathrm{T})$ pour $\lambda=4$.

T	$e^{-4\mathrm{T}}$	$1-e^{-4\mathrm{T}}=\mathrm{P}(t\leqslant\mathrm{T})$
0,125	0,607	0,393
0,25	0,368	0,632
0,5	0,135	0,865
1	0,018	0,982

3. En effet, $\int_0^\infty \mathrm{C}e^{-\lambda\theta}\,d\theta=1$. On en déduit $\mathrm{C}=\lambda$.

3° Autres lois statistiques utilisables.

La loi de Poisson et la loi exponentielle négative ne représentent pas toujours correctement les arrivées et les intervalles de temps entre deux arrivées. D'autres lois statistiques sont alors utilisables.

Les *lois d'Erlang,* qui généralisent la loi exponentielle négative, sont couramment employées dans le cadre de l'étude des phénomènes d'attente. Elles sont de forme générale :

$$f(t)=\frac{K\lambda(K\lambda t)^{K-1}\,e^{-K\lambda t}}{(K-1)!}$$

avec $E(t)=\bar{t}=1/\lambda$ et $\sigma_t^2=1/K\lambda^2$ pour la loi d'ordre K.

Ces lois peuvent couvrir une grande variété de situations : pour $K=1$, on retrouve la loi exponentielle négative et $K=\infty$ correspond au cas d'intervalles constants entre deux événements : la variance $1/K\lambda^2$ est alors nulle (*cf.* graphique 3).

Quand aucune loi statistique connue ne permet de représenter correctement le phénomène étudié, on se contentera d'utiliser les valeurs empiriques de la moyenne et de la variance obtenues sur l'échantillon de données dont on dispose.

Graphique 3. — Distributions d'Erlang et loi exponentielle négative ($\lambda=1$).

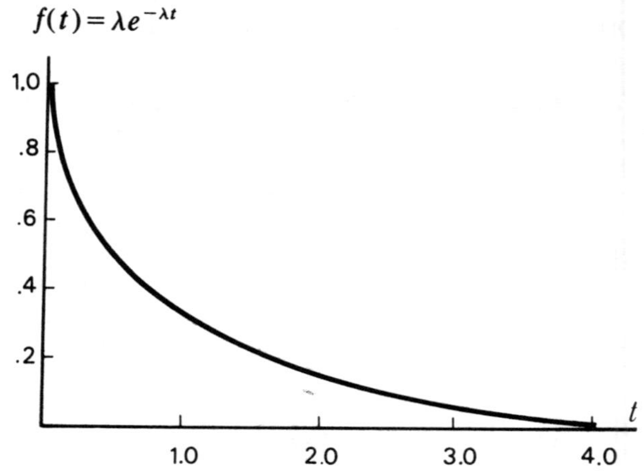

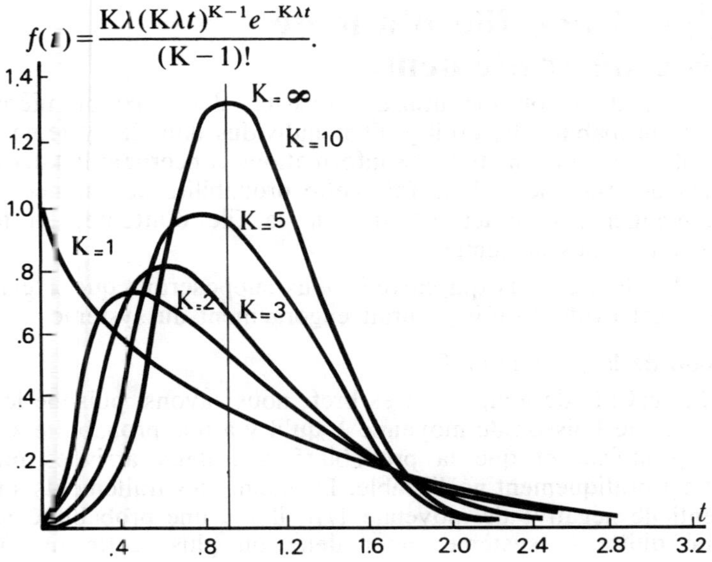

SECTION 2. RÉSOLUTION ANALYTIQUE DES FILES D'ATTENTE

La résolution analytique des files d'attente permet de déterminer leurs caractéristiques à travers le développement de formules obtenues par application du calcul des probabilités.

Même dans les cas les plus élémentaires, ceci exige un travail lourd et fastidieux; aussi nous contenterons-nous d'exposer les principes sur lesquels reposent les techniques de résolution analytique à partir du traitement de files d'attente simple.

La situation qui sera analysée ici se caractérise par

- — une population de clients potentiels infinie;
- — des arrivées dans le système suivant une loi de Poisson de moyenne λ;
- — des temps de service suivant une loi exponentielle négative de moyenne $1/\mu$;
- — une seule étape de traitement;
- — une règle de service du type FIFO,
- — l'absence de contrainte de capacité;
- — des comportements indépendants de la longueur de la file d'attente, aussi bien en ce qui concerne les clients que les serveurs.

Cette situation sera étudiée dans deux cas différents : avec un seul poste de traitement, ce qui correspond au cas M/M/1 (§ 1) et avec plusieurs postes de traitement (M/M/S) (§ 2).

Pour les autres situations, qu'il serait de toute façon inconcevable de présenter de façon exhaustive, puisqu'elles recouvrent une multitude de possibilités, seules les formules les plus classiques seront données (§ 3).

§ 1. Résolution d'une file d'attente à un seul poste de traitement.

La technique de résolution utilisée consiste, dans une première étape à déterminer la probabilité P_n qu'il y ait n individus dans le système considéré à un moment donné, en fonction des informations concernant le taux d'arrivées et les temps de traitement. Une fois cette probabilité déterminée, il devient possible d'évaluer les caractéristiques de la file d'attente, en termes de longueur et en termes de temps.

Dans les développements qui suivent nous supposerons que λ est inférieur à μ, sinon il est évident qu'il y aurait engorgement du système.

1° Évaluation de la probabilité P_n.

Dans un intervalle de temps Δt très bref, nous savons, puisque les arrivées suivent une loi de Poisson de moyenne λ qu'il y a une probabilité $\lambda \Delta t$ qu'une arrivée se produise, et que la probabilité que deux arrivées ou plus se produisent est pratiquement négligeable. De même, les traitements suivant une loi exponentielle négative de moyenne $1/\mu$, il y a une probabilité $\mu \Delta t$ qu'un client traité quitte le système; pour deux ou plus, cette probabilité est également négligeable.

Dans ces conditions, au cours de l'intervalle Δt, il est possible d'enregistrer zéro ou une arrivée et zéro ou une sortie. Si nous trouvons dans le système n individus à la fin de l'intervalle Δt, ceci ne peut être le résultat que de l'une des quatre éventualités suivantes :

— au début de Δt, il y avait $n-1$ individus; une entrée a été enregistrée et zéro sortie;
— il y avait n individus et personne n'est entré ni sorti;
— il y avait n individus et une entrée et une sortie se sont produites;
— il y avait $n+1$ individus; aucune entrée n'a été constatée, mais une sortie s'est réalisée.

La probabilité de chacune de ces quatre éventualités peut être aisément calculée. Ces éventualités étant mutuellement exclusives, la probabilité $P_n(t+\Delta t)$ qu'il y ait n individus dans le système à la fin de l'intervalle t apparaît comme la somme des quatre probabilités.

Le tableau 3 donne pour chaque événement sa probabilité; la probabilité de chaque éventualité est donnée dans la dernière colonne dont la somme correspond à $P_n(t+\Delta t)$.

Tableau 3. — Comportement du système pendant l'intervalle Δt pour $n \neq 0$.

Nombre d'individus début Δt	Probabilité	Nombre d'entrées	Probabilité	Nombre de sorties	Probabilité
$n-1$	$P_{n-1}(t)$	1	$\lambda \Delta t$	0	$1-\mu\Delta t$
n	$P_n(t)$	1	$\lambda \Delta t$	1	$\mu\Delta t$
n	$P_n(t)$	0	$1-\lambda\Delta t$	0	$1-\mu\Delta t$
$n+1$	$P_{n+1}(t)$	0	$1-\lambda\Delta t$	1	$\mu\Delta t$

Nombre d'individus fin Δt	Probabilité éventualité
n	$P_{n-1}(t)\,[\lambda\Delta t]\,[1-\mu\Delta t]$
n	$P_n(t)\,[\lambda\Delta t]\,[\mu\Delta t]$
n	$P_n(t)\,[1-\lambda\Delta t]\,[1-\mu\Delta t]$
n	$P_{n+1}(t)\,[1-\lambda\Delta t][\mu\Delta t]$
Total	$P_n(t+\Delta t)$

Ainsi, après élimination des termes en Δt^2, supposés négligeables, il vient

$$P_n(t+\Delta t) = P_{n-1}(t)\cdot\lambda\Delta t + P_n(t)(1-\lambda\Delta t-\mu\Delta t) + P_{n+1}(t)\cdot\mu\Delta t,$$

ce qui peut s'exprimer sous la forme

$$\frac{P_n(t-\Delta t)-P_n(t)}{\Delta t} = \lambda\cdot P_{n-1}(t) - (\lambda+\mu)P_n(t) + \mu P_{n+1}(t).$$

Lorsque le système fonctionne en régime stationnaire, les probabilités ne dépendent plus du temps. Dans ces conditions, $P'_n = 0$ et

$$\lambda P_{n-1} - (\lambda+\mu)P_n + \mu P_{n+1} = 0.$$

Tableau 4. — Comportement du système pendant l'intervalle Δt pour $n = 0$.

Nombre d'individus début Δt	Probabilité	Nombre d'entrées	Probabilité	Nombre de sorties	Probabilité
0	$P_0(t)$	0	$1-\lambda\Delta t$	0	1
0	$P_0(t)$	1	$\lambda\Delta t$	1	$\mu\Delta t$
1	$P_1(t)$	0	$1-\lambda\Delta t$	1	$\mu\Delta t$

Nombre d'individus fin Δt	Probabilité éventualité
0	$P_0(t)\,[1-\lambda\Delta t]$
0	$P_0(t)\,[\lambda\Delta t]\,[\mu\Delta t]$
0	$P_1(t)\,[1-\lambda\Delta t]\,[\mu\Delta t]$
Total	$P_0\,(t+\Delta t)$

Cette relation est valable quel que soit n, sauf pour $n=0$. Dans ce cas, en effet, l'événement $n-1$ individu au temps t est impossible. Comme le montre le tableau 4 seules trois éventualités sont susceptibles d'amener à la présence de zéro individu à la fin de l'intervalle Δt.

En adoptant une procédure similaire à celle qui avait été utilisée pour le cas $n \neq 0$, on trouve

$$-\lambda P_0 + \mu P_1 = 0,$$

soit encore

$$P_1 = \frac{\lambda}{\mu} P_0.$$

Cette valeur de P_0 peut être reportée dans la relation générale établie plus haut pour $n=1$, c'est-à-dire dans

$$\lambda P_0 - (\lambda + \mu) P_1 + \mu P_2 = 0.$$

Cette relation devient alors

$$\lambda P_0 - (\lambda + \mu)(\lambda / \mu) P_0 + \mu P_2 = 0.$$

Ceci permet d'exprimer P_2 en fonction de P_0 :

$$P_2 = (\lambda / \mu)^2 P_0.$$

De proche en proche, il est ainsi possible d'exprimer chaque probabilité P_n en fonction de P_0. De façon générale,

$$P_n = (\lambda / \mu)^n P_0.$$

Soit, si nous appelons $\psi = \lambda / \mu$ l'*intensité du trafic*,

$$P_n = \psi^n P_0.$$

Toutes les probabilités P_n sont maintenant décrites comme le produit d'un coefficient ψ^n qui est connu — c'est une donnée du problème à traiter — et de la probabilité qu'il n'y ait personne dans le système, que nous devons déterminer.

Dans la mesure où les P_n sont des probabilités, elles respectent la condition :

$$\sum_{n=0}^{\infty} P_n = 1,$$

ce qui peut s'écrire :

$$P_0 \sum_{n=0}^{\infty} \psi^n = 1$$

ou encore, puisque les termes en ψ^n forment une progression géométrique de raison inférieure à 1,

$$P_0 \left(\frac{1}{1-\psi} \right) = 1.$$

Ceci nous donne

$$P_0 = 1 - \psi$$

et dans le cas général;

$$P_n = \psi^n (1 - \psi).$$

Toutes les probabilités étant exprimées en fonction de l'intensité du trafic, il devient possible de leur donner une valeur chiffrée. Si, par exemple le système enregistre en moyenne huit arrivées à l'heure et si dix traitements par heure en moyenne sont réalisables, ce qui correspond à une intensité du trafic $\psi = 0{,}8$, nous avons

$$P_0 = 0{,}2; \quad P_1 = 0{,}16; \quad P_2 = 0{,}128; \quad P_3 = 0{,}1024\ldots$$

Un tel système,

— sera inutilisé 20 % du temps, puisque $P_0 = 0{,}2$;
— sera utilisé, c'est-à-dire caractérisé par la présence d'au moins un client 80 % du temps $(1 - P_0 = 0{,}8)$;
— provoquera une file d'attente d'individus dont le traitement n'a pas encore commencé 64 % du temps $(1 - P_0 - P_1 = 0{,}64)$.

A partir de ces probabilités qui décrivent le système d'une façon un peu abstraite, il convient d'évaluer les caractéristiques concrètes de la file d'attente.

2° Description des caractéristiques de la file d'attente.

Concrètement, une file d'attente se traduit par un certain nombre d'individus qui perdent un temps plus ou moins long avant d'obtenir le service demandé.

Il est important pour le gestionnaire de la file d'attente de déterminer, en fonction de l'intensité du trafic

— le nombre moyen d'individus présents dans le système $(\bar{n}_s)$;
— le temps moyen passé par un individu dans le système $(\bar{t}_s)$;
— le nombre moyen d'individus attendant un service $(\bar{n}_f)$, c'est-à-dire dans la file d'attente proprement dite;
— le temps moyen passé à attendre avant d'être servi $(\bar{t}_f)$.

A. Nombre moyen d'individus dans le système.

Le nombre moyen d'individus présents dans le système s'évalue comme l'espérance mathématique de n :

$$\bar{n}_s = E(n) = \sum_{n=0}^{\infty} n \cdot P_n = \sum_{n=1}^{\infty} n \cdot P_n.$$

Si l'on utilise les formules développées plus haut pour P_n, cette espérance mathématique s'exprime en fonction de l'intensité du trafic :

$$\bar{n}_s = \sum_{n=1}^{\infty} n(\psi)^n \cdot (1 - \psi).$$

Ceci peut s écrire également, après avoir mis $(\psi)(1 - \psi)$ en facteur :

$$\bar{n}_s = \left[\sum_{n=1}^{\infty} n(\psi)^{n-1} \right] \cdot (\psi) \cdot (1 - \psi).$$

On remarque que le terme entre crochets est la dérivée par rapport à ψ de $\sum_{n=1}^{\infty} (\psi)^n$, soit encore de $1/(1-\psi)$. Cette dérivée est égale à $1/(1-\psi)^2$. Donc

$$\bar{n}_s = \left[1/(1-\psi)^2\right](\psi)(1-\psi).$$

On trouve ainsi, après simplification

$$\bar{n}_s = \frac{\psi}{1-\psi} = \frac{\lambda}{\mu - \lambda}.$$

Dans le cas examiné plus haut, où l'intensité du trafic s'élevait à 0,8, il y a en moyenne quatre individus dans le système.

B. Temps moyen passé dans le système.

La file d'attente est alimentée par des arrivées qui se produisent au taux λ. Le fait qu'il y ait, en moyenne $\bar{n}_s$ individus dans le système implique que chacun y reste en moyenne un temps

$$\bar{t}_s = \bar{n}_s/\lambda.$$

Ainsi, huit arrivées à l'heure et un nombre moyen de quatre individus doivent être associés à un séjour d'une durée moyenne de 0,5 h par personne.

$\bar{t}_s$ peut être exprimé en fonction de l'intensité du trafic avec

$$\bar{t}_s = \frac{\psi}{\lambda(1-\psi)}$$

et aussi sous la forme

$$\bar{t}_s = \frac{1}{\mu - \lambda}.$$

C. Nombre moyen d'individus attendant un service.

Parmi les individus présents dans le système, il convient de faire la distinction entre ceux qui sont en cours de traitement et ceux qui constituent la file d'attente proprement dite. Seuls ces derniers perdent réellement du temps.

Lorsqu'un seul poste de traitement est ouvert, un seul individu peut être servi à la fois. Sur n personnes séjournant dans le système, il y en a ainsi $n-1$ qui attendent (sauf évidemment si $n=0$). Le nombre moyen de gens qui attendent est alors donné par

$$\bar{n}_f = \sum_{n=1}^{\infty} (n-1) \cdot \mathrm{P}_n,$$

soit

$$\bar{n}_f = \sum_{n=1}^{\infty} n \cdot \mathrm{P}_n - \sum_{n=1}^{\infty} \mathrm{P}_n$$

et

$$\bar{n}_f = \bar{n}_s - \psi.$$

Le nombre moyen d'individus qui attendent est ainsi égal au nombre moyen d'individus dans le système moins le nombre moyen d'individus en cours de traitement. Avec les chiffres précédents ($\psi = 0{,}8$ et $\bar{n}_s = 4$), nous arrivons ainsi à $\bar{n}_f = 3{,}2$ personnes en situation d'attente pure.

$\bar{n}_f$ peut être obtenu directement à partir de l'intensité du trafic avec la formule :

$$\bar{n}_f = \bar{n}_s - \psi = \frac{\psi}{1-\psi} - \psi = \frac{\psi^2}{1-\psi}.$$

Ce qui s'écrit également :

$$\bar{n}_f = \frac{\lambda^2}{\mu(\mu - \lambda)}.$$

D. Temps moyen d'attente.

Le temps d'attente avant d'être servi est calculé de la même façon que le temps de séjour dans le système. La file des individus en attente pure est alimentée par les arrivées au taux λ ; comme cette file s'élève en moyenne à $\bar{n}_f$, ceci implique que l'attente moyenne s'élève à

$$\bar{t}_f = \bar{n}_f / \lambda.$$

Exprimé en fonction de l'intensité du trafic, $\bar{t}_f$ devient

$$t_f = \frac{\psi^2}{\lambda(1-\psi)} = \frac{\psi}{\mu(1-\psi)}.$$

La dernière expression nous donne une autre façon d'interpréter $\bar{t}_f$. Quand un nouveau client arrive, il se trouve en moyenne derrière $\bar{n}_s$ individus déjà dans le système. Le temps de traitement moyen s'élevant à $1/\mu$, il faut un temps total $\bar{n}_s/\mu$ pour que les individus présents dans le système soient servis et sortent et donc pour que le nouveau client atteigne le poste de traitement.

On vérifie également à partir des formules développées pour $\bar{t}_s$ et $\bar{t}_f$ que le temps de séjour dans le système est égal au temps d'attente ajouté au temps de traitement :

$$\bar{t}_s = \bar{t}_f + \frac{1}{\mu}.$$

Si $\lambda = 8$ et $\mu = 10$, nous savons que $\bar{n}_s = 4$, $\bar{t}_s = 0{,}5$ et $\bar{n}_f = 3{,}2$. Le temps moyen d'attente est alors égal à

$$\bar{t}_f = \bar{n}_f / \lambda = 3{,}2/8 = 0{,}4$$
$$t_f = \bar{n}_s / \mu = 4/10 = 0{,}4$$
$$\bar{t}_f = \bar{t}_s - \frac{1}{\mu} = 0{,}5 - 0{,}1 = 0{,}4.$$

Le tableau 5 donne les principaux résultats issus de la résolution de la file d'attente (M/M/1).

Tableau 5. — File d'attente (M/M/1).

Loi des arrivées : loi de Poisson de moyenne λ.
Loi des traitements : loi exponentielle négative de moyenne $1/\mu$.
Nombre de postes : $S=1$.
Règle de service : FIFO.

$$\psi=\lambda/\mu \qquad P_0=1-\psi \qquad P_n=(\psi)^n(1-\psi)$$

$$\bar{n}_s=\psi/(1-\psi) \qquad \bar{t}_s=\psi/\lambda(1-\psi)$$
$$\bar{n}_f=\psi^2/(1-\psi) \qquad t_f=\psi/\mu(1-\psi).$$

§ 2. Résolution d'une file d'attente à plusieurs postes de traitement (M/M/S).

Toutes les données de la situation précédente sont conservées, à part celle qui concerne le nombre de postes de traitement qui est maintenant supposé égal à S.

La condition qui imposait un taux d'arrivées inférieur au taux de service n'est plus nécessaire; elle est remplacée par la condition $\lambda<\mu S$.

Pour résoudre cette nouvelle file d'attente, nous procèderons comme dans le cas précédent, en évaluant, en premier lieu la probabilité qu'il y ait n personnes dans le système, puis les différentes caractéristiques de la file d'attente.

1° Évaluation de la probabilité P_n(M/M/S).

Nous partons toujours du principe selon lequel, pendant un intervalle de temps Δt il ne peut se produire au maximum qu'une arrivée et qu'un traitement.

Le tableau 3 reste, dans ces conditions, en grande partie valable dans le cas où il existe S postes de traitement. Il faut cependant aménager les probabilités de sorties, et par là, les probabilités des différentes éventualités pour tenir compte du fait que le traitement a été démultiplié.

Dans le cas où n est supérieur à S, tous les postes de traitement sont occupés et la probabilité qu'un traitement s'achève pendant l'intervalle Δt est $S\cdot\mu\Delta t$. Si, en revanche, n est inférieur à S, certains postes vont rester inoccupés (exactement $S-n$). La probabilité qu'une sortie soit enregistrée pendant Δt n'est donc plus $S\cdot\mu\Delta t$, mais $n\cdot\mu\Delta t$. Le temps de traitement d'un client n'est pas accéléré du fait que plusieurs postes sont disponibles : il est toujours égal en moyenne à $1/\mu$.

Les tableaux 6 *a*) et 6 *b*) permettent de déterminer $P_n(t+\Delta t)$ dans chacune de ces deux situations :

— si $n\leqslant S$,

$$P_n(t+\Delta t)=P_{n-1}(t)\cdot\lambda\Delta t+P_n(t)(1-\lambda\Delta t-n\mu\Delta t)+P_{n+1}(t)\cdot(n+1)\cdot\mu\Delta t;$$

— si $n\geqslant S$,

$$P_n(t+\Delta t)=P_{n-1}(t)\cdot\lambda\Delta t+P_n(t)(1-\lambda\Delta t-S\mu\Delta t)+P_{n+1}(t)S\mu\Delta t.$$

On notera que pour $n = 0$, l'expression développée dans le cas d'un poste de traitement unique reste toujours vraie.

Tableau 6. — Comportement d'une file d'attente (M/M/S).

***a*) Cas où $0 < n \leqslant S$.**

Nombre d'individus début Δt	Probabilité	Nombre d'entrées	Probabilité	Nombre de sorties	Probabilité
$n-1$	$P_{n-1}(t)$	1	$\lambda\Delta t$	0	$1 - n\mu\Delta t$
n	$P_n(t)$	0	$1 - \lambda\Delta t$	0	$1 - n\mu\Delta t$
n	$P_n(t)$	1	$\lambda\Delta t$	1	$(n+1)\mu\Delta t$
$n+1$	$P_{n+1}(t)$	0	$1 - \lambda\Delta t$	1	$(n+1)\mu\Delta t$

Nombre d'individus fin Δt	Probabilité éventualité
n	$P_{n-1}(t)\,[\lambda\Delta t]\,[1 - n\mu\Delta t]$
n	$P_n(t)\,[1 - \lambda\Delta t]\,[1 - n\mu\Delta t]$
n	$P_n(t)\,[\lambda\Delta t]\,[(n+1)\,\mu\Delta t]$
n	$P_{n+1}(t)\,[1 - \lambda\Delta t]\,[(n+1)\,\mu\Delta t]$
Total	$P_n\,(t + \Delta t)$

***b*) Cas où $S \geqslant n > 0$.**

Nombre d'individus début Δt	Probabilité	Nombre d'entrées	Probabilité	Nombre de sorties	Probabilité
$n-1$	$P_{n-1}(t)$	1	$\lambda\Delta t$	0	$1 - S\mu\Delta t$
n	$P_n(t)$	0	$1 - \lambda\Delta t$	0	$1 - S\mu\Delta t$
n	$P_n(t)$	1	$\lambda\Delta t$	1	$S\mu\Delta t$
$n+1$	$P_{n+1}(t)$	0	$1 - \lambda\Delta t$	1	$S\mu\Delta t$

Nombre d'individus fin Δt	Probabilité éventualité
n	$P_{n-1}(t)\,[\lambda\Delta t]\,[1 - S\mu\Delta t]$
n	$P_n(t)\,[1 - \lambda\Delta t]\,[1 - S\mu\Delta t]$
n	$P_n(t)\,[\lambda\Delta t]\,[S\mu\Delta t]$
n	$P_{n+1}(t)\,[1 - \lambda\Delta t]\,[S\mu\Delta t]$
Total	$P_n\,(t + \Delta t)$

En adoptant la même procédure que celle utilisée pour (M/M/1), il vient, si $n \leqslant S$:

$$\lambda P_{n-1} - (\lambda + n\mu) P_n + (n+1)\mu P_{n+1} = 0,$$

soit pour $n = 1$:

$$\lambda P_0 - (\lambda + \mu) P_1 + 2\mu P_2 = 0.$$

Puisque $P_1 = \psi P_0$,

$$P_2 = \frac{1}{2} (\psi)^2 P_0.$$

Pour $n = 2$, la relation s'écrit

$$\lambda P_1 - (\lambda + 2\mu) P_2 + 3\mu P_3 = 0,$$

ce qui donne

$$P_3 = \frac{1}{6} (\psi)^3 P_0.$$

De façon générale, si $\boldsymbol{n \leqslant S}$,

$$P_n = \frac{1}{n!} (\psi)^n P_0.$$

Dans le cas où le nombre de postes de traitement est inférieur ou égal à n, l'équation générale reliant P_{n-1}, P_n et P_{n+1} devient

$$\lambda P_{n-1} - (\lambda + S\mu) P_n + S\mu P_{n+1} = 0,$$

soit pour $n = 2$ et $S = 2$ par exemple

$$\lambda P_1 - (\lambda + 2\mu) P_2 + 2\mu P_3 = 0,$$

ce qui donnerait, compte tenu de la formule développée ci-dessus pour P_2 et qui est encore utilisable ici puisque $S=2$,

$$\lambda\psi P_0-(\lambda+2\mu)\frac{1}{2!}(\psi)^2 P_0+2\mu P_3=0,$$

soit

$$P_3=\frac{1}{4}(\psi)^3 P_0.$$

De façon générale, **pour $n \geqslant S$,**

$$P_n=\frac{1}{S!\,S^{n-S}}(\psi)^n P_0.$$

On remarque que si $n=S$, les deux expressions générales de P_n donnent le même résultat.

L'évaluation de P_n, pour une file d'attente particulière caractérisée par une certaine intensité de trafic et un certain nombre de postes de service, demande à nouveau de calculer P_0. La somme des probabilités P_n étant égale à un, il est possible d'écrire

$$P_0+(\psi)P_0+\ldots+\frac{1}{n!}(\psi)^n P_0+\ldots$$
$$+\frac{1}{(S-1)!}(\psi)^{S-1}P_0+\frac{1}{S!}(\psi)^S P_0+\ldots+\frac{1}{S!\,S^k}(\psi)^{S+k}P_0+\ldots=1,$$

soit

$$\left[\sum_{n=0}^{S-1}\frac{1}{n!}(\psi)^n+\sum_{k=0}^{\infty}\frac{1}{S!\,S^k}(\psi)^{S+k}\right]P_0=1.$$

On remarque que les éléments en $(\psi)^k/S^k$ forment une progression géométrique de raison inférieure à un dont la somme est $1/(1-\psi/S)$. Dans ces conditions,

$$P_0=\frac{1}{\displaystyle\sum_{n=0}^{S-1}\frac{(\psi)^n}{n!}+\frac{(\psi)^S}{S!\left(1-\frac{\psi}{S}\right)}}.$$

A titre d'illustration, nous prenons un cas de file d'attente à deux stations, avec $\lambda=8$ et $\mu=10$. Dans une telle file, d'après les formules qui ont été développées :

$$P_0=\frac{1}{1+0{,}8+\dfrac{0{,}8^2}{2\left(1-\dfrac{0{,}8}{2}\right)}}=0{,}4286$$

$$P_1 = (0,8)(0,428\,6) = 0,342\,9$$

$$P_2 = \frac{1}{2}(0,8)^2(0,428\,6) = 0,137\,2$$

$$P_3 = \frac{1}{2(2)}(0,8)^3(0,428\,6) = 0,054\,9.$$

...

La probabilité d'attendre est donnée par

$$P(n > S = 2) = 1 - P_0 - P_1 - P_2 = 0,091.$$

2° Description des caractéristiques de la file d'attente (M/M/S).

Pour décrire les caractéristiques de la file d'attente (M/M/S), le plus facile est de commencer par évaluer le nombre moyen de personnes qui attendent, $\bar{n}_f$.

Lorsque S stations de traitement sont ouvertes, pour que quelqu'un attende, il faut que n soit supérieur à S; ainsi le nombre moyen d'individus en attente est donné par l'espérance mathématique de $n - S$:

$$\bar{n}_f = E(n - S) = \sum_{n=S}^{\infty} (n - S)P_n,$$

ce que, pour reprendre la notation utilisée au-dessus, nous écrirons

$$\bar{n}_f = E(k) = \sum_{k=0}^{\infty} kP_{S+k}.$$

En remplaçant P_{S+k} par l'expression développée précédemment, il vient

$$\bar{n}_f = \sum_{k=0}^{\infty} k \cdot \frac{\psi^{S+k}}{S!S^k} P_0$$

$$\bar{n}_f = \frac{\psi^{S+1}}{S!S} P_0 \sum_{k=0}^{\infty} k \cdot \left(\frac{\psi}{S}\right)^{k-1}.$$

L'expression en $\sum$ est la dérivée de la somme d'une progression géométrique de raison (ψ/S), que l'on remplacera par $1/\left(1 - \frac{\psi}{S}\right)^2$. Ainsi

$$\bar{n}_f = \frac{\psi^{S+1}}{S!S(1 - \psi/S)^2} P_0.$$

Le temps moyen d'attente dans la file, avant tout traitement, est donné par $\bar{n}_f/\lambda$, soit

$$\bar{t}_f = \frac{\psi^S}{\mu S!S(1 - \psi/S)^2} P_0.$$

Chaque individu passant un temps moyen $\bar{t}_f$ à attendre et recevant un service dont la durée moyenne est $1/\mu$, le temps moyen de présence dans le système est

$$\bar{t}_s = \bar{t}_f + \frac{1}{\mu},$$

soit

$$\bar{t}_s = \frac{\psi^S}{\mu S!\,S(1-\psi/S)^2}\,P_0 + \frac{1}{\mu}.$$

Les arrivées s'effectuent au taux λ : le nombre moyen de personnes présentes dans le système est alors

$$\bar{n}_s = \left[\frac{\psi^S}{\mu S!\,S(1-\psi/S)^2}\,P_0 + \frac{1}{\mu}\right]\cdot\lambda,$$

soit

$$\bar{n}_s = \bar{n}_f + \psi.$$

Il y a ainsi en moyenne, ψ individus en cours de traitement. Dans la mesure où S points de traitement sont disponibles, $S-\psi$ restent en moyenne inutilisés.

Le tableau 7 résume les principaux résultats concernant la file d'attente de type (M/M/S)

Tableau 7. — File d'attente (M/M/S).

Loi des arrivées : loi de Poisson de moyenne λ.
Loi des traitements : loi exponentielle négative de moyenne $1/\mu$.
Nombre de postes : S.
Règle de service : FIFO.
Intensité du trafic : $\psi_S = \dfrac{\psi}{S}$.

$$P_n = \frac{1}{n!}(\psi)^n P_0 \text{ si } n \leqslant S \qquad \bar{n}_f = \frac{\psi^{S+1}P_0}{S!\,S\left(1-\dfrac{\psi}{S}\right)^2}$$

$$P_n = \frac{1}{S!\,S^{n-S}}(\psi)^n P_0 \text{ si } n \geqslant S \qquad \bar{n}_s = \bar{n}_f + \psi$$

$$P_0 = \frac{1}{\displaystyle\sum_{n=0}^{S-1}\frac{\psi^n}{n!} + \frac{\psi^S}{S!\left(1-\dfrac{\psi}{S}\right)}} \qquad \bar{t}_f = \frac{\psi^S P_0}{\mu S!\,S\left(1-\dfrac{\psi}{S}\right)^2}$$

$$\bar{t}_s = \bar{t}_f + \frac{1}{\mu}.$$

Nous reprenons le cas avec $S=2$, $\lambda=8$ et $\mu=10$. Dans une telle situation, on trouve

$$\bar{n}_f = \frac{0{,}8^3}{2\times 2\times(1-0{,}4)^2}\,0{,}428\,6 = 0{,}15 \text{ individus dans la file d'attente}$$

et

$$\bar{n}_s = 0{,}15 + 0{,}8 = 0{,}95 \text{ individus dans le système, en moyenne.}$$

Les temps d'attente dans la file et dans le système s'élèvent respectivement à

$$\bar{t}_f = \frac{0{,}8^2}{10 \times 2 \times 2 \times (1-0{,}4)^2}\, 0{,}428\,6 = 0{,}019 \quad \text{et} \quad \bar{t}_s = 0{,}019 + 0{,}1 = 0{,}119.$$

On remarque qu'un tel système est utilisé à 100 %, c'est-à-dire que toutes les stations sont occupées, 22,85 % du temps seulement. En effet

$$1 - P_0 - P_1 = 0{,}228\,5.$$

Cette valeur aurait pu également être obtenue à l'aide de l'expression :

$$\frac{\psi^S}{S!\left(1-\frac{\psi}{S}\right)} \cdot P_0 = \frac{0{,}8^2}{(2)(1-0{,}4)}\, 0{,}428\,6 = 0{,}228\,5.$$

Les deux stations ne sont ainsi utilisées complètement que 77 % du temps. En moyenne 1,2 station est inemployée. Ceci soulève, évidemment, le problème de la rentabilité de la seconde station.

§ 3. Autres modèles de file d'attente.

Les situations que les modèles de file d'attente peuvent avoir à formaliser sont extrêmement diversifiées, en fonction de multiples paramètres tels que, par exemple,

— les lois d'arrivées et de temps de service,
— la taille de la population initiale,
— l'existence ou non de contraintes sur la taille de la file d'attente,
— l'existence ou non de règles de priorité de service,
— le comportement des individus concernés.

Nous nous limiterons ici à l'énoncé des résultats les plus classiques. Les situations étudiées sont indiquées dans le tableau 8.

Tableau 8. — Situations de file d'attente.

Modèle	Règle de priorité	Temps de service	Capacité du système	Résultats : tableau n°
M/G/1	FIFO	Loi quelconque	Illimitée	9
$M/E^k/1$	FIFO	Erlang ordre K	Illimitée	10
M/D/1	FIFO	Constant	Illimitée	11
M/M/1	FIFO	Exponentielle	Limitée à *m* individus	12
M/M/1	Priorité au clients de la catégorie C_1	Exponentielle	Illimitée	13

Tous les autres paramètres du problème sont supposés identiques : loi des arrivées de type Poisson, population infinie, une seule étape de traitement et un seul poste de service.

Tableau 9. — File d'attente M/G/1.

Moyenne des temps de service : $\bar{S} = \frac{1}{\mu}$.

Écart-type des temps de service : σ_S (déterminé empiriquement).

$$P_0 = 1 - \psi$$

$$\bar{n}_f = \frac{\psi^2}{2(1-\psi)}[1 + \mu^2\sigma_S^2] \qquad \bar{t}_f = \frac{\psi}{2\mu(1-\psi)}[1 + \mu^2\sigma_S^2]$$

$$\bar{n}_s = \bar{n}_f + \psi \qquad \bar{t}_f = \bar{t}_l + \frac{1}{\mu}$$

Tableau 10. — File d'attente M/E^K/1.

Loi des temps de service : Erlang ordre K.

Moyenne des temps de service : $\bar{S} = \frac{1}{\mu}$.

Écart-type des temps de service : $\sigma_S = \frac{1}{\sqrt{K}\,\mu}$.

$$P_0 = 1 - \psi$$

$$\bar{n}_f = \frac{K+1}{2K}\,\frac{\psi^2}{(1-\psi)} \qquad \bar{t}_f = \frac{K+1}{2K}\,\frac{\psi}{\mu(1-\psi)}$$

$$\bar{n}_f = \bar{n}_e + \psi \qquad \bar{t}_s = \bar{t}_f + \frac{1}{\mu}.$$

Tableau 11. — File d'attente M/D/1.

Temps de service constant $= 1/\mu$.

$P_0 = 1 - \psi \qquad P_1 = (1-\psi)(e^{\psi} - 1)$.

$$P_n = (1-\psi)\sum_{k=1}^{n}(-1)^{n-k}e^{k\psi}\left[\frac{(k\psi)^{n-k}}{(n-k)!} + \frac{(k\psi)^{n-k-1}}{(n-k-1)!}\right] \text{ pour } n \geq 2$$

$$\bar{n}_f = \frac{\psi^2}{2(1-\psi)} \qquad \bar{t}_f = \frac{\psi}{2\mu(1-\psi)}$$

$$\bar{n}_s = \bar{n}_f + \psi \qquad \bar{t}_s = \bar{t}_f + \frac{1}{\mu}.$$

N.B. : on remarque que M/D/1 est équivalent à M/G/1 pour $\sigma_S = 0$ et à M/E^K/1 pour $K = \infty$.

Tableau 12. — File d'attente M/M/1 avec capacité limitée.

Capacité limitée à M clients (y compris celui en cours de traitement.

si $\lambda \neq \mu$

$$P_0 = \left[\frac{1-\psi}{1-\psi^{M+1}}\right] \qquad P_n = P_0 \cdot \psi^n$$

$$\bar{n}_s = \frac{\psi}{1-\psi}\left[\frac{1-(M+1)\psi^M + M\psi^{M+1}}{1-\psi^{M+1}}\right]$$

$$\bar{n}_f = \frac{\psi^2}{1-\psi}\left[\frac{1-M\psi^{M-1}+(M-1)\psi^M}{1-\psi^M}\right]$$

$$\bar{t}_f = \frac{\psi}{\mu(1-\psi)}\left[\frac{1-M\psi^{M-1}+(M-1)\psi^M}{1-\psi^M}\right]$$

$$\bar{t}_s = \bar{t}_f + \frac{1}{\mu}.$$

Si $\lambda = \mu$

$$P_n = \frac{1}{M+1}, \qquad \bar{n}_s = \frac{M}{2}, \qquad \bar{t}_s = \frac{M+1}{2\mu}.$$

N. B. : l'intensité du trafic peut prendre n'importe quelle valeur, éventuellement supérieure à 1, puisque la file d'attente est limitée à M individus.

Tableau 13. — File d'attente M/M/1 avec priorité.

Loi des arrivées de type Poisson de moyenne λ pour tous les clients.

Proportion de clients prioritaires : α.

***a*) priorité *relative* :** les clients de la classe C_1 prioritaire se placent avant tout client de la classe C_2 dans la file d'attente.

$$\bar{n}_{s1} = \alpha\psi\,\frac{1+\psi-\alpha\psi}{1-\alpha\psi} \qquad \bar{n}_{s2} = (1-\alpha)\,\psi\,\frac{1-\alpha\psi+\alpha\psi^2}{(1-\psi)(1-\alpha\psi)}$$

$$\bar{n}_{f1} = \frac{\alpha\psi^2}{1-\alpha\psi} \qquad \bar{n}_{f2} = \frac{(1-\alpha)\,\psi^2}{(1-\psi)(1-\alpha\psi)}$$

$$\bar{t}_{f1} = \frac{\psi}{\mu-\alpha\lambda} \qquad \bar{t}_{f2} = \frac{\psi}{(1-\psi)(\mu-\alpha\lambda)}.$$

***b*) priorité *absolue* :** les clients de la classe C_1 se placent avant tout client de la classe C_2, même si celui-ci est en cours de traitement.

$$\bar{n}_{s1} = \frac{\alpha\psi}{1-\alpha\psi} \qquad \bar{n}_{s2} = \frac{(1-\alpha)\,\psi}{1-\psi}\left[1+\frac{\alpha\psi}{1-\alpha\psi}\right].$$

Tous ces modèles de files d'attente, bien que se présentant sous des aspects complexes, ne correspondent qu'à des situations très simples. Dans de nombreux cas il sera très difficile de développer des formules capables de représenter correctement la réalité. L'approche par les modèles de simulation sera alors à conseiller[4].

SECTION 3. GESTION DES FILES D'ATTENTE

Gérer une file d'attente consiste, pour l'organisation qui en est responsable, à déterminer les moyens à mettre en œuvre de telle sorte que les indicateurs d'attente du système demeurent dans des limites satisfaisantes.

Mais l'application d'une politique quelconque suppose que l'on ait auparavant identifié les caractéristiques de la file d'attente à partir des données empiriques concernant son comportement (§ 1). Une fois le système identifié, il devient possible de procéder à l'optimisation des moyens (§ 2).

Ces deux phases du processus de gestion d'une file d'attente seront appliquées au traitement d'un problème de maintenance.

§ 1. Identification des caractéristiques de la file d'attente.

La Société des applications mécaniques dispose dans les deux ateliers de son usine de province, d'un parc de machines-outils de haute précision dont le réglage est un élément essentiel de la qualité de travail. Dès qu'un dérèglement se produit, les opérations de production doivent être immédiatement arrêtées et le responsable de la machine fait appel à l'équipe de spécialistes qui procède aux rectifications nécessaires.

Les dérèglements sont relativement fréquents et les arrêts de production qui en découlent provoquent des retards non négligeables dans la réalisation des plannings de fabrication. La direction de l'usine a confié à un ingénieur stagiaire la mission de proposer des solutions à ce problème.

Il s'agit ici, manifestement, d'un problème de file d'attente :

- la population de « clients » concernés est constituée par le parc de machines; comme chaque machine peut se dérégler plusieurs fois au cours de la même journée, le parc est assimilable à une population infinie;
- il y a un poste de service qui correspond à l'équipe de maintenance;
- la file d'attente est composée des machines déréglées qui attendent l'intervention de l'équipe de maintenance;
- le système d'attente est formé par l'ensemble des machines déréglées y compris celle qui est en cours de réglage.

Afin d'identifier le modèle qui conviendrait le mieux pour représenter le fonctionnement du système d'attente, l'ingénieur stagiaire procède à une étude statistique des pannes et des temps de réparation.

---

4. *Cf.* chapitre 11.

Cinquante périodes d'une heure ont été ainsi étudiées, pendant lesquelles 153 pannes se sont produites, soit 3,06 à l'heure en moyenne. Mais le nombre de dérèglements par heure est très variable : comme le montre le tableau 14, il s'étend de 0 à 8, avec une fréquence maximum pour 2 et 3. Une loi de Poisson de moyenne 3 semble convenir pour représenter le phénomène. Un test du X^2 montre que cette loi donne des résultats très satisfaisants (*cf.* tableau 15)[5].

Les temps de réglage sont également très variables comme l'indique le tableau 16 qui donne la fonction de réparation des temps d'intervention de l'équipe de maintenance sur les 153 pannes étudiées. Le temps moyen de réparation s'élevant à 0,2 heure, une loi exponentielle négative de type $f(t) = 5e^{-5t}$ est testée avec un résultat satisfaisant[6] (tableau 17).

Nous nous trouvons ainsi devant un problème de file d'attente caractérisé par
— un taux d'arrivée $\lambda = 3$;
— un temps moyen de service $\dfrac{1}{\mu} = 0,2$;
— un seul poste de service.

L'application des formules du modèle M/M/1 donne :
— une « intensité de trafic » $\psi = 0,6$;
— la probabilité que toutes les machines fonctionnent $P_0 = 0,4$;
— le nombre moyen de machines dans le système d'attente :

$$n_s = \frac{\psi}{1-\psi} = \frac{0,6}{0,4} = 1,5$$

En moyenne, 1,5 machine reste inutilisée en permanence :
— le nombre moyen de machines en attente d'un traitement :

$$n_f = \frac{\psi^2}{1-\psi} = \frac{0,36}{0,4} = 0,9.$$

Si l'heure d'arrêt de la production entraîne un manque à gagner de 1 000 F, la perte provoquée par l'ensemble des pannes sur 25 jours ouvrables à 8 heures de travail, s'élève à

$$C = 1,5 \times 1\,000 \times 25 \times 8 = 300\,000 \text{ F}.$$

Dans la mesure où les déréglages sont jugés inévitables, seul le coût associé à l'attente doit être imputé au service de maintenance. Ce coût C_f s'élève à

$$C_f = 0,9 \times 200\,000 = 180\,000 \text{ F}.$$

---

5. On rappelle la formule du X^2 :

$$X^2 = \sum \frac{(\theta_i - x_i)^2}{\theta_i}$$

avec θ_i = valeur théorique déterminée par application de la loi de Poisson et x_i = observation.
Dans le tableau, plusieurs classes ont été regroupées pour que l'effectif de chaque case dépasse 5, nombre au-dessous duquel le test ne pourrait plus s'appliquer.
Le test est satisfaisant, puisque pour 3 degrés de liberté $X^2_{0,05} = 7,8$.

6. Pour 9 degrés de liberté, $X^2_{0,05} = 16,92$.

Tableau 14. — Statistique des pannes.

Nombre de pannes	Fréquence
0	3
1	8
2	10
3	10
4	8
5	6
6	3
7	1
8 et plus	1
Total	50

Tableau 15. — Ajustement à une loi de Poisson; test du X^2.

k	P_k	Fréquence théorique	Fréquence observée	$(\theta_i - x_i)$	$(\theta_i - x_i)^2$	$(\theta_i - x_i)^2/\theta_i$
0	0,05	2,5	3	} − 1	1	0,1
1	0,15	7,5	8	}		
2	0,22	11	10	1	1	0,09
3	0,22	11	10	1	1	0,09
4	0,17	8,5	8	0,5	0,25	0,03
5	0,10	5	6	}		
6	0,05	2,5	3	} − 2	4	0,44
7	0,02	1	1	}		
8 et +	0,01	0,5	1	}		
		50	50			$X^2 = 0,75$

Tableau 16. — Statistique des temps de réparation.

Temps de réparation supérieur à (heure)	Fréquence cumulée
0,05	122
0,1	90
0,15	75
0,2	57
0,25	40
0,3	30
0,35	28
0,4	22
0,45	12
0,5	8
0,55	0

Tableau 17. — Ajustement à une loi exponentielle négative; test du X^2.

T	P ($t \geqslant$ T)	Fréquence cumulée théorique	Fréquence cumulée observée	$(\theta_i - x_i)$	$(\theta_i - x_i)^2$	$(\theta_i - x_i)^2/\theta_i$
0,05	0,779	119,2	122	– 2,8	7,84	0,06
0,1	0,606	92,7	90	2,7	7,29	0,08
0,15	0,472	72,2	75	– 2,8	7,84	0,11
0,2	0,368	56,3	57	– 0,7	0,49	0,01
0,25	0,287	43,9	40	3,9	15,21	0,35
0,3	0,223	34,1	30	4,1	16,81	0,49
0,35	0,174	26,6	28	– 1,4	1,96	0,07
0,4	0,135	20,7	22	– 1,3	1,69	0,08
0,45	0,105	16,1	12	4,1	16,81	1,04
0,5	0,082	22,3	8	14,3	204,49	9,17
0,55	0,064					
						$X^2 = 11,46$

§ 2. Optimisation de la file d'attente

Plusieurs types d'actions sont concevables *a priori* :
— multiplication des postes de traitement,
— spécialisation des postes de traitement,
— contrôle des arrivées.

1° Multiplication des postes de traitement.

Dans ce problème, un poste de traitement est constitué par une équipe de spécialistes de maintenance. Chaque équipe devant obligatoirement compren- dre deux personnes, l'entreprise a donc la possibilité, pour améliorer le fonctionnement du système, d'engager deux spécialistes supplémentaires, ce qui revient à créer un nouveau poste de service.

Dans la mesure où les responsables des machines en panne font appel indifféremment à l'une ou l'autre équipe et où les autres paramètres du modèle n'ont pas été modifiés, la situation nouvelle s'analyse à l'aide du modèle M/M/2 :

— intensité du trafic $\frac{\psi}{S} = 0,3$;

— probabilité que toutes les machines fonctionnent :

$$P_0 = \frac{1}{1 + 0,6 + \frac{0,36}{2(1-0,3)}} = 0,538;$$

— nombre moyen de machines dans la file d'attente :

$$\bar{n}_f = \frac{0,6^3 \times 0,538}{2!\,2 \times (1-0,3)^2} = 0,06;$$

— nombre moyen de machines dans le système d'attente :

$$\bar{n}_s = 0,06 + 0,6 = 0,66.$$

Si nous nous intéressons uniquement au coût associé à l'attente pure,

$$C_f(S=2)=0{,}06\times 200\,000=12\,000.$$

L'économie réalisée par l'introduction d'un poste de traitement supplémentaire est donc

$$C_f(S=1)-C_f(S=2)=180\,000-12\,000=168\,000.$$

Le coût d'une équipe de deux spécialistes étant évalué à 120 000 F charges comprises, l'opération s'avère rentable pour l'entreprise. La question se pose même d'introduire une troisième équipe de maintenance.

Dans le cas où S = 3, l'application des formules du modèle M/M/3 donnerait $\bar{n}_f=0{,}0062$, d'où un coût C(S = 3) = 1 240. L'économie réalisée par rapport à la situation où S = 2 ne justifierait pas, ici, l'introduction d'une nouvelle équipe.

2° Spécialisation des postes de traitement.

Puisque deux équipes paraissent nécessaires, se pose la question de savoir si l'entreprise n'aurait pas intérêt à les spécialiser.

Par exemple, l'usine ayant deux ateliers, il serait concevable d'attribuer une équipe à chacun d'entre eux. Supposons que chaque atelier contribue en moyenne pour la moitié des pannes et que ces pannes soient du même genre, c'est-à-dire nécessitent les mêmes types de traitement. Nous aurons, dans ces conditions, deux files d'attente indépendantes caractérisées chacune par

- — un taux d'arrivées $\lambda=1{,}5$;
- — un temps de traitement moyen $1/\mu=1/5$;
- — un seul poste de traitement.

Le modèle M/M/1 appliqué à chaque atelier donnerait :

$$\psi=1{,}5/5=0{,}3; \qquad P_0=0{,}7; \qquad \bar{n}_f=0{,}129.$$

Sur les deux ateliers, il y aurait ainsi en moyenne $2\times 0{,}129=0{,}258$ machine en attente pure, c'est-à-dire beaucoup plus qu'avec le système à deux postes non spécialisés.

De façon générale, la spécialisation des postes a tendance à être moins efficace que la non-spécialisation. Elle peut cependant apporter un supplément d'efficacité si les temps de traitement sont réduits. C'est ce qui peut se produire dans le cas d'une spécialisation fonctionnelle ou chaque équipe traite une catégorie donnée de machines.

Supposons maintenant que le parc de machines comporte deux catégories d'équipement dont les fréquences des pannes sont identiques. Si une équipe de spécialistes est affectée à chacun des deux types de machines, nous nous retrouvons encore devant un système comprenant deux files d'attente autonomes de caractéristiques :

- — $\lambda=1{,}5$;
- — S = 1;
- — taux de service = $1/\mu$.

Pour que ce nouveau système soit plus efficace que le système à deux postes non spécialisés, il faut que

$$\bar{n}_s<0{,}33,$$

ce qui donne $\mu > 6{,}05$. Un système spécialisé ne se justifie qu'avec un supplément d'efficacité d'au moins 21 % supérieur sur les temps de service.

3° Contrôle des arrivées.

Dans de nombreux cas l'entreprise peut moduler les taux d'arrivées. En ce qui concerne le problème étudié ici, le contrôle des arrivées, donc des pannes, est réalisable à travers l'entretien préventif du matériel.

Si l'entretien préventif est susceptible de réduire le nombre d'arrêts de production, ce qui est vérifiable par expérimentation sur une partie du parc, les performances du système vont s'améliorer. Le choix d'une telle stratégie demanderait d'évaluer le coût du contrôle à priori et l'économie réalisée sur les temps d'attente avec le taux d'arrivées réduit.

ÉTUDES DE CAS

7-1 La Banque régionale de Crédit industriel et commercial a installé dans une de ses agences un distributeur automatique de billets (D.A.B). Des pointages de la fréquentation de ce D.A.B ont montré qu'il était très utilisé par la clientèle de la banque. La direction s'interroge sur la nécessité d'installer un second D.A.B à proximité du premier, pour éviter un temps d'attente trop long des utilisateurs. Pour des raisons commerciales, elle souhaite en effet que ce temps passé par le client soit inférieur à quatre minutes en moyenne.

Les arrivées des utilisateurs suivent approximativement une loi de Poisson de moyenne sept par période de quinze minutes; il faut, d'autre part une minute trente secondes au D.A.B pour servir un client. L'installation du second D.A.B est-elle nécessaire?

Solution

Dans le cas où *un seul* D.A.B fonctionne, nous nous trouvons en présence d'une file d'attente de type M/M/1 avec $\lambda = 7$ et $\mu = 10$, puisque $1/\mu = 1{,}5/15 = 0{,}1$.

L'intensité du trafic sur le D.A.B est alors $\psi = 0{,}7$ et la probabilité qu'il soit inutilisé est $P_0 = 0{,}3$. Le temps moyen d'attente est donné par

$$\bar{t}_s = \frac{\psi}{\lambda(1-\psi)} = \frac{0{,}7}{7(0{,}3)} \approx 0{,}33$$

ce qui correspond à un temps d'attente de

$$0{,}33 \times 15 \approx 5 \text{ minutes.}$$

Ce temps d'attente étant supérieur à ce qui est souhaité par la direction, *un second* D.A.B doit être installé. L'intensité du trafic est alors de $\psi/S = 0{,}35$ et la probabilité de non utilisation est, d'après le modèle M/M/2 :

$$P_0 = \frac{1}{1 + 0{,}7 + \dfrac{0{,}7^2}{2\left(1 - \dfrac{0{,}7}{2}\right)}} = 0{,}48,$$

Le temps d'attente dans la file est alors

$$\bar{t}_f = \frac{0{,}7^2\,(0{,}48)}{10 \times 2 \times 2 \times \left(1 - \dfrac{0{,}7}{2}\right)^2} = 0{,}014.$$

Le temps d'attente total, y compris le temps de traitement s'élève à $\bar{t}_s = \bar{t}_f + 1/\mu$, soit

$$\bar{t}_s = 0{,}014 + 0{,}10 = 0{,}114,$$

ce qui correspond à $0{,}114 \times 15 = 1{,}71$ minutes, temps inférieur au seuil exigé par la direction.

7-2

Les arrivées de clients aux caisses de sortie d'un hypermarché ont été enregistrées pendant 109 périodes de 5 minutes. Le tableau suivant donne la fréquence observée de $k = 0$ arrivée, 1 arrivée, 2 arrivées, etc. Peut-on assimiler ce processus d'arrivées à une loi de Poisson?

k	Fréquence observée (X_k)
0	22
1	30
2	31
3	15
4	8
5	2
6	1
7 et +	0
	109

Solution

Sur les 109 périodes de cinq minutes étudiées, le nombre total d'arrivées s'élève à

$$N = 0 \times 22 + 1 \times 30 + 2 \times 31 + \ldots + 6 \times 1 = 185.$$

Il y a eu ainsi 185/109 = 1,697, soit environ 1,7 arrivée en moyenne par période.

Nous allons tester la conformité de ces arrivées avec une loi de Poisson de moyenne $\lambda = 1{,}7$, c'est-à-dire avec une loi du type :

$$P_k = \frac{1{,}7^k e^{-1{,}7}}{k!}.$$

L'application directe de cette formule nous donne :

k	P_k
0	0,182 7
1	0,310 6
2	0,264 0
3	0,149 6
4	0,063 6
5	0,021 6
6	0,006 1
7 et +	0,001 8
Total	1

A partir de ces valeurs nous déterminons les fréquences théoriques des arrivées sur 109 périodes, avec

$$\theta_k = 109P_k.$$

Un test du X^2 est alors employé pour vérifier la validité de la loi pour représenter le phénomène.

k	θ_k	X_k	$(\theta_k - X_k)$	$(\theta_k - X_k)^2$	$(\theta_k - X_k)^2/\theta_k$
0	19,9	22	− 2,1	4,41	0,222
1	33,9	30	3,9	15,21	0,449
2	28,8	31	− 2,2	4,84	0,168
3	16,3	15	1,3	1,69	0,104
4 et +	10,1	11	− 0,9	0,21	0,080
					1,023

N. B. : les classes $k = 4$ à 6 ont été regroupées pour atteindre le seuil minimum de 5.

Le X^2 observé est inférieur au X^2 théorique au seuil de confiance de 95 %. En effet, pour 3 degrés de liberté (nombre de classe — 2, puisque un degré de liberté est utilisé pour le calcul de la moyenne), $X^2_{0,05} = 7,8$.

La loi de Poisson de moyenne 1,7 représente ainsi correctement le phénomène étudié.

7-3 Le « fast-food » McDonnell délivre des plats à emporter (pizzas, hamburgers, sandwichs, etc.), le long d'une avenue importante du Quartier Latin. Pendant les périodes d'affluence, les clients arrivent au rythme moyen d'un toutes les deux minutes selon un processus de Poisson. Il faut, en moyenne 1 minute 42 secondes pour servir chaque client; mais les temps de service dépendent du plat choisi et se répartissent selon une loi exponentielle négative.

Les clients n'acceptent pas d'attendre très longtemps avant d'être servis, et compte tenu de la concurrence importante qui existe dans le quartier, on estime qu'en moyenne, au-delà de 4 minutes d'attente, le client est perdu. Un client rapporte environ 15 F de marge brute. Le service pourrait être accéléré et le temps de service réduit de trente secondes, en moyenne, par client, en engageant un extra pour les périodes de pointes (coût 150 F pour les quatre heures), mais est-ce rentable?

Solution

Si nous raisonnons sur une heure de fonctionnement du « fast-food », le taux d'arrivée s'élève à trente clients et le temps de traitement à 0,028 (en effet 1′ 42″ = 1,7′, soit 1,7/60 = 0,028 h). La capacité horaire est ainsi de 1/0,028 = 35,3 clients.

Dans l'état actuel des choses, le temps d'attente moyen d'un client dans la file est donné par

$$t_f = \frac{\lambda}{\mu(\mu - \lambda)} = \frac{30}{35,3\,(35,3 - 30)} = 0,160\,4,$$

soit 9,62 minutes ou encore 9 minutes et 37 secondes.

Ce temps est supérieur au temps maximum supporté par le client (4 mn) : un certain nombre de clients vont donc abandonner la file d'attente, ou ne pas la prendre. Le taux d'arrivées net de clients acceptant de rester est donné en résolvant, par rapport à λ, pour $t_f = 0{,}067$ (soit 4 mn), l'expression

$$t_f = \frac{\lambda}{\mu(\mu - \lambda)} = 0{,}067.$$

Ainsi

$$\lambda = \frac{0{,}067\mu^2}{1 + 0{,}067\mu} = 24{,}8 \text{ clients.}$$

En comparant avec le taux d'arrivée normal, il apparaît une perte de 5,2 clients par heure, soit, puisque chaque client rapporte 15 F, une perte de marge brute de 78 F.

L'engagement de l'extra, qui permet de gagner 30″ sur le temps de service fait passer la capacité horaire du « fast-food » à 50 clients par heure : 1′ 42″ − 30″ = 1,12″ soit 1,2′ ou encore 0,02 h et =1/0,02 = 50. Le temps d'attente moyen devient alors

$$t_f = \frac{30}{50\,(30 - 20)} = 0{,}03, \quad \text{soit } 1{,}8' \quad \text{ou encore } 1'\,48'',$$

ce qui est inférieur au temps maximum supporté par le client.

L'opération d'accélération du service apparaît rentable : pour un coût de 150 F sur quatre heures, elle permet d'augmenter la marge brute de 312 F.

7-4 La société Confora qui distribue des meubles vend en particulier une bibliothèque style XVIIIe Anglais. Cette bibliothèque, relativement peu demandée (en moyenne une demande tous les deux mois), étant très coûteuse, une seule unité est conservée en stock. Les délais de livraison du fournisseur sont en moyenne de un mois.

Si l'on estime que les demandes, comme les temps de traitement sont aléatoires (respectivement loi de Poisson et loi exponentielle négative), quelle est la probabilité de rupture de stock concernant ce produit?

Solution

Il y a rupture de stock dès que la file d'attente contient plus d'un client. Puisque, en raisonnant sur une période de deux mois, $\lambda = 1$ et $\mu = 2$; $\psi = 0{,}5$; $P_0 = 0{,}5$ et $P_1 = 0{,}25$; d'où

$$P(n \geqslant 1) = 1 - 0{,}5 - 0{,}25 = 0{,}25.$$

Chapitre 8 — Décision et incertitude

L'incertitude est une des caractéristiques permanentes de la gestion des entreprises et de façon plus générale de toute décision économique.

Lancer un nouveau produit, modifier un prix de vente, passer un contrat avec un client étranger, pour une entreprise, acheter un équipement électroménager, des valeurs mobilières ou plus simplement une nouvelle marque de yaourt, pour un ménage, implique toujours un certain niveau de risque, un pari sur des résultats futurs que l'on ne peut maîtriser complètement.

Les décisions sont prises avec une information limitée; elles vont s'intégrer dans un environnement incertain en perpétuelle évolution; elles peuvent se heurter aux décisions d'autres agents économiques.

Il existe, certes, des techniques qui permettent de réduire ce risque par l'amélioration de l'information du décideur (études de marché, tests comparatifs...), ou par suppression du facteur de risque (couverture à terme par exemple), ou encore par réduction de ses conséquences défavorables (assurances). Mais de telles techniques ne sont pas toujours utilisables et, quand elles le sont, elles n'éliminent pas forcément la totalité du risque. De toute façon, elles entraînent généralement un coût, et se pose alors le problème de leur rentabilité.

Gérer c'est donc décider en situation d'incertitude, c'est aussi décider de l'emploi de techniques réductrices d'incertitude.

L'intégration du risque dans la décision économique demande de recourir à des instruments spécifiques. Ces instruments pour certains sont très anciens, puisqu'ils remontent aux XVIIe et XVIIIe siècles avec les travaux de Pascal, Bernoulli et Bayès. Conçus initialement pour résoudre des situations de jeux, ils peuvent également être appliqués à la décision de gestion comme dans les travaux beaucoup plus récents de Von Neumann et Morgenstern, de Schlaifer ou de Raiffa[1]. Ils constituent désormais avec la théorie de la décision un ensemble scientifique et opérationnel très élaboré.

Les premières applications industrielles de la théorie de la décision datent de la fin des années cinquante. La firme Du Pont de Nemours a joué là comme dans beaucoup d'autres domaines de la gestion, un rôle de pionnier. Depuis le milieu des années soixante, un développement important de ces applications a été enregistré aux États-Unis, sous l'impulsion, entre autres, de la Harvard Business School[2].

La première section de ce chapitre sera consacrée à la formalisation des problèmes de décision en situation incertaine. Il s'agit là d'une étape essentielle qui conduit à structurer le problème de décision et à le mettre sous une forme qui permette sa résolution. Les méthodes de résolution à notre disposition sont de nature très différente selon qu'il est possible ou non de probabiliser l'environnement. Les sections deux et trois traiteront des situations probabilisables : la section deux, avec l'analyse bayésienne présentera les techniques de décision disponibles dans ce type de situation et la section trois abordera les problèmes de l'arbitrage entre le rendement et la sécurité. La décision en situation non probabilisable sera étudiée dans la dernière section.

SECTION 1. FORMALISATION DES PROBLÈMES DE CHOIX INCERTAINS

Formaliser un problème de décision consiste à mettre en évidence les éléments principaux qui le caractérisent, puis à combiner ces éléments dans un modèle qui en sera une représentation simplifiée mais fondamentalement exacte, sur laquelle il sera possible d'appliquer des techniques de résolution opérationnelles.

Tous les problèmes de décision ont une structure de base identique (§ 1) susceptible de modes de représentation normalisés (§ 2). Cependant, ils s'intègrent dans des situations différentes dont il convient de dresser la typologie (§ 3). Comme nous le verrons, ceci amène à s'interroger sur la notion de probabilité (§ 4).

---

1. VON NEUMANN J. et MORGENSTERN O., *Theory of games and economic behavior,* Princeton University Press, 1944; SCHLAIFER R. : *Probability and statistics for business decision,* McGraw Hill, 1959; LUCE D. et RAIFFA H. : *Games and decisions* Wiley, 1958; RAIFFA H. : *Decision analysis,* Addison-Wesley, 1968.
2. BROWN R., « Do managers find decision theory useful? », *HBR,* mai-juin 1970, pages 78 à 82.

§ 1. La structure de base.

Dans tout problème de décision, on retrouve toujours les quatre éléments suivants :

— un ou plusieurs objectifs;
— des actions possibles;
— des états de l'environnement;
— des résultats.

Par *objectif*, il faut entendre ce que l'entreprise, ou plus généralement l'agent économique, cherche à atteindre à travers la résolution du problème étudié. L'objectif est la traduction pour ce problème de la finalité qu'il s'est donnée. La définition de l'objectif n'est pas toujours une tâche aisée pour un problème précis; d'autre part, plusieurs objectifs simultanés pourront être poursuivis, par exemple la rentabilité et la sécurité.

Les *actions* possibles sont les différentes modalités de la décision dont l'entreprise dispose pour atteindre son objectif. Dans un problème de fixation de prix, les actions possibles correspondront aux différents niveaux de prix envisageables. Dans un problème de choix d'investissement, les actions seront représentées, par exemple, par les types d'équipement que l'entreprise peut acquérir, ou encore par les dates auxquelles l'investissement peut être réalisé.

Pour qu'il y ait problème de décision, il faut que deux actions au moins soient offertes au choix de l'entreprise. Sinon, il s'agit d'une constante et il n'y a plus de problème de choix. Dans de nombreux cas, il sera exercé simplement entre prendre la décision (lancer le produit, acquérir tel équipement...) et ne pas la prendre.

Cette deuxième possibilité n'est pas nécessairement la plus sûre : dans un environnement concurrentiel, ne pas réaliser certains investissements peut comporter des risques très élevés.

Dans certains cas, les modalités de la décision seront mutuellement exclusives et une seule devra être sélectionnée. Si le choix doit s'effectuer entre lancer le produit et ne pas le lancer à une certaine date, la décision ne peut évidemment revêtir qu'une des deux modalités. Dans d'autres situations au contraire, l'entreprise pourra rechercher une combinaison d'actions : dans le cas d'un problème de planification publicitaire, le budget pourra être affecté à un seul support ou réparti entre plusieurs. Comme nous l'avons vu précédemment[3] l'entreprise peut être également amenée à prendre plusieurs décisions successives au cours du temps.

Les *états de l'environnement* — on parle aussi des états de la nature ou encore d'événements — correspondent aux éléments incontrôlables du problème. Si l'entreprise a le loisir de choisir une action particulière, elle ne peut décider dans quel environnement elle va se situer. Tout au plus peut-elle essayer de le prévoir ou de l'influencer partiellement. Mis à part des cas très particuliers, les états de l'environnement que l'entreprise aura à affronter seront incertains.

---

3. Cf. chapitre 4.

Bien entendu, l'environnement d'une décision constitue un ensemble très complexe dans lequel jouent une multitude de facteurs : l'évolution de la conjoncture, du prix des matières premières, des salaires, de la fiscalité, de la pression concurrentielle etc. Il ne faudra retenir pour l'analyse d'un problème précis que les facteurs susceptibles d'exercer une influence significative sur les résultats de la décision. D'un problème de décision à un autre, les environnements considérés seront donc différents.

Chaque facteur d'environnement, par exemple l'évolution du prix du fuel lourd, pourra revêtir plusieurs modalités. En fonction des évolutions éventuelles du prix du pétrole et du cours du dollar plusieurs variantes seront exprimées :

— augmentation supérieure à 10 %,
— augmentation inférieure à 10 %,
— stabilité,
— réduction inférieure à 10 %,
— réduction supérieure à 10 %.

Si le deuxième facteur d'environnement à considérer correspond à l'évolution des charges sociales selon trois modalités, c'est à quinze états de l'environnement qu'il faudra faire face, chaque état de l'environnement étant défini comme une combinaison particulière de modalités des facteurs d'environnement. Ces états sont mutuellement exclusifs : un seul se produira en définitive.

Les facteurs d'environnement que l'entreprise est capable de prévoir de façon quasi certaine ne revêtent alors qu'une seule modalité. Ils constituent des données du problème et n'affectent pas le nombre d'états de la nature. En fait, le partage entre ce qui doit être considéré comme donnée et ce qui est incertain s'avère relativement subjectif. L'environnement peut changer de façon très brusque et ce que l'on estimait être une donnée intangible peut se modifier brutalement.

Les *résultats* mesurent, dans les termes de l'objectif recherché, le degré d'efficacité de chaque décision pour chacun des états de la nature envisagés. Pour un problème donné, il y aura ainsi autant de résultats éventuels que de combinaisons entre les modalités de la décision et les états de l'environnement. Si l'entreprise a le choix entre deux actions alternatives et si l'environnement est susceptible de comporter quinze états différents, il y aura trente résultats à considérer.

C'est cette multiplicité des résultats éventuels qui pose le problème de base pour les décisions en situation d'incertitude. A chaque action seront associés plusieurs résultats possibles : quinze dans le cas précédent. Décider en situation d'incertitude revient à comparer des vecteurs de résultats. La décision se situe dans un univers multidimensionnel. La comparaison entre les actions demandera l'utilisation d'instruments spécifiques.

De façon plus générale, un problème de décision en situation d'incertitude mettra en jeu m actions A_i ($i = 1, \ldots, m$) qui procureront des résultats R_{ij} ($i = 1, \ldots, m; j = 1, \ldots, n$) selon celui des n états de l'environnement E_j ($j = 1, \ldots, n$) qui se produira. A la décision A_i correspondra ainsi un vecteur de résultats ($R_{i_1}, \ldots, R_{in}$). Choisir une décision particulière revient à sélectionner le « meilleur » vecteur de résultats ou du moins un vecteur qui soit suffisamment satisfaisant.

§ 2. Les modes de représentation.

Deux modes de représentation principaux sont à notre disposition pour formaliser les problèmes de choix en situation incertaine : il s'agit des arbres et des matrices d'éventualité et de décision.

Afin d'exposer plus clairement ces deux techniques, nous aurons recours à un cas simple de lancement de produit.

Le service recherche-développement de la société Sem vient de mettre au point un nouveau produit de grande consommation dont le prix de vente est fixé à 100 F. Se pose alors la question de l'opportunité de son lancement sur le marché. Pour simplifier les choses nous supposerons que seuls deux facteurs d'incertitude pèsent sur les résultats éventuels :

— En ce qui concerne les quantités que l'on pense écouler annuellement, et qui dépendent de l'acceptation du produit par les consommateurs, trois variantes ont été exprimées. Selon les estimations du service commercial, les ventes s'élèveront à 200 000, 250 000 ou 300 000 unités.

— En ce qui concerne le coût de production variable unitaire, qui dépend d'une série de facteurs internes à l'entreprise, mais aussi de facteurs externes avec, en particulier, le niveau de production, trois variantes, également, ont été énoncées : 55, 60 ou 65 F par unité.

Dans la mesure où ce produit supportera annuellement, s'il est lancé, les charges fixes de l'ordre de 9 millions sa rentabilité peut être très élevée dans les environnements les plus favorables, ou, au contraire, négative.

Une partie de l'incertitude pourrait être levée par l'acquisition d'information. Le service marketing suggère un marché test pour déterminer le niveau de demande. Ce marché test entraînerait un coût de 200 000 F.

1° Les arbres d'éventualités et de décision.

Les *arbres d'éventualité* ont essentiellement pour objet de structurer les environnements dans lesquels se situe l'entreprise. Ils sont particulièrement utiles quand plusieurs facteurs d'environnement se combinent pour former les états de l'environnement. Les *arbres de décision* ont pour objet de leur côté de structurer l'ensemble des actions possibles de l'entreprise.

Les *arbres de décisions-éventualités* réaliseront ces deux opérations simultanément : c'est à cette dernière technique qu'il faudra recourir pour traiter le problème précédent.

Dans une première étape de travail, nous laisserons de côté la question de savoir s'il faut réaliser un marché-test ou non. Deux actions alors sont envisageables : lancer le produit (A_1) ou ne pas le lancer (A_2). L'utilisation d'un arbre d'éventualités permet d'évaluer les résultats possibles.

Dans chacun des cas, le résultat R_{ij} se calcule à l'aide de la formule suivante :

$$R_{ij} = P \cdot Q_{ij} - C_{ij} \cdot Q_{ij} - F_i,$$

où P représente le prix de vente, Q, les quantités, C le coût variable unitaire, F les frais fixes, *i* l'indice de l'action envisagée et *j* l'indice de l'environnement éventuel.

Dans le graphique 1, on voit apparaître neuf environnement

Les trois niveaux de la demande $M_1 = 200\,000$, $M_2 = 250\,000$ et $M_3 = 300\,000$, se combinent avec les trois niveaux de coût variable unitaire $C_1 = 65$, $C_2 = 60$, $C_3 = 55$.

Les carrés matérialisent des points de décision et les ronds des points événementiels. Le graphique se lit à partir de la gauche : l'entreprise choisit une décision; interviennent alors les facteurs d'incertitude qui conduisent à un certain résultat.

Graphique 1. — Arbre de décisions-éventualités du cas Sem.

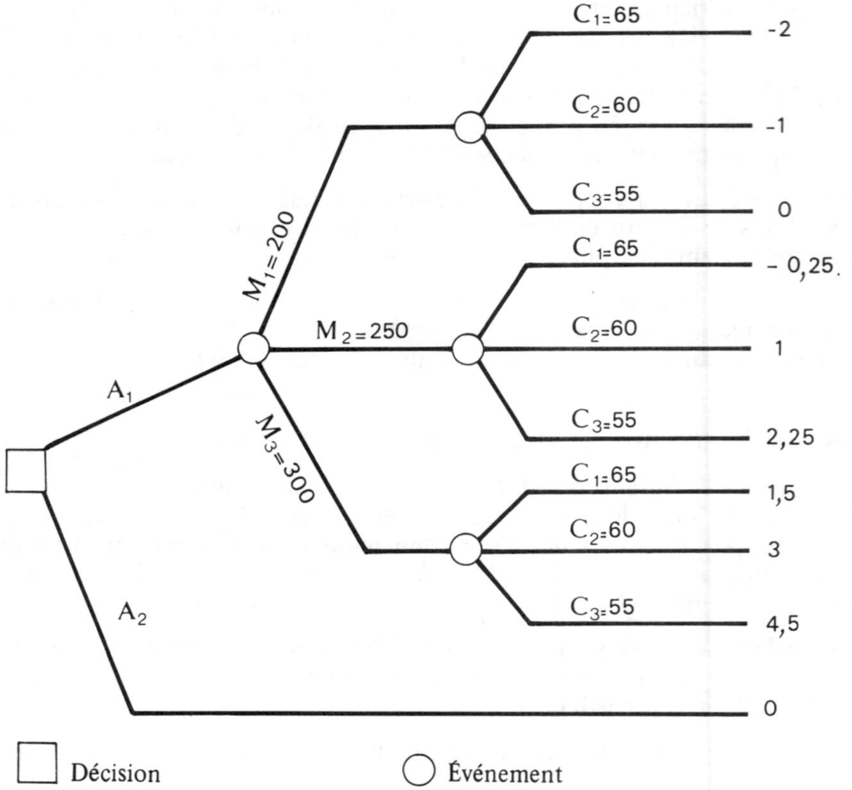

Si l'on intègre dans l'analyse le fait que Sem peut réaliser un marché test (décision A_3) qui lui donnera une évaluation de son marché, la représentation du problème se complique. En effet, plusieurs étapes de décision doivent maintenant être considérées comme le montre le graphique 2 où Z_k correspond au résultat du marché-test.

Graphique 2. — Arbre de décisions-éventualités du cas Sem incluant la possibilité d'un test.

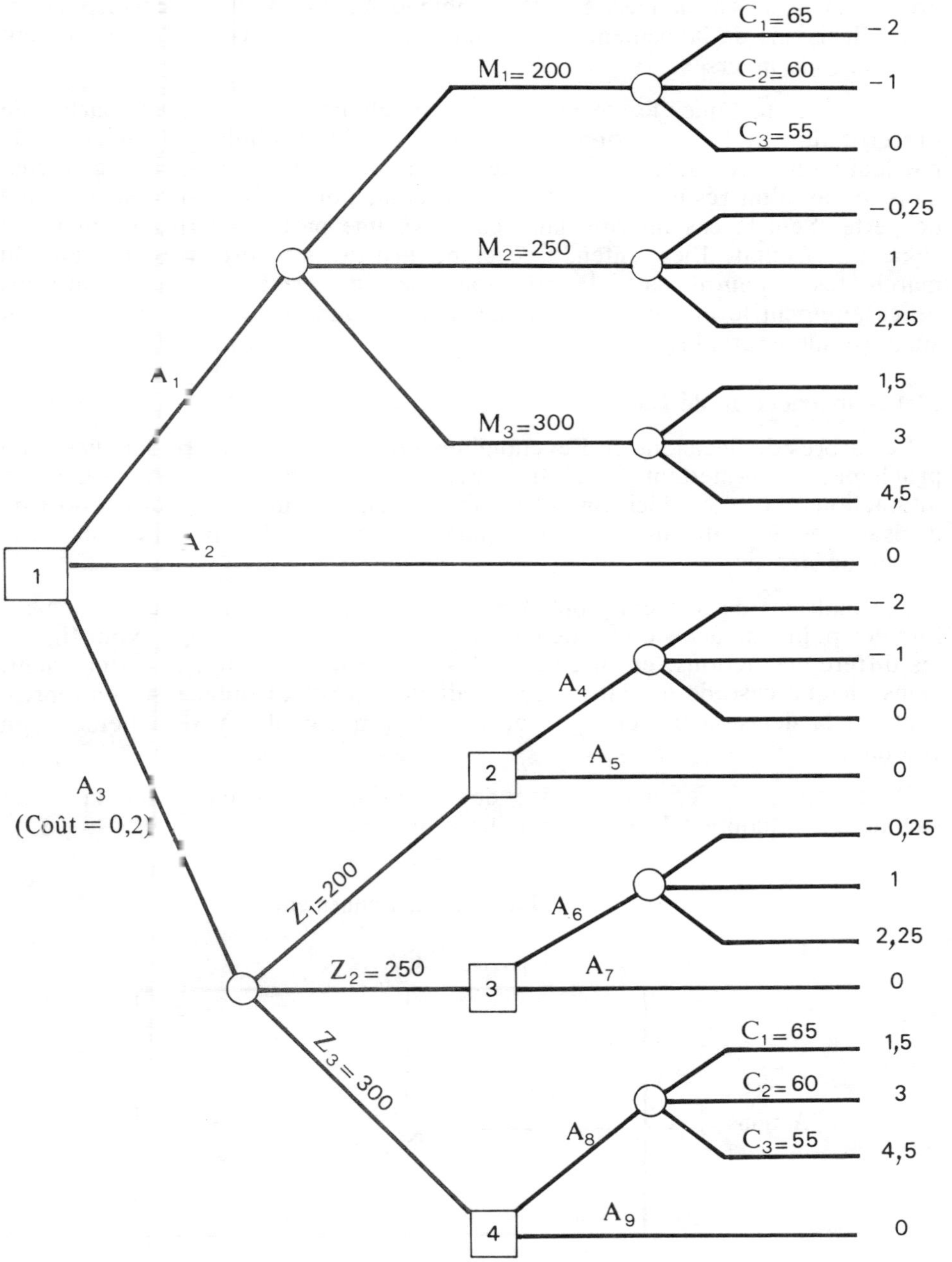

Le test peut donner l'un quelconque des trois niveaux de demandes possibles : $Z_1 = 200\,000$, $Z_2 = 250\,000$, $Z_3 = 300\,000$, d'où les trois branches au point événementiel rattaché à la décision A_3. A la suite de chacun de ces résultats, l'entreprise doit réexaminer le problème du lancement du produit. Trois nouveaux points de décision sont donc nécessaires. A chacun d'entre eux, en fonction de l'incertitude qui demeure concernant les coûts variables, mais connaissant l'état de la demande, le choix est offert entre lancer le produit et ne pas le lancer. Sur le graphique 2., A_4, A_6 et A_8 correspondent à des décisions de lancement du produit, alors que A_5, A_7 et A_9 représentent les décisions inverses.

On remarque que le recours au test élimine une grande partie de l'incertitude : si le test donne un marché de 200 000 unités, la décision la meilleure sera, de toute évidence, de ne pas lancer le produit. En revanche, dans le cas d'un résultat de 300 000, le produit pourra être lancé sans risque de perte. Seul le cas intermédiaire conserve une part d'incertitude quant au signe du résultat. Bien entendu, ceci ne justifie pas forcément le coût du marché-test; d'autre part, les résultats de ce dernier ne donneront pas nécessairement le niveau exact de demande, comme cela a été implicitement supposé sur le graphique.

2° Les matrices de décision.

Les arbres de décisions et d'éventualités présentent une image détaillée d'un problème; ils permettent de le structurer correctement en étudiant toutes les interactions entre les décisions et les événements. L'utilisation des arbres de décisions est en outre indispensable quand l'entreprise doit traverser plusieurs étapes de décision.

Les matrices de décision vont donner une image condensée du problème à l'un des points de décision particulier. Dans cette matrice, en ligne vont figurer les différentes actions, et en colonne les différents états de l'environnement. Dans chaque case de la matrice sera indiqué le résultat obtenu si l'entreprise a choisi la décision lue en ligne et si l'environnement a revêtu l'état lu en colonne.

De façon générale, une matrice de décision se présentera de la façon suivante, en adoptant la notation utilisée au paragraphe précédent :

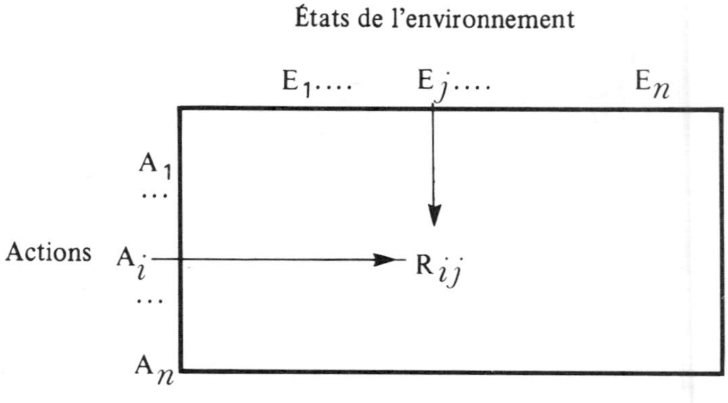

Le tableau 1 est la matrice de décision correspondant au problème matérialisé par le graphique 1. Les neuf environnements qui y figurent, E_1, .., E_9, sont définis à partir des combinaisons des deux facteurs d'environnement dans l'ordre où elles figurent sur le graphique. Par exemple, E_1 représente la combinaison $M_1 \times C_1$, et E_9 la combinaison $M_3 \times C_3$.

Tableau 1. — Matrice de décision A_1-A_2.

États de l'environnement

	E_1	E_2	E_3	E_4	E_5	E_6	E_7	E_8	E_9
Action A1	– 2	– 1	0	– 0,25	1	2,25	1,5	3	4,5
Action A2	0	0	0	0	0	0	0	0	0

Le tableau 2 est de son côté la matrice de décision du point n° 3 sur le graphique 2, c'est-à-dire dans le problème élargi incluant le test. Seuls trois états de l'environnement y figurent. En effet, au point de décision n° 3, le résultat du marché-test est connu et la taille du marché est maintenant une donnée pour le choix entre A_6 et A_7.

Tableau 2. — Matrice de décision A_6-A_7.

Actions	$C_1 = 65$ F	$C_2 = 60$ F	$C_3 = 55$ F
A_6	– 0,25	1	2,25
A_7	0	0	0

Une matrice similaire peut être construite pour chaque point de décision. Cependant il n'est pas possible, dans l'état actuel des choses de dresser la matrice du point n° 1 dans le problème élargi, puisque les résultats d'une des décisions possibles (A_3) dépendent de décisions ultérieures. On retrouve ici une des caractéristiques des décisions séquentielles. Pour traiter le point de décision n° 1, il faut déjà avoir traité les points de décisions ultérieurs. Nous avons ici une nouvelle application des principes de la programmation dynamique abordés au chapitre 4.

Les deux présentations, par arbres ou par matrices sont très complémentaires : elles correspondent à deux étapes successives de la résolution d'un problème. Si les arbres apparaissent plus opérationnels en ce qui concerne la structuration du problème, les matrices de décision offrent une présentation souvent plus commode en ce qui concerne sa résolution.

§ 3. Typologie des situations.

Si les problèmes de choix présentent des caractéristiques communes, ils n'en diffèrent pas moins selon la façon dont on peut intégrer les états de l'environnement dans la prise de décision. Nous serons amenés à distinguer, ainsi, quatre types de situations spécifiques :

— la certitude;
— le risque;
— la concurrence;
— l'indétermination.

Dans une situation de *certitude,* l'entreprise connaît dans quel environnement se situera sa décision. Dans sa matrice de décision ne figurera qu'une seule colonne; une seule branche partira de chaque point événementiel. Le choix de la meilleure action est alors, conceptuellement au moins, particulièrement facile, puisque à chaque décision ne correspond qu'un seul résultat.

La situation de *risque* est caractérisée par l'éventualité de plusieurs états de l'environnement. L'entreprise ne sait pas lequel de ses états va se produire, mais elle est capable d'en évaluer le degré de vraisemblance, c'est-à-dire d'affecter des probabilités à chacune des éventualités. Dans le cas précédent, l'entreprise serait en mesure de dire, par exemple, qu'elle a une chance sur deux d'avoir affaire à une demande de 250 000 unités.

De façon générale, à l'environnement E_j, l'entreprise associe une probabilité $P(E_j)$ avec $\sum_{j=1}^{n} P(E_j) = 1$.

Malgré l'apparence un peu théorique d'une telle situation, beaucoup de problèmes d'entreprise peuvent lui être rattachés, en particulier ceux dans lesquels on a affaire à des phénomènes répétitifs tels que la gestion des stocks, ou le contrôle de qualité.

La *concurrence* est une situation dans laquelle l'entreprise se trouve en face d'un environnement dont les états sont constitués des décisions d'autres agents économiques dont les intérêts lui sont, au moins partiellement, opposés. Lorsque plusieurs entreprises se trouvent sur le même marché, les décisions qu'elles peuvent prendre constituent autant d'environnements éventuels. Si l'entreprise A modifie son prix de vente, les résultats qu'elle enregistrera dépendent du comportement des autres entreprises dans le domaine des prix, tout d'abord, mais aussi sur les autres aspects de leur politique commerciale.

Une telle situation se rencontre fréquemment dans l'économie moderne, où souvent les marchés revêtent des formes de type oligopolistique; elle sera d'autant plus présente que les entreprises évoluent sur un marché saturé.

Dans les cas d'*indétermination,* l'entreprise est seulement capable de dresser la liste des environnements possible et d'y rattacher les conséquences de ses actions. Les intérêts de l'entreprise ne sont pas antagoniques avec ceux de son environnement; elle ne peut non plus, évaluer la probabilité de chacun des états de la nature.

En fait, la ligne de démarcation entre le risque et l'indétermination n'est pas aussi nette que leur définition le laisserait supposer. Tout repose sur la notion de probabilité qu'il convient maintenant d'étudier.

§ 4. La notion de probabilité.

Le risque désigne une situation dans laquelle l'entreprise peut affecter des probabilités aux différents états de l'environnement; l'indétermination est la situation dans laquelle l'entreprise ne peut probabiliser son environnement. En fait, les cas d'ignorance absolue concernant la vraisemblance des événements futurs sont relativement rares et, pour les théoriciens modernes de la décision, il existe tout un continuum de situations intermédiaires pour lesquelles, même s'il n'est pas possible d'utiliser des probabilités objectives, l'entreprise peut recourir à des probabilités subjectives.

Le concept de probabilité subjective généralise la notion de probabilité et la rend particulièrement intéressante pour analyser les problèmes de décision.

Mais se pose bien entendu la question de l'évaluation de ces probabilités subjectives.

1° Probabilités objectives et probabilités subjectives.

Traditionnellement les probabilités peuvent provenir de deux sources : le calcul analytique, d'une part, et l'observation d'autre part. Dans les deux cas, il s'agit de *probabilités objectives.*

La probabilité de tirer un roi de cœur d'un paquet de trente-deux cartes est objective; il est possible de calculer le nombre de cas favorables, le nombre de cas total et de faire le rapport entre les deux. Les probabilités ainsi calculées sont les moins discutables, elles sont parfaitement exactes. Mais dans les questions de gestions d'entreprises peu de situations se ramènent à un tel schéma, qui concerne plutôt les jeux de hasard.

La deuxième source des probabilités objectives est beaucoup plus proche des réalités de l'entreprise. Lorsque l'on dispose d'une série d'observations antérieures d'un phénomène répétitif, telles que des statistiques météorologiques, d'accidents, ou de rebuts dans un processus de production, il est concevable d'en déduire des probabilités. Les probabilités deviennent ici la limite de fréquences observées. C'est à ce type de probabilités que recourait le gestionnaire des stocks du chapitre 6 lorsqu'il désirait déterminer son stock de sécurité optimal.

Lorsque l'on passe dans le domaine des *probabilités subjectives,* il semble que l'on ait affaire à un concept tout à fait différent. Ces probabilités subjectives sont les degrés de vraisemblance que les agents économiques attachent à des événements futurs éventuellement non répétitifs : par exemple à une baisse de plus de cinq pour cent du cours du dollar au cours du trimestre prochain. Cependant, dans la mesure où l'on arrive à quantifier ces degrés de vraisemblance, les théoriciens modernes de la décision estiment qu'il est possible de les traiter de la même manière que les probabilités objectives. Il n'y aurait, selon eux, qu'une simple différence de degré et non de nature entre les deux types de probabilités. Cette différence de degré dépendrait de la *quantité d'information* dont dispose l'agent économique.

Même les probabilités objectives contiennent une certaine part de subjectivité. Il y a normalement une chance sur trente-deux de tirer le roi de cœur d'un paquet de trente-deux cartes. Mais si nous réussissons habilement à en glisser un deuxième dans le paquet, nous savons que la probabilité est passée à 1/16, alors que les autres joueurs qui n'ont rien remarqué en sont toujours à 1/32. L'information joue un rôle considérable, comme dans le cas de l'exploitation des statistiques de ventes hebdomadaires d'un produit dans un supermarché : si nous ne disposons que de peu d'observations, ou si nous pensons que le comportement des consommateurs s'est modifié, le manque d'informations nous empêchera de calculer de bonnes probabilités. Nous pourrons améliorer ces probabilités par l'acquisition d'observations supplémentaires ou par une étude de marché.

Dans le cas d'un environnement indéterminé, même si l'entrepreneur ne dispose pas de probabilités objectives, il est généralement capable, en fonction de son expérience, de sa connaissance du marché, d'émettre des degrés de vraisemblances au sujet des états de la nature. Là aussi, une amélioration de l'information disponible lui permettra d'intégrer plus d'objectivité dans ses prévisions.

Les probabilités subjectives constituent ainsi une généralisation du concept de probabilité. A la suite de P. Masse, nous dirons que « la probabilité attribuée à un événement E par un individu I disposant d'un ensemble d'informations K est un coefficient rendant quantitative la notion qualitative de vraisemblance de E pour I, K étant donné ». Nous noterons P(E/K) une telle probabilité[4].

Cependant, une fois précisée la possibilité de probabiliser l'environnement indéterminé, il convient de s'interroger sur le caractère opérationnel ou non opérationnel de ces probabilités subjectives. Peut-on les employer de la même façon que les probabilités objectives, et en particulier est-on autorisé à leur appliquer les règles fondamentales du calcul des probabilités?

Pour certains auteurs, il faut répondre par la négative. Les règles du calcul des probabilités ne doivent pas être appliquées aux « probabilités irrationnelles », c'est-à-dire aux estimations et aux tentatives de probabilisation que les individus entreprennent au cours de leur activité économique[5].

Pour d'autres, au contraire, le respect des règles du calcul des probabilités est une condition de rationalité des choix de l'individu. M. Allais écrit en particulier : « Par approximation successive, un individu qui se voudrait cohérent avec lui-même, finirait par retrouver ces règles »[6]. On a pu démontrer que l'individu qui n'utiliserait pas des probabilités obéissant au théorème des probabilités totales et à celui des probabilités composées se mettrait systématiquement en perte en pariant contre un joueur plus avisé que lui[7].

2° La quantification des probabilités subjectives.

L'utilisation des probabilités subjectives dans le calcul économique de l'entreprise demande qu'elles soient quantifiées de façon cohérente. Cette évaluation s'effectue en deux étapes. Dans l'étape *a priori* il s'agit de quantifier les intuitions du décideur, l'étape *a posteriori* permet d'intégrer dans l'évaluation des suppléments d'information.

1. La quantification *a priori.*

Une première série de techniques, qui relèvent globalement de la méthode du pari ont été proposées par les théoriciens de la décision. Des techniques plus directes sont également disponibles.

Dans la *méthode du pari* que l'on retrouve initialement chez Th. Bayes, la probabilité qu'un individu attribue à un événement incertain dépend à la fois de l'enjeu et de la mise qui serait consentie[8]. Si une personne parie sur l'arrivée d'un événement, le rapport de la probabilité du cas favorable à la probabilité du cas défavorable est égal au rapport de la valeur absolue de la

---

4. MASSE P., *Le choix des investissements,* Dunod 1968, p. 218.
5. FRECHET M., « Vue générale sur l'application du calcul des probabilités en économie », *EA,* 1957; DREZE J., « Les probabilités subjectives ont-elles une signification objective? », *EA,* 1960.
6. ALLAIS M., « Le comportement de l'homme rationnel devant le risque : critique des postulats de l'école américaine », *Econométrica,* octobre 1953.
7. MASSE P., *op. cit.* p. 244 et suivantes.
8. BAYES T., *An essay toward solving a problem in the doctrin of chances,* London, 1963.

perte P dans le cas défavorable, au gain R dans le cas favorable, soit $p/q = P/R$. Dans ces conditions : $p \cdot R = q \cdot P$ et l'espérance mathématique du jeu est nulle. Si l'individu est prêt à miser 1 000 F sur l'arrivée d'un événement qui lui rapporterait 10 000 F, c'est qu'il estime qu'il y a au moins dix chances sur cent que l'événement se produise. Par affinements successifs, on doit pouvoir trouver la probabilité telle que l'individu est indifférent entre jouer et ne pas jouer.

Cette méthode du pari a servi de base à d'autres techniques d'évaluation des probabilités subjectives, par exemple, la méthode des loteries de Savage. L'individu a alors le choix entre deux paris susceptibles de lui rapporter le même gain : le premier implique l'événement dont on veut prévoir la probabilité, le second un événement dont la probabilité est connue[9].

Les *techniques directes* d'évaluation des probabilités consistent simplement à quantifier les degrés de vraisemblance du décideur. Pour évaluer la probabilité d'un certain niveau de demande, on pourra demander par exemple : « Est-il plus probable que la demande soit inférieure à 250 000 unités ou plus probable qu'elle soit supérieure ? » Par approximations successives, la distribution des probabilités peut au moins partiellement être établie. L'interrogation de plusieurs experts, comme dans la méthode Delphi permet d'aboutir à des chiffres cohérents.

L'interrogation de plusieurs individus est une garantie contre des évaluations trop subjectives, l'acquisition d'informations également. Mais se pose alors le problème de l'intégration de ces informations dans la quantification des probabilités. C'est l'objet de l'étape *a posteriori.*

2. La quantification *a posteriori.*

Lorsque le décideur dispose d'un système de probabilités subjectives concernant les états de l'environnement, il peut prendre une décision à l'aide des critères évoqués précédemment pour les situations probabilisables. Il peut aussi acquérir des informations supplémentaires et améliorer son système de probabilités : par une étude de marché, une entreprise peut renforcer ou au contraire infirmer ses intuitions sur l'état du marché.

Le processus d'amélioration des probabilités est basé sur le théorème des probabilités conditionnelles : pour deux événements A et B, on peut écrire :

$$P(A/B) = P(A \cap B)/P(B),$$

où $P(A/B)$ est la probabilité d'avoir A, B étant connu, et $P(A \cap B)$ la probabilité d'avoir à la fois A et B. Le graphique suivant permet de visualiser cette relation : E_A est l'ensemble des événements où A se produit, E_B l'ensemble des événements où B se produit. L'intersection entre ces deux ensembles, E_{AB} correspond aux événements au cours desquels A et B se produisent simultanément. Si l'on sait que va se produire un événement de l'ensemble E_B il est possible de donner la probabilité que A apparaisse : c'est le rapport du nombre d'événements de l'ensemble E_{AB} au nombre d'événements de l'ensemble E_B.

9. SAVAGE L., *The foundations of statistics*, Wiley, 1954.

Graphique 3. — Théorème des probabilités conditionnelles.

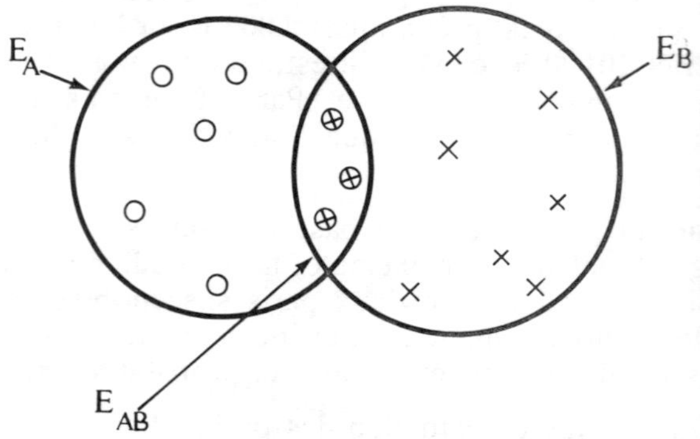

Soit E l'événement dont on veut évaluer la probabilité, et P(E) la probabilité subjective associée. Si l'on obtient une information K, il sera possible d'écrire en appliquant la relation précédente :

$$P(E/K) = P(E \cap K)/P(K).$$

Or, il est également possible d'écrire :

$$P(E \cap K) = P(K/E)\,P(E).$$

D'où le *théorème de Bayès :*

$$P(E/K) = P(K/E) \cdot P(E)/P(K).$$

P(E) était une probabilité *a priori;* P(E/K) est une probabilité *a posteriori* de l'événement E, calculée après une information K supplémentaire.

Il faut noter que le raisonnement suivi est très spécifique. Habituellement, le raisonnement va des causes vers les effets : si tel événement se produit, alors tel autre doit se produire avec une certaine probabilité. Ici, le raisonnement part des conséquences pour remonter aux causes c'est parce que tel événement, logiquement conséquence d'un autre, s'est produit qu'on en déduit la probabilité de ce dernier.

Par exemple, à la suite d'une étude de marché par sondage, qui a révélé un certain aspect du comportement des consommateurs, on déduit que l'ensemble des consommateurs manifestent le même comportement. En fait, le résultat du sondage est la conséquence de l'état réel du marché. Mais, dans la mesure où l'on estime que le sondage a été effectué dans des conditions de représentativité correctes, on est en droit de remonter aux causes.

SECTION 2. L'ANALYSE DE BAYES

Lorsque l'entreprise a à sa disposition des probabilités concernant les environnements éventuels, elle peut appliquer certains critères de décision développés dans le cadre de l'analyse bayésienne. Ces critères lui permettent de sélectionner la meilleure décision compte tenu des résultats éventuels; ils lui permettent également d'évaluer les avantages d'informations additionnelles.

L'analyse bayésienne se présente traditionnellement selon trois étapes : l'analyse *a priori* permet de déterminer la stratégie optimale sans information supplémentaire (§ 1). L'analyse *a posteriori* utilise l'information additionnelle dans le choix de la meilleure stratégie (§ 2). L'analyse *pré-postérieure* évalue l'information. La comparaison entre la valeur de l'information et son coût permet de savoir si son acquisition est rentable (§ 3). La distinction de ces différentes étapes a un intérêt purement pédagogique. Dans le cadre d'une procédure concrète de décision, ces trois étapes sont intégrées (§ 4).

§ 1. La détermination de la stratégie optimale *a priori*.

A partir des probabilités de chacun des facteurs d'environnement dont l'importance a été jugée significative, et une fois déterminés des résultats de chaque action pour chacun des environnements éventuels, l'application du critère de l'espérance mathématique détermine la meilleure stratégie.

1° La probabilisation des environnements.

Nous reprendrons la première partie du cas de la société Sem, c'est-à-dire sans le marché test. Deux facteurs d'environnement avaient été retenus : la taille du marché et le coût variable unitaire.

Le tableau 3 nous fournit les probabilités de ces facteurs d'environnements. Dans la partie *a*) de ce tableau, nous trouvons les probabilités des états de la demande et dans la partie *b*), celle des niveaux de coûts variables éventuels. Dans la mesure où le coût variable unitaire dépend partiellement du niveau de production, à travers, entre autres, l'effet d'expérience, les probabilités de chaque valeur de coût sont différentes selon la taille du marché.

Tableau 3. — Probabilisation des facteurs d'environnement.

a) États de la demande (milliers d'unités)

	200	250	300	Total
Probabilité	0,25	0,5	0,25	1

b) États de la demande (milliers d'unités)

Coût variable unitaire	200	250	300
65 F	0,6	0,25	0,1
60 F	0,3	0,5	0,3
55 F	0,1	0,25	0,6
Total	1	1	1

Ces probabilités, reportées entre parenthèses sur l'abre d'éventualités du graphique 1, permettent de déterminer la probabilité de chacun des environnements. L'environnement E_1, par exemple, résulte de la conjonction d'une demande de 200 000 unités (probabilité 0,25) et d'un coût élevé (probabilité 0,6). La probabilité de E_1 sera donnée par le produit $0{,}25 \times 0{,}6 = 0{,}15$. Le graphique 4 fournit l'ensemble de ces probabilités.

Graphique 4. — Probabilisation des états de l'environnement.

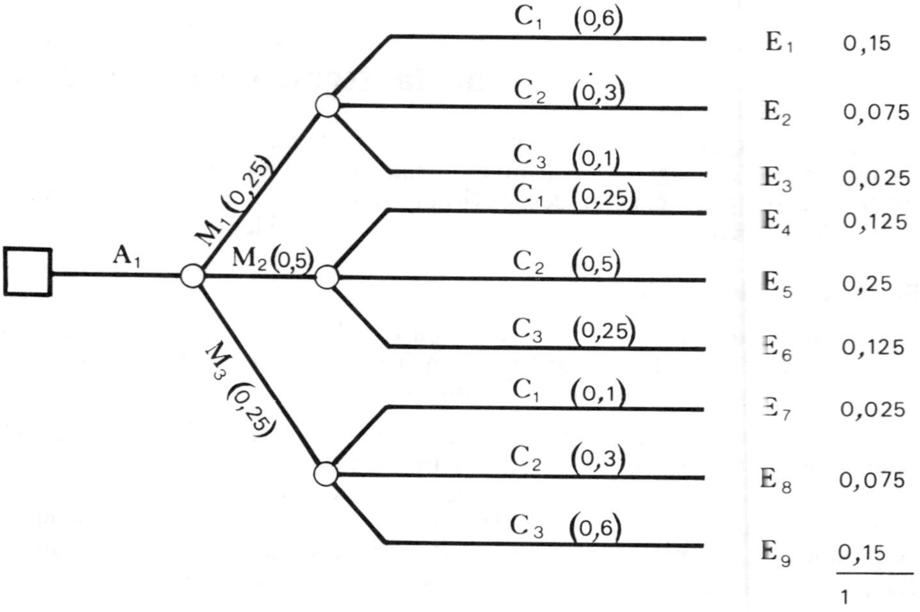

2° Application du critère de l'espérance mathématique.

L'entreprise se trouve confrontée à une décision qui, selon l'état de la nature qui se produira, peut lui rapporter neuf résultats différents. L'espérance mathématique du résultat lui permet de synthétiser ces différents résultats : il s'agit de la moyenne des résultats pondérés par leur probabilité.

De façon générale, si au résultat R_{ij} entraîné par la décision A_i et l'état de l'environnement E_j, est associé une probabilité $P(E_j)$, $(j = 1, \ldots, n)$ l'espérance mathématique des R_{ij} sera donnée par l'expression :

$$E(A_i) = \sum_{j=1}^{n} R_{ij} \cdot P(E_j).$$

L'application du critère de l'espérance mathématique conduit à sélectionner la décision A_i telle que $E(A_i)$ soit maximum, c'est-à-dire qui corresponde à

$$\operatorname*{Max}_{i} \sum_{j=1}^{n} R_{ij} \cdot P(E_j).$$

Dans le cas étudié, l'espérance mathématique des résultats induits par la décision A_1 peut être calculé à l'aide du tableau suivant.

Tableau 4. — Calcul de l'espérance mathématique (décision A_1).

Environnement (E_j)	Résultat (R_{ij})	Probabilité (p_j)	Résultat probabilisé ($R_{ij} \cdot p_j$)
E_1	− 2	0,15	− 0,3
E_2	− 1	0,075	− 0,075
E_3	0	0,025	0
E_4	− 0,25	0,125	− 0,031 25
E_5	1	0,25	0,25
E_6	2,25	0,125	0,281 25
E_7	1,5	0,025	0,037 5
E_8	3	0,075	0,225
E_9	4,5	0,15	0,675
Total		1	1,062 5

Avec une espérance mathématique de 1,0625, la décision A_1 paraît dans l'ensemble satisfaisante.

Elle implique cependant un risque élevé, puisque dans les cas les plus défavorables, elle peut entraîner une perte de −2.

Le risque n'est donc pas négligeable. Par l'acquisition d'informations nouvelles, l'entreprise peut réduire ce risque.

§ 2. L'utilisation de l'information additionnelle.

Dans le problème étudié, nous savons que l'entreprise peut réaliser, pour un coût de 200 000 F, un marché test, ce qui lui permettrait de préciser un peu mieux la taille de son marché, et d'éliminer ainsi une partie de l'incertitude associée à ce facteur d'environnement.

Afin de montrer comment l'information additionnelle s'intègre dans le calcul économique de l'entreprise, nous procéderons en deux étapes. Tout d'abord, nous supposerons avoir à notre disposition une *information parfaite :* le marché test donne exactement, sans erreur, le niveau de la demande. Il s'agit ici d'une situation de référence; dans la réalité, il existe toujours une marge d'erreur. Aussi, faudra-t-il étudier, par la suite, le cas de *l'information imparfaite.*

1° Le cas de l'information parfaite.

Si le marché-test donne exactement le niveau de la demande réelle, la situation peut être représentée par le graphique 2. La seule source d'incertitude qui demeure est celle représentée par le coût variable unitaire. Une fois le résultat du test connu, la taille du marché devient une donnée certaine.

L'intégration de l'information est particulièrement simple ici. Pour chaque résultat éventuel du marché test, la meilleure décision est déterminée en calculant l'espérance mathématique des résultats associés aux différents coûts variables unitaires. Les calculs correspondants sont reportés dans le tableau 5.

La décision la meilleure est de ne pas lancer le produit (A_5) si le marché-test indique une demande faible. Au contraire, si la demande révélée est moyenne ou forte, l'entreprise a intérêt à lancer le produit (A_6 ou A_8). Les espérances mathématiques qui ont été calculées ici ne tiennent pas compte du coût du marché-test lui-même parce que, une fois ce marché-test réalisé, son coût n'intervient plus dans le choix entre lancer le produit et ne pas le lancer.

Tableau 5. — Situation d'information parfaite.

	Résultat du marché test	Décision (A_i)	Environnements 65	60	55	$E(A_i)$
a)	200 000	A_4	– 2	– 1	0	– 1,5
		A_5	0	0	0	0
		probabilité	0,6	0,3	0,1	
b)	250 000	A_6	– 0,25	1	2,25	1
		A_7	0	0	0	0
		probabilité	0,25	0,5	0,25	
c)	300 000	A_8	1,5	3	4,5	3,75
		A_9	0	0	0	0
		probabilité	0,1	0,3	0,6	

2° Le cas de l'information imparfaite.

Dans cette deuxième situation, le marché-test ne donne pas à coup sûr le niveau exact de la demande. Supposons que, compte tenu des expériences précédentes concernant des tests de dimensions et de durée équivalentes, il y ait trois chances sur quatre de déterminer sans erreur la taille du marché. Il apparaît ainsi, qu'une fois sur quatre le résultat trouvé sera faux : le test indiquera une demande élevée, alors qu'en réalité la demande ne sera que moyenne ou même faible.

Le tableau 6 indique la probabilité que le marché-test donne un certain résultat Z_k alors que le niveau réel de la demande est M_j. Techniquement, il donne les probabilités conditionnelles $P(Z_k/M_j)$.

Tableau 6. — Tableau des probabilités conditionnelles des résultats du marché-test.

Niveau réel de la demande	Résultats du marché test $Z_1 = 200\,000$	$Z_2 = 250\,000$	$Z_3 = 300\,000$	Total
$M_1 = 200\,000$	0,75	0,20	0,05	1
$M_2 = 250\,000$	0,125	0,75	0,125	1
$M_3 = 300\,000$	0,05	0,20	0,75	1

Le graphique 2 ne peut plus maintenant représenter la situation de l'entreprise puisque, une fois le résultat du test connu, la demande n'est toujours pas une donnée certaine. Mais, bien entendu, la probabilité de chaque niveau de demande s'est « améliorée », par rapport à la situation sans information. Le graphique 5 reproduit l'arbre de décision.

Graphique 5. — Arbre de décision dans le cas de l'information imparfaite.

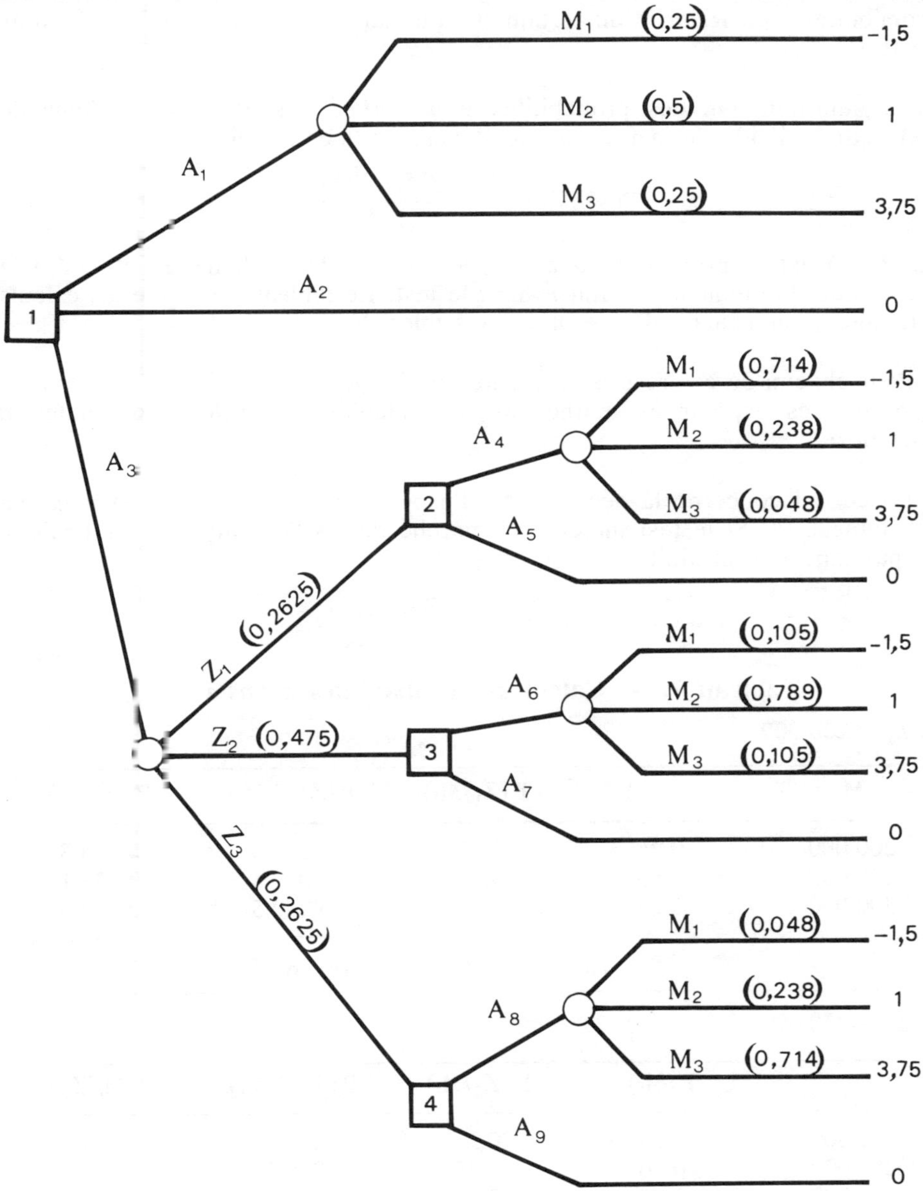

Afin de simplifier la représentation de cet arbre, les trois branches correspondant aux niveaux du coût variable unitaire ne sont plus représentées.

Le coût variable unitaire est représenté par la moyenne de ces différentes modalités pondérées par leur probabilité :

$$\text{pour } M_1 = 200\,000, \qquad E = 65 \times 0{,}6 + 60 \times 0{,}3 + 55 \times 0{,}1 = 62{,}5.$$

Les probabilités des différents états de la demande sont modifiées par rapport à ce qu'elles étaient initialement. Respectivement 0,714, 0 238 et 0,048 après l'information Z_1 contre 0,25, 0,5 et 0,25, elles représentent des probabilités *a posteriori* d'un certain état du marché, compte tenu des résultats du test.

La détermination des probabilités *a posteriori* des états de la demande s'effectue à l'aide de la formule de Bayès, qui s'écrit, ici :

$$P(M_j/Z_k) = \frac{P(Z_k/M_j) \cdot P(M_j)}{P(Z_k)}$$

où $P(M_j)$ est la probabilité *a priori* de l'état j de la demande et $P(Z_k)$ la probabilité d'obtenir le résultat k dans le test. Le tableau 7 détaille les calculs effectués pour chacun des résultats possibles du test.

Pour chacun de ces résultats, le choix de la meilleure décision se détermine à partir des espérances mathématiques calculées avec les probabilités *a posteriori*.

En ce qui concerne la décision A_4, l'espérance mathématique est négative (*cf.* tableau 8). Si le test indique un marché de 200 000 unités, il vaut mieux ne pas lancer le produit.

Tableau 7. — Calcul des probabilités *a posteriori*.

a) **Z_1 = 200 000**

M_j	$P(M_j)$	$P(Z_1/M_j)$	$P(Z1 \cap M_j)$	$P(M_j/Z_1)$
200 000	0,25	0,75	0,187 5	0,714 3
250 000	0,50	0,125	0,062 5	0,238 1
300 000	0,25	0,05	0,012 5	0,047 6
	Total	$P(Z1) =$	0,262 5	[illegible]

b) Z_2 = 250 000

M_j	$P(M_j)$	$P(Z_2/M_j)$	$P(Z_2 \cap M_j)$	$P(M_j/Z_2)$
200 000	0,25	0,2	0,05	0,105 3
250 000	0,50	0,75	0,375	0,789 5
300 000	0,25	0,2	0,05	0,105 3
	Total	$P(Z_2) =$	0,475	1,000 1

c) Z_3 = 300 000

M_j	$P(M_j)$	$P(Z_3/M_j)$	$P(Z_3 \cap M_j)$	$P(M_j/Z_3)$
200 000	0,25	0,05	0,012 5	0,047 6
250 000	0,50	0,125	0,062 5	0,238 1
300 000	0,25	0,75	0,187 5	0,714 3
	Total	$P(Z_3) =$	0,262 5	1

Tableau 8. — Espérance mathématique des décisions de lancement du produit après information imparfaite.

a) Z_1 = 200 000

M_j	R_{4j}	$P(M_j/Z_1)$	$R_{4j} . P(M_j/Z_1)$
200 000	– 1,5	0,714 3	– 1,071 4
250 000	1	0,238 1	0,238 1
300 000	3,75	0,047 6	0,178 5
	Total	$E(A_4) =$	– 0,654 8

b) Z_2 = 250 000

M_j	R_{6j}	$P(M_j/Z_2)$	$R_{6j} . P(M_j/Z_2)$
200 000	– 1,5	0,105 3	– 0,158 0
250 000	1	0,789 5	0,789 5
300 000	3,75	0,105 3	0,394 9
	Total	$E(A_6) =$	1,026 4

c) Z_3 = 300 000

M_j	R_{8j}	$P(M_j/Z_3)$	$R_{8j} . P(M_j/Z_3)$
200 000	– 1,5	0,047 6	– 0,071 4
250 000	1	0,238 1	0,238 1
300 000	3,75	0,714 3	2,678 6
	Total	E (A8) =	2,845 3

Dans les cas où le marché-test est plus favorable, l'entreprise doit lancer le produit. L'espérance mathématique du gain s'élève à 1,026 4 pour la décision A_6 et à 2,845 3 pour la décision A_8.

L'information imparfaite conduit, dans cet exemple, aux mêmes décisions qu'une information parfaite. Mais elle le fait de façon beaucoup moins nette. Dans le cas de l'information parfaite, la décision A_4 conduit à une perte moyenne de −1,5; cette perte est seulement de −0,657 avec l'information imparfaite. De même, la décision A_8 voit-elle son résultat moyen dévalorisé puisqu'il passe de 3,75 à 2,842. L'information imparfaite entraîne une discrimination plus faible entre les bonnes et les mauvaises décisions et donc augmente les risques d'erreur.

§ 3. La rentabilité de l'information.

La troisième étape de l'analyse de Bayès, l'analyse « pré-postérieure » conduit à s'interroger sur la valeur *de l'information additionnelle.* Compte tenu des avantages qu'elle peut apporter, est-il rentable de dépenser 200 000 F pour l'obtenir? Cette étape est dite pré-postérieure parce que, si dans les calculs elle doit se situer après l'étape *a posteriori,* dans le raisonnement de l'entreprise elle se situe avant. C'est avant d'acheter l'information qu'il faut évaluer sa rentabilité, c'est-à-dire le supplément de gain qu'elle autorise. L'analyse du *coût d'opportunité de la décision* permet également d'évaluer l'intérêt de l'information additionnelle.

Pour que l'entreprise ait intérêt à acquérir l'information, il faut que sa valeur soit supérieure à son coût.

1° La valeur de l'information additionnelle.

Lorsque l'entreprise ne dispose pas des résultats du marché-test, nous avons vu que sa meilleure décision consistait à lancer le produit : l'espérance mathématique des gains, $E(A_1)$, était alors de 1,062 5. Dans le cas d'information parfaite, comme dans celui où elle est moins précise, le produit n'est plus lancé si le test indique un marché de 200 000 unités, ce qui élimine des occasions de pertes importantes.

Le gain moyen de l'entreprise doit donc s'élever, puisque la plupart des cas de pertes sont supprimés. La différence entre le gain moyen de l'entreprise après information et celui qu'elle pouvait atteindre avant donnera la valeur de cette information.

A. Valeur de l'information parfaite.

L'information parfaite désigne exactement la modalité du facteur d'environnement qui se produira, soit, pour le marché-test, la valeur réelle de la demande.

La situation se résume alors de la façon suivante. Si $Z_1 = 200\,000$, la meilleure décision est A_5 et le gain nul; lorsque $Z_2 = 250\,000$, avec A_6, décision optimale, le gain est de 1; dans le cas $Z_3 = 300\,000$, l'entreprise choisit A_8 et obtient 3,75.

Bien entendu, il n'est pas possible de connaître à l'avance le résultat du test, tout au plus peut-on prévoir sa probabilité d'apparition. *A priori,* il y a une chance sur deux d'obtenir un résultat de 250 000 et une sur quatre, un résultat de 200 000 ou de 300 000.

Si l'on pondère les gains susceptibles d'être obtenus pour chaque modalité de l'information parfaite, par les probabilités de l'obtenir, la moyenne des gains constitue l'espérance mathématique des bénéfices après information, $E(A_3)$.

$$E(A_3) = 0 \times 0,25 + 1 \times 0,5 + 3,75 \times 0,25 = 1,437\,5.$$

Cette moyenne est supérieure à $E(A_1)$, espérance mathématique des gains sans informations. La différence correspond à la valeur apportée par l'information additionnelle. La valeur de l'information parfaite (VIP) est donc ici :

$$VIP = E(A_3) - E(A_1) = 1,437\,5 - 1,062\,5 = 0,375.$$

Le supplément d'espérance mathématique rapportée par l'information parfaite peut être mis en évidence en utilisant la matrice de décision en l'absence d'information. Le tableau 9 reproduit cette matrice, en donnant pour chaque état du marché M_j le résultat de l'entreprise.

Tableau 9. — Matrice de décision sans information.

	État du marché			
	$M_1 = 200\,000$	$M_2 = 250\,000$	$M_3 = 300\,000$	$E(A_i)$
A_1	− 1,5	1	3,75	1,062 5
A_2	0	0	0,25	0
Probabilité :	0,25	0,5	0,25	

L'information parfaite donnant le niveau exact du marché, l'entreprise choisit A_2 et non plus A_1 si elle sait que le marché présente l'état M_1. Dans ces conditions, dans le calcul de $E(A_3)$ un 0 remplace la valeur −1,5, d'où un supplément d'espérance mathématique de $1,5 \times 0,25 = 0,375$ ce qui correspond à VIP.

Dans la mesure où le marché test entraîne un coût de 200 000 F seulement, inférieur au supplément de gain qu'il permet, le recours à l'information est justifié.

B. Valeur de l'information imparfaite.

La valeur de l'information parfaite nous donne une idée du coût maximum que l'on est autorisé à consentir pour obtenir une information. Dans la réalité, l'information n'est jamais parfaite, aussi le coût maximum à consentir sera-t-il plus faible que celui qui vient d'être calculé.

Le marché-test qui a été réalisé n'était, en fait, fiable qu'à 75 %. S'il donne un résultat $Z_1 = 200\,000$, l'entreprise choisit A_5 : Pour Z_2, l'entreprise décide A_6 et pour Z_3, A_8. Les gains sont respectivement 0, 1,026 4 et 2,845 3. Compte tenu des estimations *a priori* de la fiabilité de l'étude, $P(Z_1) = 0,262\,5$, $P(Z_2) = 0,475$ et $P(Z_3) = 0,262\,5$. Le gain moyen après information imparfaite est donc

$$E(A_3) = 0 \times 0,262\,5 + 1,026\,4 \times 0,475 + 2,845\,3 \times 0,262\,5 = 1,234\,4.$$

A nouveau, on constate un progrès par rapport à la situation sans information. La valeur de l'information imparfaite (VII) est cependant plus faible que dans le cas précédent.

$$\text{VII} = E(A_3) - E(A_1) = 1{,}234\,4 - 1{,}062\,5 = 0{,}171\,9.$$

De façon similaire à VIP, VII peut être mise en évidence par la suppression de la perte $-0{,}654\,8$ que rend possible l'information, pondérée par la probabilité de voir apparaître l'état de demande M_1, d'après l'étude, soit $P(Z_1)$.

$$\text{VII} = 0{,}654\,8 \times 0{,}262\,5 = 0{,}171\,9.$$

Le coût de l'information est trop fort, ici, pour justifier son acquisition, ou, ce qui revient au même, la précision du marché test n'est pas suffisante. Pour le prix proposé, l'entreprise doit exiger une fiabilité plus grande.

2° Le coût d'opportunité de la décision.

Une autre façon de faire apparaître la valeur de l'information consiste à recourir à la notion de coût d'opportunité de la décision.

Par coût d'opportunité de la décision, on désignera, selon le cas, le manque à gagner ou le supplément de perte par rapport à la meilleure décision possible pour un état de la nature donné. Si l'on appelle R_j^* le meilleur résultat que l'on puisse atteindre dans l'environnement j, $R_{ij} - R_j^*$ représente le coût d'opportunité de la décision i pour cet environnement.

Une seconde façon d'exprimer la recherche du meilleur résultat possible est de la présenter sous la forme du coût d'opportunité le plus faible possible. Dans cette deuxième optique, la décision optimale A_i sera définie comme celle qui entraîne le coût d'opportunité total minimum, soit

$$\operatorname*{Min}_i \sum_j (R_{ij} - R_j^*)\, P_j.$$

Si nous reportons au choix entre A_1 et A_2, dont la matrice de décision figure au tableau 9, nous constatons que la décision A_1 est celle qui implique le coût d'opportunité moyen minimum. Le tableau 10 donne les coûts d'opportunité de chaque décision : il apparaît que A_1 implique un coût d'opportunité moyen de 0,375, contre 1,437 5 pour A_2.

Tableau 10. — Coût d'opportunité des décisions A_1 et A_2.

	États du marché			
	M_1	M_2	M_3	CO (A_i)
A_1	1,5	0	0	0,375
A_2	0	1	3,75	1,437 5
Probabilité :	0,25	0,5	0,25	

Lorsque l'on dispose d'une *information parfaite,* nous pouvons prendre une décision optimale pour chaque état de l'environnement et éliminer ainsi le coût d'opportunité. La valeur de l'information parfaite peut ainsi être définie comme le coût d'opportunité de la décision optimale du cas sans information :

$$\text{VIP} = \underset{i}{\text{Min}}\ \text{CO}(\text{A}_i) = 0{,}375.$$

Avec une information imparfaite, le coût d'opportunité ne peut être complètement éliminé, mais il est réduit par rapport au cas sans information. Dans le cas où le marché-test indique Z_1, la meilleure décision consiste à ne pas lancer le produit : le coût d'opportunité de A_4 est plus élevé que celui de A_5, comme le montre le tableau 11.

Tableau 11. — Coût d'opportunité des décisions A_4 et A_5.

	États du marché			
	M_1	M_2	M_3	CO (A_i)
A_4	1,5	0	0	1,071 5
A_5	0	1	3,75	0,416 6
Probabilité :	0,714 3	0,238 1	0,047 6	

Le coût d'opportunité de A_5 n'est pas nul comme dans la situation d'information parfaite car il reste toujours une possibilité que M_2 ou M_3 apparaisse.

Dans le cas où le test a pour résultat Z_2, le coût d'opportunité minimal est celui de la décision A_6 avec une valeur de 0,158 0; dans le cas Z_3, le coût d'opportunité optimal, celui de A_8 s'élève à 0,071 4.

Le coût d'opportunité moyen, en situation d'information imparfaite est obtenu en pondérant les coûts d'opportunité associés à chaque résultat du test par sa probabilité d'apparition, c'est-à-dire par $P(Z_k)$. Ce coût d'opportunité moyen a une valeur de 0,203 2. Il est plus faible qu'en l'absence d'information (0,375). La réduction du coût d'opportunité, $0{,}375 - 0{,}203\,2 = 0{,}171\,8$, mesure l'utilité de l'information.

§ 4. L'intégration des trois étapes de l'analyse de Bayès.

Dans les paragraphes précédents, nous avons montré comment la décision pouvait être prise, sans recourir au marché-test, avec les seules probabilités *a priori;* puis une fois connus les résultats de ce test nous avons déterminé les décisions optimales qui pouvaient en découler. Nous avons enfin posé la question de la rentabilité de l'information.

En fait, le processus de décision n'est pas découpé en tranches autonomes et les trois étapes qui ont été examinées doivent être intégrées : cette intégration sera réalisée, ici, à partir du cas de lancement de produit. L'arbre de décision du graphique 6, qui inclut le marché-test avec un coût de 200 000 F et une fiabilité de 75 %, nous fournira le moyen de cette intégration. A noter que la procédure exposée ici n'est pas spécifique au problème étudié, mais peut être généralisée à tous les cas de décision séquentielle en situation d'incertitude.

Graphique 6. — Détermination de la séquence de décisions optimales dans le cas Sem.

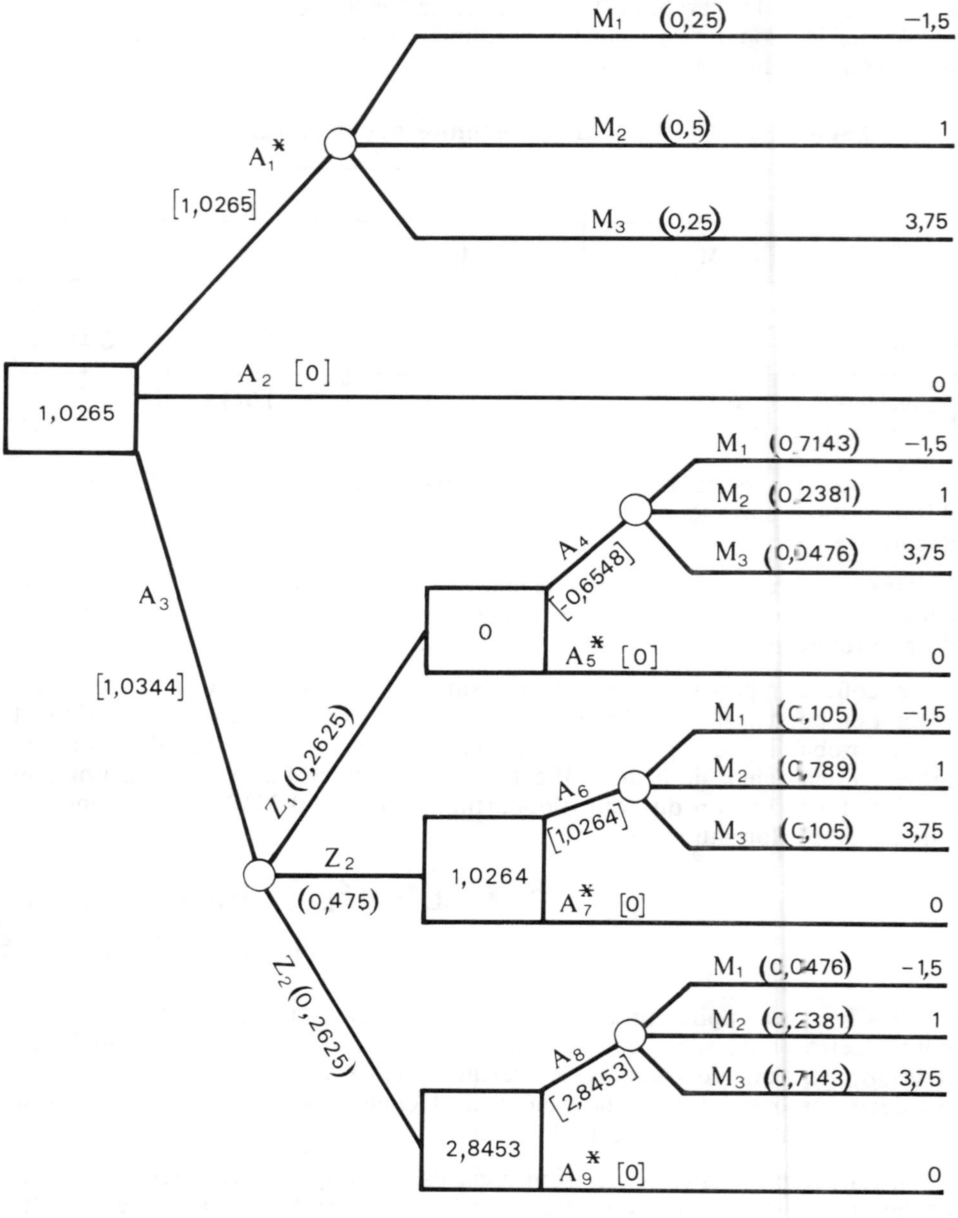

[ ] Espérance mathématique ( ) Probabilité

Une fois dressé l'arbre de décisions, la technique consiste à traiter tout d'abord les décisions A_4 à A_9 dont les résultats sont nécessaires pour analyser la décision A_3.

Sur le graphique 6, à côté de chacune des décisions, de A_4 à A_9, ont été reportées les espérances mathématiques de gains compte tenu des probabilités *a posteriori*, soit

$$E(A_4) = -0{,}6548, \quad E(A_6) = 1{,}0264, \quad E(A_8) = 2{,}8453,$$
$$E(A_5) = 0, \quad E(A_7) = 0, \quad E(A_9) = 0.$$

Comme nous l'avons vu, ces résultats peuvent être calculés même si le test n'a pas été réalisé : le tableau de calcul des probabilités *a posteriori* (tableau 7) ne le suppose à aucun moment.

La procédure de raisonnement est alors la suivante : si l'entreprise décide A_3, soit de réaliser le marché test, et si le test a pour résultat Z_1, Z_2 ou Z_3, elle prendra une seconde décision respectivement A_5, A_6 et A_8. Ce raisonnement a pour effet de supprimer dans l'arbre des branches qui correspondent aux décisions A_4, A_7 et A_9. En définitive, si le test donne pour résultat Z_2, par exemple, l'entreprise recevra un gain moyen de 1,0264. Cette valeur est reportée dans le carré du point de décision N° 3. Les valeurs correspondantes sont reportées sur les points de décisions N° 2 et N° 4.

La seconde étape de décision étant traitée, nous pouvons remonter à la première. A nouveau, à côté de chaque décision A_1, A_2 et A_3 sont indiquées leur espérance mathématique soit $E(A_1) = 1{,}0625$, $E(A_2) = 0$ et $E(A_3) = 1{,}2344$ dont il faut extraire le coût du test, 200000. La meilleure décision est ici A_1. Compte tenu du coût du marché-test et de sa fiabilité, il est préférable de ne pas le réaliser et de lancer directement le produit.

Il apparaît cependant que la sélection de A_1 qui, en moyenne, est plus rentable que A_3, présente des risques plus élevés. Dans le cas le plus défavorable, la décision A_1 provoque une perte moyenne de $-1{,}5$ alors que la décision A_3 n'implique qu'une perte moyenne maximale de $-0{,}2$ qui se produit lorsque à la suite du test l'entreprise ne lance pas le produit, mais doit payer tout de même l'étude réalisée.

Le risque encouru peut être également un critère de choix important pour certains types de décisions. Se pose alors le problème de l'arbitrage entre la rentabilité et la sécurité.

SECTION 3. L'ARBITRAGE ENTRE LA RENTABILITÉ ET LA SÉCURITÉ

Le critère de l'espérance mathématique, qui a été utilisé tout au long de la section précédente, ne permet pas de traiter toutes les décisions en situation d'incertitude, en particulier celles qui impliquent un degré de risque élevé. Il faut alors s'en remettre à d'autres critères de choix intégrant le risque de façon plus appropriée.

Après avoir mis en valeur les limitations du critère de l'espérance mathématique (§ 1) nous examinerons les solutions apportées dans le cadre de la théorie de l'utilité (§ 2), puis par différentes techniques permettant de mettre le risque en valeur, de façon plus explicite (§ 3).

§ 1. Les limites du critère de l'espérance mathématique.

Le critère de l'espérance mathématique des résultats permet de synthétiser, à l'aide d'un seul indice, deux séries de chiffres : celle des pertes et profits obtenus pour les différents environnements, et celle des probabilités de ces environnements. En résumant les informations disponibles sur les décisions et les événements, ce critère offre un avantage incontestable; mais c'est là que se trouve également sa principale faiblesse. En résumant l'information, le critère en perd une grande partie, ce qui peut rendre son application dangereuse, comme l'illustre le fameux *paradoxe de Saint-Pétersbourg.* Se pose alors la question de son *domaine d'application.*

1° Le paradoxe de Saint-Pétersbourg.

Imaginons un jeu de pile ou face, caractérisé par les règles suivantes :

— le joueur a le droit de continuer à participer au jeu tant que le côté pile apparaît; il doit s'arrêter dès qu'à la suite d'un lancer le côté face est obtenu;

— le gain dépend du nombre de lancers auxquels le joueur a eu le droit de participer : il s'élève à 1 F si le jeu s'arrête dès le premier lancer et il double pour tout lancer successif autorisé;

— la mise demandée pour avoir accès au jeu est égale à l'espérance mathématique du gain : il s'agit d'un jeu équitable.

Il est facile d'évaluer l'espérance mathématique de gain de ce jeu. Le gain obtenu est de 1 F (c'est-à-dire 2^0 F), 2 F (2^1 F) ou 4 F (2^2 F) si le nombre de lancers est respectivement 1, 2 ou 3. Pour le $n^{\text{ième}}$ lancer, le gain s'élèverait à 2^{n-1} F. La probabilité de n'avoir le droit de participer qu'à un seul lancer est 1/2 (soit $1/2^1$); elle est de $1/4 = 1/2^2$ pour deux lancers, de $1/8 = 1/2^3$ pour trois et de $1/2^n$ pour n. Dans ces conditions, puisqu'il n'y a aucune limite objective au nombre de coups possibles :

$$\mathrm{E}(\text{gain}) = \sum_{n=1}^{\infty} 2^{n-1} \cdot \frac{1}{2^n}.$$

Cette expression a une valeur infinie. En effet :

$$n \times \frac{1}{2} \underset{n \to \infty}{\longrightarrow} \infty.$$

Pour que le jeu soit équitable, il faudrait donc une mise infinie. Le caractère absurde d'une telle situation constitue le paradoxe de Saint-Pétersbourg. D'ailleurs, même sans parler d'une mise infinie, peu de joueurs accepteraient de miser une somme importante pour avoir le droit de participer à ce jeu, bien que le gain moyen offert soit particulièrement attractif. Une mise de 1 000 F ne serait récupérée qu'au onzième lancer ($2^{n-1} = 1\,024$ pour $n = 11$), avec une probabilité de 1/2 048.

Il est bien évident ici que l'espérance mathématique du gain ne constitue pas un bon indicateur de l'intérêt du jeu. Le risque y est beaucoup trop important.

2° Le domaine d'application de l'espérance mathématique.

Le critère de l'espérance mathématique ne peut être employé pour toutes les décisions de l'entreprise. Son utilisation appelle en effet deux remarques importantes qui réduisent son domaine d'application.

En *premier lieu,* il faut noter que l'espérance mathématique est une moyenne de résultats *a priori,* mais dont un seul apparaîtra une fois la décision prise. Une moyenne de gains élevée peut très bien inclure des pertes très lourdes peu probables qui n'en sont pas moins susceptibles de se produire.

Il y a alors lieu de se demander si pour une décision unique, un gros investissement par exemple, ou encore le lancement de produit examiné précédemment, le critère de la moyenne des résultats est d'un emploi concevable.

Avec une décision de nature répétitive, au contraire, la difficulté qui vient d'être mise en valeur, tend à disparaître. La moyenne des gains réellement obtenus tend vers l'espérance mathématique des résultats, lorsque le nombre de décisions s'accroît.

En *second lieu,* même lorsque l'entreprise à affaire à des décisions de nature répétitive, il est toujours possible qu'une succession de résultats défavorables la mette en difficulté, au-delà du maximum de pertes qu'elle peut couvrir, même si en moyenne, sur de longue période, le résultat est satisfaisant.

Les deux remarques qui viennent d'être formulées limitent sérieusement le champ d'application du critère de l'espérance mathématique : seules certaines catégories de décisions pourront être traitées à l'aide de ce critère. Il s'agira le plus souvent de décisions de niveau élémentaire et qui ne sont pas susceptibles d'entraîner des effets majeurs sur la vie de l'entreprise. Pour des choix plus importants, il sera difficile de se limiter à l'emploi exclusif de ce critère.

De façon générale, l'utilisation unique de l'espérance mathématique suppose que l'agent économique néglige complètement la question de la répartition des résultats de part et d'autre de la moyenne. Or, il est bien évident qu'il ne sera pas indifférent entre deux décisions rapportant une espérance mathématique identique, mais comportant une dispersion des gains différente. Selon qu'il accepte ou non de « prendre des risques » il préférera l'une ou l'autre de ces décisions.

Le recours au critère de l'espérance mathématique suppose ainsi, implicitement, la neutralité de l'agent économique vis-à-vis du risque. Cette observation va nous conduire à la suite de nombreux auteurs à faire appel à des fonctions d'utilité plus générales.

§ 2. Le recours aux fonctions d'utilité.

La technique des fonctions d'utilité consiste à faire correspondre à chaque décision un indicateur ne dépendant plus seulement des résultats éventuels et des probabilités, mais aussi du comportement de l'agent économique face à la monnaie et face au risque. Des éléments subjectifs sont ainsi introduits dans le calcul économique : une décision identique peut être bonne pour certains et mauvaise pour d'autres.

La solution au problème de la décision risquée fait alors appel au critère de l'espérance d'utilité. A chaque résultat R_{ij} d'une décision A_i correspond un niveau d'utilité U_{ij} conditionné par les paramètres de comportement de l'individu. Celui-ci choisit la décision qui rend maximum la moyenne des utilités pondérées par leur probabilité. Ce critère s'exprime par

$$\operatorname*{Max}_i \sum_j U_{ij} P_j.$$

Après avoir envisagé rapidement les *fondements théoriques* d'une telle approche, nous étudierons *la pratique* de son application, avant d'en examiner les *insuffisances.*

1° Les fondements théoriques

La première réflexion théorique sur ce sujet se situe chez Daniel Bernoulli qui propose une solution au paradoxe de Saint-Pétersbourg à partir du caractère décroissant de l'utilité marginale de la monnaie. Les pertes sont alors pondérées plus fortement que les gains dans l'évaluation des décisions.

De façon plus précise, Bernoulli emploie une fonction d'utilité de la monnaie de type logarithmique :

$$U(M) = K \cdot \mathrm{Log}(M).$$

Comme on le voit sur le graphique 7, une perte et un gain égaux en valeur absolue de part et d'autre d'une situation initiale M n'auront pas le même effet sur la variation d'utilité enregistrée par l'individu. La substitution des utilités aux résultats en francs permet ainsi d'intégrer plus fortement les risques de pertes.

Graphique 7. — Fonction d'utilité de Bernoulli.

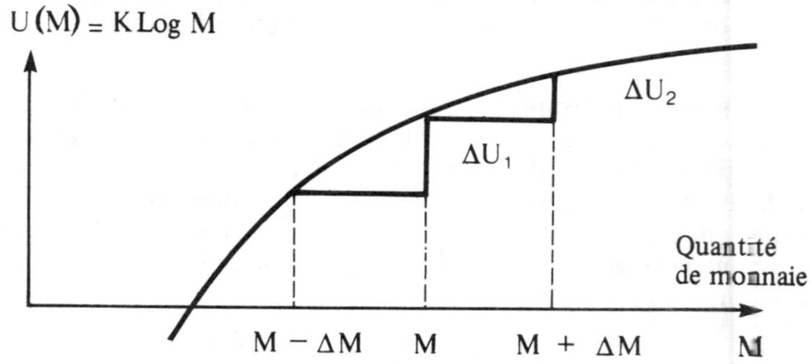

L'explication de Bernoulli reposait exclusivement sur la notion d'utilité marginale de la monnaie; elle ne faisait pas référence au risque. L'approche de Von Neumann et Morgenstern permet d'aboutir à une fonction d'utilité en situation de risque.

Von Neumann et Morgenstern proposent une axiomatique du comportement rationnel en situation de risque, c'est-à-dire une série de règles auxquelles l'agent économique doit logiquement obéir pour aboutir à des choix cohérents[10]. Dans la mesure où l'individu respecte ces règles, il agit, en fait, comme s'il maximisait l'espérance mathématique de l'utilité.

10. Von Neumann J. et Morgenstern O., *op. cit.*

Soit deux décisions A_i et A_k, dont les résultats éventuels de probabilité P_j, sont R_{ij} et R_{kj} selon celui des *n* états de l'environnement qui se produit ($j = 1, \ldots, n$). Pour un individu qui respecterait les axiomes de rationalité, il existe une fonction d'utilité $U_{ij} = U(R_{ij})$ telle que A_i est préféré à A_k, si

$$\sum_j U_{ij} \cdot P_j > \sum_j U_{kj} \cdot P_j.$$

L'intérêt de l'approche de Von Neumann et Morgenstern ne se situe pas uniquement dans leur apport théorique : ils fournissent également une méthode de mise en évidence de la fonction d'utilité pour chaque décideur.

2° La pratique des fonctions d'utilité

Nous examinerons successivement les méthodes de construction des fonctions d'utilité ainsi que leurs différentes formes, avant de les appliquer à la résolution de problèmes de décision.

A. La construction des fonctions d'utilité.

Bernoulli proposait une forme type de fonction d'utilité. En fait cette forme type, une fonction logarithmique, peut ne pas s'appliquer à tous les agents économiques, car elle suppose implicitement une certaine catégorie de comportement en face du risque. L'approche de Von Neumann et Morgenstern est plus générale. La fonction d'utilité doit être construite cas par cas : l'utilité de la monnaie de même que l'appréhension du risque varient d'un individu à un autre.

La technique de construction de la fonction d'utilité repose sur l'axiome III de comportement rationnel en face du risque (axiome de continuité).

Axiome : si A est préféré à B et B à C, il existe une probabilité p telle que le billet de loterie donnant A avec la probabilité p et C avec la probabilité $(1-p)$ soit jugé équivalent à B.

Ceci peut s'écrire de la façon suivante :

$$U(B) = pU(A) + (1-p)U(C).$$

La procédure de construction de la fonction d'utilité d'un individu repose ainsi sur la comparaison d'une somme certaine B, dont on cherche à évaluer l'utilité, avec une somme aléatoire pouvant comporter les valeurs A et C dont les niveaux d utilité sont fixés arbitrairement. Par exemple, $U(A) = 1$ et $U(C) = 0$. Cette procédure permet d'évaluer U(B) à une constante près seulement, mais la connaissance des utilités en valeur absolue ne présente pas d'intérêt particulier car ce qui importe est de pouvoir ranger les alternatives selon l'ordre de préférence du décideur.

Prenons comme valeurs de base $A = 5$ millions et $C = -2$ millions, avec $U(A) = 1$ et $U(C) = 0$. Nous voulons évaluer l'utilité de $B = 1$ million. Nous recherchons alors les probabilités p et $1-p$ telles qu'il y ait indifférence entre recevoir de façon certaine un million ou un billet de loterie donnant cinq millions avec une probabilité p, mais pour lequel il a fallu payer deux millions, qui peuvent constituer une perte nette avec une probabilité $(1-p)$. Supposons que l'indifférence entre ces deux possibilités soit obtenue pour une probabilité $p = 0{,}6$. Nous en concluons :

$$U(1) = 0{,}6 \cdot U(5) + 0{,}4 \cdot U(-2) = 0{,}6.$$

Nous avons ainsi construit un premier point de la fonction d'utilité. Cette procédure peut être reproduite pour d'autres valeurs et par approximations successives, la courbe complète peut être établie. Le graphique 8 reproduit une telle courbe.

Graphique 8. — Construction de la fonction d'utilité.

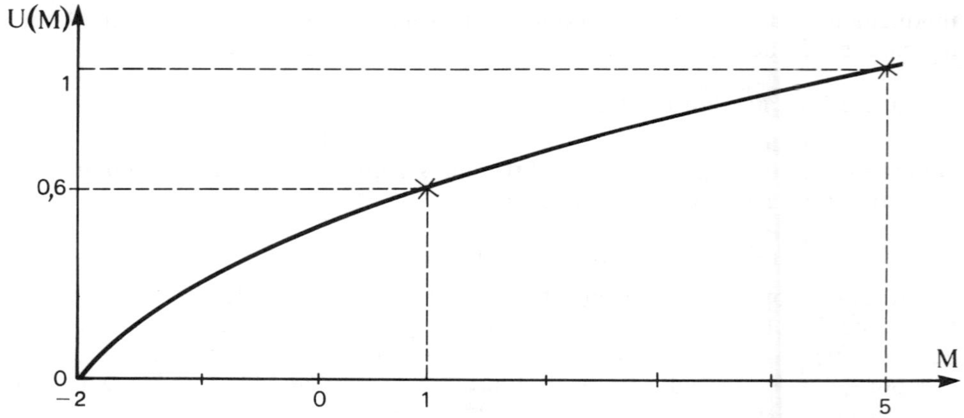

Cette procédure est très lourde puisqu'il faut tester beaucoup de valeurs B pour atteindre une approximation satisfaisante. D'autres techniques, comme celle de Borch ou de Hillier emploient des fonctions de formes préétablies, dont il ne reste qu'à évaluer les coefficients significatifs. Mais elles posent des hypothèses de comportement plus strictes[11].

B. La forme des fonctions d'utilité.

Le système de préférences de chaque décideur étant spécifique, il faut s'attendre à ce que les fonctions d'utilité présentent des formes variées[12].

Trois types d'attitudes peuvent être trouvés :

— neutralité vis-à-vis du risque;
— aversion pour le risque;
— préférence pour le risque.

Dans le premier cas, la fonction d'utilité obtenue est linéaire : l'individu juge équivalent le gain certain B et le billet de loterie donnant A et C de façon aléatoire, avec B pour espérance mathématique.

Quand il y a aversion pour le risque, B certain est préféré à un billet de loterie d'espérance mathématique B. L'équivalence ne sera obtenue que pour un billet offrant un gain moyen R supérieur à B tel que U(R) = U(B). La différence R − B, que l'on peut faire apparaître sur le graphique suivant, est

11. *Cf.* FERICELLI A. M., *Théorie statistique de la décision,* Economica, 1978, p. 74 et suivantes.
12. SWALM R. O., « Utility theory : insights into risk taking », *HBR,* nov.-déc. 1966, pages 123 à 136.

interprétée par Friedman et Savage comme une prime d'assurance que l'individu est disposé à verser pour se prémunir contre le risque.

Graphique 9. — Situation d'aversion pour le risque.

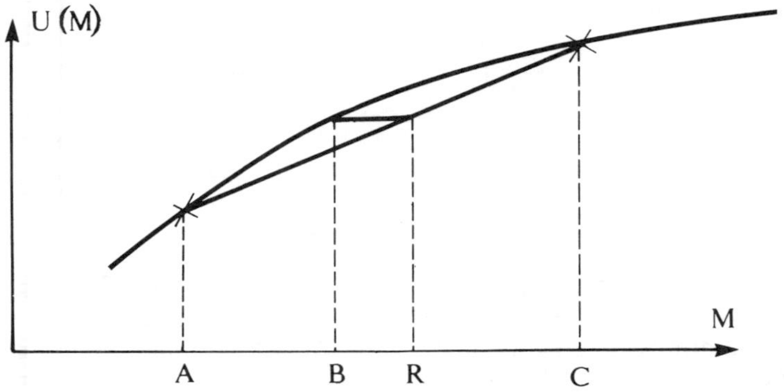

L'aversion envers le risque est associée à des fonctions d'utilité concaves. Dans les cas de préférence pour le risque, la fonction d'utilité est convexe : l'individu est prêt à payer une taxe de montant $(B - R)$ pour avoir le droit de participer au jeu. Il trouve équivalent le gain certain B et le billet donnant en moyenne une somme G inférieure à B.

Les deux comportements peuvent se retrouver chez le même agent économique selon le type de décisions envisagées.

— les décisions opérationnelles ou encore de gestion courante correspondraient au premier type de comportement;

— les décisions marginales, n'engagent qu'une faible partie des actifs de l'agent économique et le risque peut avoir une valeur intrinsèque comme dans la troisième catégorie de comportement;

— avec les décisions structurelles le risque de ruine est très important. La peur du risque ou au contraire le goût de l'aventure jouent un rôle considérable. Cependant, pour ce type de décisions, la notion d'espérance d'utilité offre peu de signification.

C. L'application des fonctions d'utilité.

Dans le cas du lancement de produit étudié dans les sections précédentes, les résultats possibles manifestaient une très grande dispersion. Le tableau 12 donne la traduction de ces résultats en termes d'utilité, telle qu'elle a été obtenue à l'aide de la fonction d'utilité du graphique 8, c'est-à-dire dans un cas d'aversion pour le risque.

L'utilité de la décision A_1 est déterminée par l'espérance mathématique de l'utilité des résultats qu'elle peut entraîner; soit

$$E(A_1) = 0 \times 0{,}15 + 0{,}3 \times 0{,}075 + \ldots + 0{,}9 \times 0{,}15 = 0{,}54.$$

La décision A_1 apparaît plus intéressante que A_2 dont le niveau d'utilité n'est que de 0,5, puisque $U(0) = 0{,}5$.

Tableau 12. — Espérance d'utilité de la décision A_1.

Environnement	Résultat	Utilité	Probabilité
E_1	– 2	0	0,15
E_2	– 1	0,3	0,075
E_3	0	0,5	0,023
E_4	– 0,250	0,45	0,125
E_5	1	0,6	0,25
E_6	2,25	0,7	0,125
E_7	1,5	0,65	0,025
E_8	3	0,8	0,075
E_9	4,5	0,9	0,15

Il reste à comparer les décisions A_1 et A_3. Le tableau 13 donne l'espérance d'utilité des décisions A_4, A_6 et A_8 une fois connus les résultats du marché test, c'est-à-dire respectivement Z_1, Z_2 et Z_3. La première ligne indique l'utilité moyenne retirée pour chaque état de la demande, compte tenu des coûts variables mais aussi du coût du test; puis, pour chaque résultat Z_k du test, les probabilités d'apparition des états de la demande, l'utilité probable et l'espérance d'utilité.

Tableau 13. — Espérance d'utilité des décisions A_4, A_6 et A_8.

Résultat du test	Z_1			Z_2			Z_3		
État de la demande	M_1	M_2	M_3	M_1	M_2	M_3	M_1	M_2	M_3
Utilité moyenne . . .	0,06	0,6	0,81	0,06	0,6	0,81	0,06	0,6	0,81
Probabilité.	0,71	0,24	0,05	0,11	0,79	0,11	0,05	0,24	0,71
Utilité probable . . .	0,04	0,14	0,04	0,01	0,47	0,09	ε	0,14	0,58
$U(A_i)$.	$U(A_4) = 0,22$			$U(A_6) = 0,57$			$U(A_8) = 0,72$		

Dans la mesure où $U(A_4)$ est inférieure à 0,5, la décision A_4 n'est pas prise. L'entreprise choisit A_5 et récupère ainsi un niveau d'utilité de 0,5. $U(A_3)$ est alors donné par l'expression :

$$U(A_3) = 0{,}5 \times 0{,}262\,5 + 0{,}57 \times 0{,}475 + 0{,}72 \times 0{,}262\,5 = 0{,}59.$$

Si l'on se base sur le critère de l'espérance d'utilité, la meilleure décision serait de réaliser le test avant de lancer éventuellement le produit. Avec le critère de l'espérance mathématique du résultat, c'était A_1 qui apparaissait plus intéressante. La différence entre les deux solutions provient du fait que le test supprime une partie des risques associés à une faible demande; les pertes asssociées étant éliminées, cela entraîne un gain d'utilité important.

3° Les insuffisances de l'approche.

Le critère de l'espérance d'utilité semble bien prendre en considération à la fois la rentabilité et le risque. L'approche par les fonctions d'utilité n'est cependant pas exempte de certaines insuffisances.

Il faut tout d'abord remarquer que la procédure de mise en évidence directe des niveaux d'utilité est particulièrement lourde. Peut-être vaudrait-il mieux envisager des méthodes de mesures indirectes plus faciles à appliquer, du type de celles que l'on développe en marketing avec le modèle « trade-off ».

En second lieu, l'utilisation du critère de l'espérance d'utilité ne résout pas complètement le problème de l'arbitrage entre le risque et la rentabilité. L'espérance d'utilité est une moyenne où les pertes sont certes pondérées plus fortement que dans le cas de l'espérance classique, mais c'est tout de même une moyenne dans laquelle l'utilité d'un gain très élevé peut compenser la désutilité d'une perte importante.

Ceci peut amener à penser que le critère de l'espérance d'utilité n'est pas très adapté aux décisions qui impliquent des pertes éventuelles très importantes. Dans ce type de situation, on ne peut se contenter d'un indicateur synthétique de la rentabilité et de la sécurité : il faut mettre en évidence le risque de façon explicite.

§ 3. L'introduction d'indicateurs explicites du risque.

Dans les critères de décision précédents, le risque était pris en compte de façon exclusivement implicite : à travers les probabilités pondérant les résultats du critère de l'espérance mathématique, ou à travers la fonction d'utilité du critère de l'espérance d'utilité. Chaque fois que l'opération envisagée est soit relativement unique, soit engage une part importante des actifs de l'entreprise, il paraît indispensable de mettre le facteur risque en valeur en ne le fusionnant pas au sein d'un critère synthétique.

Il s'agit moins pour l'entrepreneur de choisir la décision qui maximise l'espérance mathématique des gains que de choisir celle qui permet l'apparition de la distribution de probabilité la meilleure. A côté des paramètres de position de la distribution, il faut ainsi tenir compte des paramètres de dispersion des résultats : en effet, c'est la dispersion des résultats qui constitue le risque et plus spécialement, la distribution des résultats inférieurs à la moyenne. Mais chaque fois que la perte éventuelle présentera un caractère essentiel pour la survie de l'entreprise, *la probabilité de ruine* sera le critère le plus approprié.

1° L'utilisation de paramètres de dispersion.

Dans ce premier type de technique, chaque distribution de résultats d'une décision sera repérée à l'aide de deux indicateurs : le premier mesurant la rentabilité moyenne de la décision et l'autre la dispersion des résultats éventuels.

Plusieurs indicateurs de dispersion peuvent être retenus. *L'étendue* de la distribution des résultats peut paraître très rudimentaire, car elle néglige complètement l'information donnée par les probabilités. Mais elle fait référence à la perte maximale, et à ce titre présente une signification certaine pour les décisions majeures de l'entreprise.

Le recours à *l'écart-type* $\sigma(A_i)$ ou à la *variance* $\sigma^2(A_i)$ des résultats permet de tenir compte à la fois de la dispersion de ces résultats et de leur probabilité :

$$\sigma(A_i) = \sqrt{\sum p_j(R_{ij} - \overline{R}_i)^2}$$

$$\sigma^2(A_i) = \sigma(A_i)^2.$$

Un écart-type élevé signifie, qu'en moyenne, les résultats sont très dispersés autour de l'espérance mathématique, et donc que le risque est fort.

Dans certains cas, il sera possible d'effectuer un classement direct des décisions. Soit à comparer, par exemple, les décisions A_i et A_h. Si

$$E(A_i) \geq E(A_h) \qquad \text{et} \qquad \sigma(A_i) \leq \sigma(A_h)$$

la décision A_i sera jugée meilleure, puisque rapportant au moins autant que A_h et n'étant pas plus risquée. Dans ce cas, la décision A_i domine la décision A_h.

Dans les autres cas, où aucune domination n'apparaît, il sera nécessaire de définir un « taux de change » entre E et σ, matérialisant ce que l'agent économique est prêt à abandonner en résultat moyen pour augmenter sa sécurité.

Si s est ce taux, chaque décision sera caractérisée par un indicateur de *gain certain équivalent :* $GCE = E - s \cdot \sigma$.

Ce critère est de maniement relativement simple et permet de faire apparaître le risque. Il présente cependant, à côté de certaines insuffisances théoriques[18], des inconvénients pratiques qu'on ne peut négliger. L'écart-type est lui-même un paramètre synthétique : comme l'espérance mathématique il est une moyenne qui sous-entend un grand nombre d'opérations similaires. En second lieu, il intègre aussi bien les résultats supérieurs à la moyenne que ceux qui lui sont inférieurs. Or, ce sont ces derniers qui représentent un danger pour l'agent économique : la possibilité de faire un gain très important est beaucoup moins gênante que celle de faire une perte très importante.

2° L'utilisation de la notion de probabilité de ruine.

Par probabilité de ruine, il faut entendre la probabilité que la décision A_i envisagée entraîne des résultats inférieurs à un certain seuil, fixé *a priori*. Le terme de ruine ne correspond pas nécessairement à la disparition de l'entreprise : il peut décrire plus simplement un état que l'entreprise désire éviter, par exemple, se situer au-dessous d'un certain seuil de rentabilité. L'utilisation de ce critère est cependant d'autant plus justifié que le seuil de ruine correspond à des pertes majeures pour l'entreprise.

Dans le cas du lancement de produit envisagé précédemment, si le seuil de ruine est fixé à -1, parce que l'entreprise aurait beaucoup de difficultés à supporter des pertes supérieures, nous voyons que la décision A_1 présente une probabilité de ruine de 22,5 %. Avec la décision A_3, la situation de ruine se produit lorsque les successions d'événements suivants se réalisent :

$$\begin{array}{ll} Z_2 - M_1 - C_1 & (\text{probabilité} : 0{,}475 \times 0{,}105 \times 0{,}6 = 0{,}03) \\ Z_2 - M_1 - C_2 & (\text{probabilité} : 0{,}475 \times 0{,}105 \times 0{,}3 = 0{,}01) \\ Z_3 - M_1 - C_1 & (\text{probabilité} : 0{,}263 \times 0{,}048 \times 0{,}6 = 0{,}01) \\ Z_3 - M_1 - C_2 & (\text{probabilité} : 0{,}263 \times 0{,}048 \times 0{,}3 = \varepsilon). \end{array}$$

La probabilité de ruine n'est ici que de 5 % environ.

13. MAILLET Ph., *La décision à long terme dans l'entreprise,* Cujas, 1974, p. 114.

L'utilisation de la probabilité de ruine dans le processus de décision peut présenter deux aspects. L'entreprise peut minimiser la probabilité de ruine, ce qui peut présenter un intérêt dans les projets à très hauts risques (centrales nucléaires, navette spatiale...), généralement avec une contrainte de rentabilité. L'entreprise peut également maximiser la rentabilité avec une contrainte sur la probabilité de ruine.

Cette dernière procédure est plus courante dans les problèmes de gestion habituels. Elle demande la détermination de deux normes : une norme R^0 fixant le seuil de ruine et une norme p^0 fixant la probabilité de ruine que l'on s'interdit de dépasser. Si par exemple pour le lancement de produit, $R^0 = -1$ et si $p^0 = 10\ \%$, la décision A_3 est choisie : elle respecte la contrainte en matière de ruine et se trouve plus rentable que A_2 qui ne rapporte rien.

L'analyse de la décision en situation de risque aboutit, en fin de compte, à plusieurs types de situations qui délimitent le domaine d'application des critères utilisables. Dans la mesure où la décision envisagée ne présente pas d'implications suffisamment importantes pour mettre en question une part significative des actifs de l'entreprise et dans la mesure également où il s'agit d'une décision de nature répétitive, le recours à un critère synthétique comme l'espérance mathématique semble justifié sur un grand nombre de décisions. Le résultat moyen réalisé sera proche de l'espérance mathématique. Lorsque le caractère répétitif disparaît, le critère de l'espérance d'utilité est d'application concevable, tant que la décision étudiée n'est pas d'importance fondamentale. En revanche, dès qu'il s'agit d'un choix aux conséquences éventuelles très lourdes, il n'est plus admissible de fusionner le facteur risque dans un indicateur synthétique : il faut, au contraire, le mettre en évidence car c'est lui qui constitue en fait l'élément discriminant essentiel.

SECTION 4. LA DÉCISION EN SITUATION NON PROBABILISÉE

En situation non probabilisée, l'agent économique est capable d'énumérer les états de la nature éventuels, mais il ne peut leur attribuer une probabilité d'apparition. Bien entendu, de telles situations sont très rares dans le domaine de la gestion courante de l'entreprise. Elles seront beaucoup plus fréquentes dans le cadre de la décision à long terme, toutes les fois que l'expérience sera inexistante et chaque fois que l'achat d'information sera impossible.

Les situations non probabilisables recouvrent deux grandes catégories d'environnements : les environnements concurrentiels (§ 1) et les environnements indéterminés (§ 2).

§ 1. Les environnements concurrentiels.

Dans une situation de concurrence, l'environnement de l'entreprise est constitué par les décisions d'autres agents économiques dont les intérêts sont soit totalement, soit partiellement antagoniques avec les siens.

Cette définition générale peut s'appliquer à une diversité de situations susceptibles de méthodes d'analyse et de décisions différentes qui font l'objet de la *théorie des jeux*.

1° La diversité des situations.

Il existe deux axes de différenciation des situations de concurrence : celui du *nombre des agents économiques concernés* et celui de la *valeur de leurs résultats relatifs.*

On sera ainsi amené à opérer une première distinction entre des situations où le décideur est confronté aux décisions d'un seul concurrent ou au contraire de plusieurs. Selon le cas, il s'agira d'un jeu à deux joueurs ou à *n* joueurs. Ce deuxième type de situation est beaucoup plus difficile à analyser dans la mesure où des phénomènes de coalitions sont envisageables.

La seconde distinction repose sur la valeur des avantages à répartir entre les protagonistes. Dans certains cas, les jeux à somme constante, il y aura une masse donnée à répartir entre les différents joueurs. C'est ce qui se produit quand plusieurs entreprises sont en concurrence sur un marché saturé : les ventes additionnelles d'une entreprise sont automatiquement prélevées sur les autres. Dans d'autres cas, correspondant aux jeux à sommes variables, le total à répartir sera variable et dépendra des décisions prises. On peut penser que les intérêts sont d'autant plus antagoniques que le total à répartir est fixe.

Par croisement des deux éléments de différenciation, on arriverait à quatre types de situations recouvrant l'ensemble des possibilités :

Type I : les jeux à deux joueurs et à somme constante.
Type II : les jeux à deux joueurs et à somme variable.
Type III : les jeux à *n* joueurs et à somme constante.
Type IV : les jeux à *n* joueurs et à somme variable.

En réalité, il est toujours possible sur le plan technique de transformer un jeu à somme variable en jeu à somme constante : un joueur fictif supplémentaire est introduit dans l'analyse, matérialisant l'environnement économique et qui reçoit le solde des opérations des autres. Tout jeu à somme variable à *n* joueurs devient ainsi un jeu à somme constante et à $n+1$ joueurs.

Dans la typologie précédente, les situations II, III et IV sont regroupées dans l'ensemble des jeux à *n* joueurs qui s'oppose à celui des jeux à deux joueurs et à somme constante qualifiés également de *jeux à somme nulle.*

2° Les jeux à somme nulle.

Dans un jeu à deux joueurs A et B et à somme constante S, les intérêts des deux protagonistes sont totalement opposés[14]. En effet, si l'on appelle G(A) le gain de A et G(B) celui de B, nous avons

$$G(A)+G(B)=S,$$

ou encore

$$G(A)=S-G(B).$$

Le gain de A est d'autant plus avantageux que celui de B est faible, ce qui élimine toute possibilité de coopération entre les deux acteurs.

Cet aspect peut être mis plus en évidence si l'on retranche S/2 du gain de

14. Une illustration intéressante de ce type de situation, exposant la concurrence que livre General Motors contre Ford figure dans l'ouvrage de Mac DONALD J., *The game of business,* Anchor Press/Doubleday, 1977, pages 32 à 69.

chaque joueur, ce qui ne modifie pas leur valeur relative. Dans ces nouvelles conditions

$$G(A) - S/2 = G'(A) \quad \text{et} \quad G(B) - S/2 = G'(B).$$

La somme des gains devient nulle :

$$G'(A) + G'(B) = 0$$

et le gain d'un joueur devient la perte de l'autre :

$$G'(A) = -G'(B).$$

Dans de telles conditions, il est normal que chaque décideur soit extrêmement pessimiste en ce qui concerne son environnement qui va lui être systématiquement hostile. Quelle que soit la décision prise, il faut toujours s'attendre à ce que le pire arrive. C'est sur cette conception de l'environnement que repose le *critère du maximin* proposé par Von Neumann et Morgenstern.

A. Le critère du maximin.

Nous illustrerons le recours à ce critère par la situation traduite dans le Tableau 14. Chaque entreprise concurrente dispose de trois stratégies commerciales. Les résultats qui figurent dans chaque case indiquent tout d'abord le gain de A puis celui de B. La somme des gains est constante : S = 10.

Tableau 14. — Résultats d'un jeu à deux joueurs et à somme constante.

B_j / A_i	B_1	B_2	B_3
A_1	7 ; 3	13 ; – 3	3 ; 7
A_2	9 ; 1	2 ; 8	12 ; – 2
A_3	10 ; 0	11 ; – 1	14 ; – 4

Si l'on retranche S/2 soit 5 à chaque résultat, on obtient un jeu à somme nulle dont les résultats figurent dans le tableau 15.

Tableau 15. — Résultats d'un jeu à somme nulle.

B_j / A_i	B_1	B_2	B_3	**Gain minimum de A**
A_1	2	8	– 2	– 2
A_2	4	– 3	7	– 3
A_3	5	6	9	5
Perte maximale de B	5	8	9	

Afin d'alléger la présentation de ce tableau, seuls les gains de A sont représentés : ils correspondent aux pertes de B.

Dans la mesure où aucune des stratégies ne domine les autres chacun des concurrents ignore *a priori* quelle sera la décision de l'autre entreprise. Un critère qui peut être alors applicable est celui du meilleur résultat possible quelle que soit la décision du concurrent.

L'entreprise A dont les gains sont représentés dans le tableau repère pour chacune de ses actions le plus mauvais résultat possible : ces gains minima figurent dans la dernière colonne du tableau. Le plus élevé de ces gains minima, qui constitue le maximin (maximum des minima) est obtenu par la stratégie A_3. Il correspond à un gain minimum certain pour A.

Si la même procédure est appliquée à B, dont les pertes maxima figurent dans la dernière ligne du tableau, la stratégie B_1 doit être retenue : elle assure la perte la plus faible possible compte tenu des décisions de A. La stratégie B_1 est la stratégie du minimax (minimum des maxima de pertes).

Dans le cas étudié ici, le maximin est égal au minimax. Ceci conduit à un *équilibre stable*. Une fois que les deux entreprises ont adopté cette stratégie, aucune des deux n'a intérêt à en changer. Cependant, la procédure qui vient d'être décrite ne peut assurer toujours l'obtention d'un tel équilibre. Dans certains cas, il faut s'en remettre aux stratégies mixtes.

B. Les stratégies mixtes.

L'exemple présenté dans le tableau 16, montre la nécessité de recourir à l'utilisation des stratégies mixtes. Le tableau indique les gains de A et les pertes de B selon les combinaisons de leurs deux stratégies A_1 et A_2 d'une part et B_1 et B_2 d'autre part.

Tableau 16. — Situation de jeu à somme nulle sans équilibre de stratégie pure.

B_j / A_i	B_1	B_2	**Gain minimum de A**
A_1	0	− 3	− 3
A_2	− 1	2	− 1
Perte maximale de B	0	2	

Dans cet exemple, le maximin (−1) est différent du minimax (0). L'équilibre n'est donc pas stable et cette situation apparemment n'a pas de solution. Toute combinaison adoptée à un stade du jeu est systématiquement abandonnée par un des deux concurrents à l'étape suivante : si, par exemple $A_2 - B_1$ est choisi, au cours de l'étape suivante A choisira A_1 où son résultat est meilleur, d'où une nouvelle combinaison $A_1 - B_1$. Mais B, à son tour a intérêt à réagir et à sélectionner B_2. On peut constater que toutes les cases du tableau seront successivement adoptées. A l'équilibre stable de l'exemple précédent, succède un cycle dans le nouvel exemple.

En fait, Von Neumann et Morgenstern ont montré que toute situation de jeu à somme nulle bénéficiait d'une solution à condition d'utiliser des stratégies mixtes. Par stratégie mixte, on entend le fait pour une entreprise d'employer simultanément plusieurs stratégies selon des proportions à déterminer.

Imaginons que A_1 et A_2 soient deux media publicitaires différents, de même que B_1 et B_2. Chaque entreprise a un certain budget à répartir entre ces deux media. Elle peut consacrer tout son budget à un seul media — c'est une stratégie pure — ou au contraire en accorder 10 % au media 1 et 90 % au media 2 ce qui constitue une stratégie mixte. Le problème est de déterminer la meilleure répartition.

On désignera par p la proportion du budget de l'entreprise A affectée au media 1 et $(1-p)$ celle du media 2. Si B utilise la stratégie 1 uniquement, le gain de A est donné par l'expression suivante :

$$G(A, p, B_1) = 0 \times p - 1(1-p) = -1 + p.$$

De la même façon quand B utilise sa stratégie B_2,

$$G(A, p, B_2) = -3 \times p + 2(1-p) = 2 - 5p.$$

Il s'agit pour A de déterminer la meilleure proportion p de telle sorte que son gain soit le plus élevé possible quelle que soit la décision de B.

Sur le graphique 10, l'expression du gain de A en fonction de p a été reportée sous les deux hypothèses, B « joue » B_1 ou B joue B_2. Les deux droites correspondantes se coupent en M pour $p = 1/2$. Si A répartit son budget à concurrence de 50 % pour chacun des media, il s'assure un gain minimum certain de $-0{,}5$.

Graphique 10. — Exemple de stratégies mixtes.

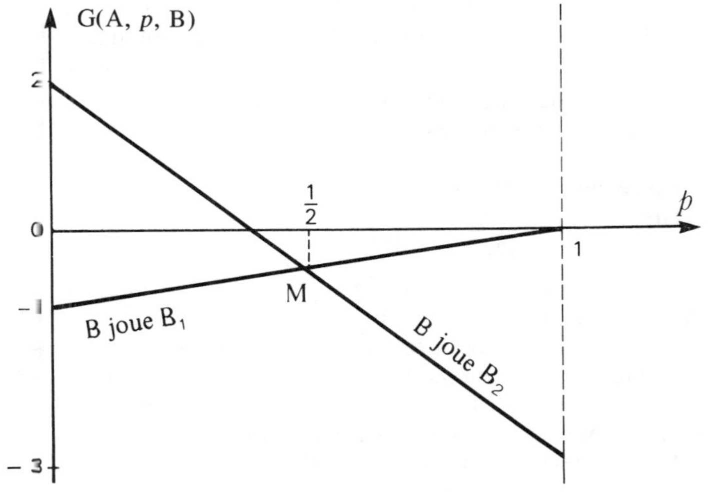

A l'aide d'une procédure analogue, il est possible de calculer la stratégie mixte optimale de l'autre concurrent. B a avantage à utiliser sa stratégie B_1 avec une proportion $q = 5/6$ et B_2 avec une proportion de 1/6. Sa perte maximale certaine est $-0{,}5$, soit un gain de $+0{,}5$.

On remarque que le gain de B correspond exactement à la perte de A. 0,5 est la valeur du jeu qui se situe entre le maximin et le minimax. Dans tous les jeux à somme nulle, il est possible de déterminer une telle solution en termes de stratégies mixtes. Le cas des stratégies pures n'est qu'un cas particulier de stratégies mixtes où les proportions ne s'élèvent qu'à 0 ou à 1.

Les situations dans lesquelles chaque joueur dispose de plus de deux stratégies ne peuvent être résolues qu'à l'aide de méthodes plus complexes, faisant appel à la programmation linéaire, dans la mesure où le problème de B apparaît dual de celui de A[15].

3° Les jeux à *n* joueurs.

L'augmentation du nombre de concurrents ne modifie pas seulement les conditions de résolution du problème sur le plan quantitatif, mais surtout sur le plan qualitatif[16].

Dans les jeux à somme nulle, l'opposition entre les deux concurrents est totale. Elle ne l'est plus avec *n* joueurs et il est possible d'imaginer des équilibres de coalition. Il n'existe plus, dans ces conditions, de solution objective.

Tout au plus peut-on exprimer des règles de répartition équitables à partir de la situation initiale de chaque concurrent et des gains possibles.

De toute façon, l'analyse de ce type de problème demande l'utilisation de techniques qui sortent du cadre purement quantitatif que nous nous sommes fixé.

§ 2. Les environnements indéterminés.

En situation indéterminée, le décideur ne peut affecter aucune probabilité aux différents états de la nature; il n'a même pas la ressource, offerte dans le cas précédent, d'émettre des hypothèses sur le comportement de son environnement, puisque celui-ci est neutre. Dans le domaine des décisions de longue période, ce type de situation est de loin le plus fréquent.

Plusieurs critères de décisions ont été proposés pour traiter ce type de situations : on examinera successivement :

— le critère de Laplace;
— le critère de Wald;
— le critère de Hurwicz;
— le critère de Savage.

Le *critère de Laplace* repose sur le principe dit de la *raison insuffisante :* s'il n'y a aucune raison de croire que l'environnement E_j soit plus probable que l'environnement E_k, et réciproquement, ce qui est bien le cas en situation indéterminée, alors ces événements peuvent être jugés également probables. L'application du critère de Laplace revient à sélectionner la décision présentant la meilleure moyenne de résultats. Utilisé pour traiter la matrice de décision du tableau 1, ce critère conduirait à choisir l'action A_1 qui se caractérise par une moyenne de résultats de 1, contre 0 pour A_2.

---

15. VAJDA S., *The theory of games and linear programming,* Wiley, 1956; FAURE R. : *Éléments de la recherche opérationnelle,* Gauthier-Villars, 1968, page 139 et suivantes.

16. Sur les jeux à *n* joueurs, *cf.* LUCE D. et RAIFFA H., *op. cit.;* DAVIS M. *La théorie des jeux,* A. Colin, 1973; SHUBIK M. : *Stratégie et structures de marché,* Dunod, 1964.

Le critère de Laplace n'est en fait qu'un prolongement de l'analyse *a priori* de Bayès. La meilleure décision est celle qui présente l'espérance mathématique la plus élevée en supposant les états de l'environnement équiprobables.

Le *critère de Wald* n'est lui-même qu'un prolongement de la procédure de résolution des jeux à somme nulle. La décision optimale sera celle qui correspond au maximim. L'environnement est supposé systématiquement hostile et il s'agit de s'assurer un résultat minimum. L'entreprise choisirait ici A_2 qui n'entraîne aucun risque de perte.

Le *critère de Hurwicz* repose sur l'utilisation d'un *indice d'optimisme.* Chaque décision A_i est repérée par son meilleur résultat R_i et par son plus mauvais r_i. L'entreprise choisira la décision qui aura la meilleure moyenne

$$H_i = aR_i + (1 - a)\,r_i,$$

où a est l'indice d'optimisme.

Si $a = 0{,}5$, dans le tableau 1, la meilleure décision est A_1, puisque $H_1 = 1{,}25$ et $H_2 = 0$.

Bien entendu, le choix de la décision A_1 dépend de la valeur a. Si $a = 0{,}2$ par exemple, c'est A_2 qui devient optimal ($H_1 = -0{,}7$ et $H_2 = 0$). A noter que lorsque $a = 0$, nous retrouvons le critère de Wald.

Il existe deux utilisations possibles de ce critère : l'utilisation directe repose sur le choix d'une valeur a puis sur le calcul des indices H_i. L'utilisation indirecte est également intéressante : elle consiste à calculer la valeur a pour laquelle il y aurait indifférence entre les deux décisions. Cette valeur peut alors être considérée comme une probabilité-seuil.

Avec une valeur $a = 2/6{,}5$, les deux décisions présentent le même indice. Si a est supérieur à 2/6,5, c'est la décision A_1 qui est meilleure. Le décideur peut alors tester cette valeur avec son degré de vraisemblance de l'environnement correspondant. Employé sous cette forme, le critère de Hurwicz est très similaire à une analyse de sensibilité.

Le *critère de Savage* fait appel à la notion de *regret,* c'est-à-dire au coût d'opportunité possible associé à chaque décision. L'idée centrale est que l'environnement n'est pas sous le contrôle de l'entreprise. Tout ce que l'entreprise peut faire c'est de prendre la meilleure décision pour un état de la nature donné La qualité d'une décision se mesure ainsi par l'écart entre le résultat obtenu et celui qu'on aurait pu avoir si compte tenu de l'environnement la meilleure décision possible avait été prise. De façon plus précise, le critère de Savage sélectionne la décision présentant le regret minimax. Dans le cas étudié, A_1 serait choisi, son coût d'opportunité le plus élevé (2) est plus faible que celui de A_2 (4,5). L'utilisation des critères qui viennent d'être évoqués pose plusieurs types de problèmes. Tout d'abord ces critères manifestent des contradictions externes : ils n'aboutissent généralement pas aux mêmes décisions, ce qui n'est pas étonnant, compte tenu de leur conception différente.

Mais, plus grave, ils présentent également, comme l'a montré Milnor[17], des contradictions internes. Un agent économique se comportant rationnellement ne devrait pas utiliser de tels critères. La seule voie rationnelle serait celle qui passe pas l'emploi des probabilités subjectives.

---

17. *Cf.* MORLAT J , Un article de Milnor : les jeux contre la nature, *EA,* 1960.

Certes, la frontière est relativement arbitraire entre les situations où l'on est capable d'affecter des degrés de vraisemblance aux environnements et celles où l'on ne l'est plus. Mais dans les cas de hauts risques, le recours à des probabilités subjectives, résultats de simples intuitions, même s'il est plus satisfaisant sur le plan théorique, ne peut être conseillé sur le plan pratique. L'application de critères de type minimax paraît plus adaptée à la situation.

ÉTUDES DE CAS

8-1

Un investisseur hésite entre trois placements possibles : des actions, des obligations à taux fixe et des obligations à taux variable. Les gains résultant de ces placements (dividendes, intérêts et plus-values en capital) dépendent de l'évolution du taux de l'intérêt. Le tableau ci-dessous donne les résultats des différents placements selon différentes variantes de taux de l'intérêt :

	E_1 Le taux de l'intérêt augmente	E_2 Le taux de l'intérêt est stable	E_3 Le taux de l'intérêt diminue
A_1 : Actions	− 100	50	200
A_2 : Obligations à taux fixe	− 50	30	100
A_3 : Obligations à taux variables	80	30	10

Quel placement l'investisseur doit-il réaliser s'il n'a aucune information concernant la vraisemblance des environnements?

Solution

On remarquera tout d'abord, que la stratégie A_2 est dominée par la combinaison des deux autres. Si l'on accorde 50 % du capital à investir aux actions et 50 % aux obligations à taux variables, le rendement qui en résulte s'élève à −10, 40 et 105 respectivement dans les environnements E_1, E_2 et E_3, ce qui est supérieur à celui de A_2.

Le choix doit donc être réalisé entre A_1 et A_3. L'application des différents critères de choix en situation indéterminée nous donne :

— critère de Laplace : sélection de A_1;
— critère de Wald : sélection de A_3;
— critère de Hurwicz :

$$H_1 = 200a - 100(1-a) = 300a - 100$$
$$H_2 = 80a + 10(1-a) = 70a + 10.$$

C'est à partir d'une valeur $a = 110/230$ que la décision A_1 est meilleure que A_3.

— critère de Savage : la matrice des regrets s'écrit :

	E_1	E_2	E_3
A_1	180	0	0
A_3	0	20	190

La décision A_1 implique le regret maximum le plus faible.

8-2

Dans le problème précédent, l'investisseur a une idée *a priori* du degré de vraisemblance des états de l'environnement. Selon lui, il y a 20 % de chances que le taux de l'intérêt augmente et 50 % qu'il diminue.

Quel est alors son meilleur placement? Quel serait la valeur d'une information parfaite donnant avec certitude l'évolution du taux de l'intérêt?

Solution

Il s'agit toujours de comparer les décisions A_1 et A_3. Mais cette fois-ci nous pouvons utiliser le critère de l'espérance mathématique.

$$E(A_1) = -100 \times 0{,}2 + 50 \times 0{,}3 + 200 \times 0{,}5 = 95;$$

de même $E(A_3) = 30$.

A_1 apparaît la décision la plus rentable en moyenne.

Si l'investisseur disposait d'une information parfaite, ses décisions seraient les suivantes :

Information	Décision	Résultat	Probabilité
Le taux augmente	A_3	80	0,2
Le taux est stable	A_1	50	0,3
Le taux diminue	A_1	200	0,5

L'espérance de gain après information est ainsi de 131 ce qui représente un progrès de 36 par rapport à la meilleure décision sans information. La valeur de l'information parfaite est donc ici de 36.

La valeur de l'information parfaite aurait pu également être calculée à partir des pertes d'opportunité telles qu'elles figurent dans la matrice des regrets de Savage. La valeur de l'information parfaite est l'espérance de pertes d'opportunité minimale. Or nous avons :

$$CO(A_1) = 180 \times 0{,}2 = 36$$
$$CO(A_3) = 20 \times 0{,}3 + 190 \times 0{,}5 = 101.$$

8-3

L'investisseur souhaite formaliser ses préférences envers le rendement et la sécurité à l'aide d'une fonction d'utilité. Il apparaît :

— qu'il juge équivalent une somme certaine de 50 et un billet de loterie lui coûtant 100 et lui rapportant 200 avec une probabilité de 0,75;

— qu'il juge équivalent une somme certaine de 80 et un billet de loterie lui rapportant 50, 6 fois sur dix et 200, 4 fois sur dix;

— qu'il juge équivalent une somme certaine de 30 et un billet lui coûtant 100 et lui rapportant 200, sept fois sur dix;

— qu'il juge équivalent une somme certaine de 10 et un billet lui coûtant 100 et lui rapportant 80, sept fois sur dix;

Construire la fonction d'utilité de l'investisseur et déterminer sa meilleure stratégie en tenant compte de ses préférences pour le rendement et pour la sécurité.

Solution

Par application de la théorie de l'utilité,

$$U(50) = 0{,}25U(-100) + 0{,}75U(200) = 0{,}75$$

en donnant arbitrairement comme valeur 0 à U(−100) et 1 à U(200).

De même,

$$U(80) = 0{,}6U(50) + 0{,}4U(200) = 0{,}85$$
$$U(30) = 0{,}3U(-100) + 0{,}7U(200) = 0{,}7$$
$$U(10) = 0{,}3U(-100) + 0{,}7U(80) = 0{,}6.$$

Le tableau des gains peut alors être remplacé par un tableau des utilités :

	E_1	E_2	E_3	$E(U(A_i))$
A_1	0	0,75	1	0,725
A_3	0,85	0,7	0,6	0,68
Probabilité	0,2	0,3	0,5	

Bien que la fonction d'utilité manifeste une aversion assez forte pour le risque c'est la décision A_1 qui est choisie.

8-4 Une entreprise réalise une production par lots de cinq unités. Dans de nombreux cas, il a été constaté que certaines des unités produites présentaient des défauts une fois entre les mains des utilisateurs. Le coût supporté par l'entreprise est alors de 1 000 F par unité défectueuse (ceci comprend les frais de retour à l'entreprise, les frais de réparation, etc.).

Désirant limiter ce genre de dépenses, l'entreprise envisage d'améliorer son système de contrôle de qualité. Dans cette perspective, elle fait procéder à une étude statique des défauts qui apparaissent sur 100 lots pris au hasard au cours d'une période de production représentative. Le tableau suivant résume les résultats de cette étude : il indique le nombre de lots, sur les 100 étudiés, pour lesquels on a trouvé *n* pièces défectueuses.

Nombre de pièces défectueuses : *n*	Nombre d'observations
0	40
1	5
2	5
3	10
4	15
5	25
	100

Plusieurs solutions sont alors envisagées :

— solution A : continuer, comme par le passé, sans contrôle de production supplémentaire;

— solution B : instaurer un contrôle systématique sur chaque unité produite, ce qui entraîne un coût supplémentaire de 200 F/unité, mais élimine tout risque ultérieur. Les unités trouvées défectueuses au cours du contrôle doivent être remises en état pour un coût de 500/unité.

— solution C : ne contrôler qu'une unité par lot (coût 200 F) et suivre la règle suivante : si cette unité est bonne, commercialiser le lot directement et si elle est mauvaise, soumettre toutes les autres unités du lot à un contrôle systématique (coût : 200 F/unité) plus le coût éventuel de remise en état (500 F/unité).

Quelle est la solution la moins coûteuse?

Solution

Dans la décision de commercialiser directement ou non un lot de pièces, le nombre de pièces défectueuses constitue l'environnement. Six environnements sont concevables compte tenu des statistiques disponibles : $n=0$ pièce défectueuse, $n=1$, ..., $n=5$.

Les nombres d'observations du tableau ci-dessus peuvent être interprétés comme des probabilités de présence de *n* pièces défectueuses dans un lot. Il s'agit de probabilité *a priori* en ce qui concerne un lot particulier, puisqu'aucune information spécifique à ce lot n'est donnée.

Solution A : Le coût associé à la solution A est l'espérance mathématique des dépenses entraînées par les unités défectueuses. Le tableau suivant donne le mode de calcul pour un lot particulier.

Environnement	Dépenses	Probabilité	Dépenses probabilisées
E_1 : $n=0$	0	0,4	0
E_2 : $n=1$	1 000	0,05	50
E_3 : $n=2$	2 000	0,05	100
E_4 : $n=3$	3 000	0,1	300
E_5 : $n=4$	4 000	0,15	600
E_6 : $n=5$	5 000	0,25	1 250
			E (A) = 2 300

Solution B : Sur chaque lot, 1 000 F sont dépensés pour le contrôle systématique. Il faut ajouter à cette dépense le coût de réparation éventuel des unités défectueuses. A partir d'un calcul similaire à celui de l'espérance mathématique de la solution A, on voit que ce coût s'élève à 1 150 F. Dans ces conditions, l'espérance du coût de la solution B est E(B) = 2 150. Le contrôle systématique est préférable à l'absence de contrôle.

Solution C : Le test d'une unité par lot fournit une information additionnelle : soit le contrôle indique que l'unité est bonne (Z_1), soit il indique qu'elle est défectueuse (Z_2). Nous allons étudier les deux cas successivement.

a) L'information est Z_1 : Dans ce cas, le lot est commercialisé, mais il reste toujours la possibilité qu'il y ait une ou plusieurs unités défectueuses. Il faut calculer la probabilité *a posteriori* qu'il y ait *n* pièces défectueuses. Dans le tableau suivant, ce calcul est effectué à partir de la formule de Bayès.

$E_j : n$	$P(n)$	$P(Z_1/E_j)$	$P(Z_1 \cap E_j)$	$P(E_j/Z_1)$
E_1 : 0	0,4	1	0,40	0,74
E_2 : 1	0,05	0,8	0,04	0,07
E_3 : 2	0,05	0,6	0,03	0,06
E_4 : 3	0,1	0,4	0,04	0,07
E_5 : 4	0,15	0,2	0,03	0,06
E_6 : 5	0,25	0	0	0
	1		$P(Z_1)$ = 0,54	1

L'espérance mathématique des dépenses entraînées par les unités défectueuses est obtenue à l'aide du même calcul que pour la solution A, en remplaçant les probabilités *a priori* par les probabilités *a posteriori*. Ceci donne un coût moyen de 640 F/lot, auquel il faut ajouter le coût du contrôle de l'unité testée (200 F), soit au total, une espérance de coût $E(C/Z_1) = 840$ F.

b) L'information est Z_2. Le contrôle étant alors pratiqué systématiquement sur toutes les unités, 1 000 F sont dépensés. Il faut tenir compte du coût de réparation des unités défectueuses détectées par le contrôle, mais on ne peut utiliser celui qui a été calculé pour la solution B, car nous savons qu'il y a une unité défectueuse dans le lot. Il faut alors calculer de nouvelles probabilités *a posteriori* :

L'espérance de coût de réparation des unités défectueuses s'élève à 2 115 F/lot.

$E_j : n$	$P(n)$	$P(Z_2/n)$	$P(Z_2 \cap n)$	$P(n/Z_2)$
E_1 : 0	0,4	0	0	0
E_2 : 1	0,05	0,2	0,01	0,02
E_3 : 2	0,05	0,4	0,02	0,04
E_4 : 3	0,1	0,6	0,06	0,13
E_5 : 4	0,15	0,8	0,12	0,26
E_6 : 5	0,25	1	0,25	0,54
	1		$P(Z_2) = 0,46$	0,99

L'espérance de coût de la solution C après une information Z_2 est donc $E(C/Z_2) = 3\,115$.

c) Coût de la solution C. Si le test donne l'information Z_1, le coût moyen est de 840 F; dans le cas Z_2, le coût est de 3 115. Compte tenu des observations dont nous disposons, nous savons que $P(Z_1) = 0,56$ et que $P(Z_2) = 0,46$. Dans ces conditions,

$$E(C) = 840 \times 0,56 + 3\,115 \times 0,46 = 1\,903,3.$$

La solution C est ainsi la solution la plus avantageuse.

Chapitre 9 — Techniques de choix des investissements

Il existe de multiples façons de définir ce qu'est un investissement. Le plus souvent, cette expression évoque l'acquisition de moyens de production physiques destinés à être utilisés de façon durable dans l'entreprise, tels que des bâtiments ou des machines. Nous utiliserons cette notion de manière plus large afin de pouvoir y inclure, à côté des investissements industriels, toutes les sorties de fonds de l'entreprise susceptibles de permettre l'apparition de revenus ou d'économies ultérieurs.

Il sera ainsi possible de parler d'investissements financiers matérialisés par des achats de titres, des placements ou des prises de participation, d'investissements commerciaux, se traduisant par la constitution d'un réseau de distribution, par des études de marchés ou des dépenses publicitaires, ou encore d'investissements en matière de formation du personnel.

Ce qui définit l'investissement, c'est moins son domaine d'application que sa nature fondamentale de sacrifice d'avantages immédiats en vue d'obtenir des avantages ultérieurs plus importants. L'opération d'investissement met en jeu l'incertitude, puisque ses résultats ne sont jamais certains, mais aussi le temps puisque ses résultats se situent dans le futur.

La succession dans le temps des sorties et des rentrées de fonds qui lui sont associées est une caractéristique fondamentale de l'investissement. A cet égard, plusieurs types de schémas sont concevables[1].

— L'investissement « point input-point output » correspond à une opération élémentaire avec une seule dépense initiale et une seule recette (il s'agit, par exemple, d'une opération de spéculation);
— l'investissement « point input-continuous output » est associé à une seule dépense initiale, et à des recettes apparaissant au cours de plusieurs périodes successives comme dans le cas de l'acquisition d'un avion par une compagnie de transport aérien;
— le cas « continuous input-continuous output », présente plusieurs dépenses et plusieurs recettes au cours du temps (achat de plusieurs tranches d'une centrale nucléaire par E.D.F.);
— enfin l'investissement de type « continuous input-point output » se caractérise par plusieurs dépenses successives et une seule recette à la fin de l'opération (fourniture d'un gros équipement par une entreprise de travaux publics).

Le problème, dans chacun de ces cas, est de déterminer si l'importance de la mise de fonds initiale est justifiée compte tenu des revenus ou économies ultérieurs. C'est le rôle des critères de choix des investissements de le vérifier.

La première section de ce chapitre sera consacrée à l'étude des critères de choix des investissements. Dans la seconde section, ces critères seront appliqués à l'analyse de différents problèmes de décision d'investissement.

SECTION 1. LES CRITÈRES DE CHOIX DES INVESTISSEMENTS

Évaluer un investissement revient à porter une appréciation sur une série de cash flows apparaissant au cours du temps. Dans le cas le plus fréquent, cette série de cash flows comporte une dépense initiale et des revenus ultérieurs, mais elle peut présenter des profils plus complexes. Le problème posé est de synthétiser cette succession de cash flows d'une façon qui permette des choix cohérents.

L'actualisation (§ 1) est la technique de base en matière d'évaluation des investissements : on la retrouve aussi bien dans le critère de la valeur nette actuelle (§ 2) que dans celui du taux de rendement interne (§ 3). L'utilisation de ces critères offre une garantie de rationalité des choix, mais elle suppose résolues un certain nombre de difficultés pratiques (§ 4).

§ 1. L'actualisation.

L'actualisation est une technique qui permet de comparer des sommes d'argent apparaissant à différentes périodes. Elle peut assurer, ainsi, la traduction des cash flows générés par un investissement tout au long de sa vie en francs de l'année au cours de laquelle est prise la décision.

Les méthodes de choix traditionnelles des investissements dont l'avantage essentiel est la simplicité, ne font pas appel à cette notion qui est pourtant

1. LUTZ F. et V.; *Theory of investment of the firm*, Princeton University Press, 1951.

indispensable à un calcul économique rationnel. La complexité des calculs nécessaires est plus apparente que réelle : elle est, en tout cas, largement atténuée par l'existence de formules et de tables d'actualisation.

1° Le recours nécessaire à l'actualisation.

Lorsqu'une entreprise évalue un investissement, elle désire savoir si les fonds qu'elle lui consacre sont mieux utilisés là que dans d'autres emplois ou au moins lui rapportent un certain taux de rentabilité minimum. Ce taux de rentabilité minimum peut être le coût du capital ou, mieux, le taux de réinvestissement des cash flows, dans l'entreprise ou à l'extérieur. C'est ce que les économistes appellent le *coût d'opportunité du capital.*

Si a est le taux de rentabilité minimum que l'entreprise s'est fixé, un investissement de 1 F doit lui rapporter au moins $(1+a)$ francs l'année suivante, $(1-a)^2$ au bout de deux ans... $(1+a)^n$ au bout de n années par le jeu des intérêts composés. C'est par rapport à ces valeurs que les résultats de tout investissement doivent être appréciés.

Prenons l'exemple de l'investissement A dont les résultats figurent dans le tableau suivant où, pour des raisons de simplicité, nous supposerons que les valeurs apparaissent au 31 décembre de chaque année.

Tableau 1. — Données concernant l'investissement A.

Année	Investissement	Cash-flow
0	1 000	
1		500
2		700
3		350

Avec un taux de réinvestissement de 10 %, l'entreprise aurait pu placer les fonds correspondant à cet investissement d'une façon qui lui aurait rapporté $1\,000(1+0{,}1)^3$ à la fin de l'année 3, soit 1 331 francs. En comparaison, que lui rapporte l'investissement étudié? Si l'on admet que les cash-flows obtenus en cours de route sont réinvestis à 10 %, au bout de trois ans, l'entreprise aura accumulé une somme de 1 725. En effet,

$$500(1+0{,}1)^2+700(1+0{,}1)+350=1\,725.$$

L'investissement A est donc intéressant, puisqu'il rapporte plus que le réinvestissement normal : il fait apparaître un supplément de valeur de 394 F à la fin du processus. Cette somme constitue la ***valeur future nette*** de l'investissement. Une valeur future nette positive indique que l'investissement crée des revenus supérieurs à son coût d'opportunité : c'est un indicateur de gestion optimale. Mais la valeur future présente l'inconvénient d'être exprimée en francs de la dernière année de vie de l'investissement. Le raisonnement en termes de ***valeur actuelle*** conduit à la même conclusion en ce qui concerne l'investissement A, mais aboutit à une valeur exprimée en francs de l'année 0.

Si le taux de rendement minimum exigé par l'entreprise est 10 %, cela veut dire qu'elle juge équivalent 1 F immédiatement ou 1,1 F l'année suivante; de façon plus générale, avec un taux a, il y a équivalence entre 1 tout de suite et $1+a$ dans un an. De même y a-t-il équivalence entre $1/(1+a)$ tout de suite et 1 dans un an. $1/(1+a)$ constitue la valeur actuelle de 1 F dans un an.

Pour qu'il soit rentable, l'investissement A doit rapporter au moins 1 000 F de revenus en valeur actuelle. Le tableau 2 donne la valeur actualisée des revenus de l'investissement A. On y constate qu'il dégage une valeur actuelle nette de 295,99.

Tableau 2. — Valeur actualisée des revenus de l'investissement A.

Année n	Cash-Flow	Valeur actuelle de 1 F dans n années	Cash-Flow actualisé
1	500	0,909 1	454,55
2	700	0,826 4	578,48
3	350	0,751 3	262,96
			1 295,99

La valeur actuelle nette et la valeur future nette sont en fait deux façons d'exprimer la même chose. La valeur actuelle nette a été obtenue à la suite du calcul suivant :

$$-1\,000+\frac{500}{(1+0{,}1)}+\frac{700}{(1+0{,}1)^2}+\frac{350}{(1+0{,}1)^3}=295{,}99.$$

Si l'on multiplie chaque terme de cette expression par $(1+0{,}1)^3$ on retrouve le calcul qui a permis d'obtenir la valeur future nette. Il apparaît, en particulier que

$$\text{Valeur future nette}=(\text{valeur actuelle nette})\cdot(1+0{,}1)^3.$$

soit

$$394=295{,}99\times 1{,}331.$$

Les raisonnements en terme de valeur actuelle ou en terme de valeur future appliquent tous les deux le concept de l'actualisation. Dans les deux cas les revenus de l'investissement sont comparés avec le coût d'opportunité des fonds utilisés, c'est-à-dire avec un taux de rentabilité minimum.

2° Les formules d'actualisation.

Les projets d'investissement peuvent présenter des profils extrêmement variés. Il est cependant possible de recourir dans de nombreux cas à des schémas types comme ceux qu'illustre la figure 1. L'intérêt de ces schémas types est qu'ils font l'objet de formules d'actualisation simples et de tables largement répandues.

Nous serons amenés à distinguer ces schémas selon qu'ils mettent en jeu des *sommes uniques* ou au contraire des *annuités,* c'est-à-dire des successions de sommes constantes. Nous distinguerons également les processus *d'actualisation discrète* des processus *d'actualisation continue.*

Graphique 1. — Schémas d'actualisation.

a) valeur future d'une somme; *b*) valeur actuelle d'une somme; *c*) valeur future d'une annuité; *d*) valeur actuelle d'une annuité; *e*) constitution d'un capital; *f*) récupération d'un capital.

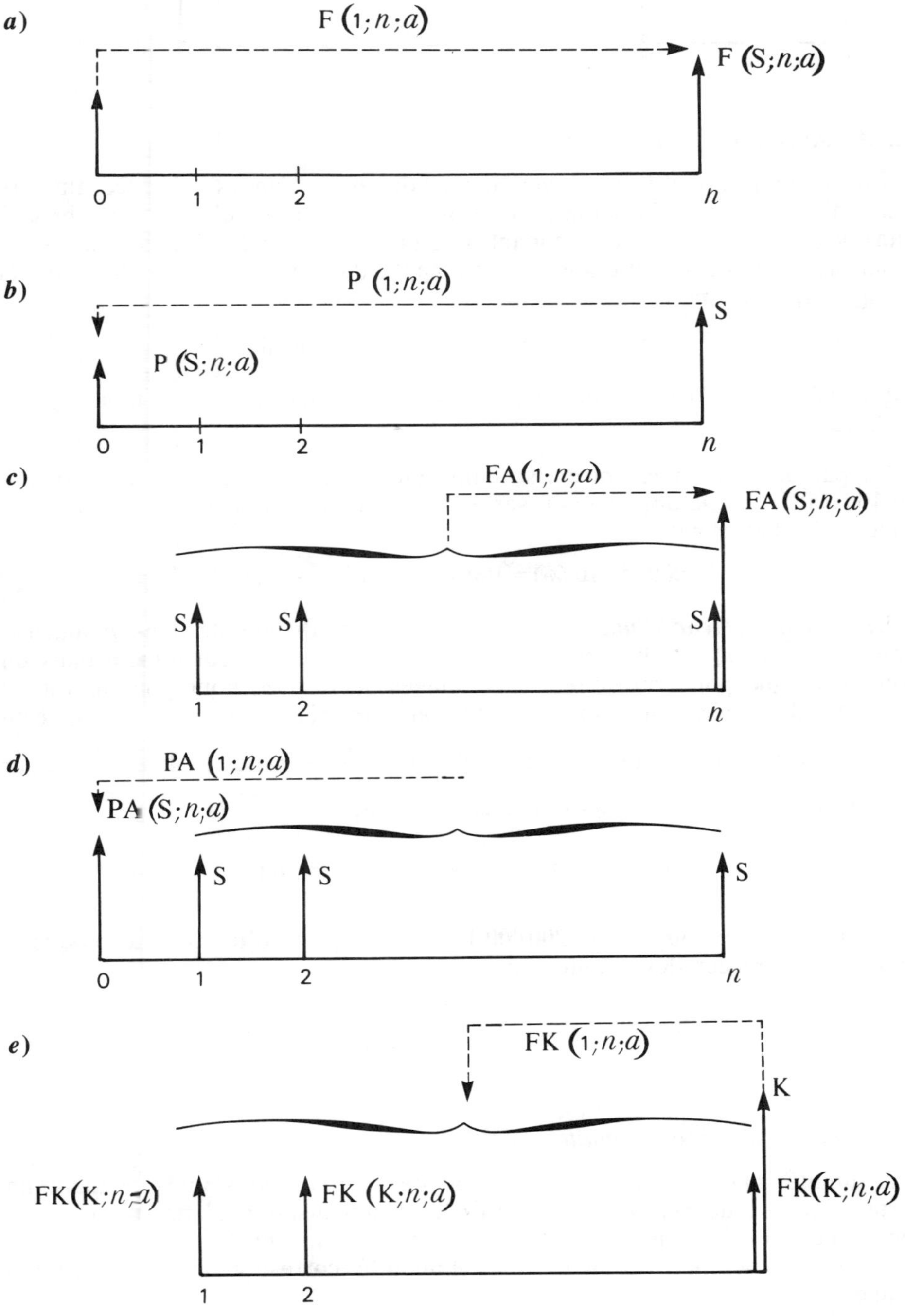

f)

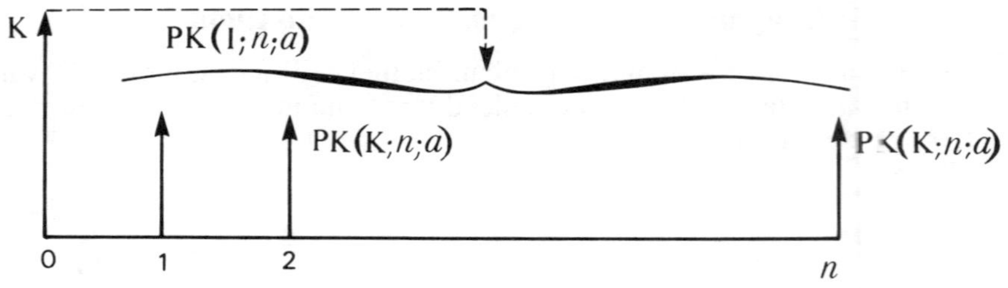

A. Actualisation d'une somme.

La valeur future d'une somme S, au bout de n années, calculée au taux d'actualisation a, est la somme que l'on pourrait retirer d'un compte bloqué dans lequel S a été placé pendant n années à un taux d'intérêt a. Nous noterons F (S; n; a) cette somme. Par application de la formule des intérêts composés, elle a pour valeur :

$$F(S;\ n;\ a) = S(1+a)^n = S \cdot F(1;\ n;\ a).$$

La valeur de l'expression F(1; n; a) est fournie dans les tables d'actualisation.

Si, par exemple, une entreprise emprunte à un taux de 15 % une somme de 100 000 F qu'elle doit rembourser en une seule fois à la fin de la cinquième année, elle devra payer

$$F(100\,000;\ 5;\ 10\ \%) = 100\,000(1+0{,}15)^5 = 201\,136\ F.$$

L*a valeur actuelle d'une somme* S au taux a, disponible dans n années, notée P (S; n; a), est la somme qu'il faudrait placer immédiatement dans un compte bloqué pour une durée de n années au taux a, pour pouvoir retirer S à la fin de l'opération. Dans la mesure où, à intérêts composés, 1 F rapporte $(1+a)^n$ au bout de n années, il faut placer $\frac{1}{(1+a)^n}$ francs tout de suite pour obtenir 1 franc dans n années. Par conséquent,

$$P(S;\ n;\ a) = \frac{S}{(1+a)^n} = S \cdot P(1;\ n;\ a).$$

Ainsi, pour pouvoir retirer 200 000 F dans cinq ans d'un compte bloqué à 12 %, il faut placer dès maintenant

$$P(200\,000;\ 5;\ 12\ \%) = \frac{200\,000}{(1+0{,}12)^5} = 113\,486\ F.$$

B. Actualisation d'une annuité.

L'annuité met en jeu une succession de sommes constantes pendant un certain nombre de périodes. Les formules d'actualisation d'annuités peuvent rechercher l'évaluation du capital équivalent à une annuité donnée, ou, au contraire, rechercher l'évaluation de l'annuité correspondant à un capital donné.

1. Capital équivalent à une annuité.

La valeur future d'une annuité est le capital qui est constitué par son accumulation au taux d'actualisation. Nous noterons FA(S; n; a) la valeur future à la fin de la $n^{\text{ième}}$ année d'une annuité composée de n versements de S francs versés en fin de période, accumulés au taux a.

L'évaluation de FA(S; n; a) peut s'effectuer en repérant ce qu'ont rapporté chacun des versements successifs :

Versement n°	Date de versement	Valeur future à la fin de la $n^{\text{ième}}$ année :
1	fin de période 1	$S(1+a)^{n-1}$
2	fin de période 2	$S(1+a)^{n-2}$
...	...	...
$n-1$	fin de période $n-1$	$S(1+a)$
n	fin de période n	S
	Total	FA(S; n; a)

Dans ces conditions :

$$FA(S; n; a) = S\left[(1+a)^{n-1} + (1+a)^{n-2} + \ldots + (1+a) + 1\right]$$

ce qui, par application des résultats concernant les progressions géométriques de raison $(1+a)$ donne

$$FA(S; n; a) = S\left[\frac{(1+a)^n - 1}{a}\right] = S \cdot FA(1; n; a).$$

La constitution d'un capital dans le cadre d'un plan d'épargne-logement est une illustration de ce processus. Si le plan comporte des versements annuels de 12 000 F pendant quatre ans rémunérés à un taux de 5 %, le capital constitué à la fin de la quatrième année atteindra la valeur de

$$FA(12\,000; 4; 5\,\%) = 12\,000\left[\frac{(1+0{,}05)^4 - 1}{0{,}05}\right] = 51\,721 \text{ F}.$$

La *valeur actuelle* d'une annuité est le capital, placé au taux d'actualisation, qui serait épuisé par le versement de cette annuité. De façon plus précise, nous appellerons PA(S; n; a) le capital rémunéré au taux a et investi au début de la période 1, nécessaire pour financer n retraits annuels de S francs effectués en fin de période.

Pour évaluer ce capital initial, on peut procéder par agrégation des sommes nécessaires au financement de chacun des retraits successifs :

retrait n°	date du retrait	capital initial nécessaire
1	fin de période 1	$S/(1+a)$
2	fin de période 2	$S/(1+a)^2$
...	...	...
$n-1$	fin de période $n-1$	$S/(1+a)^{n-1}$
n	fin de période n	$S/(1+a)^n$
	Total :	PA(S; n; a)

Nous voyons ainsi que :

$$\mathrm{PA}(\mathrm{S}; n; a) = \mathrm{S}\left[\frac{1}{(1+a)} + \frac{1}{(1+a)^2} + \ldots + \frac{1}{(1+a)^{n-1}} + \frac{1}{(1+a)^n}\right].$$

Nous avons affaire à une progression géométrique de raison $1/(1+a)$ dans l'expression entre crochets.

La relation précédente peut alors s'écrire

$$\mathrm{PA}(\mathrm{S}; n; a) = \mathrm{S}\ \frac{1 - \dfrac{1}{(1+a)^{n+1}}}{1 - \dfrac{1}{(1+a)}} - 1\ .$$

Après simplification

$$\mathrm{PA}(\mathrm{S}; n; a) = \mathrm{S}\left[\frac{(1+a)^n - 1}{(1+a)^n a}\right] = \mathrm{S}\cdot\mathrm{PA}(1; n; a).$$

La comparaison de la formule de la valeur actuelle d'une annuité avec celle de la valeur future de la même annuité nous permet de retrouver la relation générale entre les valeurs actuelles et les valeurs futures, puisque

$$\mathrm{FA}(\mathrm{S}; n; a) = (1+a)^n \mathrm{PA}(\mathrm{S}; n; a).$$

On peut remarquer que PA(S; n; a) tend vers une limite lorsque le nombre de périodes de l'annuité tend vers l'infini. En effet, l'expression $1/(1+a)^{n+1}$, tend vers zéro et à la limite, la valeur actuelle d'une annuité est indépendante du nombre d'années.

Après simplification, il apparaît que

$$\mathrm{PA}(\mathrm{S}; n; a) \underset{n \to \infty}{\longrightarrow} \frac{\mathrm{S}}{a}.$$

Une fondation qui désirerait verser chaque année pendant dix ans, un prix de 10 000 F destiné à récompenser des travaux scientifiques, pourrait être financée par un don initial en capital de 61 446 F, dans la mesure où ce capital est placé à 10 % un an avant le versement du premier prix. En effet

$$\mathrm{PA}(10\,000;\ 10;\ 10\,\%) = 10\,000\left[\frac{1{,}1^{10} - 1}{1{,}1^{10} \times 0{,}1}\right] = 61\,446\ \mathrm{F}.$$

Avec un capital initial de 100 000 F, ce prix pourrait être versé pendant un nombre d'années illimité :

$$\mathrm{PA}(10\,000;\ n;\ 10\,\%) \underset{n \to \infty}{\longrightarrow} \frac{10\,000}{0{,}1} = 100\,000\ \mathrm{F}.$$

2. Annuité équivalente à un capital.

Le raisonnement suivi maintenant est l'inverse de celui qui vient d'être utilisé. Au lieu de se demander quel capital peut être constitué par l'accumulation des produits d'une annuité, on peut s'interroger sur l'annuité nécessaire pour atteindre un certain capital.

Ceci amène à l'évaluation du *facteur de constitution d'un capital.* FK(K; n; a) est la somme qu'il faut verser chaque année, pendant n années, sur un compte rémunéré au taux a pour atteindre lors du dernier versement le capital K. Si FA(S; n; a) = K, nous pouvons écrire

$$\mathrm{FA}(\mathrm{S};\, n;\, a) = \mathrm{S}\left(\frac{(1+a)^n - 1}{a}\right) = \mathrm{K}.$$

Dans ces conditions,

$$\mathrm{FK}(\mathrm{K};\, n;\, a) = \mathrm{K}\left(\frac{a}{(1+a)^n - 1}\right) = \mathrm{K} \cdot \mathrm{FK}(1;\, n;\, a).$$

Pour atteindre un capital de 80 000 F au bout de quatre ans avec un taux d'intérêt de 5 %, il faut verser chaque année

$$\mathrm{FK}(80\,000;\, 4;\, 5\,\%) = 80\,000\left[\frac{0{,}05}{(1+0{,}05)^4 - 1}\right] = 18\,561 \text{ F}.$$

L'application de la formule de la valeur future d'une annuité pour S = 18 561 permettrait de retrouver évidemment un capital de 80 000 F.

Le *facteur de récupération du capital,* PK (K; n; a) est l'annuité que l'on pourrait retirer pendant n périodes d'un capital placé au taux a. De manière analogue à ce qui a été fait au-dessus, il est possible de déduire la formule du facteur de récupération de la formule de la valeur actuelle d'une annuité.

$$\mathrm{PK}(\mathrm{K};\, n;\, a) = \mathrm{K}\left[\frac{a(1+a)^n}{(1+a)^n - 1}\right] = \mathrm{K} \cdot \mathrm{PK}(1;\, n;\, a).$$

La fondation rencontrée précédemment envisage maintenant de délivrer un prix annuel pendant quinze ans. Son capital initial placé à 10 %, s'élève à 80 000 F, la fondation pourra délivrer un prix annuel de

$$\mathrm{PK}(80\,000;\, 15;\, 10\,\%) = 80\,000\left[\frac{0{,}10(1+0{,}10)^{15}}{(1+0{,}10)^{15} - 1}\right] = 10\,518 \text{ F}.$$

C. Actualisation continue.

Les formules d'actualisation précédentes ont été établies dans des conditions très précises concernant l'enregistrement des valeurs et le calcul des intérêts. Les valeurs sont enregistrées en début ou en fin de période ; les intérêts sont comptabilisés une fois par période. Dans la pratique, la période de référence est l'année. Lorsque les intérêts sont comptabilisés plus d'une fois par période, une distinction doit être faite entre le *taux d'intérêt nominal* et le *taux effectif.* Si par exemple un placement reçoit 5 % d'intérêts par semestre, le taux nominal annuel sera de 10 % et le taux effectif de 10,25 % : en effet les intérêts du premier semestre rapporteront eux-mêmes des intérêts au second semestre. Il est facile de déterminer le taux effectif a' à partir du taux nominal annuel a, pour une composition des intérêts par fraction d'année égale à 1/M :

$$a' = \mathrm{F}\left(1;\, \mathrm{M};\, \frac{a}{\mathrm{M}}\right) - 1.$$

Dans l'exemple précédent, $a' = F(1; 2; 5\ \%) - 1 = 10{,}25\ \%$.

Le décalage entre le taux nominal et le taux effectif est d'autant plus important que le nombre de fractions d'année est plus grand et que le taux nominal est plus élevé, comme le montre le tableau suivant :

Tableau 3. — Taux effectifs pour différentes valeurs de taux nominal et pour différentes périodes de composition.

Période de composition		Taux effectif pour			
	M	$a = 5\ \%$	$a = 10\ \%$	$a = 15\ \%$	$a = 20\ \%$
Année	1	5	10	15	20
Semestre	2	5,06	10,25	15,56	21
Trimestre	4	5,09	10,38	15,87	21,55
Deux mois	6	5,11	10,43	15,97	21,74
Mois	12	5,12	10,47	16,08	21,94
Jour	365	5,13	10,52	16,18	22,13
Composition continue	∞	5,13	10,52	16,18	22,14

L'examen du tableau 3 permet de voir également que la progression du taux effectif s'effectue à un rythme de plus en plus faible lorsque M augmente. Cette progression a une limite. On montre que

$$\left(1 + \frac{a}{M}\right)^M \xrightarrow[M \to \infty]{} e^a.$$

Le taux d'actualisation continue j équivalent au taux nominal a sera défini à l'aide de la relation suivante :

$$1 + a = e^j$$

soit encore

$$j = \text{Log}(1 + a).$$

Par exemple, $j = 0{,}0953$ pour $a = 10\ \%$ et $j = 0{,}1823$ pour $a = 20\ \%$.

L'utilisation du taux d'actualisation continue suppose que les calculs d'intérêts et que leur intégration dans le capital s'effectuent en chaque point du temps. Mais l'actualisation discrète au taux a et l'actualisation continue au taux j équivalent à a et conduisent aux mêmes résultats. La valeur future de 1 000 F, dans deux ans avec un taux nominal de 10 % est ainsi égale à $1\,000(1{,}1)^2 = 1\,210$; elle est aussi égale à $1\,000 \times e^{0{,}0953 \times 2}$. De façon générale, $(1 + a)^n$ est équivalent à e^{jn}.

L'utilisation des taux d'actualisation continue présente certains avantages techniques : la manipulation mathématique des exponentielles est plus facile que celle d'expressions du type $(1 + a)^n$. Aussi dans les calculs d'optimisation y aura-t-on recours. D'autre part, leur emploi dans l'évaluation des projets d'investissement n'est pas dénué de fondements pratiques; dans la mesure où les enregistrements de dépenses et de recettes sont quasiment quotidiens l'approximation par des flux continus peut être tolérée.

§ 2. Le critère de la valeur nette actuelle.

La valeur nette actuelle (VNA) est le critère économique de base en matière d'évaluation des investissements. D'autres expressions sont également employées : on parle de « flux nets de trésorerie actualisés », de « cash-flow net actualisé », de « valeur en capital », de « goodwill ».

Des critères équivalents, tels que la valeur nette future, ou encore l'annuité équivalente peuvent parfois être utilisés. Ils ont en commun avec la valeur nette actuelle le recours à un taux d'actualisation prédéterminé, c'est-à-dire la comparaison avec une alternative de base.

1° Définition et calcul de la valeur nette actuelle.

La valeur nette actuelle d'un investissement se définit comme la somme des cash flows actualisés générés par cet investissement tout au long de sa durée de vie : si CF_t est le cash flow prévu de l'année t, évalué par la différence entre les recettes et les dépenses d'exploitation, pour un taux d'actualisation a et une durée de vie de n années :

$$\mathrm{VNA} = \sum_{t=0}^{n} \frac{\mathrm{CF}_t}{(1+a)^t}.$$

Dans les cas les plus simples, la succession des cash flows présentera tout d'abord une dépense d'investissement, puis des flux positifs résultant d'une exploitation bénéficiaire. La valeur nette actuelle se présentera alors sous la forme :

$$\mathrm{VNA} = -\mathrm{I} + \sum_{t=1}^{n} \frac{\mathrm{CF}_t}{(1+a)^t}.$$

L'exemple de l'investissement A, présenté dans les tableaux 1 et 2 illustre ce type de schéma, ainsi que les calculs nécessaires.

La procédure de calcul de la valeur actuelle peut être encore allégée quand on a affaire à une succession de cash flows constants, par le recours aux formules d'actualisation des annuités. Dans le cas où le cash flow annuel est CF,

$$\mathrm{VNA} = -\mathrm{I} + \mathrm{CF} \cdot \mathrm{PA}(1;\, n;\, a),$$

la lecture de $\mathrm{PA}(1;\, n;\, a)$ sur une table d'actualisation permet d'éliminer la plupart des calculs.

L'utilisation des tables d'actualisation est possible, même si le cash flow ne reste pas identique sur la durée de vie de l'investissement. Il suffit qu'il soit constant sur quelques années successives, comme dans l'exemple de l'investissement B, présenté dans le tableau 4.

Tableau 4. — Données concernant l'investissement B.

Année	Investissement	Cash flow
0	1 000	
1		300
2		300
3		400
4		400
5		400

D'après la table d'actualisation à 10 % :

$$PA(1;\ 2;\ 10\ \%) = 1{,}7355; \quad PA(1;\ 3;\ 10\ \%) = 2{,}4869$$
$$P(1;\ 2;\ 10\ \%) = 0{,}8264.$$

Par application des formules d'actualisation d'une somme et d'une annuité.

$$VNA(B) = -1\,000 + 300 \times 1{,}7355 + 400 \times 2{,}4869 \times 0{,}8264 = 342{,}72.$$

En effet, le profil des cash flows présente tout d'abord une annuité de deux ans, actualisée par 1,7355, puis une annuité de 3 ans × 2,4869 est la valeur actuelle d'une annuité de trois ans exprimée au premier jour de l'opération d'investissement en supposant que cette annuité parte du dernier jour de la période 1; or, en fait, elle part de la période 3 seulement. Il faut introduire un élément de correction qui permette la traduction de cette annuité débutant la troisième année, en annuité partant de la première : c'est l'introduction du coefficient 0,8264 qui donne la valeur actuelle de 1 F dans deux ans.

Le schéma 2 explicite la procédure employée.

Graphique 2. — Procédure de détermination de la valeur actuelle nette de l'investissement B.

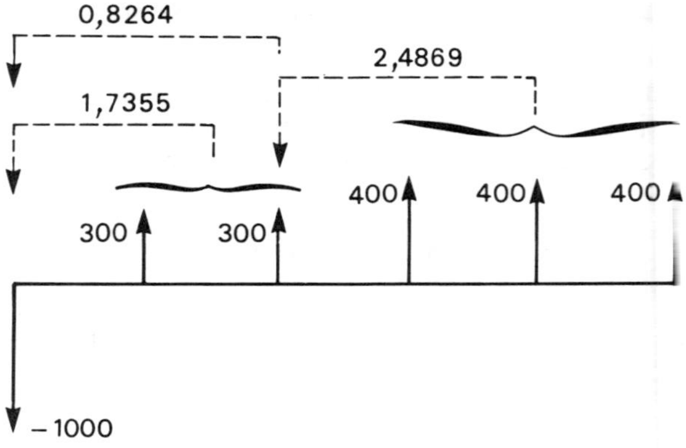

Le même résultat aurait pu être déterminé par l'actualisation des différents cash flows, un par un, comme dans le tableau 5.

Tableau 5. — Cash flows actualisés de l'investissement B.

Année	Investissement	Cash-flow	P (1 ; *n* ; 10 %)	Valeur actualisée
0	1 000		1	− 1 000
1		300	0,909 1	272,73
2		300	0,826 4	247,92
3		400	0,751 3	300,52
4		400	0,683 0	273,20
5		400	0,620 9	248,35
			VNA(B ; 10 %) =	342,72

2° Valeur actuelle nette et taux d'actualisation.

La valeur actuelle nette d'un investissement dépend du taux d'actualisation, aussi le choix de ce taux sera-t-il particulièrement important.

Dans le cas où l'investissement présente un profil simple avec une dépense initiale et des cash flows positifs ultérieur , la valeur actuelle diminue au fur et à mesure que l'on emploie des taux d'actualisation plus élevés. C'est ce que l'on peut remarquer dans le cas de l'investissement B pour lequel le graphique 3, *a*) indique les valeurs actuelles nettes obtenues pour différentes valeurs du taux d'actualisation.

Une telle évolution se justifie aisément. L'actualisation n'affecte pas le montant de l'investissement qui conserve une valeur de −1 000 quel que soit le taux choisi; en revanche, un taux de plus en plus élevé dévalue de plus en plus fortement les cash flows positifs futurs. Le solde de l'investissement et des cash flows actualisés doit alors décroître.

Graphique 3. — Valeur nette actuelle, des investissements B et C pour différents taux d'actualisation.

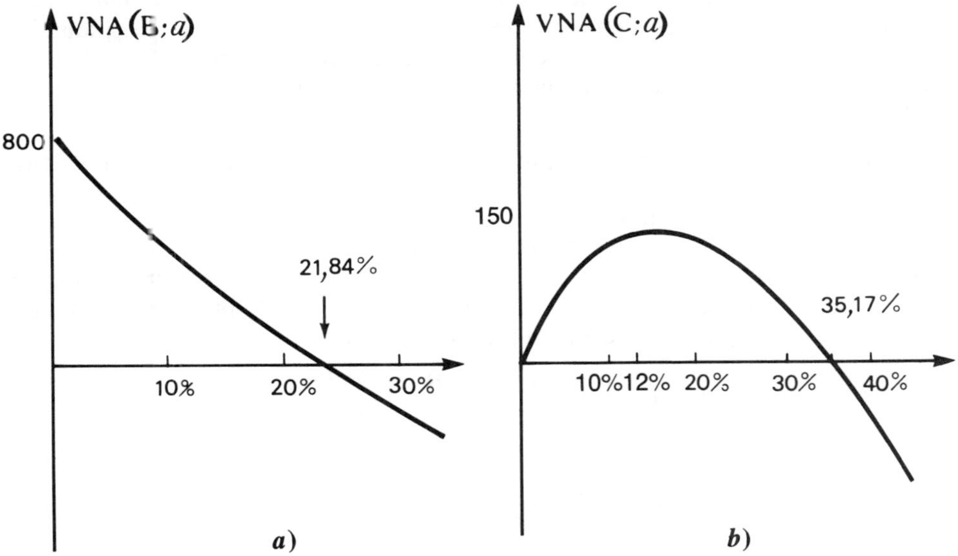

a) *b*)

Dans les situations où l'investissement présente un profil plus complexe, cette évolution n'est pas toujours vérifiée et il peut arriver au contraire que la valeur actuelle croisse avec l'augmentation du taux d'actualisation. C'est ce qui se produit dans le cas de l'investissement C caractérisé par une dépense de 1000 initiale, des cash flows de 600 par an pendant cinq ans et une dépense finale de 2000 la sixième année, justifiée par des opérations de démontage des installations et de remise en état de locaux empruntés. Sur le graphique 3, *b*) on constate que la valeur actuelle nette augmente jusqu'à 12 % pour diminuer par la suite.

Des cas similaires à celui de l'investissement C sont susceptibles de se produire chaque fois que des cash flows négatifs apparaissent au cours de la vie de l'investissement. Une actualisation plus forte peut alors dévaloriser ces cash flows négatifs suffisamment pour que le solde augmente sur certains intervalles.

3° Critères équivalents.

Deux critères équivalents, c'est-à-dire, conduisant aux mêmes conclusions que la valeur nette actuelle, doivent être évoqués : il s'agit de la valeur nette future et de l'annuité équivalente.

En ce qui concerne la *valeur nette future* (VNF) d'un investissement, l'équivalence avec le critère de la valeur nette actuelle est toujours vérifiée. Si un investissement est rentable avec l'un des critères, il l'est également avec l'autre; si deux investissements sont comparés, le classement est le même avec les deux critères. Nous avons montré plus haut, dans le cas de l'investissement A, puis à travers les formules d'actualisation que la valeur future se déduisait de la valeur actuelle en la multipliant par le coefficient $(1+a)^n$.

L'annuité équivalente (AE) est obtenue en multipliant la valeur nette actuelle par le facteur de récupération du capital. L'investissement, au lieu d'être évalué à travers une valeur en capital initiale est apprécié à l'aide d'une rente annuelle sur sa durée de vie. Lorsqu'il faut évaluer la rentabilité d'un investissement isolé, les deux critères de la valeur actuelle et de l'annuité équivalente donnent des résultats convergents. Si deux investissements doivent être comparés, c'est également le cas dans la mesure où les durées de vie sont identiques.

Le critère de l'annuité équivalente sera particulièrement utile quand il s'agira d'évaluer le coût annuel en capital d'un investissement, dans la perspective du calcul de prix de revient par exemple. Soit I, le coût initial en investissement, n la durée de vie de cet investissement et R sa valeur résiduelle à la fin de la $n^{\text{ième}}$ année. Le coût annuel en capital peut être obtenu en retranchant du coût initial I la valeur actuelle de la valeur de revente R, puis en multipliant ce coût net en capital par le facteur de récupération :

$$\mathrm{AE} = \mathrm{I}\,\frac{a(1+a)^n}{(1+a)^n-1} - \frac{\mathrm{R}}{(1+a)^n}\,\frac{a(1+a)^n}{(1+a)^n-1};$$

soit après simplification :

$$\mathrm{AE} = \mathrm{I}\,\frac{a(1+a)^n}{(1+a)^n-1} - \mathrm{R}\,\frac{a}{(1+a)^n-1}.$$

On remarque que

$$\frac{a(1+a)^n}{(1+a)^n-1}-a=\frac{a}{(1+a)^n-1}.$$

Dans ces conditions

$$\mathrm{AE}=(\mathrm{I}-\mathrm{R})\left[\frac{a(1+a)^n}{(1+a)^n-1}\right]+\mathrm{R}a.$$

Si, par exemple,

$$\mathrm{I}=100\,000,\quad \mathrm{R}=15\,000,\quad n=8\quad \text{et}\quad a=10\ \%;\quad \mathrm{AE}=17\,430.$$

§ 3. Le critère du taux de rendement interne.

Le taux de rendement interne (TRI), désigné également par l'expression « taux moyen de rentabilité », ou encore « taux de rendement de point mort », est un critère de choix des investissements qui fait, lui aussi, appel au processus d'actualisation. Il s'agit d'un critère généralement plus parlant pour le praticien, puisqu'il appréhende la rentabilité à l'aide d'un taux et non plus à l'aide d'un surplus. Son évaluation pose cependant des problèmes souvent plus complexes que dans le cas de la valeur nette actuelle.

1° Définition et signification.

Le taux de rendement interne d'un investissement est le taux d'actualisation qui annule sa valeur nette actuelle. De façon plus précise, c'est le taux r tel que

$$\mathrm{VNA}(r)=\sum_t \frac{\mathrm{CF}_t}{(1+r)^t}=0.$$

Graphiquement, le TRI peut être défini comme le taux d'actualisation pour lequel la courbe VNA (a) traverse l'axe des abscisses (*cf.* graphique 3).

L'application de cette définition dans le cas de l'investissement B (*cf.* tableau 4) ferait apparaître un taux de rendement interne de 21,84 %. Si les cash flows de cet investissement sont actualisés à ce taux, leur valeur actualisée atteint le montant de l'investissement initial, comme le montre le tableau 6.

Tableau 6. — Actualisation de l'investissement B à 21,84 %.

Année	Investissement	Cash-flow	(P (1 ; n ; 21,84 %)	Valeur actualisé
0	1 000		1	– 1 000
1		300	0,820 7	246,2
2		300	0,673 6	202,1
3		400	0,552 9	221,2
4		400	0,453 8	181,5
5		400	0,372 4	149
			VNA (B ; 21,84 %) =	0

Le taux de rendement interne a une signification économique très concrète : il indique le taux d'intérêt maximum que l'entreprise pourrait supporter dans le cas où la totalité du capital serait empruntée.

Dans une telle situation, si l'entreprise rembourse son emprunt au fur et à mesure que des rentrées se produisent, aucun bénéfice ne sera enregistré. Comme on peut le voir, sur le tableau 7, l'actif net de l'entreprise demeure inchangé.

Tableau 7. — Évolution de l'actif net dans le cas du financement de l'investissement B par un emprunt au taux de 21,84 %.

Année	Actif net (1)	Cash-flow (2)	Intérêts versés (3)
0	– 1 000	–	–
1	– 918,40	300	– 218,40
2	– 818,98	300	– 200,58
3	– 597,85	400	– 178,87
4	– 328,42	400	– 130,57
5	ε	400	– 71,73

$(1)_t = (1)_{t-1} + (2)_t - (3)_t$.

$(3)_t = (1)_{t-1} \times 0{,}218\,4$.

Il est important de noter que le taux de rendement interne n'indique pas le taux auquel progresse l'actif de l'entreprise : il ne s'applique pas en effet au capital initial de 1 000, mais seulement à la fraction du capital qui n'a pas été encore amortie. Pour la troisième année, par exemple, le taux de 21,84 % ne s'applique pas à 1 000, mais à 597,85.

Pour que le TRI corresponde au taux auquel progresse l'actif de l'entreprise, il faut supposer que les cash-flows sont réinvestis au taux de rendement interne. Si tel est le cas, la valeur future des cash-flows s'élève à 2 685, ce qui est équivalent à $1\,000(1+0{,}218\,4)^5$.

2° Modes de calcul.

L'évaluation du taux de rendement interne est une opération beaucoup plus complexe que celle de la valeur nette actuelle. Mathématiquement, elle demande la résolution d'une équation du $n^{\text{ième}}$ degré, si les cash-flows apparaissent sur n années. De cette constatation découlent deux conséquences :

— une équation du $n^{\text{ième}}$ degré peut avoir jusqu'à n racines différentes d'où la possibilité pour un même projet d'investissement de faire apparaître plusieurs taux de rendement interne différents. Ce problème sera abordé plus loin, dans le cadre du paragraphe 4;

— il est nécessaire de disposer de procédures de calcul simplifiées pour les cas où l'opérateur ne dispose pas de moyens informatiques ou des programmes adéquats.

La présentation de ces procédures de calcul simplifiées nous amène à distinguer plusieurs cas :

— l'investissement de type input ponctuel et output ponctuel;
— l'investissement de type output continu et constant;
— l'investissement de type output continu constant et illimité;
— les autres situations.

A. input ponctuel et output ponctuel.

L'entreprise investit 1 000 le dernier jour de l'année 0 et récupère 1 500 le dernier jour de l'année 2, avec une valeur résiduelle nulle. Le taux de rendement interne est alors donné par la valeur de r qui résout l'équation suivante :

$$-1\,000 + 1\,500 \frac{1}{(1+r)^2} = 0.$$

De l'expression précédente, nous pouvons tirer :

$$(1+r)^2 = 1{,}5,$$

d'où

$$1 + r = e^{\frac{1}{2}\text{Log } 1{,}5},$$

soit

$$r = 22{,}47\ \%.$$

Le même résultat pourrait être obtenu à partir d'une table d'actualisation en recherchant le taux d'actualisation donnant à un franc une valeur future de 1,5 ou encore une valeur actuelle de 2/3 au bout de deux ans. On remarque ainsi

$$\text{P}(1;\ 2;\ 22\ \%) = 0{,}6719 \quad \text{et} \quad \text{P}(1;\ 2;\ 23\ \%) = 0{,}6610.$$

2/3 se situant entre ces deux valeurs, il faut procéder par interpolation pour trouver r :

$$r = 22\ \% + \frac{0{,}6719 - 0{,}6667}{0{,}6719 - 0{,}6610} = 22{,}47\ \%.$$

B. Output continu et constant.

L'investissement étudié entraîne maintenant un coût initial de 1 000 et des rentrées constantes de 200 chaque année pendant dix ans. D'après la formule de la valeur actuelle d'une annuité, r est la solution de l'expression suivante :

$$-1\,000 + 200 \left[\frac{(1+r)^{10} - 1}{(1+r)^{10}\, r}\right] = 0,$$

soit encore

$$\text{PA}(1;\ 10;\ r) = \frac{(1+r)^{10} - 1}{(1+r)^{10}\, r} = 5.$$

Dans les tables d'actualisation, nous trouvons :

$$\text{PA}(1;\ 10;\ 15\ \%) = 5{,}0188 \quad \text{et} \quad \text{PA}(1;\ 10;\ 16\ \%) = 4{,}8332.$$

A nouveau, r doit être déterminé par interpolation : $r = 15{,}10\ \%$.

C. Output continu, constant et illimité.

Lorsque le nombre d'années pendant lesquelles l'annuité est reçue s'accroît indéfiniment, le taux de rendement interne tend vers une limite en reprenant les chiffres précédents pour un nombre d'années illimité, puisque $PA(S; \infty; a) = \frac{5}{a}$, nous pouvons écrire :

$$-1\,000 + \frac{200}{r} = 0,$$

c'est-à-dire $r = 20\ \%$.

D. Autres situations.

Dans les autres situations qui recouvrent les cas où les cash flows annuels sont variables d'une année sur l'autre, il n'existe pas de méthode simple permettant de déterminer le taux de rendement interne. Si l'on ne dispose pas des moyens nécessaires pour résoudre l'équation du $n^{\text{ième}}$ degré, la seule procédure envisageable est celle du tatonnement.

La technique consiste à essayer différents taux d'actualisation de façon à encadrer le taux de rendement interne. La fourchette est alors progressivement resserrée jusqu'au moment où il est possible de recourir à l'interpolation. L'encadrement du taux de rendement interne est réalisé dès que l'on a trouvé un taux a_1 pour lequel la valeur actuelle de l'investissement est positive et un taux a_2 pour lequel elle est négative.

Lorsque les cash flows ne présentent pas de différences trop importantes, l'utilisation du cash flow moyen permet de recourir à la technique évoquée au point *B.* ci-dessus. Le taux r qui en découle fournit alors une première approximation du TRI.

Dans le cas de l'investissement B qui présente un cash flow moyen de 360 (*cf.* tableau 7), le taux de rendement interne que l'on pourrait ainsi calculer aurait une valeur de 23,48 %. Avec un tel taux d'actualisation, la valeur nette actuelle de l'investissement B est de −35. Le taux obtenu est donc trop élevé : il fournit une première borne supérieure qui n'est pas très éloignée du taux véritable, puisque celui-ci s'élève à 21,84 %.

§ 4. Problématique des critères recourant à l'actualisation.

L'application des critères de choix d'investissement recourant à l'actualisation est un gage de rationalité du calcul économique de l'entreprise. Encore faut-il pouvoir maîtriser tous les aspects de la problématique liée à leur utilisation. Cette problématique relève à la fois de la *conception* des critères comme de la *définition des données* nécessaires à leur emploi. Les conditions de l'introduction du *facteur risque* doivent être également explicitées.

1° Les problèmes liés à la conception des critères.

Les problèmes qui seront évoqués ici concernent plus particulièrement le taux de rendement interne : ceci est très net avec le problème des *taux de rendement interne multiples*. La question du *réinvestissement des cash-flows* se pose surtout pour le critère du taux de rendement interne, mais peut intéresser parfois le critère de la valeur nette actuelle.

A. Les taux de rendement interne multiples.

Dans le cas de schémas d'investissement simples, caractérisés par une dépense initiale et des cash flows positifs ultérieurs, la valeur nette actuelle diminue toujours pour des taux d'actualisation de plus en plus élevés. On peut donc imaginer qu'il existe un taux d'actualisation et un seul pour lequel la valeur nette actuelle s'annule. C'est ce qui se produit pour l'investissement B.

Dans les situations plus complexes, telle celle de l'investissement C, la valeur nette actuelle augmente, au contraire, sur certains intervalles quand le taux d'actualisation augmente. La valeur actuelle de l'investissement C s'accroît ainsi lorsque le taux d'actualisation varie jusqu'à 12 %; elle diminue par la suite. De tels schémas d'investissements peuvent alors être caractérisés par l'existence de plusieurs taux de rendement interne. L'investissement C fait apparaître deux taux de rendement interne : 0 % et 35,17 % comme le montrent le graphique 3 et le tableau 8.

Tableau 8. — Taux de rendement interne de l'investissement C.

Année	Cash-flow	Cash-flow actualisé à 0 %	Cash-flow actualisé à 35,17 %
0	– 1 000	– 1 000	– 1 000
1	600	600	443,9
2	600	600	328,4
3	600	600	242,9
4	600	600	179,7
5	600	600	133
6	– 2 000	– 2 000	– 327,9
		VNA (C ; 0 %) = 0	VNA (C ; 35,17 %) = 0

De façon plus générale, il peut y avoir autant de taux de rendement interne qu'il y a de changement de signe dans la succession des cash flows. Se pose alors le problème de déterminer concrètement lequel de ces taux devra être pris en considération. L'investissement C ne rapporte-t-il rien ou, au contraire, est-il très rentable?

Pierre Masse propose de sélectionner le taux de rendement interne qui respecte les deux conditions suivantes :

— il est proche du taux du marché;

— il se situe dans une zone où la valeur nette actuelle de l'investissement diminue en fonction du taux d'actualisation[2].

Dans le cas de l'investissement C, la conjonction de ces deux principes amènerait à choisir un taux de 35,17 %.

2. MASSE P. : *Le choix des investissements*, Dunod, 1968, page 21.

Bien que techniquement correcte une telle procédure est susceptible de donner des résultats peu réalistes. Une seconde procédure est cependant utilisable : elle nécessite de définir un taux de réinvestissement des cash flows. Les cash flows sont accumulés à ce taux sur la durée de vie de l'investissement.

Le taux de rendement interne est alors défini comme le taux d'actualisation qui égalise le coût initial de l'investissement et la valeur future du produit de l'accumulation des cash flows. Pour distinguer ce taux de rendement de celui qui est obtenu par la méthode habituelle, on parle parfois de *taux de rendement externe.*

En supposant que le taux de réinvestissement s'élève à 15 %, l'accumulation des cash flows de l'investissement C atteint une valeur de 2652, soit 600 · FA(1; 5; 15 %) · F(1; 1; 15 %) − 2000 à la fin de la sixième année. Le taux de rendement externe r_e est obtenu à partir de l'expression suivante :

$$-1\,000+\frac{2652}{(1+r_e)^6}=0,$$

soit $r_e = 17{,}6\ \%$.

B. Le réinvestissement des cash-flows.

Comme on l'a montré plus haut, à l'occasion de l'analyse de l'investissement A, le calcul de la valeur nette actuelle suppose implicitement que les cash flows sont réinvestis au taux d'actualisation. Le processus d'actualisation permet de comparer ce qu'aurait rapporté le capital initial investi au taux d'actualisation et ce qu'ont rapporté les différents cash flows eux-mêmes placés au taux d'actualisation.

Si, dans la réalité, le taux de réinvestissement est différent du taux d'actualisation, un biais va s'introduire dans l'évaluation de l'investissement. Le plus souvent, cependant, ce biais sera de faible amplitude, le taux d'actualisation ne pouvant être très éloigné du taux de réinvestissement.

Dans le cas du taux de rendement interne, l'erreur risque d'être beaucoup plus élevée, lorsque l'on interprète le TRI comme le taux auquel progresse l'actif de l'entreprise. Dans cette conception, il faut supposer que les cash flows gagnés sont réinvestis au taux de rendement interne ce qui peut s'avérer peu réaliste.

L'investissement B, par exemple, a un taux de rendement interne de 21,84 %. Si le taux de réinvestissement moyen des cash flows n'est que de 15 %, il y aura une surévaluation de la vitesse avec laquelle progresse l'actif de l'entreprise. Le taux de progression réel se situera entre 15 et 21,84 %. Pour l'évaluer, il faudra accumuler les cash flows à 15 % jusqu'à la fin de la cinquième année puis déterminer le taux de rendement externe qui égalise le coût initial et le produit de l'accumulation des cash flows. Pour l'investissement B, le taux r_e auquel progresse l'actif de l'entreprise est donc donné par l'expression :

$$-1\,000+\frac{1}{(1+r_e)^5}\left[300(1+0{,}15)^4+300(1+0{,}15)^3+400(1+0{,}15)^2+400(1+0{,}15)+400\right]=0,$$

d'où $r_e = 18{,}8\ \%$.

2° Les problèmes liés à la définition des données.

Les problèmes liés à la définition des données concernent aussi bien les cash flows que le taux d'actualisation. Ils doivent être plus particulièrement analysés quand on cherche à tenir compte de l'inflation, de la fiscalité et des modalités de financement.

En ce qui concerne la question de *l'inflation*, deux procédures peuvent être retenues. L'évaluation des investissements peut être réalisée en francs courants ou en francs constants.

Dans le premier cas, on retiendra pour le calcul des cash flows les prix des différents éléments qui le conditionnent (prix de vente du produit, taux de salaire, prix des matières premières, etc.) tels que l'on prévoie qu'ils apparaîtront tout au long de la durée de vie de l'investissement. Le pouvoir d'achat de la monnaie n'étant plus le même d'une année à l'autre, il faudra non seulement actualiser mais aussi déflater les cash-flows pour pouvoir les comparer au coût initial de l'investissement. Si a est le taux d'actualisation en l'absence d'inflation et f le taux d'inflation annuel, 1 F l'année 0 est équivalent à $(1+a)(1+f)$ F l'année 1 et à $(1+a)^n(1+f)^n$ l'année n. Nous sommes ainsi amenés à définir un taux d'actualisation combiné c intégrant l'inflation, tel que

$$(1+c)^n=(1+a)^n(1+f)^n.$$

Dans la mesure où a et f sont des valeurs très faibles, on peut admettre l'approximation $c=a+f$. Il est à noter que les taux d'intérêt pratiqués sur les marchés financiers sont des taux combinés qui anticipent l'inflation.

Les calculs en francs constants demandent de déflater chaque élément conditionnant le cash flow. L'actualisation se fait alors au taux a. Cette procédure risque d'être plus lourde que la précédente, d'autant plus qu'il n'est généralement pas correct de travailler à prix constants, en retenant les prix de l'année 0, l'inflation n'affectant pas seulement le niveau général des prix mais aussi leur structure.

La *fiscalité* affecte de façon complexe les calculs d'investissement et il n'est pas possible de se contenter d'approximations comme celle qui consisterait à énoncer que la valeur nette actuelle après impôts est égale à $(1-t)\%$ de la valeur nette actuelle avant impôts. La présence des amortissements, l'existence éventuelle d'exercices déficitaires, l'imposition spécifique des plus-values sur les valeurs de revente sont autant de facteurs qui demandent une analyse détaillée, année par année des effets de la fiscalité.

Le taux d'actualisation doit être lui aussi défini en termes nets après impôts.

Les *charges financières* n'ont généralement pas à être prises en considération dans l'évaluation du cash flow. Le processus d'actualisation intègre déjà le coût du capital et la déduction des charges financières du montant du cash flow reviendrait à les compter deux fois.

Cependant, si un projet d'investissement fait l'objet d'un financement spécifique, il peut être intéressant d'évaluer la rentabilité globale de l'opération. Le calcul des cash flows doit alors enregistrer l'ensemble des encaissements et des décaissements liés au financement et pas uniquement les charges financières.

3° L'introduction du risque.

Les cash flows que peut rapporter un investissement, comme la dépense initiale, ne sont que des prévisions sujettes à un degré d'incertitude plus ou moins élevé. Si nous connaissons la distribution de probabilité des cash flows des différentes années, il sera nécessaire d'évaluer une *espérance de rendement;* il sera également indispensable de mesurer le *risque associé au projet.*

A. L'évaluation de l'espérance de rendement.

Analysons l'investissement D, caractérisé par les données suivantes :
Dépense initiale : 1 000.

Année 1	Année 2	Probabilité
600	500	0,3
700	900	0,5
800	1 100	0,2

Cash flow :

Les cash flows des deux années sont supposés *indépendants :* quel que soit le résultat de l'année 1, la même distribution de probabilité s'applique pour l'année 2.

Afin d'évaluer l'espérance de valeur nette actuelle de l'investissement D, deux opérations doivent être réalisées. Il faut réduire au certain et réduire au présent. L'ordre entre ces deux opérations est indifférent ici.

La réduction au certain demande d'évaluer pour chaque année l'espérance de cash flow : le cash flow moyen de l'année 1 s'élève à 690, celui de l'année 2 à 820. Si le taux d'actualisation est 10 %,

$$\text{VNA(D)} = -1\,000 + \frac{690}{1,1} + \frac{820}{1,21} = 305.$$

Le même résultat aurait pu être obtenu à travers une réduction au présent par actualisation des cash flows, puis par réduction au certain en appliquant les probabilités des différentes combinaisons.

Le graphique 4 représente l'arbre des événements possibles. Sur les différentes branches sont reportées les valeurs actuelles des cash flows, ainsi que leur probabilité. Les deux dernières colonnes donnent respectivement la valeur nette actuelle associée à chaque événement et la probabilité de cet événement. La pondération des valeurs actuelles par leur probabilité permet de retrouver l'espérance de valeur nette actuelle de l'investissement D.

La première procédure d'évaluation de l'espérance de valeur nette actuelle est beaucoup plus rapide. C'est la seule envisageable quand il y a un grand nombre d'années à prendre en considération. Mais elle suppose des cash flows indépendants d'une année sur l'autre, ce qui est souvent peu réaliste.

Graphique 4. — Arbre des éventualités associées à l'investissement D.

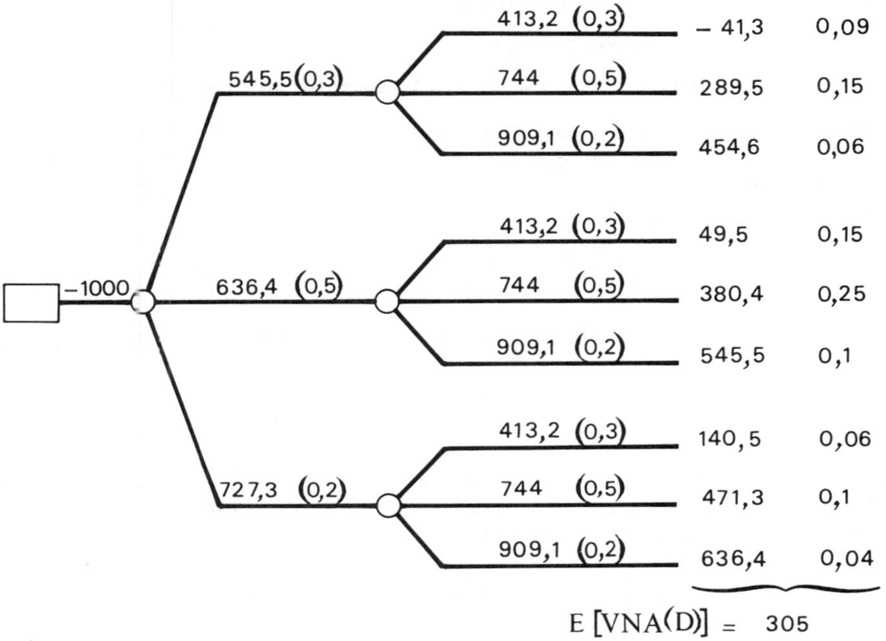

Si les résultats des différentes années présentent un certain degré de corrélation, il faut adopter la seconde procédure. Lorsque le nombre de combinaisons est trop élevé, une approximation de l'espérance de VNA pourra être obtenue par simulation[3].

B. L'évaluation du risque associé au projet.

Comme on l'a vu dans le chapitre 8, le risque peut être mesuré par l'écart-type des résultats.

Dans le cas de l'investissement D, l'écart-type de la valeur nette actuelle calculé à partir des données du graphique 4 atteint une valeur de 195.

Là encore, la procédure d'obtention de l'écart-type peut être allégée si les cash flows des différentes années sont indépendants, ce qui est le cas pour l'investissement D.

3. *Cf.* le chapitre 11.

Si X_1 et X_2 sont deux variables aléatoires respectivement de variance σ_1^2 et σ_2^2 et de covariance σ_{12} on montre que[4] :

$$\sigma^2(c_1X_1 + c_2X_2) = c_1^2\sigma_1^2 + c_2^2\sigma_2^2 + 2c_1c_2\sigma_{12}.$$

Cette formule est généralisable à n variables aléatoires.

Dans le cas d'un problème d'investissement, X_1 et X_2 représentent les cash flows annuels de deux années successives et c_1 et c_2 sont les coefficients d'actualisation correspondants. La variance de la valeur nette actuelle est alors donnée par l'expression suivante :

$$\sigma^2(\text{VNA}) = \frac{\sigma_1^2}{(1+a)^2} + \frac{\sigma_2^2}{(1+a)^4} + 2\,\frac{\sigma_{12}}{(1+a)^3}.$$

Pour un investissement d'une durée de vie de n années, on aurait, de façon plus générale,

$$\sigma^2(\text{VNA}) = \sum_{i=1}^{n}\sum_{j=1}^{n} \frac{\sigma_{ij}}{(1+a)^i(1+a)^j}.$$

En ce qui concerne l'investissement D, $\sigma_1^2 = 4\,900$ et $\sigma_2^2 = 49\,600$. Les résultats de la deuxième année étant indépendants de ceux de l'année 1, $\sigma_{12} = 0$. Ainsi, en appliquant les formules précédentes,

$$\sigma^2[\text{VNA(D)}] = \frac{4\,900}{1{,}21} + \frac{49\,600}{1{,}46} = 38\,022.$$

Nous retrouvons le résultat obtenu initialement, soit :

$$\sigma[\text{VNA(D)}] = 195.$$

Il apparaît clairement, à travers les formules précédentes, que le risque est fonction du degré de dépendance entre les années. Plus la covariance entre les cash flows des différentes années est élevée, et plus le risque est grand.

Il apparaît également que lorsque le nombre d'années à prendre en considération est important et que les covariances ne sont pas nulles, l'évaluation de l'écart-type de la valeur nette actuelle demande beaucoup de calculs. Là encore la méthode de simulation aléatoire pourra être utilisée avec profit.

---

4. Pour deux variables aléatoires X_1 et X_2 d'espérance mathématique E_1 et E_2 respectivement,

$$\begin{aligned}\sigma^2(X_1+X_2) &= E[(X_1+X_2) - E(X_1+X_2)]^2\\ &= E[(X_1-E_1)+(X_2-E_2)]^2\\ &= E(X_1-E_1)^2 + E(X_2-E_2)^2 + 2E[(X_1-E_1)(X_2-E_2)]\\ &= \sigma_1^2 + \sigma_2^2 + 2\sigma_{12}.\end{aligned}$$

D'autre part, si C_1 et C_2 sont des constantes, la covariance de C_1X_1 et C_2X_2 peut s'écrire

$$\begin{aligned}\sigma(C_1X_1;\, C_2X_2) &= E\{[C_1X_1 - E(C_1X_1)][C_2X_2 - E(C_2X_2)]\}\\ &= E[C_1(X_1-E_1)\cdot C_2(X_2-E_2)]\\ &= C_1C_2\sigma_{12}.\end{aligned}$$

De façon similaire,

$$\sigma^2(C_1X_1) = C_1^2\cdot\sigma_1^2.$$

SECTION 2. LES DÉCISIONS D'INVESTISSEMENT

En matière de choix d'investissement, l'entreprise peut se trouver confrontée à de nombreuses variétés de situations que l'on ramènera à trois grandes catégories de problèmes.

Les deux premières catégories de problèmes portent sur les modalités de réalisation d'un certain projet et concernent la nature (§ 1) et la durée (§ 2) de l'investissement. La troisième catégorie est associée aux questions de choix de programmes d'investissement (§ 3); l'analyse ne porte plus sur des opérations mutuellement exclusives, mais au contraire sur des combinaisons de projets.

§ 1. Le choix de la nature de l'investissement.

Dans de nombreux cas l'entreprise aura à choisir entre plusieurs possibilités de remplir la même fonction. La question sera, par exemple, de déterminer quel type d'équipement est le plus rentable pour réaliser une certaine production.

Les différentes variantes en concurrence différeront par la dépense initiale à consentir, par leur productivité, par leur coût d'exploitation, par leur durée de vie ou encore par leur valeur de revente.

L'application des critères évoqués dans la section précédente doit permettre de déterminer à la fois si les variantes étudiées sont suffisamment rentables et aussi laquelle est la plus rentable. Cette application ne peut cependant toujours pas s'opérer directement sur les données brutes caractérisant les différentes variantes. Lorsque la comparaison porte sur des alternatives incomplètes, il y aura lieu d'homogénéiser ces données.

1° Application du critère de la valeur nette actuelle.

Nous envisagerons l'application du critère de la valeur nette actuelle dans deux cas différents, selon que le revenu des différents investissements en concurrence est donné ou non. Lorsque le revenu est donné, les différentes variantes du projet réalisent la même production ou, de façon plus large, la même fonction, mais diffèrent les unes des autres par leurs coûts. Au contraire, dans le cas de revenu variable, non seulement les conditions de coûts, mais aussi les conditions de productivité peuvent changer d'une variante à une autre.

Pour chacun de ces types de problèmes, le choix du taux d'actualisation est primordial, car il conditionne le classement des variantes en compétition.

A. Cas des investissements à revenu donné.

En situation de revenu donné, l'application du critère de la valeur nette actuelle ne doit plus conduire à exercer un arbitrage entre une dépense initiale et des revenus futurs, mais entre une dépense initiale et des dépenses futures. De façon plus précise il s'agit de comparer une dépense d'investissement et des dépenses de fonctionnement ultérieures.

Le revenu n'est pas pris en considération, dans la mesure où les différentes variantes sont sensées remplir les mêmes conditions à cet égard. Dans certaines situations, quand il s'agira par exemple de changer un équipement occupant une position intermédiaire dans le système de production, la notion de revenu n'aura d'ailleurs pas beaucoup de signification.

L'objectif recherché par l'entreprise sera ici de rendre minimum le coût associé à l'investissement considéré. La variante la plus rentable sera caractérisée par une valeur nette actualisée minimale. Le vocable *valeur nette*, sera conservé bien qu'il ne s'agisse plus d'un solde entre des dépenses et des recettes : le revenu est ici intégré de façon implicite.

Supposons que trois types d'équipement E, F et G soient en concurrence pour réaliser une certaine opération. Le tableau 9 donne les paramètres économiques de ces trois équipements : dépense initiale, coût de fonctionnement annuel, durée de vie. Le taux d'actualisation est fixé à 10 %.

Tableau 9. — Paramètres économiques des investissements E, F et G.

	Équipements		
	E	F	G
Dépense initiale.	10 000	13 500	18 000
Coût de fonctionnement annuel.	5 000	4 000	3 500
Durée de vie	6 ans	6 ans	6 ans

La dépense initiale est enregistrée en fin d'année 0 et les coûts de fonctionnement en fin d'année, de l'année 1 à l'année 6.

L'application des formules de la section 1 nous permet de voir que l'équipement F est globalement le moins coûteux. En effet :

$$\begin{aligned} VNA(E) &= 10\,000 + 5\,000PA(1;\ 6;\ 10\ \%) = 31\,776 \\ VNA(F) &= 13\,500 + 4\,000PA(1;\ 6;\ 10\ \%) = \mathbf{30\,921} \\ VNA(G) &= 18\,000 + 3\,500PA(1;\ 6;\ 10\ \%) = 33\,243. \end{aligned}$$

La même conclusion aurait pu être obtenue en étudiant les *coûts différentiels* des solutions F et G à partir de la solution E prise comme base de référence : l'investissement F entraîne une dépense initiale de 3 500 supplémentaires par rapport à la variante de référence E, mais permet une économie de 1 000/an par rapport à cette variante. Nous pouvons calculer la valeur nette actuelle de l'investissement additionnel :

$$VNA(E\text{-}F) = -3\,500 + 1\,000PA(1;\ 6;\ 10\ \%) = 855.$$

De la même façon le passage de l'investissement de référence E à l'investissement G donne une valeur nette actualisée de

$$VNA(E\text{-}G) = -8\,000 + 1\,500PA(1;\ 6;\ 10\ \%) = -1\,467.$$

L'investissement F apparaît à nouveau comme le plus intéressant. Tous ces calculs ne peuvent cependant conduire à une solution correcte que dans la mesure où leur fonction a été jugée indispensable, puisque nous ne connaissons pas le revenu qu'ils rapportent.

B. Cas des investissements à revenus variables.

Dans ce deuxième type de situations, le revenu de l'investissement est connu et il devient un des éléments du choix de l'entreprise. Le problème ne se pose plus en termes d'objectif de production à réaliser aux moindres coûts, mais en termes de maximisation du profit. La question du dimensionnement d'une unité de production pourrait être un exemple de ce type de situation que l'on illustrera par le choix entre les investissements H et K dont les données économiques figurent dans le tableau 10.

Tableau 10. — Paramètres économiques des investissements H et K.

	Unités de production	
	H	K
Investissement	10 000	8 500
Cash-flow/an	3 500	3 000
Horizon de planification . .	5 ans	5 ans

Pour un taux d'actualisation de 10 %, la solution H est plus rentable :

$$\text{VNA}(H;\ 10\ \%) = -10\,000 + 3\,500\text{PA}(1;\ 5;\ 10\ \%) = \mathbf{3\,268}$$
$$\text{VNA}(K;\ 10\ \%) = -\ \ 8\,500 + 3\,000\text{PA}(1;\ 5;\ 10\ \%) = 2\,872.$$

C. Le problème du taux-pivot.

Nous avons déjà eu l'occasion de montrer que la valeur nette actualisée dépend du taux d'actualisation choisi. L'effet de la variation du taux d'actualisation sur la VNA peut être plus sensible sur certains investissements. L'augmentation du taux augmente le poids relatif de la dépense initiale. Aussi, dans de nombreux cas, le classement des différents projets dépendra-t-il du taux d'actualisation choisi.

Pour un taux d'actualisation de 22 %, l'investissement K devient plus avantageux que l'investissement H :

$$\text{VNA}(H;\ 22\ \%) = -10\,000 + 3\,500\text{PA}(1;\ 5;\ 22\ \%) = 23$$
$$\text{VNA}(K;\ 22\ \%) = -\ \ 8\,500 + 3\,000\text{PA}(1;\ 5;\ 22\ \%) = \mathbf{91.}$$

Il est ainsi possible de définir un taux d'actualisation appelé *taux-pivot,* à partir duquel le classement s'inverse entre deux variantes. Si $\hat{a}$ est le taux pivot, par définition nous pouvons écrire :

$$\text{VNA}(H,\ \hat{a}) = \text{VNA}(K;\ \hat{a}).$$

Dans le cas de schémas d'investissements simples, caractérisés par une dépense initiale et des cash-flows positifs ultérieurs, comme c'est le cas pour H et K, l'évaluation de $\hat{a}$ est aisée. Elle demande de résoudre par rapport à $\hat{a}$ l'équation suivante :

$$-10\,000 + 3\,500\text{PA}(1;\ 5;\ \hat{a}) = -8\,500 + 3\,000\text{PA}(1;\ 5;\ \hat{a}),$$

soit

$$\text{PA}(1;\ 5;\ \hat{a}) = 3.$$

La lecture des tables d'actualisation nous permet de voir que $\hat{a} = 20\ \%$. Si le taux d'actualisation choisi est supérieur à 20 %, l'investissement K sera privilégié; pour un taux inférieur, H sera sélectionné.

Le graphique 5 illustre ce problème en représentant l'évolution de la VNA de chacun des deux investissements en fonction du taux d'actualisation.

Graphique 5. — Évolution de VNA(H; *a*) et de VNA(K; *a*).

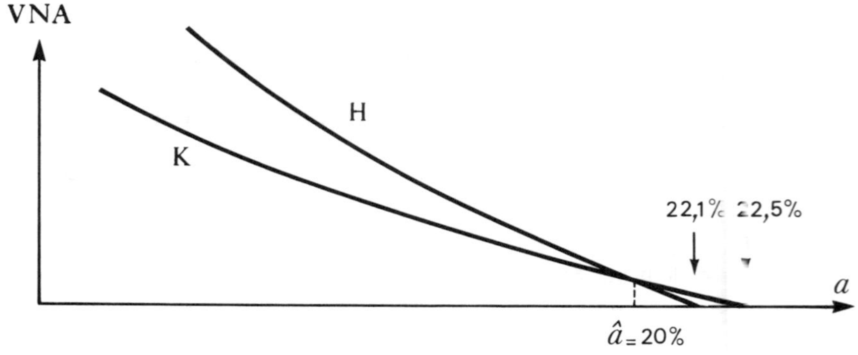

A partir du graphique 5, il est facile de repérer que la question du taux-pivot ne se pose pas quand les courbes représentatives de VNA (H; *a*) et de VNA (K; *a*) ne se coupent pas dans le quadrant positif. Ceci se produit, en particulier, quand le point d'intersection correspond à une valeur de $\hat{a}$ négative ou encore quand l'intersection correspond à une valeur nette actualisée négative. Le premier cas n'a pas de signification économique; dans le deuxième cas, pour des taux supérieurs, aucun des deux investissements ne sera retenu.

Pour les schémas d'investissement complexes, plusieurs valeurs de $\hat{a}$ peuvent exister. Nous retrouvons un problème similaire à celui des taux de rendements internes multiples.

2° Application du critère du taux de rendement interne.

Nous serons amenés, là encore, à faire une distinction entre les investissements à revenus donnés et les investissements à revenus variables.

A. Cas des investissements à revenus donnés.

Dans ce type de situation, illustrée précédemment par les investissements E, F et G, il n'est pas possible d'appliquer directement le critère du taux de rendement interne. On ne peut en effet définir un TRI sur l'investissement global, puisque toutes les données du problème sont de même signe représentant des coûts d'investissement ou de fonctionnement.

En revanche, nous pouvons définir un taux de rendement interne de l'investissement additionnel à partir de la référence de base, comme le montre le tableau 11 où les coûts différentiels par rapport à la variante E sont indiqués, de même que le TRI de chaque investissement additionnel.

Tableau 11. — Application du critère du TRI sur l'investissement additionnel.

	Investissement		
	E	F-E	G-F
Dépense initiale.	10 000		
Coût de fonctionnement/an	5 000		
Investissement additionnel		3 500	4 000
Coût de fonctionnement additionnel.		– 1 000	–500
Durée de vie	6 ans	6 ans	6 ans
TRI		18 %	<0

L'investissement E – F a une rentabilité supérieure à 10 %, taux de rendement minimum exigé par l'entreprise. F apparaît ainsi plus rentable que E. En revanche, le passage de F à G se traduirait par un rendement négatif. Dans la mesure où le taux de rendement minimum est égal au taux d'actualisation, le critère du TRI donne le même résultat que celui de la valeur nette actuelle.

B. Cas des investissements à revenus variables.

L'application du critère du taux de rendement interne aux deux variantes H et K étudiées plus haut conduirait à choisir K, puisque

$$\text{TRI(H)} = 22{,}1\ \% \quad \text{et} \quad \text{TRI(K)} = 22{,}5\ \%.$$

Si le taux d'actualisation est fixé à 10 %, nous voyons qu'il existe une contradiction entre le classement des variantes H et K selon le critère de la VNA et le classement obtenu avec le TRI.

Le graphique 5 illustre ces possibilités de contradictions. Quand le taux d'actualisation est fixé au-dessus du taux pivot (par exemple $a = 22\ \%$), les classements sont convergents. En revanche, avec un taux inférieur au taux-pivot, les classements seront différents. Mais, à nouveau, le problème ne se pose que dans la mesure où le taux pivot est positif et où la valeur nette actuelle correspondante est positive.

De façon plus générale, on a pu montrer que le TRI avait tendance à favoriser les investissements moins coûteux en capital[5].

3° Le problème des alternatives incomplètes.

Par alternatives incomplètes, on désigne des variantes qui diffèrent soit par le montant d'investissement à mettre en œuvre, soit par leur durée de vie. Dans les deux cas, il est nécessaire d'homogénéiser les données pour que la comparaison soit possible.

A. Le problème des montants investis.

Reprenons la comparaison entre les investissements H et K. H a été jugé préférable, pour un taux d'actualisation de 10 %, avec le critère de la valeur

5. MASSE P., *op. cit.*, p. 23 et suivantes.

nette actualisée. Mais cette variante consomme plus de capital que l'autre : dans ces conditions, la comparaison est-elle correcte?

Il convient en effet de remarquer que la variante H utilise 10 000 de capital. La variante K seulement 8 500 : elle laisse donc 1 500 de capital disponible à l'entreprise. Ce que peuvent rapporter ces 1 500 est à mettre au crédit de l'investissement K. Plusieurs techniques sont proposées pour homogénéiser les montants d'investissement. La méthode de *l'enrichissement relatif,* qui consiste à faire le rapport entre la VNA et le montant de l'investissement permet d'évaluer ce que rapporte 1 F d'investissement. Pour la variante H,

$$\frac{\text{VNA(H; 10 \%)}}{\text{I}} = \frac{3\,268}{10\,000} = 0{,}326\,8.$$

Chaque franc investi rapporte 0,326 8 F de valeur nette actuelle. L'enrichissement relatif de K est plus élevé, puisque 2 872/8 500 = 0,337 8.

Le capital semble mieux utilisé avec la variante K. Mais la comparaison des enrichissements relatifs suppose que les 1 500 non utilisés par l'investissement K seraient réinvestis dans un projet ayant exactement la même rentabilité et coûtant 1 500. Un tel projet n'existe par forcément.

En revanche, d'autres projets peuvent exister. Le *réinvestissement réaliste* du capital additionnel est susceptible d'améliorer la performance de la variante K. Cette procédure permet d'homogénéiser correctement les montants investis.

L'étude de la *rentabilité de l'investissement différentiel* H-K peut fournir également une solution. Pour un supplément d'investissement de 1 500, la variante H fait apparaître un supplément de cash-flow de 500 par an pendant cinq ans. Le taux de rentabilité de cette opération est de 20 %. Ce taux étant supérieur au coût d'opportunité du capital (10 % ici), il paraîtrait justifié avec cette procédure de choisir l'investissement le plus coûteux.

Il faut noter que dans les cas où l'entreprise prend pour taux d'actualisation le coût d'opportunité du capital, ou encore un taux de rendement minimum, le problème des différences de montant est largement atténué. Il est en revanche plus important si le taux d'actualisation est identifié au coût du capital.

B. Le problème des durées.

Dans le cadre de son problème de choix d'équipement qui l'avait amené à sélectionner initialement l'investissement F, l'entreprise doit maintenant comparer cette solution à une nouvelle possibilité, L. Le tableau 12 donne les caractéristiques économiques de ces deux investissements :

Tableau 12. — Paramètres économiques des investissements F et L.

	Équipements	
	F	L
Dépense initiale.	13 500	18 000
Coût de fonctionnement annuel	4 000	3 500
Durée de vie	6 ans	10 ans
VNA.	30 921	39 506

Bien que la valeur nette actuelle de F soit nettement inférieure à celle de L, il est bien évident que l'on ne peut en conclure qu'il s'agisse de la meilleure solution, puisque le second investissement a une durée de vie supérieure.

La comparaison entre F et L demande de rendre homogènes les durées de fonctionnement. Plusieurs techniques sont offertes.

La technique de *l'annuité équivalente* traduit les données en termes de coût annuel. La dépense initiale est pondérée par le facteur de récupération du capital : on obtient ainsi un coût annuel en capital, qui ajouté au coût de fonctionnement annuel permet d'évaluer un coût total annuel de l'investissement.

Tableau 13. — Évaluation du coût total annuel des investissements F et K.

	Équipements	
	F	L
Dépense initiale	13 500	18 000
Facteur de récupération du capital	PK (1 ; 6 ; 10 %) = 0,23	PK (1 ; 10 ; 10 %) = 0,16
Coût annuel en capital	3 105	2 880
Coût de fonctionnement annuel	4 000	3 500
Coût total annuel	7 105	6 380

L'homogénéisation des durées peut également être obtenue en supposant que les deux investissements sont *renouvelés à l'identique* jusqu'à ce que les durées coïncident. La durée de cette série d'investissements fictifs est celle du plus petit commun multiple des durées de F et de L, soit trente ans, ce qui correspond à cinq investissements successifs de type F et à trois de type L. Il faut alors comparer la valeur nette actuelle de ces deux séries d'investissements.

Chacun des trois investissements de type L entraîne la même valeur actuelle, soit 39 506. La première est enregistrée à la fin de l'année 0, la seconde à la fin de l'année 10 et la troisième à la fin de l'année 20, comme le montre le schéma 6. Ces différentes valeurs doivent être ramenées en termes de valeur actuelle de l'année 0.

Graphique 6. — Succession des investissements de type L.

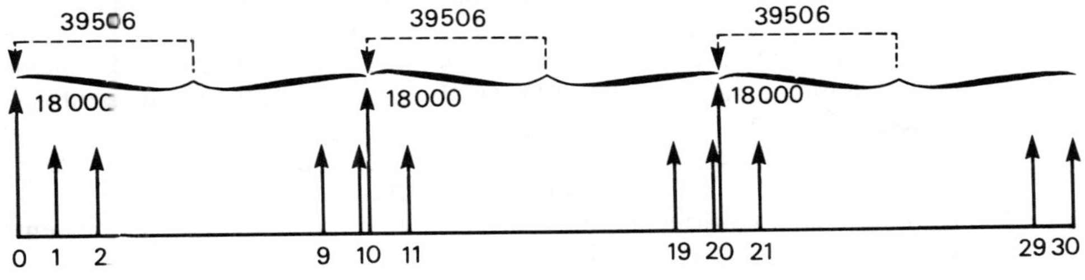

Dans ces conditions, la valeur nette actuelle de la succession des trois investissements de type L, VNA (L + L + L), est donnée par l'expression :

$$\text{VNA}(L + L + L;\ 10\ \%) = 39\,506[1 + P(1;\ 10;\ 10\ \%) + P(1;\ 20;\ 10\ \%)],$$

soit

$$\text{VNA}(L + L + L;\ 10\ \%) = 39\,506(1 + 0{,}39 + 0{,}15) = 60\,839$$

De la même façon pour F,

$$\text{VNA}(F + F + F + F + F;\ 10\ \%) = 30\,921(1 + 0{,}56 + 0{,}32 + 0{,}18 + 0{,}10) = 66\,789.$$

Comme dans la technique de l'annuité équivalente, la solution L apparaît préférable. Le fait que le résultat soit le même n'est pas étonnant, puisque les deux procédures supposent implicitement ou non que tout se perpétue de la même façon dans l'avenir. La première technique semble cependant plus réaliste que la seconde, et moins sujette à caution surtout lorsque les différences de durée sont peu importantes.

Elle offre en plus l'avantage d'évaluer un coût d'utilisation de l'investissement intégrable dans un calcul de prix de revient.

Une troisième méthode consiste à arrêter fictivement la vie de l'équipement le plus durable à la fin de l'autre investissement : les calculs sont effectués sur la *durée de vie* la plus courte, c'est-à-dire sur six ans dans le cas des variantes F et L. Pour tenir compte du fait que L a encore plusieurs années à courir, sa valeur nette actuelle est créditée de sa valeur résiduelle actualisée. Outre la nécessité d'évaluer cette valeur résiduelle, cette technique présente l'inconvénient de négliger complètement ce qui se passe après six ans pour l'investissement le plus long.

Là encore, la méthode la plus rationnelle consisterait à s'interroger sur la réutilisation des fonds dégagés par l'investissement le plus court, dans le cas d'investissement à revenus variables, ou aux possibilités de remplacement réalistes des équipements dans le cas d'investissement à revenus constants. Mais le problème du remplacement soulève des questions spécifiques qui seront abordées dans le paragraphe suivant.

§ 2. Le choix de la durée de l'investissement.

La durée de l'investissement n'est généralement pas une donnée : elle constitue au contraire un des facteurs importants à déterminer. Il y a lieu, en effet, de bien distinguer la durée de vie comptable de l'investissement, sa durée de vie physique et sa durée de vie économique.

La durée de vie comptable est déterminée par les règles d'amortissement fiscal, mais cette notion ne présente pas d'intérêt pour le calcul économique, si ce n'est de façon indirecte par le biais des effets de l'impôt sur l'évaluation de l'investissement. La durée de vie physique pourrait être définie comme la période de temps pendant laquelle l'investissement peut techniquement remplir sa fonction. C'est une notion beaucoup moins objective qu'il n'y paraît dans la mesure où pour la plupart des investissements, on assiste à une perte d'efficacité progressive plutôt qu'à une cessation de fonctionnement brusque. Il s'agit alors de savoir quelle perte d'efficacité est tolérable, mais nous entrons alors dans le domaine économique.

Par durée de vie économique d'un investissement nous désignerons la période de temps donnant lieu soit à un coût minimal pour les investissements à revenus donnés, soit à un profit maximal pour les investissements à revenus variables. De façon générale, cette durée ne dépend pas seulement de l'efficacité de l'investissement étudié; elle dépend également des investissements de remplacement que l'entreprise peut réaliser en chaque point du temps.

Nous examinerons cette question à travers les trois types de problèmes dont la difficulté est croissante que sont respectivement le *placement*, le *déclassement* et le *remplacement*.

1° Le problème du placement.

Un placement est un investissement de catégorie « point-input, point-output ». Il fait l'objet d'une dépense initiale et d'un revenu ultérieur unique lors de la cessation de l'opération. L'achat d'une forêt est un exemple de placement, de même que tout investissement où la plus-value en capital est le seul revenu.

A. Aspects théoriques.

Soit I la dépense initiale et R(t) le revenu que l'on peut tirer de l'investissement s'il est réalisé au temps t. Ce revenu augmente progressivement au cours du temps.

La durée optimale du placement est celle pour laquelle la VNA de l'opération est maximum. Si nous utilisons un taux d'actualisation continue, j,

$$\text{VNA} = -\text{I} + \text{R}(t)e^{-jt}.$$

Pour que l'expression précédente soit maximum, il faut que

$$\frac{\text{dVNA}}{\text{d}t} = \text{R}'(t)e^{-jt} - j\text{R}(t)\,e^{-jt} = 0,$$

soit

$$\text{R}'(t)/\text{R}(t) = j.$$

L'optimum est ainsi obtenu quand le pourcentage d'augmentation du revenu en un point donné du temps, que l'on désignera par *taux marginal de rendement* (TMR), est égal au taux de l'intérêt. A tout moment, il y a le choix entre conserver l'investissement avec la perspective d'obtenir un supplément de revenu R'(t) ou réaliser l'investissement et placer son produit au coût d'opportunité du capital, ce qui rapporterait jR(t). Tant que le supplément de revenu de l'investissement est supérieur au taux de l'intérêt, il y a lieu de poursuivre l'opération.

On notera que le *coût initial n'intervient pas dans la détermination de la durée optimale.*

La durée optimale du placement peut également être repérée par application du critère du TRI. Si s est le taux de rendement interne continu du placement,

$$\text{R}(t)e^{-st} = \text{I}$$

ce qui peut encore s'écrire

$$\text{Log R}(t) - st - \text{Log I} = 0.$$

Il vient alors

$$s = \frac{\text{Log}\,[R(t)/I]}{t}.$$

Pour que s soit maximum, il faut que $ds/dt = 0$, c'est-à-dire

$$-\frac{1}{t^2}\,\text{Log}[R(t)/I] + \frac{1}{t}\,\frac{R'(t)}{R(t)} = 0,$$

ou encore

$$s = R'(t)/R(t).$$

Le taux de rendement interne maximum est atteint quand il est égal au taux marginal de rendement.

A nouveau nous constatons qu'il peut exister une contradiction entre le critère de la VNA et celui du TRI. Si $R'(t)/R(t)$ décroît au cours du temps, pour tout placement rentable, c'est-à-dire pour lequel s est supérieur à j, l'optimum de s sera obtenu plus tôt que celui de la valeur nette actuelle. Comme l'illustre le graphique 7, sous les deux conditions précédentes, le TRI favorise des placements plus courts que la VNA.

Graphique 7. — Optimisation d'un placement.

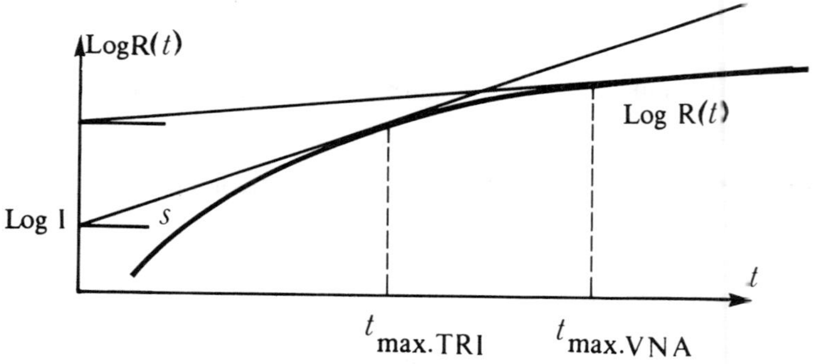

B. Application.

Nous connaissons, année après année, le revenu qu'il est possible de tirer d'un placement de 1 000. Ce placement pourra être revendu 500, 1 000, 1 400, 1 700, 1 900 ou 2 000 selon que la revente aura lieu respectivement au bout de 1, 2, 3, 4, 5 ou 6 ans. Quelle est la durée optimale de ce placement, si le taux de rendement minimum est fixé à 10 %?

Le tableau 14 donne successivement pour chaque année de revente possible

— le revenu qu'il est possible d'obtenir l'année t : $R(t)$ (colonne 2);
— le coefficient d'actualisation à 10 % : $P(1;\, t;\, 10\,\%)$ (colonne 3);
— la valeur nette actuelle du placement s'il se termine l'année t, déterminée à partir de la formule : $VNA = -I + R(t)P(1;\, t;\, 10\,\%)$ (colonne 4);
— le supplément de revenu de l'année t par rapport à l'année $t-1$: $\Delta R(t)$ (colonne 5);
— le pourcentage d'accroissement du revenu, l'année t, par rapport à celui de l'année $t-1$: $\Delta R(t)/R(t-1)$ (colonne 6);
— le taux de rendement interne du placement, r (colonne 7).

Tableau 14. — VNA et TRI d'un placement selon la date de réalisation.

Année (1)	E (t) (2)	P(1 ; t ; 10 %) (3)	VNA (4)	Δ R(t) (5)	Δ R(t) R(t − 1) (6)	r (7)
1	500	0,91	− 545	–	–	− 50 %
2	1 000	0,83	− 170	500	100 %	0 %
3	1 400	0,75	50	400	40 %	12 %
4	1 700	0,68	156	300	21 %	14,2 %
5	1 900	0,62	178	200	12 %	13,7 %
6	2 000	0,56	120	100	5 %	12 %

Nous retrouvons, à travers un calcul par périodes discrètes, les résultats démontrés dans le cas continu. La colonne 6 fournit le taux marginal de rendement. L'optimum de VNA est dépassé quand ce taux marginal de rendement descend au-dessous de 10 %; l'optimum de TRI est également dépassé quand le TMR devient inférieur à *r*. Les règles d'égalisation TMR = *j* et TMR = *s* sont seulement approchées dans le cas discontinu.

D'autre part, la règle selon laquelle la VNA conduit à des placements plus longs que le TRI, est vérifiée : nous nous trouvons, en effet, devant une situation où le placement manifeste des rendements décroissants au cours du temps.

2° Le problème du déclassement.

Le déclassement est la décision d'arrêt sous sa forme actuelle, d'une opération d'investissement de type « point-input-continuous output ». Les actifs correspondant sont soit revendus, soit réutilisés dans l'entreprise dans le cadre d'autres fonctions où ils peuvent s'avérer encore rentables : un avion, par exemple, peut être mis sur une ligne secondaire.

Il s'agit bien d'un problème de choix de durée, puisque la décision détermine le temps d'utilisation de l'investissement sous les conditions actuelles. Le problème est différent de celui du placement, dans la mesure où la valeur de revente n'est plus le seul revenu attendu.

A. Aspects théoriques.

Nous disposons d'un investissement de coût initial I, susceptible de rapporter chaque année un certain niveau de cash-flow, CF(t) pour l'année t, et pour lequel nous connaissons la valeur de revente S(t), année après année.

Compte tenu de l'augmentation des frais d'exploitation avec l'âge de l'équipement, il faut s'attendre à ce que le cash-flow diminue au cours du temps. De la même façon, la valeur de revente décroît-elle au cours du temps. Cette valeur de revente peut être le produit de la vente effective de l'équipement; ce peut être également le revenu actualisé que l'on pourrait obtenir d'un reclassement dans une autre fonction.

La durée T d'utilisation optimale de l'investissement dans sa fonction actuelle correspond à la durée pour laquelle sa VNA est maximum. Si nous utilisons un processus d'actualisation continue au taux j, cette valeur nette actuelle s'écrit :

$$\text{VNA} = -\text{I} + \int_0^{\text{T}} \text{CF}(t) \cdot e^{-jt} dt + \text{S}(\text{T}) \cdot e^{-j\text{T}}.$$

Cette expression est maximum sous la condition nécessaire :

$$\frac{d\text{VNA}}{d\text{T}} = \text{CF}(\text{T}) \cdot e^{-j\text{T}} + \text{S}'(\text{T}) \cdot e^{-j\text{T}} - j \cdot e^{-j\text{T}} \cdot \text{S}(\text{T}) = 0,$$

c'est-à-dire

$$\text{CF}(\text{T}) = j \cdot \text{S}(\text{T}) - \text{S}'(\text{T}).$$

Pour que la durée T soit optimale, il faut ainsi que le cash-flow de l'année considérée soit égal à $j \cdot \text{S}(\text{T})$, coût d'opportunité associé au fait que l'investissement n'a pas été revendu et que la valeur de revente n'a pu être replacée au taux j, additionné de la réduction de la valeur de revente (S′ est négatif).

Il est possible dans ces conditions d'énoncer un critère permettant de déterminer s'il faut poursuivre ou non l'utilisation de l'investissement au-delà d'une année particulière. Tant que le revenu de l'investissement est égal au coût d'opportunité de son utilisation d'une année de plus, cette utilisation doit être arrêtée, sous réserve que (condition de second ordre)

$$\text{CF}'(\text{T}) + \text{S}''(\text{T}) - j\text{S}'(\text{T}) < 0,$$

ce qui revient à dire que le revenu doit décroître plus vite que le coût d'opportunité :

$$\text{CF}'(\text{T}) < j\text{S}'(\text{T}) - \text{S}''(\text{T}).$$

Sur le graphique 8, l'optimum serait associé ainsi au point M et non au point N qui correspondrait à un minimum de la VNA. Les premières années d'utilisation de l'investissement sont généralement caractérisées par une perte importante de valeur de revente et l'accumulation des cash flows n'est pas encore suffisante pour la compenser.

Graphique 8. — Détermination de la date optimale de déclassement.

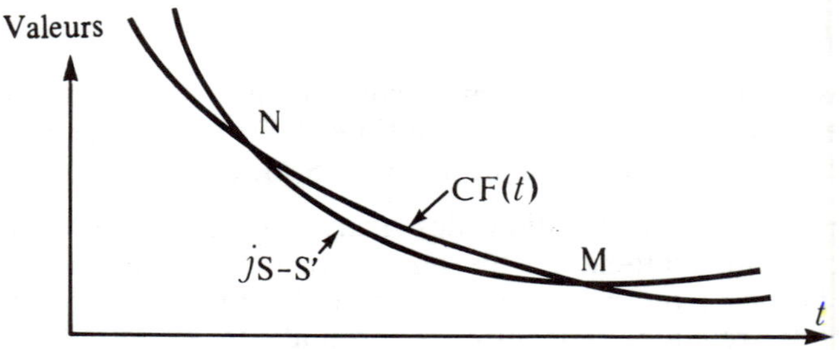

Dans les cas où la première condition n'est jamais respectée, soit l'investissement n'est jamais rentable, soit il faut poursuivre son utilisation jusqu'à la fin de sa vie physique.

Nous constatons, une nouvelle fois, que le coût initial de l'investissement n'entre pas en ligne de compte pour déterminer sa durée d'utilisation, si ce n'est, très indirectement par le biais de la valeur de revente.

B. Application.

Le tableau suivant donne pour un investissement de coût initial 1 000, l'évolution de sa valeur de revente, ainsi que les cash flows qu'il permet d'obtenir :

Année	S *(t)*	CF *(t)*
1	800	290
2	650	260
3	550	230
4	500	200
5	450	170
6	400	140
7	350	110
8	300	80

Un taux de rendement minimum de 15 % est exigé.

Le tableau 15 permet de calculer la valeur nette actuelle pour chaque durée d'utilisation. Il donne :

— le coefficient d'actualisation à 15 % (colonne 4);
— la valeur actuelle de la valeur de revente (colonne 5);
— la valeur actuelle du cash flow de l'année (colonne 6);
— la valeur actuelle des cash flows accumulés jusqu'à l'année étudiée (colonne 7);
— la VNA (colonne 8),

avec (colonne 8) = (colonne 5) + (colonne 7) − 1 000.

Tableau 15. — VNA d'un investissement selon la date de déclassement.

Année (1)	S *(t)* (2)	CF *(t)* (3)	P(1 ; *t* ; 15 %) (4)	S *(t)* act. (5)	CF *(t)* act. (6)	ΣCF *(t)* act. (7)	VNA (8)
1	800	290	0,87	696	252	252	− 52
2	650	260	0,76	494	198	450	− 56
3	550	230	0,66	363	152	602	− 35
4	500	200	0,57	285	114	716	1
5	450	170	0,50	225	85	801	26
6	400	140	0,43	172	60	861	33
7	350	110	0,38	133	42	903	<u>36</u>
8	300	80	0,33	99	26	929	28

Le maximum de VNA est atteint au bout de sept ans d'utilisation. Le même résultat aurait pu être obtenu à l'aide d'un calcul marginal sur l'année d'utilisation supplémentaire par application des formules dégagées plus haut.

Le tableau 16 reproduit ce test de l'année supplémentaire.

Tableau 16. — Test de l'année supplémentaire.

t (1)	CF (t) (2)	0,15 S $(t-1)$ (3)	S' (t) (4)	Condition n° 1 (5)	CF' (t) (6)	0,15 S' $(t-1)$ (7)	S'' (t) (8)	Condition n° 2 (9)	Décision (10)
1	290	150	– 200	– 60	–	–	–	–	–
2	260	120	– 150	– 10	– 30	– 30	50	50	oui
3	230	98	– 100	32	– 30	– 22	50	42	oui
4	200	83	– 50	67	– 30	– 15	50	35	oui
5	170	75	– 50	45	– 30	– 8	0	– 22	oui
6	140	68	– 50	22	– 30	– 8	0	– 22	oui
7	110	60	– 50	0	– 30	– 8	0	– 22	non
8	80	53	– 50	– 23	– 30	– 8	0	– 22	

Dans ce tableau, la colonne 5 donne le résultat de la condition de premier ordre. Selon la formule étudiée plus haut,

$$(\text{col. } 5) = (\text{col. } 2) - (\text{col. } 3) + (\text{col. } 4).$$

La colonne 9 donne le résultat de la condition de second ordre :

$$(\text{col. } 9) = (\text{col. } 6) - (\text{col. } 7) + (\text{col. } 8).$$

La décision de continuer une année de plus est indiquée dans la colonne 10.

Les deux premières années sont caractérisées par un test défavorable en ce qui concerne la condition n° 1. Mais ce test n'est pas confirmé par la condition n° 2. La septième année, pour laquelle les deux conditions sont défavorables, détient la VNA maximum.

3° Le problème du remplacement.

Dans le cas du déclassement, il est implicitement supposé que l'entreprise arrête définitivement ses opérations en ce qui concerne la fonction que l'investissement remplit initialement : on ne se préoccupe pas de ce qui se passe pour cette fonction, ultérieurement au déclassement. Le plus souvent, cependant, le matériel déclassé sera remplacé par des équipements plus efficaces soit parce qu'ils sont moins usés, soit parce qu'ils sont plus modernes.

La date de remplacement ne peut plus être déterminée simplement à travers l'étude des performances de l'investissement considéré. Il faudra comparer ces performances avec celles d'autres équipements.

La question du remplacement pose des problèmes complexes qui ne peuvent être résolus de façon simple que dans certaines situations.

A. Principes généraux.

Dans le cas d'investissements à revenus donnés, pour lesquels il s'agit donc de minimiser les charges, la décision de remplacement va résulter d'une comparaison entre deux coûts : le coût d'utilisation de l'équipement nouveau et celui de l'équipement ancien.

Le coût de l'équipement nouveau comprend à la fois des charges de fonctionnement et un coût en capital correspondant à la répartition de son prix d'achat sur sa durée de vie. Le coût de l'équipement ancien, de son côté ne comprend que des frais de fonctionnement et la réduction de la valeur de revente; la dépense d'investissement ayant déjà été réalisée, n'a plus à être considérée.

Cette comparaison ne poserait pas de problèmes si la durée de vie du nouvel équipement était connue. Dans de nombreux cas, elle ne le sera pas et dépendra elle aussi d'une décision de remplacement. Ainsi la date de remplacement de A par B dépend de la date à laquelle B sera remplacé par C.

En chaque point de temps, nous pouvons imaginer que commence une chaîne de remplacements et ce sont différentes chaînes de ce type qu'il faut comparer pour décider la date de remplacement. Il faut sélectionner la date qui correspond à la chaîne dont la valeur actuelle du coût est la plus faible.

Si nous connaissions en chaque point du futur les nouveaux investissements disponibles, leurs performances ainsi que leur valeur de revente, il serait possible de déterminer, à l'aide de techniques relevant de la programmation dynamique, la meilleure succession des investissements futurs et donc de proche en proche la date de remplacement idéale pour l'équipement actuel.

Devant notre manque de connaissance du futur, comme aussi, devant la complexité des calculs à effectuer, il faudra se contenter de résultats approximatifs obtenus sous des hypothèses simplificatrices. Plusieurs hypothèses sont concevables :

- l'entreprise arrête toute opération à une date T constituant son horizon économique. Nous retrouvons un problème voisin de celui du déclassement;
- les remplacements sont supposés réalisés à l'identique;
- les remplacements intègrent le progrès technique, mais celui-ci a un rythme de progression constant.

Nous examinerons successivement ces deux derniers schémas.

B. Le remplacement à l'identique.

En chaque point du temps, l'entreprise peut acquérir un équipement à un prix constant pour remplacer le matériel qu'elle détient. Le progrès technique est supposé négligeable, et tout équipement acquis dans le futur a les mêmes performances qu'un équipement actuel d'âge équivalent. Une fois installé tout équipement manifeste des phénomènes de perte d'efficacité qui s'accroissent au cours du temps et qui dépendent seulement de son âge. La valeur de revente dépend elle aussi uniquement de l'âge de l'équipement.

Il s'agit de déterminer la meilleure succession de tels investissements de façon à minimiser le coût actualisé de la chaîne de remplacements.

Nous pouvons remarquer tout d'abord que tous les investissements de la chaîne auront la même durée de vie. Puisque les remplacements se font toujours dans les mêmes conditions, il n'y a aucune raison pour que la durée de vie d'un équipement donné de la chaîne soit différente de celle d'un autre. Les remplacements se feront ainsi à intervalles réguliers.

Soit :
I le coût d'achat d'un investissement particulier de la chaîne,
C(t) son coût de fonctionnement à l'âge t;
S(t) sa valeur de revente à l'âge t,
T, sa durée de vie, que l'on cherche à déterminer.

Graphique 9. — Chaîne de remplacement à l'identique.

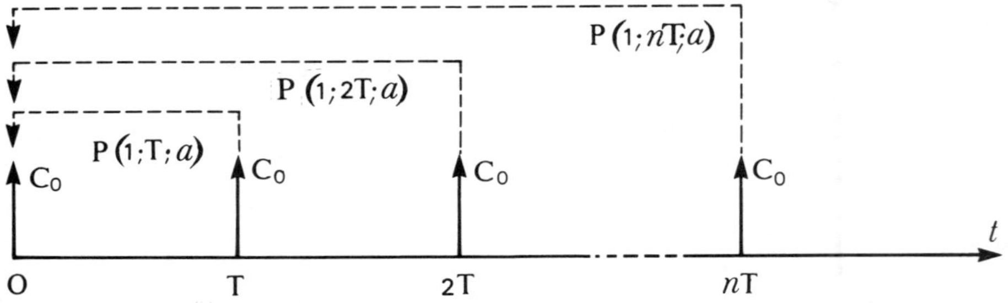

La valeur actuelle du coût de cet investissement exprimée à sa date d'acquisition est donnée par l'expression :

$$\text{VNA} = \text{I} - \frac{\text{S(T)}}{(1+a)^{\text{T}}} + \sum_{t=1}^{\text{T}} \frac{\text{C}(t)}{(1+a)^t} = \text{C}_0.$$

Nous aurons un investissement identique toutes les T années. Chacun de ces investissements sera caractérisé par la même VNA, exprimée à la date de son achat. Le premier investissement est acquis en $t=0$, le second en $t=\text{T}$, le troisième en $t=2\text{T}$, ..., le $n^{\text{ième}}$ en $t=(n-1)\text{T}$, et ainsi de suite jusqu'à l'infini, comme le montre le schéma 9.

Pour l'ensemble de la chaîne de remplacements, la VNA du coût est alors

$$\text{VNA (chaîne)} = \text{C}_0 + \text{C}_0 \frac{1}{(1+a)^{\text{T}}} + \text{C}_0 \frac{1}{(1+a)^{2\text{T}}} + \ldots + \text{C}_0 \frac{1}{(1+a)^{n\text{T}}} + \ldots$$

ce qui peut s'écrire :

$$\text{VNA (chaîne)} = \text{C}_0 \sum_{n=0}^{\infty} \frac{1}{(1+a)^{n\text{T}}}.$$

On remarque que

$$\sum_{n=0}^{\infty} \frac{1}{(1+a)^{n\text{T}}} = \frac{1 - \dfrac{1}{(1+a)^{(n+1)\text{T}}}}{1 - \dfrac{1}{(1+a)^{\text{T}}}}.$$

Cette expression tend vers $\dfrac{(1+a)^{\text{T}}}{(1+a)^{\text{T}}-1}$ quand n tend vers l'infini. Dans ces conditions,

$$\text{VNA (chaîne)} = \text{C}_0 \frac{(1+a)^{\text{T}}}{(1+a)^{\text{T}}-1}.$$

Pour déterminer la date T optimale, il suffira de calculer cette expression pour différentes valeurs de T. Ce calcul est facilité dans la mesure où les tables d'actualisation fournissent la valeur du facteur de récupération du capital PK (1; T; a). On peut noter, en effet, que :

$$\text{VNA (chaîne)} = C_0 \frac{\text{PK}(1;\, T;\, a)}{a}.$$

A cette occasion, nous pouvons vérifier que minimiser le coût total actualisé de la chaîne de remplacement revient au même que minimiser le coût annuel équivalent (CAE) à un investissement isolé, puisque $\text{CAE} = C_0 \cdot \text{PK}(1;\, n;\, a)$. *Si chaque équipement est utilisé à son coût annuel minimum, le coût total actualisé de la chaîne est minimum.*

Ceci nous fournit un critère de décision simple en matière de remplacement : le matériel actuellement détenu par l'entreprise doit être changé dès que son coût de fonctionnement annuel additionné de la réduction de sa valeur de revente devient supérieur au CAE des équipements de remplacement.

Illustrons ces développements à l'aide des données numériques suivantes : $I = 3\,000$; $C(t) = 400 + 200t$; l'équipement perd approximativement le quart de sa valeur chaque année; $a = 10\ \%$. Le tableau 17 reproduit le calcul de la VNA de la chaîne de remplacement pour différentes valeurs de T, durée de vie d'un équipement de la chaîne. Par exemple, si $T = 2$, ce qui veut dire que les équipements sont changés systématiquement tous les deux ans, C_0 serait égal à 2 799 et la VNA de la chaîne s'élèverait à 16 122. La durée de vie optimale est ici de trois ans.

Tableau 17. — Détermination du rythme optimal de remplacement.

T (1)	I (2)	S (T) (3)	C (T) (4)	P (1 ; T ; 10 %) (5)	S (T) act. (6)
1	3 000	2 250	600	0,91	2 048
2	3 000	1 700	800	0,83	1 411
3	3 000	1 300	1 000	0,75	975
4	3 000	950	1 200	0,68	646
5	3 000	700	1 400	0,62	434

C (T) act. (7)	ΣC (T) act. (8)	C_0 (9)	$\frac{\text{PK}(1\,;\,T\,;\,10\,\%)}{0{,}1}$ (10)	VNA (11)
546	546	1 498	11	16 478
664	1 210	2 799	5,76	16 122
750	1 960	3 985	4,02	16 020
816	2 776	5 130	3,16	16 210
868	3 644	6 210	2,64	16 394

(1) Rythme de remplacement.
(2) Montant de l'investissement.
(3) Valeur de revente au bout de T années.
(4) Coût de fonctionnement la $T_{ième}$ année.
(6) Valeur de remplacement actualisée.
(7) Coût de fonctionnement actualisé de l'année T.
(8) Coût de fonctionnement actualisé jusqu'à l'année T.
(9) Coût actualisé d'un équipement de la chaîne :
$(9) = (2) - (6) + 8$.
(11) VNA de la chaîne : $(11) = (9) \times (10)$.

Le coût annuel équivalent de cette chaîne est obtenu simplement en multipliant par 0,10 la VNA de la chaîne : il est ici de 1 602. C'est à cette valeur qu'il faut comparer le coût d'utilisation de l'équipement actuel pour une année supplémentaire.

C. Remplacement et progrès technique.

Lorsqu'il y a progrès technique, le déficit d'efficacité ou encore *infériorité de service* des machines installées par rapport aux équipements neufs provient de deux sources : l'usure et l'obsolescence. (*Cf.* graphique 10.)

L'usure provoque une augmentation des coûts des équipements en service par rapport à des équipements neufs de même génération technologique : elle croît avec l'âge. L'obsolescence entraîne un supplément de coût à âge équivalent par rapport à des équipements plus récents.

Graphique 10. — Infériorité de service des équipements installés.

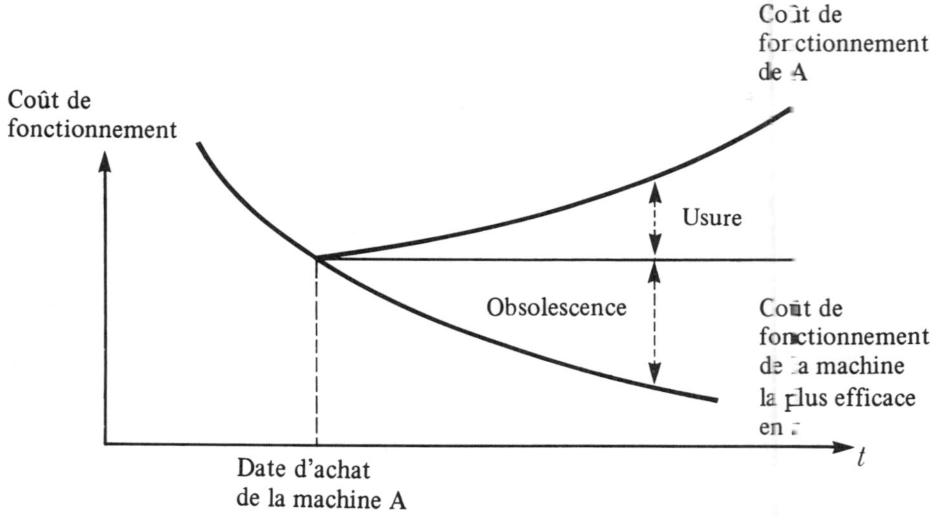

Dans la décision de remplacement, il faudra ainsi comparer l'infériorité de service accumulée par l'équipement actuel avec le coût associé à l'équipement nouveau. Mais, dans la mesure où les équipements nouveaux se démodent eux-mêmes, la détermination de leur durée de vie devra tenir compte de l'infériorité de service qu'ils accumulent. Repousser un remplacement peut permettre de bénéficier de progrès techniques plus importants.

La durée de vie des équipements, la décision de remplacement dépendent du rythme du progrès technique. Le modèle de Terborgh repose sur une hypothèse d'évolution linéaire du progrès technique[6].

1. Le modèle de Terborgh.

Imaginons une chaîne de remplacement dans laquelle chacun des équipements, achetés à un prix I constant manifeste une infériorité de service croissant avec le temps.

Nous appelons $g(t)$ l'infériorité de service, c'est-à-dire le supplément de coût de fonctionnement d'un matériel d'âge t par rapport à un équipement

6. TERBORGH G.; *Dynamic equipment policy*, Mac Graw Hill, 1949.

neuf. Dans le modèle de Terborgh, $g(t)=(t-1)g$ où g désigne le *gradien d'infériorité* supposé constant année après année.

Le fait que ce gradien d'infériorité comprenne une part d'usure et une part d'obsolescence ne modifie pas le problème par rapport à celui du remplacement à l'identique. Ce qui est important, c'est que ce gradien soit constant et qu'il soit le même pour tous les équipements futurs.

Dans ces conditions, la durée de vie T qui minimise le coût total actualisé de la chaîne de remplacement est aussi celle qui rend minimum le CAE d'un équipement isolé de cette chaîne, si le coût de fonctionnement annuel est assimilé à l'infériorité de service.

Un équipement devra ainsi être remplacé dès que le coût de son maintien en activité est supérieur au CAE, appelé également *minimum adverse,* de la chaîne optimale de remplacement.

2. Détermination du minimum adverse.

Le minimum adverse peut être déterminé à l'aide d'une procédure similaire à celle qui a été utilisée dans le cas du remplacement à l'identique. Une procédure plus simple en permet également une bonne approximation.

Si l'équipement installé est d'âge t, il a accumulé une infériorité de service $g(t)=(t-1)g$. L'évaluation du gradien d'infériorité est obtenue en divisant par $(t-1)$ l'écart de coût de fonctionnement entre l'équipement installé et un équipement neuf.

Le matériel neuf a un prix d'achat I et une valeur de revente $S(t)$; il accumule une infériorité de service qui progresse de g chaque année. Pour chaque durée de vie nous pouvons calculer la valeur actuelle du coût de ce matériel ainsi que son CAE. Il suffira de repérer la durée T qui rend minimum le CAE.

Dans le cas où la valeur de revente de l'équipement nouveau est négligée, la consommation annuelle de capital associée à cet équipement sur une durée de vie T peut être approchée par l'expression I/T, additionnée de $aI/2$ représentant le coût en intérêts correspondants.

Après T années, l'équipement nouveau aura accumulé une infériorité totale de service équivalente à $\sum_{t=1}^{T}(t-1)g$, ce qui se traduit par une infériorité moyenne de $(T-1)g/2$.

Le CAE de cet équipement peut être évalué, dans ces conditions, à l'aide de l'expression suivante :

$$\text{CAE}=\frac{I}{T}+\frac{aI}{2}+\frac{(T-1)g}{2}.$$

On en déduit la durée de vie optimale :

$$\frac{d\text{CAE}}{dT}=-\frac{I}{T^2}+\frac{g}{2}=0,$$

soit
$$T^*=\sqrt{\frac{2I}{g}}.$$

Le CAE minimum, donc le minimum adverse, s'élève ainsi à

$$CAE^* = \sqrt{2Ig} + \frac{aI - g}{2}.$$

3. Application.

La machine A fonctionne depuis onze ans; elle a une infériorité de service de 5 000 par rapport à une machine B qui vient de sortir sur le marché. La valeur de revente de A s'élève actuellement à 4 000; elle ne sera plus que de 3 500 l'année prochaine. De son côté, la machine B coûte 16 000. Le taux d'intérêt est égal à 10 %.

Dans la perspective de la décision de remplacer ou non A par B, il faut calculer le coût associé à son utilisation une année de plus :

Coût A :	
infériorité de service	5 000
perte de valeur de revente	500
perte d'intérêt (0,1 × 4 000)	400
	5 900

Pour calculer le coût annuel équivalent de la machine B, il faut tout d'abord évaluer le gradien d'infériorité. La machine A ayant onze ans, nous avons : $5\,000 = 10g$, soit $g = 500$.

L'application des formules précédentes nous donne alors

$$T^* = \sqrt{\frac{2 \times 16\,000}{500}} = 8.$$

$$CAE^* = \sqrt{2 \times 16\,000 \times 500} + \frac{0{,}1 \times 16\,000 - 500}{2} = 4\,550.$$

Ce coût étant inférieur à celui de la machine A, le remplacement doit être effectué.

Un calcul développé, faisant recours à l'actualisation aurait donné une valeur peu différente du minimum adverse.

§ 3. Les programmes d'investissement.

Un programme d'investissement résulte de la combinaison des projets retenus au cours d'une période donnée. L'évaluation des programmes d'investissement demande de recourir aux mêmes types d'instruments que ceux qui ont été développés en matière de projets. Mais le passage du projet au programme nécessite d'intégrer des préoccupations nouvelles.

Le problème des *contraintes financières* est essentiel dans le domaine des programmes, alors qu'il n'intervient que très indirectement dans l'évaluation des projets, par le biais du taux d'actualisation ou encore les charges d'intérêts. Le *problème du risque* doit également être appréhendé de façon spécifique. A travers le choix d'une combinaison de projets, l'entreprise peut envisager la gestion du risque.

1° Les contraintes financières.

Les contraintes de capitaux se traduisent par une enveloppe financière dont l'entreprise peut disposer pendant une période donnée. Les projets sélectionnés doivent s'inscrire dans le cadre de cette enveloppe. Dans la mesure où, le plus souvent, l'entreprise aura dans ses cartons plus de projets rentables qu'elle ne peut en financer, il faudra définir les règles de choix des projets permettant d'utiliser au mieux les disponibilités financières.

Dans le cas des problèmes à *une seule période* la définition de telles règles est généralement simple; le cas *multipériodique* nécessite l'utilisation de techniques plus lourdes, relevant, entre autres, de la programmation mathématique.

A. Une seule période.

Chacun des projets étudiés consomme du capital au cours de sa première année de mise en œuvre seulement. Les années suivantes ne sont pas considérées.

Le tableau 18 illustre un exemple de ce type de situations : six projets ont été étudiés pour lesquels sont connus la dépense initiale en capital I, ainsi que la VNA. Si l'entreprise ne peut dépenser que 5 000 en investissements nouveaux pendant l'année à venir quel est le meilleur programme concevable?

L'application du critère de l'*enrichissement relatif* doit permettre de repérer quels projets utilisent au mieux les ressources disponibles. Nous pouvons constater que le projet E détient le meilleur enrichissement relatif (1,25) suivi par les projets B(1,24) et C(1,2). La réalisation de ces trois projets entraînerait une dépense d'investissement de 6 200; le projet C ne pourra donc être réalisé que partiellement, à raison de 4/16.

Tableau 18. — Sélection de programme : la contrainte financière porte sur une seule période.

Projet	I	VNA	VNA/I
A	1 200	1 400	1,17
B	3 400	4 200	1,24
C	1 600	1 920	1,2
D	1 000	1 190	1,19
E	1 200	1 500	1,25
F	400	200	0,5

Le programme retenu rapporte ainsi

$$VNA(E + B + 0{,}25C) = 1\,500 + 4\,200 + 480 = 6\,180.$$

Il s'agit du programme optimal : aucune autre combinaison ne peut rapporter plus.

Cependant, le caractère optimal de ce programme dépend du respect de plusieurs hypothèses implicites :

— les projets sont indépendants, c'est-à-dire que la réalisation de l'un d'entre eux n'a aucune conséquence sur la réalisation d'un autre;

— les projets sont divisibles : une fraction de projet peut être réalisée, comme dans le cas de C.

Lorsque les projets sont indivisibles, la règle de l'enrichissement relatif ne conduit pas nécessairement à la meilleure solution. Supposons, en effet, que les projets du tableau 18 soient indivisibles. L'application de cette règle conduirait à sélectionner en premier lieu E, puis B, ce qui amène à une dépense en capital de 4600. Le seul projet réalisable est alors F qui ne coûte que 400. La contrainte financière est respectée, et ce programme rapporte

$$\text{VNA}(\text{E}+\text{B}+\text{F})=5900.$$

Ce n'est pas le meilleur programme possible, puisque A + C + D + E, qui consomme également 5000 rapporterait 6010.

Dans le cas des projets indivisibles, comme dans celui où les projets sont dépendants, il devient nécessaire de recourir à des techniques de choix plus élaborées, que nous examinerons pour les situations où les contraintes financières portent sur plusieurs périodes.

B. Plusieurs périodes.

De façon générale, pour des projets *divisibles* et *indépendants*, si l'on note :

X_j : fraction réalisée du projet j ($j=1, \ldots, n$);
VNA_j : la valeur nette actuelle du projet j;
C_i : l'enveloppe financière de l'année i ($i=1, \ldots, n$);
C_{ij} : la dépense de l'année i pour le projet j.

Le programme optimal est obtenu à travers la résolution du programme linéaire suivant :

$$\text{Max} \sum_j \text{VNA}_j \cdot X_j$$

avec $$\sum_j C_{ij} \cdot X_j \leqslant C_i, \qquad i=1, \ldots, m$$

et $$1 \geqslant X_j \geqslant 0, \qquad j=1, \ldots, n.$$

Des situations plus complexes peuvent être traitées par un modèle similaire. S'il s'agit de *projets indivisibles,* X_j ne prendra pour valeur que 0 ou 1, et il faudra employer la programmation en nombres entiers[7].

Le cas des projets non indépendants peut également être intégré : si les projets indivisibles K et L sont *mutuellement exclusifs,* une contrainte supplémentaire devra être introduite :

$$X_K + X_L \leqslant 1.$$

Dans la mesure où X_j ne prend pour valeur que 0 ou 1, la contrainte garantit qu'un seul des projets sera réalisé.

Une application intéressante de cette notation des projets mutuellement exclusifs est celle qui concerne la détermination de la *date de l'investissement.* $X_{ij}=1$ ou 0 indique si le projet j doit être réalisé ou non au cours de l'année i; la contrainte

$$\sum_i X_{ij} \leqslant 1$$

7. *Cf.* chapitre 2.

garantit que l'investissement ne sera réalisé qu'une seule fois. Si le projet L ne peut être réalisé sans le projet K, la contrainte $X_{iK} \geqslant X_{iL}$ permet d'imposer cette condition.

Les résultats d'un projet K peuvent dépendre du fait que le projet L a été ou non réalisé. Un projet fictif F est introduit dans le programme : son coefficient économique est la variation de valeur actuelle du projet K enregistrée si L est réalisé. Ce projet fictif ne consomme pas de capital mais il est soumis à la contrainte :

$$X_F - X_K - X_L < 0 \quad \text{avec} \quad X_K, X_L, X_F = 1 \text{ ou } 0.$$

Comme le projet F ne consomme rien, il aura tendance à être retenu par le programme, mais il ne pourra apparaître dans la solution optimale que si K et L sont retenus.

2° Le problème du risque.

Chaque projet peut être caractérisé, comme nous l'avons vu plus haut, par son rendement mais aussi par le degré de risque qu'il implique. De même, tout programme devra-t-il faire l'objet d'une *évaluation en matière de risque* aussi bien qu'en matière de rentabilité.

L'arbitrage entre le risque et le rendement est une question qui relève des préférences de l'investisseur et qui ne peut être traitée de façon absolue. Mais tout choix rationnel devra se limiter à l'ensemble des *programmes efficients*.

A. Évaluation du risque des programmes.

A chacun des projets j, supposés parfaitement divisibles, que l'entreprise a à sa disposition, il s'agit par exemple de placement en bourse, nous associons une espérance de rentabilité E_j, ainsi qu'un niveau de risque σ_j mesuré par l'écart-type des résultats éventuels. Nous connaissons également les covariantes σ_{ij} entre les résultats des différents couples de projets i et j.

X_j désigne le poids du projet j dans le programme P. Si $X_j = 1$, le programme ne contient que le projet j; quand $X_j = 0$, j est complètement exclu. Toute valeur intermédiaire indique la proportion de l'enveloppe financière accordée à j.

De façon générale, la variance des résultats du programme P est donnée par la formule :

$$\sigma_P^2 = \sum_i \sum_j X_i X_j \sigma_{ij}.$$

Dans le cas de deux projets seulement, a et b,

$$\sigma_P^2 = X_a^2 \sigma_a^2 + X_b^2 \sigma_b^2 + 2 X_a X_b \sigma_{ab}.$$

Si a et b sont *parfaitement corrélés positivement* ($\rho_{ab} = 1$)

$$\sigma_P^2 = (X_a \sigma_a + X_b \sigma_b)^2 \qquad [8]$$

et

$$\sigma_P = X_a \sigma_a + X_b \sigma_b$$

8. Le coefficient de corrélation entre deux variables X_1 et X_2, ρ_{12}, peut être défini comme le rapport de leur covariance au produit de leurs écarts types : $\rho_{12} = \sigma_{12}/\sigma_1 \sigma_2$.

Quand a et b sont *indépendants* ($\rho_{ab}=0$, et par suite $\sigma_{ab}=0$),

$$\sigma_P=\sqrt{X_a^2\sigma_a^2+X_b^2\sigma_b^2}.$$

Lorsque a et b manifestent une *corrélation négative parfaite* ($\rho_{ab}=-1$)

$$\sigma_P=\pm(X_a\sigma_a-X_b\sigma_b).$$

Il apparaît que le risque du programme est d'autant plus élevé que les résultats des différents projets sont corrélés positivement. C'est ce que l'on peut constater sur le tableau 19 pour deux projets a et b, caractérisés par une espérance de rendement respectivement $E_a=2\,200$ et $E_b=3\,000$ et par un niveau de risque respectivement $\sigma_a=1\,500$ et $\sigma_b=2\,000$, et combinés dans une proportion $X_a=X_b=0{,}5$ au sein du programme P. Le risque du programme a été calculé pour plusieurs valeurs du coefficient de corrélation entre les résultats de a et de b.

Tableau 19. — Évaluation du risque du programme.

ρ_{ab}	σ_{ab}	σ_P	X_b^*	σ_ρ^*
1	3 000 000	1 750	0	1 500
0,5	1 500 000	1 520	0,23	1 441
0	0	1 250	0,36	1 200
– 0,5	– 1 500 000	900	0,41	854
– 1	– 3 000 000	250	0,429	0

On remarque dans le tableau 19 que pour certaines valeurs du coefficient de corrélation, le risque du programme est plus faible que 1 500, valeur qui correspond au niveau de risque du projet le moins risqué. Dans ces conditions, la diversification des activités peut permettre à l'entreprise de réduire son risque global jusqu'à un niveau éventuellement très faible, et ceci même dans le cas où les projets retenus sont individuellement très risqués.

Dans le cas de deux projets, le niveau de risque minimum est atteint quand $d\sigma_P/dX_b=0$, c'est-à-dire[9]

$$\frac{d\sigma_P}{dX_b}=\frac{(\sigma_a^2+\sigma_b^2-2\rho_{ab}\sigma_a\sigma_b)X_b-(\sigma_a^2-\rho_{ab}\sigma_a\sigma_b)}{\sigma_P}=0.$$

La proportion X_b optimale est alors[10]

$$X_b^*=\frac{\sigma_a^2-\rho_{ab}\sigma_a\sigma_b}{\sigma_a^2+\sigma_b^2-2\rho_{ab}\sigma_a\sigma_b}.$$

Le tableau 19 donne pour les différentes valeurs du coefficient de corrélation, la proportion X_b^* permettant de minimiser le risque, ainsi que le niveau de risque obtenu, σ_P^*.

---

9. La variance du programme est donnée par

$$\sigma_p^2=X_a^2\sigma_a^2+X_b^2\sigma_b^2+2X_aX_b\rho_{ab}\sigma_a\sigma_b,$$

soit, puisque $X_a=1-X_b$:

$$\sigma_p^2=(\sigma_a^2+\sigma_b^2-2\rho_{ab}\sigma_a\sigma_b)X_b^2-2(\sigma_a^2-\rho_{ab}\sigma_a\sigma_b)X_b+\sigma_a^2.$$

10. L'expression précédente n'est définie que pour $\sigma_p\neq 0$. Dans le cas inverse, la valeur X_b^* est déterminée en résolvant par rapport à X_b, $\sigma_p=0$. D'autre part si la formule donne une valeur de $X_b<0$, X_b^* est fixé à 0.

B. Notion de programme efficient.

Les programmes permettant de minimiser le risque, comme ceux du tableau 19 ne sont optimaux que lorsque le risque est la seule préoccupation de l'investisseur. Si son seul objectif était la rentabilité, il aurait manifestement intérêt à ne retenir que le probjet *b*. Mais la finalité de l'entreprise n'est généralement ni seulement de minimiser le risque ni seulement de maximiser la rentabilité, elle résulte d'un compromis entre ces deux objectifs.

Un investisseur peut rechercher, par exemple, la rentabilité maximum avec une contrainte portant sur un niveau de risque à ne pas dépasser. Il peut vouloir, au contraire, réduire le risque au minimum avec une contrainte de rentabilité. Le programme retenu ne sera pas le même, sauf dans des cas très particuliers. Mais il se situera de toute façon dans l'ensemble des programmes efficients.

Un programme est dit efficient si aucun autre programme n'offre *à la fois* plus de rentabilité et moins de risque. Sur le graphique 11, on voit que le programme $X_b = 1$, c'est-à-dire composé uniquement du projet *b*, domine le programme $X_c = 1$, puisqu'il est caractérisé par un meilleur rendement et moins de risque; en revanche, il ne domine pas le programme $X_a = 1$ puisque plus risqué. Si ces seuls projets, *a*, *b*, *c* étaient disponibles, l'ensemble des programmes efficients ne comprendrait en première approximation que *a* ou *b*, ou encore des combinaisons de ces deux projets.

Graphique 11. — Programmes efficients.

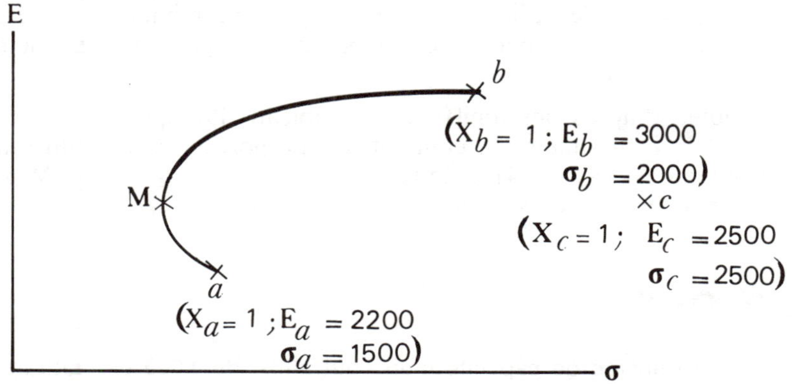

Cependant, toutes les combinaisons des projets *a* et *b* ne se trouvent pas toujours dans l'ensemble des programmes efficients. Tout dépend de la valeur du coefficient de corrélation entre les résultats de ces deux projets.

Le rendement moyen du programme P contenant des proportions X_a et X_b des projets *a* et *b* est donné par l'expression :

$$E_p = X_a \cdot E_a + X_b \cdot E_b$$

ou encore, puisque $X_a = 1 - X_b$,

$$E_p = X_b(E_b - E_a) + E_a.$$

Le risque d'un tel programme, mesuré par la variance de ses résultats est, avec $X_a = 1 - X_b$,

$$\sigma_P^2 = (\sigma_a^2 + \sigma_b^2 - 2\rho_{ab}\sigma_a\sigma_b)X_b^2 - 2(\sigma_a^2 - \rho_{ab}\sigma_a\sigma_b)X_b + \sigma_a^2$$

Par élimination de X_b, il est possible de former une fonction du type

$$E_P = f(\sigma_P)$$

représentée sur le graphique 11 par la courbe aMb. Cette courbe indique, à travers les différentes proportions possibles de a et de b toutes les combinaisons risque-rendement que l'investisseur peut obtenir.

D'après la formule de l'espérance de rendement, le rendement de n'importe quel programme contenant a et b est au moins égal à E_a; en revanche, le risque du programme peut descendre au-dessous de celui de a dans certains cas. Ceci se produit chaque fois que $dE_P/d\sigma_P < 0$.

Comme[11]

$$\frac{dE_P}{d\sigma_P} = \frac{(E_b - E_a)\sigma_P}{(\sigma_a + \sigma_b^2 - 2P_{ab}\sigma_a\sigma_b)X_b - (\sigma_a^2 - P_{ab}\sigma_a\sigma_b)},$$

une telle situation apparaît dès que[12]

$$\rho_{ab} < \sigma_a/\sigma_b,$$

soit pour le cas étudié

$$\rho_{ab} < 0{,}75.$$

Il est alors possible de définir un point M, à risque minimum, différent de A et au moins aussi rentable. L'ensemble des programmes efficients est représenté par la courbe Mb.

Par exemple, d'après les chiffres du tableau 19, quand $\rho_{ab} = 0{,}5$, le programme M à risque minimum contient une proportion de 0,23 du projet b. Le risque obtenu est $\sigma_M = 1\,441$ et le rendement moyen $E_M = 2\,384$. M domine a, car plus rentable et moins risqué.

ÉTUDES DE CAS

9-1 Une extension de capacité d'un coût initial de 1 000 permettrait à une société de transport de dégager pour chacune des cinq années prochaines un cash-flow additionnel de 300. Quelle est la valeur nette actuelle de cet investissement et son taux de rendement interne? Le taux de réinvestissement des bénéfices est supposé égal à 12 %.

---

11. $$\frac{dE_P}{d\sigma_P} = \frac{dE_P/dX_b}{d\sigma_P/dX_b}.$$

12. Pour que la courbe représentative de $E_P = f(\sigma_P)$ ait une pente négative au point a, c'est-à-dire quand $X_b = 0$, il suffit que le dénominateur de $dE_P/d\sigma_P$ soit négatif (le numérateur est toujours positif dès que $E_b > E_a$), soit

$$\sigma_a^2 - \rho_{ab}\sigma_a\sigma_b > 0.$$

Solution

$$VNA = -1\,000 + 300PA(1;\ 5;\ 12\ \%) = 1\,080$$

TRI = r tel que

$$-1\,000 + 300PA(1;\ 5;\ r) = 0$$

donc

$$PA(1;\ 5;\ r) = \frac{1\,000}{300} = 3{,}333\,3;$$

or

$$PA(1;\ 5;\ 15\ \%) = 3{,}352\,2, \qquad PA(1;\ 5;\ 16\ \%) = 3{,}274\,3;$$

par approximation,

$$r = 15 + \frac{3{,}352\,2 - 3{,}333\,3}{3{,}352\,2 - 3{,}274\,3} = 15{,}24\ \%.$$

L'investissement considéré est rentable, car il rapporte plus que le réinvestissement normal.

9-2

La société S. A. B. T. envisage d'acquérir un nouvel équipement dont le coût initial s'élève à 5000 et dont les cash-flows annuels prévisionnels sont donnés dans le tableau ci-après

Année	Cash-flow
1	1 000
2	2 000
3	2 000
4	2 000
5	2 000
6	1 500
7	1 000

L'opération d'investissement est supposée réalisée le 31 décembre de l'année 0 et les cash-flows sont enregistrés au 31 décembre de chaque année.

L'investissement précédent sera financé en partie par un emprunt de 3000 accordé au taux de 15 % et remboursé par annuités constantes sur cinq ans.

Si la valeur de revente de l'équipement atteint 500 au 31 décembre de l'année 7, quelle est la valeur nette actuelle de cet investissement avec un taux d'actualisation de 10 %.

L'amortissement fiscal de l'équipement est réalisé linéairement sur cinq ans.

Le taux de l'impôt sur les bénéfices nets est 50 %. Les pertes d'un exercice peuvent être reportées sur l'exercice suivant. L'impôt sur les plus-values à long terme a un taux de 15 %.

Solution

Nous déterminons, en premier lieu, l'annuité constante correspondant au remboursement de l'emprunt, en multipliant la valeur de la somme empruntée par le facteur de récupération du capital PK(1; 5; 15 %). L'annuité constante s'élève à 895.

Le tableau 20 suivant permet de repérer pour chaque année le montant des intérêts versés qui seront déductibles du bénéfice imposable.

Tableau 20. — Annuité constante.

Année	Emprunt (–) Remboursement (+)	Intérêts	Annuité
0	– 3 000		
1	445	450	895
2	512	383	895
3	589	306	895
4	677	218	895
5	777	117	895
Total	0		

Dans le tableau 21, le bénéfice imposable est obtenu par

(col. 6) = (col. 5) – (col. 3) – (col. 4).

Le cash flow après impôt est déterminé à l'aide de

(col. 8) = (col. 5) + (col. 2) – (col. 4) – (col. 7).

Tableau 21. — Calcul de la VNA d'un investissement.

Année (1)	Opération en capital (2)	Amortissement (3)	Charges financières (4)	CF_t d'exploitation (5)	Bénéfice imposable (6)	Impôts (7)	CF_t après impôts (8)	Coefficient d'actualisation (9)	CF_t actualisé (10)
0	– 2 000						– 2 000	1	– 2 000
1	– 445	1 000	450	1 000	– 450	0	105	0,91	96
2	– 512	1 000	383	2 000	167	84	1 021	0,83	847
3	– 589	1 000	306	2 000	694	347	758	0,75	569
4	– 677	1 000	218	2 000	782	391	714	0,68	486
5	– 777	1 000	117	2 000	883	442	664	0,62	412
6				1 500	1 500	750	750	0,56	420
7	+ 500			1 000	1 000	575	925	0,51	472
									VNA = 1 302

(1) Dont 75 d'impôt sur plus-value à long terme.

9-3 La SOGELEC envisage d'investir 5 000 par prise de participation dans deux sociétés, la FABL et FORGELEC, dont les activités touchent des marchés très différents, avec respectivement les petits appareils électroménagers et l'électronique industrielle. Le tableau ci-dessous indique le taux de rendement des capitaux propres que les deux entreprises peuvent attendre compte tenu de la conjoncture économique :

État de la conjoncture	Probabilité	Résultats F.A.B.L.	Résultats FORGELEC
S_1	0,1	– 2 %	8 %
S_2	0,3	18 %	8 %
S_3	0,4	20 %	10 %
S_4	0,2	20 %	20 %

Quelle participation la SOGELEC doit-elle réaliser dans chacune des deux sociétés, si elle désire rendre minimum son risque?

Solution

Nous évaluons le bénéfice de la SOGELEC pour une participation de 5 000 dans chacune des deux sociétés et ceci pour chaque état de la conjoncture possible :

S_j	P_j	Bénéfice d'une participation de 5 000	
		dans F.A.B.L.	dans FORGELEC
S_1	0,1	– 100	400
S_2	0,3	900	400
S_3	0,4	1 000	500
S_4	0,2	1 000	1 000

Le rendement moyen est $E_a = 860$ pour une participation de 5 000 dans FABL et $E_b = 560$ pour une participation équivalente dans FORGELEC. Le risque de chaque participation s'élève respectivement à $\sigma_a = 323$ et $\sigma_b = 224$.

FORGELEC présente moins de risque, mais l'affectation totale de l'enveloppe financière à cette participation ne constitue pas la solution la moins risquée. En effet, la covariance des résultats entre les deux sociétés est $\sigma_{ab} = 22\,400$ et le coefficient de corrélation s'élève à $P_{ab} = 22\,400/323 \times 224 = 0{,}31$. Dans la mesure où P_{ab} est inférieur à $\sigma_b/\sigma_a = 0{,}69$, une diversification peut réduire le risque et améliorer la rentabilité par rapport à la solution FORGELEC.

Si X_a est la proportion de l'investissement affectée à FABL, la valeur de X_a qui minimise le risque est donné par

$$X_a = \frac{224^2 - 22\,400}{224^2 + 323^2 - 2 \times 22\,400} \approx 25\ \%.$$

Si 25 % de l'investissement est consacré à FABL et 75 % à FORGELEC, le niveau du risque du programme s'élève à 208, et sa rentabilité à 635.

Chapitre 10 — Problèmes de choix multi-critères

Tout problème de décision met en jeu un système d'évaluation des actions possibles. Dans les programmes linéaires, ce système d'évaluation est représenté par la fonction objectif; dans les problèmes de choix d'investissement, il est matérialisé par le taux de rendement interne ou par la valeur nette actuelle.

De façon générale, un système d'évaluation fait appel à un ou plusieurs *critères de décision*. Par critère de décision on désigne un indicateur permettant de repérer dans quelle mesure les actions envisagées satisfont les buts de l'entreprise.

A un but de rentabilité pourra ainsi correspondre, selon le cas, un critère de profit (programmation linéaire), la V.N.A. (problème d'investissement), l'espérance mathématique des gains (problème de décision en situation d'incertitude). A un but de sécurité, seront associés des critères tels que l'écart type des résultats ou la probabilité de ruine.

La situation la plus simple est celle où, pour un problème donné, un seul critère de décision est pris en considération. Les actions éventuelles peuvent alors être rangées selon un ordre unique, et la meilleure solution est facilement déterminée

Le plus souvent, cependant, et plus particulièrement dans le cadre des problèmes de décision stratégique, il sera nécessaire de recourir simultanément à plusieurs critères de décision. L'entreprise poursuit des buts économiques multiples : rentabilité, croissance, sécurité. A côté de ces buts économiques, les finalités sociales, voire même sociétales[1], prennent de plus en plus d'importance. Des finalités aussi différentes ne peuvent être traduites à l'aide d'un seul indicateur.

Une situation de choix multi-critères apparaît ainsi chaque fois que le système de valeurs de l'entreprise ne peut être matérialisé par un critère unique. Il est alors plus difficile de prendre une décision : une action satisfaisante sur certains critères peut l'être beaucoup moins sur d'autres.

Le domaine des problèmes multi-critères ne se limite pas à l'entreprise. Le consommateur lui aussi doit résoudre le même type de problème : le choix d'un hypermarché fera appel à des critères très différents tels que le prix, la qualité des produits, la facilité d'accès, la proximité, etc. La décision du consommateur devra donc elle aussi rendre compatible des points de vue parfois contradictoires.

Les problèmes de choix multi-critères peuvent être abordés de deux façons différentes. Tout d'abord sous un angle descriptif : l'analyse a pour objet de déterminer quels sont les critères de choix utilisés par une catégorie d'agents économiques donnée, et selon quelles modalités ils sont employés. C'est à ce type d'analyse qu'ont recours les spécialistes de marketing lorsqu'ils s'intéressent au comportement de l'acheteur[2].

Ensuite, sous un angle normatif, il s'agit alors de fournir au décideur un ensemble de règles de conduites et de techniques, pour agir le plus rationnellement possible dans une situation de choix où plusieurs actions sont envisageables et où ces actions doivent être jugées à l'aide de plusieurs critères préétablis. C'est cette deuxième approche qui sera développée dans ce chapitre.

La première section sera consacrée à l'analyse des principaux modèles de formation de l'utilité en situation de critères multiples, et la seconde à la présentation de plusieurs techniques de choix multi-critères.

SECTION 1. MODÈLES DE FORMATION DE L'UTILITÉ EN SITUATION MULTI-CRITÈRES

Après avoir mis en évidence les éléments constitutifs d'un problème de choix multi-critères, qui constituent les inputs des modèles de formation de l'utilité (§ 1), nous analyserons les principaux modèles en distinguant ceux qui admettent des compensations inter-critères (§ 2) et ceux qui ne l'admettent pas (§ 3).

---

1. Les finalités sociales portent sur les relations de l'entreprise avec son personnel : elles s'expriment en termes de conditions de rémunération, de travail, de sécurité, etc. Les finalités sociétales portent sur les relations de l'entreprise avec l'ensemble de ses partenaires (consommateurs, fournisseurs, État, environnement, etc.). Elles peuvent entraîner l'entreprise à vouloir minimiser les nuisances que son activité provoque, ou encore à s'intéresser à la satisfaction à long terme du consommateur.

2. *Cf.* PRAS B. et TARONDEAU J. C., *Le comportement de l'acheteur,* Sirey, 1981.

§ 1. Éléments constitutifs d'un problème de choix multi-critères.

Un problème de choix multi-critères met en jeu cinq catégories de données :
- des actions possibles,
- l'output désiré par le décideur,
- des critères de décision,
- des coefficients de pondération,
- des résultats.

Les *actions possibles* sont les différentes idées de nouveau produit pour un service de recherche-développement, les dossiers de demande de crédits pour une banque, les candidats à un poste pour un organisme de recrutement, les différents tracés d'une autoroute pour le ministère de l'Équipement. Dans chacun des cas, le décideur doit évaluer n actions qui seront matérialisées dans les développements ultérieurs par le vecteur $A = (A_i;\ i = 1\ldots, n)$.

A travers l'évaluation de ces n actions, le décideur peut rechercher différents *outputs :*
- soit repérer la meilleure action possible : c'est le cas d'une agence de publicité qui recherchera le média-planning le plus efficace pour son client;
- soit également classer les actions possibles en plusieurs catégories. Le département de R-D classera ainsi les idées de nouveaux produits en trois catégories : celles qui sont acceptées, celles qui sont rejetées et celles pour lesquelles un supplément d'étude est nécessaire;
- soit, enfin, obtenir un classement complet des actions par ordre d'intérêt. Par exemple, un classement complet de n projets d'investissements permettra de définir leur ordre de réalisation au fur et à mesure de l'obtention des moyens financiers nécessaires.

L'évaluation des actions s'effectue au moyen de m *critères* ou *points de vue* $K = (K_j;\ j = 1, \ldots, m)$. Ces critères sont de nature très variée selon le problème considéré. Le tableau 1 dresse la liste des points de vue utilisables en matière de sélection de produits nouveaux. En matière d'attribution de crédits à différentes entreprises, une banque emploiera comme critères de décision une batterie de ratios financiers et d'indicateurs économiques.

Les critères de décision n'ont pas toujours la même importance pour le décideur. Dans certains cas, celui-ci sera capable de préciser l'importance relative qu'il attribue à chaque critère : il disposera alors d'un ensemble de *coefficients de pondération* $P = (P_j;\ j = 1, \ldots, m)$. Si par exemple $P_j = 2P_h$, cela signifie qu'il attribue deux fois plus d'importance au critère j qu'au critère h. Il faut noter qu'il n'est pas toujours possible de déterminer ces coefficients de pondération, en particulier quand le système de préférence du décideur est peu structuré.

L'appréciation de chacune des actions i sur chacun des critères j donne lieu à un *résultat* R_{ij}. Les résultats peuvent revêtir trois formes différentes : ils sont quantitatifs, qualitatifs ou ordinaux.
- Une évaluation quantitative permet de mesurer le résultat escompté de l'action le long d'une échelle métrique : le niveau de bénéfice, la part de marché, le fonds de roulement sont des critères qui donnent lieu à des résultats quantitatifs.

Tableau 1. — Classement en 6 groupes de 49 points de vue pris en considération dans une méthode d'analyse, de recherche et de sélection d'activités nouvelles.

Point de vue du développement

- Unicité du produit.
- Coefficient «offre-demande».
- Degré d'évolution technique.
- Possibilité d'exportation.
- Opportunité de création d'un service de «conseil technique».
- Ventes complémentaires.
- Incidence sur la politique de personnel.
- Incidence sur la politique de produits de la Compagnie.

Point de vue de la recherche (de développement)

- Utilisation des connaissances actuelles.
- Relation avec le programme de développement.
- Utilisation de l'équipement de laboratoire et d'essai.
- Disponibilité de personnel de recherche.
- Disponibilité de personnel de conception.

Point de vue de la commercialisation

- Relations avec les marchés existants.
- Notoriété dans des domaines voisins.
- Proximité ou éloignement du marché.
- Concurrence prévisible.
- Relations avec d'autres produits fabriqués par la clientèle.
- Possibilités d'achats massifs par certains utilisateurs.
- Diversification des modèles.
- Développement des applications.
- Possibilité de services «Après Vente».
- Variations saisonnières.

Point de vue de la production

- Utilisation éventuelle d'équipement disponible.
- Utilisation équilibrée des différents services de l'usine.
- Utilisation de l'outillage standard.
- Utilisation de matériaux familiers.
- Utilisation de techniques familières.
- Disponibilité de main-d'œuvre approprié.
- Conséquence sur l'organisation de l'usine.
- Frais généraux.
- Taille du produit.
- Facilité d'accès et de transport.
- Sécurité.
- Impératifs d'entretien.
- Déchets et rebuts.
- Utilisation de sous-produits.

Point de vue de l'assimilation

- Planning escompté pour l'opération.
- Marge escomptable.
- Valeur ajoutée au cours de la production.
- Facilité d'approvisionnement.
- Volume des approvisionnements.
- Possibilité interne de se procurer les composants.

Point de vue de la stabilité.

- Stabilité du marché.
- Étendue du marché.
- Effet sur la gamme de produits.
- Possibilité de marché complémentaire.
- Difficulté pour la concurrence de copier le produit.
- Stabilité de la demande en cas de récession économique ou de crise.

Extrait de Roy B. : Algèbre moderne et théorie des graphes (orientées vers les sciences économiques et sociales), Dunod, 1969.

— L'évaluation qualitative affecte l'action à une classe de résultats. Les résultats peuvent être repérés le long d'une échelle d'appréciation allant de « très bon » à « très mauvais ». L'échelle peut ne comporter que deux classes : ou l'action respecte le critère j (par exemple le candidat à un poste détient tel diplôme) ou elle ne le respecte pas.

— L'évaluation ordinale fournit le rang de classement de chaque action i sur le critère considéré. Des appréciations quantitatives ou qualitatives peuvent être ramenées à des appréciations ordinales, mais l'inverse n'est généralement pas possible.

Chaque critère j établit une structure de préférence sur A. Le but de l'analyse multi-critères est de synthétiser les m structures de préférence fournies par l'ensemble des critères, en une structure unique. De nombreux modèles ont été proposés pour établir cette structure unique.

§ 2. Les modèles compensatoires.

Les modèles compensatoires offrent un système d'agrégation des préférences particulièrement facile à utiliser, aussi leur emploi est-il très fréquent. Mais ce système d'agrégation est soumis à de sévères limitations imputables à sa conception même.

1° Présentation des modèles compensatoires.

Dans ce type de modèle, l'utilité de chaque action pour le décideur est matérialisée par un indice quantitatif. Les actions peuvent alors être rangées selon la valeur prise par cet indice. L'agrégation des critères aboutit à un classement des actions.

Plusieurs catégories de modèles compensatoires coexistent, certaines basées sur la notion de *moyenne*, les autres sur la notion de *distance*.

A. Modèles basés sur la notion de moyenne arithmétique.

Soit un ensemble d'actions $A=(A_i;\ i=1, \ldots, n)$ et un ensemble de critères $K=(K_j;\ j=1, \ldots, m)$, affectés de coefficients de pondération $P=(P_j;\ j=1, \ldots, m)$ établis de telle sorte que leur somme soit égale à 1. Nous connaissons les appréciations R_{ij} des actions par les critères. L'ensemble de ces données est reporté sur le tableau 2.

Tableau 2. — Données d'un problème de choix multi-critères.

		Critères de décision (K)		
		K_1	K_j	K_m
Actions (A)	A_1	R_{11}	R_{1j}	R_{1m}
	. .	. .	. .	. .
	A_i	R_{i1}	R_{ij}	R_{im}
	. .	. .	. .	. .
	A_n	R_{n1}	R_{nj}	R_{nm}
Coefficients de pondération (P)		P_1	P_j	P_m

Si les résultats sont de nature quantitative, il est possible d'affecter à chaque action un indicateur d'utilité défini par le résultat moyen qu'elle permet d'obtenir, soit pour l'action *i* :

$$\overline{R}_i = \sum_j R_{ij} \cdot P_j.$$

Si les critères de décision sont exprimés dans des unités de mesure différentes, il conviendra, au préalable de réduire les résultats, c'est-à-dire de les diviser par leur écart type afin qu'ils soient comparables.

L'action A_a sera préférée à l'action A_b si $\overline{R}_a$ est supérieur à $\overline{R}_b$, c'est-à-dire si en moyenne elle donne des résultats plus satisfaisants :

$$A_a > A_b \iff R_a > R_b.$$

Lorsque les appréciations R_{ij} sont de nature qualitative, l'application de ce modèle demande d'associer une note à chaque modalité. Par exemple une appréciation « très bien » sera associée à une note 5 et une appréciation « très mauvais » à une note 0. Dans le cas d'une échelle d'évaluation binaire (l'action *i* a ou n'a pas telle caractéristique), les valeurs 1 et 0 sont utilisées.

Dans le domaine de la gestion, on trouve de multiples applications de modèles basés sur la notion de moyenne arithmétique, qualifiés également de *modèles additifs*. En matière de comportement du consommateur, on citera entre autres le modèle de Lancaster et le modèle de Fishbein. En matière d'évaluation de produits nouveaux, le modèle de O'Meara[3].

A titre d'illustration nous prendrons pour exemple ce dernier modèle. Il s'agit de faire un choix entre trois idées de produits nouveaux (A_1, A_2 et A_3). Quatre critères sont utilisés : K_1 (la facilité de commercialisation), K_2 (la stabilité et la durée de vie du produit), K_3 (la facilité de production) et K_4 (le potentiel commercial).

Chaque produit est jugé le long d'une échelle allant de « très bon » à « mauvais ». Par exemple un très bon produit sous l'angle du critère K_3 présentera les caractéristiques suivantes :

— peut être produit avec des équipements actuellement inemployés; ne nécessite aucune compétence technologique nouvelle; l'approvisionnement en matières premières ne pose aucun problème et peut être obtenu auprès des fournisseurs actuels.

Au contraire, un mauvais produit sous l'angle K_3 sera caractérisé par des équipements nouveaux; une technologie non maîtrisée par l'entreprise; des approvisionnements en matières premières très aléatoires.

Le tableau 3 donne l'appréciation des trois produits sur les quatre critères :

3. *Cf.* VEDRINE J. P., « La nouvelle théorie économique du consommateur et son application en marketing », *R.F.G.*, n° 14, 1978, pages 100 à 108. O'MEARA J., « Selecting profitable products », *H.B.R.* jan-fév. 1961.

Tableau 3. — Grille d'évaluation de produits nouveaux.

	Très bon	Bon	Moyen	Médiocre	Mauvais	Coefficient de pondération
K_1 = Commercialisation	A_1		A_2	A_3		0,4
K_2 = Stabilité et durée de vie		A_2	A_1 ; A_3			0,3
K_3 = Production	A_2		A_1		A_3	0,1
K_4 = Potentiel		A_2 ; A_3		A_1		0,2
Notes	5	4	3	2	1	

Si le décideur utilise les coefficients de pondération figurant dans la dernière colonne du tableau 3, les indices d'utilité des produits sont les suivants :

$$\overline{R}_1 = (5\times 0{,}4) + (3\times 0{,}3) + (3\times 0{,}1) + (2\times 0{,}2) = 3{,}6$$
$$\overline{R}_2 = (3\times 0{,}4) + (4\times 0{,}3) + (5\times 0{,}1) + (4\times 0{,}2) = 3{,}7$$
$$\overline{R}_3 = (2\times 0{,}4) + (3\times 0{,}3) + (1\times 0{,}1) + (4\times 0{,}2) = 2{,}6.$$

Le résultat serait donc ici : $A_2 > A_1 > A_3$.

B. Modèles basés sur la notion de moyenne géométrique.

Dans le modèle additif, il est implicitement supposé que les critères de décision correspondent à des dimensions indépendantes : une bonne performance sur le critère K_j n'entraîne aucune conséquence sur les résultats obtenus sur le critère K_h.

Ceci se traduit par la constance des taux de change entre les critères. Dans l'exemple précédent, un point sur le critère K_1 équivaut à deux points sur le critère K_4, compte tenu de leur pondération. Pour reprendre la terminologie utilisée en microéconomie, le taux de substitution entre K_1 et K_4 est égal à 2 et ce taux ne dépend ni de la note obtenue sur K_1 ni de celle obtenue sur K_4.

Dans la réalité, on rencontrera souvent des situations où les dimensions du choix seront dépendantes : c'est ce qui se produit lorsqu'il existe un effet de synergie entre ces dimensions. La commercialisation des différents produits peut être d'autant plus facile que leur potentiel est prometteur et réciproquement. Un modèle additif ne permet pas de traduire ce phénomène, en revanche un *modèle multiplicatif* peut le prendre en compte.

L'indice d'utilité de chaque action sera alors déterminé à l'aide de la moyenne géométrique des notes :

$$\overline{G}_i = \prod_j R_{ij}^{P_j}.$$

L'application de ce modèle aux données du tableau 3 donnerait $\overline{G}_1 = 3{,}4$, $\overline{G}_2 = 3{,}6$ et $\overline{G}_3 = 2{,}4$. Le classement des actions ne serait, ici, pas modifié.

Un système intermédiaire entre celui de la moyenne arithmétique et celui de la moyenne géométrique peut être utilisé, si l'effet de synergie ne se manifeste qu'entre certaines dimensions seulement.

C. Modèles basés sur la notion de distance.

Les modèles basés sur la notion de distance (on parle également de modèles à *point idéal* ou de *goal programming*) permettent de traiter des situations où les actions sont évaluées par rapport à une action de référence estimée idéale. L'action la plus satisfaisante sera la plus proche de cette action idéale.

Dans les modèles précédents, il était admis qu'une valeur plus élevée de R_{ij} était préférable à une valeur plus faible. Le point idéal se situe en quelque sorte à l'infini. Ceci est parfaitement admissible pour certains critères tels que le profit, la part de marché où la facilité de commercialisation. Dans beaucoup de cas, cependant, le plus n'est pas nécessairement synonyme de meilleur. Si le résultat dépasse une certaine valeur, jugée idéale, l'utilité de l'action correspondante peut diminuer.

Lorsqu'un investisseur évalue les structures financières de différentes entreprises, il le fait par rapport à une structure de référence caractérisée par un ensemble des ratios, déterminés en grande partie par la nature du secteur d'activité. Plus la structure d'une entreprise donnée s'éloigne de façon négative ou positive de cette structure de référence, moins elle est jugée acceptable. Ainsi, une proportion trop élevée ou trop faible de stocks ou de liquidités aura des conséquences défavorables sur l'évaluation de l'entreprise.

Sur chaque critère une valeur idéale est établie : soit I_j pour le critère j. Le résultat de chaque action sur chaque critère est alors comparé à cette valeur idéale. La distance qui apparaît entre le vecteur des résultats et celui des valeurs idéales fournit un indicateur qui permet de classer les différentes actions.

Pour l'action i,

$$D_i = \sqrt{\sum P_j (R_{ij} - I_j)^2} \quad \text{si} \quad D_a < D_b \quad \Longleftrightarrow \quad A_a > A_b.$$

Appliquons ce modèle à un problème d'approvisionnement : trois fournisseurs sont en concurrence pour livrer une certaine matière première. L'entreprise acheteuse souhaite que la composition de cette matière première comporte 15 % d'élément E_1 et 20 % d'élément E_2. Les écarts de composition sur l'élément E_2 entraînent un coût 50 % plus élevé que les écarts sur E_1. Le tableau 4 donne la composition du produit offert par chaque fournisseur.

La composition en élément E_j joue ici le rôle de critère de décision. Les critères sont associés à une valeur idéale. Les écarts de composition sur E_2 coûtant 50 % plus cher que ceux sur E_1 seront donc affectés d'un coefficient de pondération de 0,6 contre 0,4 en ce qui concerne l'écart sur E_1.

Dans ce problème, A_2 est le produit le plus proche de la solution idéale et A_1 le plus éloigné.

Le modèle peut être adapté aux cas où seuls les écarts négatifs par rapport à la norme sont défavorables : les écarts positifs ne seront alors pas intégrés

Tableau 4. — Problème de sélection de fournisseur.

Produit	Composition en élément E_j		D_i
	E_1	E_2	
A_1	5 %	18 %	$\sqrt{10^2\,(0{,}4) + 2^2\,(0{,}6)} = 6{,}5$
A_2	19 %	22 %	$\sqrt{4^2\,(0{,}4) + 2^2\,(0{,}6)} = 2{,}9$
A_3	10 %	25 %	$\sqrt{5^2\,(0{,}4) + 5^2\,(0{,}6)} = 5$
I_j	15 %	20 %	
P_j	0,4	0,6	

dans le calcul de distance. De même, si sur certains critères l'utilité est croissante avec le résultat, une norme fictive pourra être introduite : il suffira de la sélectionner suffisamment élevée pour qu'aucun écart positif n'apparaisse.

2° Limites des modèles compensatoires.

Tous les modèles compensatoires sont basés sur un principe fondamental : il est possible de définir un taux de substitution entre les performances des actions sur les critères.

Ce taux est constant dans le cas du modèle additif. Dans le tableau 3, un point sur le critère « commercialisation » équivaut à deux points sur le critère « potentiel » et quatre points sur le critère « production ». Une action A_a qui aurait quatre points de moins qu'une action A_b sur le critère K_4, mais un point de plus sur le critère K_1, serait jugée aussi satisfaisante. Une mauvaise performance sur un critère peut ainsi être compensée par une bonne performance sur un autre.

Un taux de substitution entre critères peut également être défini dans le cadre des modèles multiplicatifs. Mais ce taux est variable : dans le cas des critères j et h par exemple nous avons :

$$\overline{G} = H \cdot R_j^{P_j} \cdot R_h^{P_h} \qquad \text{et} \qquad R_j = \sqrt[P_j]{H^{-1}\overline{G}} \cdot R_h^{-\frac{P_h}{P_j}}$$

où H represente les notes pondérées des autres critères non pris en considération et supposés fixes. Pour une valeur donnée d'utilité, $\overline{G} = G^o$, $\sqrt[P_j]{H^{-1}\overline{G}}$ est une constante. La relation entre R_j et R_h est donc de forme hyperbolique. Dans le cas où $P_h = P_j$, par exemple

$$R_j = (\text{Constante}) \cdot R_h^{-1}.$$

La perte d'un point sur K_j sera d'autant plus difficile à rattraper par un supplément de points sur K_h que R_j est faible.

Dans le cas des modèles de distance, le taux de substitution est établi en termes d'écart. Dans le tableau 4, un écart de d^2 sur E_1 a le même effet qu'un écart de $(2/3)\,d^2$ sur E_2.

Le fait que l'on soit capable de définir de tels taux de change entre les critères facilite les opérations de classement des actions; mais il entraîne aussi une limitation importante du modèle, puisqu'il suppose que les réalisations sur les différents critères soient comparables donc commensurables.

L'hypothèse sous-jacente est, qu'en fait, l'entreprise ne poursuit qu'un objectif fondamental. Les buts auxquels correspondent les critères de choix ne sont que des finalités instrumentales permettant de réaliser cet objectif; les coefficients de pondération des critères mesurent l'effet sur cette réalisation, des actions entreprises.

Dans de nombreux cas, soit parce que l'entreprise poursuit des finalités très diverses, soit parce que sa finalité fondamentale est trop vague, les réalisations sur les différents critères ne pourront être comparées. Il faudra donc recourir à des modèles non compensatoires. L'utilisation d'un indicateur quantitatif unique pour caractériser chaque action appauvrirait considérablement la réalité.

C'est ce type de problème que nous avons rencontré dans le domaine de la décision en situation de risque. Le critère de l'espérance mathématique, en synthétisant toutes les informations sur les gains et les pertes élimine un des éléments du choix, à savoir la dispersion des résultats. Dans les cas où les pertes potentielles sont importantes, l'adjonction d'un critère sécurité est indispensable pour appréhender correctement chaque action.

Il convient de noter également que les modèles compensatoires ne peuvent intégrer des données ordinales. Si pour certains critères nous ne disposons que d'un classement des actions, les systèmes d'agrégation envisagés jusqu'à maintenant ne sont pas utilisables. La signification d'un classement moyen pondéré est, en effet, très discutable.

§ 3. Les modèles non compensatoires.

Alors que les modèles compensatoires admettent la possibilité de faire des comparaisons de performances inter-critères, les modèles non compensatoires n'admettent que les comparaisons intra-critères. Il n'est plus possible de définir un taux de substitution entre deux critères.

Deux grandes catégories de modèles sont disponibles pour traiter ce type de situations : les modèles basés sur la notion de *domination* et ceux basés sur la notion de *hiérarchie* des critères.

1° Modèles basés sur la notion de domination.

L'idée qui préside à l'utilisation de ces modèles est simple : puisqu'on ne peut comparer les résultats inter-critères, on ne peut dire que l'action *a* est plus satisfaisante que l'action *b* que si elle lui est supérieure sur un nombre suffisamment grand de critères.

Nous distinguerons les modèles à domination totale et les modèles à domination partielle.

A. Modèles à domination totale.

Soit deux actions A_a et A_b et le vecteur de leurs résultats pour les *m* critères :

$$R_a = (R_{aj}; j = 1, ..., m) \quad \text{et} \quad R_b = (R_{bj}; j = 1, ..., m).$$

A_a sera préféré à A_b si $R_{aj} \geq R_{bj}$ pour tous les critères, avec au moins un critère *k* pour lequel $R_{ak} > R_{bk}$.

Ce type de modèle ne demande ainsi aucune comparaison de performances inter-critères; il ne nécessite pas non plus l'utilisation de coefficients de pondération. Aucune hypothèse concernant les préférences du décideur n'est exigée.

Il sera évidemment plus difficile d'organiser un classement des actions. Dans l'exemple du tableau 3, A_3 est dominée par A_2 puisque caractérisée par de moins bons résultats sur les trois premiers critères et par une performance égale sur le quatrième. En revanche A_1 ne domine ni A_2 ni A_3, mais n'est pas non plus dominée par elles. Dans ces conditions, il n'est pas possible de désigner la meilleure décision. Tout ce qu'il est possible de dire, c'est que la décision A_3 doit être rejetée.

Dans certains cas, ce modèle sera utilisé pour ranger les actions en plusieurs classes telles que :

- — actions à retenir;
- — actions à éliminer;
- — actions pour lesquelles un supplément d'information est nécessaire.

Les vecteurs de résultats des actions sont alors comparés à un vecteur de référence, indiquant les résultats qu'une action doit au moins réaliser pour être considérée comme satisfaisante. Ce vecteur de référence introduit une *contrainte conjonctive* dans le choix du décideur.

Si, dans l'exemple précédent, il est exigé au moins un résultat « moyen » sur chacun des critères, la décision A_2 est la seule qui respecte cette contrainte, les autres manifestant certains résultats mauvais ou médiocres. Ce ne sont cependant pas des actions à éliminer systématiquement puisqu'elles ne sont pas dominées totalement par le vecteur de référence. Si l'entreprise ne désire retenir qu'un seul produit, l'analyse peut s'arrêter ici en choisissant A_2. Si l'entreprise s'intéresse à toutes les idées de produits satisfaisantes, elle doit continuer l'étude des actions A_1 et A_3, pour lesquelles aucun résultat net n'est encore obtenu.

Certains auteurs ont proposé une procédure permettant de définir un classement plus précis à partir de contraintes conjonctives. Cette procédure consiste à faire varier le vecteur de référence. Lorsque ce vecteur est fixé au niveau « médiocre », la décision A_1 devient satisfaisante et nous pouvons ainsi aboutir à une classification complète des actions avec $A_2 > A_1 > A_3$.[4]

4. Voir PRAS B., « Comment les consommateurs opèrent-ils leurs choix? Les modèles multi-attributs », *Encyclopédie du Marketing*, vol. I, n° 1 - 42 A, 1977.

B. Modèles à domination partielle.

Le modèle à domination totale est très exigeant : il demande des résultats au moins égaux sur tous les critères, pour qu'il soit possible d'opérer un classement. Le modèle à domination partielle n'exige cette condition que sur les critères les plus importants.

Lorsque le décideur est capable de préciser le poids relatif des critères, le classement des actions peut être obtenu à partir de la *position relative* des actions.

Pour tout couple d'action, un coefficient d'adhésion (a, b) avec l'hypothèse $A_a > A_b$ est défini. si K′ est l'ensemble des critère pour lesquels $R_{aj} \geqslant R_{bj}$ et si K″ est l'ensemble des critères pour lesquels $R_{aj} \leqslant R_{bj}$, le coefficient d'adhésion est donné par

$$H(ab) = \sum_{j \in K'} P_j - \sum_{j \in K''} P_j.$$

Le coefficient d'adhésion avec l'hypothèse inverse, soit $A_b > A_a$, est bien évidemment $H(ba) = -H(ab)$.

Une fois calculé l'ensemble des coefficients d'adhésion, il est possible de déterminer un coefficient d'adhésion générale avec l'hypothèse $A_a > A_i$, $\forall i \in A$:

$$H(a) = \sum_{i \in A} H(ai).$$

Une telle procédure détermine un classement des actions selon la valeur prise par l'indice $H(a)$ qui évalue la position relative de A_a.

Appliquons ce modèle aux données du tableau 3. Dans le tableau 5, les coefficients d'adhésion $H(1i)$ sont indiqués dans la colonne A_1. La somme de ces coefficients, lue en bas de colonne, fournit un indicateur de la position relative de A_1. Les indices similaires pour les autres actions sont donnés dans les autres colonnes. Le classement qui en résulte est à nouveau $A_2 > A_1 > A_3$.

Tableau 5. — Application du modèle de domination partielle.

A_b \ A_a	A_1	A_2	A_3
A_1	╳	0,2	– 0,3
A_2	– 0,2	╳	– 0,8
A_3	0,3	0,8	╳
H*(a)*	0,1	1	– 1,1

2° Modèles basés sur la notion de hiérarchie.

Ce nouveau type de modèles, qualifié aussi de *lexicographique,* repose sur un examen séquentiel des critères selon un ordre qui dépend soit de l'importance des critères, soit des performances des actions sur ces critères.

A. Modèles à critères hiérarchisés a priori.

Le modèle à critères hiérarchisés ne demande aucune pondération des critères mais simplement l'ordre de leur importance pour le décideur.

Si $K_j > K_h$, $\forall h \in K$, les actions sont jugées sur le critère K_j. Deux cas sont possibles :

— $R_{a_j} > R_{b_j}$, $\forall b \in A$, alors l'action A_a est classée première et les autres critères ne sont pas considérés pour cette action.
— $R_{a_j} = R_{b_j}$ pour un sous-ensemble d'actions $b \in A'$. Les actions de A' doivent être départagées à l'aide d'un second critère j' tel que $K_{j'} > K_h$, $\forall h \in K$ et $j' \neq j$.

Si sur le second critère pris en considération une action est supérieure aux autres, elle est classée première; si pour plusieurs actions les performances sont équivalentes sur ce critère, un troisième critère sera utilisé et ainsi de suite.

Les critères de décision sont ainsi examinés séquentiellement à partir du plus important. Dès que pour un critère j'', $R_{a_{j''}} > R_{b_{j''}}$, $\forall b \in A''$, la procédure s'arrête et le choix se porte sur A_a.

Cette procédure permet de classer l'ensemble des actions, ainsi qu'on peut le montrer sur les données du tableau 3 :

— nous avons $K_1 > K_2 > K_4 > K_3$:
— $R_{11} > R_{21} > R_{31}$.

Un classement total apparaît ainsi, utilisant le seul critère K_1, avec $A_1 > A_2 > A_3$. Si deux actions avaient été à égalité sur K_1, il aurait fallu recourir au second critère pour les départager.

Les modèles lexicographiques à seuil de saturation utilisent une procédure similaire. Mais pour les décisions jugés équivalentes au niveau d'un critère donné, on n'exige pas l'égalité parfaite des résultats : il suffit que ces résultats dépassent un seuil déterminé *a priori,* au-delà duquel l'utilité du décideur ne progresse plus.

B. Modèles à critères hiérarchisés en fonction des résultats.

Une autre façon de hiérarchiser les critères, qui a l'avantage de ne nécessiter aucune information sur les préférences de celui qui décide, ni en termes de pondération ni en termes d'ordre, consiste à les ranger en fonction des différences de performance des actions, c'est-à-dire en fonction de leur *pouvoir de discrimination.*

Le premier critère considéré est celui pour lequel les performances sont les plus dispersées. (Dans l'exemple précédent, il s'agirait du critère K_3 et l'action A_2 serait choisie.) La procédure de sélection se déroule de la même façon que dans le cas précédent. Si un critère supplémentaire est nécessaire, on sélectionnera, parmi ceux qui n'ont pas encore été utilisés, celui qui discrimine le plus entre les actions.

Certaines méthodes d'analyse du comportement du consommateur sont basées sur des principes voisins, en particulier la technique du questionnaire dual[5].

Les méthodes du *maximin* et du *maximax* peuvent être rangées également dans la rubrique des modèles à critères hiérarchisés en fonction des résultats : l'action est caractérisée soit par son résultat le plus faible (maximin), soit par son résultat le plus élevé (maximax). Le premier critère pris en considération dépend ainsi du résultat obtenu. Mais ce critère dépend de l'action envisagée puisque toutes les actions n'ont pas leur plus mauvais résultat ou leur meilleur sur le même critère.

Les modèles de formation de l'utilité que nous avons envisagés relèvent de conceptions très différentes. Aucun ne peut cependant prétendre à une validité supérieure aux autres. Tout dépend du problème envisagé, en particulier :

— du degré de structuration des préférences du décideur : ses critères de choix sont-ils commensurables, peut-il les pondérer, les ordonner ou tout simplement les citer?
— un résultat plus élevé correspond-t-il à un degré d'utilité supérieur?
— quel est l'output désiré : classement ou rangement en catégories?
— peut-on énoncer les normes de réalisations pour chaque critère?

Ces modèles ne sont pas exclusifs les uns des autres. Il est très possible de concevoir une application simultanée de plusieurs modèles. Par exemple, en matière de comportement du consommateur, il est admis que l'application successive d'un modèle à contraintes conjonctives et d'un modèle de type lexicographique donne de bons résultats. Le modèle conjonctif élimine les actions les moins intéressantes; sur celles qui restent, le choix est réalisé à partir de critères hiérarchisés[6].

A partir de ces schémas généraux de formation des préférences, plusieurs techniques de choix multi-critères ont pu être élaborées. C'est à ces techniques que seront consacrés les développements qui suivent.

SECTION 2. TECHNIQUES DE CHOIX MULTI-CRITÈRES

Quatre technique de choix multi-critères seront envisagées dans cette section : les deux premières concernant des *choix discrets* entre plusieurs actions pré-déterminées, les deux suivantes concernant des *choix continus :*

— la méthode des *déclassements comparés* qui fait implicitement référence au modèle compensatoire;
— la méthode *Électre,* associée à la notion de domination partielle;
— la *programmation des objectifs* qui utilise simultanément les notions de distance et de classement lexicographique;
— la *procédure d'orientation progressive* dont les concepts-clefs sont la notion de domination partielle et celle de distance.

5. Voir PRAS B., *op. cit.*
6. Voir PRAS B., *op. cit.*

§ 1. La méthode des déclassements comparés.

La méthode des déclassements comparés permet de classer des actions évaluées le long d'échelles qualitatives sur un grand nombre de points de vue[7]. *A priori* aucune pondération ni aucun ordre de préférence ne sont demandés au sujet des critères de choix. En revanche, les préférences du décideur sont matérialisées par une série d'axiomes concernant les comparaisons intra-critères et inter-critères.

Soit $K = (K_j; j = 1, ..., m)$ l'ensemble des critères de choix. Pour chaque critère une échelle qualitative est définie, comportant un certain nombre de classes allant par exemple de « très bon » à « mauvais ». Le nombre de modalités de chaque échelle peut éventuellement être différent : le critère K_j peut comporter cinq classes, et le critère K_h trois seulement.

Une série d'axiomes est définie : ils vont permettre d'agréger les classements des actions sur les différents critères. Ces axiomes sont de deux catégories :

— ils indiquent comment, toutes choses égales par ailleurs, c'est-à-dire pour des performances données sur les autres critères, le passage d'une action à une modalité moins bonne du critère K_j la déclasse sur l'échelle résultant de l'agrégation des critères;

— ils indiquent également de quelle façon jouent des variations de classement au sein de deux échelles différentes.

Reprenons le cas de l'évaluation des idées de produits nouveaux abordé dans la section précédente. Il y a quatre points de vue différents, pour lesquels cinq modalités ont été définies. Les axiomes suivants ont été élaborés au sein de l'entreprise :

— de façon générale, le passage d'une modalité sur un critère à la modalité inférieure suivante, pour un critère donné fait régresser l'action envisagée d'une classe sur l'échelle agrégée;

— le passage de « moyen » à « médiocre » fait perdre deux classes; le passage de « médiocre » à « mauvais » fait perdre trois classes;

— le passage d'une modalité à une modalité inférieure sur l'échelle « commercialisation » fait perdre deux fois plus de classes qu'une évolution similaire sur les autres échelles (l'entreprise juge ce critère particulièrement essentiel).

D'autres axiomes du même type pourraient être définis. Les tableaux suivants donnent le résultat des trois axiomes énoncés. Le tableau 6 croise les critères « commercialisation » et « stabilité »; le tableau 7 croise les points de vue « production » et « potentiel ». L'agrégation de l'ensemble des critères est indiquée dans le tableau 8.

Le classement des trois produits envisagés peut alors être opéré :

A_1 : TB sur K_1 et MO sur K_2 $\Longrightarrow$ classe 3;
MO sur K_3 et ME sur K_4 $\Longrightarrow$ classe 7;
classe 3 sur (K_1, K_2) et classe 7 sur (K_3, K_4) : classe 9 sur l'échelle agrégée.

A_2 : MO sur K_1 et B sur K_2 $\Longrightarrow$ classe 6;
TB sur K_3 et B sur K_4 $\Longrightarrow$ classe 2;
classe 6 sur (K_1, K_2) et classe 2 sur (K_3, K_4) : classe 7 agrégée.

7. *Cf.* LE BOULANGER H. et ROY B., « L'entreprise face à la sélection et l'orientation des projets de recherche », *Métra,* vol. VII, n° 4, 1968; HOLL J. C., *Cinq cas d'études d'investissements,* Entreprise moderne d'édition, 1974.

A_3 : ME sur K_1 et MO sur K_2 $\Longrightarrow$ classe 11;
MA sur K_3 et B sur K_4 $\Longrightarrow$ classe 9;
classe 11 sur (K_1, K_2) et classe 9 sur (K_3, K_4) : classe 19 agrégée.

Dans ces conditions, $A_2 > A_1 > A_3$.

Tableau 6. — Agrégation des critères K_1 et K_2.

K_2 \ K_1	Très bon	Bon	Moyen	Médiocre	Mauvais
TB	1	3	5	9	15
B	2	4	6	10	16
MO	3	5	7	11	17
ME	5	7	9	13	19
MA	8	10	12	16	22

Tableau 7. — Agrégation des critères K_3 et K_4.

K_4 \ K_3	Très bon	Bon	Moyen	Médiocre	Mauvais
TB	1	2	3	5	8
B	2	3	4	6	9
MO	3	4	5	7	10
ME	5	6	7	9	12
MA	8	9	10	12	15

Tableau 8. — Agrégation de l'ensemble des critères.

K_1, K_2 \ K_3, K_4	1	2	3	4	5	6	7	8	9	10	12	15
1	1	2	3	4	5	6	7	8	9	10	12	15
2	2	3	4	5	6	7	8	9	10	11	13	16
3	3	4	5	6	7	8	9	10	11	12	14	17
4	4	5	6	7	8	9	10	11	12	13	15	18
5	5	6	7	8	9	10	11	12	13	14	16	19
6	6	7	8	9	10	11	12	13	14	15	17	20
7	7	8	9	10	11	12	13	14	15	16	18	21
8	8	9	10	11	12	13	14	15	16	17	19	22
9	9	10	11	12	13	14	15	16	17	18	20	23
10	10	11	12	13	14	15	16	17	18	19	21	24
11	11	12	13	14	15	16	17	18	19	20	22	25
12	12	13	14	15	16	17	18	19	20	21	23	26
13	13	14	15	16	17	18	19	20	21	22	24	27
15	15	16	17	18	19	20	21	22	23	24	26	29
16	16	17	18	19	20	21	22	23	24	25	27	30
17	17	18	19	20	21	22	23	24	25	26	28	31
19	19	20	21	22	23	24	25	26	27	28	30	33
22	22	23	24	25	26	27	28	29	30	31	33	36

Il apparaît clairement que la technique des déclassements comparés s'apparente au modèle compensatoire; elle utilise implicitement des coefficients de pondération. Ces coefficients n'ont cependant pas à être évalués, ce qui peut, dans certains cas, représenter un avantage.

§ 2. La méthode Électre.

La méthode Électre (Élimination et choix traduisant la réalité) a été mise au point par B. Roy. Elle utilise la notion de *surclassement*[7].

Une action a surclasse une action b, ce que l'on notera aSb, dès que ses résultats sont au moins aussi bons sur un ensemble de critères suffisamment importants, et tant que le désaccord avec cette proposition reste à un niveau suffisamment faible.

La méthode Électre I emploie la notion de *surclassement fort;* la méthode Électre II, la notion de *surclassement faible.*

1° Électre I.

Soit deux actions A_a et A_b, caractérisées par leur vecteur de résultats (R_{ij}; $j=1, \ldots, m$) selon m critères de choix. Comme dans le modèle de domination partielle, nous repérons l'ensemble K′ des critères pour lesquels $R_{a_j} \geqslant R_{b_j}$ et l'ensemble K″ des critères pour lesquels $R_{b_j} \geqslant R_{a_j}$.

L'hypothèse aSb a d'autant plus de chances d'être vérifiée que la somme des coefficients de pondération des critères de l'ensemble K′ est importante. Nous définissons un *indicateur de concordance* avec l'hypothèse aSb dont la valeur est donnée par

$$C(aSb) = \frac{\sum_{j \in K'} P_j}{\sum_{j \in K} P_j} = \sum_{j \in K'} P_j \quad \text{si} \quad \sum_{j \in K} P_j = 1.$$

L'hypothèse étudiée peut être infirmée cependant, si sur un critère appartenant à K″ l'infériorité de a est trop forte. Nous définissons, pour repérer ce phénomène, un *indicateur de discordance* mesuré par

$$D(aSb) = \frac{\max\limits_{j \in K''} (R_{b_j} - R_{a_j})}{\max D},$$

où D est la différence maximum que l'on pourrait trouver sur le critère correspondant, par exemple 10 si les actions sont notées de 0 à 10.

Lorsque le nombre de critères est élevé, on ne retiendra éventuellement que le $n^{\text{ième}}$ désaccord avec l'hypothèse. Dans ce qui suit, nous poserons cependant $n=1$.

8. Roy B., Classement et choix en présence de points de vue multiples : la méthode Électre » *R.I.R.O.*, n° 8, 1968, pages 57-75; Guigou J. K., *Analyse des données et choix à critères multiples,* Dunod, 1974.

Pour que l'hypothèse étudiée soit acceptée, il faut que l'indicateur de concordance soit supérieur à un seuil C* et que l'indicateur de discordance soit inférieur à D*. Ces seuils sont fixés en fonction du risque que l'on accepte de prendre en acceptant l'hypothèse. Plus les seuils seront exigeants, moins le risque sera élevé, mais plus le classement sera difficile à obtenir. Pour arriver à un classement complet des actions il faut modifier progressivement les seuils.

Par exemple, dans le tableau 9, *a*) sont indiquées les notes sur 10 de plusieurs dossiers *a*, ..., *e* en fonction de critères I, II, III et IV. Le tableau 9, *b*) donne les coefficients de concordance avec l'hypothèse *h* (lu en colonne) S*k* (lu en ligne). Le tableau 9, *c*) donne les coefficients de discordance.

Si nous demandons un niveau de risque faible, associé à C* = 0,8 et D* = 0,2, par exemple un seul surclassement est possible : *a*S*b*, mais on ne peut rien dire des autres actions. *a*, *c*, *d*, *e* constituent un *noyau* d'actions non surclassées. (*Cf.* Graphique 1, *a*).) En faisant varier les seuils C* et D*, en admettant un risque plus élevé, les relations de surclassement deviennent plus fréquentes. Un classement complet des actions est obtenu avec C* = 0,6 et D* = 0,3. (*Cf.* Graphique 1, *c*).) Le noyau est alors réduit à l'action *a*.

Il faut bien noter que le résultat de cette procédure n'aboutit pas nécessairement à un noyau contenant une seule action. Le noyau peut contenir plusieurs actions qui se surclassent mutuellement et entre lesquelles aucun ordre ne peut être défini.

Lorsque le décideur désire obtenir simplement une partition des actions, pour définir l'ensemble des actions à retenir, les coefficients de concordance et de discordance sont évalués en relation avec un vecteur de normes de référence. Les actions qui surclassent ce vecteur sont retenues.

Tableau 9. — Méthode Électre I : données initiales; indicateurs de concordance et de discordance.

a)

	Critères de choix			
Dossiers	I	II	III	IV
a	6	4	7	8
b	5	4	8	3
c	4	6	6	5
d	3	8	9	1
e	6	5	3	4
Poids	0,4	0,3	0,1	0,2

b)

C (*h*S*k*)	*a*	*b*	*c*	*d*	*e*
a	—	0,4	0,3	0,4	0,7
b	0,9	—	0,5	0,4	0,9
c	0,7	0,5	—	0,4	0,4
d	0,6	0,6	0,6	—	0,6
e	0,7	0,1	0,6	0,4	—

c)

D (*hSk*)	*a*	*b*	*c*	*d*	*e*
a	–	0,5	0,3	0,7	0,4
b	0,1	–	0,2	0,2	0,5
c	0,2	0,2	–	0,4	0,3
d	0,4	0,4	0,3	–	0,6
e	0,1	0,1	0,2	0,3	–

Graphique 1. — Méthode Électre I : détermination du noyau.

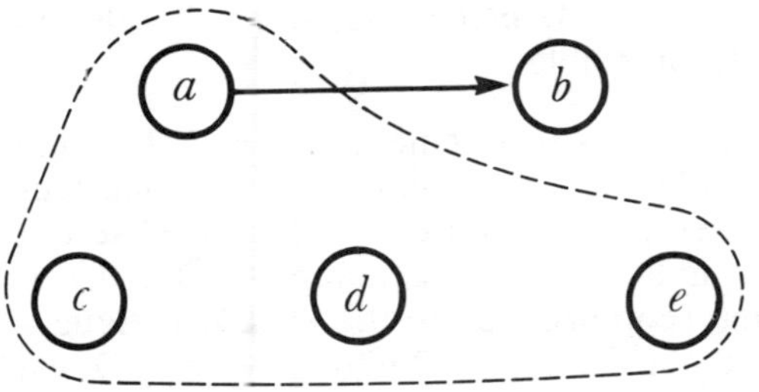

a) C* = 0,8 D* = 0,2

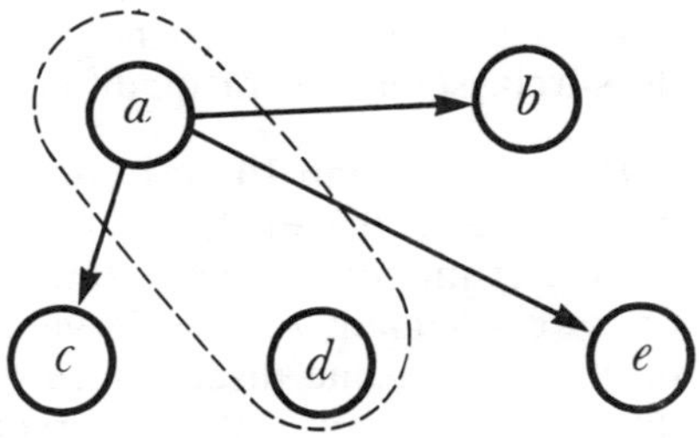

b) C* = 0,7 D* = 0,2

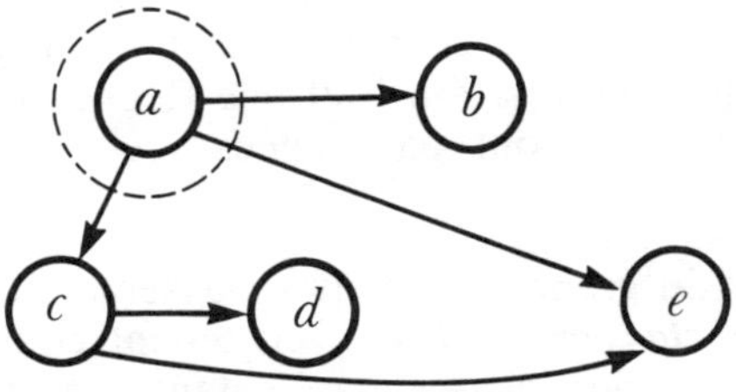

c) C* = 0,6 D* = 0,3

2° Modèle Électre II.

Le modèle Électre II est un modèle plus souple que le précédent : il permet de déterminer une classification des actions sans recourir à un processus itératif.

A côté de la relation de surclassement forte (F) qui a été employée plus haut, il introduit une relation de surclassement faible (*f*).

Nous définissons à nouveau par K′ l'ensemble des critères pour lesquels $R_{a_j} \geqslant R_{b_j}$; nous appelons K^+ l'ensemble des critères pour lesquels $R_{a_j} > R_{b_j}$ et K^- ceux pour lesquels $R_{a_j} < R_{b_j}$.

aSb lorsque les trois conditions suivantes sont remplies :

(1) $$\frac{\sum_{j \in K^+} P_j}{\sum_{j \in K^-} P_j} \geqslant 1.$$

(2) $$C(aSb) = \sum_{j \in K'} P_j \geqslant C^*.$$

(3) $$D(aSb) = \frac{\max_{j \in K^-} (R_{b_j} - R_{a_j})}{\max D} \leqslant D^*.$$

Plusieurs seuils de concordance et de discordance sont alors utilisés simultanément et non un seul comme au cours de chaque itération d'Électre I. Selon les seuils que les indicateurs C(*aSb*) et D(*aSb*) atteignent, la relation de surclassement sera qualifiée de forte ou faible.

Dans le tableau 10, les seuils sont fixés respectivement à 0,8, 0,7 et 0,6 pour C* et à 0,2 et 0,4 pour D*. Un indice C élevé (par exemple supérieur à 0,8), et une discordance faible (par exemple inférieure à 0,2) concrétiseront un surclassement fort; en revanche, un indice C moyen (compris entre 0,7 et 0,8) associé à une discordance moyenne (comprise entre 0,2 et 0,4) indiquera un surclassement faible. Lorsque C est inférieur à 0,6 ou lorsque D est supérieur à 0,4 il ne sera pas possible de classer les actions.

Cette procédure appliquée aux données du tableau 9, *a*) permet d'aboutir aux relations de surclassement du tableau 10, *b*). Ces relations sont reportées sur un graphe tel que celui reproduit sur le graphique 2 où une flèche en trait plein indique une relation F et une flèche en pointillés une relation *f*. Lorsque deux actions ne sont pas reliées, cela signifie que leur classement a été impossible.

A partir du graphe, plusieurs classements des actions peuvent être opérés :
— un *classement direct,* en tenant compte des flèches qui aboutissent à une action et qui manifestent son surclassement : dans le cas étudié, la classement direct donnerait les résultats suivants :

1° : *a*, *b*, *c*; 2° : *e*; 3° : *d*;

— un *classement inverse* en tenant compte des flèches qui partent d'une action et qui concrétisent sa supériorité : ici on aurait

1° : *a*; 2° : *c*; 3° : *b*, *e*; 4° : *d*.

La fusion des deux classements en un *classement médian* donne :

1° : *a*; 2° : *c*; 3° : *b*; 4° : *e*; 5° : *d*.

Tableau 10. — Méthode Électre II : détermination des surclassements forts (F) et faibles (*f*).

***a*)**

	1 ⩽ C ⩽ 0,8	0,8 < C ⩽ 0,7	0,7 < C ⩽ 0,6
0 ⩽ D ⩽ 0,2	F	F	*f*
0,2 < D ⩽ 0,4	F	*f*	*f*

***b*)**

*h*S*k*	*a*	*b*	*c*	*d*	*e*
a	–	non	non	non	*f*
b	F	–	non	non	non
c	F	non	–	non	non
d	*f*	*f*	*f*	–	non
e	F	non	*f*	non	–

Graphique 2. — Méthode Électre II : détermination du classement.

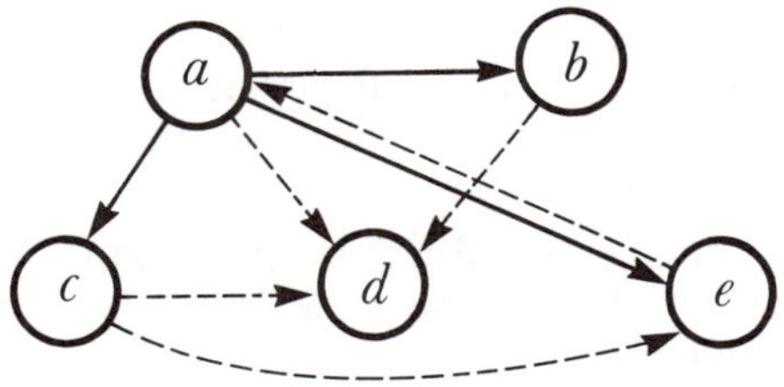

§ 3. La programmation des objectifs.

La programmation des objectifs (ou encore « goal programming ») est une application de la programmation linéaire au cas où l'entreprise poursuit simultanément plusieurs finalités qu'elle est capable de hiérarchiser et qui se traduisent par des objectifs que l'on cherche à atteindre[9].

La fonction objectif est définie en termes d'écarts entre les finalités et les réalisations : il s'agit de rendre minimum ces écarts, en traitant en priorité ceux qui concernent les objectifs les plus importants. Les différents critères sont ainsi abordés selon le mode lexicographique : ce n'est qu'une fois le maximum réalisé sur le critère le plus important que l'on s'intéresse aux autres.

Les contraintes à prendre en considération sont d'une part les contraintes que l'on rencontre en programmation linéaire habituelle; on trouve, d'autre part, des contraintes associées aux objectifs qui ont été choisis. Les variables

9. Charnes A. et Cooper W., *Management models and industrial applications of linear programming*, Wiley, 1961; Fighiera E. et Lee S., *La programmation des objectifs*, Dunod, 1974.

d'écart de ces dernières contraintes seront les variables de la fonction objectif. Dans la mesure où un objectif peut soit ne pas être atteint, soit être dépassé, et puisque ces deux possibilités ne se traduisent pas nécessairement par des effets commensurables sur les préférences du décideur, dans certaines contraintes associées aux objectifs, deux variables d'écart seront introduites : d_i^- pour la partie de l'objectif qui n'a pas été atteinte et d_i^+ pour le dépassement de l'objectif. Évidemment $d_i^- d_i^+ = 0$.

De façon générale un problème de programmation des objectifs s'écrit :

$$\text{Min } Z = \sum_i \sum_k (c_{ik}^- d_i^- + c_{ik}^+ d_i^+) P_k,$$

avec
$$a_{hj} x_j \leqslant b_h ; \quad h = 1, \ldots, r$$
$$a_{ij} x_j + d_i^- - d_i^+ = 0_i ; \quad i = 1, \ldots, p.$$

P_k indique l'ordre de priorité de prise en considération des écarts. Dans la première étape de calcul, seuls sont pris en compte les écarts sur le critère n° 1. Les autres n'interviennent qu'à titre de critère secondaire comme dans le schéma lexicographique. Les écarts correspondant au même niveau de priorité sont additifs; ils peuvent être affectés de coefficients de pondération c_{ik} différents s'ils n'ont pas le même effet sur la réalisation de la finalité k.

Prenons le cas de la Société des produits chimiques qui s'est fixé pour le prochain exercice les buts suivants :
- maintenir l'emploi (P_1);
- réaliser un niveau satisfaisant de profit (P_2);
- ne pas trop surcharger les équipements (P_3);
- éviter les heures complémentaires (P_4);

Ces buts se traduisent par des objectifs quantitatifs :
- utiliser le plus exactement possible les 1 600 h disponibles de travail par période (finalités 1 et 4);
- obtenir 8 000 de marge brute par période (finalité 2);
- faire fonctionner respectivement 800 h/période et 300 h/période les équipements I et II (finalité 3).

La S.P.C. fabrique deux produits, le Méraklon et le Trangstène dont les coefficients techniques sont indiqués ci-dessous :

	Méraklon	Trangstène
Équipement I	2	2
Équipement II.	0	1
Main-d'œuvre	3	4
Marge brute unitaire. . .	12	15

Le problème de la S.P.C. peut alors s'écrire :

$$\text{Min } Z = P_1 d_3^- + P_2 d_4^- + 2P_3 d_1^+ + P_3 d_2^+ + P_4 d_3^+,$$

avec
$$2x_1 + 2x_2 + d_1^- - d_1^+ = 800$$
$$x_2 + d_2^- - d_2^+ = 300$$
$$3x_1 + 4x_2 + d_3^- - d_3^+ = 1\,600$$
$$12x_1 + 15x_2 + d_4^- - d_4^+ = 8\,000.$$

On notera que seuls les écarts associés à une finalité sont intégrés dans la fonction Z, soit

— le sous-emploi du personnel (d_3^-);
— un niveau de marge inférieur à 8 000 (d_4^-);
— le sur-emploi des équipements (d_1^+ et d_2^+) : le sur-emploi de l'équipement I est pondéré plus fortement que celui de l'équipement II, dans la mesure où il s'agit d'un équipement plus ancien, donc plus souvent sujet à des pannes. La direction de l'entreprise estime que les risques de panne dus à un sur-emploi de l'équipement I sont deux fois plus probables;
— les heures complémentaires (d_3^+).

Lorsque pour certaines contraintes les limites sont définies de façon stricte, on n'utilise qu'une seule des variables d'écart. Si l'équipement II, par exemple, ne pouvait dépasser 300 h de fonctionnement, seule la variable d_2^- serait utilisée.

La résolution d'un tel problème peut être réalisée à l'aide des mêmes techniques que la programmation linéaire, en particulier à l'aide du simplexe. Le tableau 11 donne les étapes de calcul par la méthode du simplexe.

Tableau 11. — Programmation des objectifs : application de la méthode du simplexe.

		X_1	X_2	d_1^-	d_1^+	d_2^-	d_2^+	d_3^-	d_3^+	d_4^-	d_4^+	
					$2P_3$		P_3	P_1	P_4	P_2		
	d_1^-	2	2	1	−1							800
	d_2^-		**1**			1	−1					300
P_1	d_3^-	3	4					1	−1			1 600
P_2	d_4^-	12	15							1	−1	8 000
Z_j-C_j	P_1	3	4						−1			1 600
	P_2	12	15								−1	8 000
	P_3				−2		−1					0
	P_4								−1			0
	d_1^-	**2**		1	−1	−2	2					200
	X_2		1			1	−1					300
P_1	d_3^-	3				−4	4	1	−1			400
P_2	d_4^-	12				−15	15			1	−1	3 500
Z_j-C_j	P_1	3				−4	4		−1			400
	P_2	12				−15	15				−1	3 500
	P_3				−2		−1					0
	P_4								−1			0

		X₁	X_2	d_1^-	d_1^+	d_2^-	d_2^+	d_3^-	d_3^+	d_4^-	d_4^+	
					$2P_3$		P_3	P_1	P_4	P_2		
	X_1	1		1/2	−1/2	− 1	1					100
	X_2		1			1	− 1					300
P_1	d_3^-			− 3/2	**3/2**	− 1	1	1	− 1			100
P_2	d_4^-			− 6	6	− 3	3			1	− 1	2 300
$Z_j - C_j$	P_1			− 3/2	3/2	− 1	1		− 1			100
	P_2			− 6	6	− 3	3				− 1	2 300
	P_3				− 2		− 1					0
	P_4								− 1			0
	X_1	1				− 4/3	4/3	1/3	− 1/3			133,3
	X_2		1			1	− 1					300
$2P_3$	d_1^+			− 1	1	− 2/3	2/3	2/3	− 2/3			66,7
P_2	d_4^-					1	− 1	− 4	**4**	1	− 1	1 900
$Z_j - C_j$	P_1							− 1				0
	P_2					1	− 1	− 4	4		− 1	1 900
	P_3			− 2		− 4/3	1/3	4/3	− 4/3			133,3
	P_4								− 1			0
	X_1	1				−15/12	15/12			1/12	− 1/12	291,6
	X_2		1			1	− 1					300
$2P_3$	d_1^+			− 1	1	− 1/2	1/2			1/6	− 1/6	383,4
P_4	d_3^+					1/4	− 1/4	− 1	1	1/4	− 1/4	475
$Z_j - C_j$	P_1							− 1				0
	P_2									− 1		0
	P_3			−2		− 1				1/3	− 1/3	766,8
	P_4					1/4	− 1/4	− 1		1/4	− 1/4	475

— La solution initiale comprend les variables d'écart d_i^-;
— le critère du simplexe $Z_j - C_j$ est calculé pour chacune des finalités : il comporte ici quatre lignes puisque l'entreprise poursuit quatre finalités;
— la variable à introduire lors de chaque itération est celle pour laquelle la valeur $Z_j - C_j$ est la plus élevée pour la finalité la plus importante; s'il y a égalité entre deux variables à ce niveau, c'est la seconde finalité par ordre d'importance qui permet de faire la sélection, ou une finalité de rang plus faible. Dans le cas présent les variables réelles ont cependant été rentrées en priorité;
— la variable qui sort de la solution est déterminée comme en programmation linéaire traditionnelle; le nouveau tableau également;
— la solution optimale est obtenue soit quand tous les termes du tableau $Z_j - C_j$ sont négatifs (ce qui signifie que tous les objectifs sont atteints,

aussi est-ce peu probable), soit quand les termes correspondant aux objectifs principaux sont négatifs et qu'il est impossible d'améliorer le résultat sur un objectif de rang inférieur sans détériorer ceux correspondant à un rang supérieur.

Par exemple, dans le tableau 11, il apparaît que l'introduction de d_4^- améliorerait les résultats concernant les objectifs P_3 et P_4, mais cela serait défavorable à la finalité P_2 qui est plus importante. On remarque que les objectifs de plein-emploi et de rentabilité sont complètement atteints puisque d_3^- et d_4^- sont nuls; en revanche les deux autres objectifs ne le sont pas ($d_1^+ = 383{,}4$: c'est le sur-emploi de l'équipement I et $d_3^+ = 475$: ce sont les heures supplémentaires).

§ 4. La procédure d'orientation progressive.

La méthode P.O.P. est également une application de la programmation linéaire dans des situations où les objectifs sont multiples[10]. La différence principale avec la programmation des objectifs réside dans le refus de hiérarchiser les objectifs *a priori;* en revanche, au cours de l'utilisation de la procédure, le décideur peut être amené à définir des pondérations des objectifs en fonction des résultats atteints.

Le problème se pose de la façon suivante :

$$\text{Max } Z_k(X) = \sum_j c_{kj} \cdot X_j$$

avec $\Sigma a_{ij} X_j \leqslant b_i, \quad k = 1, \ldots, r, \; i = 1, \ldots, m$

Dans ce problème, les variables X_j sont soumises à m contraintes (techniques, commerciales, financières, etc.). Elles doivent être choisies de telle sorte à rendre maximum r fonctions-objectif, chacune correspondant à un critère particulier.

Dans une première étape, un vecteur optimal X_j^k est obtenu pour chacun des critères. Si le même vecteur était obtenu pour l'ensemble des critères, le problème serait terminé, mais, en général ce ne sera pas le cas et plusieurs vecteurs X_j^k devront être considérés au cours des calculs ultérieurs.

La procédure d'orientation progressive opère en deux phases :

— au cours de la phase A, dite *phase de choix,* qui peut elle-même demander plusieurs itérations, certains des vecteurs X_j^k seront éliminés car trop peu satisfaisants sur certains critères. Ils pourront être remplacés par des solutions mixtes, combinaisons linéaires des vecteurs initiaux;

— au cours de la phase B, dite *phase de réoptimisation,* une nouvelle série de vecteurs (X_j^k), sera déterminée, après introduction de nouvelles contraintes portant sur les minima de réalisation des différents critères que l'on s'impose au vu des résultats de la phase A. La phase de réoptimisation peut également recourir à une fonction objectif combinée où les $Z_k(X)$ seront pondérés par des coefficients introduits à la suite de la première phase.

---

10. Benayoun R. et Tergny J., « Critères multiples et programmation mathématique : une solution dans le cas linéaire », *R.I.R.O.*, n° V. 2, 1969, pages 31 à 56; pour une application en matière de projets de développement : Fayette J. : « Sur l'utilisation de la programmation linéaire à plusieurs fonctions d'objectifs dans la planification », *M.D.*, n° 16, 1976, pages 723 à 736.

L'intérêt d'une telle procédure est de permettre au décideur d'intervenir dans les différentes phases de calcul pour préciser ses préférences. Un objectif qui *a priori* n'apparaissait pas important peut le devenir si, au cours des calculs, il apparaît que certaines solutions sont trop défavorables pour lui.

Soit, par exemple, le problème suivant qui se pose à une entreprise fabriquant deux produits P_1 et P_2 dont on désire déterminer les niveaux de production optimale.

Le produit P_1 est vendu 120 F; il dégage une marge brute unitaire de 70 F. Ces chiffres sont respectivement 130 F et 20 F pour P_2. La production de ces deux produits nécessite l'emploi de trois types d'équipement, E_1, E_2 et E_3, dont les disponibilités et les coefficients techniques figurent dans le tableau suivant. La production de P_1 demande, en outre, 5 h de main-d'œuvre et celle de P_2, 4 h. Les disponibilités en main-d'œuvre ne sont pas contraignantes.

Tableau 12. — Données techniques.

Produits Équipements	P_1	P_2	Disponibilités
E_1	3	1	1 500 h
E_2	1	1	1 000 h
E_3	1		300 h
M.-O.	5	4	

L'entreprise s'est fixé trois objectifs :
— maximiser le profit, ce qui se traduit par la fonction objectif $Z_1 = 70X_1 + 20X_2$;
— maximiser le chiffre d'affaires : $Z_2 = 120X_1 + 130X_2$;
— maximiser l'emploi : $Z_3 = 5X_1 + 4X_2$.

Les productions optimales X_1^k et X_2^k doivent respecter les contraintes

$$\begin{aligned} 3X_1 + X_2 &\leq 1\,500 \\ X_1 + X_2 &\leq 1\,000 \\ X_1 &\leq 300. \end{aligned}$$

Ces contraintes définissent un domaine des possibles OABCD sur le graphique 3.

La résolution du problème de maximisation du profit donne les résultats suivants :

$$X_1^1 = 300; \quad X_2^1 = 600 \quad \text{et} \quad Z_1^* = 33\,000.$$

Cette solution correspond au point C du graphique. Pour le problème de maximisation de Z_2, la solution est $X_1^2 = 0$, $X_2^2 = 1\,000$ et $Z_2^* = 130\,000$, solution associée au point A. Pour le troisième problème, $X_1^3 = 250$, $X_2^3 = 750$ et $Z_3^* = 4\,250$ (point B).

A partir de ces solutions optimales sur un point de vue donné, il est possible de dresser le tableau des gains (tableau 13) où sont indiqués les résultats que l'on obtiendrait pour chacun des critères si une solution particulière était adoptée.

Tableau 13. — Tableau des gains.

Solution	Critères		
	Profit	Chiffre d'affaires	Emploi
X^1	33 000	114 000	3 900
X^2	20 000	130 000	4 000
X^3	32 500	127 500	4 250
$\bar{X}$	28 500	123 833	4 050
D_k	13 000	16 000	350

Graphique 3. — Problème de choix à objectifs multiples.

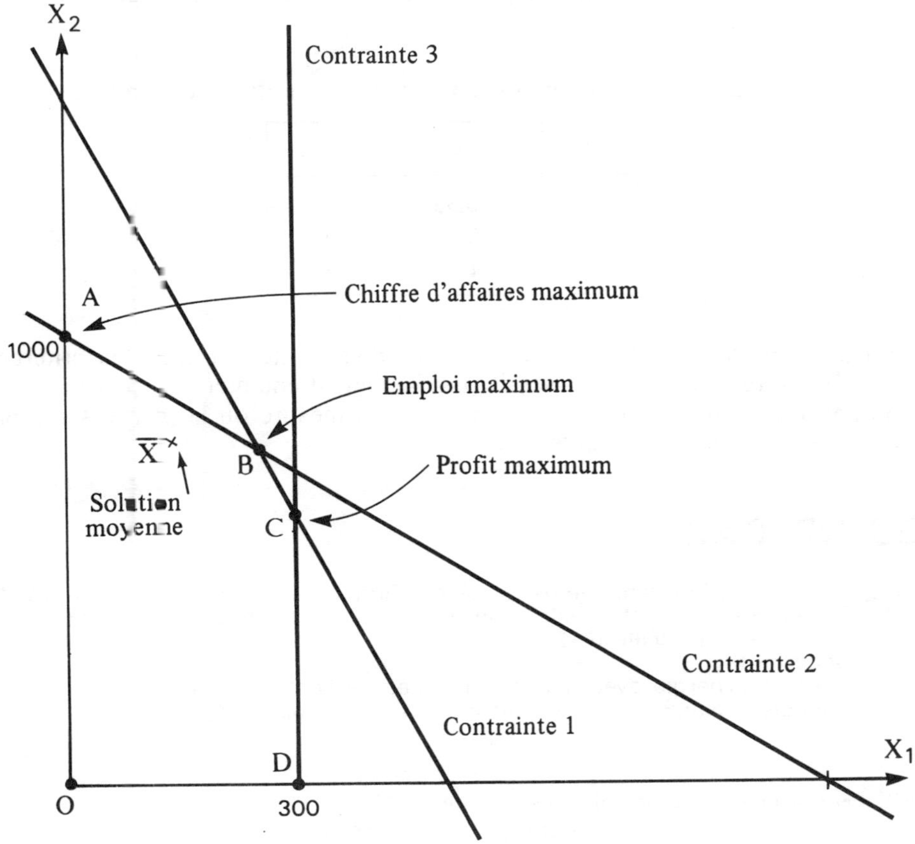

Ce tableau permet d'apprécier quels sacrifices il faut consentir sur un critère donné pour rendre maximum un autre critère : par exemple, maximiser le profit provoque une perte de chiffre d'affaires de 16000 par rapport à la meilleure solution possible pour ce critère, et une perte d'emploi de 350 heures.

Ces résultats peuvent être comparés avec ceux qu'obtiendrait une solution de compromis assimilée à la moyenne telle que $\overline{X}=\frac{1}{3}\sum_k X^k$. Cette solution moyenne[11], qui est réalisable puisque se trouvant dans le triangle ABC, rapporte pour chaque critère h,

$$Z_h=\frac{1}{3}\sum_k Z_h(X^k).$$

Ces valeurs sont indiquées dans le tableau 13, de même que la différence maximum D_k entre le meilleur résultat et le pire pour un critère k donné.

Chaque solution X^k est alors caractérisée par deux indicateurs :
— la proportion p de résultats qu'elle obtient au-dessus de la moyenne sur l'ensemble des critères;
— l'écart relatif q, exprimé en proportion de l'écart maximum possible D_k, le plus défavorable par rapport à la solution moyenne.

On notera que ces deux indicateurs sont assimilables aux indices de concordance et de discordance de la méthode Électre. Dans le cas étudié, les valeurs de ces deux indicateurs pour chaque solution sont données dans le tableau 14.

Tableau 14. — Indices de concordance et de discordance.

	p	q
X^1	0,33	0,61
X^2	0,33	0,65
X^3	1	0

La solution X^3 (point B) apparaît très satisfaisante sur tous les critères : elle peut être adoptée. Il serait inutile ici d'entamer la phase de la réoptimisation qui n'est nécessaire que dans la mesure où la phase A n'a pas donné de solution satisfaisante.

ÉTUDES DE CAS

10-1 La direction générale de la société Giraud se voit proposer cinq projets d'investissement qu'elle a décidé d'évaluer selon quatre critères :
— rentabilité (K_1),
— sécurité (K_2),
— effet de synergie avec d'autres activités de l'entreprise (K_3),
— aspects sociaux, en particulier en matière d'emploi (K_4).

11. Cette solution moyenne a pour coordonnées

$$X_1=183{,}33 \quad \text{et} \quad X_2=783{,}33.$$

Chacun des projets a été noté de 0 à 20 sur chacun des critères, comme le montre le tableau suivant :

Critère \ Projet	A	B	C	D	E
K_1	18	16	18	16	12
K_2	14	13	11	13	12
K_3	16	8	9	15	4
K_4	12	8	9	15	12

Quel sera le classement de ces projets dans chacune des situations suivantes :

a) la direction a pu évaluer l'importance relative des critères avec respectivement des poids de 0,4; 0,3; 0,1 et 0,2;

b) la direction peut seulement donner l'ordre d'importance des différents critères avec $K_1 > K_2 > K_3 > K_4$.

Solution

L'application du modèle de la moyenne pondérée est concevable dans la première situation. Le classement obtenu serait alors :

$$A > D > C > B > E.$$

Dans la seconde situation, il faut recourir à un modèle léxicographique : A et C sont à égalité sur le critère K_1, mais A est mieux noté que C sur le critère K_2 : donc $A > C$. D'autre part, B et D, sont à égalité sur K_1 et sur K_2; ils sont départagés sur le troisième critère par ordre d'importance, avec $D > B$. Le classement léxicographique global est donc :

$$A > C > D > B > E.$$

L'introduction d'un seuil de saturation à 15, rendrait ex æquo les projets A, B, C et D sur K_1. Sur K_2, A est le mieux classé, suivi de B et D ex aequo. D est mieux classé que B sur le critère K_3. Le classement global serait ici : $A > D > B > C > E$.

10-2 Déterminez le plus intéressant des projets *a*, *b*, *c*, *d* et *e*, en fonction des notes qu'ils ont obtenues sur les quatre critères retenus, à l'aide de la méthode Électre.

	a	*b*	*c*	*d*	*e*	Pond.
K_1	18	16	14	11	10	0,4
K_2	10	12	9	14	10	0,3
K_3	14	16	14	15	15	0,1
K_4	12	8	15	9	12	0,2

Solution

Le graphe suivant, qui montre que *a* constitue le noyau de projets non surclassés a été obtenu en donnant à C* une valeur C* = 0,6, et à D* une valeur D* = 0,3.

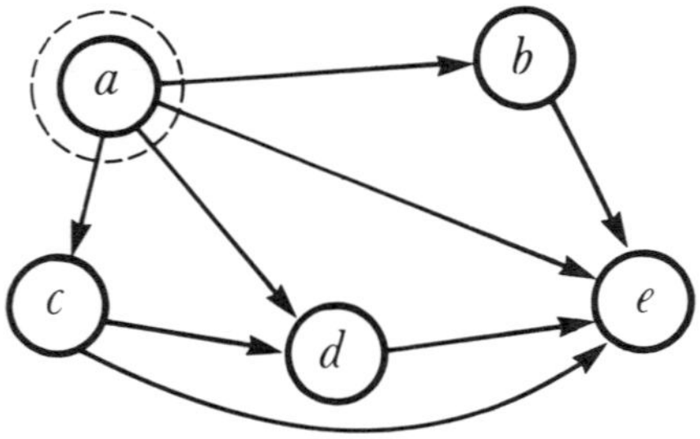

10-3 Les projets examinés dans le cas précédent sont maintenant comparés à un projet de référence noté 12 sur chaque critère, à l'aide de la méthode Électre, afin de déterminer la liste des projets à retenir.

Solution

Les projets retenus doivent surclasser le projet *r* de référence et ne pas être surclassés par lui. Les projets exclus au contraire sont surclassés par *r* et ne le surclassent pas.

Le tableau ci-dessous donnent les indices de concordance C et de discordance D avec la relation *a* S *r* d'une part et *r* S *a* d'autre part.

	a	*b*	*c*	*d*	*e*
C *(aSr)*	0,7	0,8	0,7	0,4	0,3
D *(aSr)*	0,1	0,2	0,15	0,15	0,1
C *(rSa)*	0,5	0,5	0,3	0,6	0,9
D *(rSa)*	0,3	0,2	0,15	0,15	0,15

Si l'on utilise des seuils C* = 0,6 et D* = 0,15, trois catégories de projets peuvent être définis :

— les projets à retenir : *a*, *c*;
— les projets à exclure : *d* et *e*;
— un projet pour lequel on ne peut trancher *b*, et pour lequel un supplément d'étude serait nécessaire. Si le seuil de discordance est mis au niveau 0,2, le projet *b* passe dans la première catégorie.

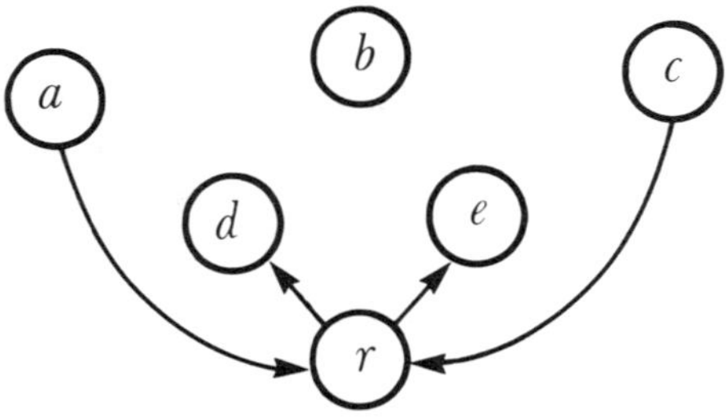

10-4

Dans le problème examiné dans la section 2, § 4 les trois finalités de l'entreprise sont maintenant précisées et hiérarchisées :

— l'entreprise désire en priorité utiliser au maximum les 5000 h de travail disponibles;

— elle désire ensuite faire au moins 28000 de bénéfices;

— en troisième lieu elle souhaite atteindre 130000 de chiffre d'affaires.

Les contraintes techniques, liées aux capacités des équipements sont strictes : on ne peut dépasser 1500, 1000 et 300 heures de fonctionnement respectivement pour les trois équipements.

Solution

Le système de contraintes, contenant les objectifs qui viennent d'être précisés, s'écrit :

$$\begin{aligned}
120X_1 + 130X_2 + d_1^- - d_1^+ &= 130\,000\\
70X_1 + 20X_2 + d_2^- - d_2^+ &= 28\,000\\
5X_1 + 4X_2 + d_3^- - d_3^+ &= 5\,000\\
3X_1 + X_2 + d_4^- &= 1\,500\\
X_1 + X_2 + d_5^- &= 1\,000\\
X_1 + d_6^- &= 300.
\end{aligned}$$

On remarquera que les variables d_4^+, d_5^+ et d_6^+ n'ont pas été introduites dans les équations des contraintes, puisqu'il est exclu de dépasser les capacités des équipements. La fonction objectif Z est la suivante :

$$Z = P_1 d_3^- + P_2 d_2^- + P_3 d_1^-.$$

Nous indiquons ci-dessous le premier et les deux derniers tableaux du simplexe appliqué à ce problème. La solution initiale ne comprend que les variables d'écart d_i^- : elle correspond au point 0 du graphique 4.

			P_3		P_2		P_1					
	X_1	X_2	d_1^-	d_1^+	d_2^-	d_2^+	d_3^-	d_3^+	d_4^-	d_5^-	d_6^-	
P_3 d_1^-	120	130	1	− 1								130 000
P_2 d_2^-	70	20			1	− 1						28 000
P_1 d_3^-	5	4					1	− 1				5 000
d_4^-	3	1							1			1 500
d_5^-	1	1								1		1 000
d_6^-	1										1	300
P_1	5	4		− 1								5 000
P_2	70	20				− 1						28 000
P_3	120	130						− 1				130 000
P_3 d_1^-			1	− 1	0,2	−0,2				−134		1 600
X_2		1			−0,02	0,02				1,4		840
P_1 d_3^-					−0,02	0,02	1	− 1		−3,6		840
d_4^-					−0,04	0,04			1	−0,2		180
d_6^-					−0,02	0,02				0,4	1	140
X_1	1				0,02	−0,02				−0,4		160
P_1					−0,02	0,02		− 1		−3,6		840
P_2					− 1							0
P_3				− 1	0,2	−0,2				−134		1 600

			P₃		P₂		P₁					
	X_1	X_2	d_1^-	d_1^+	d_2^-	d_2^+	d_3^-	d_3^+	d_4^-	d_5^-	d_6^-	
P_3 d_1^-			1	− 1					5	− 135		2 500
X_2		1							− 0,5	1,5		750
P_1 d_3^-							1	− 1	− 0,5	− 3,5		750
d_2^+					− 1	1			25	− 5		4 500
d_6^-									− 0,5	0,5	1	50
X_1	1								0,5	− 0,5		250
P_1								− 1	− 0,5	− 3,5		750
P_2					− 1							0
P_3				− 1					5	135		2 500

Le second tableau correspond au point I du graphique.

La solution optimale (point B du graphique) n'a pas permis de réaliser tous les objectifs : l'objectif de profit est dépassé ($d_2^+ = 4\,500$), mais $d_3 = 750$ de travail restent inutilisées et $d_1^- = 2\,500$ de chiffre d'affaires manquent pour atteindre l'objectif fixé. Compte tenu des contraintes, il s'agit cependant de la solution la plus satisfaisante possible.

Graphique 4. — Problème de programmation des objectifs.

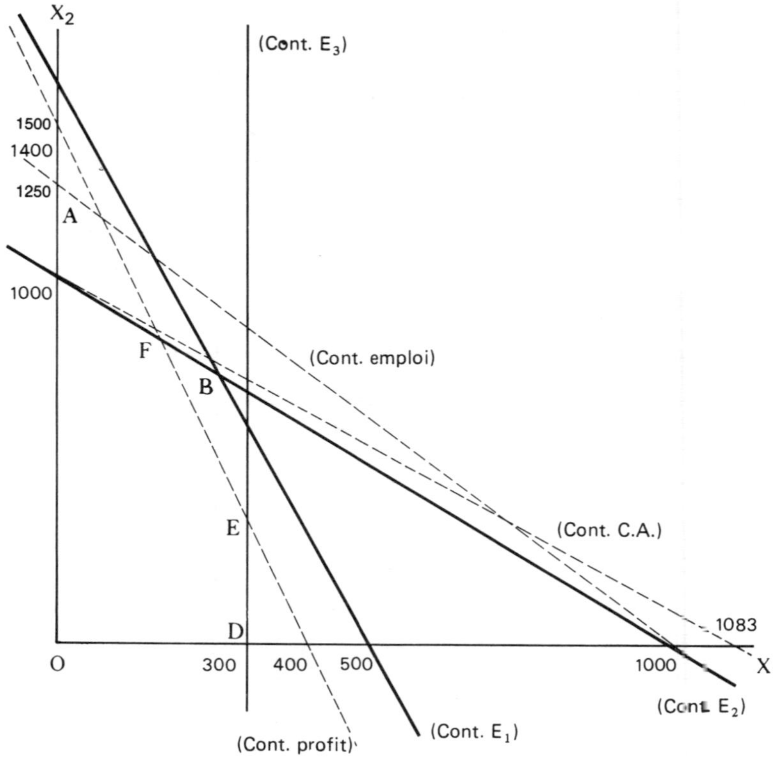

Chapitre 11 — Les techniques de simulation

A côté des méthodes analytiques de traitement des problèmes, qui ont été présentées au cours des chapitres précédents, s'est créée depuis les années cinquante, toute une gamme de techniques relevant d'une conception tout à fait différente. Il s'agit des techniques de simulation dont le développement est à un tel point important qu'on est en droit d'y voir la méthodologie de l'avenir, au moins dans certains domaines.

Les techniques analytiques reposent sur la construction d'un modèle mathématique qui, par utilisation d'une technique d'optimisation donnée (dérivation d'une fonction de coût dans le cas des stocks, algorithme du simplexe pour la programmation linéaire, etc.), permet de déterminer la meilleure solution.

Dans de nombreux cas, le problème de gestion à traiter sera beaucoup trop complexe pour pouvoir donner lieu à l'élaboration d'un modèle d'optimisation réaliste, c'est-à-dire qui ne mutile pas trop la réalité pour la faire entrer dans un schéma donné. Ceci est plus particulièrement vrai quand le problème étudié met en jeu des phénomènes dynamiques et des situations d'incertitude.

La simulation exploite une seconde voie de traitement de ces problèmes : la *voie expérimentale.* Au lieu de chercher à appliquer des techniques d'optimisation, l'idée sera d'essayer différentes stratégies. L'expérimentation peut dans certains cas être réalisée en dimensions réelles : on citera l'exemple des marchés tests dans le domaine du marketing. Mais en matière de gestion, comme plus généralement, en matière socio-économique, l'expérimentation en dimension réelle est le plus souvent impossible et de toute façon est une technique très coûteuse. La simulation consiste à expérimenter non pas sur le monde réel, mais sur une représentation de ce monde, sur un modèle.

L'utilisation d'une technique de simulation ne garantit évidemment pas la découverte de la meilleure solution. Et là nous trouvons une deuxième façon de caractériser la simulation, qui se base beaucoup plus sur la *notion de résultat satisfaisant* que sur celle de résultat optimal. La simulation doit ainsi être replacée dans le courant de pensée qui, à la suite des travaux de Herbert Simon, montre que les organisations, en fait, n'optimisent pas, mais cherchent avant tout à atteindre des résultats satisfaisants, respectant des niveaux d'aspiration préétablis[1].

Si elle ne garantit pas l'obtention d'une solution optimale, la simulation présente l'avantage de pouvoir embrasser beaucoup plus d'éléments qu'une technique analytique donnée. Une technique analytique se concentre, en général, sur un problème précis, clairement délimité, détaché de son environnement et donc supposé n'avoir aucune interaction avec lui. La simulation, au contraire, sera une méthode idéale *d'analyse des sytèmes.*

La section 1 de ce chapitre sera consacrée à l'approfondissement du concept de simulation. Les trois sections suivantes permettront d'aborder plusieurs types d'applications de la simulation, respectivement en matière de phénomènes aléatoires, de processus dynamiques et de systèmes complexes.

SECTION 1. LE CONCEPT DE SIMULATION

La simulation a été appliquée dans des domaines de gestion très divers; elle fait appel à des méthodes très différentes. Parmi les modèles de simulation les plus classiques on citera :

— le modèle de Hertz (évaluation des investissements);
— le modèle de Forrester (dynamique industrielle);
— le modèle d'Amstutz (simulation micro-analytique des marchés);
— le modèle Sprinter de G. Urban (simulation de produits nouveaux);
— le modèle de Kuehn et Hamburger (simulation heuristique de localisation d'entrepôts);
— le modèle Image développé par l'Université de Grenoble (jeu d'entreprise)[2].

La liste, bien évidemment non exhaustive, de ces applications montre que la simulation ne constitue pas un domaine homogène et que cette expression peut recouvrir des réalités très variées. Comme pour toute notion récente, la terminologie utilisée est très fluctuante.

---

1. SIMON H.; « Theories of decision making in economics and behavioral sciences », *The American Economic Review,* juin 1959.

2. HERTZ D.; « Risk analysis in capital investment », HBR, Jan, Fév. 1964, pages 95 à 106.
FORRESTER J.; *« Industrial dynamics »,* MIT Press, 1961.
AMSTUTZ A.; *Computer simulation of competitive market response,* MIT Press, 1967.
URBAN G.; « Sprinter III; a model for the analysis of new frequently purchased consumer products », OR, sept-oct. 1969 pages 805 à 853.
KUEHN A. et HAMBURGER M.; « A heuristic program for locating warehouses » MS, 1963, pages 643 à 666.

Il est donc indispensable de préciser cette terminologie, à travers une classification des techniques de simulation. On sera amené à distinguer les techniques de simulation de phénomènes dynamiques (§ 1), la méthode de Monte-Carlo (§ 2) et les méthodes de simulation heuristiques (§ 3).

§ 1. Techniques de simulation de phénomènes dynamiques.

Dans sa conception la plus répandue, la simulation fait référence à l'emploi d'un modèle pour représenter au cours du temps, c'est-à-dire dans une perspective dynamique, les caractéristiques essentielles d'un système ou d'un processus.

1° L'élaboration du modèle.

La nature du modèle qui est utilisé peut être très variée. Dans les premières applications de la simulation, il pouvait s'agir d'un *modèle physique* représentant le système étudié à l'aide d'une maquette : on citera par exemple les tests en soufflerie de modèles réduits d'avions ou de voitures. Cette méthode, très employée dans les domaines scientifique et technique n'est pas concevable en matière de gestion. La simulation recourt également à des *modèles analogiques*. Dans ce cas, pour représenter un certain système, on utilise un système physique auquel il est assimilable et sur lequel il est possible de procéder à des expérimentations. Ce type de modèle a pu être employé pour décrire des phénomènes économiques : après tout, un problème de stock est très analogue au problème du remplissage d'une baignoire. C'est cependant avec la simulation sur ordinateur que les applications à la gestion se sont développées.

Dans ce cas, le système étudié est matérialisé par un *modèle mathématique* se présentant sous la forme d'une succession de relations, le plus souvent très simples, décrivant les différents éléments du système. La complexité du système ne se traduit pas par la complexité de la formulation mathématique, mais par le nombre de relations élémentaires intégrées dans le modèle. C'est le nombre de ces relations qui impose le recours à l'ordinateur.

Une fois le modèle construit, la validité doit être évaluée par différentes méthodes telles que :

- l'examen de la cohérence interne du modèle;
- la comparaison des résultats d'une simulation avec ceux qui ont pu être repérés dans la réalité;
- le test de valeurs extrêmes de certains paramètres permettant de vérifier le caractère raisonnable des réactions du système.

La simulation consiste alors à soumettre le modèle à des conditions expérimentales particulières concernant aussi bien les éléments contrôlables du système (décisions) que ses éléments incontrôlables (l'environnement par exemple). Ces conditions expérimentales sont obtenues en déterminant certains des paramètres du modèle. Sous ces conditions expérimentales, le comportement du système est suivi au cours du temps, à travers le repérage des variables qui intéressent le gestionnaire. Une stratégie donnée peut ainsi être soumise à différentes conditions d'environnement; de même plusieurs stratégies peuvent être comparées.

2° L'utilisation du modèle.

La qualité des résultats expérimentaux dépendra souvent des conditions initiales de fonctionnement du système étudié de même que de la durée de la simulation.

Les *conditions initiales* de fonctionnement sont, parfois, facilement définies : dans un problème de file d'attente aux caisses d'un supermarché, le début de la simulation est caractérisé par une absence de clients. L'initialisation, c'est-à-dire le choix des conditions de départ de l'expérimentation, est plus compliquée dans un problème où le système est déjà en cours de fonctionnement au début de la simulation : si l'on veut simuler la file d'attente précédente, entre 11 h et 12 h, au début de l'expérience, un certain nombre de clients seront déjà en situation d'attente. C'est également le cas des problèmes de stocks où, au début de la première période simulée, on trouvera un stock initial et des commandes en cours de livraison. La valeur initiale de certains paramètres du modèle peut conditionner la validité des résultats, au moins au cours des premières périodes. Ce phénomène a tendance à s'atténuer avec l'allongement de la durée de la simulation. La correction des effets pervers de l'initialisation se corrige par :

— la suppression des résultats d'une période transitoire au cours de laquelle les effets des conditions initiales sont trop sensibles,
— la réalisation d'un plan expérimental qui permette d'identifier et d'éliminer les effets des conditions initiales.

La détermination de la *durée de la simulation* est une question importante eu égard au problème des conditions initiales, mais aussi des conditions expérimentales. La simulation doit être poursuivie suffisamment longtemps pour que tous les effets des conditions expérimentales aient pu se produire. La durée nécessaire dépendra de la forme des résultats. Dans certains cas un état stationnaire sera rapidement obtenu; dans d'autres cas, il s'agira de fluctuations complexes dont l'enregistrement demandera une durée de simulation plus longue.

Quand il s'agit d'un *jeu d'entreprise,* la durée de la simulation est prédéterminée : elle est fixée par les règles du jeu. Un jeu d'entreprise est un modèle de simulation dynamique où il est possible, compte tenu des résultats des périodes précédentes, de prendre de nouvelles décisions. Le but ici est moins d'évaluer une stratégie donnée que d'exercer des individus à la prise de décision dans des conditions proches de la réalité.

§ 2. La méthode de Monte-Carlo.

Lorsque le système étudié met en jeu des facteurs aléatoires, le déroulement des opérations de simulation doit respecter la distribution de probabilité suivie par ces facteurs. La méthode de Monte-Carlo, qui permet de sélectionner de façon aléatoire des valeurs extraites de lois de probabilité données, est alors utilisée.

1° La simulation aléatoire.

On aura recours à la méthode de Monte-Carlo dans les problèmes de simulation dynamique, par exemple dans les problèmes de stocks ou encore ceux de file d'attente. Il s'agira alors de reproduire, aussi fidèlement que possible, les lois de demande des délais de livraison ou des temps de services. La méthode de Monte-Carlo sera également employée dans l'analyse de problèmes ne présentant aucun caractère dynamique, mais où interviennent des phénomènes aléatoires complexes. La simulation aléatoire est une technique d'échantillonnage qui, appliquée à un ensemble de variables stochastiques, permet de déterminer la distribution de probabilité de leur combinaison qu il serait impossible ou trop long d'obtenir par voie analytique. Le but de la simulation aléatoire n'est pas d'expérimenter, comme dans le cas de la simulation dynamique, mais plutôt d'évaluer.

Lorsque l'entreprise se trouve confrontée à un problème de décision risquée, elle doit évaluer chaque action éventuelle à l'aide de l'espérance mathématique et de l'écart-type des résultats, comme cela a été montré aux chapitres 8 et 9.

Les calculs nécessaires s'avèrent souvent très lourds, surtout lorsque les environnements de la décision résultent de la combinaison de très nombreux facteurs d'incertitude. C'est en particulier le cas des problèmes d'investissement pour lesquels ces combinaisons doivent être envisagées au cours des différentes périodes constituant la durée de vie de l'investissement. D'autre part, au-delà du résultat moyen et de son écart-type, il est également intéressant de connaître la fonction de répartition des résultats, de même que la sensibilité de ces résultats à une modification de certains des paramètres du problème. Dans la mesure où les probabilités données aux événements demeurent toujours très subjectives, il est, en effet, particulièrement utile d'évaluer la variation des résultats associée à une certaine marge d'erreur dans la quantification de ces probabilités.

Le recours à la méthode de Monte-Carlo permet de résoudre le problème. Au lieu d'analyser l'ensemble exhaustif des combinaisons éventuelles, un simple échantillon d'événements est utilisé. C'est, à partir de cet échantillon que sont évalués les résultats de la décision. En matière de choix d'investissement, l'exemple de D. Hertz fournit une illustration classique de ce processus[3].

Le modèle d'évaluation du risque en matière de choix d'investissement proposé par Hertz retenait neuf facteurs d'environnement dont la distribution de probabilité était donnée :

— la taille du marché;
— le prix de vente;
— le taux de croissance du marché;
— la part de marché;
— le niveau d'investissement requis;
— la valeur résiduelle de l'investissement;
— les coûts de fonctionnement;
— les coûts fixes;
— la durée de vie des installations.

Le modèle permet, à partir d'un nombre relativement limité de combinaisons d'événements, de dégager une fonction de probabilité du taux de rendement de l'investissement selon la procédure illustrée par le graphique 1.

3. HERTZ D., *op. cit.*

Graphique 1. — Modèle de Hertz.

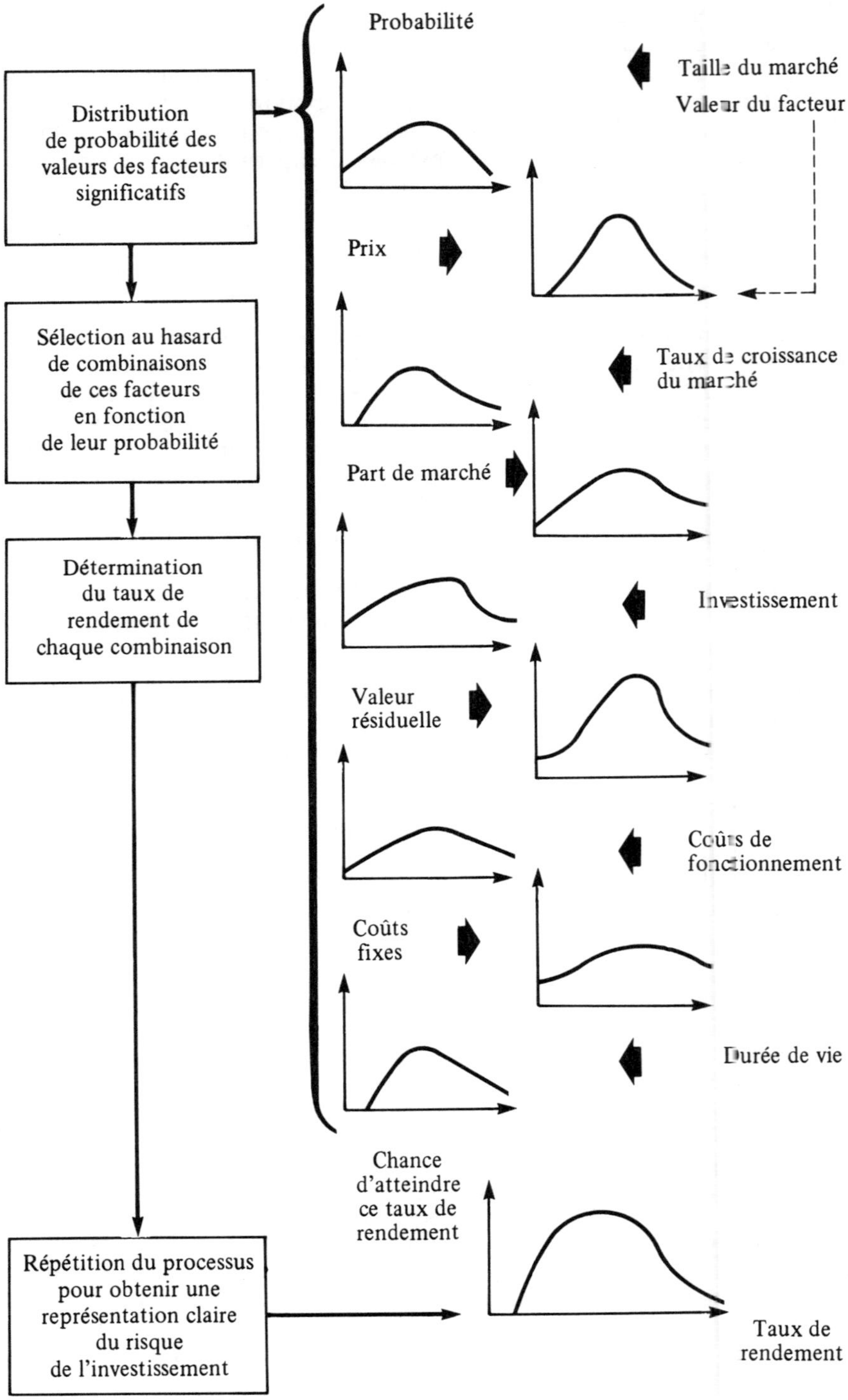

Un élément crucial de la procédure précédente réside au niveau de la deuxième étape du processus, soit la détermination au hasard de valeurs des différents paramètres, respectant leurs lois de probabilités respectives. La méthode de Monte-Carlo utilise à cette fin la technique *des nombres au hasard.*

2° La technique des nombres au hasard.

Sur le graphique 2 est tracée la fonction de répartition $y = F(x)$ d'un certain phénomène aléatoire, par exemple la taille du marché : y indique la probabilité de ne pas dépasser telle taille x de marché.

Graphique 2. — Simulation d'une fonction de répartition.

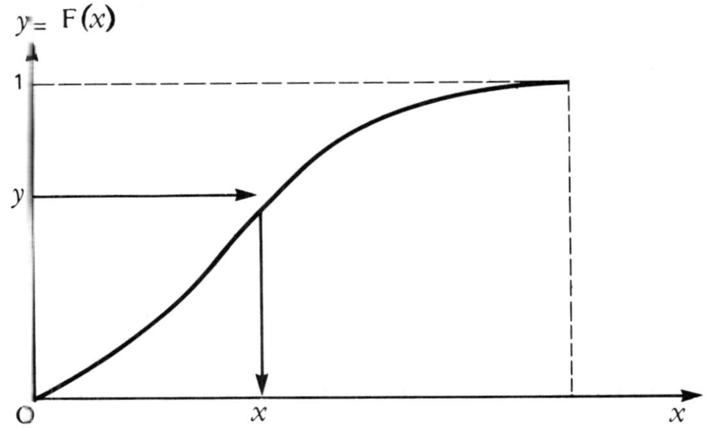

A des fins de simulations, nous devons tirer un échantillon de valeurs de x respectant sa loi de probabilité mais aussi de façon parfaitement aléatoire c'est-à-dire non biaisée par une intervention humaine quelconque. Une telle intervention pourrait amener, par exemple, à sélectionner d'abord les faibles valeurs de x, puis les valeurs élevées. Même si la distribution de probabilité des x est correctement représentée, le phénomène ne l'est pas, puisque la sélection des valeurs de x fait apparaître une croissance du marché au cours de la simulation.

On remarque que y est uniformément réparti sur [0, 1]. La technique des nombres au hasard consiste à tirer au sort un nombre entre 0 et 1 et lui associer la valeur x correspondante lue sur le graphique. En répétant l'opération n fois, un échantillon parfaitement aléatoire de n valeurs de x est constitué.

Si nous connaissons la formule $y = F(x)$, la valeur x peut être obtenue sans recourir au graphique, à partir de l'expression suivante : $x = F^{-1}(y)$. Par exemple, si $F(x)$ est la loi exponentielle de paramètre λ et de densité $f(x) = \lambda e^{-\lambda x}$, $x = -\frac{1}{\lambda} \operatorname{Log}(y)$.[4]

---

4. Si $f(x) = \lambda e^{-\lambda x}$, $y = F(x) = \int \lambda e^{-\lambda x} dx = -e^{-\lambda x} + C$. Quand $x = 0$, $y = F(0) = 0$, donc $C = 1$. Dans ces conditions, $y = 1 - e^{-\lambda x}$, d'où $-\lambda x = \operatorname{Log}(1-y)$ et $x = -\frac{1}{\lambda} \operatorname{Log}(1-y)$. Si y est uniformément réparti sur [0, 1], alors $1-y$ l'est aussi. On peut alors écrire ; $x = -\frac{1}{\lambda} \operatorname{Log}(y)$.

Le plus souvent, cependant, on aura à opérer sur des distributions de probabilités discrètes. La procédure d'échantillonnage sera alors particulièrement simple. Supposons que la taille du marché, dans un problème de choix d'investissement puisse prendre les valeurs 50, 100 et 150 avec une probabilité respectivement de 0,1, 0,6 et 0,3. Nous affecterons les nombres y suivants aux différentes valeurs x de marché :

taille de marché x	nombre y
50	0
100	1 à 6
150	7 à 9

Si nous tirons un nombre au hasard parmi l'ensemble (0, 1, 2, ..., 9), il y a une chance sur dix de tomber sur le 0; il y a six chances sur dix de tomber dans l'intervalle de nombres allant de 1 à 6; il y a trois chances sur dix d'obtenir soit le 7, le 8 ou le 9. Ainsi, en tirant au sort des nombres y et en leur associant la valeur x correspondante, nous respectons la distribution de probabilité des tailles de marché.

Pour obtenir les nombres au hasard, il est possible d'utiliser les tables de nombres au hasard qui ont été publiées (*cf.* annexes) ou encore de recourir à des formules mathématiques permettant de générer des nombres au hasard et dont certaines ont été programmées sur ordinateur.

§ 3. Les méthodes de simulation heuristiques.

La simulation ne doit pas être considérée comme une technique de décision : son but est plutôt d'éclairer la décision. Cependant, certaines techniques de simulation, qualifiées de heuristiques, ont pour objet la prise de décision.

Par simulation heuristique, on désignera l'utilisation d'un modèle pour reproduire les processus de décision d'individus ou d'organisations. Par extension, on désignera de la même façon l'utilisation systématique de règles de décision destinées à faciliter l'obtention de solutions satisfaisantes.

Devant la complexité des problèmes à traiter, les individus et les organisations ont tendance à développer des règles de décision simples qui ne sont remises en question que si les résultats qui en découlent ne s'avèrent pas assez satisfaisants. L'analyste peut, à travers l'observation du comportement, déceler les protocoles d'action suivis. Il peut ensuite les intégrer à un modèle et reproduire le processus de décision sur ordinateur.

Le modèle de Cyert et March reproduit ainsi le processus de fixation des prix dans un grand magasin; le modèle des protocoles d'achat de Bettman, permettant de simuler le comportement d'achat des consommateurs appartient à la même lignée[5].

De tels modèles présentent essentiellement un intérêt en matière descriptive et prévisionnelle : ils améliorent la connaissance des comportements et permettent éventuellement de prédire les modifications de ces comportements

5. CYERT R. et MARCH J.; «*Processus de décision dans l'entreprise*», Dunod, 1970.
BETTMAN J. : «Data collection and analysis approaches for studing consumer information processing» in *Advances in consumer Research,* PERREAULT W. D. éd., Association for Consumer Research, 1977, pages 342 à 348.

en face de nouvelles situations. A ce titre, leur utilisation dans le domaine du marketing est envisageable.

Mais, la simulation heuristique ne se limite pas à la reproduction des processus de décision : elle peut être étendue à la recherche et au test de règles destinées à faciliter la prise de décision.

L'exemple fourni par le modèle de Kuehn et Hamburger est une illustration de cette conception de la simulation heuristique[6]. Le problème posé concernait la localisation d'entrepôts. Dans ce type de problème il s'agit pour l'entreprise de localiser ses entrepôts de façon à minimiser le coût total du système logistique, comprenant le coût de fonctionnement des entrepôts, les coûts de transports et les coûts associés aux délais de livraisons.

La procédure de localisation repose sur trois règles heuristiques :

— les seules localisations retenues pour l'étude seront situées près de concentrations importantes de la demande : ceci limite les calculs à M localisations possibles;

— une répartition satisfaisante des entrepôts sera obtenue en localisant un seul entrepôt à chaque étape de calcul : c'est celui dont l'intégration dans le système procure la plus forte réduction du coût total;

— à chaque étape de l'analyse seul un sous-ensemble N de toutes les localisations possibles est étudié. Ce sous-ensemble est composé des N localisations qui, eu égard à la seule demande locale, permettraient les plus grandes économies par approvisionnement local plutôt que par approvisionnement à partir des entrepôts déjà localisés.

Au cours de la simulation, les entrepôts dont les coûts fixes ne pourraient être compensés par les économies qu'ils procurent, sont éliminés des étapes ultérieures de calcul. Le processus s'arrête dès que la liste des M localisations est épuisée, les différents sites s'étant vu affecter un entrepôt ou ayant été éliminés.

Une telle procédure de localisation ne fait référence à aucune technique d'optimisation. Elle permet néanmoins de déterminer des solutions satisfaisantes, très souvent proches de la meilleure solution possible.

Dans les développements qui suivent, nous ne pousserons pas plus avant l'étude de ce type de techniques qui occupent une place un peu à part au sein des méthodes de simulations. Nous nous attacherons en revanche à une étude plus approfondie des techniques de simulations aléatoires et dynamiques.

SECTION 2. SIMULATION DE PHÉNOMÈNES ALÉATOIRES : APPLICATION AUX PROBLÈMES DE DÉCISION RISQUÉE

L'application de la méthode de Monte-Carlo sera envisagée dans le cadre d'un problème simple de décision en situation de risque (§ 1); nous examinerons par la suite les procédures d'interprétation des résultats de la simulation (§ 2).

6. KUEHN A. et HAMBURGER M., *op. cit.*

§ 1. Simulation des résultats d'une décision risquée.

On reprendra le cas de la société SEM, déjà étudié au chapitre 8, tel qu'il est exposé sur le graphique 1 (p. 288). Les probabilités associées aux différents états de l'environnement figurent dans le tableau 3 (p. 297). Nous savons que lorsque la SEM compare la décision A_1 (lancer le produit) à la décision A_2 (ne pas le lancer), elle doit choisir la première qui lui rapporte un gain moyen de 1,0625.

Ce résultat a été obtenu au chapitre 8 par un calcul d'espérance mathématique. Les états de l'environnement ont été recensés; le résultat et la probabilité de chacun ont ensuite été évalués. L'espérance mathématique est alors la somme des résultats probabilisés (*cf.* tableau 4, p. 299).

Bien qu'en pratique cela ne se justifie pas pour un problème d'aussi faibles dimensions, la procédure de Monte-Carlo va être utilisée pour comparer les décisions A_1 et A_2.

Un échantillon aléatoire d'événements, représentatif de l'ensemble des événements possible est sélectionné : il doit respecter les probabilités d'apparition des facteurs d'incertitude qui ont été retenus. Dans le cas du problème de la Société SEM, deux facteurs d'environnement sont considérés : la taille du marché (M_j) et le coût variable unitaire (C_i). Un environnement est ici une combinaison d'une valeur M_j et d'une valeur C_i. Un groupe de n environnements sera ainsi obtenu en tirant au sort n valeurs M_j et n valeurs C_i.

L'utilisation de la méthode de Monte-Carlo nous amène ainsi à tirer un nombre au hasard. C'est le nombre 37 dans la première simulation. D'après la table de correspondance entre les nombres au hasard et les valeurs M_j (tableau 1, *a*) le nombre 37 est associé à une taille de marché de 250. Un second nombre au hasard est tiré : il s'agit de 91. Dans le tableau 1, *b*), qui fait correspondre les nombres au hasard et les C_i pour une taille de marché donnée, ceci doit être associé à un coût unitaire de 55. La première simulation nous donne ainsi un nombre de bénéfice de 2,25 pour la décision A_1.

Tableau 1. — Table de correspondance des facteurs d'environnement et des nombres au hasard dans le cas SEM.

***a*)**

M_j	200	250	300
$P(M_j)$	0,25	0,5	0,25
Nombre au hasard	00 à 24	25 à 74	75 à 99

***b*)**

$P(C_i/M_j)$	$M_j = 200$	250	300
$C_i = 65$	0,6 (00 à 59)	0,25 (00 à 24)	0,1 (00 à 09)
60	0,3 (60 à 89)	0,5 (25 à 74)	0,3 (10 à 29)
55	0,1 (90 à 99)	0,25 (75 à 99)	0,6 (30 à 99)

( ) : nombres au hasard.

Tableau 2. — Application de la méthode de Monte-Carlo.

Simul. N°	Nbre au hasard	M, C	B	Simul. N°	Nbre au hasard	M, C	B	Simul. N°	Nbre au hasard	M, C	B
1	37	250	2,25	26	01	200	−2	51	75	300	4,5
	91	55			28	65			34	55	
2	06	200	−2	27	79	300	4,5	52	19	200	−2
	51	65			57	55			06	65	
3	55	250	2,25	28	16	200	0	53	12	200	−1
	81	55			94	55			85	60	
4	55	250	1	29	17	200	−2	54	68	250	−0,25
	63	60			24	65			22	65	
5	23	200	−2	30	17	200	−1	55	06	200	0
	21	65			89	60			98	55	
6	62	250	−0;25	31	75	300	1,5	56	28	250	1
	01	65			07	65			68	60	
7	74	250	−0,25	32	00	200	−1	57	91	300	3
	08	65			89	60			25	60	
8	92	300	4,5	33	23	200	−2	58	41	250	2,25
	63	55			10	65			87	55	
9	37	250	1	34	33	250	−0,25	59	78	300	1,5
	70	60			20	65			04	65	
10	68	250	−0,25	35	43	250	−0,25	60	26	250	−0,25
	06	65			21	65			17	65	
11	97	300	4,5	36	40	250	1	61	67	250	1
	75	55			37	60			44	60	
12	62	250	1	37	62	250	1	62	72	250	1
	69	60			50	60			74	60	
13	63	250	−0,25	38	71	250	1	63	12	200	−2
	18	65			51	60			42	65	
14	46	250	2,25	39	86	300	4,5	64	94	300	4,5
	81	55			70	55			50	55	
15	41	250	1	40	89	300	4,5	65	55	250	1
	59	60			86	55			39	60	
16	41	250	−0,25	41	72	250	−0,25	66	96	300	4,5
	17	65			04	65			66	55	
17	51	250	1	42	42	250	1	67	64	250	2,25
	74	60			71	60			84	55	
18	96	300	3	43	15	200	0	68	35	250	2,25
	20	60			97	55			84	55	
19	59	250	−0,25	44	14	200	−2	69	90	300	4,5
	19	65			18	65			59	55	
20	24	200	−2	45	86	300	4,5	70	85	300	3
	59	65			55	55			26	60	
21	26	200	0	46	98	300	4,5	71	52	250	1
	94	55			40	55			50	60	
22	34	250	2,25	47	52	250	−0,25	72	49	250	−0,25
	92	55			07	65			12	65	
23	99	300	3	48	27	250	2,25	73	09	200	−2
	29	60			82	55			07	65	
24	41	250	−0,25	49	49	250	1	74	58	250	−0,25
	24	65			48	60			05	65	
25	46	250	2,25	50	25	250	1	75	20	200	−2
	95	55			72	60			56	65	

Pour obtenir un échantillon de n environnements, la procédure doit être répétée n fois. Le tableau 2 donne les résultats obtenus pour $n=75$.

Le gain moyen de la décision A_1 peut alors être obtenu en évaluant la moyenne des résultats des 75 événements. Ce gain moyen s'élève ici à 0,96. L'écart-type du gain, calculé à l'aide des résultats de la simulation, s'élève à 2.

§ 2. Interprétation des résultats de la simulation.

L'interprétation des résultats est menée à deux niveaux : il convient tout d'abord d'en apprécier la validité; puis une fois leur validité démontrée, il faut utiliser ces résultats dans le cadre du problème de décision considéré.

1° Le test de validité des résultats.

Pour le problème étudié, la validité des résultats s'évalue facilement puisque nous connaissons déjà l'espérance mathématique de gain de la décision A_1, telle qu'elle a été calculée par voie analytique. La simulation donne un résultat satisfaisant avec un gain moyen de 0,96 pour une espérance mathématique de 1,06. L'erreur de la simulation est ainsi d'environ 9,6 %; elle est négligeable en ce qui concerne l'écart-type qui est pratiquement égal à 2 selon les deux procédures.

Dans le cas d'un problème de décision risquée, traité par voie de simulation, nous ne connaîtrons généralement pas le véritable résultat. Nous pouvons cependant espérer que le résultat de la simulation sera d'autant plus proche de la réalité que le nombre n d'événements simulés sera plus importants.

Si l'échantillon retenu s'était limité aux 25 premières simulations, le résultat moyen se serait seulement élevé à 0,94. La progression du résultat de la simulation vers le résultat vrai n'est cependant pas une fonction monotone de n, comme le montre le gain moyen des 50 premières simulations. Mais lorsque n tend vers l'infini, le résultat de la simulation tend vers le résultat vrai.

L'augmentation du nombre n améliore également la structure de l'échantillon en termes de fréquence des facteurs d'environnement considérés. Sur le tableau 3 sont données les fréquences d'apparition des tailles de marché M_j respectivement au cours des 25, 50 et 75 premières simulations. L'écart relatif entre les fréquences observées et les fréquences théoriques respectant les probabilités $P(M_j)$ est de plus en plus faible.

Ceci nous amène à une première technique permettant de tester la qualité de la simulation : l'application du test du Khi Deux aux fréquences des facteurs d'environnement[7]. Pour $n=75$, nous obtenons un χ^2 égal à 0,36 en ce qui concerne les tailles de marché. Le test est favorable, puisque pour deux degrés de liberté, $\chi^2_{0,05}=5,99$. Les fréquences observées ne sont pas significativement différentes des fréquences théoriques et la structure de l'échantillon, au moins pour le facteur M_j, est correcte. L'application de ce test, aux fréquences des coûts unitaires, donnerait également un résultat favorable.

---

7. *Cf.* par exemple V. GIARD; *Statistique appliquée à la gestion*, Economica, 1977, p. 159.

Tableau 3. — Test de la méthode de Monte-Carlo.

M_j	Taille de l'échantillon		
	$n = 25$	$n = 50$	$n = 75$
$M_1 = 200$ $M_2 = 250$ $M_3 = 300$	4 (6,25) 17 (12,5) 4 (6,25)	12 (12,5) 28 (25) 10 (12,5)	18 (18,75) 40 (37,5) 17 (18,75)
χ^2	3,24	0,88	0,36
$\overline{B}$	0,94	0,90	0,96

Dans la mesure où une opération de simulation est assimilable à la sélection d'un échantillon aléatoire de n éléments, il est concevable d'appliquer aux résultats obtenus les mêmes techniques qu'aux résultats des sondages. En particulier, il est possible de définir une marge d'erreur du résultat en fonction de la taille de l'échantillon, c'est-à-dire du nombre n de simulations réalisées.

Si nous appelons $\sigma_{\overline{X}}$ l'écart-type des moyennes des résultats de n simulations, une proportion α de ces moyennes se situe dans l'intervalle $[X - z_{\alpha/2}\sigma_{\overline{X}};\ X + z_{\alpha/2}\sigma_{\overline{X}}]$, où X désigne le résultat vrai et z_α la variable normale réduite. Dans ces conditions, lorsqu'une opération de n simulations donne le résultat moyen $\overline{X}$ nous pouvons écrire

$$\overline{X} - z_{\alpha/2}\sigma_{\overline{X}} \leqslant X \leqslant \overline{X} + z_{\alpha/2}\sigma_{\overline{X}}.$$

L'écart-type des moyennes des résultats est estimé à partir de la formule classique

$$\sigma_{\overline{X}} = \frac{\sigma_X}{\sqrt{n}},$$

où σ_X est l'écart-type des résultats observés au cours de la simulation[8].

Dans le cas étudié, $n = 75$ et $\sigma_X = 2$, donc $\sigma_{\overline{X}} = \frac{2}{\sqrt{75}} = 0{,}23$. Avec un seuil de confiance $\alpha = 95\ \%$, ce qui correspond à $z_{\alpha/2} = 1{,}96$, la valeur vraie de l'espérance de gain de la décision A_1 se situe dans l'intervalle :

$$[0{,}96 - (1{,}96 \times 0{,}23) = 0{,}51;\quad 0{,}96 + (1{,}96 \times 0{,}23) = 1{,}41].$$

Cet intervalle montre que l'évaluation du gain moyen est peu précise, ce qui peut paraître décevant pour un problème d'aussi faibles dimensions. Il faut cependant noter que la précision d'une opération de simulation, comme dans le cas des problèmes de sondages, ne dépend que de l'écart-type des résultats et du nombre de simulations et non du nombre de facteurs d'environnement ni du nombre de leurs modalités. Si pour des problèmes de faible dimension, la simulation ne se justifie pas, elle devient très compétitive par rapport à la procédure habituelle d'évaluation de l'espérance mathématique pour les problèmes impliquant de nombreux facteurs d'environnements.

8. *Cf.* V. GIARD *op. cit.* pages 109 et suivantes.

2° Résultats de la simulation et prise de décision.

La simulation est un instrument d'aide à la décision. Pour une entreprise qui a à choisir entre plusieurs décisions risquées, elle doit permettre de sélectionner la meilleure décision.

Chaque décision possible doit être soumise à une opération de simulation similaire à celle qui a été réalisée plus haut, dans le cas de la SEM. La comparaison des résultats des différentes opérations de simulation s'effectue alors de la même façon que la comparaison de deux sondages.

Si $\overline{X}_A$ et σ_A sont les résultats des n_A simulations concernant la décision A et $\overline{X}_B$, σ_B les résultats des n_B simulations concernant la décision B, la différence vraie des gains moyens de A et de B est donnée par l'expression suivante au seul de confiance α :

$$X_A - X_B = \overline{X}_A - \overline{X}_B \pm Z_{\alpha/2}\sqrt{\frac{\sigma_A^2}{n_A} + \frac{\sigma_B^2}{n_B}}.$$

Le test des comparaisons de moyennes pourra être utilisé pour évaluer si le résultat de la décision qui apparaît la meilleure est significativement supérieur à celui des autres décisions.

SECTION 3. SIMULATION DE PHÉNOMÈNES DYNAMIQUES : APPLICATION A LA GESTION DES STOCKS

Un domaine d'application privilégié des techniques de simulation est l'étude des phénomènes dynamiques, c'est-à-dire des situations où différents éléments d'un système sont en interaction.

L'utilisation de la simulation dans l'analyse des phénomènes dynamiques sera illustrée dans cette section par le traitement de problèmes de stocks. Ces problèmes seront tout d'abord étudiés dans le cas déterministe (§ 1), puis dans le cas aléatoire (§ 2).

§ 1. Simulation d'un stock : cas déterministe.

La Société Concordia écoule en moyenne 50 téléviseurs par mois, soit 600 par an. Ces téléviseurs lui sont facturés 3 200 F l'unité; ils sont revendus 3 700 F. Chaque réapprovisionnement entraîne un coût fixe de 4 000 F (frais de transport, frais administratifs, etc.). Il faut compter un délai de livraison de trois mois. Le coût de stockage est de 15 %.

Dans la mesure où la demande mensuelle est constante et où les délais de livraisons sont sûrs, Concordia a avantage à se réapprovisionner tous les deux mois en passant une commande de cent téléviseurs chaque fois. En effet selon la formule classique, la quantité X à commander à chaque réapprovisionnement est donnée par

$$X^* = \sqrt{\frac{2DA \cdot C_a}{C_s}} = 100.$$[9]

Le coût total du système approvisionnement-stockage sera alors minimisé et s'élèvera à 48 000 soit 24 000 de coût de stockage et 24 000 de coût d'approvisionnement.

Dans un premier temps, cette politique (A) sera étudiée à l'aide d'un modèle de simulation. Puis, dans un second temps nous utiliserons ce modèle pour évaluer les effets de perturbations au niveau de la demande et pour définir une politique satisfaisante.

1° Élaboration d'un modèle de simulation du stock.

Le comportement mensuel du système étudié est représenté à travers un système d'équations.

Nous définissons, en premier lieu, les variables qui interviennent dans ce problème :

STI_t : stock initial de téléviseurs du mois t;
STF_t : stock final du mois t;
LIV_t : livraisons au cours du mois t (ces livraisons sont supposées réalisées en début de période);
DEM_t : demande de téléviseurs pendant le mois t;
COM_t : commandes passées au cours du mois t, enregistrées en fin de période;
LEC_t : livraisons en cours du mois t, c'est-à-dire commandes des périodes précédentes non encore satisfaites;
RUP_t : demandes non satisfaites du mois t;
DIS_t : nombre de téléviseurs disponibles à la vente au cours du mois t.

Le système d'approvisionnement-stockage est alors décrit à l'aide des équations suivantes où 150 est le point de commande :

$$STI_t = STF_{t-1} \quad (1)$$
$$LIV_t = COM_{t-3} \quad (2)$$
$$DIS_t = STI_t + LIV_t \quad (3)$$
$$STF_t \begin{cases} = DIS_t - DEM_t & \text{si } DIS_t > DEM_t \\ = 0 & \text{si } DIS_t \leqslant DEM_t \end{cases} \quad (4)$$
$$RUP_t \begin{cases} = DEM_t - DIS_t & \text{si } DEM_t > DIS_t \\ = 0 & \text{si } DEM_t \leqslant DIS_t \end{cases} \quad (5)$$
$$COM_t \begin{cases} = 100 & \text{si } LEC_t + STF_t < 150 \\ = 0 & \text{si } LEC_t + STF_t \geqslant 150 \end{cases} \quad (6)$$
$$LEC_t = \sum_{i=1}^{\infty} COM_{t-i} - \sum_{i=0}^{\infty} LIV_{t-i}. \quad (7)$$

Nous pouvons simuler alors le comportement du système et évaluer son coût (tableau 4). Seuls six mois sont simulés. Puisque la demande est constante, nous avons affaire à un système stable, en régime permanent. Les six mois suivants sont identiques aux six premiers.

9. *Cf.* chapitre 6 p. 221.

Tableau 4. — Simulation du stock avec demande stable (politique A).

Données initiales : STI (1) = 0 ; LIV (1) = 100 ; COM (0) = 100 ; LEC (1) = 100									
t	STI	LIV	DIS	DEM	STF	RUP	LEC	STF + LEC	COM
1	0	100	100	50	50	0	100	150	0
2	50	0	50	50	0	0	100	100	100
3	0	100	100	50	50	0	100	150	0
4	50	0	50	50	0	0	100	100	100
5	0	100	100	50	50	0	100	150	0
6	50	0	50	50	0	0	100	100	100

Le coût de fonctionnement du système au cours des six mois comprend des frais de stockage : une unité en stock entraînant un coût de stockage mensuel de 40 F (soit : $3\,200 \times 0{,}15/12$), les frais de stockage s'élèvent à 12 000 sur les six mois[10]. Les trois commandes enregistrées, provoquant un coût d'approvisionnement de 12 000 portent le coût total du système à 24 000. Nous retrouvons donc le coût annuel de 48 000 auquel a permis d'aboutir la formule d'optimisation classique.

Si cette formule n'avait pas été utilisée pour déterminer le niveau de réapprovisionnement optimal, il aurait été difficile de la trouver à travers l'utilisation du modèle de simulation, mais par approximations successives, il aurait été possible de s'en rapprocher.

L'intérêt du modèle de simulation apparaît surtout quand il devient difficile d'utiliser la formule d'optimisation. C'est le cas, en particulier, si la demande varie au cours du temps.

2° Application du modèle dans le cas d'une demande variable.

Nous reprenons le cas de la société Concordia, en conservant toutes les données sauf celles qui concernent la demande qui continue à être connue, mais qui devient variable. La demande moyenne restant égale à cinquante unités par mois, les modifications suivantes sont introduites :

$DEM_4 = 125$ (effet de la quinzaine commerciale)
$DEM_5 = 25$ (contrecoup de la quinzaine commerciale)
$DEM_7 = 25$ (premiers départs en vacances)
$DEM_8 = 0$ (fermeture annuelle)
$DEM_9 = 25$ (contrecoup des dépenses des ménages pendant les vacances)
$DEM_{10} = 100$ (foire-exposition régionale).

L'application des règles de réapprovisionnement qui conduisaient à un coût minimum en situation de demande stable, s'avère beaucoup moins satisfaisante si la demande varie. Le modèle de simulation présenté plus haut va montrer que le coût annuel augmente sensiblement, en particulier si le coût de rupture de stock est intégré dans le calcul. En effet, toute demande non satisfaite est perdue pour Concordia et provoque une perte de 500 équivalente à la marge non gagnée sur la vente du téléviseur.

10. Le stock moyen est donné par (DIS + STF)/2.

Le tableau 5 montre que le système étudié enregistre plusieurs ruptures de stock (périodes 4 et 12), de même que des niveaux de stocks excessivement élevés (de la période 7 à la période 9). Au total, le coût de fonctionnement s'élève à 107 000 F, somme de 37 000 de coût de stockage, de 20 000 de coût d'approvisionnement et de 50 000 de coût de rupture de stock.

Tableau 5. — Simulation du stock avec demande variable (politique A).

Données initiales : STI (1) = 0 ; LIV (1) = 100 ; COM (0) = 100 ; LEC (1) = 100

t	STI	LIV	DIS	DEM	STF	RUP	LEC	STF + LEC	COM
1	0	100	100	50	50	0	100	150	0
2	50	0	50	50	0	0	100	100	100
3	0	100	100	50	50	0	100	150	0
4	50	0	50	125	0	75	100	100	100
5	0	100	100	25	75	0	100	175	0
6	75	0	75	50	25	0	100	125	100
7	25	100	125	25	100	0	100	200	0
8	100	0	100	0	100	0	100	200	0
9	100	100	200	25	175	0	0	175	0
10	175	0	175	100	75	0	0	75	100
11	75	0	75	50	25	0	100	125	100
12	25	0	25	50	0	25	200	200	0

La politique du réapprovisionnement matérialisée par l'équation 6 du modèle de simulation n'est plus satisfaisante. Il convient de l'adapter au cas de demande variable.

Une nouvelle règle doit être introduite pour supprimer les ruptures de stocks et éviter les stocks excédentaires. Nous pouvons simuler, par exemple, la politique suivante (politique B) :

$$\text{COM}_t = \begin{cases} 100 \text{ si } \text{LEC}_t + \text{STF}_t < \sum_{i=1}^{3} \text{DEM}_{t+i} \\ 0 \text{ si } \text{LEC}_t + \text{STF}_t \geqslant \sum_{i=1}^{3} \text{DEM}_{t+i}. \end{cases}$$

Cette règle remplace la règle de réapprovisionnement exprimée par l'équation 6. Le point de commande n'est plus exprimé à partir de la demande moyenne pendant le délai de livraison, mais à partir de la demande prévue des trois mois suivants. Le comportement du système avec la politique B est reproduit dans le tableau 6.

La simulation de la politique B montre qu'elle est plus satisfaisante que la précédente, les ruptures de stocks ont disparu et le stock moyen s'est considérablement réduit. Le coût total du système s'élève maintenant à 47 000, soit 23 000 de coût de stockage et 24 000 de coût d'approvisionnement.

Tableau 6. — Simulation du stock avec demande variable (politique B).

Données initiales : STI (1) = 0 ; LIV (1) = 100 ; COM (0) = 100 ; LEC (1) = 100

t	STI	LIV	DIS	DEM	STF	RUP	LEC	LEC + STF	COM
1	0	100	100	50	50	0	100	150	100
2	50	0	50	50	0	0	200	200	0
3	0	100	100	50	50	0	100	150	100
4	50	100	150	125	25	0	100	125	0
5	25	0	25	25	0	0	100	100	0
6	0	100	100	50	50	0	0	50	0
7	50	0	50	25	25	0	0	25	100
8	25	0	25	0	25	0	100	125	100
9	25	0	25	25	0	0	200	200	0
10	0	100	100	100	0	0	100	100	100
11	0	100	100	50	50	0	100	150	0
12	50	0	50	50	0	0	100	100	100

En toute rigueur, la comparaison de la politique A et de la politique B ne peut être limitée à la première année. Si la politique B se traduit par un régime stable puisque la deuxième année commence dans les mêmes conditions que la première, la politique A n'atteint son équilibre qu'à partir du seizième mois. A partir de là, les années se reproduisent à l'identique.

§ 2. Simulation d'un stock : cas aléatoire.

Dans le cas précédent, la société Concordia connaissait le niveau de demande de chaque mois de même que les délais de livraisons. Ces facteurs pouvaient varier, mais étaient connus à l'avance. Dans le cas aléatoire, nous ne disposons plus que des distributions de probabilité des niveaux de demande et de délais de livraisons. Ces distributions sont données dans le tableau 7. La demande peut ainsi varier au cours d'un mois donné de 33 à 67 unités; les délais de livraisons peuvent eux-mêmes varier de deux à quatre mois.

Lorsque l'entreprise se trouve en face d'une demande et de délais de livraisons aléatoires, elle doit constituer un stock de sécurité. Ce stock de sécurité peut être défini comme la différence entre le point de commande et la demande moyenne pendant le délai de livraison moyen[11]. La détermination de ce stock de sécurité peut être réalisée par des méthodes analytiques comme on l'a vu plus haut, mais aussi par la technique de simulation.

La simulation va permettre à la société Concordia d'étudier le comportement de son système d'approvisionnement-stockage avec différentes politiques de réapprovisionnement caractérisées par des points de commandes spécifiques, fixés par exemple à 155, 160, 165, ... unités.

A titre d'illustration, nous allons simuler quarante mois de résultats obtenus avec un point de commande de 165. Cette politique est soumise à un échantillon

11. *Cf.* chapitre 6, p. 217 et 232.

de données concernant la demande et les délais de livraisons. Pour chaque mois simulé, le nombre au hasard qui est tiré identifie un niveau de demande. Quand un réapprovisionnement est nécessaire, c'est-à-dire quand $STF_t + LEC_t$ est inférieur au point de commande, un nouveau nombre au hasard est tiré pour sélectionner la durée du délai de livraison.

Le modèle de simulation utilisé est fondamentalement le même que dans le cas déterministe. Cependant, l'équation 6 est remplacée par l'équation suivante :

$$COM_t \begin{cases} = 100 \text{ si } LEC_t + SFT_t < 165 \\ = \quad 0 \text{ si } LEC_t + SFT_t \geqslant 165. \end{cases}$$

De même l'équation 2 est-elle modifiée; elle devient :

$$LIV_t = COM_{t-d},$$

où d est le délai de livraison.

Tableau 7. — Table de correspondance entre les nombres au hasard, le niveau de la demande et les délais de livraison.

Demande mensuelle (unités)	Point médian	Probabilité	Nombres au hasard
de 33 à 37	35	0,02	00 à 01
de 38 à 42	40	0,08	02 à 09
de 43 à 47	45	0,20	10 à 29
de 48 à 52	50	0,40	30 à 69
de 53 à 57	55	0,20	70 à 89
de 58 à 62	60	0,08	90 à 97
de 63 à 67	65	0,02	98 à 99

Délai de livraison (mois)	Probabilité	Nombres au hasard
2 mois	0,25	00 à 24
3 mois	0,50	25 à 74
4 mois	0,25	75 à 99

La politique consistant à fixer le point de commande à 165 unités entraîne un coût total de 268 000 sur l'ensemble des quarante mois, soit un coût annuel de 80 400 (*cf.* tableau 8). Il faudrait maintenant entreprendre une nouvelle opération de simulation avec une politique différente, caractérisée par un point de commande plus faible par exemple dans la mesure où le niveau du stock moyen est élevé et où les ruptures de stocks sont réduites.

Pour que la comparaison soit correcte, il convient de soumettre la nouvelle politique aux mêmes conditions de demande et de délais de livraison, ce qui implique d'employer la même série de nombres aléatoires que celle qui a été utilisée pour la première simulation.

La validité des résultats dépend de la durée de la simulation. Dans la mesure où le délai de réapprovisionnement joue un rôle crucial dans ce problème, c'est ce délai qui fournit la période d'analyse de base. La taille de l'échantillon est donc donnée par le nombre de période de trois mois qui ont été simulées.

Tableau 8. — Simulation d'un stock en situation aléatoire avec un point de commande fixé à 165.

Données initiales : STI (1) = 0 ; LIV (1) = 100 ; LEC (1) = 100 ; COM (0) = 100
nh* = 92 ; d = 4

t	STI	LIV	DIS	nh*	DEM	STF	RUP	LEC	LEC + STF	COM	nh*	d
1	0	100	100	68	50	50	0	100	150	100	65	3
2	50	0	50	96	60	0	10	200	200	0	—	—
3	0	0	0	60	50	0	50	200	200	0	—	—
4	0	200	200	50	50	150	0	0	150	100	36	3
5	150	0	150	41	50	100	0	100	200	0	—	—
6	100	0	100	86	55	45	0	100	145	100	59	3
7	45	100	145	31	50	95	0	100	195	0	—	—
8	95	0	95	34	50	45	0	100	145	100	37	3
9	45	100	145	47	50	95	0	100	195	0	—	—
10	95	0	95	15	45	50	0	100	150	100	26	3
11	50	100	150	19	45	105	0	100	205	0	—	—
12	105	0	105	0	35	70	0	100	170	0	—	—
13	70	100	170	4	35	135	0	0	135	100	38	3
14	135	0	135	26	45	90	0	100	190	0	—	—
15	90	0	90	19	45	45	0	100	145	100	76	4
16	45	100	145	70	55	90	0	100	190	0	—	—
17	90	0	90	06	40	50	0	100	150	100	65	3
18	50	0	50	92	60	0	10	200	200	0	—	—
19	0	100	100	29	45	55	0	100	155	100	21	2
20	55	100	155	75	55	100	0	100	200	0	—	—
21	100	100	200	38	50	150	0	0	150	100	12	2
22	150	0	150	92	60	90	0	100	190	0	—	—
23	90	100	190	48	50	140	0	0	140	100	70	3
24	140	0	140	91	60	80	0	100	180	0	—	—
25	80	0	80	56	50	30	0	100	130	100	04	2
26	30	100	130	31	50	80	0	100	180	0	—	—
27	80	100	180	29	45	135	0	0	135	100	77	4
28	135	0	135	28	45	90	0	100	190	0	—	—
29	90	0	90	60	50	40	0	100	140	100	91	4
30	40	0	40	01	35	5	0	200	205	0	—	—
31	5	100	105	19	45	60	0	100	160	100	58	3
32	60	0	60	71	55	5	0	200	205	0	—	—
33	5	100	105	48	50	55	0	100	155	100	32	3
34	55	100	155	36	50	105	0	100	205	0	—	—
35	105	0	105	15	45	60	0	100	160	100	83	4
36	60	100	160	42	50	110	0	100	210	0	—	—
37	110	0	110	63	50	60	0	100	160	100	18	2
38	60	0	60	99	65	0	5	200	200	0	—	—
39	0	200	200	37	50	150	0	0	150	100	63	3
40	150	0	150	75	55	95	0	100	195	0	—	—

* : nombre au hasard.

L'évaluation de la qualité de la simulation, comme la comparaison des résultats de plusieurs politiques différentes nécessitent de recourir aux mêmes techniques que celles qui ont été présentées dans le cadre de la simulation de phénomènes aléatoires.

La simulation facilite le traitement de nombreux problèmes de l'entreprise : nous venons de voir une application en matière de gestion des stocks. D'autres applications existent, en particulier, dans les domaines suivants :

— gestion des files d'attente;
— détermination des plannings de production;
— mesure de l'efficacité d'un plan média[12].

Cependant, ces applications se limitent à l'analyse d'un sous-secteur donné de l'entreprise et les interactions de ce sous-secteur avec les autres composantes de l'entreprise ne sont pas envisagées. Les applications qui seront abordées dans la section suivante permettent d'englober des ensembles beaucoup plus vastes.

SECTION 4. LA SIMULATION DE SYSTÈMES GLOBAUX

Il existe de multiples exemples d'utilisation de la simulation dans la gestion de systèmes globaux. Ces systèmes globaux intègrent l'ensemble des éléments d'une fonction de l'entreprise : la fonction marketing, par exemple, qui a donné lieu à de nombreuses applications (§ 1). Ils peuvent intégrer également l'ensemble des fonctions de l'entreprise (§ 2).

§ 1. Simulation du système de marketing de l'entreprise.

Le système de marketing de l'entreprise met en jeu plusieurs catégories d'agents économiques : l'entreprise elle-même, ses concurrents, les distributeurs, les prescripteurs, les consommateurs. Chacun de ces agents est associé à un ensemble de caractéristiques économiques, d'information, d'attitude et de comportement. Nous avons là tous les ingrédients d'un système complexe qu'il est indispensable d'analyser à l'occasion de la préparation d'un plan de marketing et en particulier quand l'entreprise envisage le lancement de produits nouveaux sur le marché.

Parmi les modèles mis au point pour traiter ces questions[13], nous envisagerons deux exemples très différents : le premier basé sur une analyse micro-analytique des comportements (modèle d'A. Amstutz), le second construit à partir de fonctions de réponse globale (modèle Newprod).

---

12. *Cf.* STOKES J. et MINTZ Ph.; « Comment déterminer le nombre optimal de vendeurs dans un magasin? », *Encyclopédie du marketing,* 1976, n° 6-24 B. ZIMMERMANN M. J. et SOVEREIGN M.; *Quantitative models for production management*, Prentice-Hall, 1974, pages 310 à 315 et 555 à 565. DUJEU P. et BERTIER P.; « Simulation des comportements aléatoires de lecture : le modèle SCAL », *Métra*, n° 1, 41967, pages 647 à 659.

13. *Cf.* LARRECHE J. C. et GATIGNON H.; « Les modèles normatifs de comportement du marché » *Encyclopédie du Marketing,* 1978, n° 1-73 A.

1° Le modèle d'Amstutz[14].

Le modèle de simulation micro-analytique d'Amstutz est probablement le modèle de marketing à la fois le plus complet et le plus complexe, d'où son intérêt mais aussi les difficultés liées à son utilisation.

Pour un produit de grande consommation, le modèle met en interaction trois modules : l'entreprise étudiée avec les variables contrôlables, la distribution et les consommateurs (*cf.* graphique 3).

Chacun de ces modules est détaillé de façon précise. Le module « consommateurs » par exemple, intègre les caractéristiques d'un échantillon de consommateurs :

— âge;
— revenu;
— lieu de résidence;
— niveau d'éducation;
— possession du produit;
— attitude envers les attributs du produit;
— notoriété des marques;
— attitude envers les marques et les points de vente;
— média avec lesquels le consommateur est en contact.

Une fois que l'entreprise a fixé les attributs de son produit, son prix de vente, son plan-média, son système de distribution, il est possible de simuler le comportement de l'échantillon de consommateurs sur un certain nombre de périodes.

Au cours de chaque période (une semaine par exemple) chaque consommateur est amené à prendre trois types de décisions (*cf.* graphique 4) :

— décision d'acheter le produit;
— décision d'acheter une marque donnée si la première décision est positive;
— décision de communiquer avec les autres consommateurs (bouche-à-oreille).

Si nous prenons la première décision, nous voyons, sur le graphique 4, qu'elle dépend du besoin perçu et du revenu du consommateur. Le besoin perçu dépend à son tour de plusieurs éléments tels que la possession du produit, l'opportunité d'utilisation du produit, la notoriété des marques et l'attitude du consommateur envers ces marques. De façon plus précise, le modèle exprime le besoin perçu du consommateur *c* vis-à-vis de la marque *b* à l'aide de l'expression

$$\mathrm{PRNED}(cb) = \left[\mathrm{C}_1 + \frac{\mathrm{AWARE}(c, b)}{\mathrm{C}_2}\right] * \mathrm{ENXPF}\left(\frac{-5 - \mathrm{ATTBR}(c, b)}{\mathrm{C}_3}\right) * \mathrm{USOPC}(c) * \mathrm{PROWC}(c)$$ [15]

où

PRNED (*c*, *b*) évalue le besoin perçu,
AWARE (*c*, *b*) désigne la notoriété de la marque *b* pour le consommateur *c*,
ATTBR (*c*, *b*) l'attitude envers la marque *b*,
USOPC (*c*) l'opportunité d'emploi du produit par le consommateur,
PROWC (*c*) la possession ou non du produit par le consommateur,
ENXPF (X) = e^{X}.

---

14. AMSTUTZ A.; *op. cit.*
15. AMSTUTZ A.; *op. cit.*, p. 165.

Graphique 3. — Modèle d'Amstutz : interaction entre les secteurs des consommateurs, des détaillants et du producteur.

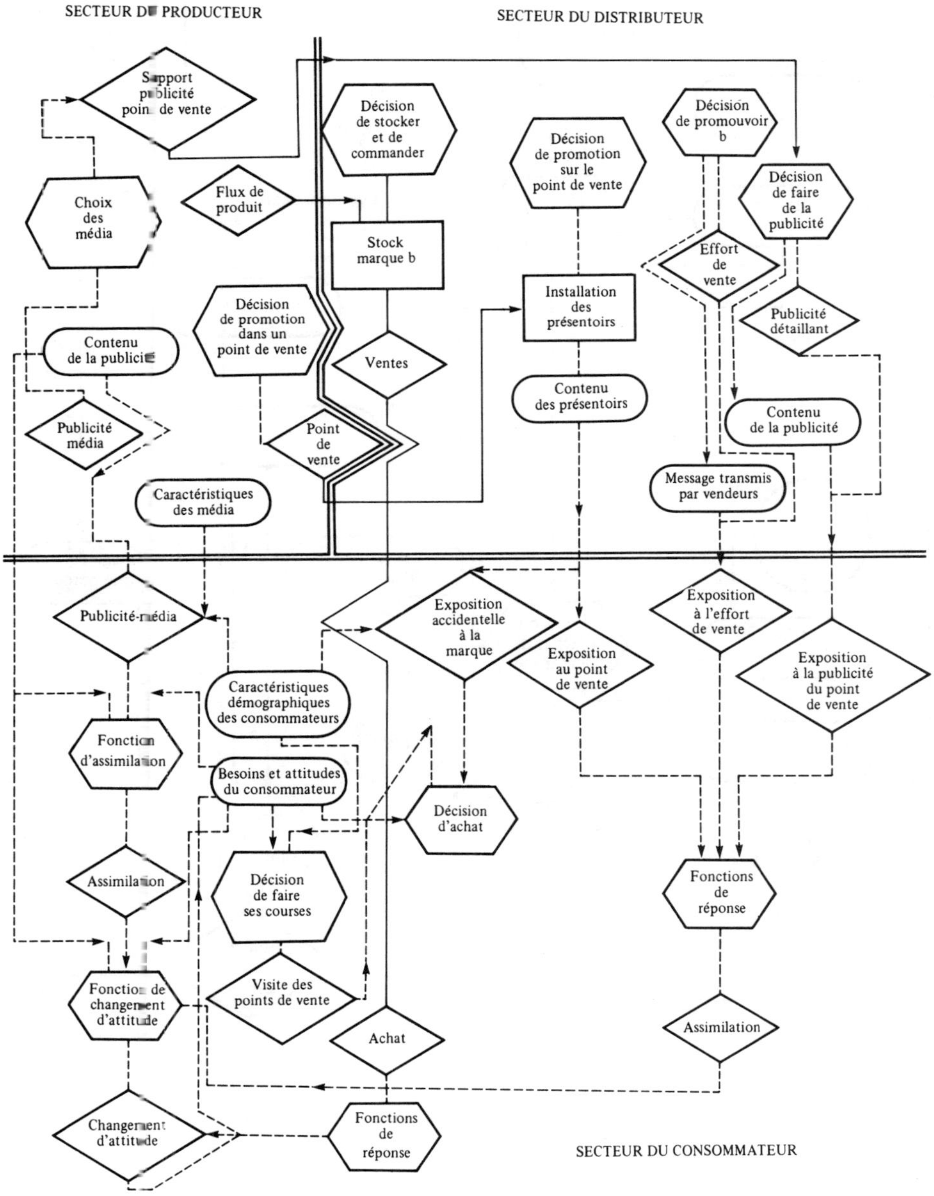

(Extrait de Amstutz, *op. cit.* p. 243.)

Graphique 4. — Facteurs influençant les décisions des consommateurs.

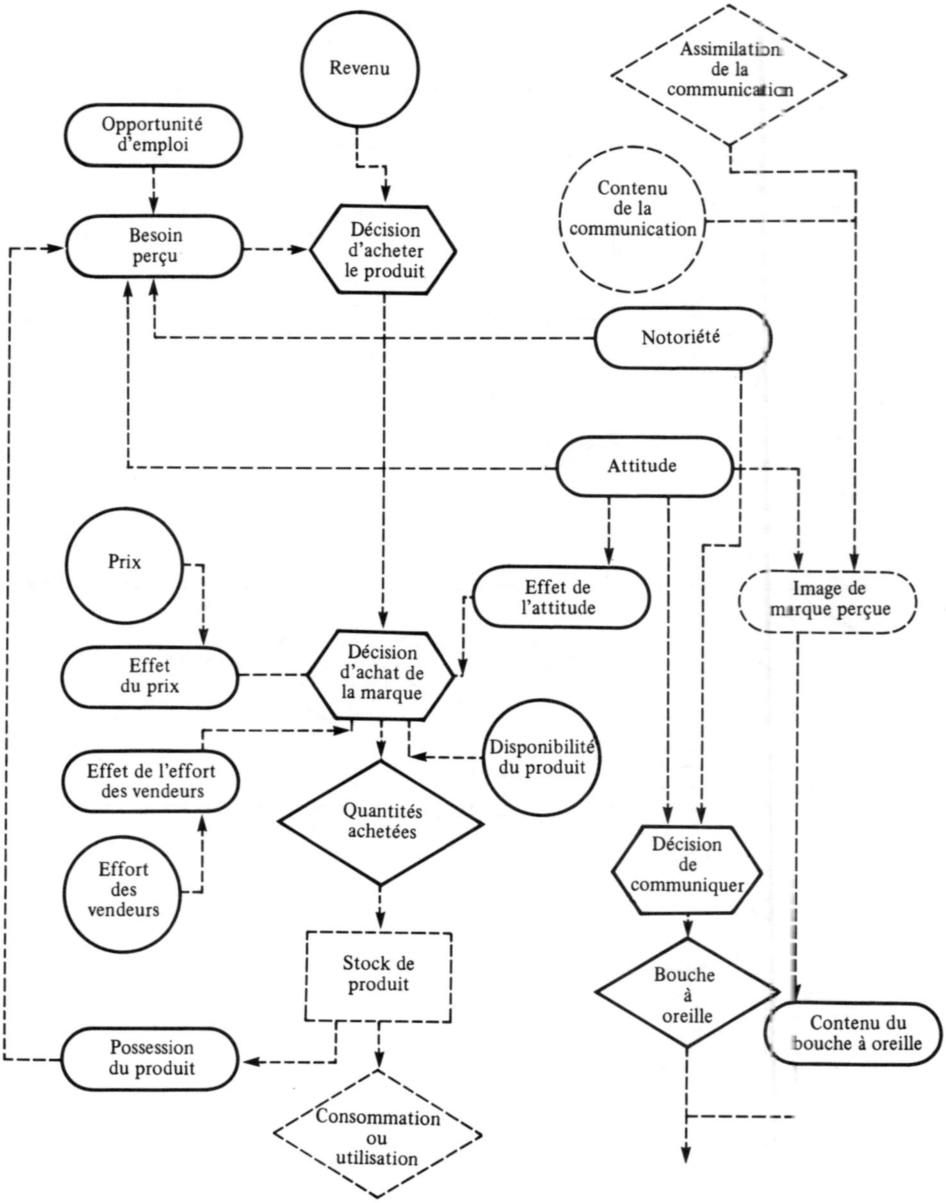

(Extrait de A. Amstutz, *op. cit.* p. 185.)

Chaque élément du système est formalisé d'une façon similaire. La simulation permet de suivre chaque consommateur au cours du temps et d'enregistrer la modification de certaines de ses caractéristiques, en particulier celles qui concernent la notoriété, l'attitude, la possession du produit.

2° Le modèle Newprod[16].

Le modèle Newprod, proposé par G. Assmus, a une structure beaucoup plus simple que le modèle précédent. Au lieu de traiter chaque consommateur de façon spécifique, il s'intéresse à des groupes de consommateurs.

A l'occasion du lancement d'un produit nouveau, nous trouvons quatre grands types de consommateurs (*cf.* graphique 5) :

— les consommateurs non sensibilisés au produit;

— les consommateurs sensibilisés au produit à travers divers instruments de communication (publicité, promotion);

— les expérimentateurs qui ont essayé le produit;

— les réacheteurs, qui peuvent en fin de compte devenir des acheteurs fidèles.

Graphique 5. — Organigramme du modèle Newprod.

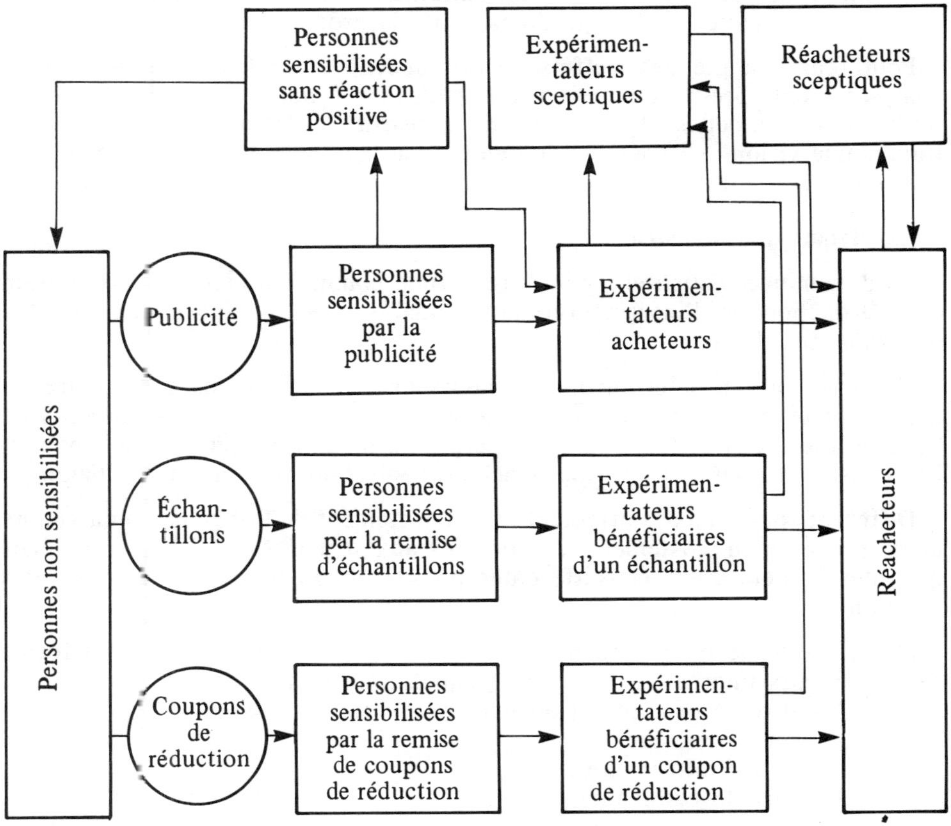

(Extrait de G. Asmuss, *op. cit.* p. 3.)

16. ASSMUS G.; « Le modèle Newprod : conception et mise en œuvre d'un modèle pour la gestion de nouveaux produits », *Encyclopédie du marketing,* n° 6-26 A.

Le modèle décrit le passage d'une catégorie à une autre à l'aide de fonctions de réponse globale telles que :

$$S(t)=\left(1-e^{-QA(t)}\right)N(t),$$

avec

S(t) : nombre de consommateurs sensibilisés au cours de la semaine t,
A(t) : dépenses de publicité de la semaine t,
Q : indice de qualité de la publicité,
N(t) : nombre de consommateurs non encore sensibilisés au début de la semaine t.

§ 2. Simulation de l'entreprise.

La simulation de l'entreprise dans son ensemble évite les risques de sous-optimisation que l'on peut rencontrer quand on s'intéresse uniquement à une fonction donnée. Une politique de marketing efficace en termes commerciaux peut entraîner des répercussions défavorables sur d'autres fonctions : les ventes peuvent être stimulées si les conditions de crédit accordées sont plus avantageuses ou si le produit est mieux adapté aux différents types de clients; mais ceci entraîne des coûts supplémentaires dans le domaine financier et dans le domaine de la production.

Pour tenir compte des « effets de retombées » entre les fonctions, il faut analyser l'entreprise comme un ensemble de fonctions et d'activités en interactions mutuelles. La *dynamique industrielle* effectue cette analyse à travers une vision cybernétique de l'entreprise. *Les jeux d'entreprise* exploitent également cette approche globale de l'entreprise.

1° La dynamique industrielle.

La dynamique industrielle peut être définie comme l'utilisation de la notion de rétroaction à l'information pour analyser le comportement et les performances des organisations.

Un processus de décision met toujours en jeu une comparaison entre un état souhaité qui se traduit par des normes définies à partir des objectifs de l'organisation, et un état apparent repéré à partir d'un système d'information. La décision a pour but de rapprocher l'organisation de son état souhaité.

Différents phénomènes affectent le comportement de l'organisation au cours de ce processus d'ajustement. Ils sont liés aux structures utilisées, aux délais qui interviennent entre les différentes phases du processus, à l'ampleur des réactions.

Dans le modèle de Forrester[17], l'entreprise est appréhendée sous la forme de six réseaux interconnectés, dans lesquels transitent :

— des flux de produits et de matières;
— des flux monétaires;
— des flux d'information;
— des flux de commandes;
— des flux de personnel;
— des flux de matériels.

17. FORRESTER J. : *op. cit.*

Graphique 6. — Modèle de Forrester : secteur du détaillant.

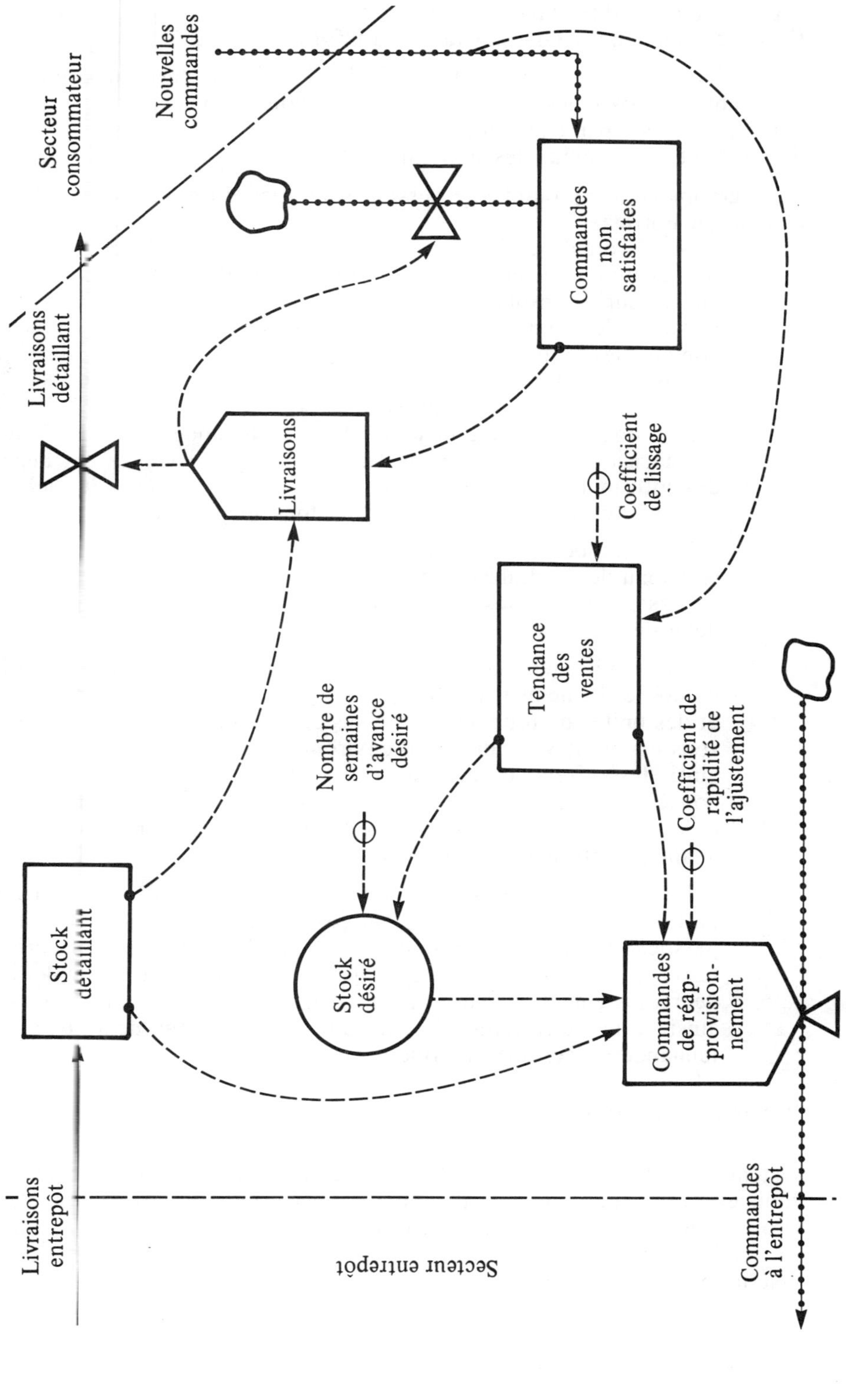

(D'après J. FORRESTER : « Industrial dynamics », p. 157.)

Ces différents flux alimentent ou épuisent des stocks : des stocks de produits finis, de commandes non satisfaites, d'information, de main-d'œuvre etc.

Les décisions ont pour objet de réguler les flux à partir de l'information disponible sur les stocks : le flux de commandes en vue de réapprovisionner l'entreprise, est, par exemple, déterminé au vu d'informations sur le niveau du stock et des commandes non satisfaites.

Le graphique 6 reproduit une version simplifiée du module « détaillant » du modèle de Forrester[18]

— le stock du détaillant est alimenté par un flux d'approvisionnement provenant du secteur « entrepôt »; il est réduit par les flux de livraisons au secteur « consommateur »;
— le stock de commandes non satisfaites dépend du flux de nouvelles commandes provenant du secteur consommateurs et du flux de livraisons en direction de ce secteur;
— des décisions de livraisons sont prises en fonction des informations sur le stock disponible et le stock de commandes non satisfaites;
— les décisions commandant le flux de réapprovisionnement dépendent des informations sur la tendance des ventes (appréhendée ici comme un stock d'informations) et sur le stock disponible.

La politique de l'entreprise se caractérise par des normes telles que le niveau de stock désiré et par des constantes, telles que le coefficient de lissage des ventes passées pour évaluer la tendance, ou encore le délai de traitement des commandes.

Le module détaillant s'intègre dans un ensemble plus vaste où sont modélisés également les flux, les stocks et les décisions des entrepôts et des unités de production. Le système complet peut alors être simulé sous différentes conditions d'environnement. Le graphique 7 reproduit ainsi les effets enregistrés aux différents niveaux du système, consécutifs à une modification de 10 % des demandes des consommateurs. Le système réagit par des fluctuations très importantes avant de retrouver un état stable.

Les fluctuations sont coûteuses sur le plan économique, en particulier celles qui jouent sur les niveaux de production. Dans la perspective de pouvoir atténuer de telles fluctuations, l'entreprise peut tester de nouvelles politiques. Elle peut modifier, par exemple, le délai de réajustement du stock au niveau désiré. Sur le graphique 8 sont ainsi testés différents délais. On y voit qu'un délai trop bref a tendance à accroître les fluctuations.

2° Les jeux d'entreprises.

Le modèle précédent avait pour but de montrer vers quel état évoluait un système caractérisé par des structures d'organisation, de contrôle et de décision données, une fois soumis à certaines perturbations provenant de l'environnement. Dans le cas des jeux d'entreprise auxquels nous assimilerons les modèles de simulation programmés en conversationnel, l'évolution du système doit être nourrie périodiquement par de nouvelles décisions.

18. FORRESTER J., *op. cit.* p. 157.

Graphique 7. — Modèle de Forrester : effet d'une augmentation de la demande.

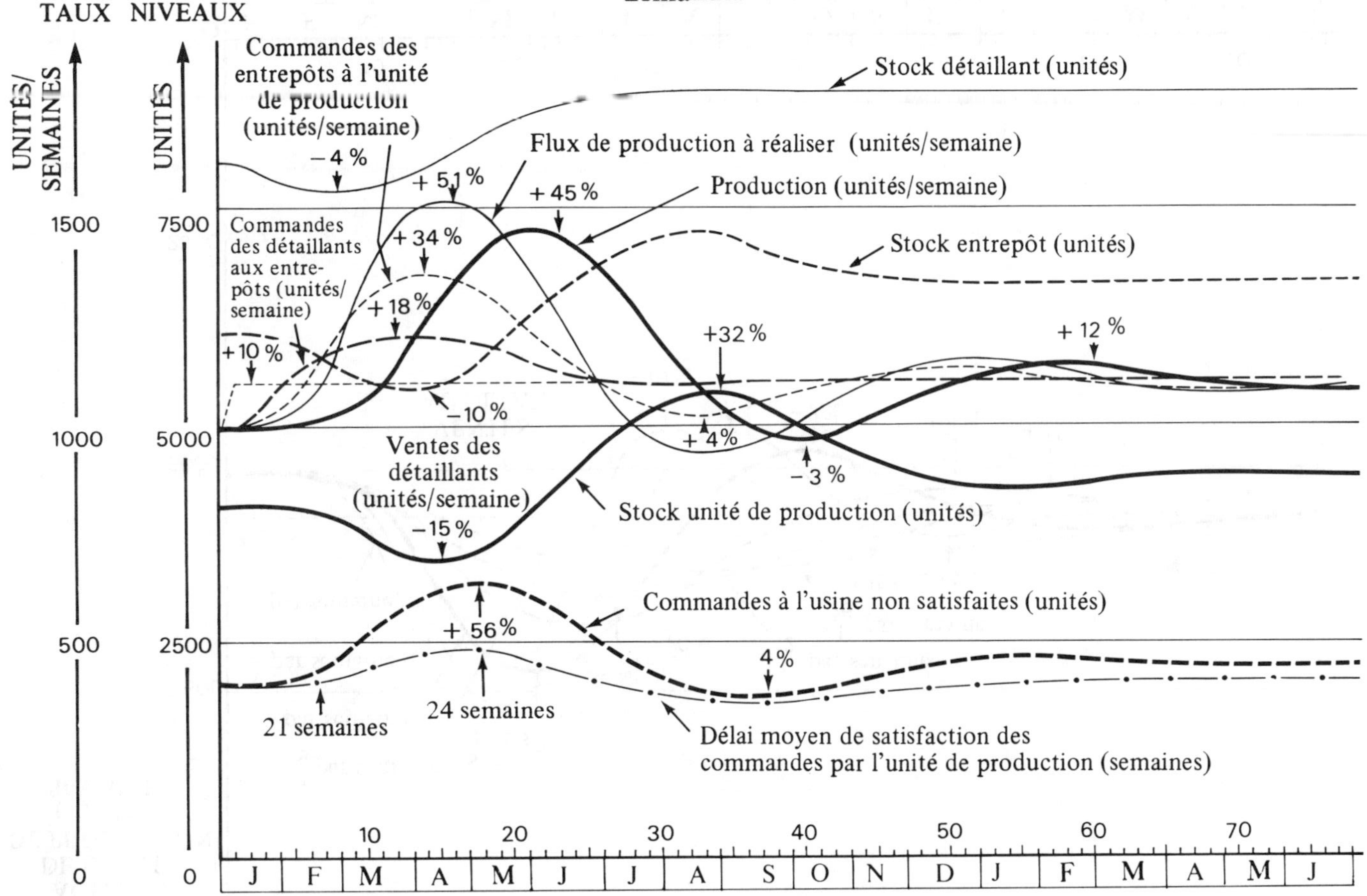

(Extrait de J. Forrester : *op. cit.* p. 174.)

Graphique 8. — Modèle de Forrester : test de différents coefficients d'ajustement des stocks.

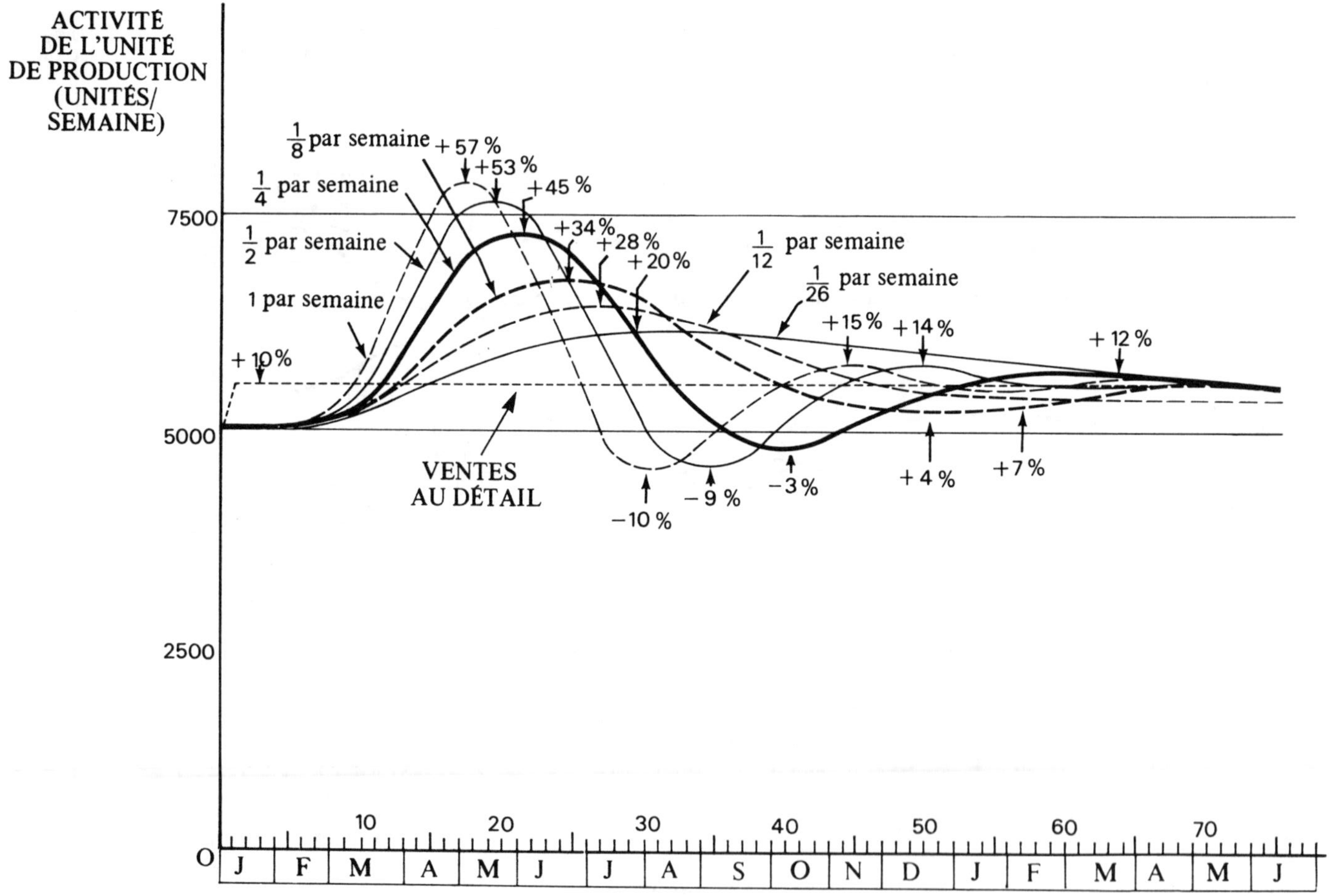

(Extrait de J. Forrester, *op. cit.* p. 186.)

Par jeu d'entreprise on désigne un exercice séquentiel de prise de décision, structuré autour d'un modèle de fonctionnement d'une entreprise. Les jeux d'entreprise sont actuellement très nombreux; ils font partie intégrante de la pédagogie de la formation à la gestion dans la plupart des établissements d'enseignement.

Les jeux d'entreprises peuvent être regroupés en plusieurs catégories[17] selon différents critères de classification :

— L'aspect concurrentiel ou non du jeu : dans le premier cas, le modèle met en relief les phénomènes d'interactions entre les entreprises concurrentes. Dans le second cas, les décisions sont prises contre l'environnement.

— Le caractère général ou spécialisé du jeu : les jeux de gestion générale mettent en action les principales fonctions de l'entreprise avec un niveau de détail plus ou moins accentué. Les jeux spécialisés privilégient une fonction (le marketing par exemple) et n'intègrent les autres fonctions que de façon très sommaire.

— Le caractère stratégique ou tactique du jeu : le premier type de jeu exerce à l'activité de planification à moyen ou long terme. Les décisions portent sur la structure financière, les moyens de production, les produits et les marchés. Le second type de jeu s'intéresse aux problèmes de gestion à court terme : le niveau de détail est très accentué (par exemple analyse des postes de production) et la période de décision plus courte.

— Le caractère statique ou évolutif du jeu : dans un jeu statique la structure du modèle est donnée et les décisions des joueurs doivent s'intégrer dans un cadre préétabli, en particulier à des dates fixes. Dans un jeu évolutif la nature des décisions comme leurs dates sont, dans une certaine mesure laissées au choix des joueurs et deviennent elles-mêmes des décisions. Les joueurs peuvent également enrichir le modèle en programmant des règles de décisions propres.

Si nous mettons de côté cette dernière catégorie de jeu qui demande des interventions en temps réel sur le modèle, un jeu d'entreprise apparaît comme un modèle dynamique qui reçoit à chaque étape de calcul différents inputs :

— l'historique des entreprises et du marché (situation des entreprises à la fin de la période $(t-1)$; dépenses cumulées de publicité; dépenses cumulées de recherche, etc.);

— des données d'environnement (conjoncture, prix des matières premières, grèves, etc.);

— les décisions de l'entreprise;

— les décisions de l'entreprise;

Les sorties de la période *t* sont les nouvelles situations des entreprises et du marché, consécutives aux conditions d'environnement de la période *t* et aux décisions qui y ont été prises.

Le jeu d'entreprise est un instrument de formation. Il peut être également un instrument de planification, si au lieu de travailler sur une entreprise fictive on modélise une entreprise réelle. Son utilisation permettra alors d'évaluer différentes stratégies au cours du temps, sous certaines hypothèses d'environnement, en particulier de comportement de la concurrence.

19. KLEIN M., *Jeux et simulateurs d'entreprise,* FNEGE, 1972.

ÉTUDES DE CAS

11-1 Le processus de production d'une entreprise industrielle implique un contrôle de la qualité du produit à un certain stade de son élaboration. A un rythme constant de un par minute, les unités passent devant un poste de contrôle A où elles sont examinées. A la suite de cette opération, de durée constante, les unités sont dirigées soit sur le poste de traitement B où elles subissent une élaboration supplémentaire, soit sur le poste C lorsqu'elles présentent un défaut. Sur le poste C, les unités défectueuses sont rectifiées et contrôlées à nouveau; puis elles sont dirigées sur B afin de poursuivre normalement leur fabrication.

En moyenne, 50 % des unités contrôlées ne présentent pas de défaut. Les pièces défectueuses peuvent présenter soit le défaut I, et c'est le cas de 60 % d'entre elles, soit le défaut II. Le temps de rectification des pièces, au niveau du poste C, est variable : il dépend à la fois du type et de l'importance du défaut constaté. Le tableau suivant donne la fréquence des temps de traitement selon le type de défaut.

Temps de rectification	Défaut I	Défaut II
1 minute	10 %	30 %
2 minutes	50 %	40 %
3 minutes	30 %	30 %
4 minutes	10 %	0 %

On estime qu'une minute d'attente en C entraîne un coût de 1 F pour l'entreprise. D'autre part, si la file d'attente dépasse 3 unités, il faut arrêter le système et cela occasionne un coût de 100 F pour l'entreprise. L'installation d'un poste de traitement supplémentaire en C se traduirait par un coût annuel de 300 000 F.

Il faut savoir, en outre, que le processus de production fonctionne 8 h, par jour, 300 jours par an.

1° Schématiser le système de production et simuler son fonctionnement sur une durée d'une heure.

2° A l'aide de la même procédure de simulation, déterminer dans quelles conditions l'entreprise a intérêt à introduire dans le système un poste de traitement supplémentaire.

Solution

Le tableau suivant reproduit le comportement du système étudié pendant une heure. Il donne :

— colonne 1 : le temps;
— colonne 2 : le numéro d'ordre de la pièce;
— colonne 3 : un nombre au hasard;
— colonne 4 : la décision d'orientation à la suite du contrôle en A. Si le nombre tiré est compris entre 0 et 49, la pièce est bonne et est dirigée sur le poste B. Si le nombre est compris entre 50 et 99, la pièce est défectueuse; elle est orientée sur C;
— colonne 5 : la longueur de la file d'attente en C, c'est-à-dire le nombre de pièces en instance de traitement. Si cette file atteint 3, le système est arrêté en A jusqu'au moment où une pièce termine son traitement en C;
— colonne 6 : l'heure d'arrivée de la pièce étudiée au poste C;
— colonne 7 : l'heure de début de traitement en C. Cette heure est différente de l'heure d'arrivée si une pièce arrivée auparavant est encore en cours de traitement;

(1)	(2)	(3)	(4)	(5)	(6)	(7)	(8)	(9)	(10)	(11)	(12)
1	1	13	B								
2	2	17	B								
3	3	89	C	0	3	3	0	84	II	2′	5
4	4	30	B								
5	5	58	C	0	5	5	0	20	I	2′	7
6	6	53	C	1	6	7	1	69	II	1′	8
7	7	17	B								
8	8	12	B								
9	9	33	B								
10	10	56	C	0	10	10	0	2	I	1′	11
11	11	21	B								
12	12	91	C	0	12	12	0	38	I	3′	15
13	13	84	C	1	13	15	2	13	I	2′	17
14	14	68	C	2	14	17	3	76	II	2′	19
15	15	87	C	2	15	19	4	96	II	3′	22
16	16	39	B								
17	17	82	C	2	17	22	5	78	II	2′	24
18	18	36	B								
19	19	13	B								
20	20	4	B								
21	21	46	B								
22	22	62	C	1	22	24	2	70	II	1′	25
23	23	4	B								
24	24	91	C	1	24	25	1	36	I	3′	28
25	25	30	B								
26	26	97	C	1	26	28	2	45	I	3′	31
27	27	32	B								
28	28	94	C	1	28	31	3	19	I	2′	33
29	29	64	C	2	29	33	4	16	I	2′	35
30	30	55	C	3	30	35	5	9	I	2′	37
31	31	8	B								
32	32	98	C	3	32	37	5	70	II	1′	38
33	33	61	C	3	33	38	5	59	I	4′	42
34	34	29	B								
35	35	78	C	3	35	42	7	98	II	3′	45
36	36	80	C	4	36	45	9	6	I	2′	47
37	ARRET SYSTEME										
38	37	28	B								
39	38	86	C	3	39	47	8	17	I	2′	49
40	39	98	C	4	40	49	9	17	I	2′	51
41	ARRET SYSTEME										
42	40	40	B								
43	41	22	B								
44	42	33	B								
45	43	86	C	3	45	51	6	60	II	1′	52
46	44	4	B								
47	45	33	B								
48	46	54	C	3	48	52	4	98	II	3′	55
49	47	77	C	3	49	55	6	20	I	2′	57
50	48	37	B								
51	49	32	B								
52	50	84	C	2	52	57	5	26	I	2′	59
53	51	90	C	3	53	59	6	73	II	2′	61
54	52	31	B								
55	53	35	B								
56	54	88	C	3	56	61	5	71	II	1′	62
57	55	73	C	3	57	62	5	58	I	4′	66
58	56	9	B								
59	57	60	C	3	59	66	7	97	II	3′	69
60	58	18	B								
Temps total d'attente			. . . .				119				

— colonne 8 : le temps d'attente de la pièce étudiée;
— colonne 9 : un nombre au hasard;
— colonne 10 : le type de défaut rencontré : si le nombre tiré est compris entre 0 et 59, il s'agit du défaut I et s'il est compris entre 60 et 99, il s'agit du défaut II;
— colonne 11 : la durée de réparation déterminée à l'aide du nombre au hasard précédent selon le tableau suivant :

	défaut I	défaut II
1 mn	00 à 05	60 à 71
2 mn	06 à 35	72 à 87
3 mn	36 à 53	88 à 99
4 mn	54 à 59	—

— colonne 12 : la fin de la période de rectification.

La simulation du système pendant une heure permet de repérer la formation de files d'attente importantes. Globalement, 119 minutes sont perdues. D'autre part, le système doit être arrêté à deux reprises (37e et 41e minute), la file d'attente dépassant les trois unités autorisées.

Ceci entraîne un coût de 319 F sur l'heure de fonctionnement étudiée, soit sur l'année un coût de

$$[319 \times 8 \times 300 = 765\,600 \text{ F.}]$$

Si un deuxième poste de traitement C existait, la file d'attente serait pratiquement supprimée. La simulation d'un système avec deux postes C demande d'ajouter au tableau précédent une nouvelle série de colonnes 5 à 12, correspondant au second poste C. Une nouvelle pièce nécessitant une rectification est alors dirigée sur le poste C inoccupé ou, si les deux sont occupés, sur celui qui présente la file d'attente la plus courte.

ANNEXE I
Fonction de répartition de la loi normale réduite

La table suivante donne la surface entre la moyenne et la valeur z de la variable normale réduite, avec

$$z = \frac{X - \overline{X}}{\sigma_X}$$

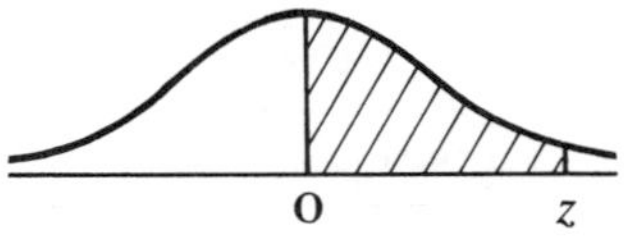

z	0,00	0,01	0,02	0,03	0,04	0,05	0,06	0,07	0,08	0,09
0.0	0,0000	0,0040	0,0080	0,0120	0,0160	0,0199	0,0239	0,0279	0,0319	0,0359
0.1	0,0398	0,0438	0,0478	0,0517	0,0557	0,0596	0,0636	0,0675	0,0714	0,0753
0.2	0,0793	0,0832	0,0871	0,0910	0,0948	0,0987	0,1026	0,1064	0,1103	0,1141
0,3	0,1179	0,1217	0,1255	0,1293	0,1331	0,1368	0,1406	0,1443	0,1480	0,1517
0,4	0,1554	0,1591	0,1628	0,1664	0,1700	0,1736	0,1772	0,1808	0,1844	0,1879
0,5	0,1915	0,1950	0,1985	0,2019	0,2054	0,2088	0,2123	0,2157	0,2190	0,2224
0,6	0,2257	0,2291	0,2324	0,2357	0,2389	0,2422	0,2454	0,2486	0,2517	0,2549
0,7	0,2580	0,2611	0,2642	0,2673	0,2704	0,2734	0,2764	0,2794	0,2823	0,2852
0,8	0,2881	0,2910	0,2939	0,2967	0,2995	0,3023	0,3051	0,3078	0,3106	0,3133
0,9	0,3159	0,3186	0,3212	0,3238	0,3264	0,3289	0,3315	0,3340	0,3365	0,3389
1,0	0,3413	0,3438	0,3461	0,3485	0,3508	0,3531	0,3554	0,3577	0,3599	0,3621
1,1	0,3643	0,3665	0,3686	0,3708	0,3729	0,3749	0,3770	0,3790	0,3810	0,3830
1,2	0,3849	0,3869	0,3888	0,3907	0,3925	0,3944	0,3962	0,3980	0,3997	0,4015
1,3	0,4032	0,4049	0,4066	0,4082	0,4099	0,4115	0,4131	0,4147	0,4162	0,4177
1,4	0,4192	0,4207	0,4222	0,4236	0,4251	0,4265	0,4279	0,4292	0,4306	0,4319
1,5	0,4332	0,4345	0,4357	0,4370	0,4382	0,4394	0,4406	0,4418	0,4429	0,4441
1,6	0,4452	0,4463	0,4474	0,4484	0,4495	0,4505	0,4515	0,4525	0,4535	0,4545
1,7	0,4554	0,4564	0,4573	0,4582	0,4591	0,4599	0,4608	0,4616	0,4625	0,4633
1,8	0,4641	0,4649	0,4656	0,4664	0,4671	0,4678	0,4686	0,4693	0,4699	0,4706
1,9	0,4713	0,4719	0,4726	0,4732	0,4738	0,4744	0,4750	0,4756	0,4761	0,4767
2,0	0,4772	0,4778	0,4783	0,4788	0,4793	0,4798	0,4803	0,4808	0,4812	0,4817
2,1	0,4821	0,4826	0,4830	0,4834	0,4838	0,4842	0,4846	0,4850	0,4854	0,4857
2,2	0,4861	0,4864	0,4868	0,4871	0,4875	0,4878	0,4881	0,4884	0,4887	0,4890
2,3	0,4893	0,4896	0,4898	0,4901	0,4904	0,4906	0,4909	0,4911	0,4913	0,4916
2,4	0,4918	0,4920	0,4922	0,4925	0,4927	0,4929	0,4931	0,4932	0,4934	0,4936
2,5	0,4938	0,4940	0,4941	0,4943	0,4945	0,4946	0,4948	0,4949	0,4951	0,4952
2,6	0,4953	0,4955	0,4956	0,4957	0,4959	0,4960	0,4961	0,4962	0,4963	0,4964
2,7	0,4965	0,4966	0,4967	0,4968	0,4969	0,4970	0,4971	0,4972	0,4973	0,4974
2,8	0,4974	0,4975	0,4976	0,4977	0,4977	0,4978	0,4979	0,4979	0,4980	0,4981
2,9	0,4981	0,4982	0,4982	0,4983	0,4984	0,4984	0,4985	0,4985	0,4986	0,4986
3,0	0,4987	0,4987	0,4987	0,4988	0,4988	0,4989	0,4989	0,4989	0,4990	0,4990
3,1	0,4990	0,4991	0,4991	0,4991	0,4992	0,4992	0,4992	0,4992	0,4993	0,4993
3,2	0,4993	0,4993	0,4994	0,4994	0,4994	0,4994	0,4994	0,4995	0,4995	0,4995
3,3	0,4995	0,4995	0,4995	0,4996	0,4996	0,4996	0,4996	0,4996	0,4996	0,4997
3,4	0,4997	0,4997	0,4997	0,4997	0,4997	0,4997	0,4997	0,4997	0,4997	0,4998

ANNEXE II
Distribution du t de Student

La table suivante donne la valeur t_α correspondant à une certaine surface α et à un nombre donné de degrés de liberté.

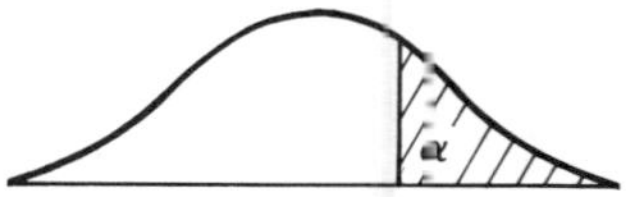

$d \cdot l$	$\alpha = 0{,}10$	$\alpha = 0{,}05$	$\alpha = 0{,}025$	$\alpha = 0{,}010$	$\alpha = 0{,}005$
1	3,078	6,314	12,706	31,821	63,657
2	1,886	2,920	4,303	6,965	9,925
3	1,638	2,353	3,182	4,541	5,841
4	1,533	2,132	2,776	3,747	4,604
5	1,476	2,015	2,571	3,365	4,032
6	1,440	1,943	2,447	3,143	3,707
7	1,415	1,895	2,365	2,998	3,499
8	1,397	1,860	2,306	2,896	3,355
9	1,383	1,833	2,262	2,821	3,250
10	1,372	1,812	2,228	2,764	3,169
11	1,363	1,796	2,201	2,718	3,106
12	1,356	1,782	2,179	2,681	3,055
13	1,350	1,771	2,160	2,650	3,012
14	1,345	1,761	2,145	2,624	2,977
15	1,341	1,753	2,131	2,602	2,947
16	1,337	1,746	2,120	2,583	2,921
17	1,333	1,740	2,110	2,567	2,898
18	1,330	1,734	2,101	2,552	2,878
19	1,328	1,729	2,093	2,539	2,861
20	1,325	1,725	2,086	2,528	2,845
21	1,323	1,721	2,080	2,518	2,831
22	1,321	1,717	2,074	2,508	2,819
23	1,319	1,714	2,069	2,500	2,807
24	1,318	1,711	2,064	2,492	2,797
25	1,316	1,708	2,060	2,485	2,787
26	1,315	1,706	2,056	2,479	2,779
27	1,314	1,703	2,052	2,473	2,771
28	1,313	1,701	2,048	2,467	2,763
29	1,311	1,699	2,045	2,462	2,756
∞	1,282	1,645	1,960	2,326	2,576

ANNEXE III
Table de la loi de Fischer-Snedecor à 0,01

La table suivante donne la valeur F_α correspondant à la surface α et à un certain couple de degrés de liberté, pour le numérateur $(d \cdot l_n)$ et pour le dénominateur $(d \cdot l_d)$, respectivement.

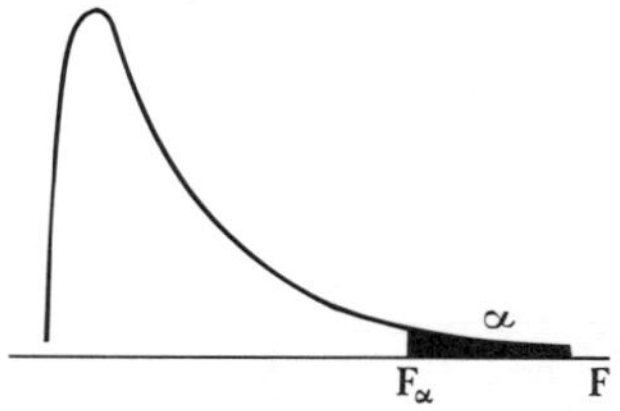

$d \cdot l_d$ \ $d \cdot l_n$	1	2	3	4	5	6	7	8	9
1	4 052	4 999,5	5 403	5 625	5 764	5 859	5 928	5 982	6 022
2	98,50	99,00	99,17	99,25	99,30	99,33	99,36	99,37	99,39
3	34,12	30,82	29,46	28,71	28,24	27,91	27,67	27,49	27,35
4	21,20	18,00	16,69	15,98	15,52	15,21	14,98	14,80	14,66
5	16,26	13,27	12,06	11,39	10,97	10,67	10,46	10,29	10,16
6	13,75	10,92	9,78	9,15	8,75	8,47	8,26	8,10	7,98
7	12,25	9,55	8,45	7,85	7,46	7,19	6,99	6,84	6,72
8	11,26	8,65	7,59	7,01	6,63	6,37	6,18	6,03	5,91
9	10,56	8,02	6,99	6,42	6,06	5,80	5,61	5,47	5,35
10	10,04	7,56	6,55	5,99	5,64	5,39	5,20	5,06	4,94
11	9,65	7,21	6,22	5,67	5,32	5,07	4,89	4,74	4,63
12	9,33	6,93	5,95	5,41	5,06	4,82	4,64	4,50	4,39
13	9,07	6,70	5,74	5,21	4,86	4,62	4,44	4,30	4,19
14	8,86	6,51	5,56	5,04	4,69	4,46	4,28	4,14	4,03
15	8,68	6,36	5,42	4,89	4,56	4,32	4,14	4,00	3,89
16	8,53	6,23	5,29	4,77	4,44	4,20	4,03	3,89	3,78
17	8,40	6,11	5,18	4,67	4,34	4,10	3,93	3,79	3,68
18	8,29	6,01	5,09	4,58	4,25	4,01	3,84	3,71	3,60
19	8,18	5,93	5,01	4,50	4,17	3,94	3,77	3,63	3,52
20	8,10	5,85	4,94	4,43	4,10	3,87	3,70	3,56	3,46
21	8,02	5,78	4,87	4,37	4,04	3,81	3,64	3,51	3,40
22	7,95	5,72	4,82	4,31	3,99	3,76	3,59	3,45	3,35
23	7,88	5,66	4,76	4,26	3,94	3,71	3,54	3,41	3,30
24	7,82	5,61	4,72	4,22	3,90	3,67	3,50	3,36	3,26
25	7,77	5,57	4,68	4,18	3,85	3,63	3,46	3,32	3,22
26	7,72	5,53	4,64	4,14	3,82	3,59	3,42	3,29	3,18
27	7,68	5,49	4,60	4,11	3,78	3,56	3,39	3,26	3,15
28	7,64	5,45	4,57	4,07	3,75	3,53	3,36	3,23	3,12
29	7,60	5,42	4,54	4,04	3,73	3,50	3,33	3,20	3,09
30	7,56	5,39	4,51	4,02	3,70	3,47	3,30	3,17	3,07
40	7,31	5,18	4,31	3,83	3,51	3,29	3,12	2,99	2,89
60	7,08	4,98	4,13	3,65	3,34	3.12	2,95	2,82	2,72
120	6,85	4,79	3,95	3,48	3,17	2,96	2,79	2,66	2,56
∞	6,63	4,61	3,78	3,32	3,02	2,80	2,64	2,51	2,41

ANNEXE IV
Loi de Poisson

Valeur de P(X ≤ x) pour une moyenne λt donnée.

x	λt 0.02	0.04	0.06	0.08	0.1	0.2	0.3	0.4	0.5	0.6	0.7	0.8	0.9
1	.0198	.0392	.0582	.0769	.0952	.1813	.2592	.3297	.3935	.4512	.5034	.5507	.5934
2	.0002	.0008	.0017	.0030	.0047	.0175	.0369	.0616	.0902	.1219	.1558	.1912	.2275
3				.0001	.0002	.0011	.0036	.0079	.0144	.0231	.0341	.0474	.0629
4						.0001	.0003	.0008	.0018	.0034	.0058	.0091	.0135
5								.0001	.0002	.0004	.0008	.0014	.0023
6											.0001	.0002	.0003

x	λt 1.0	1.1	1.2	1.3	1.4	1.5	1.6	1.7	1.8	1.9	2.0	2.1	2.2
1	.6321	.6671	.6988	.7275	.7534	.7769	.7981	.8173	.8347	.8504	.8647	.8775	.8892
2	.2642	.3010	.3374	.3732	.4082	.4422	.4751	.5068	.5372	.5663	.5940	.6204	.6454
3	.0803	.0996	.1205	.1429	.1665	.1912	.2166	.2428	.2694	.2963	.3233	.3504	.3773
4	.0190	.0257	.0338	.0431	.0537	.0656	.0788	.0932	.1087	.1253	.1429	.1614	.1806
5	.0037	.0054	.0077	.0107	.0143	.0186	.0237	.0296	.0364	.0441	.0527	.0621	.0725
6	.0006	.0010	.0015	.0022	.0032	.0045	.0060	.0080	.0104	.0132	.0166	.0204	.0249
7	.0001	.0001	.0003	.0004	.0006	.0009	.0013	.0019	.0026	.0034	.0045	.0059	.0075
8				.0001	.0001	.0002	.0003	.0004	.0006	.0008	.0011	.0015	.0020
9								.0001	.0001	.0002	.0002	.0003	.0005
10												.0001	.0001

x	λt 2.4	2.6	2.8	3.0	3.2	3.4	3.6	3.8	4.0	4.2	4.4	4.6	4.8
1	.9093	.9257	.9392	.9502	.9592	.9666	.9727	.9776	.9817	.9850	.9877	.9899	.9918
2	.6916	.7326	.7689	.8009	.8288	.8532	.8743	.8926	.9084	.9220	.9337	.9437	.9523
3	.4303	.4816	.5305	.5768	.6201	.6603	.6973	.7311	.7619	.7898	.8149	.8374	.8575
4	.2213	.2640	.3081	.3528	.3975	.4416	.4848	.5265	.5665	.6046	.6406	.6743	.7058
5	.0959	.1226	.1523	.1847	.2194	.2558	.2936	.3322	.3712	.4102	.4488	.4868	.5237
6	.0357	.0490	.0651	.0839	.1054	.1295	.1559	.1844	.2149	.2469	.2801	.3142	.3490
7	.0116	.0172	.0244	.0335	.0446	.0579	.0733	.0909	.1107	.1325	.1564	.1820	.2092
8	.0033	.0053	.0081	.0119	.0168	.0231	.0308	.0401	.0511	.0639	.0786	.0951	.1133
9	.0009	.0015	.0024	.0038	.0057	.0083	.0117	.0160	.0214	.0279	.0358	.0451	.0558
10	.0002	.0004	.0007	.0011	.0018	.0027	.0040	.0058	.0081	.0111	.0149	.0195	.0251
11		.0001	.0002	.0003	.0005	.0008	.0013	.0019	.0028	.0041	.0057	.0078	.0104
12				.0001	.0001	.0002	.0004	.0006	.0009	.0014	.0020	.0029	.0040
13						.0001	.0001	.0002	.0003	.0004	.0007	.0010	.0014
14									.0001	.0001	.0002	.0003	.0005
15											.0001	.0001	.0001

x	λt 5.0	5.2	5.4	5.6	5.8	6.0	6.2	6.4	6.6	6.8	7.0	7.2	7.4
1	.9933	.9945	.9955	.9963	.9970	.9975	.9980	.9983	.9986	.9989	.9991	.9993	.9994
2	.9596	.9658	.9711	.9756	.9794	.9826	.9854	.9877	.9897	.9913	.9927	.9939	.9949
3	.8753	.8912	.9052	.9176	.9285	.9380	.9464	.9537	.9600	.9656	.9704	.9745	.9781
4	.7350	.7619	.7867	.8094	.8300	.8488	.8658	.8811	.8948	.9072	.9182	.9281	.9368
5	.5595	.5939	.6267	.6579	.6873	.7149	.7408	.7649	.7873	.8080	.8270	.8445	.8605
6	.3840	.4191	.4539	.4881	.5217	.5543	.5859	.6163	.6453	.6730	.6993	.7241	.7474
7	.2378	.2676	.2983	.3297	.3616	.3937	.4258	.4577	.4892	.5201	.5503	.5796	.6080
8	.1334	.1551	.1783	.2030	.2290	.2560	.2840	.3127	.3419	.3715	.4013	.4311	.4607
9	.0681	.0819	.0974	.1143	.1328	.1528	.1741	.1967	.2204	.2452	.2709	.2973	.3243
10	.0318	.0397	.0488	.0591	.0708	.0839	.0984	.1142	.1314	.1498	.1695	.1904	.2123
11	.0137	.0177	.0225	.0282	.0349	.0426	.0514	.0614	.0726	.0849	.0985	.1133	.1293
12	.0055	.0073	.0096	.0125	.0160	.0201	.0250	.0307	.0373	.0448	.0534	.0629	.0735
13	.0020	.0028	.0038	.0051	.0068	.0088	.0113	.0143	.0179	.0221	.0270	.0327	.0391
14	.0007	.0010	.0014	.0020	.0027	.0036	.0048	.0063	.0080	.0102	.0128	.0159	.0195
15	.0002	.0003	.0005	.0007	.0010	.0014	.0019	.0026	.0034	.0044	.0057	.0073	.0092
16	.0001	.0001	.0002	.0002	.0004	.0005	.0007	.0010	.0014	.0018	.0024	.0031	.0041
17			.0001	.0001	.0001	.0002	.0003	.0004	.0005	.0007	.0010	.0013	.0017
18						.0001	.0001	.0001	.0002	.0003	.0004	.0005	.0007
19									.0001	.0001	.0001	.0002	.0003
20												.0001	.0001

x	λt 7.6	7.8	8.0	8.2	8.4	8.6	8.8	9.0	9.2	9.4	9.6	9.8	10.0
1	.999[illegible]	.9996	.9997	.9997	.9998	.9998	.9998	.9999	.9999	.9999	.9999	.9999	1 –
2	.995[illegible]	.9964	.9970	.9975	.9979	.9982	.9985	.9988	.9990	.9991	.9993	.9994	.9995
3	.981[illegible]	.9839	.9862	.9882	.9900	.9914	.9927	.9938	.9947	.9955	.9962	.9967	.9972
4	.944[illegible]	.9515	.9576	.9630	.9677	.9719	.9756	.9788	.9816	.9840	.9862	.9880	.9897
5	.875[illegible]	.8883	.9004	.9113	.9211	.9299	.9379	.9450	.9514	.9571	.9622	.9667	.9707
6	.7693	.7897	.8088	.8264	.8427	.8578	.8716	.8843	.8959	.9065	.9162	.9250	.9329
7	.6354	.6616	.6866	.7104	.7330	.7543	.7744	.7932	.8108	.8273	.8426	.8567	.8699
8	.4900	.5188	.5470	.5746	.6013	.6272	.6522	.6761	.6990	.7208	.7416	.7612	.7798
9	.3518	.3796	.4075	.4353	.4631	.4906	.5177	.5443	.5704	.5958	.6204	.6442	.6672
10	.235[illegible]	.2589	.2834	.3085	.3341	.3600	.3863	.4126	.4389	.4651	.4911	.5168	.5421
11	.1465	.1648	.1841	.2045	.2257	.2478	.2706	.2940	.3180	.3424	.3671	.3920	.4170
12	.08[illegible]2	.0980	.1119	.1269	.1429	.1600	.1780	.1970	.2168	.2374	.2588	.2807	.3032
13	.0464	.0546	.0638	.0739	.0850	.0971	.1102	.1242	.1393	.1552	.1721	.1899	.2084
14	.02[illegible]8	.0286	.0342	.0405	.0476	.0555	.0642	.0739	.0844	.0958	.1081	.1214	.1355
15	.01[illegible]4	.0141	.0173	.0209	.0251	.0299	.0353	.0415	.0483	.0559	.0643	.0735	.0835
16	.00[illegible]2	.0066	.0082	.0102	.0125	.0152	.0184	.0220	.0262	.0309	.0362	.0421	.0487
17	.00[illegible]2	.0029	.0037	.0047	.0059	.0074	.0091	.0111	.0135	.0162	.0194	.0230	.0270
18	.00[illegible]9	.0012	.0016	.0021	.0027	.0034	.0043	.0053	.0066	.0081	.0098	.0119	.0143
19	.00[illegible]4	.0005	.0006	.0009	.0011	.0015	.0019	.0024	.0031	.0038	.0048	.0059	.0072
20	.00[illegible]1	.0002	.0003	.0003	.0005	.0006	.0008	.0011	.0014	.0017	.0022	.0028	.0035
21		.0001	.0001	.0001	.0002	.0002	.0003	.0004	.0006	.0008	.0010	.0012	.0016
22					.0001	.0001	.0001	.0002	.0002	.0003	.0004	.0005	.0007
23								.0001	.0001	.0001	.0002	.0002	.0003
24											.0001	.0001	.0001

ANNEXE V
Table de la loi du Khi deux

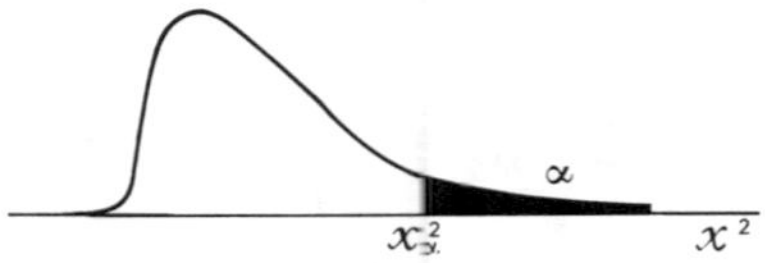

α	.995	.990	.975	.95	.90	.75	.50	.25	.10	.05	.025	.010	.005	.001
ν														
1	$.0^4393$	$.0^3157$	$.0^3982$	$.0^2393$	.0158	0.102	0.455	1.323	2.706	3.841	5.024	6.635	7.879	10.83
2	.0100	.0201	.0506	0.103	0.211	0.575	1.386	2.773	4.605	5.991	7.378	9.210	10.60	13.82
3	.0717	0.115	0.216	0.352	0.584	1.213	2.366	4.108	6.251	7.815	9.348	11.34	12.84	16.27
4	0.207	0.297	0.484	0.711	1.064	1.923	3.357	5.385	7.779	9.488	11.14	13.28	14.86	18.47
5	0.412	0.554	0.831	1.145	1.610	2.675	4.351	6.626	9.236	11.07	12.83	15.09	16.75	20.52
6	0.676	0.872	1.237	1.635	2.204	3.455	5.348	7.841	10.64	12.59	14.45	16.81	18.55	22.46
7	0.989	1.239	1.690	2.167	2.833	4.255	6.346	9.037	12.02	14.07	16.01	18.48	20.28	24.32
8	1.344	1.646	2.180	2.733	3.490	5.071	7.344	10.22	13.36	15.51	17.53	20.09	21.95	26.12
9	1.735	2.088	2.700	3.325	4.168	5.899	8.343	11.39	14.68	16.92	19.02	21.67	23.59	27.88
10	2.156	2.558	3.247	3.940	4.865	6.737	9.342	12.55	15.99	18.31	20.48	23.21	25.19	29.59
11	2.603	3.053	3.816	4.575	5.578	7.584	10.34	13.70	17.28	19.68	21.92	24.73	26.76	31.26
12	3.074	3.571	4.404	5.226	6.304	8.438	11.34	14.85	18.55	21.03	23.34	26.22	28.30	32.91
13	3.565	4.107	5.009	5.892	7.042	9.299	12.34	15.98	19.81	22.36	24.74	27.69	29.82	34.53
14	4.075	4.660	5.629	6.571	7.790	10.17	13.34	17.12	21.06	23.68	26.12	29.14	31.32	36.12
15	4.601	5.229	6.262	7.261	8.547	11.04	14.34	18.25	22.31	25.00	27.49	30.58	32.80	37.70
16	5.142	5.812	6.908	7.962	9.312	11.91	15.34	19.37	23.54	26.30	28.85	32.00	34.27	39.25
17	5.697	6.408	7.564	8.672	10.09	12.79	16.34	20.49	24.77	27.59	30.19	33.41	35.72	40.79
18	6.265	7.015	8.231	9.390	10.86	13.68	17.34	21.60	25.99	28.87	31.53	34.81	37.16	42.31
19	6.844	7.633	8.907	10.12	11.65	14.56	18.34	22.72	27.20	30.14	32.85	36.19	38.58	43.82
20	7.434	8.260	9.591	10.85	12.44	15.45	19.34	23.83	28.41	31.41	34.17	37.57	40.00	45.31
21	8.034	8.897	10.28	11.59	13.24	16.34	20.34	24.93	29.62	32.67	35.48	38.93	41.40	46.80
22	8.643	9.542	10.98	12.34	14.04	17.24	21.34	26.04	30.81	33.92	36.78	40.29	42.80	48.27
23	9.260	10.20	11.69	13.09	14.85	18.14	22.34	27.14	32.01	35.17	38.08	41.64	44.18	49.73
24	9.886	10.86	12.40	13.85	15.66	19.04	23.34	28.24	33.20	36.42	39.36	42.98	45.56	51.18
25	10.52	11.52	13.12	14.61	16.47	19.94	24.34	29.34	34.38	37.65	40.65	44.3[illegible]	46.93	52.62
26	11.16	12.20	13.84	15.38	17.29	20.84	25.34	30.43	35.56	38.89	41.92	45.64	48.29	54.05
27	11.81	12.88	14.57	16.15	18.11	21.75	26.34	31.53	36.74	40.11	43.19	46.96	49.64	55.48
28	12.46	13.56	15.31	16.93	18.94	22.66	27.34	32.62	37.92	41.34	44.46	48.28	50.99	56.89
29	13.12	14.26	16.05	17.71	19.77	23.57	28.34	33.71	39.09	42.56	45.72	49.59	52.34	58.30
30	13.79	14.95	16.79	18.49	20.60	24.48	29.34	34.80	40.26	43.77	46.98	50.89	53.67	59.70
40	20.71	22.16	24.43	26.51	29.05	33.66	39.34	45.62	51.81	55.76	59.34	63.69	66.77	73.40
50	27.99	29.71	32.36	34.76	37.69	42.94	49.33	56.33	63.17	67.50	71.42	76.15	79.49	86.66
60	35.53	37.48	40.48	43.19	46.46	52.29	59.33	66.98	74.40	79.08	83.30	88.38	91.95	99.61
70	43.28	45.44	48.76	51.74	55.33	61.70	69.33	77.58	85.53	90.53	95.02	100.4	104.2	112.3
80	51.17	53.54	57.15	60.39	64.28	71.14	79.33	88.13	96.58	101.9	106.6	112.3	116.3	124.8
90	59.20	61.75	65.65	69.13	73.29	80.62	89.33	98.65	107.6	113.1	118.1	124.1	128.3	137.2
100	67.33	70.06	74.22	77.93	82.36	90.13	99.33	109.1	118.5	124.3	129.6	135.8	140.2	149.4

ANNEXE VI
Table de la loi d'actualisation ($a = 0,1$)

n	F(1; n; 0,1)	P(1; n; 0,1)	FA(1; n; 0,1)	PA(1; n; 0,1)	FK(1; n; 0,1)	PK(1; n; 0,1)	n
1	1.1000	0.9091	1.0000	0.9091	1.0000	1.1000	1
2	1.2100	0.8264	2.1000	1.7355	0.4762	0.5762	2
3	1.3310	0.7513	3.3100	2.4869	0.3021	0.4021	3
4	1.4641	0.6830	4.6410	3.1699	0.2155	0.3155	4
5	1.6105	0.6209	6.1051	3.7908	0.1638	0.2638	5
6	1.7716	0.5645	7.7156	4.3553	0.1296	0.2296	6
7	1.9487	0.5132	9.4872	4.8684	0.1054	0.2054	7
8	2.1436	0.4665	11.4359	5.3349	0.0874	0.1874	8
9	2.3579	0.4241	13.5795	5.7590	0.0736	0.1736	9
10	2.5937	0.3855	15.9374	6.1446	0.0627	0.1627	10
11	2.8531	0.3505	18.5312	6.4951	0.0540	0.1540	11
12	3.1384	0.3186	21.3843	6.8137	0.0468	0.1468	12
13	3.4523	0.2897	24.5227	7.1034	0.0408	0.1408	13
14	3.7975	0.2633	27.9750	7.3667	0.0357	0.1357	14
15	4.1772	0.2394	31.7725	7.6061	0.0315	0.1315	15
16	4.5950	0.2176	35.9497	7.8237	0.0278	0.1278	16
17	5.0545	0.1978	40.5447	8.0216	0.0247	0.1247	17
18	5.5599	0.1799	45.5992	8.2014	0.0219	0.1219	18
19	6.1159	0.1635	51.1591	8.3649	0.0195	0.1195	19
20	6.7275	0.1486	57.2750	8.5136	0.0175	0.1175	20
21	7.4002	0.1351	64.0025	8.6487	0.0156	0.1156	21
22	8.1403	0.1228	71.4027	8.7715	0.0140	0.1140	22
23	8.9543	0.1117	79.5430	8.8832	0.0126	0.1126	23
24	9.8497	0.1015	88.4973	8.9847	0.0113	0.1113	24
25	10.8347	0.0923	98.3470	9.0770	0.0102	0.1102	25
26	11.9182	0.0839	109.182	9.1609	0.0092	0.1092	26
27	13.1100	0.0763	121.100	9.2372	0.0083	0.1083	27
28	14.4210	0.0693	134.210	9.3066	0.0075	0.1075	28
29	15.8631	0.0630	148.631	9.3696	0.0067	0.1067	29
30	17.4494	0.0573	164.494	9.4269	0.0061	0.1061	30
35	28.1024	0.0356	271.024	9.6442	0.0037	0.1037	35
40	45.2592	0.0221	442.592	9.7791	0.0023	0.1023	40
45	72.8904	0.0137	718.905	9.8628	0.0014	0.1014	45
50	117.391	0.0085	1163.91	9.9148	0.0009	0.1009	50
55	189.059	0.0053	1880.59	9.9471	0.0005	0.1005	55
60	304.481	0.0033	3034.81	9.9672	0.0003	0.1003	60
65	490.370	0.0020	4893.71	9.9796	0.0002	0.1002	65
70	789.746	0.0013	7887.47	9.9873	0.0001	0.1001	70
75	1271.89	0.0008	12708.9	9.9921	[a]	0.1001	75
80	2048.40	0.0005	20474.0	9.9951	[a]	0.1000	80
85	3298.97	0.0003	32979.7	9.9970	[a]	0.1000	85
90	5313.02	0.0002	53120.2	9.9981	[a]	0.1000	90
95	8556.67	0.0001	85556.7	9.9988	[a]	0.1000	95
100	13780.6	[a]	137796	9.9993	[a]	0.1000	100
∞				10.0000		0.1000	∞

ANNEXE VII
Table de nombres au hasard

25	19	64	82	84	62	74	29	92	24	61	03	91	22	48	64	94	63	15	07	66	35	12	00	27
23	02	41	46	04	44	31	52	43	07	44	06	03	09	34	19	83	94	62	94	48	28	01	51	92
55	85	66	96	28	28	30	62	58	83	65	68	62	42	45	13	08	60	46	28	95	58	45	52	43
68	45	19	69	59	35	14	82	56	80	22	06	52	26	39	59	78	98	76	14	36	09	03	01	86
69	31	46	29	85	18	88	26	95	54	01	02	14	03	05	48	00	26	43	85	33	93	81	45	95
37	31	61	28	98	94	61	47	03	10	67	80	84	41	26	88	84	59	69	14	77	32	82	81	89
66	42	19	24	94	13	13	38	69	96	76	69	76	24	13	43	83	10	13	24	18	32	84	85	04
33	65	78	12	35	91	59	11	38	44	23	31	48	75	74	05	30	08	46	32	90	04	93	56	16
76	32	06	19	35	22	95	30	19	29	57	74	43	20	90	20	25	36	70	69	38	32	11	01	01
43	33	42	02	59	20	39	84	95	61	58	22	04	02	99	99	78	78	83	82	43	57	16	38	95
28	31	93	43	94	87	73	19	38	47	54	36	90	98	10	83	43	32	26	26	22	00	90	59	22
97	19	21	63	34	69	33	17	03	02	11	15	50	46	08	42	69	60	17	42	14	58	61	14	48
82	80	37	14	20	56	39	59	89	63	33	90	38	44	50	78	22	87	10	88	06	58	87	39	67
03	68	03	13	60	64	13	09	37	11	86	02	57	41	99	31	66	60	65	64	03	03	02	58	97
65	16	58	11	01	98	78	80	63	23	07	37	66	20	56	20	96	06	79	80	33	39	40	49	42
24	65	58	57	04	18	62	85	28	24	26	45	17	82	76	39	65	01	73	91	50	37	49	38	73
02	72	64	07	75	85	66	48	38	73	75	10	96	59	31	48	78	58	08	88	72	08	54	57	17
79	16	78	63	99	43	61	00	66	42	76	26	71	14	33	33	86	76	71	66	37	35	05	56	07
04	75	14	93	39	68	52	16	83	34	64	09	44	62	58	48	32	72	26	95	32	[illegible]7	35	49	71
40	64	64	57	60	97	00	12	91	33	22	14	73	01	11	83	97	68	95	65	67	77	80	98	87
06	27	07	34	26	01	52	48	69	57	19	17	53	55	96	02	41	03	89	33	86	35	73	02	32
62	40	03	87	10	96	88	22	46	94	35	56	60	94	20	60	73	04	84	98	96	45	18	47	07
00	98	48	18	97	91	51	63	27	95	74	25	84	03	07	88	29	04	79	84	03	71	13	78	26
50	64	19	18	91	98	55	83	46	09	49	66	41	12	45	41	49	36	83	43	53	75	35	13	39
38	54	52	25	78	01	98	00	89	85	86	12	22	89	25	10	10	71	19	45	88	[illegible]4	77	00	07
46	86	80	97	78	65	12	64	64	70	58	41	05	49	08	68	68	88	54	00	81	[illegible]1	61	80	41
90	72	92	93	10	09	12	81	93	63	69	30	02	04	26	92	36	48	69	45	91	[illegible]9	08	07	65
66	21	41	77	60	99	35	72	61	22	52	40	74	67	29	97	50	71	39	79	57	[illegible]2	14	88	06
87	05	46	52	76	89	96	34	22	37	27	11	57	04	19	57	93	08	35	69	07	[illegible]1	19	92	66
46	90	61	03	06	89	85	33	22	80	34	89	12	29	37	44	71	38	40	37	15	[illegible]9	55	51	08
11	88	53	06	09	81	83	33	98	29	91	27	59	43	09	70	72	51	49	73	35	[illegible]7	25	83	41
11	05	92	06	97	68	82	34	08	83	25	40	58	40	64	56	42	78	54	06	60	[illegible]6	96	12	82
33	94	24	20	28	62	42	07	12	63	34	39	02	92	31	80	61	68	44	19	09	[illegible]2	14	73	49
24	89	74	75	61	61	02	73	36	85	67	28	50	49	85	37	79	95	02	66	73	[illegible]9	76	28	13
15	19	74	67	23	61	38	93	73	68	76	23	15	58	20	35	36	82	82	59	01	[illegible]3	48	17	66
05	64	12	70	88	80	58	35	06	88	73	48	27	39	43	43	40	13	35	45	55	[illegible]0	54	38	50
57	49	36	44	06	74	93	55	39	26	27	70	98	76	68	78	36	26	24	06	43	[illegible]4	56	40	80
77	82	96	96	97	60	42	17	18	48	16	34	92	19	52	98	84	48	42	92	83	[illegible]9	06	77	78
24	10	70	06	51	59	62	37	95	42	53	67	14	95	29	84	65	43	07	30	77	[illegible]4	00	15	42
50	00	07	78	23	49	54	36	85	14	18	50	54	18	82	23	79	80	71	37	60	62	95	40	30
44	37	76	21	96	37	03	08	98	64	90	85	59	43	64	17	79	96	52	35	21	05	22	59	30
90	57	55	17	47	53	26	79	20	38	69	90	58	64	03	33	48	32	91	54	68	[illegible]4	90	24	25
50	74	64	67	42	95	28	12	73	23	32	54	98	64	94	82	17	18	17	14	55	[illegible]0	61	64	29
44	04	70	22	02	84	31	64	64	08	52	55	04	24	29	91	95	43	81	14	66	13	18	47	44
32	74	61	64	73	21	46	51	44	77	72	48	92	00	05	83	59	89	65	06	53	76	70	58	78
75	73	51	70	49	12	53	67	51	54	38	10	11	67	73	22	32	61	43	75	31	61	22	21	11
76	18	36	16	34	16	28	25	82	98	64	26	70	54	87	49	48	55	11	39	94	[illegible]5	20	80	85
00	17	37	71	81	64	21	91	15	82	81	04	14	52	11	39	07	30	60	77	39	[illegible]8	27	85	68
54	95	57	55	04	12	77	40	70	14	79	86	61	57	50	52	49	41	73	46	05	63	34	92	33
69	99	95	54	63	44	37	33	53	17	38	06	58	37	93	47	10	62	31	28	63	[illegible]9	40	40	32

Bibliographie

AGEE M., TAYLOR R. et TORGERSEN P.; *Quantitative analysis for management decisions,* Prentice Hall, 1976.

AZOULAY P. et DASSONVILLE P.; *Recherche opérationnelle de gestion,* PUF, Thémis, 1976 (2 tomes).

CHEVALIER A. et HIRSCH G. ; *Méthodes quantitatives pour le management,* Entreprise Moderne d'édition, 1980.

CHURCHMAN C., ACKOFF R. et ARNOFF E.; *Introduction to operations research,* Wiley, 1957.

DRAPER J. et KLINGMAN J.; *Mathematical analysis : business and economic applications,* Harper and Row, 1967.

FAURE R.; *Éléments de la recherche opérationnelle,* Gauthier-Villars, 1968.

KAUFMANN A.; *Méthodes et modèles de la recherche opérationnelle,* Dunod, 1968 (2 tomes).

KNOTTS U. et SWIFT E.; *Management science for management decisions,* Allyn and Bacon, 1978.

MITCHELL G ; *Operational research,* The English Universities Press, 1972.

SASIENI M., YASPAN A. et FRIEDMAN L.; *Operations research : methodes and problems,* Wiley, 1959.

WAGNER H.; *Principles of operations research,* Prentice Hall, 1975.

WELSCH L. et CYERT R.; *Management decision making,* Penguin Modern Management Readings, 1970.

WORMS G.; *Les méthodes modernes de l'économie appliquée,* Dunod, 1971.

Chapitre I : Les méthodes de prévision

BOX G. E. P. et JENKINS G. M.; *Time series analysis : forecasting and control,* Holden Day, 1971.

BROWN R. G.; *Smoothing, forecasting and prediction,* Prentice-Hall, 1963.

GIARD V.; *Gestion de la production,* Economica, 1981.

KANE E. J.; *Statistique économique et économétrie,* A. Colin, 1971.

KAUFMAN M. et GROBOILLOT J. L.; *Les techniques de prévision à court terme,* Dunod, 1974.

LEWANDOWSKI R.; *La prévision à court terme,* Dunod-Bordas, 1979.

SROUR D.; « En amont du marketing : la prévision », *Annales Économiques,* Cujas, n° 3, 1972, pages 47 à 76.

USUNIER J. C. et BOURDONNAIS R.; *Pratique de la prévision à court terme,* Dunod-Bordas, 1982.

WHEELWRIGHT S. C. et MAKRIDAKIS S.; *Méthodes de prévision pour la Gestion,* Éditions d'Organisation, 1983.

YAMANE T.; *Statistics : an introductory analysis,* Harper and Row, 1967.

Chapitre II : Programmation mathématique

BAUMOL W. J., *Théorie économique et analyse opérationnelle,* Dunod, 1963.
BENAYOUN R., *La pratique de l'optimisation dans l'entreprise,* PUF, 1974.
FAURE R., *Précis de recherche opérationnelle,* Dunod, 1980, 5ᵉ édition.
HADLEY G., *Linear programming,* Addison Wesley, 1969.
HADLEY G., *Non linear and dynamic programming,* Addison Wesley, 1964.
JOHNSON L. A. et MONTGOMERY D. C., *Operation Research in Production Planning, Scheduling and Inventory Control,* Wiley, 1974.
A., *Méthodes et Modèles de la Recherche Opérationnelle,* tome 1, Dunod, 1959.
KOOPMANS T. C., *Activity analysis of Production and allocation,* Wiley, 1951 (ouvrage collectif contenant les articles fondamentaux de DANTZIG).
MAURIN H., *La programmation linéaire appliquée,* éd. Technip, 1967.
—SORDET J., *La programmation linéaire appliquée à l'entreprise,* Dunod, 1970.
VEDRINE J. P., Analyse marginale, programmation linéaire et théorie de la firme» in *Annales Économiques,* n° 1, 1971, pages 108 et suivantes.
WAGNER H. M., *Principles of operations Research,* Prentice Hall International éditions, 1975.

Chapitre III : Le modèle de transport

AZOULAY P., DASSONVILLE P., *Recherche opérationnelle de Gestion,* PUF, Thémis, 1976, Tome 1.
HADLEY G., *Linear programming,* Addison-Wesley, 1962.
LESOURNE J., *Technique économique et gestion industrielle,* Dunod, 1965.
SIMONNARD M., *Programmation linéaire,* Dunod, 1962.
VEDRINE J.-P., «Note sur l'application du modèle de transport au traitement de certains problèmes de logistique industrielle», *Annales Économiques,* n° 8, 1977, pages 171 à 208.
WAGNER H.M., *Principles of operations research with applications to managerial decisions,* Prentice-Hall, 1969.

Chapitre IV : Gestion des systèmes dynamiques

BELLMAN R., DREYFUS S., *La programmation dynamique et ses applications,* Paris, Dunod, 1965.
BENSOUSSAN A., HURST E.G., NASLUND J.R. et B., *Management applications of modern control theory,* Amsterdam, North Holland, 1974.
BOUDAREL R., DELMAS J., GUICHET P., *Commande optimale des processus,* Paris, Dunod, 1968.
FELLER W., *An introduction to probability theory and its applications,* New York et Londres, John Wiley and Sons, 1957.
GORDON P., *Théories des chaînes de Markov finies et ses applications,* Paris, Dunod, 1964.
HELMER J.Y., *La commande optimale en économie,* Paris, Dunod, 1972.
KAUFMANN A., CRUON R., *La programmation dynamique,* Paris, Dunod, 1965.
KREWERAS G., *Graphes, chaînes de Markov et quelques applications économiques,* Dalloz, 1972.
LAURIÈRE J.L., *Éléments de programmation dynamique,* Paris, Gauthier Villars, 1979.
PONTRYAGIN L. et Al., *Théorie mathématique des processus optimaux,* Moscou, Édition MIR, 1974.

Chapitre V : Problèmes de flots et d'ordonnancement

BERGE C. et GHOUILA-HOUIRI A., *Programmes, jeux et réseaux de transport,* Dunod, 1962.
ELMAGHRABY S. : *Activity networks,* Wiley and sons, 1977.
FAURE R., *Éléments de la recherche opérationnelle,* Gauthier-Villars, 1968.
FORD L. et FULKERSON D., *Flows in networks,* Princeton University Press, 1963.
HADLEY G., *Linear programming,* Addison Wesley, 1969.

KAUFMANN A. et DESBAZEILLE G. *La méthode du chemin critique,* Dunod, 1969.
KREWERAS G. *Graphes, chaînes de Markov et quelques applications économiques,* Dalloz Mathématiques, 1972.
MODER J. et PHILLIPS C., *Project management with CPM and PERT,* Van Nostrand Reinhold Company, 1970.
MORANGE P., *Projet informatique et méthode PERT,* Dunod économie, 1969.
POGGIOLI P., *La méthode PERT,* éditions d'Organisation, 1972.

Chapitre VI : Les modèles de gestion des stocks

BUFFA E., *Modern production Management Managing The Operations function,* Wiley, 1977.
FERRIER J., *La gestion scientifique des stocks,* Dunod, 1966.
GIARD V., *Gestion de la production,* Economica, 1981.
HADLEY G. et WHITIN T., *Étude et pratique des modèles de stocks,* 1966, Dunod.
JOHNSON L. et MONTGOMERY D., *Operation Research in production planning; sheduling and inventory control,* Wiley, 1974.
MAGEE J., *Le planing de la production et le contrôle des stocks,* Dunod, 1962.
PETERSON R. et SILVER E., *Decisions systems for inventory and production planning,* Wiley, 1979.
RAMBAUX A. *Gestion économique des stocks,* Dunod, 1969.
STARR M. et MILLER D., *La gestion des stocks : théorie et pratique,* Dunod, 1966.
TERSINE R., *Principles of Inventory and Materials Management,* North Holland, 1982.

Chapitre VII : Les modèles de files d'attente

AZOULAY P. et DASSONVILLE P., *Recherche opérationnelle de gestion,* PUF, Thémis, 1976, t. 2.
CHASE R. et AQUILANO N., *Production and operations management,* Irwin, 1973.
LEE A., *Les files d'attente : théorie et application,* Dunod, 1970.
MORSE P., *Files d'attente, stocks et entretien,* Dunod, 1960.
WAGNER H., *Principles of operations research,* Prentice-Hall, 1975.

Chapitre VIII : Décision et incertitude

BROWN R., KAHR A., PETERSON C., *Decision analysis for the manager,* International Serie in Decision Processes, Holt Rinehart and Winston, 1974.
DAVIS M., *La théorie des jeux,* A. Colin, 1973.
FERICELLI A. M., *Théorie statistique de la décision,* Economica, 1978.
GREEN et TULL, *Recherche et décision en marketing,* PUG, 1974.
INDJEHAGOPIAN J.-P. et THIETART R. A., « Un outil pour l'action : l'analyse de la décision » *RFG* n° 3, janv.-fév. 1976, pages 53 à 70.
LAMBIN J.-J. *La décision commerciale face à l'incertain,* Dunod, 1965.
LEBRATY J., *Profit, décision, incertitude,* Cujas, 1967.
MAGEE F., « L'arbre de décision : guide pour l'analyse des risques et occasions d'investissements », *Bulletin SEDEIS,* 1965.
MAILLET Ph. *La décision à long terme dans l'entreprise,* Cujas, 1973.
MASSE P., *Le choix des investissements,* Dunod, 1968.
RAIFFA H., *Analyse de la décision; introduction aux choix en avenir incertain,* Dunod, 1973.
TELLER R. et TAIEB M., *Les méthodes quantitatives appliquées à la gestion,* éditions EDEC, 1980.
VON NEUMANN J. et MORGENSTERN O., *Theory of games and economic behavior,* Princeton University Press, 1947.

Index des auteurs

I

J

K

L

M

N

O

P

R

S

T

Table des illustrations

Index thématique

Achevé d'imprimer en septembre 1991
N° d'édition 5838 / N° d'impression L 38485
Dépôt légal septembre 1991
Imprimé en France

Imprimé en France